魅力金凤

区委书记　周金柱

区长　袁京平

川市发展环境最优、发展潜力最大、发展势头最快最好的区域。

近年来，金凤区党委、政府牢固树立科学发展观，立足区域优势，突出区域特色，强力实施“兴工强区、商贸活区、生态立区、科教兴区、依法治区”五大战略，全力打造“最适宜居住、最适宜创业”的现代化区域中心城市核心区，全面提升区域经济整体竞争力，工业集中区初步形成规模，南畜菜、中花卉、北适水农业产业结构调整完成，“住在金凤”形成品牌，银川市中部旅游产业带基本形成，银川市行政中心地位已经确立，金凤区经济社会发展呈现出发展速度加快、活力增强、效益提升、民生改善的良好态势。先后荣获全国科技进步示范区、全国计划生育优质服务先进区、全国全民健身先进区、全国老龄工作先进区、全国民政工作先进区等国家级荣誉。

建设具有实力充满活力

小巨人车间

德海羊绒

农民工技能培训

2009年，金凤区按照“保增长、保民生、维稳定”的要求，大力实施工业提速增效工程、农业品牌创建工程、服务业优化升级工程、城市魅力提升工程、民生服务完善工程、社会管理强化工程，全力抓好工业集中区发展、农业产业结构调整、总部经济壮大、重大投资项目建设、创业带动就业、社区建设等重点工作，力促经济总量跃上新台阶，城乡面貌发生新变化，居民生活实现新提高，社会事业迈出新步伐，奋力开创“两个最适宜”城市核心区建设新局面。

现代化挤奶车间

高效二代温棚蔬菜园区

富有魅力的金凤区

爱伊河畔

森林公园住宅小区

生态休闲垂钓比赛

银川市自来水总公司

崔波书记2009年春节视察
银川市第二水厂

银川市自来水总公司始建于1958年，是以生产经营自来水为主的国有中型企业，隶属于银川市国资委。公司下辖主业有5个分公司、3个中心、4个子公司、12个职能科室及11个辅助部门。

截至2008年底，总公司总资产5.88亿元，拥有水厂11座，供水能力36万m^3/日（含永宁、贺兰、灵武、河东）。银川地区6个水厂供水能力为29万m^3/日，平均日供水量约为20万m^3，2008年最高日供水量为27万m^3。总公司供水区域涵盖银川市三区（兴庆、金凤、西夏）、灵武市、永宁县、贺兰县及河东机场一带，拥有水源地9块，深井172眼，输配水管线总长度1277KM（DN100mm以上）。

赵勇总经理在总公司成立五十周年
庆典上的讲话

近年来，银川市自来水总公司以“外树形象，内强素质，加强管理，提升服务”为目标，以“安全供水，全天候优质服务”为宗旨，在管理、服务等各方面取得了令人欣慰的成绩：推出96666供水服务热线；限时抢修制度；推行低成本扩张战略，先后完成了对周边的贺兰、永宁、灵武等县（市）供水公司的兼并，收购河东供水公司，实现了银川地区供水市场区域一体化经营；完成区域范围内地下水资源的勘探、认证、注册，为企业未来的发展奠定良好基础；推行准军事化管理，实行全员军训，全面提升企业管理水平；在连续两年获得银川市政风行风评议第一名的基础上又两获免评资格，供水服务迈入新的里程。

总公司领导深入社区开展服务宣传回访

银川市自来水总公司2009年和今后一个时期的发展思路是：深入学习实践科学发展观，牢固树立“政府放心、群众满意、企业发展、人企和谐”的发展理念，紧紧把握“立足主业、创新服务、深化改革、科学发展”的工作目标，全面贯彻“规范、提升、创新”的总体要求，一手抓科学发展不放松，一手抓提升服务不动摇，奋力开创银川市自来水总公司平稳较快发展的新局面。

总经理赵勇（右）指挥供水应急演练

在今后一个时期，银川市自来水总公司将重点做好规范管理、深化改革、创新服务、强化经营、成本管理、项目建设、安全生产、企业文化和自身建设方面的工作，为银川市两个最适宜城市建设贡献力量。

区域供水市场一体化建设和投身
新农村供水建设让更多群众得实惠

银川统计年鉴

YINCHUAN STATISTICAL YEARBOOK

2009

银川市人民政府 主办

银川市统计局
国家统计局银川调查队 编

中国统计出版社
China Statistics Press

(京)新登字041号

图书在版编目(CIP)数据

银川统计年鉴. 2009 / 银川市统计局，国家统计局银川调查队编.
—北京：中国统计出版社，2009.8
ISBN 978-7-5037-5723-5
Ⅰ. 银…
Ⅱ. ①银…②国…
Ⅲ. 统计资料－银川市－2009－年鉴
Ⅳ. C832.431-54

中国版本图书馆CIP数据核字(2009)第120484号

银川统计年鉴—2009

作　　者 / 银川市统计局　国家统计局银川调查队
责任编辑 / 郑淼淼
E－mail / yearbook@stats.gov.cn
责任校对 / 贺　佩　武占文
封面设计 / 武占文
出版发行 / 中国统计出版社
通信地址 / 北京市西城区三里河月坛南街57号　中国统计出版社
邮　　编 / 100826
电　　话 / (010)63376907
印　　刷 / 宁夏飞马彩色印务有限公司
经　　销 / 新华书店
开　　本 / 889×1194毫米　1/16
字　　数 / 90万字
印　　张 / 32.75
印　　数 / 1-1200
版　　别 / 2009年8月第1版
版　　次 / 2009年8月第1次印刷
书　　号 / ISBN 978-7-5037-5723-5/C·2228
定　　价 / 220.00元

《银川统计年鉴—2009》编辑委员会

《银川统计年鉴—2009》编辑部

编 辑 说 明

一、《银川统计年鉴——2009》是一部全面反映银川市国民经济和社会发展情况的资料性年刊。本书收录了银川市2008年经济和社会发展等方面的统计数据，以及重要历史年份的全市主要统计数据，它是认识和研究银川市情、交流社会信息、制定政策、指导工作不可缺少的重要工具，也是国内外各界了解银川市的主要窗口。

二、本年鉴分为特载、统计资料、附记三个部分。统计资料由14个部分组成，即：1.综合；2.人口及劳动力；3.农业；4.工业；5.固定资产投资；6.建筑业；7.交通运输与邮电；8.内贸、外贸和旅游；9.财政、金融和保险；10.人民生活和物价；11.城市公用事业；12.教育、科学、文化；13.卫生、体育、民政、司法及其他；14.省会城市主要统计指标。每部分都附有主要统计指标解释。

三、本年鉴的统计范围均为“地区”口径，含三区两县一市，包括行政区划内中央、自治区属在银单位的统计资料内容，为地域统计。

四、《银川统计年鉴——2009》是在市委、市政府和编委会领导以及各供稿单位的关心和大力支持下完成的，在此谨致以诚挚的谢意！竭诚欢迎广大读者对年鉴的不足之处给予批评和指正，帮助我们进一步提高年鉴的编辑水平。

编　者

2009年5月

银川市烟草专卖局（公司）

宁夏区党委常委、银川市委书记崔波（前中）视察银川烟草现代物流建设工作

邀请全市卷烟经营诚信店代表观看银川烟草职工文艺晚会

《银烟之歌－向着太阳出发》大合唱

银川市局（公司）代表全区烟草系统参加“清凉宁夏”广场文艺演出

局办公楼

银川市烟草专卖局、宁夏回族自治区烟草公司银川市公司成立于 1998 年 1 月，对银川地区实行烟草制品的专卖管理和经营销售。

近年来，在自治区烟草专卖局（公司）和市委、政府的正确领导下，银川市烟草专卖局（公司）坚持以科学发展观为统领，牢固树立“国家利益至上、消费者利益至上”的行业共同价值观，以“抢抓历史机遇、加快科学发展”为主线，以规范卷烟市场秩序为基础，以卷烟销售网络建设为中心，以加强内部管理监督为手段，成功组织实施“专卖立企、网络建企、人才兴企、品牌强企、管理治企、文化保企”的经营管理发展战略，客户服务体系建设、质量管理体系建设、绩效管理体系建设、追求文化体系建设、订单供货、品牌培育、安全稳定、劳动用工分配制度改革的主要做法和典型经验得到了国家烟草专卖局、区局（公司）的充分肯定和交流推广。实现税利从 1998 年的 168 万元，增长到了 2008 年的 2.5 亿元；实现利润从 1998 年的 65 万元，增长到了 2008 年的 2 亿元；上缴税金从 1998 年的 123 万元，增长到了 2008 年的 1 亿元；国有净资产从 1998 年的 319 万元，增长到了 2007 年的 3.3 亿元。与此同时，银川烟草先后投入 600 多万元用于履行社会责任。特别是 2008 年企业和员工个人捐款 110 万元，用于对口帮扶、社会公益、慰问弱势群体和支援冰雪、地震灾区。

自 2002 年以来，先后被国家烟草专卖局评为“全国烟草行业先进集体”、被国家烟草专卖局、公安部授予“全国卷烟打假工作先进集体”，被全国妇联等部委授予“全国巾帼文明岗”，被中国企业改革与发展研究会授予“中国诚信示范单位”，被自治区人民政府授予“宁夏回族自治区 A 级纳税信用单位”，被银川市委、政府评为“先进基层党组织”、“文明单位”、“宣传思想工作先进集体”、“普法依法治理先进集体”、“扶贫开发对口帮扶先进单位”；连续七年被评为全区烟草系统“经济运行质量和效益”、“专卖管理工作”、“财务管理工作”、“安全保卫工作”先进单位。

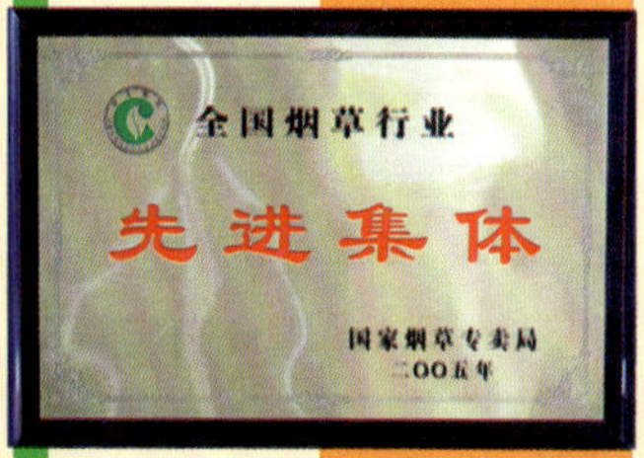

LING WU

腾飞中的

自治区副主席李锐在灵武调研

灵武，古称灵州，地处宁夏中部经济核心区，西临黄河距首府银川市48公里。东靠盐池县，南接同心县、吴忠市，西摈黄河与永宁县相望，北与内蒙古鄂托克前旗接壤。全市总面积4639平方公里，辖6镇2乡1个街道办事处，16个居委会，76个行政村，4个市属农林牧场，8个中央直属和区属厂（场）矿企事业单位，1个国家级自然保护区，总人口24万人，其中回族占48.2%。2006年全市完成地方生产总值44.2亿元，增长22.1%。工业总产值91.7亿元，增长42.1%；地方财政收入2.43亿元，增长78.4%，其中一般预算收入1.91亿元，增长67.4%；全社会固定资产投资77.2亿元，增长29%。城镇居民人均可支配收入和农民人均纯收入分别达到7921元和3892元，分别增长10.3%和8.2%。

灵武世界枣博园林景观规划设计鸟瞰图

灵武历史悠久，文化古老。闻名遐迩的水洞沟文化，证明早在三万多年前，中国古人类就在这里繁衍生息。西汉惠帝四年（公元前191年）即建县制，名灵州县。唐朝安史之乱后，太子李亨为重振华夏，在此登基。西夏建国初为国都，名西平府。清康熙帝驻跸灵武，留下"历尽边山再渡河，水平岸阔浪无波，汤汤南去劳疏筑，唯此分渠利赖多"的吟唱。1949年9月22日灵武县解放。灵武恐龙化石、水洞沟遗址以及唐肃宗登基、建都孕育了灵武璀璨的历史文明和浓厚的文化底蕴。

灵武各类资源丰富。主要有煤炭、石油、天然气、粘土、石灰

模特展示羊绒制品

欢乐中国行——灵武不眠之夜

灵武市

岩、陶土、石膏等，尤其是煤炭资源已探明储量273亿吨，是国家级储量较大的亿吨级整装大煤田之一。自治区将依托灵武丰富的煤炭资源优势，在宁东规划建设全区“一号工程”，全力打造国家级能源化工基地。预计到2020年，投资2500亿元左右，规划建设10个大型电厂、8对大型矿井，目前已建成2个电厂（灵州电厂、马莲台电厂）和1个大型矿井（羊肠湾煤矿）。

灵武长枣

特色产业优势明显。灵武从事羊绒产业人员约1万人左右，羊绒加工企业40余家，年收购加工原绒近4000吨，羊绒加工量占世界羊绒产量的30%左右。2006年羊绒产业产值达到22.6亿元。随着灵武羊绒产业园区的建设发展，吸引了一批国内外知名羊绒企业，灵武已成为集贩运、加工、销售为一体的国际型精品羊绒加工基地。2006年9月，灵武市被中国纺织工业协会命名为“中国精品羊绒产业名城”。灵武长枣有1300多年种植历史，现存百年以上灵武长枣树1万余株，2006年被国家林业局命名为“中国灵武长枣之乡”。

宁东大环境绿化

草方格固沙

中小学生体育文化艺术节

发展中的

一、基本情况

自然条件优越

永宁县是宁夏回族自治区首府——银川市的郊县，地处宁夏引黄灌区中部，东临黄河，西倚贺兰山，辖区面积 1020 平方公里，现辖五镇一乡一个街道办事处，总人口 20.99 万人，其中回族人口近 3.79 万人，占全县人口 18%，非农业人口 5.51 万人，县城规划区面积 8.5 平方公里，自古就是丝绸之路上重要的商埠，位于"呼—包—银—兰—青经济带"的中心地段，是新亚欧大陆桥沿线升起的一颗新星。

永宁借贺兰山这道天然屏障挡住西来风沙，引黄河水浇灌发展农业而富足一方，地形平坦开阔，地面坡度平缓，土质和气候，引黄灌溉始自秦汉，具有得天独厚的农业生产条件，盛产小麦、水稻、玉米、果品、药材等粮经作物，自古就有"塞上江南，鱼米之乡"的美誉，是全国著名的农作物高产区和重要的商品粮基地县，粮食、蔬菜、水产品、鲜奶等人均产量居西北地区前列。贺兰山东麓适宜种植优质酿酒葡萄，是全国三个酿酒葡萄原产地保护区域之一，品质可与法国波尔多相媲美。在发展传统农业的同时，现代农业发展步伐加快，设施园艺初具规模，一年四季鲜果不断，被誉为"西部四季鲜果之乡"。

陈建国书记查看企业生产记录

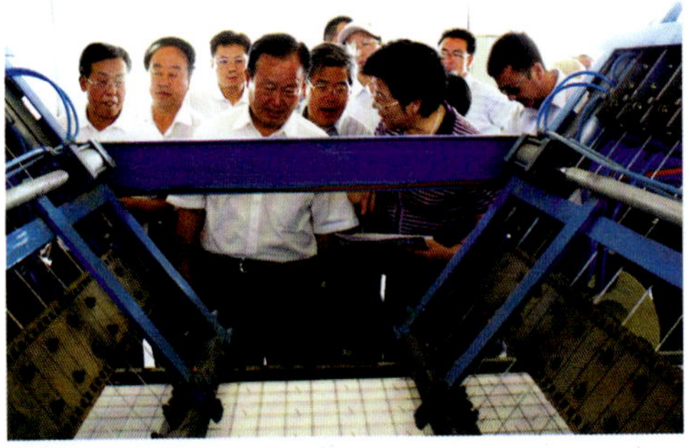

陈建国书记查看钢丝网架生产流程

经济发展迅速

近年来，永宁县委、政府在区、市党委、政府的坚强领导下，深入学习实践科学发展观，以县委、政府确定的"紧扣一个中心，突出三大定位，促进四个发展，加强五项建设，实施十大工程"总体思路为主线，以打造新型工业化先行县、现代农业示范县、塞上回族文化旅游名城为突破口，以全力实施"十大工程"为抓手，团结带领全县广大干部群众，坚定信心，应对挑战，切实采取有效措施，积极发展壮大县域经济，努力克服金融危机带来的不利影响，大力弘扬用足"三心"，激活"三情"的永宁精神，奋力推进永宁跨越式发展，争创西部百强县，全县经济社会呈现出良好的发展势头。2008 年全县完成地区生产总值 41.9 亿元，增长 17.8%；一、二、三产业结构由上年的 19:59:22 调整为 17:60:23；地方财政收入 2.6 亿元，增长 22.7%，其中一般预算收入 2.0 亿元，增长 40.9%；地方财政支出 7.1 亿元，增长 39.2%，其中一般预算支出 6.3 亿元，增长 46.5%。全社会固定资产投资 30.1 亿元，增长 34.1%；城镇居民人均可支配收入 12326 元，增长 23.1%；农民人均纯收入 4747 元，增长 13.2%。城镇化率 44.86%。

基础设施

从 1998 年至今，投入资金 12155 万元，先后完成了 109 国道县城段（宁朔街）的扩建、东北环路连通、杨和大街改造、新区主干道路建设、杨和南街道路、给排水及中干沟桥、宁和南街改造等一批城市道路建设项目；投资 2991 万元完成了利民文化广场、新区宁和广场、临胜园、供销商业广场等广场、游园建设项目；引入资金 6952 万元完成了南环市场、玉皇阁市场、北苑市场建设工程；同时实成小区、物苑小区、宁和花园、欣秀苑小区、新区宁和家园、青春园小区、团结小区、永福花苑等一批住宅区相继建成，使我县城市综合服务功能进一步提高。

工业资源

永宁县毗邻宁夏煤、电生产基地，是西北电力供应最好的县城之一。距永宁县城以东 60 公里处的自治区"一号工程"宁东能源化工基地，如今已探明煤炭储量 280 亿吨，具有低灰、低硫、低磷、高发热量的优良品质，是全国 13 个亿吨矿区之一，按照规划，正在建设 9 座大型坑口电厂，为永宁工业的发展，源源不断地提供充足的能源保障。永宁县境内水资源丰富，黄河流经境内，为远期开发水资源提供保证。县城日供水能力达到 3 万吨，从水资源可持续利用角度看，远期水资源开发潜力可满足 20 万居民和工业发展的需求。陕甘宁天然气田和长庆油田天然气储量丰厚，为银川市提供年 10 亿立方米的供气能力，输气管道在永宁县境内留有两处供气接口，为永宁县民用和发展工业用天然气提供充足的供气保障。

工业园区

永宁县工业园区设施完善。位于望远镇的永宁工业园区是自治区级工业园区，是全区唯一循环经济试点园区。园区总规划地域面积 32 平方公里，全面达到"七通一平"的标准，是银川市新的经济增长点。园区管委会鼓励科技含量高、投资规模大、产品附加值高及国家鼓励的产业和高新技术企业入驻，入驻园区企业享受国家高新技术开发区的各项优惠政策。目前已引进企业 120 余家，总投资规模达到 42 亿元。成为以生物制药、电气制造、新型建材、农副产品加工、仓储物流为主导产品的科技型、环保型综合工业园。永宁工业园区将为投资者提供银川最优质的创业平台。

农业发展

永宁县是全国太阳辐射和日照时间最多的地区之一，借贺兰山这道天然屏障挡住西来风沙，引黄河水浇灌发展农业而富足一方，地处黄河冲积扇平原，地形平坦开阔，地面坡度平缓，淡灰质钙土，土质和气候十分适宜发展农业。引黄灌溉始自秦汉，灌溉条件便利，种植区内无污染之患、少病虫之害，得天独厚的农业生产条件构成了这一地区特有的环境优势，盛产小麦、水稻、玉米、果品、药材等粮经作物，是全国著名的农作物高产区和重要的商品粮基地县，粮食、蔬菜、水产品、鲜奶等人均产量居西北地区前列。贺兰山东麓在水热系数、温度、温差等方面甚至优于法国的波尔多，具有明显的优势和特点，适宜种植优质酿酒葡萄，是全国三个酿酒葡萄原产地保护区域之一。

设施园艺

2008 年，永宁县被国家科技部确定为"西部干旱地区设施农业示范基地"，经过近几年的发展，永宁县特色产业种植面积已发展到 17 万亩，占农业种植面积的 25.1%。其中，设施园艺 4.2 万亩 42 万间，有葡萄、桃、李、杏等 10 多个品种，已建成千亩万间设施园艺基地 20 个。目前，永宁县已培植和发展小任果业、天天鲜果业、董洋

永宁县

崔波书记一行在宁夏多维药业听取负责人介绍新建项目建设情况

崔波书记一行在温棚内查看花卉生长情况

王儒贵在闽宁镇中心小学体育器材室内查看器材使用情况

果蔬储运中心、宁夏领鲜果蔬产业发展有限公司、杨和镇旺全设施园艺科技示范园等一批有市场竞争力、辐射带动面广的龙头企业，逐步形成设施园艺产品储运加工销售为一体的特色产业。到2010年，永宁县计划发展设施农业面积达到10万亩以上，建成2000亩园区10个以上，达产期年产优质水果2亿公斤，年产值15亿元。

特色旅游

永宁县旅游资源丰富。纳家户清真寺、明代长城、李俊塔等古迹是全区重点文物保护单位；中华回乡文化园民族特色浓郁，已成为目前国内最大的以展示回族历史、宗教文化、回乡饮食为主的回族文化园；鹤泉湖天然自成、风光秀丽；三沙生态旅游园融大漠风光、自然景观为一体，是休闲、娱乐的绝好去处；古老且风格独特的纳家户清真大寺，距今已有480年历史；还有古人赞誉的"宁夏八景"中的"官桥柳色"、"汉渠春涨"等景点。浓郁的回乡风情、美丽的塞上江南、雄浑的大漠风光、古老的黄河文明，闻名遐尔的回族村落纳家户村，共同构筑了"塞上回族之乡"永宁多姿多彩的旅游资源。永宁县正在以"塞上江南新风貌"田园美景建设为重点，开启绿化增靓工程，着力打造全区乃至全国有名的回乡风情旅游胜地，并以特色旅游业带动商贸服务业，积极培育发展现代服务业，不断增强永宁及周边区域经济的活力。

发展前景

永宁县加快了城市化建设步伐，近年来，随着银川市人民政府建设"最适宜居住、最适宜创业"城市的推进，坚持"以人为本，以寺为根，以园为心，以文为魂"的规划建设理念，科学的规划城市生态湿地、园林绿化、住房建设等专项规划和修建性详细规划，规划建设个性城市，着力营造生态园林景观，彰显"塞上湖城、回乡风情、黄河风光"三大特色，优化城市发展框架，全力打造"城在水中、水在城中、水系绕城、文化鲜明、环境优美"的塞上回族文化旅游名城。

二、对外招商引资项目

1. 永宁县第二(望远)污水处理厂及集污系统工程项目。项目投资总额4580万元人民币。建设地点位于望远镇居民区的东北面，距石中高速公路约650米处的空旷地带，紧邻"永二干沟"南侧，计划占地面积120亩。日处理污水2万吨，集污管网18公里。

2. 永宁县县城南片区利用工业余热集中供暖工程项目。项目投资1050万元人民币，其中固定资产投资983万元，建设换热站一个，管道3公里。建设500平方米换热站一座，购置4台热交换器及循环泵，其它电气配套设施。总管网长度3KM，其中主管网Φ630×8管道长1.2KM，Φ529×8管350米，Φ478×8管170米，其它支管1280米。利用宁夏伊品集团公司冷凝水余热为县城南片区集中供暖，供暖面积35万平方米，最大45万平方米。

3. 宁夏启元药业高浓度有机废水及菌渣综合治理项目。总投资额11400万元人民币

高浓度有机废水方面：(1)红霉素湿菌渣生产生物有机肥料；(2)2套50T/h四效降膜蒸发设施处理高浓度有机废水，经浓缩喷雾干燥生产有机肥料原料。

菌渣、固体废弃物治理方面：(1)采用膜过滤技术代替板框，实现菌渣的改质；(2)2套4T/h的蒸发器进行菌渣浓缩，四环素菌渣生产饲料添加剂，四环素母液回收尿素；(3)喷浆造粒项目。

4. 天然纤维素基水溶性高分子功能材料加工项目。总投资额3500万元人民币

建设年产2000吨纤维素醚、60吨医药级羟丙基甲基纤维素醚酯生产线，主要产品有：甲基纤维素(MC)、羟甲基纤维素醚(HMC)、羟丙基纤维素醚(HPC)、羟丙基甲基纤维素醚(HPMC)，将比照欧洲标准制定企业产品标准，生产出粘度达到5-100000mpa.s的各种牌号的普通型、速溶型产品。

5. 宁夏沙林纸一体化项目——10万吨/年沙柳、柠条沙生灌木浆生活用纸项目。总投资额53948万元人民币。本项目采用碱法(烧碱+亚钠+蒽醌)制浆造纸生产工艺。本项目填补了用沙柳、柠条制造生活用纸的空白，为国内独家自主专利知识产权。与国内现有的沙柳制浆造纸技术相比(内蒙古东达蒙古王集团"国家双高一优"项目、陕西省榆林造纸厂"国家双高一优"项目)，具有明显的技术、产品优势。上述两地的"国家双高一优"项目由于技术不同，目前仅停留在沙柳制浆生产箱板纸的阶段(市场售价1800元~2000元/吨)，而本项目技术能生产克重为18g/m²的卫生纸(市场售价:6000~6500元/吨)，而二项技术的原料消耗比相同。产品的经济价值充分地反应了其技术的先进性。

6. 永宁工业园区招商项目。总投资额1000000万元人民币。项目类别一：工业类项目。园区规划工业用地面积727.21公顷，占规划建设总用地的37.22%，主要集中在南片和北片工业区，沿109国道两侧，东至京藏高速公路，西至唐徕渠，南至永清沟，北至南环绕城高速公路，基础服务设施配套完善，重点发展引进生物制药产业、特色农产品深加工及食品加工业、新型建材业、电气制造加工业等产业。项目类别二：仓储物流项目。仓储物流项目位于望远镇中心区，规划仓储用地面积117.97公顷，占规划建设总用地的6.04%，

北京县域经济评价中心主任刘福刚视察我县城市建设规划

我县被中国经济林协会评为中国西部四季鲜果之乡

县委书记 夏夕云

政府县长 丁建懿

规划分别在109国道西侧、双庆路与大新渠之间和109国道东侧，双庆路与南环绕城高速公路之间共建设仓储物流区2个，主要引进仓储物流企业入驻。项目类别三：商住类建设项目。规划商住建设项目用地均位于望远镇镇区中心区内，位于唐徕渠以西，良田渠以东，绕城高速公路以南，规划建设居住区4个，规划居住用地面积244.62公顷，占规划建设总用地的12.52%，占镇区中心区建设总用地的26.47%，人均居住用地30.6平方米，住宅建筑以2~6层为主，容积率0.8~1.4，绿地率不低于35%。

7. 中华回乡四季鲜果园与生态农业观光园建设项目。总投资额19000万元人民币。项目区位于永宁县杨和镇纳家户村，京藏高速永宁县出口路边，占地2260亩。计划建设："中华回乡设施园艺科技示范园"150亩，完善20栋高标准科技示范温室，以此为载体进行设施蔬菜多品种、多方式、多技术的科学研究和示范推广；"北方四季鲜果生态观光园"600亩，引进种植各种北方水果10余种，品种至少达到百余个，以葡萄、苹果、枸杞、梨、枣、桃、李、杏等种类为首选，辅助以温室樱桃、草莓、热带水果为补充，全面开展适合北方气候环境条件的多种类果树、蔬菜、花卉栽培示范和品种筛选；"中华回乡绿色蔬菜出口示范园"建设占地450亩，建造长度150米的大型高标准节能日光温室70栋，主要栽培名优设施葡萄和蔬菜，产品主销京、港、澳及哈萨克斯坦等地；"中华回乡名优果蔬苗木繁育园"占地45亩，其中蔬菜育苗温室2栋，实现年产优质种苗100万株；水果育苗大拱棚6栋，引进培育名优苹果、葡萄、酥梨、桃、李、杏、枣等水果多个品种，实现年产优质种苗80万株；"中华回乡设施园艺科技培训中心"建筑面积1500平方米，集办公、培训、食宿为一体，为专家提供办公、科研、教学的场所，并对广大一线技术人员和农民进行培训。整个项目建设完成后，将形成如上所述的"四园一中心"格局，成为一个示范推广强劲、休闲设施优异、绿化覆盖全面、民族特色鲜明的大规模、高科技、高标准的科技示范和生态旅游现代农业园区。目前在建或急需投资建设的内容：(1)基础设施建设：包括园区规划、平整土地、修建道路、建造灌渠、改造电网、搭建温室等。(2)苗木栽植：包括挖穴、开沟、施肥等苗木栽培前期准备工作和百余种苗木的引进、运输、分拣、培育工作。(3)果园苗木定植后的日常维护管理工作。(4)园林景观化建设：包括约3500米的观光道路铺设、约40亩的园区草坪绿化、1500米的绿色生态长廊及4~6个特色景观建筑的修建。(5)开展休闲旅游的服务配套设施：包括休闲观光设施若干，饮食娱乐设施1~2处，大型生态餐厅1座，以及岗位人员培训工作。另外计划建设大型组合连通可循环式半自动沼气池一座。

8. 永宁工业园中小企业创业园项目。总投资额19000万元人民币。永宁工业园中小企业创业园是专门为支持中小企业发展而规划建设的创业基地，位于园区中心位置，三面环路(东靠109国道，西临望远大道，南接园区规划5号路)距银川市区6公里，地理位置优越，交通便利。创业园占地面积181亩，主要规划为生产区、综合办公区，建设8层高综合办公楼1幢，标准化厂房32栋，建筑面积10万平方米，标准化厂房重点承接轻工业、轻设备、劳动密集型等无污染企业入住，企业类别包括：电子、信息等高科技类、鞋帽、服装纺织加工、包装印刷等轻工业类。

9. 永宁火车站及物流中心建设项目。总投资额15000万元人民币。建设内容包括：地面硬化、专用道路建设、专用货柜、综合办公用房、专用机械、专业办公系统、水电系统等。建成占地300余亩(200000平方米)物流配送中心。

10. 中华回乡(纳家户)文化园二期扩建项目。总投资35000万元人民币。项目建设地点在永宁县杨和镇纳家户村，为了更好地表达园区的特点，并和现状相结合，中华回乡文化园二期规划将园区面积从300亩扩大到1000亩，主要工程有伊斯兰文明之旅(即12个中外著名清真寺微缩景观区)、麦加城微缩景观、天方夜谭主题公园、观星台、休闲娱乐区、伊斯兰文化交流中心(即满足一般游客住宿的三星级宾馆)、伊斯兰经学院等项目，建设湖面水系和阿拉伯式别墅群围绕礼仪大殿，利用人造月亮、水幕电影、亮化工程把中华回乡文化园变成夜景公园。使中华回乡文化园，在宁夏唯一的回族伊斯兰风情景区头衔上，再加上一顶宁夏唯一的回乡不夜城的桂冠。将中华回乡风格和全世界伊斯兰建筑风格相结合，形成一个博大、广阔的穆斯林画面。

11. 年产1000吨菊芋粉生产线建设项目。项目总投资2500万元人民币。项目在永宁工业园区建设，占地20亩，按GMP标准建设厂房1000平方米，成品库500平方米，半地下室冷库2000平方米，购置清洗、切片设备、提取脱色罐、膜分离设备、灭菌设备、喷雾塔、包装机、4吨蒸汽锅炉、灭菌设备及化验仪器、650KVA配电设备，建成一条年产1000吨菊粉生产线。

12. 年产5万吨谷氨酸及10万吨淀粉项目。总投资13954万元人民币。建设标准化车间、库房、办公楼等12000平方米，建设5万吨谷氨酸生产线、10万吨淀粉生产线。

13. 超临界CO_2萃取枸杞油二期扩建及新产品开发项目。总投资11000万元人民币。在永宁工业园区新建GMP标准厂房5800平方米，购置先进枸杞油生产设备5套、枸杞油软胶丸生产设备1套、枸杞多糖生产设备1套。年产枸杞油胶丸10800万粒、复方枸杞多糖胶囊2500万粒、复方枸杞冻干粉胶囊24950万粒。

14. 年产1万吨维生素B_2预混济生产线项目。87800万元人民币。建设年产1万吨维生素B_2预混济，完成厂房建设、设备购置及附属设施，总建筑面积116000平方米，建成后将形成国内最大的维生素B_2生产基地。

15. 红霉素深加工项目。50000万元人民币。在永宁县望远工业园区投资建设罗红霉素、琥乙红霉素、无味红霉素、克拉红霉素、阿奇红霉素等硫氰酸红霉素系列衍生物深加工项目。

16. 年产3000吨清真无抗生素脱脂奶粉项目。项目总投资1580万元人民币，其中：固定资产投资1100万元，流动资金400万元，其他费用80万元。建设原料验收及贮存车间、制冷车间、预处理车间、浓缩车间、喷粉车间、包装车间，以及附属用房，购置6T蒸气锅炉、水处理及水质检验设备、鲜奶收购贮存设备、制冷设备、日处理100吨鲜奶奶粉加工成套设备、净乳机、脱脂机等。以目前已有的两条奶粉生产线为主体，充分利用现有辅助设备和设施，再扩建一条年产3000吨无抗脱脂奶粉生产线，形成年产8000吨无抗生素奶粉脱脂奶粉的规模。

17. 高抗氧化值枸杞清汁产业化项目。本项目总投资为12516万元，其中：工程费用8890万元，其它费用1660万元，基本预备费630万元，建设期利息234万元，铺底流动资金1102万元。项目资金来源为银行贷款3700万元，建设单位自筹6416万元，申请国家补贴资金1200万元，地方配套资金1200万元。项目建设地址为永宁县望远工业园区，占地面积 120 亩，用于建设本项目所需的生产、办公、生活及其它辅助配套设施以及五条产品生产线，购置 132 台/套设备。根据市场需要和企业发展，并考虑项目资金能力和建设场地等多种因素，本项目需建设枸杞清汁生产线。年需加工枸杞鲜果 18929 吨；年产枸杞清汁 5000 吨、枸杞籽（干）268 吨、枸杞果肉冻干粉 429 吨、枸杞干果 2000 吨、速冻枸杞 2000 吨。高抗氧化值枸杞清汁主要作为中间产品，用于高端复合保健饮品、美容保健系列饮品、作为放化疗后的辅助治疗制剂和提取抗癌物质的原料。

18. 6000 亩有机果品生产基地建设项目。总估投资 9914 万元人民币，其中固定资产投资 9714 万元，流动资金 200 万元。项目资金来源是向永宁县农业发展银行申请贷款 3800 万元，占总投资的 38.3%，企业自筹 3000 万元，占总投资的 30.3%，需引进资金 3100 万元，占总投资的 31.4%。生产基地位于永宁县征沙渠三沙园地区，项目建设不同类型的水泥砖、红砖墙体温棚 500 栋，冷棚 401 栋，占地面积 2000 亩；建设以枣、李、樱桃、精品葡萄、苹果等为主的经果林基地 4000 亩。建设高标准控温冷库一座。

19. 西部地区经果林苗木繁育基地建设项目。项目建设总投资 31640.27 万元人民币。计划申请国家及地方政府投资 4000 万元人民币，占 12.64%；建设单位、相关企业、农户自筹配套 19640.27 万元人民币，占 62.07%；申请银行贷款 8000 万元人民币，占 25.28%。项目建设期 3 年（2008~2010 年），建设经果林苗木繁育基地 6 万亩；建设道路 100km；购置苗木生产耕作设备、育苗设备、栽培设备等等。

20. 永宁县 1.5 万亩设施园艺产业化基地建设项目。项目总投资 9653.03 万元人民币。新建设施温棚面积 1.5 万亩，规模 15 万间。其中：二代日光节能温室 10 万间，塑料大棚 5 万间。

三、外商优惠投资政策

严格按照宁夏回族自治区人民政府和银川市人民政府有关招商政策外，先后出台了《中共永宁县委、永宁县人民政府关于加快推进新兴工业化的意见（试行）》永党发〔2007〕22 号文件、《中共永宁县委、永宁县人民政府关于加快发酵和生物制药工业发展的意见》永党发〔2009〕7 号文件、关于印发《永宁县招商引资目标责任考核办法》的通知（永党办发〔2008〕11 号）等文件。

纳家户清真大寺

伊品集团厂房车间

小仁果业

启元药业

县城一角

西夏区

区市领导视察工作

银川市西夏区地处银川平原西部、贺兰山东麓。东以包兰铁路为界，西至贺兰山中轴线，南与永宁县接壤，北与贺兰县相连，总面积987.2 平方公里。

西夏区辖兴泾镇、镇北堡两镇，共 16 个行政村，西花园路、朔方路、北京西路、文昌路、宁化路、贺兰山西路 6 个街道办事处，共 48 个居委会。年末总人口 26.3 万人，回族人口 3.74 万人。人口密度 224 人/平方公里。

八一公园奠基仪式

西夏区的地貌从西向东分为贺兰山地、洪水冲积平原和部分黄河冲积扇，平均海拔 1100 米~1200 米，气候属中温带大陆性气候，平均气温为 8.3℃~8.6℃，无霜期 150 天~170 天，年日照时间为 3000 小时左右，年降水量在 200 毫米左右。贺兰山蕴藏多种矿石，主要有石灰岩、白云岩、硅石、磷矿、煤和贺兰石等，是能源矿产、化工原料和建筑材料的主要产地。

王儒贵市长调研西夏区城市发展情况

旅游资源得天独厚，有西夏王陵国家级风景名胜区、滚钟口风景区、西部影视城、拜寺口双塔、苏峪口国家级森林公园及贺兰山岩画等旅游景点。还有丰富的生态旅游和农业观光旅游资源。

2008 年地区生产总值达到 100 亿元。农业以种植、养殖业、草产业和农产品深加工为主，养殖小区、经果林、苜蓿饲草、枸杞葡萄加工等初具规模。工业现已形成石油化工、机械制造、建材等主导产业，

改造后的同心路特色街区

西夏区委书记郝有民调研经果林

人民政府

有宁夏化工厂、西北轴承、银川橡胶厂、长城须崎、赛马水泥等中大型企业。银川(国家级)经济技术开发区设在本区、为振兴西夏区工业提供了强大的动力。以旅游业、房地产和服务业为主的第三产业呈现出良好的发展态势。城镇居民人均可支配收入为11500元,农民人均纯收入为3364元。

西夏区"十一五"将以邓小平理论和"三个代表"重要思想为指导,以科学发展观统领经济社会发展全局,以抢抓机遇、加快发展为主题,以深化改革、扩大开放、自主创新为动力,以提高人民生活水平为根本出发点,紧紧围绕把西夏区建成"工业基地、教育重地、旅游胜地、物流中心和生态屏障"的发展目标,大力实施"兴工强区"战略、项目带动战略和可持续发展战略,推进工业化、城市化、农业产业化、市场化、信息化进程,培育壮大特色优势产业、提高综合竞争力,建设社会主义新农村,建设资源节约和环境友好型社会,加强社会主义精神文明建设,努力构建社会主义和谐社会,促进国民经济快速协调健康发展和社会全面进步。

西夏区现任党委书记、人大常委会主任郝有民

西夏区委副书记、政府区长金花

郁郁葱葱的贺兰山生态防护林

肉牛养殖是西夏区调整农业产业结构的突出成果

初具规模的枸杞园

银川市城市管理局

YIN CHUAN SHI CHENG SHI GUAN LI JU

张国彦局长接听政府专线

银川市城市管理局是市政府城市管理和综合执法的职能部门，主要负责全市环境卫生清扫，环境卫生行业管理，城市生活垃圾处理；全市户外广告设置、占道经营摊点摊区及其它占用道路行为的审批和管理；组织、协调开展爱国卫生和创建国家卫生城市工作。2004 年 8 月，根据国务院法制办和自治区政府批复，在全市城市管理领域实施相对集中行政处罚权试点工作，集中行使市容、园林、市政、规划、水务、工商、气象、公安交通和客运管理等方面全部或部分行政处罚权。

多年来，城管局按照“综合执法一体化”等十化工作思路，以健全法制化执法管理为手段，不断优化执法管理环境。建立高效、依法、文明的城市执法队伍，树立管理执法新形象。完善城管执法内部管理制度，形成了分片承包、逐级负责、责权量化的网格化管理机制，全面推进依法行政。加强政务公开，公布市民监督电话，建立政风行风效能建设监督员制度，建全了社会监督机制。针对占道、店外经营等行为，在管理中探索出一条“以疏为主、疏堵结合”的治理经验，促进了市容环境与经济建设协调发展，“市容”与“繁荣”关系日趋和谐。

经过不懈努力，通过加强管理促进社会生产力发展、通过严格执法优化发展环境、通过改善市容市貌提高市民生活质量，全面推行了网格化管理，实现了对全市市区范围内各类违法违章案件的全方位监管；实现了创建国家卫生城市目标，城市生活质量得到整体改善。为全面、优质、高效完成市委、政府赋予的各项工作任务和建设“两个最适宜”城市做出了新贡献。

局领导为获奖先进颁奖

为市民代表讲解城管执法案件督办程序

集中开展卫生整治 确保环境整洁

清理占道停放车辆 保证交通畅通

开展法律培训 强化政风行风效能建设

转变执法方式 主动帮助商户纠正违章

目　录

特　载

统计资料

一、综合

二、人口及劳动力

三、农业

四、工业

五、固定资产投资

六、建筑业

七、交通运输与邮电

八、内贸、外贸和旅游

九、财政、金融和保险

十、人民生活和物价

十一、城市公用事业

十二、教育、科学、文化

十三、卫生、体育、民政、司法及其他

十四、省会城市主要统计指标

附　　记

彩色插页目录

特　　载

政 府 工 作 报 告

——2009 年 2 月 3 日

银川市第十三届人民代表大会第二次会议

银川市市长　王儒贵

各位代表：

现在，我代表市人民政府向大会报告政府工作，请予审议，并请市政协委员和列席会议的各位同志提出意见。

一、2008 年工作回顾

2008 年是全面贯彻落实党的十七大精神的第一年，也是本届政府的开局之年。一年来，在自治区党委、政府和市委的坚强领导下，在市人大、市政协的监督支持下，市人民政府团结和依靠全市各族人民，认真贯彻落实科学发展观，积极应对各种困难和挑战，以迎接自治区成立 50 周年大庆为主线，全力做好发展经济、促进和谐、改善民生的各项工作，奋力推进"两个最适宜"城市建设，圆满完成了市十三届人大一次会议确定的各项目标任务，取得了令人鼓舞的成绩。全市地区生产总值突破 500 亿元大关，达到 514.11 亿元，同比增长 13.3%；地方财政预算总收入 64.68 亿元，增长 19.8%，其中地方一般预算收入 35.8 亿元，增长 29.6%；全社会固定资产投资 365.69 亿元，增长 24.9%；社会消费品零售总额 155.77 亿元，增长 21.6%；城镇居民人均可支配收入 14458 元，增长 18.7%；农民人均纯收入达 4916 元，跃居全区第一，增长 14.3%；万元 GDP 能耗下降 5%，化学需氧量减排 6.12%，二氧化硫减排 2.43%。一年来，我们主要做了以下工作：

（一）坚持优化结构，提质增效，好中求快，经济发展迈上新台阶

工业经济较快增长，产业竞争力不断提高。大力实施"小巨人企业"培育和机械装备制造业"铸龙"工程，引导和扶持具有成长性的中小企业做强做大，首批命名 21 家"小巨人企业"，企业核心竞争力进一步提升，装备制造业快速发展，配套协作能力明显提高。实施投资 1000 万元以上工业项目 169 个，57 个项目建成投产，完成工业总投入 180 亿元。启动宁东煤电化重点项目群建设，经济技术开发区新大地汽车、发电集团多晶硅等项目填补了区内空白，各县（市）区工业园区签约和落地项目明显增多，产业特色日益突出，"一强五优"产业支柱作用显著增强，对工业经济的贡献率达 88%。推进企业自主创新和技术改造，实施重点技改项目 54 个，新增高新技术企业 12 家，新建国家、自治区级重点实验室各 1 个、工程技术中心 2 个、企业技术中心 6 个，建成国家级羊绒产业基地，厚生记获中国驰名商标。全年工业增加值跃上 200 亿元台阶，达 211.46 亿元，按可比价格计算，增长 16.3%；工业经济效益综合指数达 213.1，提高 6.1 个点。

现代农业加快发展，新农村建设有力推进。战胜低温冻害等自然灾害，新增设施园艺 4.8 万亩，总量达 21 万亩，占全区的三分之一。有效应对"三鹿奶粉事件"影响，大力实施奶产业"铸龙工程"，完善利益联结机制，维护奶产业稳定发展，奶牛存栏达 11.5 万头。粮食总产量达 90 万吨，创历史新高。花卉、长红枣、"适水产业"、酿酒葡萄和清真牛羊肉等产业迅猛发展，生态农业和休闲观光农业快速起步。加快农业产业化经营，龙头企业达到 164 家，专业合作组织达到 235 个。建成高标准农田 45.9 万亩，改善了 50 万亩农田的灌排条件。鼓励农村土地承包经营权流转，新增土地流转面积 1 万亩。农业科技服务体系改革深入推进，80%以上的农业科技人员直接服务于“三农”，农村信息化工程实现“村村通”。全年农业增加值达30.23亿元，增长7.3%。

服务业蓬勃发展，聚集辐射作用明显增强。加快建设“三个中心一个目的地”，编制完成服务业发展规划，新华商业圈改造升级步伐加快，兴庆、西夏市场带繁荣活跃，电子商务、连锁经营等新型流通业态迅速发展。空港、陆港、银川物流港等重大项目顺利推进。河东机场新航站楼投入使用，绕城高速公路全线贯通，南门汽车站迁建完工，交通运输体系进一步完善。大力发展会展、中介、金融、法律服务等现代服务业，成功举办房博会、汽车展、清真美食文化节等活动，成交额达4亿元，会展经济起步良好。加强房地产供应总量和结构调控，房地产市场保持健康稳定。推进重点旅游景区基础设施建设，银川世界岩画馆建成使用，中华回乡文化园、贺兰山岩画、西夏王陵被评为国家4A级景区，旅游总收入增长30.6%，荣获中国十大特色休闲城市、最佳生态旅游城市和十佳节庆旅游城市。全年第三产业增加值达233.17亿元，增长12.2%。

（二）坚持完善功能，打造特色，提升品位，城乡面貌发生新变化

抢抓50大庆历史机遇，全面加快城市基础设施建设，览山景观剧场、“三馆两中心”、文化城等标志性工程建成使用，新建改造道路街巷42条，建成过街天桥和地下通道6处，第三污水处理厂污水资源化利用项目如期完工，城市功能进一步完善。推进重点区域、重点地段城市设计和拆迁改造，完成了凤凰碑西侧、文昌路南出口、览山周边等区域拆迁整治，创造性地实施了“一圈九街七个节点”特色街区改造，北京路、中山街、同心路等街道两侧“穿衣戴帽、洗脸修面”效果明显，城市美化、亮化和雕塑工程新颖靓丽，回乡风情得到集中展现，西夏特色正在积极尝试。大力开展环境综合整治，违章建筑、占道经营和户外广告、门头牌匾混乱的“顽疾”得到有效治理，环卫保洁长效机制进一步完善，市容市貌焕然一新。深入实施道路畅通工程和公交优先工程，完善道路交通设施，新购公交车199辆，新设线路50条。园林绿化规模和档次大幅提升，新增改造城市绿化面积682公顷，城市建成区绿化覆盖率、绿地率、人均公园绿地面积分别达到36.8%、35.7%和8.39平方米，农村造林13.5万亩。加快打造“塞上湖城”，城市西南部水系全线贯通，东南部水系扩整工程正在实施。拆除燃煤小锅炉217台，全年空气质量优良天数达到323天，环境质量进一步提高。统筹城乡规划建设，灵武、贺兰、永宁等城镇建设和改造各具特色，城市出入口、高速公路和109国道两侧、机场周边综合整治成效明显。编制完成村庄建设规划，宁东镇等7个特色小城镇建设步伐加快，新建“塞上农民新居”示范点8个，村庄整治示范点82个。城乡人居环境明显改善，被中国城市国际协会授予“中国宜居城市”称号。

（三）坚持锐意创新，优化环境，扩大合作，改革开放取得新成果

加快政府职能转变，深化行政审批制度改革，大力推行“两减少一再造”，削减行政许可事项15项、办事环节212个。扩大政务公开领域，开通市政府门户网站，政务环境进一步优化。全面推行市直机关“扁平化”管理，深化公务员实绩考核，机关效能明显提高。事业单位人事制度改革向纵深推进，园林系统事业单位改革启动实施。建成企业征信数据库和诚信网站，“诚信银川”建设迈出新步伐，获全国诚信建设示范市。顺利完成西湖农场交接，成立阅海集团公司。深化财政体制改革，全面推行国库集中支付，规范政府投资项目管理。加快投融资平台建设，城投公司实力增强，组建了铸龙投资公司，启动与国家开发银行第二轮开发性金融合作，引进3家金融、保险、投资机构，新增10家小额贷款担保公司，在5个乡镇推行土地承包经营权抵押贷款，“农村村民生产发展资金互助组”试点工作进展顺利，提前完成乡镇债务和义务教育债务化解任务。

扩大对外开放，加强与国内外经济文化交流合作，成功举办了2008中国500强企业发布暨中国大企业高峰会、首届中国（宁夏）回商大会暨中国穆斯林企业家（银川）峰会、中沙企业家经贸洽谈会、全国少数民族城市市长联席会等一系列重大活动，招商引资和经贸往来取得丰硕成果，签订了一批事关长远发展的重大项目，实际到位资金230亿元，增长38.8%，利用外资3888万美元。外贸进出口总额12.7亿美元，增长16.6%。授予15名为银川发展做出突出贡献的人士“荣誉市民”称号。

（四）坚持统筹兼顾，全面推进，协调发展，社会事业实现新进步

坚持教育优先发展，新建改造学校43所，九中迁建、三中扩建等项目建成使用，优质教育资源不断扩大，素质教育扎实推进，高标准通过“两基”国检。西夏区、灵武市建成“教育强区（市）”，创建教育强县区任务全面完成。启动职教中心建设，高中教育、学前教育、民办教育、民族教育加快发展。推进科技创新，实施各类科技项目73项，取得科技成果50多项，“科技特派员”创业行动成效突出。加强医疗卫生服务，社区卫生服务体系逐步完善，乡镇卫生院、村卫生室规范化建设步伐加快，手足口病等传染性疾病得到有效控制，卫生监督和食品药品安全监管取得实效。大力实施计划生育奖励扶助、“少生快富”和优质服务工程，人口和计划生育管理服务切实加强，人口自然增长率控制在6.08‰。加快发展文化体育事业，成功举办了首届银川国际风筝节、贺兰山岩画艺术节、第八届国际汽车摩托车旅游节等重大活动，“湖城之夏”、全民健身等群众性文化体育活动蓬勃开展，《月上贺兰》巡回展演取得巨大成功，农村广播电视入户率达98%。保护修缮了鼓楼、南门楼等古建筑，公布了首批非物质文化遗产名录。积极培育回族服饰、茶艺等特色文化产业，获全国文化产业先进市。奥运火炬接力银川传递活动圆满成功，得到了北京奥组委的充分肯定。全面开展创建全国文明城市活动，“四德工程”深入实施，荣获创建全国文明城市工作先进市和全国未成年人思想道德建设先进市。国防动员和人防建设深入推进，获得“全国双拥模范城”六连冠。“民族团结季”活动广泛开展，宗教领域和谐稳定。统计、仲裁、档案、地方志、红十字、残疾人、老年人等各项事业取得新成绩。

民主法制建设切实加强。认真执行市人大及其常委会的决议决定，自觉接受人大依法监督和政协民主监督，认真听取各民主党派、工商联、无党派人士的意见建议，共办理人大代表议案6件、代表建议54件，政协委员提案341件，办复率均达到100%。充分发挥工会、共青团、妇联等群团组织桥梁纽带作用。加强政府立法工作，提请人大审议地方性法规4件，出台政府规章及规范性文件21件，审结行政复议案件17件。推进村民自治等基层民主政治建设，“五五”普法、依法治理和法律援助工作取得新进展。深入开展“迎奥运、保大庆”治安大巡防，严厉打击各类违法犯罪行为，群众安全感明显增强。

（五）坚持以人为本，保障民生，促进和谐，人民群众生活得到新改善

政府承诺为民办的10件实事全面完成。建设康居工程80万平方米，建设经济适用房52万平方米，6100户特困家庭纳入廉租住房保障。深入实施全民创业行动，出台了《大力推进全民创业的实施意见》，加强创业政策扶持和培训服务，新建创业孵化基地、园区19个，培养小老板1255个、小企业1147家，全民创业成果丰硕，创业带就业成效明显，新增城镇就业5.6万人，下岗失业人员再就业1.12万人，城镇登记失业率为3.6%；转移农村劳动力14万人，劳务总收入8.14亿元。城镇职工社会保险扩面工作稳步推进，城镇居民基本医疗保险参保率突破80%，新型农村合作医疗筹资水平提高到100元，参合率达93.8%，失地农民养老保险参保人数达到2.08万人。城乡最低生活保障“应保尽保、动态管理”，低收入家庭价格补贴政策全面落实，保障水平进一步提高。扶贫开发整村推进效果明显，移民地区农民人均纯收入增长18.5%，解决了5.2万农村人口安全饮水问题。建成回民殡仪馆，银川殡仪馆迁建投入使用，社会福利、救助、救灾、救济工作不断加强。全力支援四川地震灾区抗震救灾，捐助2829万元，派出救援人员114人，积极援建活动板房，接收并妥善安置了一批灾区老人和学生。完善公共突发事件应急预案体系，加强应急演练和防震减灾宣传教育，设置救灾物资储备箱70个，公共应急管理能力切实提高。高度重视信访工作，“百日矛盾纠纷大排查大调处”活动取得实效，解决了大量群众关心的难点热点问题，全年信访总量下降近40%。加强安全生产监管，重点行业和领域安全专项整治成效突出，安全生产主要指标全面下降。

（六）坚持以迎接自治区50大庆为主线，推动银川新发展

全力以赴迎接自治区成立50周年大庆，扎实推进“迎大庆、树形象、做贡献、促发展”各项工作。投资70亿元实施大庆重点项目43个，集中力量办成了一批事关长远、事关全局、事关民生的大事，圆满完成了迎大庆各项重大任务。大庆期间，首府市容整洁优美，保障优质高效，城市和谐有序，人民欢欣鼓舞，《腾飞的宁夏》文艺表演、音乐焰火晚会、大庆成就展等活动取得巨大成功，银川对外知名度、美誉度和影响力空前提高，实现了“隆重热烈、节俭务实、安全高效”筹办大庆活动的目标，充分展示了全市各族人民“共同团结奋斗、共同繁荣发展”的丰硕成果，展示了银川建设“两个最适宜”城市的崭新形象，展示了首府人民的良好素质和精神风貌，为自治区成立50周年大庆圆满成功做出了重大贡献，赢得了中央代表团、自治区党委、政府以及各界来宾、各族群众的充分肯定和高度赞誉！

各位代表！过去一年很不平凡，大事多，难事多。在难以预料的国际金融危机冲击面前，我们高度关注、积极应对，及时果断采取一系列行之有效的措施，确保了经济社会平稳较快发展，全面超额完成了各项目标任务，建设"两个最适宜"城市迈出了更加坚实的步伐。一年来，前进的历程极不寻常，取得的成绩实属不易。这是自治区党委、政府和市委正确领导的结果，是市人大、市政协监督支持的结果，是全市人民团结一心、共同奋斗的结果。在此，我代表市人民政府，向奋战在各个岗位上的广大干部群众，向各民主党派、工商联、无党派人士、离退休老同志，向关心支持银川建设发展的驻银部队、武警官兵、人民警察及社会各界朋友们，致以崇高的敬意和衷心的感谢！

在肯定成绩的同时，我们也清醒地看到，我市经济社会发展中还存在一些突出矛盾和问题，政府工作还有一些缺点和不足。主要表现在：一是受国际金融危机影响，工业经济下行压力加大，化工、冶金、纺织等行业市场缩减、订单减少、利润下降，企业生产经营困难加剧，特别是中小企业发展面临严重困难；二是产业整体竞争力不强，缺少带动能力强的龙头企业，产业链层次和产业集聚度较低；三是农业基础仍然薄弱，农村社会事业相对滞后，受主要农产品价格下降和农民外出务工困难增多等影响，农民持续增收难度加大；四是节能减排和环境保护任务艰巨，完成"十一五"期间万元GDP能耗、主要污染物减排等指标压力较大，地表劣五类水等突出环境问题亟待解决；五是保障和改善民生任重道远，就业形势严峻，城区中小学"大班额"问题比较突出，居民消费价格指数仍然偏高，部分低收入群众生活比较困难；六是政府自身建设还需加强，个别部门和工作人员服务意识不强，效能不高，缺乏激情和干劲，创新、创业活力不足，政府工作与党和人民的要求还有一定差距，等等。我们必须本着对银川发展高度负责的精神，采取更加有力的措施，切实解决好这些问题，决不辜负人民群众的期望！

二、2009年工作安排

2009年是建国60周年，也是银川应对危机、抢抓机遇、加快发展的关键之年。做好今年的各项工作，对于保持近年来发展的好势头、顺利实现"十一五"规划目标、推进"两个最适宜"城市建设至关重要。当前，国际金融危机的传导性影响和宏观经济形势的发展变化，使我们既经受着前所未有的挑战和考验，也面临着一系列重大机遇和有利条件。国家实行积极的财政政策和适度宽松的货币政策，出台了扩大内需十项措施、金融促进经济发展若干意见和搞活流通扩大消费七条意见，力保我国经济平稳较快增长，宏观经济环境更为积极和宽松；《国务院关于进一步促进宁夏经济社会发展的若干意见》全面落实，将为我们争取政策、项目和资金，加快跨越式发展注入持久强大的动力；国家确定我市为加工贸易转移重点承接地，有助于我市承接国际国内产业、资本转移，加速产业结构优化升级；自治区大力推进以银川为"龙头"的沿黄城市带建设，对我们发挥区域中心城市带动作用，加快"两个最适宜"城市建设十分有利。特别是近年来，我市经济社会快速发展，综合实力显著提升，自我发展和应对风险能力大大提高。机不可失，时不再来！面对这些新机遇，面对学习实践科学发展观的新要求，面对全市人民的新期望，只要我们始终坚定信心，善于抢抓机遇，勇于攻坚克难，就一定能够化挑战为动力、化危机为契机，赢得主动，占得先机，走出一条符合银川实际的科学发展新路子，实现经济社会平稳较快发展。

按照市委十二届五次全体会议的部署，今年政府工作总的思路是：**深入贯彻落实党的十七大、十七届三中全会和《国务院关于进一步促进宁夏经济社会发展的若干意见》精神，积极应对国际金融危机，以"抢抓历史机遇、加快科学发展"为主线，继续解放思想，深化改革开放，努力化危为机，着力培育优势特色产业竞争力，着力加快城镇化、农业产业化和新农村建设，着力推进环境友好型、资源节约型和创新型银川建设，着力改善民生和促进社会和谐，着力优化发展环境，奋力开创"两个最适宜"城市建设新局面。**

主要预期目标是：地区生产总值增长10.5%左右；地方一般预算收入增长10%以上；全社会固定资产投资增长20%以上；社会消费品零售总额增长13%；城镇居民人均可支配收入、农民人均纯收入分别增长10%和6.5%左右；居民消费价格总水平涨幅控制在4%左右;城镇登记失业率控制在4.6%以内;人口自然增长率控制在8‰以内;单位地区生产总值综合能耗下降5%,化学需氧量和二氧化硫分别减排2.5%以上。

这里需要说明的是,提出以上预期目标,充分考虑了国内外经济环境的复杂性,考虑了国家政策性减税等多种因素,考虑了国家、自治区的预期目标和我市近年来的发展实际。客观地讲,实现这些目标是有一定困难和压力的。因此,做好今年的政府工作,必须把保增长作为首要任务,高度关注国际金融危机对我市的影响,把"保增长、扩内需、调结构、抓民生"有机结合起来,采取强有力措施,积极应对。一要坚定不移地实施项目带动战略。全力争取国家、自治区支持,加大招商引资力度,实施一批牵动力强、关联度高、事关长远的重大项目,市本级安排建设项目78个,总投资70亿元,以扩大固定资产投资拉动经济增长;二要坚定不移地推进发展方式转变。着力培育产业竞争力,做大做强优势特色产业。积极引导企业运用市场"倒逼"机制,苦练"内功",提高核心竞争力。更加注重节能减排、环境保护和自主创新,提高发展质量和效益,创造新的竞争优势;三要坚定不移地破解资金难题。调整优化财政支出结构,预算内资金主要用于保增长、保民生。强化银政银企合作,加强投融资平台和信用担保体系建设,加大对中小企业的融资支持,积极引导社会和民间投资,努力破解资金"瓶颈"制约;四要坚定不移地保障和改善民生。大力发展社会事业,以创业带动就业,完善社会保障体系,改善城乡居民收入和消费预期,增强消费对经济增长的拉动作用,让人民群众更多地分享经济发展成果。

今年,要着力抓好以下十个方面的工作:

(一)加速新型工业化进程,增强工业经济实力

深入实施"兴工强市"战略,更加注重产业集群配套和企业培育壮大,切实增强产业和企业竞争力。

*大力推进"小巨人企业"培育和机械装备制造业"铸龙"工程。*安排工业发展扶持资金6000万元。加强对"小巨人企业"的跟踪指导服务,积极推进工业企业成长管理咨询服务计划,实施"中小企业银河培训工程",不断提升企业的经营管理水平和核心竞争力。突出抓好汽车、风电、数控机床三个"龙头",大力支持为主导产业和龙头企业配套的中小企业,提升机械装备制造业配套协作和产业集聚能力。

*提升"一强五优"产业发展水平。*打好宁东"大会战",进一步做强能源化工产业。加快羊绒产业向产业链高端升级和集群发展,推进生物发酵产业由原料药向成品药延伸,提高装备制造业智能化水平,发展节能、环保、高端新材料产业,开发适销对路的清真食品和穆斯林用品,增强"一强五优"产业整体发展水平。力争工业增加值增长13%以上,其中"一强五优"产业贡献率达到90%以上。

*狠抓重点项目建设。*实施投资1000万元以上工业项目150个,重点抓好灵武电厂二期、华盈矿业5万吨镁合金、盛大集团30万吨二甲醚、张裕葡萄酒等30个投资亿元以上项目建设,完成伊品集团1.5万吨苏氨酸、佳通轮胎15万条全钢子午胎等40个技改项目,推进宁东煤电化重点项目,确保年内完成工业投入200亿元。加快工业园区基础设施建设,完善园区功能布局,促进入园项目快建设、快投产。争取经济技术开发区成为国家级高新技术开发区。

*全力抓好工业生产。*加强工业经济预警监测、运行分析和调节,建立企业直报制度和重点企业联系机制,实施分类指导,狠抓企业增产达产复产工作,保证重点行业、重点企业平稳运行。抓住国家增值税转型改革等有利时机,支持优势企业引进先进装备、高新技术,加快技术改造,调整产品结构,努力开拓市场。加大中小企业信贷担保力度,建立中小企业贷款风险补偿和金融机构奖励制度,支持有条件的企业发行债券和上市融资,把中小企业产品更多地纳入政府采购范围,鼓励引导中小企业和民营经济加快发展。

(二)大力发展都市型现代农业,推进社会主义新农村建设

坚持用工业化、市场化理念发展农业,加快农业产业化和农村城镇化步伐,促进农业增效、农民增收、农村繁荣。

*发展壮大"两强多优"产业。*全面落实各项强农惠农政策,安排农业发展扶持资金6000万元,重点扶持"两强多优"产业发展。稳定粮食生产,提高单产水平,推进粮食生产现代化。加快蔬菜、水果、花卉等产业集约化、设施化生产,新增设施园艺4万亩。继续实施奶产业"铸龙"工程,新增奶牛3万头,促进奶产业稳步健康发展。加快沿山沿河瓜果菜、贺兰山东麓葡萄、沿爱伊河"适水"、灵武长枣、城郊花卉、沿山草畜等"六大产业带"建设,促进优势特色产业

规模化发展,建设引黄灌区现代农业示范区。

推进农业产业化经营。建立完善"市场牵龙头、龙头带基地、基地连农户"的产业组织形式和利益联结机制,新培育产业化龙头企业20个,发展农民专业合作组织20个。办好首届中国(银川)蔬菜花卉园艺博览会,支持山东乐义、上海种都等企业建设现代化种苗繁育基地。建设银川农产品交易中心,支持永宁水果、兴庆花卉、贺兰蔬菜、西夏区肉牛屠宰等农产品交易市场建设,鼓励在东部沿海地区、穆斯林国家设立特色农产品直销、专营店,抓好农产品冷藏、保鲜、运销等关键环节,搞活农产品市场流通。推行农业标准化生产,加强农产品质量安全监管。重视农产品包装、商标注册、品牌培育,增强市场竞争力和占有率。

完善农业社会化服务体系。围绕"两强多优"产业建设一批农业科技创新中心,加强重点关键技术的研究和推广。巩固农业科技服务体系改革成果,继续推进科技承包、技术示范和项目带动。加强农业信息服务平台和信息员队伍建设,加快推进信息服务进村入园。积极开展农业政策性保险试点,防范和化解农业风险。稳定农产品价格,保障化肥等农资供应,整顿规范市场秩序,保障农业经营收入持续增长。

加强农村基础设施建设。高标准建成黄河银川段标准化堤防工程。加快灌区续建配套节水改造,全面推行温棚节水滴灌。大搞农田水利基本建设,建成高标准农田30万亩,严格耕地和水源地保护。推进新农村示范村、"塞上农民新居"示范点建设,新建100户新型示范农宅,改造农村危房5000户,实施农村安全饮水项目7个。大力开展村容村貌整治,加快改水、改厕、沼气、太阳能、有线电视入户工程,加强农村垃圾收集转运处理,不断改善农村人居环境。

加快农村城镇化进程。推进7个重点小城镇建设,培育和发展支柱产业,引导农村二三产业逐步向小城镇集中。加快农村土地确权登记,规范土地承包经营权流转市场,积极推广"土地托管中心"、"土地合作信用社"等模式,发展多种形式的适度规模经营,新增土地流转面积5000亩以上。坚持开发式扶贫和缩小差距并重,继续抓好扶贫开发整村推进,力争移民地区农民人均纯收入增长15%以上。深入开展"百万农民培训工程"和农村劳动力转移"阳光工程",培养新型农民2000人,农村劳动力转移就业12万人次。抓好兴庆区两镇一乡统筹城乡发展试点。探索建立有利于人口合理有序流动的户籍制度及住房、养老、医疗等配套制度,促进农民低成本进城就业和安家落户。

(三)加快发展现代服务业,打造"三个中心一个目的地"

安排服务业发展扶持资金2000万元,强力推进服务业大发展,着力扩大消费,拉动经济增长。

改造提升传统服务业。加快拉普斯购物城、绿地21商城等项目建设,引进知名商贸企业进驻银川,推进新华商业圈业态升级。提升餐饮、娱乐、宾馆服务业层次,加快培育清真美食城、渔人码头、新昌路等特色商业街区。鼓励支持连锁、配送、代理等新型业态,加快发展家政、养老、托幼等社区服务业,方便群众衣食住行。大力实施"万村千乡"市场工程和"三新工程",健全农村市场流通服务网络。推行家电、农机具等下乡,着力扩大农村消费。

加快培育现代服务业。充分发挥银川国际会展中心作用,完善会展业配套服务体系,举办中国西部丝绸博览会、葡萄酒节、羊绒节等一批精品展会,加速会展经济发展。依托经济技术开发区软件园,大力发展动漫和IT产业,鼓励发展软件业服务外包。推进金融、中介、咨询、评估等现代服务业发展。

着力构建现代物流体系。统筹物流产业规划布局,加快银川国际空港物流中心、陆港物流中心、兴庆物流园建设,启动建设铁路物流园,构建立体式现代化综合物流体系,加快建设区域性交通运输中心。加大骨干物流企业引进、培育力度,积极发展第三方物流、快运快递等现代物流模式,加快物流信息化建设。

推进旅游业快速发展。围绕打造运动休闲城市和旅游目的地城市,整合文化、体育、旅游、商贸等休闲产业要素,大力发展运动休闲产业。推进沿山、沿黄河、沿爱伊河三大旅游带建设,引进大企业、大集团进行深度开发。完善重点景区基础设施,办好银川休闲旅游节、赏石旅游节等活动,引导"农家乐"等休闲旅游有序发展,加强区域旅游合作和宣传推介,打造"西北风情"旅游品牌。

促进房地产业稳定发展。加大保障性住房建设力度,新建经济适用房32万平方米,在普通商住小区配建廉租房,改善中低收入家庭住房条件。加强房地产市场调控,建立土地供应、规划调整、房屋销售、

税费减免、信贷支持等调控联动机制，鼓励房地产企业投资开发，降低消费者购房成本，促进有效需求，维护市场稳定。加快房地产交易中心建设，规范二手房交易市场。切实加强物业管理，提高服务水平。

（四）狠抓节能减排和环境保护，推进生态文明建设

坚持生态优先，把节约能源资源、保护环境和生态建设摆在更加突出的位置，加快转变发展方式，促进可持续发展。

狠抓节能减排。严格实行节能减排目标责任制和"一票否决"制，加强节能统计监测和评价考核，强化对重点行业和企业的监管，抓好12家重点企业清洁生产审核，关停一批高耗能、高污染企业。设立节能减排专项资金，支持重点企业加快节能改造，力争单位产品能耗达到国内同行业平均或先进水平。以开发区和工业园区为重点，大力发展循环经济，加快宁东循环经济示范区建设。扶持风电、光伏材料等新能源产业发展。加强城市公用设施节能改造，推进建筑、交通、农业等重点领域节能工作，政府机关带头节能，推动全社会节能行动。

加强环境保护。抓好重点水域污染防治，加快第二排水沟、永二干沟治理。启动化工行业造粒塔粉尘污染治理，加快生物发酵制药企业空气污染治理。推广天然气等清洁能源，拆除燃煤小锅炉50台以上。实施城市生活垃圾资源化综合利用项目。深入开展环境优美乡镇和生态村创建活动，推进农村面源污染整治试点。规范矿产资源开发利用，加强贺兰山东麓、河东等区域生态综合治理，力争实现创建国家环保模范城市目标。

推进生态建设。巩固国家园林城市建设成果，加大城乡绿化力度，新增、改造绿化面积500公顷，人工造林13万亩。加强园林景观设计，实施海宝公园改造，推进节点景观提升、贺兰山路生态林改造等重点工程，打造精品园林。推进绿色通道生态长廊建设，抓好银西防护林、农田防护林、防沙治沙等绿化工程，大力开展全民义务植树。加强湖泊湿地保护和恢复治理，加快东南部水系扩整连通工程，进一步完善城市水系，构建循环的水环境生态圈。

（五）突出完善功能和提升品位，着力建设宜居城市

加快城市建设步伐，倾力打造"塞上湖城、回乡风情、西夏古都"三大特色，争创中国人居环境奖。

加强城市规划设计。争取《银川市城市总体规划（2008－2020年）》尽快获得批准，修编完善金凤区南部、兴庆区东部、贺兰山东麓等重点区域控制性详规。严格规划审批和实施，坚决依法处理违法建设行为。节约集约用地，从严控制新增建设用地。加强城市设计，更加注重人文景观与自然景观的和谐，更加注重建筑造型、色彩和风格的协调，精心规划，精巧设计，精细建设，打造一批城市景观和建筑精品，彰显城市魅力和特色，提升城市品质。

加快城市建设改造。全面启动银川火车站改造和货场搬迁工程，加快推进新站房、站前广场和新货场建设。加快贺兰山体育场、贺兰山水厂、第五污水处理厂等重点项目建设，继续推进道路、街巷改造，完善城市基础设施体系和功能。实施解放街凤凰碑至中医院段、兴庆区东南部等片区改造，抓好清和街、长城路、正源街、湖滨街等特色街区改造。推进城市亮化、美化，新建一批精品雕塑和楼亭牌坊，进一步提升城市形象和文化内涵。

提高城市管理水平。坚持重心下移、分级负责，推进城市管理向纵深、细节、边缘拓展，建设数字化城管平台，构建网络完善、责权分明、关系协调、快捷高效的城市管理新格局。扎实开展环境综合整治，切实解决城乡结合部、城中村"脏、乱、差"问题，推行环卫保洁、垃圾处理市场化，健全完善长效机制，巩固提高卫生城市创建成果。优先发展公共交通事业，调整公交线网和站点布局，提高运营服务水平。加强城乡客运市场和道路交通秩序整治，优化市区交通组织，建设公安交通指挥中心，打造顺畅、有序的城市交通。

（六）优化创业环境，大力推进全民创业

在"宜居"城市建设取得重大进展的基础上，以更实的举措，更大的力度推进全民创业，让全社会创新、创业活力竞相迸发。

完善创业扶持政策。认真贯彻落实中央、自治区推进全民创业的各项政策措施，进一步完善鼓励和支持创业的各项配套政策，清理、规范涉及创业的行政审批事项和收费项目，为创业者营造宽松的政策环境。安排创业发展专项资金1000万元，扩大小额担保贷款扶持范围，提高信贷额度，简化审批程序，建立审批、担保、贷款发放"一站式绿色通道"，解决初始创业者融资难问题。

切实加强创业服务。加大创业培训力度，拓宽

培训渠道,建立3-5家专业培训机构。加快建设创业项目库,开发创业项目1000个。组建创业指导咨询机构和创业专家服务队伍,加强创业孵化园、创业基地、创业街等创业载体建设,启动建设全民创业网络信息平台,为创业者提供全程服务。大力培育创业文化,培养和树立一批创业典型,营造崇尚创业、褒奖成功、宽容失败的和谐创业环境。全年新发展小企业300家,培养一批"小老板"、个体工商户,工商注册同比增长8%,掀起全民创业新高潮。

(七)不断深化改革开放,切实增强发展动力

坚持用改革的办法、开放的思维解决发展中的问题,继续解放思想,创新体制机制,增强发展动力和活力。

深化各项改革。深入推进农村综合改革,稳定和完善农村基本经营制度。深化投融资体制改革,增强城投公司、铸龙公司投融资能力,进一步增进与各金融机构的信贷合作。拓宽农村融资渠道,积极发展小额贷款公司、村级互助合作资金社、村镇银行,扩大农业设施抵押信贷试点。依法加强对国有企业生产经营活动的监管,逐步化解国有企业改革遗留问题。做好西湖农场移交后的经营管理体制改革。推进自来水、天然气、公交、污水处理等公用事业市场化改革,实施城市"一卡通"工程。积极探索"以费养事"模式,加快园林、教育、文化、卫生等事业单位改革。

发展内陆型开放经济。加大招商引资力度,主动承接国际国内产业、资本转移,深化与宁蒙陕甘毗邻地区、长三角、珠三角等地区的战略合作,抓好世界银行"银川投资促进试点项目",进一步优化投资环境,办好清真食品和穆斯林用品节等重大招商节会,做好意向性项目和签约项目对接落实,引进到位资金175亿元。加快外贸增长方式转变,扩大羊绒、机电、清真食品和穆斯林用品等行业出口规模,提高高新技术产品和农产品出口比重。

推进"创新型银川"建设。充分发挥企业科技创新主体作用,加快建立以开放式实验室为核心的自主创新体系,力争建成3个国家级、6个自治区级企业技术中心,新建2个开放式实验室,高新技术企业达到45家左右。鼓励企业、高校、科研机构开展"产学研"合作,加大科技成果转化力度。加快推进国家知识产权战略和品牌战略,积极争创国家和自治区级名牌。深入实施《全民科学素质行动计划纲要》,提高全民科学文化素质。大力培养和引进优秀人才,做好专家服务和引智工作,争取进入国家创新试点城市行列。

(八)统筹发展社会事业,努力构建和谐银川更加注重发展各项社会事业,推进基本公共服务均等化,建设文明、和谐新银川。

优先发展教育事业。巩固提高"两基"成果,加快推进素质教育。优化学校布局,新建改造十五中、实验小学等学校,继续扩大优质教育资源,重点解决兴庆区中小学"大班额"和金凤区、西夏区优质教育资源相对不足等突出问题,推动教育均衡发展。启动基础教育学校综合管理质量试点工程,深化基础教育课程改革,全面推行教师绩效工资制度,实施城乡优质教育资源共享计划,提升教育教学质量。加快发展学前教育,普及高中阶段教育,规范和加强民办教育,支持民族教育发展。大力发展职业教育,加快职教中心建设,确保秋季开学招生。

健全卫生服务体系。坚持公益性原则,抓好医药卫生体制改革试点。推进市医院二期、妇幼保健院二期等卫生基础设施建设。加快社区卫生服务机构剥离转型,实行政府购买社区服务项目和服务群体,完善县乡村三级医疗卫生服务网络,严格执行药品"三统一"制度,搞好"人人享有基本卫生服务"项目试点,做好卫生监督、疾病控制和妇幼保健工作,构建覆盖城乡的医疗卫生服务体系。加强人口计生服务体系建设,重点抓好流动人口和移民地区计生服务管理。强化食品药品质量安全监管,严把食品市场准入和检测关,加快建设全国食品安全先进城市。

繁荣文化体育事业。增加公益性文化事业投入,加强城乡基层文化阵地建设,大力实施文化信息资源共享、农家书屋等工程。搞好第三次全国文物普查,推进贺兰山岩画申遗。精心培育"湖城文化"品牌,创作一批体现回族特色和银川特点的文化精品,开展银川建城2121周年纪念活动。支持银川文化城、动漫基地等文化实体做大做强,培育文化产业基地和创业主体。整顿、规范文化市场秩序。广泛开展群众性精神文明创建活动,争创全国文明城市。完善体育设施布局,发展运动休闲项目,推动全民健身活动蓬勃开展,全力备战第十三届全区运动会。

维护社会和谐稳定。加强信访工作,加大矛盾纠纷排查调处力度,健全"三调联动"机制,畅通民意诉求渠道。深入开展“平安银川”和法治城市创建活动，推进公安“三基”工作和基层司法所规范化建设，完善社会治安防控体系。实行最严格的安全生产监管制度，坚决落实安全生产责任制和责任追究制，深入开展隐患排查整治专项行动，严防重特大事故发生。切实加强市场监管，稳定居民消费品价格。继续深入推进“诚信银川”建设。加大“星级社区”创建力度，发挥基层自治组织作用，培育社会工作者队伍，提高村干部和社区工作者待遇。依法加强宗教事务管理，推进民族团结进步事业。加强国防动员和人防建设，广泛开展双拥共建活动，巩固军政军民团结大好局面。

（九）全力保障和改善民生，让人民群众得到更多实惠

群众关心的事情就是政府必须做好的事情。要坚持民生为本，把发展成果更多地体现在改善民生上，努力使人民生活更幸福。

千方百计扩大就业。把促进就业作为改善民生的重中之重，继续实施积极的就业政策，稳定就业形势。大力发展劳动密集型产业，发挥政府投资项目带动就业的作用，鼓励企业吸纳劳动力，努力拓宽就业渠道。做好大中专毕业生、军转干部、退役士兵和下岗失业人员就业指导服务，加强就业困难人员援助，确保“零就业”家庭动态消零。新增城镇就业岗位4万个，“4050”人员再就业800人。

完善社会保障体系。进一步扩大社会保险覆盖面，重点抓好非公经济组织、灵活就业人员、农民工社会保险扩面工作，提高企业离退休人员养老金标准，探索建立农民养老保险制度。提高城镇居民医疗保险和新型农村合作医疗待遇水平，力争实现城乡居民医疗保险全覆盖。强化社保基金监管，保障基金安全。加强城乡低保规范化管理，加大低收入家庭补贴和救助力度，加快发展社会福利和慈善事业，建设未成年人救助保护中心，做好扶老、救孤、助残、济困工作。

努力为人民群众办实事。今年，继续为人民群众办好10件实事：

1. 改造建设市区中小学10所；

2. 新增公益性岗位500个，实施就业培训3.8万人、创业培训1万人；

3. 新建廉租住房3000套、15万平方米，改造市区危旧房屋10万平方米；

4. 改造小街巷15条；

5. 解决6万农村人口安全饮水问题；

6. 利用城市绿地建设25个运动休闲场地；

7. 新建改建农村公路150公里；

8. 加快城市食品安全设施建设，新建放心早餐配送中心2个，主食品配送网点30个；

9. 为5万名生活困难妇女免费进行妇科体检；

10. 通过法律援助为困难群众免费办理500件诉讼案件。

（十）切实提高执行力，建设服务型政府

严峻的形势、艰巨的任务，对政府工作提出了更高的要求。必须切实加强政府自身建设，打造规范、高效、务实、清廉的服务型政府。

加快转变政府职能。稳步推进新一轮政府机构改革，规范机构设置，明确职责体系，完善管理体制，更好地为市场主体服务，创造良好的发展环境。巩固市直部门“扁平化”改革成果，加快“两集中三到位”步伐，继续清理行政审批事项，取消一批行政事业性收费。加快电子政务建设，推行网上协同办公，办好政府网站，逐步实行行政许可在线审批。完善政府信息公开制度，建设阳光政务。健全应急管理体制机制，启动建设应急指挥中心，适时组织地震应急演练，增强政府公共应急能力。

深入推进依法行政。自觉接受人大及其常委会依法监督和政协民主监督，认真听取民主党派、工商联、无党派人士和人民团体的意见，大力支持人大代表、政协委员开展工作，创造条件让群众更有效地监督政府。健全重大行政决策专家咨询、公开听证和公示制度，问政于民、问需于民、问计于民，提高依法、科学、民主决策水平。加强政府法制工作，大力开展“五五普法”，推进依法治市进程。

着力提高行政效能。严格实行目标管理责任制和行政效能问责制，建立健全考核评价体系，切实提高政府执行力。进一步改进工作作风，精简事务活动，摆脱文山会海，把更多的时间和精力用在保增长、抓落实上，用在解决群众关心关注的具体问题上。加强公务员培训、管理和监督，建设人民满意的公务员队伍。

加强政府廉政建设。全面落实廉政建设各项规定，加强对政府机关工作人员的廉政教育，始终做到“干干净净干事”。坚持勤俭干事业，实行公车、会议、接待、差旅等一般性公务支出“零增长”，建设节

约型机关。严格执行土地出让、招投标、政府采购等制度,加强对财政和项目资金使用的监督检查,坚决治理商业贿赂,严肃查处各类违纪违法案件,以廉政建设的实际成效取信于民。

各位代表!积极应对挑战、努力化危为机,我们重任在肩!抢抓历史机遇、加快科学发展,我们信心满怀!让我们在市委的坚强领导下,全面贯彻落实科学发展观,坚定信心,解放思想,攻坚克难,扎实工作,努力实现经济社会平稳较快发展,奋力推进“两个最适宜”城市建设,以优异成绩向建国60周年献礼!

名词注解

小巨人企业培育工程:重点引导和扶持符合国家产业政策并具成长性的中小企业做强做大,培育和提升中小企业核心竞争力。

铸龙工程:通过“强龙头、固龙身、带龙尾”,扶持龙头企业和配套企业加快发展,培育、壮大产业集群。

一强五优:“一强”指能源化工产业,“五优”指发酵及生物制药、机械电器制造、新材料、羊绒、清真食品和穆斯林用品产业。

适水产业:以水中养鱼、水面养禽、水生种植、水上旅游为主要内容的与水相关的产业。

三个中心一个目的地:区域性物流配送中心、区域性交通运输中心、区域性现代服务业中心和西部旅游目的地城市。

三馆两中心:宁夏科技馆、宁夏博物馆、宁夏图书馆及银川国际会展中心、银川文化艺术中心。

一圈九街七个节点:一圈指北京路、正源街、长城路、丽景街之内的区域;九街指北京路、正源街、长城路、丽景街、新昌路、兴洲街、同心路、中山北街、中山南街;七个节点指新月广场、大团结广场、南门广场、南关清真寺、永安巷、经学院、西环清真寺。

两减少一再造”:减少行政审批事项,减少审批环节,再造行政流程。

两基:基本普及九年义务教育,基本消除青壮年文盲。

四德工程:以社会公德、职业道德、家庭美德、个人品德为主要内容的“礼德工程、信德工程、孝德工程、爱德工程”。

中小企业银河培训工程:国家发改委组织实施的第一个全国性的、国家财政资助并专门针对中小企业及相关机构和组织的培训活动,旨在提高中小企业经营管理人员素质。

两强多优:“两强”指设施园艺和奶产业;“多优”指优质粮食、清真牛羊肉、水产品、长红枣、葡萄、无籽西瓜、花卉等特色产业。

阳光工程:为促进农民工就业,采取“公开招标培训机构、财政资金直补农民、培训保证农民就业”新机制推行的订单培训。

“家电下乡”工程:国家对农民购买纳入补贴范围的彩电、电冰箱、洗衣机和手机等给予一定比例的财政补贴,以促进农村消费,拉动内需。

服务外包:企业将其非核心的业务外包给专业化团队,达到降低成本、提高效率、增强核心竞争力的一种经营管理模式。

“万村千乡”市场工程:商务部实施的农村消费经营网络建设工程,通过连锁店覆盖“万村千乡”,改善农村消费环境,缩小城乡消费差距。

三新工程:自治区供销社开展的“新农村、新合作、新网络”工程,自2008年开始用3年时间在全区建设和改造覆盖所有行政村的服务型农家店4600个。

农村面源污染:在农业生产过程中农药、化肥、地膜等农用物资的不合理和过量使用,以及畜禽粪便等农业废弃物的任意排放而造成的水体、土壤和大气污染。

三统一:统一招标、统一价格、统一配送。

“扁平化”管理:通过减少中间管理层次、压缩部门内设机构、增大管理幅度、提高机关效率的一种新型管理模式。

“两集中三到位”:“两集中”是指将部门审批服务事项相对集中到一个处室,将各部门行政许可服务处室建制集中到市行政服务中心;“三到位”是指各部门许可服务事项进中心到位,中心窗口授权到位,中心窗口负责人配备到位。

关于银川市2008年国民经济和社会发展计划执行情况与2009年国民经济和社会发展计划草案的报告

——2009年2月3日

银川市第十三届人民代表大会第二次会议

银川市发展和改革委员会

各位代表：

受市人民政府委托，现将2008年国民经济和社会发展计划执行情况与2009年国民经济和社会发展计划草案提请市十三届人大二次会议审议，并请市政协各位委员提出意见。

一、2008年国民经济和社会发展计划执行情况

2008年，我市全面贯彻党的十七大和十七届三中全会精神，深入学习实践科学发展观，紧紧抓住重大历史机遇，积极应对各种困难挑战，加快推进"两个最适宜"城市建设，经济社会发展取得令人鼓舞的成绩。全市实现地区生产总值514.11亿元，比上年增长13.3%，超过预期增长目标0.3个百分点。其中第一产业增加值30.23亿元，增长7.3%；第二产业增加值250.71亿元，增长15.1%；第三产业增加值233.17亿元，增长12.2%。地方财政预算总收入64.68亿元，比上年增长19.8%，其中一般预算收入35.8亿元，比上年增长29.6%，超出预期增长目标14.6个百分点。

（一）工业生产快速增长，投入显著增加

实现工业增加值211.46亿元，比上年增长16.3%，"一强五优"产业对工业经济的贡献率达88%。预计规模以上工业企业实现利税23亿元，比上年下降40%左右，盈亏相抵出现较大亏损；工业经济效益综合指数213.1，比上年提高6.1个点。实施投资千万元以上工业项目169个，其中竣工投产57个，完成工业投入180亿元，比上年增长17.6%。神华宁煤煤制二甲醚和煤制烯烃、宝丰集团焦化和甲醇、开元丰友化工合成氨和尿素等重点工业项目进展顺利。积极推动循环经济发展，加强对重点用能企业节能监管，切实抓好节能项目实施，积极申报争取国家专项节能资金支持，节能降耗、清洁生产、资源综合利用、污染治理等工作顺利进行，完成60万只高效照明产品推广任务。

（二）农业生产稳定，设施农业加快发展

继续落实扶持农业发展各项政策措施，各级农村信用社共发放农贷资金1.6亿元。粮食播种面积194.6万亩，比上年下降1.5%；粮食总产量90万吨，比上年增长3%。设施园艺建设力度加大，新增面积4.8万亩，其中85%已投入生产。奶业铸龙工程项目顺利推进，奶牛存栏11.5万头，比上年增长5.2%。多优产业健康发展，建设兴泾镇万头肉牛养殖基地，新开挖改造渔塘0.68万亩，新增葡萄、枸杞、长枣2.2万亩，种植无籽西瓜2万亩。蔬菜产量93万吨，比上年增长19%；牛奶产量29万吨，比上年增长9%；肉类产量4.1万吨，比上年增长6%；水产品产量4万吨，比上年增长19%。围绕"两强多优"产业，采取担保贴息等办法，重点扶持20家龙头企业、20个流通服务组织、10个保鲜库工程。制定出台了《银川市农业设施抵押贷款管理办法》，农业科技人员基层承包服务率达到80%以上，转移农村劳动力7297人。

（三）消费市场旺盛，物价涨幅超出预期

社会消费品零售总额155.77亿元，比上年增长21.6%，超出预期增长目标7.6个百分点。兴庆物流市场带进入功能提升阶段，空港物流园区项目土建工程完成，陆港项目完成立项、设立陆路（二类）口岸审批工作以及起步区工程。旅游业持续发展，旅游产品日臻丰富，成功举办了贺兰山岩画艺术节、汽车摩托车旅游节等重大节会活动。全年接待游客277万人次，旅游总收入21.5亿元，分别比上年增长12.3%和30.6%。商品房销售面积303.6万平方米，销售额86.3亿元，比上年增长6.6%。金融机构各项存款余额993.91亿元，比上年增长22.8%；各项贷款余额965.08亿元，比上年增长23.6%。物价涨幅呈逐月回落趋势，12月份当月回落到2.4%，全年居民消费价格指数累计上涨7.6%，累计涨幅超出预期控制目标2.3个百分点，其中食品价格涨幅过大成为价格总水平上升的主要因素。

（四）投资实现快速增长，重点项目进展顺利

全社会固定资产投资365.69亿元，比上年增长24.9%，超出预期增长目标9.9个百分点；其中房地产开发投资78.6亿元，增长25.3%，新开工建设经济适用住房52万平方米。落实到位国家和自治区各类专项资金5.5亿元，开发银行贷款资金7.84亿元，农业发展银行贷款资金2.59亿元。安排50周年大庆暨市级重点建设项目41个，完成投资26亿元以上。新农村建设及村容村貌整治、贺兰山东路延伸段及立交桥征地拆迁、凤凰碑西北角拆迁、贺兰山东路跨京藏高速立交桥征地拆迁、文萃路延伸至北环高速征地拆迁、阅海览山征地拆迁、城市公园及街头绿化改造、城市景观节点园林绿化美化提升、道路景观林带、亲水大街西侧绿化美化、“三馆两中心”周边基础设施配套及绿化、银古高速黄河大桥东侧匝道及环境整治、银青高速两侧环境综合整治、石中高速公路与银青高速立交桥改造、高速公路路灯、解放街改造、万寿路道路、北三环道路、北四环道路、北京路公交专用通道、50大庆道路交通标线标识标牌完善、50大庆城市亮化、城市文化及名人雕塑、宁安文化公园、银川文化城、银川世界岩画馆、银川国际会展中心、银川文化艺术中心、九中迁建一期、银川览山室外剧场和山体及周边绿化、览山进场道路与给排水及附属工程、三污厂中水回用、市公安局防暴警察支队营地建设33个项目已全部完成；失地农民安置、银川市经济适用房及廉租房、城市公共交通、市第一人民医院改造、干道交通立交及护栏、特色街区改造、小街巷改造7个项目完成年度计划任务；火车站改扩建项目已获得国家批复。

（五）各项改革顺利推进，对外开放成绩显著

行政管理体制改革取得积极进展，重新调整下达了党政机关部门“三定”方案，全面推行“扁平化”管理改革。继续推动城市公用企业改革，完成自来水公司改革方案，完成组建银川市铸龙投资公司方案，进一步做实做强银川市城投公司，提高融资能力。积极稳妥地推进农村土地经营权流转，出台了《银川市土地流转管理办法》，在各乡镇成立土地流转服务中心。财政和投融资体制改革不断深化，出台了《政府投资项目管理办法》和《非经营性政府投资代建项目资金管理办法》，正式启动国库集中支付改革试点。资源要素市场化程度进一步提高，全面启动了闲置土地清理处置工作。加快推进地方金融市场发展，与国家开发银行签署了第二轮金融合作协议，新增金融机构2家。积极推进企业上市工作，拟订了扶持上市企业奖励资金方案。城镇居民基本医疗保险体系建设取得积极进展，在全区率先推行药品“三统一”信息化建设，实现了对药品购销各环节、全方位监控。外贸保持较快增长，实现进出口总额12.7亿美元，比上年增长16.6%，其中出口8.75亿美元，比上年增长16.7%，超出预期增长目标1.7个百分点。招商引资取得丰硕成果，签约招商引资项目97个，实际到位资金230亿元，比上年增长38.8%。新批外商投资企业10家，实际利用外资额3888万美元。

（六）各项社会事业协调发展，就业形势平稳

全力推进创新型银川建设，自主创新能力和科技进步水平不断提高，实施各类科技项目73项，取得科技成果50项，科技成果转化率达到90%以上，新增国家和自治区级重点实验室3个、工程技术中心和企业技术中心3家。加大教育投入，切实改善办学条件，圆满完成“两基”攻坚任务，创建“教育强县（区）”工作全面完成。银川九中迁建一期建成投入使用，宝湖中学具备了开学条件，三中扩建、回中迁建等项目进展顺利。全面落实“三免一补”政策，切实解决弱势群体子女公平受教育问题，从资金、教师、设备等方面向农村和基础薄弱学校倾斜，促进了义务教育均衡发展。抓好乡村卫生院（室）规范化建

设，调整完善新型农村合作医疗制度，全市27所乡镇卫生院和286所村卫生室全部达到规范化建设标准，新型农村合作医疗参合率达到93.8%。推进城镇居民基本医疗保险工作，加强和提升医疗救治能力，基本形成了覆盖全市的急救网络体系，有效应对和处置了卫生突发事件。做好就业服务，支持全民创业，新增城镇就业人数5.6万人，超出预期目标1.6万人；城镇登记失业率3.6%，低于4%的预期控制目标。城乡社会保障水平不断提高，城镇参加基本养老保险人数26.8万人，新增3万人；发放城镇低保金1.01亿元，发放农村低保金1717万元。城镇居民人均可支配收入14458元，比上年增长18.7%，超出预期增长目标8.7个百分点；农民人均纯收入4916元，比上年增长14.3%，超出预期增长目标6.3个百分点。认真落实安全生产责任制，预防和减少事故发生，全市安全生产形势总体平稳，亿元GDP生产安全事故死亡率0.31人，比上年下降35.4%。稳定低生育水平，人口自然增长率6.08‰，低于预期控制目标1.92个千分点。

总的来看，2008年我市国民经济和社会发展计划执行情况是好的。在充分肯定成绩的同时，我们也要清醒地看到发展中面临的矛盾和问题：一是受国际金融危机冲击，我市工业下行压力加大，企业投资、利润以及用工需求减少，对经济社会各方面发展的影响逐步呈现。二是农民收入增长空间缩小，奶产业受外地乳制品安全事件冲击，农业产业抵御自然和市场风险能力依然不强。三是价格总水平一度持续高位运行，虽然下半年已有所回落，但结构性价格矛盾仍然不同程度存在。四是就业形势日趋严峻，社会保障能力不足，一些民生工程欠帐较多，低收入群体生活比较困难。五是节能减排、环境保护、安全生产等方面与国家标准有一定差距，统筹经济发展和社会和谐的任务艰巨。

二、2009年经济社会发展的总体要求和主要目标

2009年经济社会发展的总体要求是：**全面贯彻党的十七大和十七届三中全会精神，以邓小平理论和“三个代表”重要思想为指导，深入落实科学发展观，以“抢抓历史机遇、加快科学发展”为主线，积极应对国际金融危机，把保持经济平稳较快增长作为首要任务，着力转变经济发展方式，提高可持续发展能力，着力深化改革开放，加快自主创新步伐，着力改善民生，促进社会和谐发展，着力优化发展环境，奋力开创“两个最适宜”城市建设新局面，为顺利实现十一五规划目标奠定坚实基础。**

2009年经济社会发展主要预期目标是：

——地区生产总值589亿元，增长10.5%左右；

——地方财政一般预算收入39.9亿元，增长10%以上；

——全社会固定资产投资440亿元，增长20%以上；

——社会消费品零售总额176亿元，增长13%；

——居民消费价格总水平上涨4%左右；

——外贸出口总额9.45亿美元，增长8%；

——城镇居民人均可支配收入15900元，增长10%左右，农民人均纯收入5236元，增长6.5%左右；

——城镇登记失业率控制在4.6%以内，新增城镇就业人数4万人；

——年末总人口156.2万人，增长2.6%，人口自然增长率控制在8‰以内；

——单位地区生产总值能耗降低5%；

——化学需氧量减排2.5%，二氧化硫减排2.5%；

——亿元GDP生产安全事故死亡人数下降3.2%。

三、2009年经济社会发展的主要任务和措施

（一）加快工业结构优化升级

加快发展“一强五优”产业，加快重大项目建设达产速度，推动工业结构优化升级，确保完成工业投入200亿元。促进工业园区向特色化发展，加快技术创新步伐，大力推进品牌战略，提升企业核心竞争力。全力抓好宁东能源化工基地基础设施建设，做大做强能源化工产业，积极促成中电投青铝电解铝第二系列、川化合成氨尿素、盛大100万吨二甲醚、水洞沟电厂2×60万千瓦机组、华电灵武电厂2×100万千瓦机组等项目开工建设。抓好银川经济技术开发区华盈镁合金、鄂尔多斯羊绒、威骏拖拉机等已开工项目建设。继续推进“小巨人企业”培育工程和机械装备制造业“铸龙”工程，按照“龙头企业－产业链－产业集群”发展思路，实施大企业带动战略，培育壮大产业集群。加大银川市中小企业综合授信担保贷款力度，缓解企业融资难问题。引导企业加强管理，提高产销衔接水平，压缩资金占用，切实提高企业经济效益。加强企业家队伍建设，大力提升企业

人才素质，夯实企业发展基石。优化资源开发利用模式，扎实推进节能降耗和环境保护，抓好重点节能项目实施，严格控制高耗能项目建设，不断提高资源综合利用效率。

（二）加快发展现代农业

加强粮食生产现代化建设，全市优质粮食面积稳定在170万亩左右。全面提高粮食生产机械化水平，大力推进粮食生产标准化，实施"种子工程"，推广节本增效，大力发展有机绿色粮食产业，加快粮食创高产示范区建设，改造中低产田20万亩，推广测土配方施肥140万亩。新增设施园艺面积4万亩，其中二代节能温棚2万亩、小弓棚2万亩，建设10个千亩万间设施园艺园区。继续大力推进奶业铸龙工程，加强奶源基地建设，新增奶牛3万头，重点扶持1－2个奶业龙头加工企业开展技术创新，壮大经济实力，建立与农户长期稳定利益联接机制。扩大肉牛肉羊养殖规模，支持规范化养殖小区建设。新增水产品养殖面积0.4万亩，新增葡萄基地1万亩，花卉基地0.3万亩，长枣基地1.5万亩，枸杞基地0.2万亩。大力发展特色农产品加工业，巩固提升特色农产品生产加工基地，扶持农产品流通和产业化经营企业。继续推进"三改一池"、农村安全饮水、村容村貌综合整治、示范村建设、塞上农民新居和农村困难户住房危房改造工程，改善农民群众的生活环境和居住条件。加强生态防护林体系和黄河金岸建设，启动实施现代农业示范县（贺兰县）、银西防洪及水资源利用、城市东南部水系改造建设项目。加快推进农村综合配套改革和城镇化建设，进一步改善农业和农村发展环境。

（三）加快发展现代服务业

强化规划的基础保障和指导作用，完善促进服务业发展的配套措施，加快构筑高增值、多层次、广就业、强带动的现代服务业体系。构造公路、铁路、航空综合交通物流体系，完善大交通协调机制，加快空港、陆港建设，提升区域交通运输中心功能。规范提高市场带建设水平，调整优化商业核心区业态，合理配置商业资源，建设各具特色、功能齐全的便民商业服务网点，推进兴庆物流园建设，启动建设铁路物流园区，强化区域物流配送中心地位。积极发展生产性服务业以及会展、信息、中介等新兴服务业，丰富旅游服务内涵，加快景区基础设施建设，进一步增强区域中心城市辐射带动能力。继续调整住房开发区域布局，优化住房供应结构，新建经济适用住房32万平方米、廉租住房15万平方米。继续加强金融工作，积极应对世界性金融危机，优化金融业态，活跃资本市场，强化诚信建设，落实好金融促进经济发展的各项政策。用好服务业专项扶持资金，筹划、筛选、储备一批服务业发展项目，加快实施拉普斯购物城、绿地银川21商城、建发现代城等商贸项目。

（四）争取投资较快增长

抢抓机遇，认真做好项目规划和储备，做深做细项目前期工作。对确定开工和预备开工建设项目，积极落实各方面的建设条件，切实提高项目前期工作质量。加强政府投资项目管理，严格执行基本建设程序，把好技术规范关，坚决制止随意扩大建设规模，提高建设标准，造成决算突破概算，形成"尾巴"工程。多渠道筹集资金，进一步创新投融资机制，努力拓宽投融资渠道。落实国务院《关于进一步促进宁夏经济社会发展的若干意见》，做好重大项目对接工作，积极争取各方面资金。进一步开放民间投资领域，积极支持符合产业政策的社会自主性投资快速增长。积极盘活国有存量资产，继续抓紧申请国债和中央、自治区专项资金，多渠道解决政府投资项目资金来源。进一步加强与金融部门的合作，利用好国家政策性银行贷款，努力扩大与各大商业银行及其他金融企业的合作，增加企业融资规模。初步安排市本级及国有投资基本建设项目78个，其中续建项目24个、新建项目54个，总投资规模69.92亿元。确定2009年市级重点建设项目20个：黄河银川兴庆区段标准化堤防、宁东能源基地基础设施、城市东南部水系扩整及周边生态绿化、贺兰山路东延伸公路、海宝公园、西门桥改造、第五污水处理厂、银川火车站改扩建、街巷改造、贺兰山水厂、银川市廉租住房、银川市职业技术教育中心及基础设施、中小学校改扩建、银川市第一人民医院改扩建二期、贺兰山体育场、历史文化街区保护、市党校学员楼、银川市应急指挥中心、银川陆港项目、银川市运动休闲旅游设施及大众体育健身设施。

（五）深化改革扩大开放

深化行政管理体制改革，继续推进政府职能转变，强化公共服务和社会管理职能，规范和清理行政许可审批事项，在推进政府收支分类改革基础上，建立科学的财政管理制度。深化国有企业改革，继续推进国有企业改革改制，加快推进公用、垄断性行业改革,进一步改善非公有制经济尤其是中小企业发展的体制环境。加快农村综合配套改革,建立城乡统筹发展机制。推进科技、文化、教育、社会保障体制改革,为促进经济社会协调发展提供体制保障。进一步改善投资环境,努力扩大对外开放领域,积极发展对外经济贸易,加强对外经济技术合作,有针对性的开展多种形式的招商引资活动,加强和完善区域合作共同发展机制,积极构筑内陆开放型经济新格局,力争全年引进到位资金175亿元。

(六)积极促进社会和谐发展

以改善民生为重点,积极引入市场机制,多渠道加大对社会事业的投入,不断改善和提高人民群众的生活质量。加快推进以企业为主体的技术创新体系建设,着力实施重大关键技术攻关,提升对外科技合作层次水平,强化经济社会发展的科技支撑能力。优化教育结构,促进义务教育均衡发展,扩大优质教育资源,大力提升职业教育规模层次,实施一批学校项目建设。全面推行农村新型合作医疗,大力发展社区卫生服务,科学合理调整优化卫生资源,加快市第一人民医院改扩建二期、市妇幼保健院二期等医院项目建设,大力推进人人享有基本医疗卫生服务工作,进一步提高人民群众健康水平。继续抓好公共就业服务,强化职业技能和创业培训,多渠道创造就业机会,切实帮助失业人员、困难群体和大中专毕业生就业。进一步完善社会保障服务体系,扩大社会保障覆盖面,健全完善覆盖城乡的社会救助体系,不断提高社会保障水平。采取有效措施稳定物价,下大力气抓好市场有效供给,严厉打击各类价格违法行为,及时安排好城乡低收入群体的生活,切实保护弱势群体利益。构建安全生产长效管理机制,突出抓好隐患排查整治、安全生产宣传教育和安全生产监察执法工作,有效遏制较大事故、坚决杜绝重特大事故发生,创造平安和谐的经济社会发展环境。

各位代表!做好今年的经济社会发展工作,任务艰巨,意义重大。我们一定全面贯彻党的十七大和十七届三中全会精神,深入学习实践科学发展观,继续保持旺盛的工作状态,坚定信心,迎难而上,抓住机遇,加快发展,以优异的成绩向新中国成立60周年献礼!

附:银川市2009年国民经济和社会发展计划草案主要指标表

银川市2009年国民经济和社会发展计划草案主要指标表

指标名称	计算单位	2007年	2008年				2009年		备注
		实际	计划	增长%	实际	增长%	预期	增长%	
一、地区生产总值	亿元	425.75	470	13	514.11	13.3	589	10.5	
其中:第一产业增加值	亿元	24.9	27	5	30.23	7.3	32.5	4	
第二产业增加值	亿元	202.5	235	16	250.71	15.1	291.5	12	
工　业	亿元	170.03	200	20	211.46	16.3	247.5	13	
建筑业	亿元	32.47	35	7	39.25	9.3	44	8	
第三产业增加值	亿元	198.35	208	11	233.17	12.2	265	9.5	
二、地方财政一般预算收入	亿元	27.64	31.8	15	35.8	29.6	39.9	10以上	
三、全社会固定资产投资	亿元	292.69	337	15	365.69	24.9	440	20以上	
四、社会消费品零售总额	亿元	128.1	146	14	155.77	21.6	176	13	
五、居民消费价格指数	%	105.3		低于上年	107.6	7.6	104	4左右	
六、进出口总额	亿美元	10.9	12.3	13	12.7	16.6	14	10	
其中:出口	亿美元	7.5	8.6	15	8.75	16.7	9.45	8	
七、人民生活									
城镇居民人均可支配收入	元	12185	13400	10	14458	18.7	15900	10	
农民人均纯收入	元	4303	4650	8	4916	14.3	5236	6.5	
八、人口、就业和社会保险									
年末总人口	万人	148.79	152.8	2.7	152.27	2.3	156.2	2.6	
人口自然增长率	‰	6.8	8以内	1.2	6.08	-0.72	8以内	1.92	
城镇新增就业人数	万人	5.3	4	-24.5	5.6	5.7	4	-28.6	
城镇登记失业率	%	3.7	4以内	0.3	3.6	-0.1	4.6以内	1	
城镇参加基本养老保险人数	万人	23.8			26.8	12.6	27.5	2.6	
九、环境保护									
单位地区生产总值能耗	吨标准煤	2.29	2.19	-5	2.17	-5	2.06	-5	
化学需氧量	万吨	2.53	2.62	-2	2.38	-6.12	2.32	-2.5	
二氧化硫排放量	万吨	2.13	2.02	-2.88	2.08	-2.43	2.03	-2.5	
十、亿元GDP生产安全事故死亡人数	人	0.48			0.31	-35.4	0.3	-3.2	

注:(1)价值量指标绝对值以当年价格计算,生产总值增长速度以可比价格计算,其他指标增速以当年价格计算;

(2)生产总值、能耗、化学需氧量、二氧化硫排放量2007年实际数有调整,2008年计划数不做相应调整;

(3)2008年实际为统计快报数。

关于2008年银川市及市本级预算执行情况与2009年全市及市本级预算草案的报告

——2009年2月3日

银川市第十三届人民代表大会第二次会议

银川市财政局

各位代表：

受市人民政府委托，现将2008年全市及市本级预算执行和2009年全市及市本级预算草案的报告提请大会审议，并请市政协委员和其他列席会议人员提出意见。

一、2008年全市及市本级预算执行情况

2008年，在市委的正确领导和市人大、政协的监督关心指导下，全市各级财政部门认真贯彻落实党的十七大、十七届三中全会和市委十二届四次全体会议精神，以科学发展观为指导，准确把握国家宏观调控政策，克服金融危机带来的诸多困难，埋头苦干，开拓进取，圆满完成了市十三届人大一次会议确定的各项财政预算任务。全市及市本级一般预算和基金预算，均实现了收支平衡，略有结余。

根据财政快报（下同），2008年全市地方财政预算总收入完成64.68亿元，增长19.8%，其中地方财政一般预算收入完成35.82亿元，为年度预算的115.2%，超收4.73亿元，增长29.6%。自治区各项补助收入34.96亿元。全市财政一般预算支出完成62.9亿元，增长30.4%。

市级财政一般预算收入完成27.09亿元，为银川市代编预算的114.6%，增长24.4%，超收2.7亿元。自治区各项补助收入19.68亿元。一般预算支出完成41.04亿元，增长25.5%。上解自治区支出0.80亿元。

市本级财政一般预算收入完成17.86亿元，为年度预算的107.6%，增长20.1%，超收1.26亿元。自治区各项补助收入19.68亿元。辖区上解收入0.65亿元。一般预算实际支出完成24.08亿元，同比增长19%。上解自治区0.8亿元，补助辖区支出9.26亿元。

全市政府基金收入完成28.86亿元，增长10.8%；自治区各项补助收入1.69亿元，基金支出29.65亿元，增长14%。市级政府基金收入完成19.63亿元，增长14.6%；自治区各项补助收入0.68亿元，基金支出20.38亿元，增长18.66%。市本级政府基金收入完成16.69亿元，与去年基本持平；基金支出14.27亿元，增长8.8%。

上述执行结果，在决算编制汇总和上下级结算事项办理完毕后，还会有所变化。我们将在年中的市人大常委会会议上，详细报告2008年全市及市本级财政决算情况。

按照《银川市人民代表大会常务委员会预算监督条例》的要求，现就2008年预算执行的有关情况进行说明：

一是关于收入预算执行情况。2008年全市财政收入预算执行呈现明显的“前高后低”。上半年，我市财政收入特别是税收保持了高速增长，但进入第4季度后，受到金融危机影响，税收快速下滑。各级财税部门主动迎接挑战，一方面采取综合财税措施，帮助企业渡过难关；另一方面依法征管、应收尽收，确

保完成了全市财政收入目标。

二是关于支出预算执行情况。2008年全市各级财政部门紧紧围绕全市中心工作，加快支出进度，努力保障重点项目和民生支出，有力促进了经济建设和社会事业发展。全市财政支出突破90亿元大关，市级支出突破60亿元大关，市本级支出接近40亿元，均是近10年来支出增幅最高的年份。市本级科技、社会保障、医疗卫生、环境保护、城乡建设、农林水支出按可比口径计算分别增长14.6%、17%、36.9%、78.8%、19.3%、43.9%，此外，"五十"大庆各项支出得到全面落实。为了全力做好"两基"迎国检工作，自治区财政2007年年底拨付1.1亿元资金，集中用于改善义务教育办学条件、启动义务教育债务化解等工作，2008年教育支出剔除上述因素后，可比增长38.1%。文化体育支出剔除2007年览山及文化艺术中心的建设资金，可比增长30.95%。

三是关于市本级超收安排情况。2008年市本级财政超收1.26亿元，其中税收超收1.01亿元，非税收入超收2563万元。经市第十三届人大常委会第八次会议批准动用超收5000万元平衡当年预算，其余全部结转，并统筹安排用于2009年市本级预算。市本级基金收入超收9.4亿元，经市第十三届人大常委会第八次会议批准土地出让金收入动用5亿元，因向国家审批新增建设用地，需缴纳新增建设用地有偿使用费，本级实际动用6.5亿元平衡预算。

2008年市本级财政工作重点抓了以下四个方面：

（一）不断壮大财政实力，落实支持政策，促进跨越式发展的能力稳步提高

在认真组织地方收入的基础上，把争取上级资金支持，作为财政工作的重要任务进行部署安排。国务院《关于进一步促进宁夏经济社会发展的若干意见》和中央扩大内需刺激经济增长的十条措施出台以后，我市各级财政部门普遍建立了项目对接责任制，领导带头跑、部门盯着跑，提高了落实资金项目的预见性、针对性和有效性。经过多方努力，去年我市市级共争取到中央和自治区财政专项补助资金15.3亿元，加上财力性补助，自治区共下达各项资金20.3亿元，比上年增加6.9亿元，增长50.75%，创历史最高水平。为促增长、保民生提供了强有力的资金支持。同时，坚持多措并举、广辟财源的大理财观，全年征收政府基金16.7亿元，到位政府信用贷款11.49亿元，签约和实际利用外国政府和国际金融组织贷款5.6亿元，通过财政贴息、信用担保等手段拉动信贷资金投放近40亿元。初步测算，2008年全市各项政府性资金和财政融资的规模达到150亿元，占地区生产总值30%，成为我市跨越式发展进程中极为重要的资金保障渠道。

为促进工业、农业和服务业的发展，市财政先后出台了一系列措施，充分发挥财政资金引导和优惠政策扶持作用，推动产业结构调整和企业技术改造。为积极落实国务院《关于进一步促进宁夏经济社会发展的若干意见》，我市财政部门进一步加强与上级财政部门的沟通，采取"跑上去汇报"和"请下来调研"的方式，积极争取自治区财政支持，基础设施建设、现代农业、扶贫、教育、社保等方面的项目对接工作进展顺利。为做好"保增长、扩内需"工作，积极落实市委扶持重点工业企业发展6项财政措施，及时下达工业扶持资金和中小企业担保资金3000多万元。同时在最短时间内将中央下达的扩大内需专项资金1.33亿元全部拨付到位，适时调度资金1亿多元，启动了贺兰山体育场、"黄河金岸"、东南部水系等一批重点建设项目，支持县区加快重点项目建设，体现了"出手要快，出拳要重，措施要准，工作要实"的总要求。

（二）不断优化支出结构，突出保障重点，促进科学发展的能力稳步提高

坚持促进发展、改善民生，坚持调整结构、突出重点，使财政在促进我市经济社会又好又快发展上发挥了作用。一是着力优化环境。筹措资金20多亿元，保证了28个"50大庆"重点项目和41个必保项目的资金需求。支持完成了"三馆两中心"、览山剧场等一批标志性工程，投入资金实施了凤凰碑西侧等区域拆迁整治、新月广场等"一圈九街七个节点"特色街区改造、北京路等街道两侧的"穿衣戴帽、洗脸修面"工程及城市美化、亮化工程，回族风情和西夏特色得到了集中体现。二是着力做大做强优势特色产业。工业扶持专项资金支出1.1亿元，深入实施"小巨人"企业培育工程和机械装备制造业"铸龙"工程，加快形成工业园区优势特色产业化集群，提升产业规模效益。积极支持清真食品、保健品和穆斯林用品产业发展，支持中小企业开拓国际市场，支持节能减排，改善能耗结构，提高三废利用率。向中小企业信用担保中心注入资本金2000万元，缓解了中小企业融资难问题。支出2000万元扶持服务业发展，努力构建“三个中心一个目的地”。围绕农业增效、农民增收，支农专项资金支出1.57亿元，重点用于扶持扩大农业产业规模、实用关键技术推广、农村流通网络建设和新型农民培训。把现代都市农业作为农业产业调整的主攻方向，产业发展格局初步形成，产业规模效益逐步显现。投入1927万元，完成了芦草洼总排干、西大沟整治等9项水利建设工程。投入农业综合开发专项资金1924万元，改造中低产田2万亩，扶持产业化项目4个。发放涉农补贴2500多万元，农民人均160元，大幅度增加了农民的现金收入。三是着力改善民生。大力支持社会保障事业发展，全年投入民政、卫生、劳动等社会保障性资金2.93亿元。其中发放小额担保贷款940万元，贷款329户，1920个下岗失业人员实现了再就业。拨付200万元专项资金购买200个公益性岗位，优先安排“零就业”家庭成员就业。加大资金补贴力度，全面启动全民创业行动，支持开展职业培训、职业介绍，提高失业人员就业能力，新增城镇就业5.6万人。积极扩大养老、失业、医疗、工伤和生育保险的参保覆盖面，重点扩大非公有制企业职工和灵活就业人员的参保范围。加大城乡最低生活保障力度，投入低保资金7280万元，23500户，4.9万城乡低收入人员享受到了低保补贴。加大公共卫生体系建设投入，新型农村合作医疗进一步提标，城镇居民医疗保险参保率突破80%。加大对残疾人扶贫解困、危房改造、康复医疗、残疾人就业培训的支持和社会保障力度，使更多的残疾人从中受益。实施“公交优先”工程，财政补贴资金5000多万元，融资1亿元，新购公交车199辆，新建公交场站两处，新开公交线路50条。四是着力推动社会事业发展。全年投入教育专项资金3.09亿元。其中投入4000多万元对60所中小学操场进行了改造，使我市城市中小学操场全部披上了“彩装”，构成了一道靓丽的校园风景；投入4820万元新建、改建、扩建中小学11所；投入5712.20万元对119934名义务教育阶段和1700名高中低保、农村救助家庭的学生免除了学杂费。投入职业教育资金3332万元，加强职业教育基础设施建设。以中小学危房改造、“三免一补”、中小学教师工资发放等为主要内容的义务教育投入机制逐步完善，教育教学条件进一步改善。科技投入3127万元。大力支持科技攻关、科技特派员创业行动，积极推动实施能源化工、发酵及生物制药、新材料、奶产业、长枣和设施园艺等八大技术研究。支出1300万元支持文化事业，繁荣文化市场。支持开展《月上贺兰》国内巡演，打造《腾飞宁夏》大型文艺节目，提升“湖城之夏广场文化季”等文化品牌，支持举办了迎奥运火炬银川传递、国际风筝邀请赛等重要活动。支持完成了艺术中心、文化城、西塔戏院等一批文化设施建设，为我市文化事业的发展奠定了坚实的物质基础。

(三)不断完善财政相机抉择机制，加快反应速度，促进和谐社会构建的能力稳步提高

各级财政部门突出解决薄弱环节和热点难点问题。2008年6月底，市级1.4亿元的乡镇债务得到化解，8月底，1.2亿元的义务教育债务也全部化解。我市顺利通过国家“两基”验收，各级财政部门逐一排查落实、不遗巨细整改、及时下拨专项资金，国家教育督导组对财政支持教育发展的决心和力度给予了高度评价。“五十大庆”是2008年全区各族人民政治生活中的一件大事，支出1.86亿元资金，为我市机关事业单位干部职工、城乡低保对象及离退休人员等发放了效能奖励和生活补助。

2008年，针对我市年初遭受的冰雪冻害，紧急下拨生活救助和设施农业恢复重建资金736万元；针对上半年居民消费品价格特别是食品价格上扬的状况，支出资金4340万元，两次提高了城乡低保补助标准；汶川大地震发生后，拨付308万元为赴四川抢险救援队伍配备装备器材，同时提高我市自身的抗震物资储备和地震预报监测能力；拨付8380万元，对全市6307辆城乡公交客运车、出租车实施成品油价格补贴，减轻了成品油调价对城市公共交通、农村客运及出租车行业的影响；针对“三鹿”奶粉事件，我市及时出台了5项支持奶业恢复生产的措施，同时支出资金48万元，对食用问题奶粉婴幼儿进行了免费筛查、诊疗。

(四)不断深化财政改革，提高理财水平，促进制度创新的能力稳步提高

按照建立现代财政管理制度的要求，从多个角度推进财政制度创新：在政府间财政关系上，加大对辖区资金转移的力度，全年共下达财力性转移支付和专项资金12.19亿元，比上年增加3.39亿元，增长38.52%，提升了三区财政保障运转、改善民生、促进发展的能力。在预算管理制度上，推行了“两上两下”的部门预算编制程序和全员参与、集体审核、现场监督的预算编制方法。全面推行国库集中支付，将186家全额预算单位全部纳入国库集中支付系统，集中支付资金7.02

亿元。成立了政府采购领导小组,对一些不规范、不合法的采购事项,采取了拒付、处罚和通报的办法。适时开展了政府采购专项检查和宣传工作,预算采购资金1.51亿元,采购合同资金1.4亿元。在资金运行机制上,充分发挥财政杠杆作用,推行“以奖代补”机制;运用资本融资、担保、保险、贴息等方式,探索建立了特色优势产业发展的综合政策体系;通过统一管理、集中使用、市场运作的整合模式,使政府培训资金效益最大化,受到了财政部和自治区财政厅的高度重视和充分肯定。2008年,通过资源整合,充分利用社会培训资源优势,共有35家社会培训机构,承担了8大类66个专业的培训,整合培训资金1320万元,培训各类人员43318人次,培训人数比整合前增长16%,培训费用下降24%。在会计管理上,推行新的企业会计准则,狠抓会计从业人员队伍建设。

总体看,2008年我市的财政工作,在相机抉择灵活应变、在集中资金兴办大事、在为民理财改善民生、在深化改革创新制度等方面,进行了一些探索,取得了一定成绩。这是市委正确领导的结果,也与市人大、政协的指导监督和县(市)区、各部门的大力支持配合密不可分。

2008年预算执行和财政工作中也还存在一些问题:一是财政收入的基础尚不牢固,抵御风险的能力较弱;二是自身财力水平不高,依靠自治区支持的比重较大,财政仍然处于比较困难的发展阶段;三是辖区财政还比较困难,在享受公共资源方面还存在一定差异;四是预算编制不细,约束力不强;五是政府债务负担较重,管理还需加强。对这些问题我们将高度重视,并采取有效措施,努力加以解决。

二、2009年全市及市本级预算草案

今年是新中国成立60周年,也是全面落实扩大内需促进经济增长各项政策和国务院《若干意见》的关键一年,安排并落实好2009年的收支预算,对于扭转经济下行趋势、调整优化经济结构、加强和改善民生等方面,都具有十分重要的意义。

根据自治区经济工作会议、财政工作会议精神,2009年预算编制和财政工作的总体要求是:深入贯彻党的十七大、十七届三中全会和《国务院关于进一步促进宁夏经济社会发展的若干意见》精神,按照市委十二届五次全会要求和部署,以“抢抓历史机遇、加快科学发展”为主线,采取多种措施,努力增加财政收入,积极发挥财政职能作用,奋力推动“两个最适宜”城市建设。实行积极的财政政策,扩大政府公共投资,增加群众收入。优化财政支出结构,着力支持优势特色产业和优势骨干企业,促进经济增长、结构调整和城乡协调发展,保障和改善民生。推行财政制度改革,坚持增收节支、统筹兼顾、留有余地的方针,加强财政科学管理,坚持依法理财,提高财政资金绩效。

为了认真做好2009年全市及市本级预算草案的编制工作,市人民政府对经济财政形势做了全面分析判断,认为收入形势比较复杂,机遇与挑战并存。有利因素:国务院出台的《关于进一步促进宁夏经济社会发展的若干意见》必将加快我市跨越式发展步伐,带动财政增收;实行积极财政政策,部分投资项目落实到我市后,将带来财政收入增加;国家确定我市为加工贸易转移重点承接地、自治区实施沿黄城市带发展战略,以及近几年建设完成的基础设施项目,为我市财政收入增长奠定了坚实的基础。不利因素:国际金融危机对实体经济的影响正在进一步加深,预计我市部分企业今年上半年的税收仍无法保证;国家已连续出台多项税制改革和减税政策,并停征166项行政事业性收费,税收和非税收入都将存在较大的政策性减收。

支出方面,由于2008年全国特别是东部地区所得税收入大幅下滑,因此2009年自治区财政对我市一般性转移支付的增幅可能大大低于近几年的水平;实施积极的财政政策,我市将不断加大改善民生力度,扩大投资规模,因此这“一减一增”势必会加大财政支出压力,2009年的收支矛盾将更为突出。

按照总体要求以及我市经济社会发展预期情况,市人民政府编制了2009年市本级财政预算草案。

全市地方财政一般预算收入为39.93亿元,可比增长10%。加上自治区各项补助收入15.55亿元,调入资金0.26亿元,全市当年一般预算资金来源为55.47亿元。依据收支平衡的原则,财政一般预算支出相应安排为55.47亿元,同比增长20.6%(银川市汇总代编)。

市级地方财政一般预算收入为29.82亿元,可比增长10.0%。加上自治区各项补助收入6.27亿元,调入资金0.26亿元,市级当年一般预算资金来源为36.35亿元。依据收支平衡的原则,财政一般预算支出相应安排为36.35亿元,同比增长31.8%(银川市汇总代编)。

市本级一般预算收入安排为19.64亿元,可比增长10%。加上所得税返还1.6亿元、财力性转移等自治区补助收入6.27亿元、上解收入0.65亿元,调入资金0.26亿元。市本级财政当年一般预算资金来源为26.83亿元。依据收支平衡的原则,2009年市本级当年财政总支出也相应安排26.83亿元,增长28.8%,其中:上解自治区财政支出0.82亿元,补助辖区转移支付资金3.26亿元,调出资金0.29亿元,市本级可用财力22.56亿元,可比增长18.8%。

全市政府基金预算收入22.23亿元;基金预算支出22.23亿元,收支平衡。市级政府基金预算收入17.7亿元;基金预算支出17.7亿元,收支平衡。市本级基金预算收入16.7亿元;基金预算支出16.7亿元,可比增长34.6%。收支平衡。

考虑到去年基数较高,今年经济形势较为复杂等客观因素,2009年适当降低了财政收入的预算增幅,但市人民政府按照财政收入与国内生产总值预期增幅相适应的原则作了适当调增,以体现积极稳妥的要求。

为了进一步提高预算编制的准确性、完整性,2009年全市及市本级预算草案编制口径做了一些调整。

一是认真落实财政部印发的《地方政府向本级人大报告财政预、决算草案和预算执行情况的指导性意见》的要求,绝大部分补助数额均按照2008年实际执行数进行了编列,对税收返还采取了"上年执行数加预计增加数"的方法编列。

二是2009年支出预算中,包含了自治区财政已明确补助的专项转移支付2.56亿元和预计补助辖区的专项转移支付3.4亿元,这是我市第一次把自治区专项资金纳入到预算编制范围中。

三、2009年财政预算的重点内容和主要任务

(一)围绕"保增长",扩大支出规模,努力促进经济发展

扩大政府公共投资。安排7.98亿元(含自治区资金3亿元)的重大项目建设资金,用于贺兰山体育场、银川火车站新站房、东南部水系、黄河金岸等基础设施建设。安排5800万元的统筹基建资金,积极配合有关部门,抓紧做好中央、自治区新增投资的项目储备、申报、争取和落实工作。采取有效措施,继续争取中央、自治区财政增加对我市财力性和专项转移支付的投入。

促进工业经济加快发展。进一步完善财税扶持政策,支持我市企业在应对挑战中实现转型提升,做大做强。安排6000万元支持工业发展资金,重点用于培育"小巨人"企业和实施"铸龙"工程。积极筹措资金解决破产企业职工身份置换等问题。在资金使用上,主要采取贷款贴息和"以奖代补"等方式,带动更多的信贷资金和社会资金投放,起到乘数效应和倍增效应。

实行结构性减税减费政策。全面落实消费型增值税,对小规模纳税人降低增值税征收率,继续执行暂免征收储蓄存款利息所得税,落实降低住房交易税收的政策,落实出口退税政策,支持劳动密集型和高技术含量、高附加值产品出口,取消和停征166项行政事业性收费,积极落实促进中小企业发展的财税优惠政策。

建立财政大口径资金运作平台。综合采取拨款、调度、"以奖代补"、贴息、注入资本金、国债、外债、鼓励商业银行贷款等多种灵活方式,突出资金供给。积极争取外债规模,多方吸引国际金融组织和外国政府贷款,深化政府信用平台建设,鼓励企业通过资本市场融资。

(二)围绕"扩内需",落实调控政策,努力调节收入分配

实施积极的就业政策。大力支持全民创业行动,发挥好政府公共投资和重大项目带动就业的作用。妥善安排购买公益性岗位、义务教育"特岗计划"等综合性就业工作所需资金。支持中小企业和服务业吸纳就业。加大对下岗失业人员和农民工的职业技能培训力度。加大就业援助。对困难企业实施缓缴社会保险费、降低社会保险费率等政策,稳定用工岗位。大力支持人才工作,落实引进人才的各项财政补助措施。研究探索低保资金、救助资金的"购物券"发放模式,形成即期消费。

开拓城乡消费市场。安排发展服务业专项资金2000万元,主要用于扶持商贸物流、信息产业、旅游项目开发等基础设施建设和优势骨干企业发展,全力打造"三个中心一个目的地"。积极做好家电下乡补贴工作,支持健全农村流通网络,增强社区服务功能,拉动城乡消费。

增加群众收入。继续提高企业退休人员基本养老金水平,初步确定按照月人均140元的标准增加养老金。从今年1月1日起,分别按照月人均10元和15元的标准,提高农村和城镇居民最低生活保障补助水平,继续提高五保供养对象补助标准。适时提

高优抚对象和建国前老党员抚恤和生活补助标准，进一步提高"少生快富"奖励标准。进一步提高社区(居委会)工作者的工作待遇，将生活补贴标准由原来的平均560元提高到800元以上，并全部纳入社会养老、医疗和失业保险。

继续规范津补贴。安排1.9亿元。积极落实事业单位岗位绩效工资，特别是义务教育学校教师绩效工资制度改革；从"以钱养人"向"以钱养事"转变，通过购买服务等多种方式，推进事业单位分配制度改革。严格规范津补贴发放，积极开展第二步机关事业单位规范津贴补贴工作，逐步提高生活补贴标准。

(三)围绕"调结构"，突出支持重点，努力做强优势特色产业

加大"三农"投入。安排农林水专项资金支出1.32亿元。安排农业产业结构调整等支出6000万元，重点扶持"两强多优"产业发展。加快特色果蔬基地建设，推进蔬菜、水果、花卉等园艺产业集约化、设施化生产。继续实施奶产业"铸龙"工程，扩大奶牛养殖规模，促进奶产业稳步健康发展。稳定粮食生产，提高单产水平，保持优质粮食播种面积。加快"六大产业带"建设，促进优势特色产业规模化经营。积极培育农业产业化龙头企业，发展农民专业化合作组织。加大农业科技投入，支持农业科技创新和推广等工作。安排3500万元，加强农业基础设施建设，提高农业综合生产能力。进一步完善政策性农业保险体系。采取"以奖代补"等方式鼓励金融部门加大对农业产业的贷款投入。安排1000万元，加大对塞上农民新居、农村林业、农村基础设施等建设。进一步增加对农村教育、医疗卫生、文化等投入，促进农村公共事业发展。安排资金2070万元，认真落实粮食直补、农资综合补贴、良种补贴和农机购置补贴政策，切实增加农民现金收入。

转变发展方式。安排6850万元，引导环保资金投向节能减排，对节能环保产品实行强制和优先政府采购政策。支持推广高效节能产品。加大财政科技投入，鼓励企业自主创新，推动高新技术成果产业化。完善中小企业担保体系，促进中小企业发展。支持企业开拓国际市场。

实现协调发展。安排扶贫资金500万元，开展扶贫"整村推进"和贫困地区农村劳动力技能培训；安排以奖代补资金720万元，推进小城镇和新农村示范村、"塞上农民新居"示范点等建设。大力开展农田水利基本建设，实施农村安全饮水项目，实施农村改水、改厕、沼气、太阳能、有线电视入户工程，不断改善农村人居环境。

(四)围绕"重民生"，体现理财为民，努力推动社会事业进步

围绕改善民生，健全财政改善民生的综合保障机制和长效机制。筹措资金支持解决群众最关心、最直接、最现实的问题，切实保障惠民政策落实实处，促进社会和谐发展。进一步做好市政府为民办10件实事工作，细化预算编制，把2009年安排的重点民生支出落实到了具体项目上，做到项目透明、标准公开、渠道统筹、全程监控。

扩大就业渠道。安排就业与创业资金7498万元。其中安排就业补助资金5100万元，实施就业安置、劳动技能培训，不断创造和拓宽就业渠道，缓解就业压力。安排700万元，解决新增"4050"就业公益性岗位500个，优先安排"零就业"家庭成员就业。安排185万元，重点解决大学毕业生到基层挂职锻炼的生活补贴。安排500万元，注入小额贷款担保中心，着力解决中小企业生产经营资金困难，扶持中小企业渡过难关。安排资金1000万元，积极鼓励开展全民创业，多方面地创造和增加就业机会。

关注民生问题。安排城乡社区养老、医疗及住房保障资金2.3亿元，其中安排2000万元，积极配合开展农民养老保险试点工作，努力解决和保障好失地农民的养老保险。安排7000万元，重点解决城乡低收入家庭的生活保障。安排2700多万元，重点解决城市居民和农民医疗保险和大病医疗保险。安排150万元为5万名贫困妇女免费进行体检；安排50万元为6000名从事有毒有害行业岗位职工免费体检一次；安排700万元开展农民工"四送"活动、对贫困家庭、离退休人员及劳动模范进行慰问。安排1000万元，重点解决残疾人的生活、就业及培训工作。安排1740万元，解决离退休人员、职工生育等医疗保障。安排9000万元，加快兑现干部职工住房货币化补贴政策。

保障教育优先发展。教育专项共安排支出6.3亿元。巩固"两基"成果，优化学校布局，全力推进职业教育发展。其中安排5.6亿元，用于建设职业教育中心、新建改造10所中小学。继续实施中小学操场和标准化高中建设，对寄宿制学校的餐厅、厕所、浴室、洗衣设备进行改造和配置，着力缓解"大班额"、

“大通铺”问题。安排7000万元，将小学和初中的人均公用经费补助标准提高到300元和500元。并继续做好农村中职困难学生免学费补助、高中阶段贫困学生生活费补助、高校和职业学校家庭经济困难学生资助等工作。

实施保障性安居工程。安排1.1亿元，加快保障性安居工程的建设，执行住房公积金增值收益和土地出让净收入用于廉租住房保障的规定，确保人均住房面积低于13平方米的低收入群体全部纳入廉租住房保障范围，结合农村危房改造和塞上农民新居工程，启动村庄综合整治和人畜饮水到村到户工程，全面提升我市新农村建设水平。

促进卫生和文化事业发展。安排医疗卫生专项经费1300万元。健全基层医疗卫生服务体系，建立基层医疗卫生机构经费保障和激励补助的长效机制。进一步完善新型农村合作医疗、城镇居民基本医疗保险制度，提高基金补偿比例，规范基金管理，并与城乡医疗救助资金统筹使用。在市级以上医疗机构中开展优势专科建设。强化预防保健、重大传染病防治等公共卫生工作。安排1000万元支持文化产业发展，围绕“精品文化”和“基层文化”两大重点，加大财政保障力度。积极推进运动休闲城市创建工作。围绕打造运动休闲城市和旅游目的地城市，整合文化、体育、旅游、商贸等休闲产业要素，大力发展运动休闲产业。

加强应急体系和机制建设。安排6700万元，重点用于食品安全、消防站点、公共安全应急中心及安全保障装备建设。加大公共安全投入，支持科技强警，实施司法经费保障体制改革。全力支持城乡中小学危房拆建改造，提升防灾减灾科技水平，增强灾害监测预警能力。充实防灾减灾资金和物资储备。

化解政府债务。建立健全偿债准备金制度，完善偿债风险机制，每年安排500万元的债务风险基金，增强化解债务能力，严格控制政府债务规模，降低政府债务风险。安排10.2亿元着力化解政府债务。其中安排8.2亿元用于偿还到期的国债、外国政府贷款及银行贷款本息；安排1亿元解决历年征地拆迁补偿；安排9200万元，解决以前的工程项目资金；安排500万元注入债务风险基金。

（五）围绕“促改革”，注重完善机制，努力提高财政管理水平

完善财政体制。完善市和辖区财力与事权相匹配的体制。适度扩大对辖区的一般性转移支付规模，完善转移支付分配办法。逐步建立辖区基本财力保障机制，促进我市基本公共服务均等化进程。深化税收制度改革，规范非税收入管理。支持税务机关推进税制改革，用减税、退税或抵免的方式减轻税收负担，促进企业投资和居民消费。做好增值税转型改革实施工作，推动产业结构调整和技术升级。进一步规范非税收入管理，逐步将预算外资金全部纳入预算管理。对现有收费基金进行清理、整合和规范。

狠抓增收节支。始终保持财政增收力度不减，全面推进财税库银税收收入电子缴库横向联网，支持税务部门做好社保基金代征工作。严格控制一般性支出，对公务购车用车、会议经费、公务接待费用、出国（境）经费、部门单位业务费等支出实行零增长。对一般性的出书、研讨、纪念、庆典等活动，由部门单位自行解决。盘活行政事业单位办公用房和土地资源。严格控制党政机关信息化建设项目，促进资源整合。积极推行公务卡管理改革。

推进预算管理制度改革。进一步深化综合预算改革试点，规范部门预算。进一步简化国库集中支付手续。狠抓预算执行，对市本级所有部门单位的人员经费和公用经费实行统一拨付，提高预算执行的均衡和效率。深化政府采购制度改革，提高服务水平。推进非税收入收缴管理制度改革，逐步将预算外资金全部纳入预算管理，对现有收费基金进行清理、整合和规范。加强行政事业单位国有资产管理，推动建立资产监管与预算管理相结合的机制。

加强财政监管。积极推进财政政务公开，自觉接受人大、审计和社会各方面监督。健全覆盖所有政府性资金和财政运行全过程的监督机制，强化事前和事中监督，促进监督与管理的有机融合。加强对政府投资的监督检查和投资评审，保障资金使用的安全、合规、有效。强化政府性债务管理，建立健全偿债准备金制度，防范财政风险。加强对企业和行政事业单位财务管理、会计信息质量、会计师事务所等方面的监督与行业管理。

各位代表，2009年的财政工作任务十分艰巨，全市各级财政部门将以科学发展观为统领，在市委的坚强领导下，落实本次大会确定的各项任务，统一思想、坚定信心、攻坚克难、奋力开拓，努力为银川跨越式发展和“两个最适宜”城市建设做出新的更大的贡献。

中华人民共和国
2008年国民经济和社会发展统计公报

2009年2月26日

2008年，全国各族人民在党中央、国务院的领导下，以邓小平理论和“三个代表”重要思想为指导，深入贯彻落实科学发展观，万众一心，顽强拼搏，努力克服历史罕见的特大自然灾害和国际金融危机冲击的不利影响，国民经济保持较快发展，各项社会事业取得新的进步。

一、综合

初步核算，全年国内生产总值300670亿元，比上年增长9.0%。分产业看，第一产业增加值34000亿元，增长5.5%；第二产业增加值146183亿元，增长9.3%；第三产业增加值120487亿元，增长9.5%。第一产业增加值占国内生产总值的比重为11.3%，比上年上升0.2个百分点；第二产业增加值比重为48.6%，上升0.1个百分点；第三产业增加值比重为40.1%，下降0.3个百分点。

图1 2004－2008年国内生产总值及其增长速度

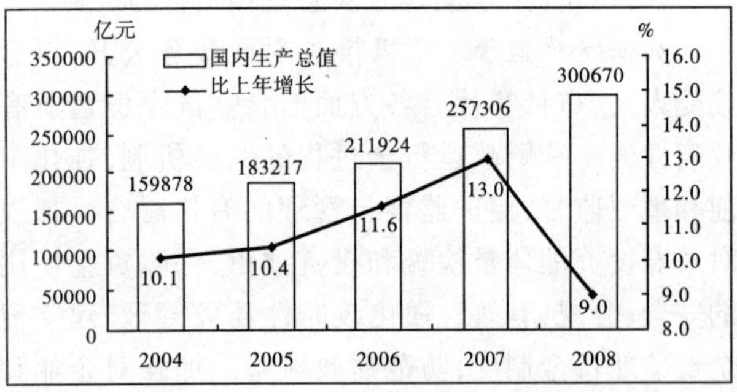

居民消费价格比上年上涨5.9%，其中食品价格上涨14.3%。固定资产投资价格上涨8.9%。工业品出厂价格上涨6.9%，其中生产资料价格上涨7.7%，生活资料价格上涨4.1%。原材料、燃料、动力购进价格上涨10.5%。农产品生产价格上涨14.1%。农业生产资料价格上涨20.3%。70个大中城市房屋销售价格上涨6.5%，其中新建住宅价格上涨7.1%，二手住宅价格上涨6.2%；房屋租赁价格上涨1.4%。

图2 2004－2008年居民消费价格涨跌幅度

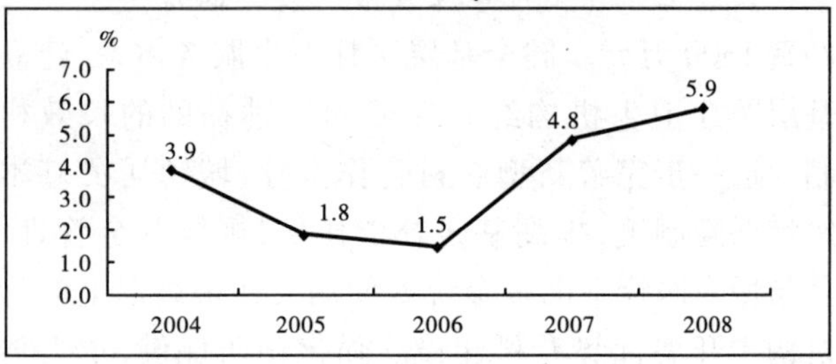

表1 2008年居民消费价格比上年涨跌幅度

单位：%

指　标	全 国	城 市	农 村
居民消费价格	5.9	5.6	6.5
食 品	14.3	14.5	14.0
其中：粮食	7.0	7.2	6.7
肉禽及其制品	21.7	22.6	20.0
油脂	25.4	24.9	25.9
鲜蛋	3.7	3.8	3.6
鲜菜	10.7	10.5	11.3
鲜果	9.0	8.9	9.3
烟酒及用品	2.9	3.1	2.6
衣 着	－1.5	－1.8	－0.6
家庭设备用品及服务	2.8	3.0	2.4
医疗保健及个人用品	2.9	2.8	3.2
交通和通信	－0.9	－1.6	0.7
娱乐教育文化用品及服务	－0.7	－0.9	－0.1
居 住	5.5	4.3	8.2

年末全国就业人员77480万人，比上年末增加490万人。其中城镇就业人员30210万人，净增加860万人，新增加1113万人。年末城镇登记失业率

为4.2%，比上年末上升0.2个百分点。

年末国家外汇储备19460亿美元，比上年末增加4178亿美元。年末人民币汇率为1美元兑6.8346元人民币，比上年末升值6.9%。

图3 2004－2008年年末国家外汇储备

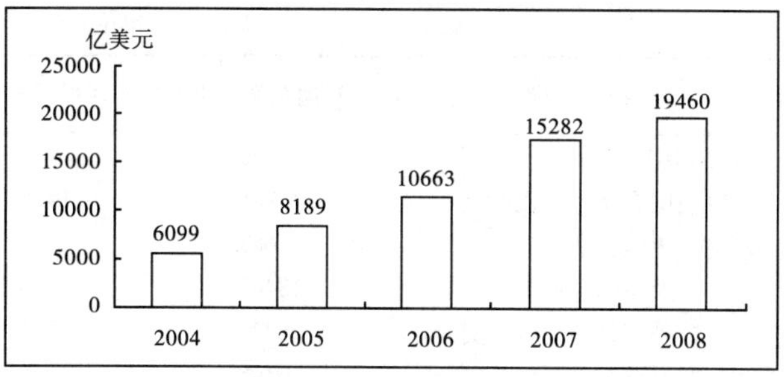

全年税收收入57862亿元（不包括关税、耕地占用税和契税），比上年增加8413亿元，增长17.0%。

图4 2004－2008年税收收入及其增长速度

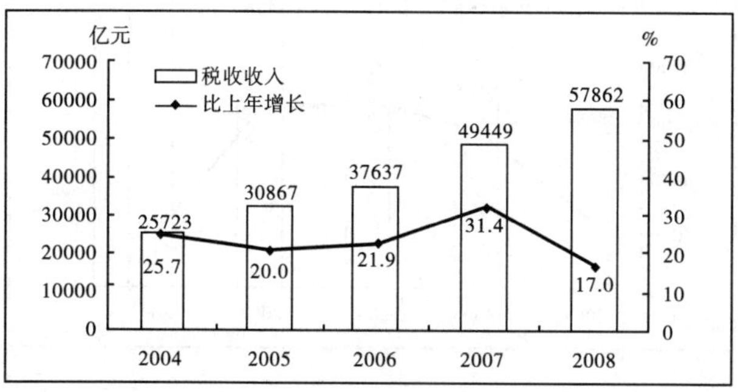

二、农业

全年粮食种植面积10670万公顷，比上年增加106万公顷；棉花种植面积576万公顷，减少17万公顷；油料种植面积1271万公顷，增加139万公顷；糖料种植面积193万公顷，增加13万公顷。

全年粮食产量52850万吨，比上年增加2690万吨，增产5.4%。其中，夏粮产量12041万吨，增产2.6%；早稻产量3158万吨，与上年基本持平；秋粮产量37651万吨，增产6.7%。

图5 2004－2008年粮食产量及其增长速度

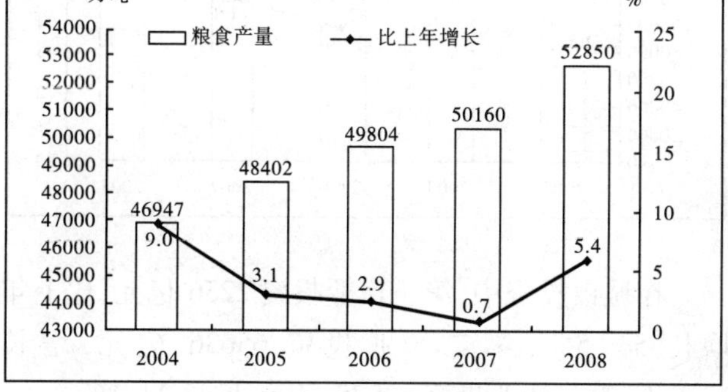

全年棉花产量750万吨，比上年减产1.6%。油料产量2950万吨，增产14.8%。糖料产量13000万吨，增产6.7%。烤烟产量260万吨，增产19.6%。茶叶产量124万吨，增产6.4%。

全年肉类总产量7269万吨，比上年增长5.9%。其中，猪肉产量4615万吨，增长7.6%；牛肉产量610万吨，下降0.5%；羊肉产量376万吨，下降1.8%。生猪年末存栏46264万头，增长5.2%；生猪出栏60960万头，增长7.9%。牛奶产量3651万吨，增长3.6%；禽蛋产量2638万吨，增长4.3%。

全年水产品产量4895万吨，增长3.1%。其中，养殖水产品产量3426万吨，增长4.5%；捕捞水产品产量1469万吨，与上年持平。

全年木材产量7894万立方米，增长13.2%。

全年新增有效灌溉面积117.9万公顷，新增节水灌溉面积139.0万公顷。

三、工业和建筑业

全年全部工业增加值129112亿元，比上年增长9.5%。规模以上工业增加值增长12.9%，其中国有及国有控股企业增长9.1%；集体企业增长8.1%，股份制企业增长15.0%，外商及港澳台商投资企业增长9.9%；私营企业增长20.4%。分轻重工业看，轻工业增长12.3%，重工业增长13.2%。

图6 2004－2008年工业增加值及其增长速度

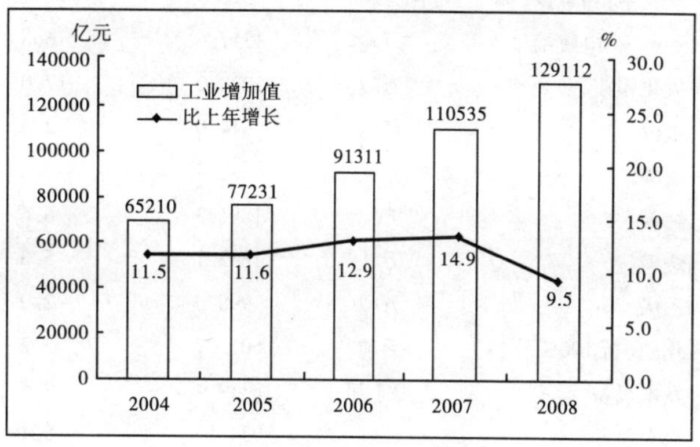

全年规模以上工业中，煤炭开采和洗选业增加值比上年增长19.1%，石油和天然气开采业增长6.1%，文教体育用品制造业增长18.2%，燃气生产和供应业增长26.8%，农副食品加工业增长15.0%，通用设备制造业增长16.9%，交通运输设备制造业增长15.2%，通信设备、计算机及其他电子设备制造业增长12.0%，电气机械及器材制造业增长18.1%，化学纤维制造业增长2.2%。6大高耗能行业比上年增长10.0%，其中，非金属矿物制品业增长16.9%，

黑色金属冶炼及压延加工业增长8.2%,化学原料及化学制品制造业增长10.0%,有色金属冶炼及压延加工业增长12.3%,电力热力的生产和供应业增长8.6%,石油加工炼焦及核燃料加工业增长4.3%。高技术制造业增加值比上年增长14.0%。

表2　2008年主要工业产品产量及其增长速度

产品名称	单　位	产　量	比上年增长%
纱	万吨	2148.9	3.9
布	亿米	710.0	5.1
化学纤维	万吨	2415.0	0.1
成品糖	万吨	1449.5	14.0
卷烟	亿支	22198.8	3.5
彩色电视机	万台	9033.1	6.5
家用电冰箱	万台	4756.9	8.2
房间空气调节器	万台	8230.9	2.7
一次能源生产总量	亿吨标准煤	26.0	5.2
原煤	亿吨	27.93	4.1
原油	亿吨	1.90	2.2
天然气	亿立方米	760.8	9.9
发电量	亿千瓦小时	34668.8	5.6
其中:火电	亿千瓦小时	27900.8	2.5
水电	亿千瓦小时	5851.9	20.6
粗钢	万吨	50091.5	2.4
钢材	万吨	58488.1	3.4
十种有色金属	万吨	2520.3	5.9
其中:精炼铜(铜)	万吨	378.9	10.1
电解铝	万吨	1317.6	6.8
氧化铝	万吨	2278.2	17.0
水泥	亿吨	14.0	2.9
硫酸	万吨	5132.7	-5.2
纯碱	万吨	1881.3	6.6
烧碱	万吨	1852.1	5.3
乙烯	万吨	998.3	-2.9
化肥(折100%)	万吨	6012.7	3.2
发电设备	万千瓦	13319.4	2.5
汽车	万辆	934.55	5.1
其中:轿车	万辆	503.7	5.0
大中型拖拉机	万台	21.7	6.9
集成电路	亿块	417.1	1.3
程控交换机	万线	4584.0	-14.9
移动通信手持机	万台	55964.0	2.0
微型电子计算机	万台	13666.6	13.2

1-11月全国规模以上工业企业累计实现利润24066亿元,比上年同期增长4.9%。

全年全社会建筑业实现增加值17071亿元,比上年增长7.1%。全国具有资质等级的总承包和专业承包建筑业企业实现利润1756亿元,增长12.5%,其中国有及国有控股企业509亿元,增长21.8%;上缴税金2058亿元,增长20.0%,其中国有及国有控股企业771亿元,增长24.7%。

表3　2008年1-11月规模以上工业企业实现利润及其增长速度

单位:亿元

指　　标	利润总额	比上年同期增长%
规模以上工业	24066	4.9
其中:国有及国有控股企业	7985	-14.5
其中:集体企业	687	29.5
股份制企业	13467	11.4
外商及港澳台投资企业	6374	-3.1
其中:私营企业	5495	36.6

图7　2004-2008年建筑业增加值及其增长速度

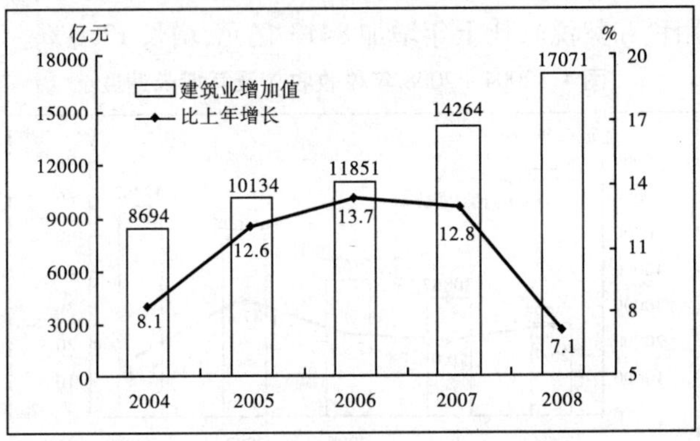

四、固定资产投资

全年全社会固定资产投资172291亿元,比上年增长25.5%。分城乡看,城镇投资148167亿元,增长26.1%;农村投资24124亿元,增长21.5%。分地区看,东部地区投资87412亿元,比上年增长20.9%;中部地区投资45384亿元,增长32.6%;西部地区投资35839亿元,增长26.9%。

图8　2004-2008年固定资产投资及其增长速度

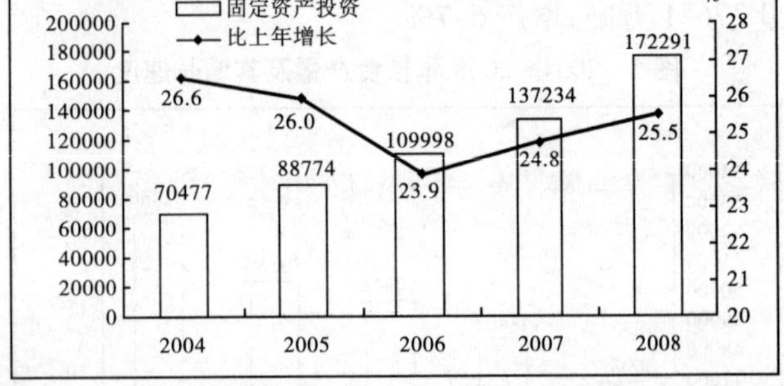

在城镇投资中,第一产业投资2256亿元,比上年增长54.5%;第二产业投资65036亿元,增长28.0%;第三产业投资80875亿元,增长24.1%。

表4　2008年分行业城镇固定资产投资及其增长速度

单位:亿元

行　　业	投资额	比上年增长%
总　　计	148167	26.1
农、林、牧、渔业	2256	54.5
采矿业	6913	31.5
其中:煤炭开采及洗选业	2411	33.6
石油和天然气开采业	2715	22.0
制造业	46345	30.6
其中:农副食品加工业	2058	25.7
食品制造业	1137	17.8
纺织业	1534	1.3
纺织服装、鞋、帽制造业	896	19.0
石油加工、炼焦及核燃料加工业	1832	29.4
化学原料及化学制品制造业	4787	35.5
非金属矿物制品业	4113	46.6
黑色金属冶炼及压延加工业	3240	23.8
有色金属冶炼及压延加工业	1854	43.1
金属制品业	2189	38.5
通用设备制造业	3224	38.3
专用设备制造业	2265	34.1
交通运输设备制造业	3787	39.1
电气机械及器材制造业	2334	45.1
通信设备、计算机及其他电子设备制造业	2463	17.6
电力、燃气及水的生产和供应业	10484	15.4
其中:电力、热力的生产与供应业	9045	14.4
建筑业	1294	30.4
交通运输、仓储和邮政业	15552	19.7
信息传输、计算机服务和软件业	2130	17.1
批发和零售业	3166	29.2
住宿和餐饮业	1735	30.5
金融业	247	62.6
房地产业	35215	23.0
租赁和商务服务业	1296	50.6
科学研究、技术服务和地质勘查业	708	35.9
水利、环境和公共设施管理业	12262	32.2
居民服务和其他服务业	316	34.2
教育	2355	6.0
卫生、社会保障和社会福利业	1057	30.6
文化、体育和娱乐业	1423	26.0
公共管理和社会组织	3411	23.2

全年房地产开发投资30580亿元,比上年增长20.9%。其中,东部地区18325亿元,增长17.1%;中部地区6287亿元,增长31.7%;西部地区5967亿元,增长22.7%。按工程用途分,商品住宅投资22081亿元,增长22.6%;办公楼投资1112亿元,增长7.4%;商业营业用房投资3200亿元,增长14.9%。

表5　2008年固定资产投资新增主要生产能力

指　　标	单　位	绝对数
新增发电机组容量	万千瓦	9051
22万伏及以上变电设备	万千伏安	23222
新建铁路投产里程	公里	1719
增建铁路复线投产里程	公里	1935
电气化铁路投产里程	公里	1955
新建公路	公里	99851
其中:高速公路	公里	6433
港口万吨级码头泊位新增吞吐能力	万吨	33099
新增光缆线路长度	万公里	99
新增数字蜂窝移动电话交换机容量	万户	28855

表6　2008年房地产开发和销售主要指标完成情况

指　　标	单　位	绝对数	比上年增长%
新增发电机组容量	万千瓦	9051	
投资完成额	亿元	30580	20.9
其中:住宅	亿元	22081	22.6
其中:90平方米以下住宅	亿元	6416	50.7
其中:经济适用房	亿元	983	19.7
房屋施工面积	万平方米	274149	16.0
其中:住宅	万平方米	216671	16.0
房屋新开工面积	万平方米	97574	2.3
其中:住宅	万平方米	79889	1.4
房屋竣工面积	万平方米	58502	-3.5
其中:住宅	万平方米	47750	-4.2
商品房销售面积	万平方米	62089	-19.7
其中:住宅	万平方米	55886	-20.3
本年资金来源	亿元	38146	1.8
其中:国内贷款	亿元	7257	3.4
其中:个人按揭贷款	亿元	3573	-29.7
本年购置土地面积	万平方米	36785	-8.6
完成开发土地面积	万平方米	26033	-5.6
土地购置费	亿元	5795	10.9

五、国内贸易

全年社会消费品零售总额108488亿元,比上年增长21.6%。分地域看,城市消费品零售额73735亿元,增长22.1%;县及县以下消费品零售额34753亿元,增长20.7%。分行业看,批发和零售业零售额91199亿元,增长21.5%;住宿和餐饮业零售额15404亿元,增长24.7%;其他行业零售额1885亿元,增长3.7%。

在限额以上批发和零售业零售额中,粮油类零售额比上年增长22.7%，肉禽蛋类增长22.3%，服装类增长25.9%，汽车类增长25.3%，石油及制品类增长39.9%，日用品类增长17.1%，文化办公用品类增长17.9%，通讯器材类增长1.4%，家用电器和音像器材类增长14.2%，建筑及装潢材料类下降12.0%，家具类增长22.6%，化妆品类增长22.1%，金银珠宝类增长38.6%，中西药品类增长14.8%。

图9　2004－2008年社会消费品零售总额及其增长速度

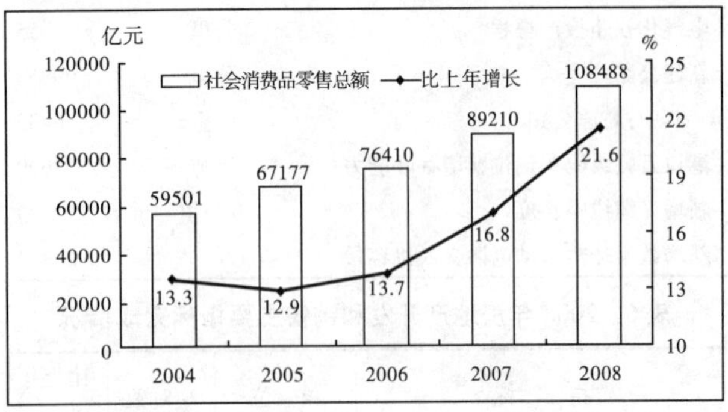

六、对外经济

全年货物进出口总额25616亿美元，比上年增长17.8%。其中，货物出口14285亿美元，增长17.2%；货物进口11331亿美元，增长18.5%。进出口差额（出口减进口）2955亿美元，比上年增加328亿美元。

表7　2008年货物进出口总额及其增长速度

单位：亿美元

指　　标	绝对数	比上年增长%
货物进出口总额	25616	17.8
货物出口额	14285	17.2
其中：一般贸易	6626	22.9
加工贸易	6752	9.3
其中：机电产品	8229	17.3
高新技术产品	4156	13.1
其中：国有企业	2572	14.4
外商投资企业	7906	13.6
其他企业	3807	27.9
货物进口额	11331	18.5
其中：一般贸易	5727	33.6
加工贸易	3784	2.7
其中：机电产品	5387	7.9
高新技术产品	3419	4.3
其中：国有企业	3538	31.1
外商投资企业	6200	10.8
其他企业	1593	25.7
进出口差额（出口减进口）	2955	-

表8　2008年主要商品出口数量、金额及其增长速度

指　　标	单位	数量	比上年增长%	金额（亿美元）	比上年增长%
煤	万吨	4543	－14.6	52	58.9
钢材	万吨	5923	－5.5	634	43.8
纺织纱线、织物及制品				654	16.6
服装及衣着附件				1198	4.1
鞋类				297	17.2
家具及其零件				269	21.5
自动数据处理设备及其部件	万台	143236	－1.2	1350	9.1
手持或车载无线电话	万台	53284	10.2	385	8.2
集装箱	万个	303	－3.3	91	3.6
集成电路	百万个	48477	19.1	243	3.3
液晶显示板	万个	202666	7.8	224	13.9
汽车（包括整套散件）	万辆	64	9.4	89	32.5

表9　2008年主要商品进口数量、金额及其增长速度

商品名称	数量（万吨）	比上年增长%	金额（亿美元）	比上年增长%
谷物及谷物粉	154	－1.0	7	37.0
大豆	3744	21.5	218	90.1
食用植物油	816	－2.6	90	44.0
天然橡胶（包括胶乳）	168	2.0	43	32.0
合成橡胶（包括胶乳）	120	－15.0	33	17.5
铁矿砂及其精矿	44356	15.9	605	79.1
氧化铝	459	－10.5	18	－9.7
原油	17888	9.6	1293	62.0
成品油	3885	15.0	300	82.7
初级形状的塑料	1771	－6.7	341	5.3
纸浆	952	12.4	67	20.9
钢材	1543	－8.6	234	14.0
未锻造的铜及铜材	264	－5.1	192	－2.3

表10　2008年对主要国家和地区货物进出口总额及其增长速度

单位：亿美元

国家和地区	货物出口额	比上年增长%	货物进口额	比上年增长%
欧盟	2929	19.5	1327	19.6
美国	2523	8.4	814	17.4
中国香港	1907	3.4	129	0.9
日本	1161	13.8	1507	12.5
东盟	1141	20.7	1170	7.9
韩国	740	31.0	1122	8.1
俄罗斯	330	15.9	238	21.0
印度	315	31.2	203	38.7
中国台湾	259	10.3	1033	2.3

全年非金融领域新批外商直接投资企业27514家，比上年减少27.3%。实际使用外商直接投资金额924亿美元，增长23.6%。其中，制造业占

54.0%；房地产业占20.1%；租赁和商务服务业占5.5%；批发和零售业占4.8%；交通运输、仓储和邮政业占3.1%。

图10　2004－2008年货物进出口总额及其增长速度

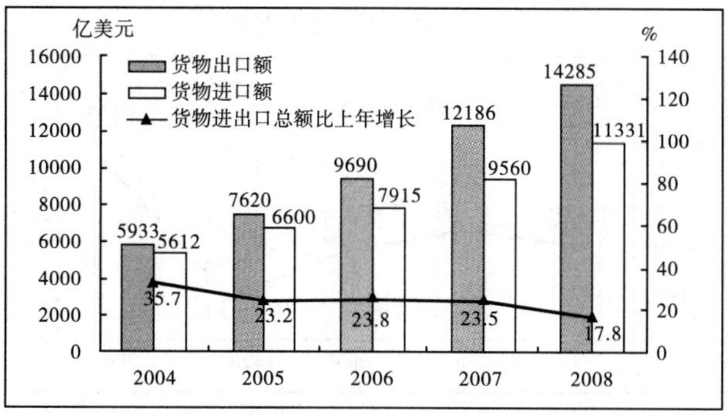

表11　2008年分行业外商直接投资及其增长速度

行　　业	企业数（家）	比上年增长%	实际使用金额（亿美元）	比上年增长%
总　　计		－27.3	924.0	23.6
农、林、牧、渔业	917	－12.5	11.9	28.9
采矿业	149	－36.3	5.7	17.0
制造业	11568	－39.7	498.9	22.1
电力、燃气及水的生产和供应业	320	－9.1	17.0	58.1
建筑业	262	－14.9	10.9	151.6
交通运输、仓储和邮政业	523	－20.5	28.5	42.1
信息传输、计算机服务和软件业	1286	－7.6	27.7	86.8
批发和零售业	5854	－7.6	44.3	65.6
住宿和餐饮业	633	－32.5	9.4	－9.9
金融业	25	－51.0	5.7	122.5
房地产业	452	－68.7	185.9	8.8
租赁和商务服务业	3138	－11.3	50.6	25.9
科学研究、技术服务和地质勘查业	1839	7.2	15.1	64.2
水利、环境和公共设施管理业	138	－10.4	3.4	24.7
居民服务和其他服务业	205	－24.1	5.7	－21.1
教育	24	60.0	0.4	12.2
卫生、社会保障和社会福利业	10	－23.1	0.2	63.1
文化、体育和娱乐业	170	－17.9	2.6	－42.8
公共管理和社会组织	1		0.0	
国际组织			6.0	

全年非金融领域对外直接投资额407亿美元，比上年增长63.6%。

全年对外承包工程完成营业额566亿美元，比上年增长39.4%；对外劳务合作完成营业额81亿美元，增长19.1%。

七、交通、邮电和旅游

全年交通运输、仓储和邮政业增加值16590亿元，比上年增长7.6%。

表12　2008年各种运输方式完成货物运输量及其增长速度

指　　标	单　　位	绝对数	比上年增长%
货物运输总量	亿　　吨	249.0	9.4
铁路	亿　　吨	33.1	4.7
公路	亿　　吨	181.7	10.9
水运	亿　　吨	29.7	5.7
民航	万　　吨	407.6	1.4
管道	亿　　吨	4.5	15.4
货物运输周转量	亿吨公里	105512.9	3.8
铁路	亿吨公里	25111.8	3.7
公路	亿吨公里	12998.5	14.5
水运	亿吨公里	65218.2	1.5
民航	亿吨公里	119.6	2.8
管道	亿吨公里	2064.7	19.5

表13　2008年各种运输方式完成旅客运输量及其增长速度

指　　标	单　　位	绝对数	比上年增长%
旅客运输总量	亿　　人	239.7	7.8
铁路	亿　　人	14.6	11.0
公路	亿　　人	220.7	7.6
水运	亿　　人	2.4	6.0
民航	亿　　人	1.9	3.6
旅客运输周转量	亿人公里	23372.2	8.2
铁路	亿人公里	7778.6	7.8
公路	亿人公里	12636.0	9.8
水运	亿人公里	74.8	-3.8
民航	亿人公里	2882.8	3.3

全年规模以上港口完成货物吞吐量58.7亿吨，比上年增长11.5%，其中外贸货物吞吐量19.2亿吨，增长7.0%。港口集装箱吞吐量12835万标准箱，增长12.2%。

年末全国民用汽车保有量达到6467万辆（包括三轮汽车和低速货车1492万辆），比上年末增长13.5%，其中私人汽车保有量4173万辆，增长18.1%。民用轿车保有量2438万辆，增长24.5%，其中私人轿车1947万辆，增长28.0%。

全年完成邮电业务总量23841亿元，比上年增长20.7%。其中，邮政业务总量1402亿元，增长15.5%；电信业务总量22440亿元，增长21.0%。全年减少局用交换机156万门，总容量5.1亿门。固定电话年末用户34081万户。其中，城市电话用户23200万户，农村电话用户10881万户。新增移动电话用户9392万户，年末达到64123万户。年末全国固定及移动电话用户总数达到98204万户，比上年末增加6909万户。电话普及率达到74.3部/百人。互联网上网人数3.0亿人,其中宽带上网人数2.7亿人。

图11 2004－2008年年末电话用户数

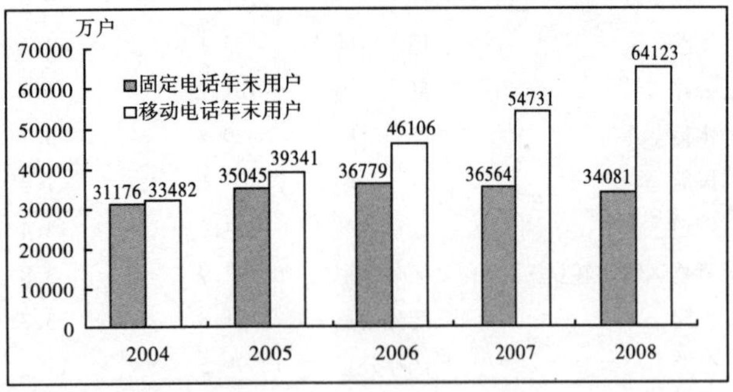

全年入境旅游人数13003万人次,比上年下降1.4%。其中,外国人2433万人次,下降6.8%;香港、澳门和台湾同胞10570万人次,下降0.1%。在入境旅游者中,过夜旅游者5305万人次,下降3.1%。国际旅游外汇收入408亿美元,下降2.6%。国内居民出境人数达4584万人次,增长11.9%。其中因私出境4013万人次,增长14.9%,占出境人数的87.5%。国内出游人数达17.1亿人次,增长6.3%;国内旅游收入8749亿元,增长12.6%。

八、金融

年末广义货币供应量(M2)余额为47.5万亿元,比上年末增长17.8%;狭义货币供应量(M1)余额为16.6万亿元,增长9.1%;流通中现金(M0)余额为3.4万亿元,增长12.7%。年末全部金融机构本外币各项存款余额47.8万亿元,增长19.3%;全部金融机构本外币各项贷款余额32.0万亿元,增长17.9%。

表14 2008年全部金融机构本外币存贷款及其增长速度

单位:亿元

指标	年末数	比上年末增长%
各项存款余额	478444	19.3
其中:企业存款	164386	13.5
城乡居民储蓄存款	221503	25.7
其中:人民币	217885	26.3
各项贷款余额	320049	17.9
其中:短期贷款	128571	12.3
中长期贷款	164160	20.2

全年农村金融合作机构(农村信用社、农村合作银行、农村商业银行)人民币贷款余额3.7万亿元,比年初增加5908亿元。全部金融机构人民币消费贷款余额3.7万亿元,增加4609亿元。其中个人短期消费贷款余额0.4万亿元,增加1035亿元;个人中长期消费贷款余额3.3万亿元,增加3575亿元。

图12 2004－2008年城乡居民人民币储蓄存款余额及其增长速度

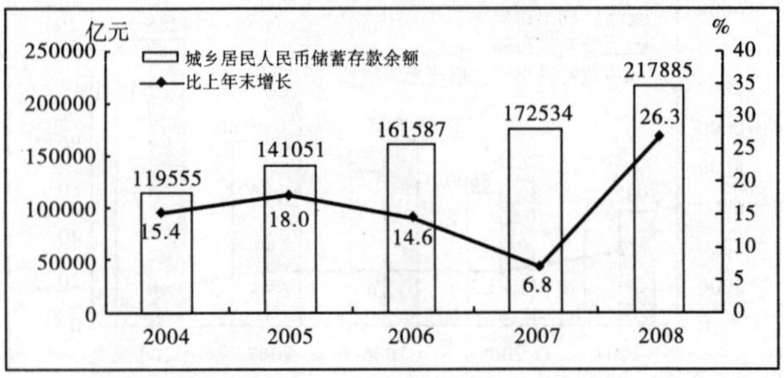

全年上市公司通过境内市场累计筹资3396亿元,比上年减少3947亿元。其中,首次公开发行A股75只,筹资1066亿元,减少3487亿元;A股再筹资(包括配股、公开增发、非公开增发、认股权证)筹资1332亿元,减少1046亿元;上市公司通过发行可转债、可分离债、公司债筹资998亿元,增加587亿元。

全年企业共发行债券20520亿元,比上年增加3437亿元。其中,金融债券11797亿元,减少116亿元;企业(公司)债券2655亿元,增加834亿元;短期融资券4332亿元,增加982亿元;中期票据1737亿元,增加1737亿元。

全年保险公司原保险保费收入9784亿元,比上年增长39.1%,其中寿险业务原保险保费收入6658亿元;健康险和意外伤害险业务原保险保费收入789亿元;财产险业务原保险保费收入2337亿元。支付各类赔款及给付2971亿元,其中寿险业务给付1315亿元;健康险和意外伤害险赔款及给付238亿元;财产险业务赔款1418亿元。

九、教育和科学技术

全年研究生教育招生44.6万人,在学研究生128.3万人,毕业生34.5万人。普通高等教育招生607.7万人,在校生2021.0万人,毕业生512.0万人。各类中等职业教育招生810.0万人,在校生2056.3万人,毕业生570.6万人。全国普通高中招生837.0万人,在校生2476.3万人,毕业生836.1万人。全国初中招生1856.2万人,在校生5574.2万人,毕业生1862.9万人。普通小学招生1695.7万人,在校生10331.5万人,毕业生1865.0万人。特殊教育招生6.2万人,在校生41.7万人。幼儿园在园幼儿2475.0万人。

图13 2004－2008年各类教育招生人数

存款余额及其增长速度

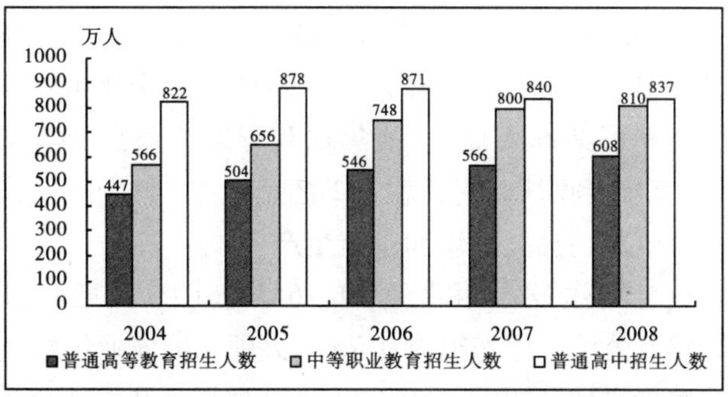

全年研究与试验发展(R&D)经费支出4570亿元,比上年增长23.2%,占国内生产总值的1.52%,其中基础研究经费200亿元。全年国家安排了922项科技支撑计划课题,1205项“863”计划课题。新建国家工程研究中心7个,国家工程实验室51个。国家认定企业技术中心达到575家。省级企业技术中心达到4886家。全年受理国内外专利申请82.8万件,其中国内申请71.7万件,占86.6%。受理国内外发明专利申请29.0万件,其中国内申请19.5万件,占67.1%。全年授予专利权41.2万件,其中国内授权35.2万件,占85.5%。授予发明专利权9.4万件,其中国内授权4.7万件,占49.7%。截至2008年底,有效专利119.5万件,其中国内有效专利92.5万件,占77.4%;有效发明专利33.7万件,其中国内有效发明专利12.8万件,占37.9%。全年共签订技术合同22.6万项,技术合同成交金额2665亿元,比上年增长19.7%。全年成功发射卫星11次,“神舟七号”载人航天飞行圆满成功。

年末全国共有产品检测实验室24300个,其中国家检测中心376个。全国现有产品质量、体系认证机构170个,已累计完成对3.8万个企业的产品认证。全国共有法定计量技术机构3701个,全年强制检定计量器具4190万台(件)。全年制定、修订国家标准6373项,其中新制定2714项。全国共有地震台站1314个,地震遥测台网31个。全国共有海洋观测站67个、海洋监测站位9200多个。测绘部门公开出版地图1834种,测绘图书309种。

十、文化、卫生和体育

年末全国共有艺术表演团体2575个,文化馆3171个,公共图书馆2825个,博物馆1798个。广播电台257座,电视台277座,广播电视台2069座,教育台45个。有线电视用户16342万户,有线数字电视用户4503万户。年末广播节目综合人口覆盖率为96.0%;电视节目综合人口覆盖率为97.0%。全年生产故事影片406部,科教、纪录、动画和特种影片73部。出版各类报纸445亿份,各类期刊30亿册,图书69亿册(张)。年末全国共有档案馆3987个,已开放各类档案7267万卷(件)。

年末全国共有卫生机构30.0万个,其中医院、卫生院6.0万个,社区卫生服务中心(站)2.8万个,妇幼保健院(所、站)3020个,专科疾病防治院(所、站)1344个,疾病预防控制中心(防疫站)3560个,卫生监督所(中心)2591个。卫生技术人员492万人,其中执业医师和执业助理医师205万人,注册护士162万人。医院和卫生院床位369万张。乡镇卫生院3.9万个,床位82万张,卫生技术人员87.4万人。全年甲、乙类法定报告传染病发病人数354.1万例,报告死亡12433人;报告传染病发病率268.01/10万,死亡率0.94/10万。

全年运动健儿在24个项目中共获得了120个世界冠军,11人2队16次创16项世界纪录。在北京奥运会上,我国运动员共获得51枚金牌,21枚银牌,28枚铜牌,奖牌总数100枚,位列奥运会金牌榜第一,奖牌榜第二。在北京残奥会上,我国运动员共获得89枚金牌,70枚银牌,52枚铜牌,蝉联金牌榜和奖牌榜的第一位。群众体育运动蓬勃开展。

十一、人口、人民生活和社会保障

年末全国总人口为132802万人,比上年末增加673万人。全年出生人口1608万人,出生率为12.14‰;死亡人口935万人,死亡率为7.06‰;自然增长率为5.08‰。出生人口性别比为120.56。

表15 2008年人口数及其构成

单位:万人

指　　标	年末数	比重(%)
全国总人口	132802	100.0
其中:城镇	60667	45.7
乡村	72135	54.3
其中:男性	68357	51.5
女性	64445	48.5
其中:0－14岁	25166	19.0
15－59岁	91647	69.0
60岁及以上	15989	12.0
其中:65岁及以上	10956	8.3

全年农村居民人均纯收入4761元,扣除价格上

涨因素，比上年实际增长8.0%；城镇居民人均可支配收入15781元，实际增长8.4%。农村居民家庭食品消费支出占家庭消费总支出的比重为43.7%，城镇居民家庭为37.9%。按2008年农村贫困标准1196元测算，年末农村贫困人口为4007万人。

图14　2004－2008年农村居民人均纯收入及其增长速度

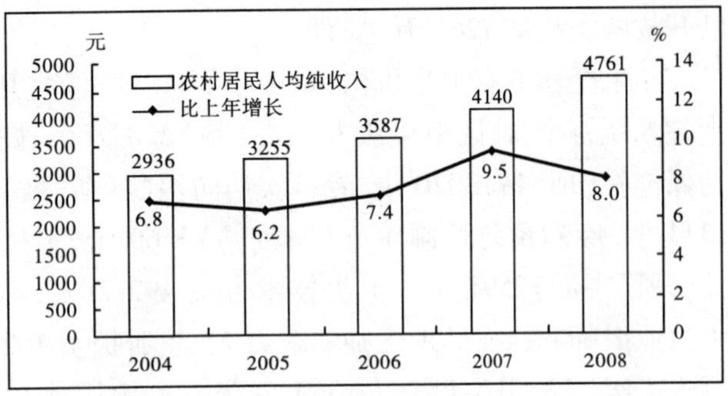

图15　2004－2008年城镇居民人均可支配收入及其增长速度

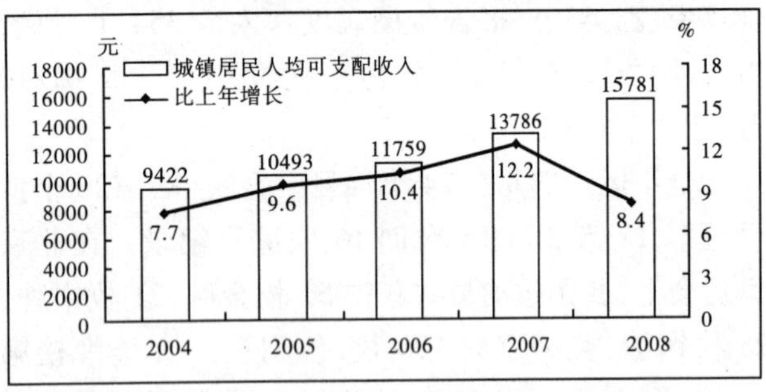

年末全国参加城镇基本养老保险人数为21890万人，比上年末增加1753万人。其中参保职工16597万人，参保离退休人员5293万人。参加城镇基本医疗保险的人数31698万人，增加9387万人。其中，参加城镇职工基本医疗保险人数20048万人，参加城镇居民基本医疗保险人数11650万人。参加城镇医疗保险的农民工4249万人，增加1118万人。参加失业保险的人数12400万人，增加755万人。参加工伤保险的人数13810万人，增加1637万人。其中参加工伤保险农民工4976万人，增加996万人。参加生育保险的人数9181万人，增加1406万人。2729个县（市、区）开展了新型农村合作医疗工作，新型农村合作医疗参合率91.5%。新型农村合作医疗基金累计支出总额为429亿元，累积受益3.7亿人次。全年城市医疗救助513万人次，比上年增长16.0%。农村医疗救助936万人次，增长148.0%。民政部门资助农村合作医疗的人数达2780万人次。

年末全国领取失业保险金人数为261万人。全年2334万城市居民得到政府最低生活保障，比上年增加62万人；4291万农村居民得到政府最低生活保障，增加725万人。

年末全国各类收养性社会福利单位床位235万张，收养各类人员189万人。城镇建立各种社区服务设施10.9万个，社区服务中心9871个。全年销售社会福利彩票604亿元，筹集福利彩票公益金211亿元，直接接收社会捐赠款482亿元。

十二、资源、环境和安全生产

全年建设占用耕地19.16万公顷。灾毁耕地2.48万公顷。生态退耕0.76万公顷。因农业结构调整减少耕地2.49万公顷。土地整理复垦开发补充耕地22.96万公顷。当年净减少耕地1.93万公顷。

全年水资源总量27127亿立方米，比上年增加7.4%；人均水资源2048立方米，增加6.9%。全年平均降水量659毫米，增加8.0%。年末全国大型水库蓄水总量1962亿立方米，比上年末多蓄水93亿立方米。全年总用水量5840亿立方米，比上年增长0.4%。其中，生活用水增长0.6%，工业用水增长1.8%，农业用水减少0.2%，生态补水减少0.7%。万元国内生产总值用水量231.8立方米，比上年下降7.9%。万元工业增加值用水量130.3立方米，下降7.0%。人均用水量440.9立方米，下降0.1%。

国土资源调查及地质勘查新发现大中型矿产地209处，其中，能源矿产地38处，金属矿产地90处，非金属矿产地79处，水气矿产地2处。有57种矿产新增查明资源储量，其中，石油13.4亿吨，天然气6472亿立方米，原煤231.1亿吨。

全年完成造林面积477万公顷，其中人工造林329万公顷。林业重点工程完成造林面积312万公顷，占全部造林面积的65.4%。全民义务植树23.1亿株。截至2008年底，自然保护区达到2538个，其中国家级自然保护区303个。新增综合治理水土流失面积4.7万平方公里，新增实施水土流失地区封育保护面积2.6万平方公里。

初步测算，全年能源消费总量28.5亿吨标准煤，比上年增长4.0%。煤炭消费量27.4亿吨，增长3.0%；原油消费量3.6亿吨，增长5.1%；天然气消费量807亿立方米，增长10.1%；电力消费量34502亿千瓦小时，增长5.6%。全国万元国内生产总值能耗下降4.59%。主要原材料消费中，钢材消费量5.4亿吨，增长4.2%；精炼铜消费量538万吨，增长6.9%；电解铝消费量1260万吨，增长4.3%；乙烯消费量998万吨,下降2.9%;水泥消费量13.7亿吨,增长3.5%。

七大水系的409个水质监测断面中,Ⅰ~Ⅲ类水质断面比例占55.0%,比上年提高5.1个百分点;劣Ⅴ类水质断面比例占20.8%,比上年下降2.8个百分点。七大水系水质总体上持续好转,部分流域污染仍然严重。

近岸海域301个海水水质监测点中,达到国家一、二类海水水质标准的监测点占70.4%,比上年上升7.6个百分点;三类海水占11.3%,下降0.5个百分点;四类、劣四类海水占18.3%,下降7.0个百分点。全国海域未达到清洁海域水质标准的海域面积13.7万平方公里,比上年减少0.8万平方公里,其中,严重污染海域面积为2.5万平方公里。渤海严重污染海域面积0.3万平方公里。

在监测的519个城市中,有399个城市空气质量达到二级以上(含二级)标准,占监测城市数的76.9%;有113个城市为三级,占21.8%;有7个城市为劣三级,占1.3%。在监测的392个城市中,城市区域声环境质量好的城市占7.9%,较好的占63.8%,轻度污染的占27.0%,中度污染的占1.3%。

全年平均气温为9.6℃,比上年低0.5℃。全年共有10个台风在我国登陆,增加2个。

年末城市污水处理厂日处理能力达8295万立方米,比上年末增长16.1%;城市污水处理率达到65.3%,提高2.4个百分点;集中供热面积32.1亿平方米,增长6.6%;建成区绿地率达到31.6%,提高0.3个百分点。

全年各类自然灾害造成直接经济损失11752亿元,比上年增加4.0倍。全年农作物受灾面积3999万公顷,下降18.4%。其中,绝收403万公顷,下降29.8%。全年共发生森林火灾1.3万起,上升45.2%。全年因洪涝灾害造成直接经济损失635亿元,下降23.1%;死亡686人,下降41.3%。全年因旱灾造成直接经济损失307亿元,下降60.9%。全年因海洋灾害造成直接经济损失206亿元,增加1.3倍。全年累计发生赤潮面积13738平方公里,增加18.3%。全年低温冷冻和雪灾造成直接经济损失1595亿元,死亡162人。全年实际发生各类地质灾害2.7万起,直接经济损失183.7亿元,死亡656人。全年大陆地区共发生5级以上地震87次,成灾17次,造成直接经济损失8523亿元,死亡近7万人。其中,四川汶川地震震级达8.0级,造成直接经济损失8451亿元。

全年生产安全事故死亡91172人,比上年下降10.2%。亿元国内生产总值生产安全事故死亡人数为0.312人,下降24.5%;工矿商贸企业就业人员10万人生产安全事故死亡人数为2.82人,下降7.5%;煤矿百万吨死亡人数为1.182人,下降20.4%。全年共发生道路交通事故26.5万起,造成7.3万人死亡,30.5万人受伤,直接财产损失10.1亿元;道路交通万车死亡人数为4.3人,减少0.8人。

注:

1. 本公报中数据均为初步统计数。

2. 各项统计数据均未包括香港特别行政区、澳门特别行政区和台湾省。

3. 部分数据因四舍五入的原因,存在着与分项合计不等的情况。

4. 国内生产总值、各产业增加值绝对数按现价计算,增长速度按不变价格计算。

5. 6大高耗能行业分别为:化学原料及化学制品制造业、非金属矿物制品业、黑色金属冶炼及压延加工业、有色金属冶炼及压延加工业、石油加工炼焦及核燃料加工业、电力热力的生产和供应业。

6. 钢材产量及消费量数据中均含部分使用钢材加工成其他钢材的重复计算因素。

7. 固定资产投资按东部、中部、西部地区计算的合计数据小于全国数据,是因为有部分跨地区的投资未计算在地区数据中。

8. 房地产业投资除房地产开发投资外,还包括建设单位自建房屋以及物业管理、中介服务和其他房地产投资。

9. 原保险保费收入是指保险企业确认的原保险合同保费收入。

10. 城镇职工基本医疗保险人数包括参保职工和参保退休人员。城镇居民基本医疗保险的参保对象是不属于城镇职工基本医疗保险覆盖范围的城镇非从业人员。

11. 农村贫困人口是根据新修订的农村贫困标准统计的,与历史数据不完全可比。

12. 万元国内生产总值用水量按2005年不变价格计算,邮电业务总量按2000年不变价格计算。

宁夏回族自治区统计局关于2008年国民经济和社会发展的统计公报

宁夏回族自治区统计局　国家统计局宁夏调查总队

2009年3月18日

2008年,面对复杂多变的国际国内形势,全区上下坚持以邓小平理论和"三个代表"重要思想为指导,坚定不移地贯彻落实科学发展观和中央各项宏观调控政策,以效能建设和效能考核为动力,创新发展理念,转变发展方式,提高发展质量,改善人民生活,全区经济社会呈现出增长速度趋快、运行质量较好、结构继续优化、创新能力增强、统筹和谐发展水平提高、民生进一步改善的良好局面,在推进全区经济社会跨越式发展的道路上迈出了坚实步伐。

一、综合

全区经济总量显著扩张。初步核算,全年实现地区生产总值1098.51亿元,比上年增长12.2%,增速比全国平均水平高3.2个百分点。其中,第一产业完成增加值120.11亿元,增长7.2%;第二产业完成增加值581.24亿元,增长14.3%,第三产业完成增加值397.16亿元,增长11.0%。按年平均人口计算,人均地区生产总值达到17892元,增长10.9%。

产业结构发生积极变化,三次产业增加值构成由2007年的11.0:50.8:38.2调整为2008年的10.9:52.9:36.2。2008年,第一产业对经济增长的贡献率为6.2%;第二产业贡献率为58.3%;第三产业贡献率为35.5%。

2008年,全区物价运行总体呈现前高后低的运行态势。居民消费价格总水平比上年上涨8.5%,其中,城市、农村分别上涨7.9%和9.9%。价格变动结构性特征明显。食品类和居住类价格上涨幅度较大,分别增长18.0%和9.9%,是拉动居民消费价格上涨的主要因素。工业品出厂价格上涨12.9%,原材料、燃料、动力购进价格上涨21.8%,农产品生产价格上涨18.7%,农业生产资料价格上涨26.2%。固定资产投资价格、房屋销售价格分别上涨9%和10.2%,涨幅分别比上年提高5.8和5.7个百分点。

图1　2003－2008年地区生产总值及增长速度

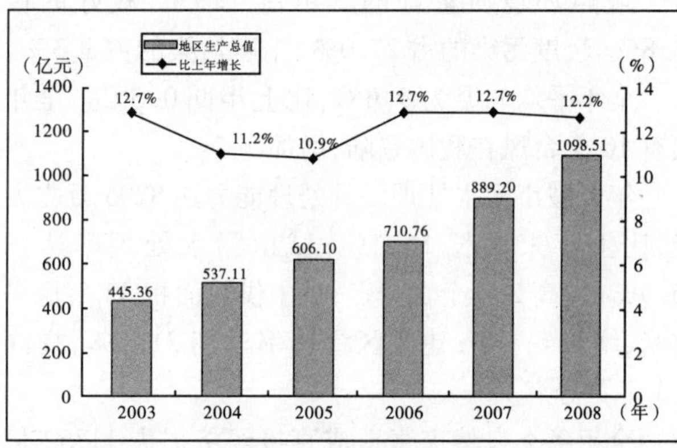

表1　2008年地区生产总值及增长速度

单位:亿元

指　　标	2008年	比上年增长(%)
地区生产总值	1098.51	12.2
第一产业	120.11	7.2
第二产业	581.24	14.3
工业	490.14	14.1
建筑业	91.1	15.0
第三产业	397.16	11.0
交通运输、仓储及邮政业	63.83	4.8
批发和零售业	56.32	7.9
住宿和餐饮业	19.06	5.9
金融保险业	57.25	10.1
房地产业	32.57	6.2
其他服务业	168.13	16.3

表2　2008年全区居民生活消费价格指数(上年=100)

指　　标	全　区	城　市	农　村
居民生活消费价格总指数	108.5	107.9	109.9
食　品	118.0	117.9	119.2
其中:粮食	108.9	107.3	110.8
烟酒及用品	102.3	102.2	102.5
衣着	103.4	103.1	104.0
家庭设备用品及服务	104.2	104.3	104.1
医疗保健及个人用品	102.6	102.9	102.0
交通和通信	100.5	99.6	102.6
娱乐教育文化用品及服务	99.2	98.7	100.2
居住	109.9	107.0	115.1

财政收入保持平稳快速增长态势。全年完成一般预算总收入178.62亿元,同比增长23.7%,完成地方一般预算收入95.02亿元,同比增长18.8%,增幅分别比上年回落7.3和11.6个百分点。各项税收收入大幅增长,其中:实现增值税、营业税、企业所得税和个人所得税18.38亿元、30.09亿元、6.24亿元和4.02亿元,分别增长29.4%、30.5%、37.1%和14.6%。

图2　2003-2008年地方一般预算收入及增长速度

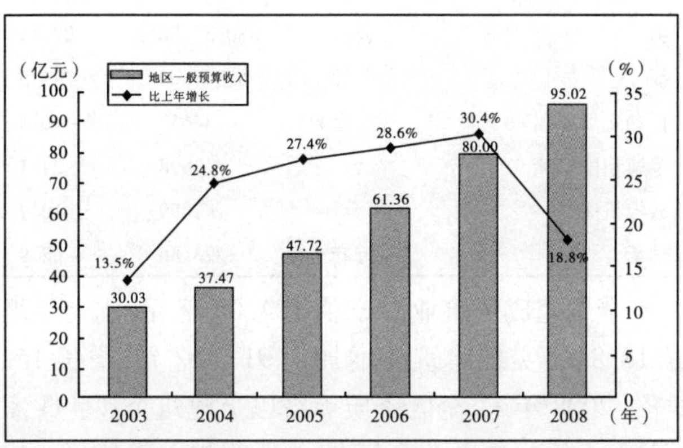

财政支出结构继续调整,社会保障和就业、医疗卫生、环境保护、城乡社区事务、农林水事务等公共服务事业支出力度进一步加大。2008年,全区一般预算支出323.08亿元,同比增长33.8%,比上年提高8.5个百分点;基金支出60.16亿元,增长29.8%。全年一般公共服务支出41.83亿元,增长9.2%;公共安全支出19.02亿元,增长30.4%;农林水事务支出44.56亿元,增长58.4%;社会保障和就业支出39.15亿元,增长53.3%;医疗卫生支出16.81亿元,增长47.6%;环境保护支出16.88亿元,增长36.3%;城乡社区事务支出31.16亿元,增长78.2%。

二、农业

2008年,紧紧抓住新农村建设的有利机遇,认真落实中央和自治区制定的一系列支农惠农政策,以建设现代农业为主线稳步推进农业产业化经营,积极应对多种自然灾害,政策措施有力,全区农业和农村经济总体上呈现出持续、快速、健康发展的良好势头。2008年,全区实现农林牧渔业增加值120.11亿元,比上年增长7.2%,增速为新世纪以来最快的一年。粮食生产实现稳产高产。全年粮食总产量达329.24万吨,增长1.8%,实现连续五年增产,再创历史新高。

图3　2003-2008年粮食总产量

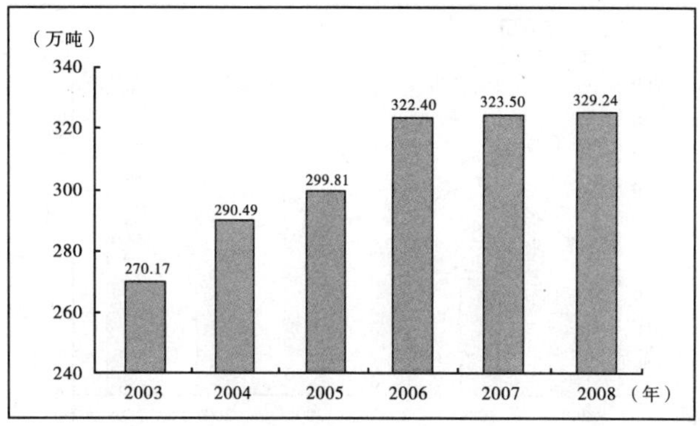

在大力发展粮食生产的同时,农业特色优势产业建设步伐加快,种植面积和产量均有不同程度增加。全年蔬菜播种面积达120.24万亩,产量319.28万吨,分别比上年增长16.5%和25.3%;枸杞种植面积41.92万亩,产量5.91万吨,分别增长17.4%和2.6%;全区马铃薯面积349.97万亩,产量(折粮)42.28万吨,分别增长16.3%和2.1%;西甜瓜面积111.74万亩,产量131.99万吨,分别增长26.1%和19.2%;葡萄面积21.05万亩,产量9.70万吨,均增长37.4%;红枣面积33.29万亩,产量3.85万吨,分别增长8.0%和20.7%;油料面积120.75万亩,产量13.56万吨,分别增长31.7%和75.0%;肉类总产量23.62万吨,增长3.6%;禽蛋产量6.45万吨,增长13.2%;奶产量89.40万吨,增长12.5%。全区淡水鱼养殖面积达到42.27万亩,水产品产量7.51万吨,增长6.6%。

林业生产稳定发展。2008年全区共完成造林面积89.75千公顷,其中,退耕造林面积35.84千公顷。

三、工业和建筑业

工业生产保持稳定增长。全年完成规模以上工业增加值485.08亿元,增长15.1%。按经济类型分,国有及国有控股企业增加值260.38亿元,增长17.1%;股份制企业增加值386.48亿元,增长16.9%;外商及港澳台商投资企业增加值3.02亿元,增长0.7%。按轻重工业分,轻工业增加值70.76亿元,增长15.0%;重工业增加值414.32亿元,增长15.1%。全区大中型企业完成工业增加值358.61亿元,比上年增长12.2%,占规模以上工业增加值的73.9%,比上年提高6.3个百分点。煤炭、建材、纺织、机械实现增加值分别比上年增长24.4%、17.7%、23.0%、28.2%,发挥了对工业经济增长的较强拉动作用。

图4 2003-2008年全区规模以上工业增加值及增长速度

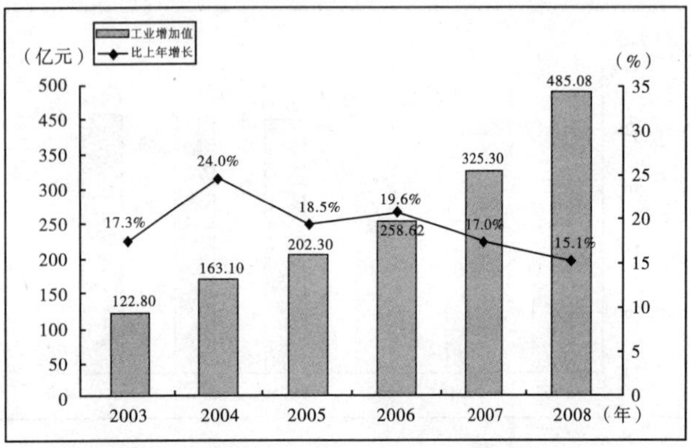

工业产销衔接较好。全年规模以上工业企业累计实现销售产值1297.12亿元,增长26.8%,工业产品销售率为95.3%,比上年下降1.98个百分点;工业品出口交货值52.76亿元,增长30.4%。在全区重点监测考核的48种工业产品中,产量比上年增长或持平的有31种,占64.6%,其中,有13种产品产量增幅超过20%。规模以上工业企业主要工业产品产量如下:

工业经济效益指标呈现调整态势。2008年,全区规模以上工业企业盈亏相抵后实现利润33.08亿元,同比下降30.7%,石油石化、冶金、有色、电力等行业实现利润下降。全区盈利过百万元以上的企业达到275户,累计实现利润64.02亿元,占全部工业企业盈利总额的比重98.7%;实现利润超过1000万元的企业达到99户。规模以上亏损企业亏损额同比增长143.3%,亏损面同比上升0.17个百分点。全年规模以上工业综合经济指数创历史最好水平。工业经济效益综合指数194.4,同比提高24.86点。工业企业资产贡献率8.0%,资本保值增值率121.3%,资产负债率66.0%,流动资产周转次数1.92次,成本费用利润率2.6%,全员劳动生产率183758.21元/人年,产品销售率95.3%。

表3 2008年全区主要工业产品产量及增长速度

指　　标	单　位	产品产量	比上年增长(%)
原煤	万吨	4234.71	14.3
发电量	亿千瓦小时	462.62	2.3
焦碳	万吨	122.17	3.4
原铝	万吨	60.35	0.6
轮胎外胎	万条	337.16	-14.8
#子午线轮胎外胎	万条	239.41	-12.0
化肥(折纯)	万吨	109.15	18.5
铁合金	万吨	86.43	-7.5
烧碱(氢氧化纳)	万吨	48.51	26.3
电石(碳化钙)	万吨	204.46	4.0
塑料树脂及共聚物	万吨	45.10	24.0
水泥	万吨	884.76	7.4
乳制品	万吨	13.11	-26.9
液体乳	万吨	9.43	-26.2
饮料酒	万升	13030.30	26.5
#白酒	万升	644.43	4.2
啤酒	万升	11041.38	37.0
葡萄酒	万升	629.10	-30.4
羊绒	吨	7244.35	18.0
钽	公斤	380337.00	27.12
铌	公斤	55849.00	-44.5
自动化仪器仪表	台(套)	34652	-16.4
金属切削机床	台	3898	-24.1
数控机床	台	2659	-10.7
轴承	万套	223.86	-32.9

全年完成建筑业总产值184.05亿元,比上年增长18.8%,实现建筑业增加值91.1亿元,增长15.0%。2008年末,全区资质等级以上建筑企业493家(不含劳务分包企业和区外企业),与上年持平。房屋建筑施工面积1664.22万平方米,增长24.0%;房屋竣工面积733.18万平方米,增长13.1%。全员劳动生产率113240元/人,增长16.3%。

四、固定资产投资

全社会固定资产投资快速增长。2008年,全区全社会完成固定资产投资858.65亿元,比上年增长38.1%。其中,基本建设投资517.91亿元,增长49.7%;更新改造投资111.94亿元,增长21.2%;房地产开发投资117.40亿元,增长26.1%。农村投资93.14亿元,增长29.2%。分投资主体看,国有经济投资520.40亿元,增长57.1%;非国有经济投资338.25亿元,增长16.4%。

图5　2003－2008年全社会固定资产投资总额及增长速度

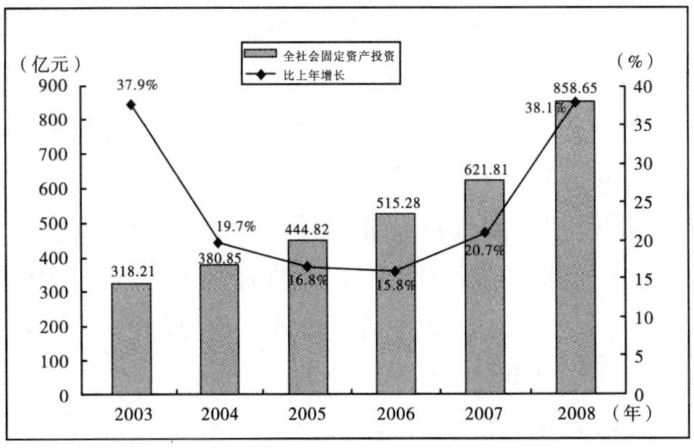

在城镇投资中，第一产业投资19.72亿元，增长2.9倍。第二产业投资429.63亿元，增长45.2%，其中工业投资428.31亿元，增长45.2%。从工业内部看，投资结构继续调整，优势行业投资得到进一步加强。2008年，全区煤炭工业投资79.73亿元，比上年增长15.0%；纺织工业投资6.43亿元，增长1.2倍；化学工业投资107.99亿元，增长69.9%；非金属矿物制品业投资21.61亿元，增长77.6%，冶金工业投资3.82亿元，增长51.8%，有色金属工业投资44.60亿元，增长3.4倍。上述六大行业投资已占工业投资的60%以上，占城镇投资的34.5%。主导优势行业投资的进一步加强，促进了工业生产能力和企业技术装备水平的提高，对增强工业经济发展后劲将发挥积极作用。第三产业投资316.16亿元，增长27.1%。

2008年，全区完成房地产开发投资117.40亿元，比上年增长26.1%，增幅同比提高5.1个百分点。其中，住宅投资87.56亿元，增长30.0%；商业营业用房投资19.92亿元，增长14.1%。商品房施工面积1582.81万平方米，增长28.2%，竣工面积611.63万平方米，增长22.0%。

2008年，全区商品房销售面积508.67万平方米，比上年增长0.2%。其中，住宅销售面积446.84万平方米，下降0.3%；商品房销售额123.94亿元，增长14.3%。其中，住宅销售额98.94亿元，增长12.7%。2008年，全区经济适用住房投资7.59亿元，增长132.4%；经济适用住房施工面积达118.32万平方米，增长53.3%。

五、交通运输业

交通运输能力继续提高。年末铁路通车里程783公里，公路通车里程达到21008公里，比上年增长2.2%。高速公路里程1001公里，比上年增长23.5%。全年各种运输方式完成货物周转量323.00亿吨公里，增长6.7%；完成旅客周转量87.97亿人公里，增长9.3%。机场旅客吞吐量164.2万人，增长19.9%。

表4　2008年全区各种运输方式完成运输量及增长速度

运输方式	货物周转量		货运量		旅客周转量		客运量	
	绝对数（亿吨公里）	比上年增长（%）	绝对数（万吨）	比上年增长（%）	绝对数（亿人公里）	比上年增长（%）	绝对数（万人）	比上年增长（%）
总计	323.00	6.7	12461.44	8.9	87.97	9.3	8756.53	6.7
铁路	222.94	5.8	4400	11.2	28.74	10.6	457	19.6
公路	82.87	6.0	7006	6.4	49.59	6.7	8221	6.1
民航	0.07	－5.6	0.44	－4.8	9.64	20.9	78.53	6.7
管道	17.12	25.1	1055	16.7				

邮政业务稳步增长。全年完成邮政业务总量3.24亿元，比上年增长7.8%，全年订销报刊累计数6046万份，增长4.1%；函件3091万件，增长50.9%；特快专递89.93万件，增长36.5%。年末邮政储蓄余额达到68.3亿元，增长10.0%。

电信业务发展进一步趋缓。全区本地电话用户达121.51万户，比上年下降13.3%。本地局用交换机容量减少0.79万门，达到126.89万门，下降0.8%。每百人拥有电话20.13部，净减3.09部。

移动业务继续加快发展。全区移动电话用户达到323.3万户，增长20.6%。互联网用户数36.98万户。每百人拥有移动电话53.55部，净增8.87部。

六、国内贸易业和旅游业

消费品市场稳步快速运行。2008年，实现社会消费品零售总额285.15亿元，比上年增长22.2%，扣除价格因素实际增长12.7%，增幅同比提高4.9个百分点。其中，城市实现消费品零售额212.71亿元，增长20.8%；农村消费品市场增速不断加快，全年实现消费品零售额72.44亿元，增长26.6%，增幅同比提高9.7个百分点。

图6　2003－2008年全区社会消费品零售总额及增长速度

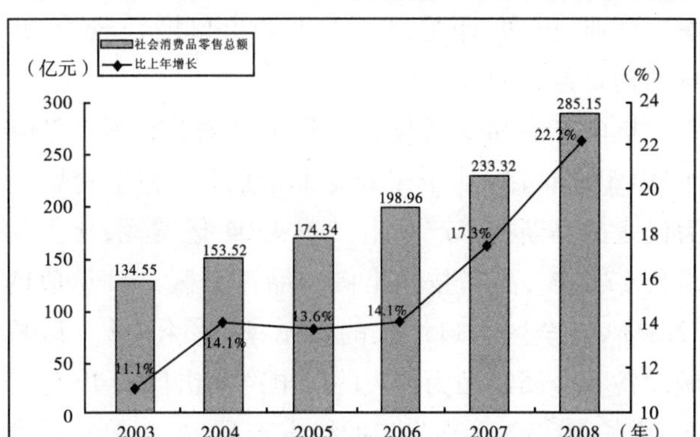

全区批发零售业和住宿餐饮业实现同步快速增长。批发和零售业实现消费品零售额234.01亿元，比上年增长22.6%；住宿和餐饮业实现消费品零售额48.39亿元，增长21.9%。2008年，私营经济增速居各类经济之首，实现消费品零售额90.39亿元，比上年增长30.6%；个体经济实现零售额120.96亿元，增长17.3%；股份制经济实现零售额47.09亿元，增长26.1%；国有经济实现零售额20.69亿元，比上年增长12.2%；集体经济实现零售额4.52亿元，比上年增长19.7%。全区限额以上批发和零售贸易企业实现零售额106.35亿元，比上年增长26.4%，对全区社会消费品零售总额增长的贡献率为42.8%，对消费品市场的拉动作用不断增强。

2008年全区接待国内外游客达到777.4万人次，实现旅游总收入40.53亿元，分别比上年增长6.3%和28.1%。

七、对外经济

对外贸易稳步发展。据海关统计，2008年，全区外贸实现进出口总额18.82亿美元，比上年增长18.9%。其中，出口总额12.59亿美元，增长15.8%；进口总额6.23亿美元，增长25.7%。

非公经济企业贸易额增势强劲。2008年，全区非公有制企业进出口10.57亿美元，比上年增长28.3%，占全区进出口总额的56.2%。其中，非公有制企业出口6.66亿美元，增长17.3%，进口3.91亿美元，增长52.8%。

进出口贸易范围进一步扩大。2008年，我区已与124个国家（地区）发展贸易往来，对亚洲进出口8.43亿美元，比上年增长24.1%；对欧洲进出口4.54亿美元，增长0.1%；对北美洲进出口2.17亿美元，增长31.4%。我区在对欧盟、美国、韩国、日本等传统市场出口保持较高的贸易规模的同时，对阿联酋、澳大利亚、巴西、印尼等新兴市场出口增长较快，市场结构日益趋向多元化。

机电产品和高新技术产品出口增势良好。2008年，以钽铌铍制品、子午线轮胎、活性碳和生物医药为代表的高新技术产品出口达4.04亿美元，比上年增长17.0%，高新技术出口产品占全区出口总值的32.1%，对全区出口增长的贡献率为34.1%。以机械设备和金属制品为代表的机电产品出口1.49亿美元，增长10.3%。在出口的机电产品中，金属制品和机械设备出口分别增长25.4%和16.7%。

2008年，全区实际利用外资1.21亿美元，比上年下降28.9%，其中实际利用外商直接投资0.62亿美元，比上年增长23.6%。新签利用外资合同金额1.41亿美元，其中2008年新批外商直接投资项目19个、合同外资金额1.32亿美元。截止2008年底，全区注册登记外商投资企业累计达到294家。其中，中外合资企业占72.8%；外商独资企业占27.2%。2008年，全区制造业签订利用外商直接投资项目9个，合同额0.69亿美元。

八、金融、保险和证券业

金融形势积极适应宏观调控需要，充分发挥对经济增长的拉动作用。截止2008年末，全区金融机构本外币各项存款余额1598.17亿元，比年初增加309.92亿元，同比多增162.05亿元。金融机构人民币各项存款余额1590.58亿元，同比增长24.4%，比年初增加312.06亿元，同比多增164.76亿元，其中，企业存款余额433.29亿元，比年初增加52.56亿元；居民储蓄存款余额794.06亿元，比年初增加180.1亿元。2008年末全区金融机构本外币各项贷款余额1414.30亿元，比年初增加262.81亿元，同比多增60.13亿元。全区金融机构人民币各项贷款余额1402.56亿元，同比增长22.2%，比年初增加262.96亿元，同比多增61.76亿元。

截止2008年末，金融机构现金累计收入3590.66亿元，现金累计支出3602.24亿元，收支相抵净投放现金11.59亿元。

2008年末，全区上市公司11家，总股本27.19亿股，总市值159.03亿元，比上年下降60.6%。其中，流通市值113.6亿元，下降56.6%。全区有12家证券营业部，5家证券服务部。全年证券交易额812.16亿元，比上年下降35.6%。

2008年，全区实现保费收入31.79亿元，比上年增长32.6%。其中，财产险9.48亿元，增长24.2%；人寿险18.11亿元，增长43.4%；健康险3.36亿元，增长17.5%；意外伤害险0.84亿元，下降1.4%。全年支付各项赔款和给付8.52亿元，增长23.5%。其中，财产险4.82亿元，增长32.7%；人寿险2.59亿元，增长9.2%；健康险0.91亿元，增长35.5%；意外伤害险0.2亿元，下降9.2%。

九、教育与科技

教育事业持续发展。2008年末，全区各级各类学校2924所，教职工78616人。其中，各类普通高校

13 所，招生数 22707 人，在校生 72909 人，毕业生 15893 人。其中，研究生招生 961 人，在校研究生 2455 人，毕业研究生 655 人。中等职业教育学校 35 所，招生 39161 人，在校生 77102 人，毕业生 18920 人。普通中学 377 所，全区普通高中招生 47952 人，在校生 137208 人，毕业生 43245 人。全区普通初中招生 108586 人，初中阶段毛入学率 104.5%，在校生 291970 人，毕业生 92871 人。小学校 2202 所，普通小学招生 110155 人，小学学龄儿童入学率 99.7%，在校生 688697 人，毕业生 113757 人。特殊学校 6 所，特殊教育招生 181 人，在校生 1420 人。幼儿园 286 所，幼儿园在园幼儿 113279 人。

科技事业成效显著。全年获省部级以上科技成果 178 项，比上年增长 15.6%。其中基础理论成果 23 项，应用技术成果 130 项，软科学成果 25 项。全年申请专利量 1087 件，增长 29.7%。其中发明专利 160 件，增长 42.9%。专利授权量 606 件，增长 104.7%，其中发明专利授权量 48 件，增长 50%。

拥有国家级工程研究中心 2 个，自治区级工程研究中心 12 个，国家部委工程研究中心 1 个；国家重点实验室 1 个，省部共建重点实验室 5 个，自治区级重点实验室 6 个，国家部委重点实验室 1 个；国家级企业(集团)技术中心 7 个，自治区级企业(集团)技术中心 33 个。

十、文化、卫生和体育

文化、新闻、出版和广播影视业繁荣兴旺。全区各类艺术表演团体 43 个，公共图书馆 21 个，文化馆 25 个，博物馆 5 个。全区切实加强广播电视基础设施建设，进一步扩大广播电视覆盖率，广播电视“村村通”工程顺利进行，强力推进和完善有线电视入户。2008 年末，广播综合人口覆盖率 92.9%；电视综合人口覆盖率 96.8%；有线广播电视用户达 668816 户，比上年增长 1.61 倍。全年全区地方出版报纸 20 种，出版量 10388.69 万份；出版杂志 35 种，出版量 340.6 万册；出版图书 460 种，出版量 166 万册。

医疗卫生事业在改革中不断发展。2008 年底，全区卫生机构 1601 个，床位 20967 张；卫生技术人员 26560 人。其中，执业医师、执业助理医师 11417 人，注册护士 9041 人。疾病预防控制中心 25 个，卫生工作人员 878 人；妇幼保健机构 22 个，卫生工作人员 1191 人；卫生院 239 个，卫生工作人员 3065 人。全区有 22 个县(市)开展新型农村合作医疗工作，实际参加农村合作医疗农民 358.46 万人，参合率92.0%，比上年提高 6.77 个百分点。

体育事业取得新成就。圆满完成“迎奥运、迎大庆”工作。举办了奥运火炬接力宁夏境内传递活动。我区 5 名体育技术官员第一次执法北京奥运会，实现了我区体育技术官员执法奥运会的历史突破。在奥运会博览会上，我区选送的《健身邮集》捧回西北唯一镀金奖。“民生”工程深入民心。2008 年度，全区举办各类体育活动 11 次，单项比赛 9 次，举办全民健身活动 15 次，参加活动的人数总计达到 160 多万人。竞技体育取得新成绩，“金牌”工程实现新突破。我区运动员在世界比赛中铁人三项获金牌 1 枚，银牌 1 枚；参加全国比赛获金牌 15 枚，银牌 11 枚，铜牌 13 枚；在全区运动会上获金牌 166 枚，银牌 160 枚，铜牌 161 枚。举办了全区青少年武术、乒乓球、田径等 9 个项目的比赛。其中田径、游泳、举重项目有 3 人超自治区青少年纪录，14 人达国家一级运动员等级标准，170 人达国家二级运动员等级标准。

十一、人口、人民生活和社会保障

人口计生工作取得新成效。据人口变动情况抽样调查，2008 年，全区出生人口 8.79 万人，人口出生率为 14.31‰，比上年下降 0.49 个千分点；死亡人口 2.84 万人，人口死亡率为 4.62‰，比上年下降 0.42 个千分点；自然增加人口 5.95 万人，人口自然增长率 9.69‰，比上年下降 0.07 个千分点。全年净增人口 7.44 万人，年末常住人口 617.69 万人。城镇人口占 44.98%，乡村人口占 55.02%。社会就业形势稳定。2008 年末，城镇实有登记失业人数 4.77 万人，登记失业率 4.35%。

城镇居民收入大幅增加。2008 年，全区城镇单位在岗职工工资总额 172.21 亿元，增长 14.8%；城镇单位在岗职工平均工资 30719 元，增长 17.2%。城镇居民人均可支配收入 12931.5 元，比上年增加 2072.2 元，增加额创历史之最，增长 19.1%，其中人均工资性收入 8793.5 元，增长 14.7%；人均经营收入 1856.9 元，增长 57.0%；人均财产性收入 182.7 元，增长 23.9%；人均转移性收入 3285.5 元，增长 17.5%。人均消费性支出 9558.3 元，增长 22.3%。其中，支出增幅较大的是：衣着、食品、医疗保健、交通通讯和教育文化娱乐服务，分别增长 18.5%、21.4%、26.5%、27.6% 和 20.9%。城镇居民家庭恩格尔系数(食品消费支出占消费性支出的比重)为

35.1%，比上年下降0.2个百分点。城镇最高10%收入户人均可支配收入33132.4元，城镇最低10%收入户人均可支配收入3721.9元。城市居民人均住房建筑面积27.9平方米，比上年增加0.8平方米。

图7　2003－2008年全区城镇居民人均可支配收入及增长速度

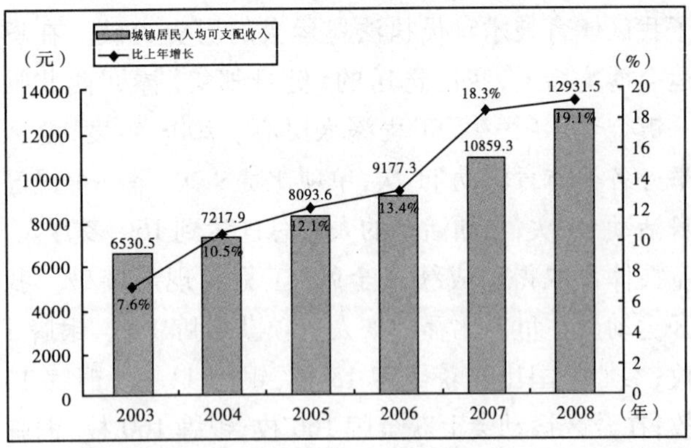

农村居民收入较快增长。2008年，全区农民人均纯收入达到3681.4元，比上年增加500.6元，增加额创历史之最，增长15.7%。农民人均生活消费支出3094.9元，增长22.4%。农村居民家庭恩格尔系数为41.6%，比上年上升1.3个百分点。农村最高20%收入户人均纯收入8680.3元，农村最低20%收入户人均纯收入837.9元。农村居民人均住房面积23.1平方米，比上年增加0.02平方米。

图8　2003－2008年全区农民人均纯收入及增长速度

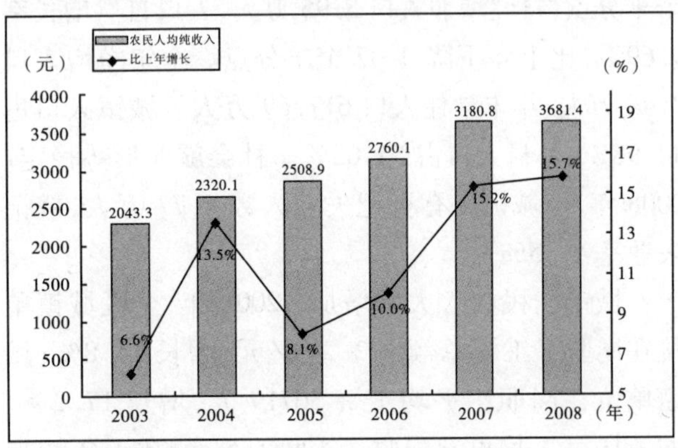

社会保障体系不断健全。2008年末城镇参加基本养老保险人数为82.55万人，比上年增长7.2%，其中参保职工63.74万人，参保离退休人员18.81万人。企业养老金社会化发放率达到100%。参加失业保险的人数44.65万人，比上年增长11.4%。参加基本医疗保险人数83.25万人，比上年增长6.3%。其中，参保职工60.54万人，参保退休人员22.71万人。全年社会保险基金收入61.21亿元，增长32.0%；年末社保基金累计结余79亿元，增长30.7%。到2008年底，全区享受低保救济的困难群众达46.06万人，其中城镇20.84万人，农村25.22万人。全区共发行销售福利彩票3.57亿元，筹集福利资金1.25亿元。

社会福利事业健康发展。年末全区各类收养性社会福利单位数109个，床位数8813张，收养各类人员8048人。

十二、能源、环境保护与安全生产

全区继续加大节能减排与环境综合整治工作力度，进一步巩固工业污染源达标排放成果，环境质量不断改善，节能降耗成效显著。

2008年，全区一次能源生产量比上年增长12.3%。全区能源消费量比上年增长4.6%。其中，第一产业能源消费量增长7.1%；第二产业能源消费量增长3.5%；第三产业能源消费量增长8.8%；居民生活能源消费量增长15.4%。单位GDP能耗按可比价计算，比上年下降6.79%。单位GDP电耗比上年下降10.91%。单位工业增加值能耗比上年下降12.23%。

2008年末，全区环境保护系统人员812人，各级环境监测站8个，环境监测人员250人。当年完成工业治理项目85个，共投资9.24亿元。全区自然保护区13个，面积54.71万公顷；国家级自然保护区6个。

2008年，各类生产安全事故死亡659人，比上年下降6.0%。亿元GDP死亡人数0.60人，下降28.6%；煤矿百万吨死亡人数为0.32人，下降15.8%；道路交通万车死亡人数为6.30人，同比下降19.0%。

注：

1. 本公报中统计数据为初步统计数，正式数据以《宁夏统计年鉴－2009》为准。

2. 地区生产总值及各产业增加值和行业增加值指标绝对数按现价计算，增长速度按可比价格计算。

银川市统计局
关于2008年国民经济和社会发展的
统 计 公 报

2009年3月10日

2008年，面对复杂多变的国内外经济发展环境，在市委、市政府的坚强领导下，全市上下以科学发展为指导，认真落实国家宏观调控政策和措施，坚定信心，审时度势，抢抓机遇，明确责任，狠抓落实，及时化解经济运行中的突出矛盾和问题，全市经济保持平稳较快增长，经济社会呈现结构进一步优化，民生继续改善，各项社会事业稳步发展的良好态势。

一、综合

国民经济平稳较快发展，综合实力和发展水平迈上新台阶。初步核算，全年全市实现生产总值514.11亿元，按可比价格计算，比上年增长13.3%，快于2000年以来八年平均增速0.4个百分点。其中，第一产业完成增加值30.23亿元，增长7.3%；第二产业完成增加值250.71亿元，增长15.1%；第三产业完成增加值233.17亿元，增长12.2%。一、二、三产业比例关系为5.9:48.8:45.3。按常住人口计算，全市人均生产总值31436元。

图1　2004－2008年地区生产总值及其增长速度

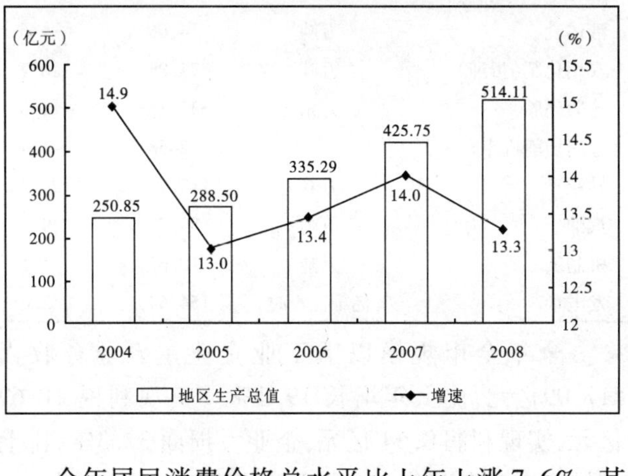

全年居民消费价格总水平比上年上涨7.6%，其中食品价格上涨17.7%。工业品出厂价格上涨11.5%，其中生产资料价格上涨11.7%，生活资料价格上涨10.3%。原材料、燃料、动力购进价格上涨23.2%。房屋销售价格上涨11.8%，其中新建住宅价格上涨11.1%，二手住宅价格上涨13.4%；房屋租赁价格上涨1.3%。

图2　居民消费价格指数

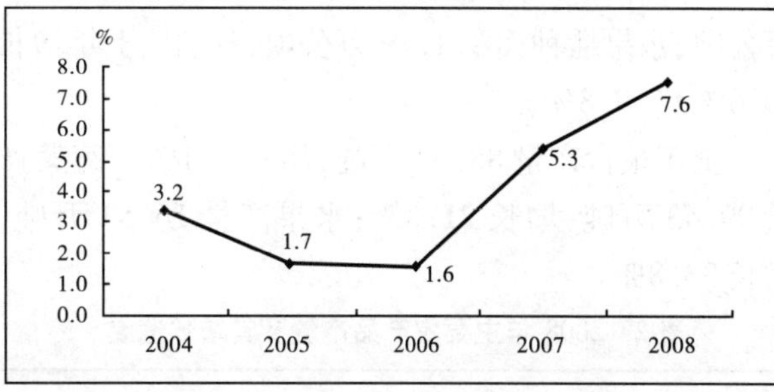

表1　2008年居民消费价格指数(以上年为100)

指　　标	2008年
居民消费价格指数	107.6
食　品	117.7
#粮　食	107.3
肉禽及制品	128.8
油　脂	139.9
蛋	105.0
菜	118.9
烟酒及用品	101.0
衣　着	105.5
家庭设备用品及服务	104.8
医疗保健及个人用品	102.2
交通和通信	98.6
娱乐教育文化用品及服务	98.1
居　住	105.3

年末全市城镇单位在岗职工27.81万人，城镇登记失业率为3.62%。在岗职工年平均工资33247

元,比上年增长16.2%。

二、农业

农业生产形势较好。全年全市完成农林牧渔业总产值55亿元,比上年增长8.0%。

图3　2004－2008年农业总产值及其增长速度

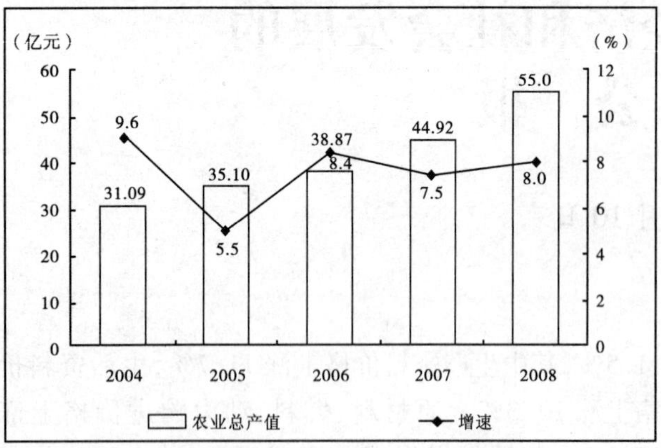

全年农作物总播种面积16.41万公顷,比上年增加0.40万公顷,增长2.5%。其中粮食作物播种面积12.80万公顷,增长1.2%。蔬菜播种面积2.27万公顷,水果播种面积1.79万公顷,分别比上年增长10.6%和19.8%。

全年粮食产量88.62万吨,增长7.1%。蔬菜产量99.43万吨,增长21.8%;水果产量16.53万吨,增长33.8%。

表2　2008年主要农产品产量及其增长速度

产品名称	产量(万吨)	比上年±%
粮　食	88.62	7.1
蔬　菜	99.43	21.8
水　果	16.53	33.8
肉　类	4.34	10.3
#猪牛羊肉	3.52	9.9
牛　奶	33.54	21.6
禽　蛋	1.44	-8.4
水产品	4.68	10.4

年末大牲畜存栏21.20万头,增长7.6%,其中奶牛年末存栏11.20万头,增长18.8%。生猪年末存栏18.20万头,增长20.9%。羊只年末存栏60.00万只,增长23.6%。

全年完成造林面积1.0万公顷,增长62.2%。成林抚育面积7.40万公顷,增长9.7%。

年末全市农业机械总动力153.94万千瓦,比上年增长0.5%;农用拖拉机5.40万台,增长3.9%;农用运输车2.33万辆,增长0.5%。农村用电量2.45亿千瓦小时,增长3.0%;农用化肥施用量(折纯)24.24万吨,增长1.6%。农田有效灌溉面积13.01万公顷,新增949公顷,增长0.7%。

三、工业和建筑业

全年全部工业总产值完成639.19亿元,比上年增长23.4%,其中规模以上工业总产值597.93亿元,增长24.3%。全部工业增加值211.46亿元,比上年增长16.3%,其中规模以上工业增加值200.95亿元,增长17.0%。

图4　2004－2008年工业增加值及其增长速度

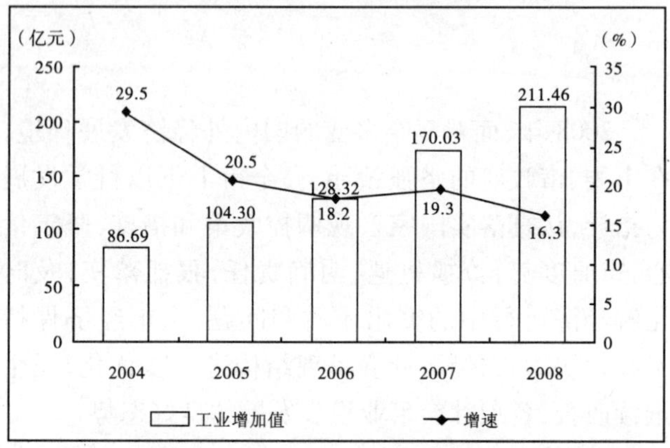

全市规模以上工业企业中,煤炭开采和洗选业产值比上年增长57.5%;化学原料及化学制品制造业增长36.7%;石油加工、炼焦业增长30.8%;纺织业增长24.5%;电力、热力的生产和供应业增长22.3%;医药制造业增长12.6%;通用设备制造业增长10.8%。

表3　20078年主要工业产品产量及其增长速度

产品名称	单位	绝对数	比上年±%
原煤	万吨	2532.38	30.0
水泥	万吨	277.93	6.3
液体乳	万吨	4.06	-36.6
农用化肥(折纯)	万吨	74.86	20.7
轮胎外胎	万条	337.16	-14.8
金属切削机床	台	2458	-1.4
轴承	万套	163.74	-20.3
汽油	万吨	59.77	19.4
机制纸	万吨	10.62	11.1
发电量	亿千瓦小时	154.59	43.0

全年全市规模以上工业企业主营业务收入517.09亿元,比上年增长19.1%。实现利税21.69亿元,实现利润0.54亿元,企业亏损面32.3%,比上年扩大3.7个百分点;亏损企业亏损额24.74亿元,增长1.5倍。工业经济效益综合指数213.1,同比提

高6.1个百分点。

全年全市具有资质等级建筑业企业292个，实现建筑业总产值120.64亿元，增长15.3%。按总产值计算的全员劳动生产率10.89万元/人，增长12.0%。房屋建筑施工面积1092.32万平方米，增长21.7%；房屋建筑竣工面积477.85万平方米，增长15.4%。

四、固定资产投资

全年全社会固定资产投资完成365.69亿元，比上年增长24.9%。其中，城镇投资349.75亿元，增长25.6%；农村投资15.94亿元，增长11.0%。

图5　2004－2008年固定资产投资及其增长速度

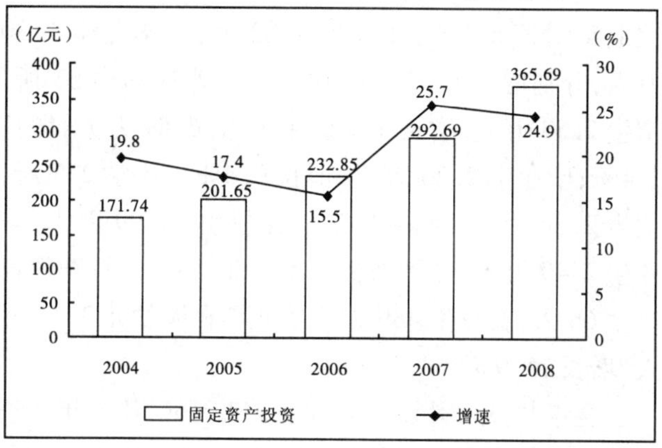

从投资结构看，全年第一产业完成投资6.91亿元，比上年增长76.7%；第二产业投资204.85亿元，增长31.8%，其中工业投资204.73亿元，增长31.8%；第三产业投资140.18亿元，增长23.1%。

全年房地产开发投资78.60亿元，比上年增长25.3%，其中住宅开发投资56.93亿元，增长28.5%。全年商品房销售面积303.58万平方米，下降9.6%；空置面积288.43万平方米，增长7.6%。全年商品房销售额86.26亿元，增长6.6%。

全年58个重点项目投资102.46亿元，完成年度计划的79.5%。

表4　2008年部分重点建设项目名称及投资额

重点建设项目名称	投资额(亿元)
宁夏宝丰能源焦化项目	9.09
西夏热电厂	3.36
宁夏国际会展中心	1.60
市医院改造	1.15
自治区人民医院扩建	1.10
九中迁建	1.06
城市公共交通项目	0.71
宁夏亲水体育中心	0.70

五、国内贸易

全年实现社会消费品零售总额155.77亿元，比上年增长21.6%。分城乡看，城市消费品零售额136.21亿元，增长18.6%；县及县以下市场消费品零售额19.56亿元，增长47.7%。分行业看，批发零售业零售额132.03亿元，增长22.4%；住宿餐饮业零售额23.18亿元，增长18.0%；其他行业零售额0.56亿元，增长0.4%。分经济类型看，国有经济实现零售额9.40亿元，增长6.3%；集体经济实现零售额1.38亿元，增长15.8%；股份制经济实现零售额33.70亿元，增长34.3%；私营经济实现零售额59.79亿元，增长26.4%；个体经济实现零售额50.31亿元，增长13.1%。

在限额以上批发和零售业零售额中，食品、饮料及烟酒类增长29.6%；服装鞋帽针纺织品类增长16.8%；石油及制品类增长36.5%；金银珠宝类增长46.8%；汽车类增长37.8%；体育娱乐用品类增长37.4%；通讯器材类增长18.7%。

图6　2004－2008年社会消费品零售总额及其增长速度

全年全市重点商品交易市场成交额128.64亿元，比上年增长36.7%，其中亿元以上商品交易市场成交额122.96亿元，增长39.7%。

六、对外经济

全年全市进出口总额实现12.70亿美元，比上年增长16.6%。其中，出口总额8.75亿美元，增长16.7%；进口总额3.95亿美元，增长16.6%。

全年签订利用外资项目9个，合同外资金额0.46亿美元，比上年增长3.1%；实际利用外资0.39亿美元，下降14.4%。

七、交通、邮电和旅游

全年交通运输、仓储和邮政业实现增加值34.48亿元，比上年增长6.5%。全年公路货运量2428万吨，增长7.4%；公路客运量2775万人次，增长

6.7%。公路货运周转量26.40亿吨公里,公路客运周转量18.74亿人公里,分别增长6.7%和8.1%。民航客运量78.53万人次,增长20.9%;客运周转量9.64亿人公里,增长21.0%。年末全市各种民用汽车保有量12.44万辆,增长11.6%,私人汽车保有量8.45万辆,增长50.9%。

全年完成邮电业务总量32.63亿元,比上年增长16.3%。其中,邮政业务总量1.52亿元,增长8.5%;电信业务总量31.11亿元,增长16.7%。年末本地网交换机及接入网设备总容量89.97万门,增长6.5%。年末固定电话用户53.68万户,增长3.1%。年末移动电话用户122.60万户,下降1.6%。全市电话普及率达到115.7部/百人。计算机互联网用户11.64万户,增长2.1%。

全年共接待国内外游客278.10万人次,增长12.3%,其中接待国内游客277.31万人次,增长12.3%,接待海外游客0.79万人次,增长7.7%。国内旅游收入21.53亿元,增长30.6%;国际旅游外汇收入224.29万美元,增长1.3%。

八、财政、金融和保险

全年完成地方财政收入64.68亿元,比上年增长19.8%。地方财政一般预算收入35.82亿元,增长29.6%,其中税收收入31.62亿元,增长31.0%,税收占地方财政一般预算收入的比重为88.3%。全年完成地方财政支出92.63亿元,增长24.7%。地方财政一般预算支出62.88亿元,增长30.2%。其中,教育支出增长14.1%、社会保障和就业支出增长7.6%、医疗卫生支出增长52.5%、环境保护支出增长80.1%。

图7 2004-2008年地方财政收入及其增长速度

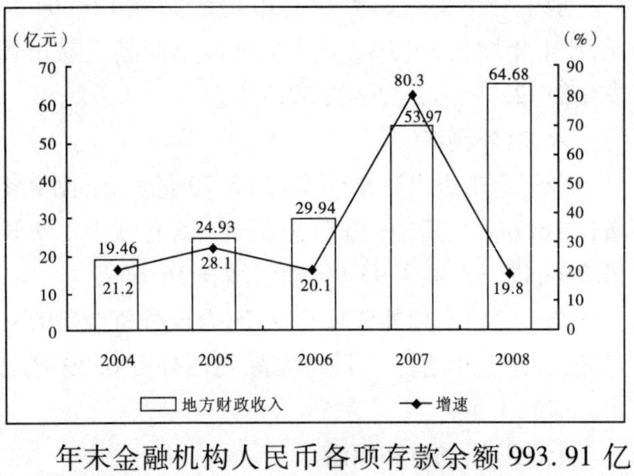

年末金融机构人民币各项存款余额993.91亿元,比上年末增长22.8%。其中,城乡居民储蓄存款余额423.15亿元,增长29.6%。人民币各项贷款余额965.08亿元,增长23.6%。其中,短期贷款291.74亿元,增长23.4%;中长期贷款628.94亿元,增长22.6%。全年金融机构现金收入1866.50亿元,下降3.3%;现金支出1819.06亿元,下降3.0%;现金净回笼47.44亿元,下降13.6%。

全年实现保费收入18.07亿元,比上年增长23.6%。其中,财产险保费收入4.94亿元,增长7.9%;人身险保费收入13.13亿元,增长30.8%。全年支付各项赔款及给付额4.76亿元,增长31.5%,其中,财产险赔款2.72亿元,人身险赔款及给付2.05亿元。

九、教育和科学技术

年末全市普通高等院校11所,招生1.77万人,比上年增长6.6%;在校生5.82万人,毕业生1.30万人,分别增长15.2%和14.0%。普通初中53所,招生2.53万人,增长5.9%;在校生6.89万人,增长2.4%;毕业生2.26万人,增长0.4%。小学235所,招生2.36万人,下降1.3%;在校生14.99万人,毕业生2.49万人,分别增长0.5%和7.3%。特殊教育招生66人,在校生489人。幼儿园在园幼儿3.12万人,增长15.9%。

全年共投入科技三项费用943万元,比上年增长15.0%。实施各类科技计划项目75项,获得区级科技进步奖11项。

十、文化和卫生

年末全市拥有艺术表演团体9个,文化馆7个,公共图书馆6个,博物馆1个,广播电台2座,电视台2座,广播综合人口覆盖率、电视综合人口覆盖率均达到100%。

年末全市共有卫生机构563个,其中医院和卫生院101个。卫生机构床位8336张,其中医院和卫生院床位7624张。卫生技术人员1.15万人,其中执业医师及执业助理医师4762人。疾病预防控制中心8个,卫生技术人员324人;妇幼保健机构5个,卫生技术人员575人;乡镇卫生院42个,卫生技术人员559人。全市已认定医疗保险定点医疗机构136个,定点药店162个。

十一、人口、人民生活和社会保障

年末全市常住总人口为165.43万人,增长2.3%。其中市区人口102.49万人,增长0.8%;非农业人口106.62万人,增长3.4%;回族人口43.33万人,增长3.9%,回族人口占全市总人口的26.2%。人口出生率为9.77‰,死亡率为3.69‰,人口自然增长率为6.08‰。

全年城镇居民人均可支配收入 14458 元，比上年增加 2273 元，增长 18.7%。城镇居民人均消费支出 11455 元，增长 24.8%。城镇居民恩格尔系数 34.9%。城镇居民人均住房建筑面积为 28.77 平方米，比上年增加 1.72 平方米，增长 6.4%。

图 8　2004－2008 年城镇居民人均可支配收入及其增长速度

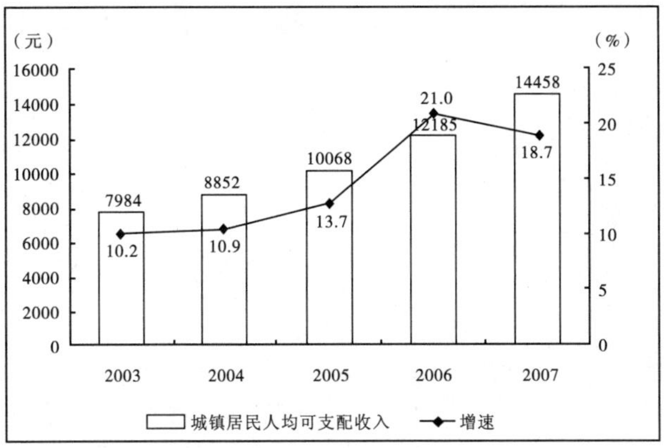

表 5　城镇居民每百户主要消费品拥有量

指　　标	单位	2008 年	2007 年	比上年 ± %
空调器	台	10.41	10.39	0.2
淋浴热水器	台	81.7	78.9	3.5
彩电	台	104.1	104.87	-0.7
电冰箱	台	87.7	94.48	-7.2
移动电话	部	162.78	147.4	10.4
家用电脑	台	41.96	33.77	24.3
微波炉	台	55.21	52.92	4.3
家用汽车	辆	2.52	1.62	55.6
摩托车	辆	6.31	10.06	-37.3
洗衣机	台	91.8	96.1	-4.5
照相机	架	21.45	31.17	-31.2
摄像机	架	7.26	3.9	86.2
健身器材	套	3.47	2.92	18.8

图 9　2004－2008 年农民人均纯收入及其增长速度

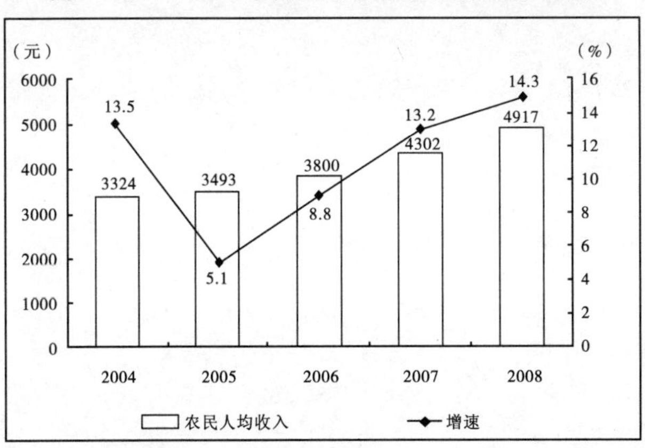

全年农民人均纯收入 4917 元，比上年增加 615 元，增长 14.3%。农民人均生活消费支出 4119 元，增长 21.9%。农村居民恩格尔系数 37.4%。农村居民人均住房使用面积 35.70 平方米，比上年增加 0.2 平方米，增长 0.8%。

年末全市参加基本养老保险职工 26.84 万人，参加基本失业保险职工 19.95 万人，参加基本医疗保险职工 43.40 万人。

年末全市拥有中心敬老院、敬老院 6 个，共有床位 880 张。全市城乡享受最低生活保障人数为 8.73 万人。

十二、城市建设

年末城市建成区面积 110.77 平方公里，增长 3.7%。年末城市拥有道路面积 1328.90 万平方米，增长 5.6%。全年供水总量 1 亿立方米，增长 11.1%。集中供热面积达到 3089.70 万平方米，增长 9.5%。天然气用气普及率达到 65.47%。

年末全市公共汽车线路达到 57 条，运营线路网长度 398 公里。公交标准运营车辆 1113 辆，增长 8.9%；出租汽车运营车辆 5006 辆，增长 2.4%。全年城市公共交通共运送乘客 1.53 亿人次。

年末城市绿化覆盖面积 5403 公顷，增长 6.5%，建成区绿化覆盖率 36.6%。人均公共绿地面积 8.39 平方米，增长 4.9%。

十三、环境保护与安全生产

年末全市共建成烟尘控制区 4 个，面积 107 平方公里；建成环境噪声达标区 4 个，面积 91.14 平方公里；城市饮用水源水质达标率 100%。可吸入颗粒物日均值 0.084 毫克/立方米，大气二氧化硫年日均值 0.049毫克/立方米。全年空气质量状况达到二级及好于二级的天数占全年总天数的 88.3%。全年完成工业企业环境污染治理项目 36 个，投入资金 2.09 亿元。

全年生产安全事故死亡 160 人，比上年下降 15.3%。亿元 GDP 生产安全事故死亡人数为 0.31 人，工矿商贸企业就业人员 10 万人生产安全事故死亡人数为 3.6 人，煤矿百万吨死亡人数为 1.45 人，道路交通万车死亡人数为 4.4 人。

注：

1. 本公报中各项统计数据为初步统计数。

2. 地区生产总值、各产业增加值绝对数按现行价格计算，增长速度按可比价格计算。

3. 公报中旅游数据来源于自治区统计局和旅游局联合发布的《2008 年宁夏旅游经济发展统计公报》。

4. 卫生机构含社区卫生服务中心、诊所、卫生所和医务室等。

一、综　　合

1—1　行政区划及区划面积

（2008 年）

区县市名称	镇（个）	乡（个）	街道办事处（个）	居民委员会（个）	村民委员会（个）	区划面积（平方公里）	年末总人口（万人）	人口密度（人/平方公里）	乡、镇、街道办事处名称
总　计	**21**	**6**	**23**	**206**	**271**	**9555.38**	**165.43**	**173**	
市　区	6	2	22	176	67	2310.53	102.49	444	
兴庆区	2	2	11	90	32	828.26	55.75	673	中山南街　凤凰北街　解放西街　新华街　玉皇阁北街　文化街　富宁街　前进街　胜利街　丽景街　银古路等街道办事处　大新镇　掌政镇　通贵乡　月牙湖乡
金凤区	2		5	38	19	353.00	21.35	605	满城北街　上海西路　黄河东街　北京中路　长城中路等办事处　丰登镇　良田镇
西夏区	2		6	48	16	1129.27	25.40	225	朔方路　文昌路　宁华路　西花园路　北京西路　贺兰山西路等办事处　镇北堡镇　兴泾镇
永宁县	5	1		8	69	1178.68	20.61	175	杨和镇　望洪镇　李俊镇　望远镇　闽宁镇　胜利乡
贺兰县	4	1		7	59	1527.20	19.03	125	习岗镇　立岗镇　金贵镇　洪广镇　常信乡
灵武市	6	2	1	15	76	4538.97	23.30	51	城区街道办事处　东塔镇　崇信镇　郝家桥镇　临河镇　宁东镇　马家滩镇　梧桐树乡　白土岗乡

1—2 气 象 情 况

（2008 年）

月份	平均气温(℃)				降水量(mm)				蒸发量(mm)				日照时数(hr)			
	银川	永宁	贺兰	灵武	银川	永宁	贺兰	灵武	银川	永宁	贺兰	灵武	银川	永宁	贺兰	灵武
一月	-10.3	-9.4	-10.9	-10.7	8.1	9.0	8.0	7.6	20.3	18.0	17.2	25.2	72.3	106.6	83.6	130.8
二月	-7.7	-6.8	-8.2	-8.5	1.1	1.2	0.9	2.3	38.9	34.5	38.9	42.6	174.6	207.7	190.8	216.1
三月	7.3	8.4	6.5	6.5	0.0	0.0	0.1	0.2	170.3	150.7	137.9	151.8	262.5	271.1	253.1	275.7
四月	13.4	14.6	13.0	12.8	16.3	18.9	15.9	20.3	125.5	184.1	176.6	192.5	237.4	249.5	232.6	255.1
五月	19.1	20.2	18.2	18.3	0.2	0.3	0.4	0.3	166.8	250.4	240.5	275.4	310.5	312.2	280.5	295.0
六月	23.5	24.7	22.9	22.4	2.3	2.2	6.6	4.5	194.9	268.9	256.0	275.8	323.2	319.6	301.7	315.9
七月	24.6	26.0	24.1	23.8	79.4	65.6	73.6	55.0	180.2	246.7	231.6	247.1	303.4	293.4	275.5	302.2
八月	21.9	23.1	21.2	20.9	35.8	26.8	34.6	45.8	145.4	197.5	181.2	206.9	271.5	273.7	262.7	243.2
九月	17.0	18.2	16.1	15.8	44.1	51.4	40.6	57.4	91.4	115.3	102.2	114.9	168.4	168.5	174.4	151.2
十月	10.7	11.9	9.2	9.4	7.3	13.7	13.5	11.9	88.8	100.7	90.8	110.8	267.0	270.1	272.1	241.1
十一月	3.0	4.3	1.9	2.7	0.0	0.0	0.0	0.1	72.5	63.3	51.8	76.1	224.9	234.2	217.8	210.6
十二月	-4.2	-3.1	-5.0	-4.7					59.8	55.9	49.3	61.3	268.5	205.3	191.8	208.1

注：市区蒸发量 4－10 月为 E601B 型蒸发皿，降水量：0.0 表示微量。

1—2 续表

月份	平均风速(米/秒)				相对湿度(%)				大风日数(日)				雨日数(日)			
	银川	永宁	贺兰	灵武	银川	永宁	贺兰	灵武	银川	永宁	贺兰	灵武	银川	永宁	贺兰	灵武
一月	1.4	1.4	1.0	2.0	64	68	67	69								
二月	1.7	1.6	1.3	2.4	62	67	64	69	1			1				
三月	2.2	2.2	1.8	2.9	33	38	40	44			1	3	3	4	2	4
四月	2.1	1.8	1.8	2.4	38	42	42	46				3	8	7	8	9
五月	2.2	2.0	1.7	2.4	31	36	37	41				1	5	4	4	3
六月	1.9	2.1	1.7	2.3	38	46	44	53				9	7	4	6	5
七月	1.9	2.0	1.6	2.4	54	60	59	65				1	9	6	8	7
八月	1.7	1.8	1.3	2.2	57	65	65	70			1	1	12	9	11	10
九月	1.5	1.7	1.2	1.9	66	73	75	80					15	12	14	13
十月	1.4	1.6	1.0	2.0	57	62	67	68		1		2	4	4	4	4
十一月	1.5	1.8	1.3	2.8	51	55	58	58					1	1	1	1
十二月	1.9	2.1	1.8	3.0	42	47	48	50	1	1	1	6				

1—3 主要年份地区生产总值及构成

（按当年价格计算）　　单位：万元、%

年份	地区生产总值	第一产业	第二产业	第三产业	构成			人均地区生产总值（元/人）
					第一产业	第二产业	第三产业	
1949	2025	1484	130	411	73.3	6.4	20.3	86
1950	2498	1885	149	464	75.5	6.0	18.5	103
1951	3486	2725	227	534	78.2	6.5	15.3	137
1952	3374	2343	396	635	69.4	11.8	18.8	126
1953	3833	2587	490	756	67.5	12.8	19.7	133
1954	4152	2715	560	877	65.4	13.5	21.1	134
1955	5064	3317	729	1018	65.5	14.4	20.1	154
1956	5443	3192	949	1302	58.6	17.5	23.9	159
1957	5716	2986	1143	1587	52.2	20.0	27.8	162
1958	8370	3380	2022	2968	40.4	24.2	35.4	221
1959	11758	3415	4481	3862	29.1	38.1	32.8	276
1960	13424	2691	6059	4674	20.0	45.2	34.8	288
1961	11225	3103	3632	4490	27.6	32.4	40.0	240
1962	9188	3181	2664	3343	34.6	29.0	36.4	211
1963	10284	3970	2772	3542	38.6	27.0	34.4	241
1964	10696	3739	3121	3836	35.0	29.2	35.8	240
1965	13338	5137	4222	3979	38.5	31.7	29.8	284
1966	17623	5516	7267	4840	31.3	41.2	27.5	363
1967	16109	4547	7650	3912	28.2	47.5	24.3	322
1968	16347	4374	7929	4044	26.8	48.5	24.7	309
1969	20202	5205	10172	4825	25.8	50.4	23.8	360
1970	24481	6111	12335	6035	25.0	50.4	24.6	415
1971	26132	7584	11418	7130	29.0	43.7	27.3	427
1972	27538	7756	12016	7766	28.2	43.6	28.2	433
1973	28904	9152	11993	7759	31.7	41.5	26.8	437
1974	30101	7711	14523	7867	25.6	48.2	26.2	439
1975	34183	8139	17494	8550	23.8	51.2	25.0	483
1976	30851	6777	16035	8039	22.0	52.0	26.0	423
1977	33148	7078	17356	8714	21.4	52.4	26.2	441

1—3 续表 单位:万元、%

年份	地区生产总值	第一产业	第二产业	第三产业	构成 第一产业	构成 第二产业	构成 第三产业	人均地区生产总值（元/人）
1978	38222	7902	20245	10075	20.7	53.0	26.3	494
1979	41938	8639	22247	11052	20.6	53.0	26.4	527
1980	44412	10750	21982	11680	24.2	49.5	26.3	546
1981	46487	13019	21089	12379	28.0	45.4	26.6	559
1982	54549	16983	22778	14788	31.1	41.8	27.1	641
1983	64259	20044	27625	16590	31.2	43.0	25.8	740
1984	76756	24199	32715	19842	31.5	42.6	25.9	869
1985	94160	26286	42656	25218	27.9	45.3	26.8	1045
1986	111227	29980	49522	31725	27.0	44.5	28.5	1210
1987	132621	35567	55887	41167	26.8	42.1	31.1	1398
1988	168776	41278	67884	59614	24.5	40.2	35.3	1730
1989	207904	47293	87458	73153	22.7	42.1	35.2	2081
1990	231978	54868	92126	84984	23.7	39.7	36.6	2269
1991	270931	56593	112312	102026	20.8	41.5	37.7	2596
1992	320781	62329	138547	119905	19.4	43.2	37.4	3021
1993	432948	67372	202716	162860	15.6	46.8	37.6	4007
1994	571199	94993	268989	207217	16.6	47.1	36.3	5180
1995	717130	120037	310488	286605	16.7	43.3	40.0	6374
1996	827908	132842	367624	327442	16.0	44.4	39.6	7228
1997	951001	150519	406055	394427	15.8	42.7	41.5	8152
1998	1040857	155596	431705	453356	14.9	41.5	43.6	8769
1999	1145303	148970	473950	522383	13.0	41.4	45.6	9518
2000	1287473	143520	541292	602661	11.1	42.1	46.8	10404
2001	1440965	149840	595773	695352	10.4	41.3	48.3	11244
2002	1670921	155463	677801	837657	9.3	40.6	50.1	12716
2003	2015881	147152	858178	1010551	7.3	42.6	50.1	15159
2004	2508483	174756	1107760	1225967	7.0	44.1	48.9	18526
2005	2885029	193220	1300724	1391085	6.7	45.1	48.2	20727
2006	3352918	210139	1567181	1575598	6.3	46.7	47.0	23506
2007	4257454	248997	2025032	1983425	5.8	47.6	46.6	29014
2008	5141138	302272	2507179	2331687	5.9	48.8	45.3	31436

注:1993－2006年数据为经济普查年度调整数。2008年人均地区生产总值为常住人口计算。

1—4 主要年份地区生产总值指数

（按可比价格计算，比上年增长%）

单位：%

年份	地区生产总值	第一产业	第二产业	第三产业
1950	6.0	4.6	14.1	13.5
1951	31.9	33.5	54.3	15.9
1952	13.9	10.5	81.6	16.2
1953	12.4	11.6	20.5	13.7
1954	14.5	13.9	23.4	13.1
1955	14.1	13.2	20.6	15.8
1956	7.9	3.3	29.1	25.1
1957	-3.9	-10.8	16.8	20.6
1958	30.8	17.6	92.6	45.7
1959	28.4	0.3	115.4	48.2
1960	-0.4	-20.2	30.2	6.3
1961	-22.3	-10.9	-45.8	-6.0
1962	3.0	24.3	-18.2	-12.6
1963	27.2	42.7	2.1	12.7
1964	1.5	-4.8	13.1	10.9
1965	26.3	29.6	44.2	4.7
1966	28.2	12.6	80.6	21.4
1967	-11.7	-9.7	-10.2	-19.7
1968	0.3	-4.1	13.7	-8.8
1969	15.3	4.1	31.7	17.3
1970	14.5	1.8	25.8	25.3
1971	-1.4	-4.2	-7.0	18.7
1972	4.7	0.1	7.3	8.6
1973	4.5	3.9	3.9	6.6
1974	7.6	2.6	12.1	8.0
1975	11.2	2.5	20.5	8.2
1976	-11.3	-24.5	-4.7	-4.2
1977	6.9	10.0	3.5	10.2

1—4 续表

单位:%

年份	地区生产总值	第一产业	第二产业	第三产业
1978	11.1	8.8	14.7	6.3
1979	7.1	0.3	11.0	7.8
1980	5.3	14.7	-1.4	8.7
1981	1.5	10.1	-7.1	7.4
1982	14.8	23.8	8.0	14.7
1983	18.6	17.8	20.9	16.2
1984	16.7	18.9	16.9	13.3
1985	21.5	4.6	32.8	27.4
1986	11.7	13.7	8.5	15.1
1987	7.4	-4.1	7.1	21.5
1988	10.5	3.0	10.7	17.2
1989	9.5	6.6	5.0	18.2
1990	6.5	2.0	4.4	12.5
1991	12.7	4.1	16.2	14.4
1992	11.8	1.7	17.5	11.3
1993	14.6	-1.1	22.6	13.5
1994	9.5	6.9	13.0	6.1
1995	9.3	5.7	6.7	14.8
1996	10.2	6.4	15.0	5.6
1997	10.3	9.5	7.5	14.5
1998	9.2	6.8	8.0	11.8
1999	9.2	1.9	8.3	13.4
2000	9.6	2.8	9.4	12.5
2001	9.4	3.7	8.8	12.0
2002	11.4	2.8	13.8	11.4
2003	14.2	1.2	20.8	11.1
2004	14.9	3.6	21.0	11.2
2005	13.0	4.2	16.9	10.8
2006	13.4	7.3	16.4	11.6
2007	14.0	3.7	17.6	11.9
2008	13.3	7.3	15.1	12.2

1—5 主要年份地区生产总值指数

（按可比价格计算，以 1952 年为 100） 单位：%

年份	地区生产总值	第一产业	第二产业	第三产业
1949	62.8	64.8	31.3	65.4
1950	66.6	67.8	35.7	74.2
1951	87.8	90.5	55.1	86.0
1952	100.0	100.0	100.0	100.0
1953	112.4	111.6	120.5	113.7
1954	128.7	127.1	148.6	128.6
1955	146.8	144.0	179.2	149.0
1956	158.4	148.8	231.4	186.3
1957	152.2	132.7	270.4	224.8
1958	199.1	156.0	520.7	327.6
1959	255.7	156.5	1121.6	485.5
1960	254.5	124.8	1459.9	516.2
1961	197.8	111.2	791.5	485.3
1962	203.8	138.2	647.3	424.3
1963	259.2	197.1	660.6	478.0
1964	263.1	187.6	747.3	530.4
1965	332.3	243.2	1078.0	555.3
1966	425.8	273.8	1947.1	674.3
1967	376.1	247.4	1748.2	541.5
1968	377.2	237.3	1987.9	493.9
1969	434.8	247.1	2618.3	579.3
1970	497.9	251.5	3292.6	725.6
1971	490.8	241.1	3060.7	861.4
1972	513.7	241.2	3284.5	935.8
1973	536.8	250.7	3412.7	997.7
1974	577.5	257.3	3825.3	1077.9
1975	642.3	263.7	4611.1	1165.8
1976	570.0	199.2	4393.2	1116.9
1977	609.5	219.2	4547.6	1230.9

1—5 续表

单位:%

年份	地区生产总值	第一产业	第二产业	第三产业
1978	668.6	238.6	5101.4	1303.3
1979	716.4	239.3	5662.2	1405.6
1980	754.7	274.5	5583.6	1527.2
1981	766.0	302.3	5188.0	1640.7
1982	879.3	374.0	5604.9	1881.2
1983	1043.2	440.6	6776.7	2186.5
1984	1217.3	523.8	7920.5	2478.2
1985	1479.6	547.7	10518.8	3156.3
1986	1653.2	623.0	11409.0	3633.4
1987	1774.8	597.3	12214.4	4415.4
1988	1960.5	615.0	13518.5	5175.3
1989	2147.5	655.6	14198.8	6118.8
1990	2287.5	668.8	14819.0	6885.9
1991	2576.9	696.3	17215.5	7877.4
1992	2880.1	708.4	20219.9	8768.6
1993	3299.8	700.7	24790.4	9954.8
1994	3612.5	748.8	28014.3	10560.1
1995	3947.8	791.1	29881.2	12119.3
1996	4350.4	841.5	34371.7	12798.3
1997	4796.4	921.1	36953.3	14658.1
1998	5236.5	983.9	39893.9	16394.0
1999	5719.2	1003.1	43216.9	18591.8
2000	6268.2	1031.2	47279.3	20915.8
2001	6857.4	1069.3	51439.9	23425.7
2002	7639.2	1099.3	58538.6	26096.2
2003	8724.0	1112.5	70714.6	28992.9
2004	10023.8	1152.5	85564.7	32240.1
2005	11326.9	1200.9	100025.1	35722.0
2006	12844.7	1288.6	116429.2	39865.8
2007	14643.0	1336.3	136920.7	44609.8
2008	16590.5	1433.8	157595.7	50052.2

1—6 地区生产总值及其构成

（2008 年） 单位:万元

	按当年价格计算		构成比例(%)		2008 年为 2007 年(%)	
	地区	市区	地区	市区	地区	市区
地区生产总值	**5141138**	**3535030**	**100.0**	**100.0**	**113.3**	**112.0**
第一产业	302272	104423	5.9	3.0	107.3	107.4
第二产业	2507179	1379491	48.8	39.0	115.1	112.6
工业	2114551	1154858	41.1	32.7	116.3	114.8
建筑业	392628	224633	7.6	6.4	109.3	102.0
第三产业	2331687	2051116	45.3	58.0	112.2	111.8
交通运输仓储和邮政业	344833	288878	6.7	8.2	106.5	107.1
批发和零售业	266703	232595	5.2	6.6	107.6	106.3
住宿和餐饮业	90384	78928	1.8	2.2	103.3	103.3
金融业	384050	352973	7.5	10.0	110.3	110.7
房地产业	168113	134642	3.3	3.8	99.9	96.2
其他服务业	1077604	963100	21.0	27.2	119.6	119.0
其他营利性服务业	454411	428140	8.8	12.1	121.8	121.1
非营利性服务业	623193	534960	12.1	15.1	118.1	117.3

注:本表数据为快年报数。

1—7 主要年份人均社会经济发展主要指标

	单位	1958年	1978年	1985年	1990年	1995年	2000年	2005年	2007年	2008年
地区生产总值(当年价格)	元	221	494	1045	2269	6374	10404	20727	29014	31436
工农业总产值(当年价格)	元	194	810	1417	3222	8772	10943	27619	39110	42031
工业总产值	元	83	643	1034	2448	7131	9039	25097	36049	38648
农业总产值	元	111	167	383	774	1641	1904	2522	3061	3383
农业生产										
粮食生产	公斤		402	476	577	609	669	599	564	542
牛奶总产量	公斤		3	9	24	56	64	153	188	205
肉类总产量	公斤		3	7	13	27	38	37	27	27
水产品产量	公斤		0.13	1	7	12	20	28	23	29
主要工业产品产量										
原煤	吨	0.17	0.62	0.77	1.03	1.8	3.01	6.07	13.24	15.49
轮胎外胎	条		0.39	0.38	0.62	1.47	1.57	2.19	2.70	2.06
水泥	吨		0.04	0.10	0.30	0.46	0.67	1.28	1.78	1.7
农用化肥	吨		0.2	0.05	0.23	0.31	0.41	0.42	0.39	0.46
地方财政收入	元	20	97	162	225	235	771	1791	3678	3954
地方财政支出	元	27	88	136	219	382	1005	2468	5074	5665
全社会固定资产投资	元	61	111	610	641	2022	4234	14487	19947	22360
社会消费品零售总额	元	134	292	714	1329	2725	4202	6791	8730	9525
在岗职工年平均工资	元	404	723	1123	2030	4872	8956	18424	28600	33247
城市居民人均可支配收入	元	222	346	815	1581	3932	5622	8852	12185	14458
城市居民人均消费支出	元	210	306	703	1433	3541	5369	7311	9176	11455
农民人均纯收入	元		131	488	934	1683	2712	3493	4303	4917
农村居民人均生活消费支出	元		103	380	765	1449	1886	2836	3576	4119
城市居民住宅面积	平方米		4.20	6.46	7.24	8.6	14.22	18.90	27.05	28.77
农民生活用房面积	平方米		10.19	15.88	18.28	19.75	27.26	31.17	35.48	35.76
普通高等学校在校生数	人/万人	9	32	64	71	88	129	294	359	370

注:2008年人均地区生产总值为常住人口计算。

1—8 主要年份国民经济和社会发展主要指标

	单位	1958 年	1978 年	1985 年	1990 年	1995 年	2000 年	2005 年	2007 年	2008 年
人口										
年末总人口	万人	40.10	78.67	91.06	103.45	113.53	126.46	142.43	161.66	165.43
# 回族人口	万人	11.41	19.12	22.44	25.40	28.01	33.17	36.95	41.72	43.33
人口自然增长率	‰					8.34	9.00	6.31	6.81	6.08
国民经济核算										
地区生产总值	亿元	0.84	3.82	9.42	23.20	71.71	128.75	288.50	425.75	514.11
第一产业	亿元	0.34	0.79	2.63	5.49	12.00	14.35	19.32	24.90	30.23
第二产业	亿元	0.20	2.02	4.27	9.21	31.05	54.13	130.07	202.50	250.71
第三产业	亿元	0.30	1.01	2.52	8.50	28.66	60.27	139.11	198.35	233.17
农业										
农林牧渔业总产值	亿元	0.42	1.29	3.45	7.91	18.47	23.46	35.10	44.92	55.33
粮食总产量	万吨		31.09	42.91	58.99	68.55	82.40	83.43	82.75	88.62
肉类总产量	万吨		0.27	0.62	1.29	3.04	4.65	5.16	3.93	4.30
水产品产量	万吨		0.01	0.12	0.73	1.28	2.58	3.94	3.37	4.68
工业										
全部工业总产值	亿元	0.32	4.98	9.32	25.02	80.24	135.08	349.34	528.98	641.21
利税总额	亿元		0.93	1.54	2.27	7.25	4.98	22.50	42.33	36.61
固定资产投资										
全社会固定资产投资额	亿元	0.23	0.86	5.50	6.55	22.75	52.39	201.65	292.69	365.69
# 基本建设	亿元	0.23	0.84	3.49	3.64	10.51	20.49	90.54	168.93	228.05
更新改造	亿元			1.32	1.73	4.33	10.44	23.98	36.81	35.51
房地产开发	亿元				0.21	3.84	12.66	56.61	62.72	78.61
各类房屋施工面积	万平方米	38.35	50.29	225.55	139.81	241.10	455.27	1129.75	1261.02	1343.05
各类房屋竣工面积	万平方米	27.28	22.70	124.12	93.95	153.04	311.58	618.89	605.32	567.33

注:总量指标(总值、产值)绝对数按当年价格计算,增长速度按可比价格计算。2005 年及以后各年份人口数据为常住人口。

1—8 续表 1

	2008年比下列各年±%							
	1958年	1978年	1985年	1990年	1995年	2000年	2005年	2007年
人口								
年末总人口	3.1倍	1.1倍	81.7	59.9	45.7	30.8	16.1	2.3
# 回族人口	2.8倍	1.3倍	93.1	70.6	54.7	30.6	17.3	4.0
人口自然增长率								
国民经济核算								
地区生产总值	82.3倍	23.8倍	10.2倍	6.3倍	3.2倍	1.6倍	46.5	13.3
第一产业	8.2倍	5.0倍	1.6倍	1.1倍	81.2	39.0	19.4	7.3
第二产业	301.7倍	29.9倍	14.0倍	9.6倍	4.3倍	2.3倍	57.6	15.1
第三产业	151.8倍	37.4倍	14.9倍	6.3倍	3.1倍	1.4倍	40.1	12.2
农业								
农林牧渔业总产值	12.3倍	5.1倍	2.4倍	1.6倍	1.2倍	52.9	26.7	8.7
粮食总产量		1.9倍	1.1倍	50.2	29.3	7.5	6.2	7.1
肉类总产量		15.0倍	5.9倍	2.3倍	41.5	-7.6	-16.8	9.4
水产品产量		467.0倍	38.0倍	5.4倍	2.7倍	81.4	18.8	38.8
工业								
全部工业总产值	761.6倍	44.7倍	24.3倍	11.8倍	5.7倍	3.6倍	83.5	21.2
利税总额		38.4倍	22.8倍	15.1倍	4.1倍	6.4倍	62.7	-13.5
固定资产投资								
全社会固定资产投资额	1589.0倍	424.2倍	65.5倍	54.8倍	15.1倍	6.0倍	81.3	24.9
# 基本建设	990.5倍	270.5倍	64.3倍	61.7倍	20.7倍	10.1倍	1.5倍	35.0
更新改造			25.9倍	19.5倍	7.2倍	2.4倍	48.1	-3.5
房地产开发				373.3倍	19.5倍	5.2倍	38.9	25.3
各类房屋施工面积	34.0倍	25.7倍	5.0倍	8.6倍	4.6倍	2.0倍	18.9	6.5
各类房屋竣工面积	19.8倍	24.0倍	3.6倍	5.0倍	2.7倍	82.1	-8.3	-6.3

1—8 续表 2

	单位	1958 年	1978 年	1985 年	1990 年	1995 年	2000 年	2005 年	2007 年	2008 年
运输邮电										
公路货运周转量	亿吨公里		1.75	3.03	3.68	5.96	17.09	23.21	24.74	26.40
公路客运周转量	亿人公里		1.24	3.06	4.96	7.46	13.40	16.04	17.34	18.74
邮电业务总量	亿元		0.02	0.05	0.23	1.30	7.30	21.82	28.06	32.64
市内电话交换机总容量	万门		0.39	0.80	1.48	15.08	34.61	78.80	84.50	89.98
国内商业										
社会消费品零售总额	亿元	0.51	2.26	6.44	13.59	30.66	51.99	94.52	128.10	155.77
# 国有经济	亿元	0.23	1.43	3.60	6.52	14.32	11.11	7.62	9.03	9.40
股份制经济	亿元					0.27	9.90	28.39	23.99	33.70
财政、金融										
地方财政收入	亿元	0.08	0.73	1.32	2.30	2.64	9.50	24.93	53.97	64.67
地方财政支出	亿元	0.10	0.68	1.22	2.24	4.30	12.38	34.36	74.45	92.64
金融机构存款余额	亿元	0.59	4.97	9.51	22.54	86.38	223.23	612.69	809.66	993.91
金融机构贷款余额	亿元	0.61	5.03	9.86	31.18	90.01	205.31	551.71	796.02	965.08
人民生活与物价										
在岗职工年平均工资	元	404	723	1123	2030	4872	8956	18424	28600	33247
城市居民人均可支配收入	元	222	346	815	1581	3932	5622	8852	12185	14458
城市居民人均消费性支出	元	210	306	703	1433	3541	5369	7311	9176	11455
农民人均纯收入	元		131	488	934	1683	2712	3493	4303	4917
农民人均生活消费支出	元		103	380	765	1449	1886	2836	3576	4119
城乡居民储蓄存款余额	亿元	0.04	0.39	3.04	12.26	49.34	99.82	264.95	326.41	423.15
居民消费价格指数(以上年价格为100)	%	102.4	100.6	108.9	106.3	117.3	99.2	101.7	105.3	107.6
商品零售价格指数(以上年价格为100)	%	101.7	100.7	108.6	102.9	114.7	97.7	100.6	103.6	105.9
教育、卫生										
高等学校在校学生数	万人	0.03	0.27	1.11	1.23	1.46	2.89	6.00	7.49	7.96
# 普通高等学校	万人	0.03	0.25	0.58	0.73	0.99	1.59	4.09	5.27	6.05
中等专业学校在校生	万人	0.23	0.19	0.44	0.65	1.26	2.30	3.07	3.01	3.39
普通中学在校生	万人	0.53	6.68	7.25	6.96	6.52	7.70	10.73	10.98	11.52
小学在校生	万人	5.23	12.65	12.80	12.33	12.36	13.60	14.25	14.92	15.00
卫生机构数	个	96	312	433	510	134	137	158	495	595
医院个数	个	14	60	59	54	76	39	59	58	59
卫生机构床位数	张	501	2859	3495	4491	5759	6166	8058	7975	8333
卫生技术人员	人	992	4280	6252	7876	7552	7932	8619	10733	11532
# 医生	人	487	2000	2758	4082	3845	4033	3660	4541	4827

1—8 续表 3

	2008 年比下列各年 ± %							
	1958 年	1978 年	1985 年	1990 年	1995 年	2000 年	2005 年	2007 年
运输邮电								
公路货运周转量	52.9 倍	14.1 倍	7.7 倍	6.2 倍	3.4 倍	54.5	13.7	6.7
公路客运周转量	1873.0 倍	14.1 倍	5.1 倍	2.8 倍	1.5 倍	39.9	16.8	8.1
邮电业务总量		1631.0 倍	651.8 倍	140.9 倍	24.1 倍	3.5 倍	49.6	16.3
市内电话交换机总容量		229.7 倍	111.5 倍	59.8 倍	5.0 倍	1.6 倍	14.2	6.5
国内商业								
社会消费品零售总额	304.4 倍	67.9 倍	23.2 倍	10.5 倍	4.1 倍	2.0 倍	64.8	21.6
# 国有经济	39.9 倍	5.6 倍	1.6 倍	44.2	-34.4	-15.4	23.4	4.1
股份制经济					123.8 倍	2.4 倍	18.7	40.5
财政、金融								
地方财政收入	807.4 倍	87.6 倍	48.0 倍	27.1 倍	23.5 倍	5.8 倍	1.6 倍	19.8
地方财政支出	925.4 倍	135.2 倍	74.9 倍	40.4 倍	20.5 倍	6.5 倍	1.7 倍	24.4
金融机构存款余额	1683.6 倍	199.0 倍	103.5 倍	43.1 倍	10.5 倍	3.5 倍	62.2	22.8
金融机构贷款余额	1581.1 倍	190.9 倍	96.9 倍	30.0 倍	9.7 倍	3.7 倍	74.9	21.2
人民生活与物价								
在岗职工年平均工资	81.3 倍	45.0 倍	28.6 倍	15.4 倍	5.8 倍	2.7 倍	80.5	16.2
城市居民人均可支配收入	64.1 倍	40.8 倍	16.7 倍	8.1 倍	2.7 倍	1.6 倍	63.3	18.7
城市居民人均消费支出	53.5 倍	36.4 倍	15.3 倍	7.0 倍	2.2 倍	1.1 倍	56.7	24.8
农民人均纯收入		36.5 倍	9.1 倍	4.3 倍	1.9 倍	81.3	40.8	14.3
农民人均生活消费支出		39.0 倍	9.8 倍	4.4 倍	1.8 倍	1.2 倍	45.2	15.2
城乡居民储蓄存款余额	10577.8 倍	1084.0 倍	138.2 倍	33.5 倍	7.6 倍	3.2 倍	59.7	29.6
居民消费价格指数	6.0 倍	4.9 倍	3.6 倍	1.7 倍	37.2	23.9	15.1	7.6
商品零售价格指数	4.3 倍	3.4 倍	2.5 倍	1.0 倍	14.7	12.9	11.0	5.9
教育、卫生								
高等学校在校学生数	264.3 倍	28.5 倍	6.2 倍	5.5 倍	4.5 倍	1.8 倍	32.7	6.3
# 普通高等学校	200.7 倍	23.2 倍	9.4 倍	7.3 倍	5.1 倍	2.8 倍	47.9	14.8
中等专业学校在校生	13.7 倍	16.8 倍	6.7 倍	4.2 倍	1.7 倍	47.4	10.4	12.6
普通中学在校生	20.7 倍	72.5	58.9	65.5	76.7	49.6	7.4	4.9
小学在校生	1.9 倍	18.6	17.2	21.7	21.4	10.3	5.3	0.5
卫生机构数	5.2 倍	90.7	37.4	16.7	3.4 倍	3.3 倍	2.8 倍	20.2
医院个数	3.2 倍	-1.7	持平	9.3	-22.4	51.3	持平	1.7
卫生机构床位数	15.6 倍	1.9 倍	1.4 倍	85.5	44.7	35.1	3.4	4.5
卫生技术人员	10.6 倍	1.7 倍	84.5	46.4	52.7	45.4	33.8	7.4
# 医生	8.9 倍	1.4 倍	75.0	18.3	25.5	19.7	31.9	6.3

1—9 主要年份国民经济和社会发展结构指标

单位:%

	1958年	1978年	1985年	1990年	1995年	2000年	2005年	2007年	2008年
人口									
农业与非农业结构									
农业	73.4	68.4	63.0	56.2	51.8	48.5	38.4	36.2	33.8
非农业	26.6	31.6	37.0	43.8	48.2	51.5	61.6	63.8	66.2
性别结构									
男性	54.2	51.8	50.8	51.1	50.9	50.8	50.5	50.4	50.3
女性	45.8	48.2	49.2	48.9	49.1	49.2	49.5	49.6	49.7
地域结构									
市区	37	41.3	43.6	46.4	48.0	50.7	56.2	57.9	62.0
县	44.4	38.0	35.4	32.4	30.7	29.1	27.3	26.6	23.9
市	18.6	20.7	21.0	21.2	21.3	20.2	16.5	15.5	14.1
单位从业人员结构									
第一产业	7.4	9.2	13.1	10.7	8.4	8.6	6.1	4.8	4.7
第二产业	21.5	54.6	45.7	45.3	49.2	42.0	50.3	48.2	47.4
第三产业	71.1	36.2	41.2	44.0	42.4	49.4	43.6	47.0	47.9
国民经济核算									
地区生产总值									
第一产业	40.4	20.7	27.9	23.7	16.7	11.1	6.7	5.8	5.9
第二产业	24.2	53.0	45.3	39.7	43.3	42.1	45.1	47.6	48.8
第三产业	35.5	26.3	26.8	36.6	40.0	46.8	48.2	46.6	45.3
农业									
农林牧渔业总产值结构									
农业	89.2	86.2	75.6	70.6	68.3	63.2	59.4	62.0	60.1
林业	1.8	2.2	4.7	5.4	0.7	1.9	1.5	1.5	1.6
牧业	8.7	11.6	18.7	19.8	26.6	29.6	28.9	25.8	27.4
渔业	0.3	0.1	1.0	4.2	4.4	5.3	7.7	5.1	5.9
工业									
经济类型结构									
国有经济	74.4	81.5	75.7	84.8	64.7	23.8	23.8	22.1	20.1
集体经济	25.5	18.3	17.6	13.6	10.6	5.1	0.5	0.2	10.4
其他	0.1	0.2	6.7	1.6	24.7	71.1	75.7	77.7	69.5
轻重工业结构									
轻工业	61.4	39.4	46.3	35.3	22.9	24.2	25.9	23.2	22.1
重工业	38.6	60.6	53.7	64.7	77.1	75.8	74.1	76.8	77.9
企业规模结构									
大型企业				14.9	39.0	52.8	43.8	46.0	47.1
中型企业	10.1	34.0	30.8	32.3	27.0	16.7	26.5	27.2	27.6
小型企业	89.9	66.0	69.2	52.8	34.0	30.5	29.7	26.8	25.3

注:2008年人口为常住人口结构数据。

1—9 续表 单位:%

	1958 年	1978 年	1985 年	1990 年	1995 年	2000 年	2005 年	2007 年	2008 年
固定资产投资									
投资经济类型结构									
第一产业		11.2	5.0	2.4	2.3	1.9	0.1	0.2	1.5
第二产业		44.4	50.7	63.5	48.9	34.9	48.0	58.0	58.5
第三产业		44.4	44.3	34.1	48.8	63.2	51.9	41.8	40.0
投资种类结构									
# 基本建设		97.9	63.4	55.6	46.2	39.1	44.9	57.7	62.4
更新改造			23.9	26.5	19.0	19.9	11.9	12.6	9.7
房地产开发				3.3	16.9	24.2	28.1	21.4	21.5
社会消费品零售总额									
经济类型结构									
国有经济	45.1	63.2	56.0	48.0	50.7	28.1	14.1	7.0	6.0
集体经济	37.8	26.4	23.4	26.8	16.7	6.0	1.2	0.9	0.9
其他经济	17.1	10.4	20.6	25.2	32.6	65.9	84.7	92.1	93.1
行业结构									
批发零售贸易业	83.8	79.9	79.2	93.3	87.4	86.2	84.8	85.5	84.8
餐饮业	3.8	4.0	3.6	4.7	10.3	12.1	14.4	14.0	14.9
其他	12.4	2.0	17.2	2.0	2.3	1.7	0.8	0.5	0.3
居民生活消费									
城镇居民人均生活消费结构									
# 食品类	60.0	58.8	47.9	52.9	44.1	34.1	35.8	36.3	34.9
衣着类	16.2	14.6	18.6	15.3	17.4	12.9	12.0	12.3	12.4
居住	12.3	2.2	4.0	4.4	3.7	5.5	9.3	10.4	9.5
交通通讯	0.5	1.2	2.6	2.0	6.8	9.1	11.2	10.1	12.9
医疗保健类	0.4	0.5	0.8	2.5	2.6	7.5	8.5	8.6	8.5
农村居民人均生活消费结构									
# 食品类		72.5	64.2	47.5	28.3	42.4	37.1	36.8	37.4
衣着类		22.9	14.7	11.6	9.3	8.4	7.3	7.9	8.4
居住		4.6	7.4	9.5	14.7	17.6	22.4	20.8	18.3
交通通讯					2.9	4.9	8.2	10.1	10.5
医疗保健类					3.6	8.6	9.0	9.9	11.9
财政收入占地区生产总值的比例	**9.2**	**19.0**	**14.0**	**9.9**	**3.7**	**7.4**	**8.6**	**12.7**	**12.6**
固定资产投资占地区生产总值比例	**27.6**	**22.4**	**58.4**	**28.2**	**31.7**	**40.7**	**69.9**	**68.7**	**71.1**

1—10 平均每天主要社会经济活动

	单位	1958年	1978年	1985年	1990年	1995年	2000年	2005年	2007年	2008年
地区生产总值(当年价格)	万元	23	105	258	636	1965	3527	7904	11664	14085
工农业总产值(当年价格)	万元	20	171	350	902	2704	4344	10533	15724	18833
农业总产值	万元	11	35	95	217	506	643	962	1231	1516
工业总产值	万元	9	136	255	685	2198	3701	9571	14493	17317
地方财政收入	万元	2	21	40	63	72	260	683	1479	1772
地方财政支出	万元	3	19	33	61	118	339	941	2040	2538
主要工业产品产量										
原煤	万吨	0.02	0.1	0.2	0.3	0.6	1.0	3.2	5.3	6.9
金属切削机床	台		1	1	1	3	2	4	7	7
轮胎外胎	条		825	940	1740	4519	5288	8344	10837	9237
水泥	吨		86	236	835	1411	2253	4883	7166	7615
饮料酒	吨	3	1	21	43	77	111	234	283	329
乳制品	吨			2	9	12	19	136	201	138
农用化肥	吨		413	119	644	941	1370	1585	1586	2052
社会消费品零售总额	万元	14	62	176	372	840	1424	2590	3510	4268
进出口总额	万美元		8	15	23	74	70	144	298	348
全社会固定资产投资额	万元	6	23	151	179	623	1435	5525	8019	10019
邮电业务总量	万元	0.1	0.5	1.3	6.3	35.5	200	598	769	894
公路货运周转量	万吨公里	13.48	48	83	101	163	468	636	678	723
公路客运周转量	万人公里	0.27	34	84	136	204	367	440	475	513
金融机构存款余额	万元	16	131	241	563	2367	6116	16786	22182	27230
金融机构贷款余额	万元	17	133	250	792	2466	5625	15115	21809	26441
城市供水总量	万立方米		0.9	3.8	20.3	31.7	33.4	27.5	24.8	27.5
城市公交客运总量	万人次		5.0	16.0	16.0	13.0	18.3	24.6	30.4	41.8

1—11 银川市主要经济指标与全国、全区对比

（2008年）

	单位	全国	全区	银川市	银川市占全区比重%
年末总人口	万人	132802	617.69	165.43	26.9
地区生产总值	亿元	300670	1098.51	514.11	46.8
第一产业	亿元	3400	120.11	30.23	25.2
第二产业	亿元	146183	581.24	250.71	43.1
# 工业	亿元	129112	490.14	211.46	43.1
第三产业	亿元	120487	397.16	233.17	58.7
全社会固定资产投资	亿元	172291	858.65	365.69	42.6
# 房地产开发投资	亿元	30580	117.40	78.61	67.0
社会消费品零售总额	亿元	108488	285.15	155.77	54.6
进出口总额	亿美元	25616	18.82	12.70	67.5
# 出口额	亿美元	11331	12.59	8.75	69.5
实际利用外资	亿美元	924	1.21	0.39	32.2
金融机构存款余额	亿元	478444	1590.58	993.91	62.5
# 城乡居民储蓄存款余额	亿元	221503	794.06	423.15	53.3
金融机构贷款余额	亿元	320049	1402.56	965.08	68.8
在岗职工年平均工资	元	29229	30719	33247	+2528
城市居民人均可支配收入	元	15781	12932	14458	+1526
农民人均纯收入	元	4761	3681	4917	+1236
居民消费价格指数	%	105.9	108.5	107.6	
工业品出厂价格指数	%	106.9	112.9	111.5	
原材料、燃料动力购进价格指数	%	110.5	121.8	123.2	

1—12 主要年份银川市分县(市)区国民经济和社会发展主要指标

	单位	地区						
		2003 年	2004 年	2005 年	2006 年	2007 年	2008 年	2008 年比2007 年增长%
总人口	万人	133.01	137.79	140.60	144.68	148.79	165.43	2.3
# 回族人口	万人	34.38	36.04	36.43	37.27	38.61	43.33	4.0
非农业人口	万人	79.20	84.06	86.67	91.61	94.91	109.52	2.0
人口自然增长率	‰	7.23	7.54	6.31	6.29	6.81	6.08	
单位从业人员	万人	28.81	28.82	29.11	29.50	29.22	28.98	-0.8
第一产业	万人	2.17	1.88	1.78	1.23	1.41	1.35	-4.3
第二产业	万人	14.09	14.42	14.62	14.98	14.09	13.74	-8.3
第三产业	万人	12.55	12.52	12.71	13.29	13.72	13.89	-1.2
地区生产总值	亿元	201.59	250.85	288.50	335.29	425.75	514.11	13.3
第一产业	亿元	14.71	17.48	19.32	21.01	24.90	30.23	7.3
第二产业	亿元	85.82	110.77	130.07	156.72	202.50	250.71	15.1
# 工业增加值	亿元	60.12	86.69	104.30	128.32	170.03	211.46	16.3
第三产业	亿元	101.06	122.60	139.11	157.56	198.35	233.17	12.2
农业总产值	亿元	25.14	31.09	35.10	38.87	44.92	55.33	8.7
# 畜牧业产值	亿元	8.58	9.79	10.15	10.46	11.57	15.16	2.6
粮食产量	万吨	68.45	80.15	83.43	87.98	82.73	88.62	7.1
蔬菜产量	万吨	56.27	52.69	57.34	68.52	77.86	99.43	27.7
水产品产量	万吨	3.28	3.76	3.94	4.30	3.37	4.68	38.8
肉类总产量	万吨	5.88	5.26	5.16	5.02	3.93	4.30	9.4
# 猪牛羊肉产量	万吨	4.74	4.11	4.37	4.43	3.20	3.53	10.3
全部工业总产值	亿元	198.28	275.03	349.34	431.87	528.98	641.21	21.2
# 规模以上工业	亿元	177.77	260.77	322.28	401.71	492.23	599.95	21.9
# 大中型工业	亿元	141.83	192.75	245.41	300.13	387.09	472.08	22.0
全社会固定资产投资	亿元	143.39	171.74	201.65	232.85	292.69	365.69	24.9
# 房地产开发投资	亿元	39.36	48.81	56.61	57.68	62.72	78.61	25.3
社会消费品零售额	亿元	71.99	82.86	94.52	108.71	128.10	155.77	21.6
# 批发和零售业	亿元	61.18	70.30	80.16	92.41	109.58	132.03	22.4
住宿和餐饮业	亿元	9.98	11.75	13.57	15.66	17.97	23.18	18.0
地方财政收入	亿元	16.06	19.46	24.93	29.94	53.97	64.67	19.8
地方财政支出	亿元	23.44	28.49	34.36	43.18	74.45	92.64	24.4
在岗职工年平均工资	元	13496	15243	18424	23226	28600	33247	16.2
城市居民人均可支配收入	元	6937	7691	7729	9557	11903	14180	19.1
城市居民人均消费性支出	元	5829	6474	6661	7931	8883	11062	24.5
农民人均纯收入	元	2984	3324	3493	3800	4303	4917	14.3
农民人均生活消费性支出	元	2224	2510	2836	2902	3576	4119	15.2
普通中学在校生	万人	9.92	10.42	10.73	10.69	10.98	11.52	4.9
小学在校生	万人	13.45	14.05	14.25	14.78	14.92	15.00	0.5
卫生技术人员	万人	0.83	0.88	0.86	0.86	1.07	1.15	7.4
# 医生	万人	0.36	0.38	0.36	0.36	0.45	0.48	6.3

注:2008 年人口数据为常住人口。

1—12 续表 1

	单位	市辖区						
		2003 年	2004 年	2005 年	2006 年	2007 年	2008 年	2008 年比 2007 年增长%
总人口	万人	71.81	75.82	79.03	82.97	86.08	102.49	0.8
# 回族人口	万人	15.51	17.07	17.22	17.67	18.28	22.48	2.0
非农业人口	万人	60.32	63.56	66.37	71.18	73.96	87.85	1.0
人口自然增长率	‰	6.30	6.12	5.67	5.29	5.60	5.59	
单位从业人员	万人	24.41	23.95	24.18	24.63	24.35	23.95	-1.6
第一产业	万人	1.02	0.72	0.67	0.29	0.54	0.53	-1.9
第二产业	万人	12.97	12.86	13.01	13.27	12.29	11.80	-3.9
第三产业	万人	10.42	10.37	10.50	11.07	11.52	11.62	0.9
地区生产总值	亿元	154.79	190.21	213.46	244.07	301.50	353.50	12.0
第一产业	亿元	4.76	5.75	6.24	6.99	8.51	10.44	7.4
第二产业	亿元	63.24	78.28	85.48	99.38	117.86	137.95	12.6
# 工业增加值	亿元	43.39	61.01	67.45	79.72	97.94	115.49	14.8
第三产业	亿元	86.79	106.18	121.74	137.70	175.13	205.11	11.8
农业总产值	亿元	7.82	10.01	11.25	12.50	14.82	18.42	8.6
# 畜牧业产值	亿元	3.02	3.71	3.79	3.70	4.61	6.23	6.8
粮食产量	万吨	16.12	17.75	18.75	20.04	21.12	21.66	2.5
蔬菜产量	万吨	19.17	25.28	25.13	28.49	27.59	40.68	47.5
水产品产量	万吨	0.81	1.01	1.07	1.31	0.68	0.71	4.4
肉类总产量	万吨	1.60	1.89	1.62	1.27	1.00	1.14	15.1
# 猪牛羊肉产量	万吨	1.24	1.24	1.38	1.09	0.67	0.81	19.1
全部工业总产值	亿元	142.37	200.64	234.32	276.49	318.50	376.45	18.2
# 规模以上工业	亿元	138.65	193.43	226.36	268.49	309.32	366.40	18.5
# 大中型工业	亿元	119.56	162.17	194.43	235.92	270.93	314.62	16.1
全社会固定资产投资	亿元	101.80	111.84	112.69	125.31	130.10	141.35	8.6
# 房地产开发投资	亿元	37.37	46.10	53.23	54.04	55.11	68.39	24.1
社会消费品零售额	亿元	63.92	73.65	84.17	95.52	111.75	132.43	18.5
# 批发和零售业	亿元	55.09	63.01	71.79	81.07	93.57	111.36	18.7
住宿和餐饮业	亿元	9.00	10.30	12.07	14.16	17.91	21.06	17.6
地方财政收入	亿元	13.74	16.24	21.04	24.43	38.90	46.73	20.1
地方财政支出	亿元	17.78	21.59	25.43	30.70	49.95	61.42	23.2
在岗职工年平均工资	元	14123	15973	19714	25050	30386	35481	16.8
城市居民人均可支配收入	元	7245	7984	8852	10068	12185	14458	18.7
城市居民人均消费性支出	元	6093	6729	7311	8288	9176	11455	24.8
农民人均纯收入	元							
农民人均生活消费性支出	元							
普通中学在校生	万人	5.62	6.06	6.43	6.72	7.12	7.70	8.1
小学在校生	万人	7.54	8.05	8.28	8.64	8.77	8.86	1.0
卫生技术人员	万人	0.74	0.69	0.69	0.69	0.87	0.96	10.3
# 医生	万人	0.32	0.30	0.29	0.29	0.36	0.40	11.1

1—12 续表 2

	单位	兴庆区						
		2003 年	2004 年	2005 年	2006 年	2007 年	2008 年	2008 年比 2007 年增长%
总人口	万人	38.56	40.94	42.53	45.49	47.08	55.75	-5.2
# 回族人口	万人	7.72	8.78	8.81	9.06	9.30	11.25	
非农业人口	万人	33.45	35.17	36.77	39.94	41.61	49.06	-5.0
人口自然增长率	‰	5.89	4.18	6.09	5.24	5.56	6.05	
单位从业人员	万人	16.09	15.49	16.41	15.87	15.81	15.35	-2.9
第一产业	万人	0.36	0.08	0.07	0.07	0.07	0.08	14.3
第二产业	万人	8.34	8.09	8.75	8.42	7.89	7.80	-1.1
第三产业	万人	7.39	7.32	7.59	7.38	7.85	7.47	-4.8
地区生产总值	亿元	77.62	92.75	111.75	126.75	166.96	189.62	11.9
第一产业	亿元	2.03	2.53	2.45	2.46	3.00	3.68	7.5
第二产业	亿元	17.39	17.74	35.08	39.36	55.35	61.02	11.9
# 工业增加值	亿元	6.52	7.35	26.31	31.09	47.54	52.77	15.3
第三产业	亿元	58.20	72.48	74.22	84.93	108.61	124.92	12.0
农业总产值	亿元	3.41	4.04	4.27	4.67	5.54	6.92	8.4
# 畜牧业产值	亿元	1.66	1.62	1.55	1.61	2.00	2.70	6.5
粮食产量	万吨	4.98	5.70	6.08	6.36	6.97	6.97	持平
蔬菜产量	万吨	11.15	15.90	16.53	16.39	20.07	21.31	6.2
水产品产量	万吨	0.39	0.41	0.44	0.42	0.21	0.42	100.0
肉类总产量	万吨	0.93	0.48	0.67	0.61	0.35	0.47	38.2
# 猪牛羊肉产量	万吨	0.64	0.39	0.57	0.52	0.30	0.31	3.3
全部工业总产值	亿元	45.63	84.75	91.31	105.75	131.02	141.98	8.4
# 规模以上工业	亿元	44.72	80.46	88.49	102.22	127.80	138.65	8.5
# 大中型工业	亿元	41.44	74.66	81.20	95.83	116.02	126.65	9.2
全社会固定资产投资	亿元						41.57	16.3
# 房地产开发投资	亿元						27.21	43.7
社会消费品零售额	亿元	52.73	60.76	69.44	78.84	92.66	102.79	18.9
# 批发和零售业	亿元	45.34	51.86	59.06	66.48	77.99	86.76	19.0
住宿和餐饮业	亿元	7.09	8.59	10.07	12.10	14.66	16.03	18.4
地方财政收入	亿元						4.09	46.7
地方财政支出	亿元						8.51	35.3
在岗职工年平均工资	元	14931	16920	21544	27737	33339	39213	17.6
城市居民人均可支配收入	元	7735	8326	9989	10772	13666	15951	16.7
城市居民人均消费性支出	元	6441	7037	7821	8720	10402	12305	18.3
农民人均纯收入	元	3681	3873	4017	4439	4994	5618	12.5
农民人均生活消费性支出	元		2384	2699	3105	3630	4360	20.1
普通中学在校生	万人	3.41	3.47	3.57	3.65	3.72	3.60	-3.2
小学在校生	万人	3.78	4.11	4.30	4.63	4.75	4.86	2.3
卫生技术人员	万人	0.50	0.48	0.49	0.48	0.56	0.62	10.7
# 医生	万人	0.21	0.20	0.21	0.21	0.24	0.27	12.5

1—12 续表 3

	单位	金凤区						
		2003 年	2004 年	2005 年	2006 年	2007 年	2008 年	2008 年比 2007 年增长%
总人口	万人	12.86	13.79	14.72	15.37	16.38	21.35	13.8
# 回族人口	万人	4.08	4.42	4.74	4.87	5.18	6.88	
非农业人口	万人	8.75	9.59	10.15	11.58	12.44	16.44	15.0
人口自然增长率	‰	9.60	9.28	7.78	6.66	6.93	5.30	
单位从业人员	万人	2.81	3.19	2.76	3.85	3.95	3.93	-0.5
第一产业	万人	0.12	0.13	0.14	0.03	0.08	0.08	持平
第二产业	万人	1.44	1.75	1.40	1.85	1.89	1.37	-27.5
第三产业	万人	1.25	1.30	1.22	1.97	1.98	2.48	25.3
地区生产总值	亿元	29.70	37.44	32.03	36.71	50.13	57.97	12.0
第一产业	亿元	0.87	1.11	1.31	1.33	1.62	1.99	6.7
第二产业	亿元	16.90	21.73	13.50	16.81	24.22	27.72	11.3
# 工业增加值	亿元	10.67	14.98	8.32	9.92	16.60	18.83	14.8
第三产业	亿元	11.93	14.60	17.22	18.57	24.29	28.26	12.9
农业总产值	亿元	1.60	2.07	2.68	2.97	3.52	4.41	8.4
# 畜牧业产值	亿元	0.49	0.62	1.01	0.84	1.05	1.42	6.4
粮食产量	万吨	4.59	4.50	4.59	4.45	4.45	4.08	-8.4
蔬菜产量	万吨	3.68	4.05	4.66	5.24	4.73	10.41	120.6
水产品产量	万吨	0.31	0.32	0.48	0.77	0.39	0.69	76.9
肉类总产量	万吨	0.34	0.75	0.46	0.35	0.24	0.31	29.1
# 猪牛羊肉产量	万吨	0.31	0.26	0.39	0.32	0.18	0.25	38.8
全部工业总产值	亿元	30.27	26.79	29.30	39.22	45.67	52.84	15.7
# 规模以上工业	亿元	28.75	23.68	25.69	37.26	43.08	49.62	15.2
# 大中型工业	亿元	16.80	7.10	12.26	21.82	29.26	31.59	8.0
全社会固定资产投资	亿元						49.52	3.6
# 房地产开发投资	亿元						22.07	1.9
社会消费品零售额	亿元	6.71	7.73	8.84	10.02	11.51	19.01	18.3
# 批发和零售业	亿元	6.23	7.12	8.10	8.51	9.69	16.69	18.6
住宿和餐饮业	亿元	0.47	0.61	0.74	1.46	1.79	2.32	16.2
地方财政收入	亿元						1.58	66.4
地方财政支出	亿元						5.09	12.8
在岗职工年平均工资	元	13088	14582	16502	21864	25579	31087	21.5
城市居民人均可支配收入	元	6091	7594	7721	9485	10628	12930	21.7
城市居民人均消费性支出	元	4953	6021	7582	8538	7737	11263	45.6
农民人均纯收入	元	2918	3407	3488	3767	4240	4887	14.5
农民人均生活消费性支出	元		3161	2749	3359	3989	4924	23.4
普通中学在校生	万人	0.78	1.04	1.25	1.34	1.42	1.82	28.1
小学在校生	万人	1.42	1.47	1.47	1.51	1.53	1.56	2.0
卫生技术人员	万人	0.07	0.07	0.07	0.07	0.10	0.12	20.0
# 医生	万人	0.03	0.03	0.03	0.03	0.04	0.05	25.0

1—12 续表 4

	单位	西夏区						
		2003 年	2004 年	2005 年	2006 年	2007 年	2008 年	2008 年比 2007 年增长%
总人口	万人	20.39	21.09	21.78	22.11	22.62	25.39	5.5
# 回族人口	万人	3.71	3.87	3.67	3.74	3.80	4.35	
非农业人口	万人	18.12	18.80	19.45	19.66	19.91	22.35	6.0
人口自然增长率	‰	4.15	4.91	3.14	3.98	3.88	4.74	
单位从业人员	万人	5.51	5.27	5.01	4.91	4.59	4.67	1.7
第一产业	万人	0.54	0.51	0.46	0.19	0.39	0.37	-5.1
第二产业	万人	3.19	3.01	2.86	3.00	2.51	2.63	4.8
第三产业	万人	1.78	1.76	1.69	1.72	1.69	1.67	-1.2
地区生产总值	亿元	47.47	60.01	69.68	80.61	84.41	105.91	12.3
第一产业	亿元	1.86	2.10	2.48	3.20	3.89	4.77	7.6
第二产业	亿元	28.95	38.81	36.90	43.17	38.29	49.21	13.8
# 工业增加值	亿元	26.21	38.68	32.82	38.71	33.81	43.89	14.5
第三产业	亿元	16.66	19.10	30.30	34.24	42.23	51.93	10.7
农业总产值	亿元	2.81	3.90	4.30	4.86	5.76	7.09	8.4
# 畜牧业产值	亿元	0.87	1.47	1.23	1.25	1.56	2.11	6.4
粮食产量	万吨	6.55	7.54	8.08	9.23	9.71	10.61	9.3
蔬菜产量	万吨	4.34	5.30	3.94	6.86	2.79	8.96	222.3
水产品产量	万吨	0.11	0.13	0.15	0.12	0.07	0.22	214.2
肉类总产量	万吨	0.33	0.66	0.49	0.31	0.41	0.36	-12.1
# 猪牛羊肉产量	万吨	0.29	0.59	0.42	0.25	0.19	0.25	持平
全部工业总产值	亿元	66.47	91.84	113.71	131.51	142.06	181.63	27.9
# 规模以上工业	亿元	65.18	89.29	112.18	128.51	138.70	178.13	28.4
# 大中型工业	亿元	61.32	79.22	100.97	118.26	125.60	156.38	24.5
全社会固定资产投资	亿元						35.96	6.1
# 房地产开发投资	亿元						6.81	89.2
社会消费品零售额	亿元	4.48	5.16	5.89	6.66	7.58	10.62	15.7
# 批发和零售业	亿元	3.52	4.03	4.63	6.09	5.89	7.91	16.3
住宿和餐饮业	亿元	0.89	1.07	1.26	0.57	1.47	2.71	14.2
地方财政收入	亿元						1.27	60.9
地方财政支出	亿元						4.0	44.4
在岗职工年平均工资	元	12363	14109	15756	18935	24213	26911	11.1
城市居民人均可支配收入	元	6698	7394	7173	8916	10265	11805	15.0
城市居民人均消费性支出	元	5862	6657	6020	7201	7688	9459	23.0
农民人均纯收入	元	1943	2260	2333	2552	2792	3308	16.0
农民人均生活消费性支出	元		2692	2175	2279	2559	3443	34.5
普通中学在校生	万人	1.43	1.55	1.61	1.73	1.98	2.28	15.2
小学在校生	万人	2.34	2.47	2.51	2.50	2.49	2.44	-2.0
卫生技术人员	万人	0.17	0.14	0.13	0.14	0.21	0.22	4.8
# 医生	万人	0.08	0.07	0.05	0.05	0.08	0.08	持平

1—12 续表 5

	单位	永宁县						
		2003 年	2004 年	2005 年	2006 年	2007 年	2008 年	2008 年比 2007 年增长%
总人口	万人	20.25	20.40	20.44	20.53	20.85	20.61	1.4
# 回族人口	万人	3.64	3.64	3.73	3.65	3.91	3.94	2.0
非农业人口	万人	4.54	4.65	4.81	5.07	5.34	5.41	2.0
人口自然增长率	‰	7.93	7.62	7.31	6.97	7.13	4.35	
单位从业人员	万人	1.48	1.89	1.89	1.85	2.10	2.01	-4.3
第一产业	万人	0.31	0.33	0.31	0.19	0.21	0.16	-23.8
第二产业	万人	0.53	0.93	0.92	0.98	1.23	1.18	-4.1
第三产业	万人	0.64	0.63	0.66	0.68	0.66	0.67	1.5
地区生产总值	亿元	15.35	19.25	23.41	26.95	33.14	41.94	17.8
第一产业	亿元	3.64	4.27	4.97	5.10	5.84	7.18	7.6
第二产业	亿元	6.89	9.58	12.85	15.27	19.45	24.96	20.6
# 工业增加值	亿元	4.64	7.14	10.64	12.58	16.16	20.03	17.5
第三产业	亿元	4.82	5.40	5.59	6.58	7.85	9.80	17.9
农业总产值	亿元	6.38	7.77	8.98	9.59	10.53	12.99	9.2
# 畜牧业产值	亿元	1.79	2.07	2.53	2.58	2.66	3.19	-6.3
粮食产量	万吨	22.30	24.68	24.18	25.23	19.77	24.36	23.2
蔬菜产量	万吨	16.48	8.60	11.28	12.16	13.75	16.04	16.6
水产品产量	万吨	0.71	0.73	0.75	0.75	0.77	0.78	1.3
肉类总产量	万吨	1.28	1.32	1.42	1.47	1.18	1.21	2.5
# 猪牛羊肉产量	万吨	1.05	1.03	1.15	1.28	0.99	0.99	1.0
全部工业总产值	亿元	15.71	17.35	31.55	38.16	49.41	60.50	22.4
# 规模以上工业	亿元	9.03	16.14	23.53	29.27	40.48	50.12	23.8
# 大中型工业	亿元	6.67	9.91	17.52	20.61	32.85	43.12	31.3
全社会固定资产投资	亿元	14.13	14.79	14.48	17.59	22.45	30.10	34.1
# 房地产开发投资	亿元	0.66	0.61	0.53	1.05	1.06	0.51	-51.7
社会消费品零售额	亿元	2.37	2.82	3.20	3.51	4.04	5.03	24.6
# 批发和零售业	亿元	1.84	2.33	2.70	2.95	3.37	4.19	24.6
住宿和餐饮业	亿元	0.30	0.46	0.47	0.54	0.64	0.81	25.4
地方财政收入	亿元	0.72	1.03	1.13	1.34	2.15	3.13	45.4
地方财政支出	亿元	1.83	2.08	2.53	3.32	5.11	7.66	50.7
在岗职工年平均工资	元	9794	11471	11608	14674	18927	21761	15.0
城市居民人均可支配收入	元			7110	8110	10017	12326	23.1
城市居民人均消费性支出	元			6300	6216	6313	7610	20.5
农民人均纯收入	元	2975	3453	3374	3678	4193	4747	13.2
农民人均生活消费性支出	元	2129	2444	2871	2136	3428	3973	15.9
普通中学在校生	万人	1.41	1.43	1.43	1.42	1.40	1.35	-3.6
小学在校生	万人	2.16	2.19	2.14	2.07	2.07	2.03	-1.9
卫生技术人员	万人	0.05	0.06	0.05	0.05	0.06	0.06	持平
# 医生	万人	0.02	0.02	0.02	0.02	0.02	0.02	持平

1—12 续表 6

	单位	贺兰县						
		2003 年	2004 年	2005 年	2006 年	2007 年	2008 年	2008 年比 2007 年增长%
总人口	万人	17.64	17.84	17.95	18.37	18.70	19.03	8.6
# 回族人口	万人	4.26	4.23	4.31	4.57	4.66	4.83	9.0
非农业人口	万人	4.23	4.33	4.46	4.64	4.86	5.39	18.0
人口自然增长率	‰	5.99	5.58	5.58	6.01	7.59	5.99	
单位从业人员	万人	1.29	1.22	1.27	1.31	1.11	1.41	27.0
第一产业	万人	0.27	0.26	0.25	0.24	0.17	0.19	11.8
第二产业	万人	0.43	0.41	0.44	0.46	0.33	0.56	69.7
第三产业	万人	0.59	0.55	0.58	0.61	0.61	0.66	8.2
地区生产总值	亿元	11.35	13.84	17.02	19.86	26.62	34.10	15.7
第一产业	亿元	3.45	4.08	4.43	4.95	6.28	7.33	6.7
第二产业	亿元	4.09	5.41	7.84	9.42	14.00	18.92	18.5
# 工业增加值	亿元	2.22	2.90	5.35	7.00	10.77	14.14	12.9
第三产业	亿元	3.81	4.35	4.75	5.49	6.34	7.85	17.9
农业总产值	亿元	5.72	7.30	8.19	9.42	11.58	14.02	8.6
# 畜牧业产值	亿元	1.60	1.80	1.73	1.69	1.72	2.27	4.4
粮食产量	万吨	18.98	22.50	22.72	24.72	26.78	24.21	-9.6
蔬菜产量	万吨	14.47	15.06	15.87	22.39	29.58	36.95	24.9
水产品产量	万吨	1.56	1.81	1.90	2.00	1.78	2.15	20.7
肉类总产量	万吨	1.01	1.10	1.04	0.96	0.78	0.78	1.2
# 猪牛羊肉产量	万吨	0.80	0.95	0.86	0.84	0.65	0.65	1.5
全部工业总产值	亿元	8.62	10.75	18.92	25.47	35.80	48.0	34.1
# 规模以上工业	亿元	3.00	5.85	11.65	17.85	26.80	37.68	40.6
# 大中型工业	亿元	1.85	2.99	2.65	3.08	5.83	8.98	53.9
全社会固定资产投资	亿元	12.33	17.48	14.62	12.72	16.87	23.56	39.6
# 房地产开发投资	亿元	0.24	0.93	0.99	1.14	3.94	5.35	35.7
社会消费品零售额	亿元	2.20	2.69	3.11	5.14	7.23	12.28	69.9
# 批发和零售业	亿元	1.45	2.06	2.52	4.65	7.00	11.87	74.3
住宿和餐饮业	亿元	0.28	0.51	0.50	0.42	0.41	0.40	1.9
地方财政收入	亿元	0.79	1.23	1.39	1.72	5.90	8.51	44.1
地方财政支出	亿元	1.72	2.21	2.81	3.54	8.72	12.63	44.8
在岗职工年平均工资	元	10599	11208	12767	13976	18667	21450	14.9
城市居民人均可支配收入	元			7100	7981	9687	11980	23.7
城市居民人均消费性支出	元			6200	6666	7888	9870	25.1
农民人均纯收入	元	2939	3371	3533	3880	4346	4911	13.0
农民人均生活消费性支出	元	1967	2553	3164	3153	3798	4387	15.5
普通中学在校生	万人	1.25	1.26	1.27	1.25	1.23	1.20	-2.4
小学在校生	万人	1.67	1.67	1.68	1.70	1.67	1.74	4.2
卫生技术人员	万人	0.03	0.03	0.03	0.03	0.04	0.04	持平
# 医生	万人	0.01	0.01	0.01	0.01	0.02	0.02	持平

1—12 续表 7

	单位	灵武市						
		2003 年	2004 年	2005 年	2006 年	2007 年	2008 年	2008 年比 2007 年 增长%
总人口	万人	23.31	23.73	23.17	22.81	23.16	23.30	5.1
# 回族人口	万人	10.97	11.10	11.17	11.37	11.76	12.08	6.0
非农业人口	万人	10.11	11.52	11.03	10.72	10.75	10.87	7.0
人口自然增长率	‰	10.77	11.01	8.94	9.80	9.88	9.68	
单位从业人员	万人	1.63	1.76	1.77	1.71	1.66	1.61	-3.0
第一产业	万人	0.57	0.58	0.55	0.51	0.49	0.47	-4.1
第二产业	万人	0.16	0.22	0.25	0.27	0.24	0.20	-16.7
第三产业	万人	0.90	0.96	0.97	0.93	0.93	0.94	1.1
地区生产总值	亿元	20.09	27.55	34.61	44.43	64.48	84.57	16.3
第一产业	亿元	2.86	3.38	3.69	3.99	4.27	5.27	7.3
第二产业	亿元	11.59	17.50	23.90	32.64	51.19	68.89	18.3
# 工业增加值	亿元	9.87	15.65	20.86	29.02	45.17	61.80	20.3
第三产业	亿元	5.64	6.67	7.02	7.80	9.03	10.41	11.3
农业总产值	亿元	5.21	5.99	6.67	7.36	7.99	9.89	7.9
# 畜牧业产值	亿元	2.16	2.21	2.10	2.49	2.59	3.45	3.11
粮食产量	万吨	11.05	15.22	17.77	18.00	15.06	18.38	22.1
蔬菜产量	万吨	6.15	3.75	5.07	5.47	6.94	5.76	-16.9
水产品产量	万吨	0.20	0.22	0.22	0.23	0.14	0.15	7.1
肉类总产量	万吨	2.00	0.96	1.08	1.31	0.98	1.16	18.3
# 猪牛羊肉产量	万吨	1.66	0.89	0.98	1.22	0.88	1.06	20.4
全部工业总产值	亿元	32.08	46.29	64.56	91.75	125.27	156.27	24.7
# 规模以上工业	亿元	27.09	45.34	60.74	86.10	115.63	145.75	26.0
# 大中型工业	亿元	13.75	17.68	30.80	40.52	77.47	105.36	36.0
全社会固定资产投资	亿元	15.13	27.63	59.86	77.22	123.27	170.68	38.5
# 房地产开发投资	亿元	1.09	1.18	1.87	1.44	2.60	4.35	67.4
社会消费品零售额	亿元	3.50	3.70	4.04	4.55	5.09	6.03	18.4
# 批发和零售业	亿元	2.80	2.90	3.15	3.74	4.15	4.84	16.6
住宿和餐饮业	亿元	0.40	0.48	0.53	0.54	0.69	0.91	31.0
地方财政收入	亿元	0.81	0.96	1.37	2.44	7.02	7.73	10.2
地方财政支出	亿元	2.10	2.61	3.59	5.63	10.67	11.41	7.5
在岗职工年平均工资	元	10274	12447	13154	15215	20650	24231	17.3
城市居民人均可支配收入	元	5650	6430	7184	7921	10078	12419	23.2
城市居民人均消费性支出	元	4726	5376	6352	7119	6446	7841	21.6
农民人均纯收入	元	3009	3355	3597	3892	4426	5184	17.1
农民人均生活消费性支出	元	2322	2347	2757	2981	3268	3813	16.7
普通中学在校生	万人	1.64	1.67	1.60	1.30	1.23	1.27	3.3
小学在校生	万人	2.08	2.14	2.15	2.37	2.41	2.37	-1.7
卫生技术人员	万人	0.01	0.09	0.09	0.09	0.10	0.09	-10.0
# 医生	万人	0.01	0.04	0.04	0.04	0.05	0.04	-20.0

主要统计指标解释

【生产总值】　是按市场价格计算的地区生产总值的简称。它是一个国家(地区)所有常住单位在一定时期内生产活动的最终成果。地区生产总值有三种表现形态,即价值形态、收入形态和产品形态。从价值形态看,它是所有常住单位在一定时期内所生产的全部货物和服务价值超过同期投入的全部非固定资产货物和服务价值的差额,即所有常住单位的增加值之和;从收入形态看,它是所有常住单位在一定时期内所创造并分配给常住单位和非常住单位的初次分配收入之和;从产品形态看,它是最终使用的货物和服务减去进口货物和服务。在实际核算中,地区生产总值的三种表现形态表现为三种计算方法,即生产法、收入法和支出法。三种方法分别从不同的方面反映地区生产总值及其构成。

地区生产总值同社会总产值、国民收入的区别。从核算范围看,社会总产值和国民收入都只计算物质生产部门的劳动成果,而地区生产总值除计算物质生产部门劳动成果外,还计算非物质生产部门的劳动成果。从这三个指标的价值构成看,社会总产值计算了社会产品的全部价值;地区生产总值计算了生产产品和提供劳务过程中增加的价值,即增加值,不计算中间产品和中间劳务投入的价值;而国民收入除了不计算中间产品价值外,还不包括固定资产折旧价值,即只计算净产值。

【三次产业】　是根据社会生产活动历史发展的顺序对产业结构的划分,产品直接取自自然界的部门称为第一产业,对初级产品进行再加工的部门称为第二产业,为生产和消费提供各种服务的部门称为第三产业。

第一产业:农业(包括种植业、林业、牧业、渔业等)。

第二产业:工业(包括采掘业、制造业、自来水、电力、蒸气、热水、煤气)和建筑业。

第三产业:除第一、第二产业以外的其他各业。

【当年价格】　指报告期的实际价格,如工厂的出厂价格,农产品的收购价格,商业的零售价格等。按当年价格计算,是指一些以货币表现的物量指标如工农业总产值、地区生产总值等,按照当年的实际价格来计算总量。使用当年价格是为了使国民经济各项指标互相衔接,便于考察当年经济效益,便于对生产和流通、生产和分配、生产和消费进行经济核算的综合平衡。

按当年价格计算的价值指标,在不同年份之间进行对比时,因为包含有各年间价格变动因素,不能确切地反映实物量的增减变动。必须消除价格变动因素后,才能真实反映经济发展动态。因此,在计算增长速度时都使用按可比价格计算。

【可比价格】　指计算各种总量指标所采用的扣除了价格变动因素的价格,可进行不同时期总量指标的对比。按可比价格计算总量指标有两种方法:一种是直接用产品产量乘某一年的不变价格计算;另一种是用价格指数进行缩减。

【不变价格】　指以同类产品某年的平均价格作为固定价格,用于计算各年的产品价值。按不变价格计算的产品价值消除了价格变动因素,不同时期对比可以反映生产的发展速度。新中国成立后,随着工农业产品价格水平的变化,国家统计局先后五次制定了全国统一的工业产品不变价格和农业产品不变价格,从1952年到1957年使用1952年工(农)业产品不变价格,从1957年到1970年使用1957年不变价格,从1971年到1980年使用1970年不变价格,从1981年到1990年使用1980年不变价格,从1991年开始使用1990年不变价格。

【平均增长速度】　我国计算平均增长速度有两种方法:一种是习惯上经常使用的“水平法”,又称几何平均法,是以间隔期最后一年的水平同基期水平对比来计算平均每年增长(或下降)速度;另一种是“累计法”,又称代数平均法或方程法,是以间隔期内各年水平的总和同基期水平对比来计算平均每年增长(或下降)速度。在一般正常情况下,两种方法计算的平均每年增长速度比较接近,但在经济发展不平衡、出现大起大落时,两种方法计算的结果差别较大。

二、人口及劳动力

2—1 主要年份人口发展情况

单位:户、人

年份	总户数	总人口	# 市区	回族人口	女性人口	非农业人口	人口自然增长率(‰)	平均人口	# 市区
1949	45256	236299	72485	72493	111211	39837		236299	72485
1950	49246	247749	77801	71380	113462	42900		242024	75143
1951	50672	260142	85270	74829	121187	48630		253946	81536
1952	56193	276639	89700	83045	126166	48748		268391	87485
1953	62679	300198	99841	88772	136787	56860		288419	94771
1954	68074	321563	113068	92594	147450	68597		310881	106455
1955	65000	336403	111411	99457	156189	67433		328983	112240
1956	70772	346777	112376	107249	157998	66609		341590	111894
1957	74573	357851	116554	109418	165002	78666		352314	114465
1958	73535	401035	148237	114052	183730	106548		379443	132396
1959	90677	451634	190649	110086	202026	144519		426335	169443
1960	97208	480697	224877	110131	217807	166649		466166	207763
1961	90646	453310	206414	103033	207847	154700		467004	215646
1962	89712	416967	178642	105447	196263	131349		435139	192528
1963	90863	435057	187218	109824	203553	141243		426012	182930
1964	91694	455163	203072	112522	213643	139169		445110	195145
1965	95562	485038	212627	118699	227103	152417		470101	207850
1966	99688	486125	207166	121888	228312	153574		485582	209897
1967	100959	515165	220804	124951	242186	168739		500645	213985
1968	107182	543598	231651	132374	259388	171832		529382	226227
1969	111049	579658	243705	140373	274716	180569		561628	237680
1970	116810	600701	259469	150395	287255	180451		590180	251589
1971	119482	623017	267693	148212	297348	190391		611859	263581
1972	123994	649755	279211	156770	311783	202290		636386	273452
1973	127707	674103	287667	163954	324245	210007		661929	283439
1974	134538	696414	292901	169429	335601	214666		685259	290284
1975	141395	718620	299393	174374	347737	220925		707517	296147
1976	148458	741390	308446	179583	358800	230423		730005	303920
1977	154491	761706	313951	184679	368776	235181		751548	311199

2—1 续表 单位:户、人

年份	总户数	总人口	# 市区	回族人口	女性人口	非农业人口	人口自然增长率(‰)	平均人口	# 市区
1978	160534	786743	325177	191204	378907	248658		774225	319573
1979	171646	804081	335217	195687	390468	263385		795412	330198
1980	168447	822542	344540	200710	399608	278972		813312	339879
1981	174855	841060	353829	206777	409152	289869		831801	349184
1982	181967	862170	363880	211348	419974	300037		851615	358854
1983	187053	873994	371250	213679	425942	307414		868082	367565
1984	195337	891919	383299	220370	435484	318887		882957	377275
1985	202165	910561	396869	224365	448275	336723		901641	390084
1986	210372	933457	411827	230500	455453	373402		919009	404348
1987	223047	963326	433621	235950	467579	401117		948392	422724
1988	235297	987611	449907	242379	479741	421244		975469	441764
1989	244344	1010032	465096	247685	493369	438407		998822	457502
1990	257452	1034520	480184	253987	506191	453383		1022276	472640
1991	265654	1052684	490958	257580	514954	464682		1043602	485571
1992	273089	1070819	501332	262073	524145	476965		1061752	496145
1993	281340	1090204	513365	267994	535042	491087		1080512	507349
1994	296351	1115048	531311	273809	547009	531863		1102627	522338
1995	294670	1135274	544851	280070	556910	547034	8.34	1125162	538081
1996	309954	1155530	558596	285208	567825	561294	9.13	1145402	551724
1997	318000	1177693	573431	289890	578263	592096	8.95	1166512	566014
1998	334241	1196300	586022	293681	589103	616288	9.06	1186997	579727
1999	344758	1210342	593759	298484	596917	632274	8.84	1203321	589891
2000	381110	1264588	641723	331708	622676	650745	9.00	1237465	617741
2001	384942	1298407	654860	347309	640025	677134	8.25	1281498	648292
2002	397781	1329575	692845	357560	655968	700566	9.81	1313991	673853
2003	407714	1330128	718157	343834	655563	792032	7.23	1329852	705501
2004	437498	1377924	758219	360446	678596	840631	7.54	1354026	738188
2005	454690	1405971	790338	364337	695505	866730	6.31	1391947	774278
2006	476191	1446816	829696	372656	716392	916144	6.29	1426393	810017
2007	495822	1487934	860821	386131	738028	949098	6.81	1467375	845258
2008	526860	1654282	1024922	433347	822834	1095210	6.08	1635438	1020647

注:从 1995 年起以每年的人口变动抽样调查为人口自然增长率统计数据依据;2008 年总人口为常住人口,是按年度人口变动情况抽样调查数据推算。

2—2 户数、人口及变动情况

（2008 年）

单位：户、人

	总计	市辖区	兴庆区	西夏区	金凤区	永宁县	贺兰县	灵武市
年末总户数、总人口								
总户数	526860	332959	187127	74569	71263	63865	56857	73179
常住人口	1654282	1024922	557491	253970	213461	206053	190339	232968
#男	831448	509974	274143	126796	109035	105540	96485	119449
女	822834	514948	283348	127174	104426	100513	93854	113519
#非农业人口	1095210	878451	490592	223494	164365	54068	53942	108749
农业人口	559072	146471	66899	30476	49096	151985	136397	124219
#市、镇人口	1156656	916647	534091	221084	161472	75898	82823	81288
乡村人口	497626	108275	23400	32886	51989	130155	107516	151680
平均人口	1635438	1020647	572812	247326	200510	204635	182842	227314
平均每户人数	3.14	3.08	2.98	3.41	3.00	3.23	3.35	3.18
性别比(以女性为100)	101	99	96	99	104	105	102	105
年末人口变动								
出生人口	15978	8655	5155	1954	1546	1729	2278	3185
死亡人口	6035	2950	1690	782	483	839	1183	984
自然增长人口	9943	5705	3466	1172	1063	890	1095	2200
分民族人口								
#汉族	1190346	772597	429587	202528	140482	165340	141192	111217
回族	433347	224825	112495	43477	68853	39356	48327	120839
其他少数民族	30589	27500	15409	7965	4126	1357	820	912

注：年末人口变动情况数据，根据 2008 年人口变动情况抽样调查资料整理，因受样本构成影响，各县市区数据加总后不等于总计数。

2—3 主要年份全市人口自然变动情况

年份	出生率(‰)	死亡率(‰)	人口自然增长率(‰)
1995	12.23	3.89	8.34
1996	13.10	3.97	9.13
1997	13.62	4.67	8.95
1998	13.66	4.60	9.06
1999	14.05	5.21	8.84
2000	13.60	4.60	9.00
2001	12.66	4.41	8.25
2002	14.33	4.52	9.81
2003	11.64	4.41	7.23
2004	11.68	4.14	7.54
2005	11.10	4.79	6.31
2006	10.84	4.55	6.29
2007	10.78	3.98	6.80
2008	9.77	3.69	6.08

2—4 常住人口计划生育情况

（2008 年）

单位：人

	已婚育龄妇女人数	领取独生子女证人数	女性初婚人数	# 19 岁及以下人数	# 23 岁及以上人数	死亡人数
合 计	**347996**	**49266**	**6834**	**10**	**3335**	**5214**
市辖区	220015	40365	3899	1	2680	2690
兴庆区	118576	20028	2175		1697	1387
西夏区	53175	13300	907	1	626	723
金凤区	48264	7037	817		357	580
永宁县	40799	2425	750	3	184	952
贺兰县	38442	4320	1095	6	416	786
灵武市	48740	2156	1090		55	786

2—5 常住人口节育情况

（2008 年）

单位：人

	期末选用各种避孕方法人数	男性绝育	女性绝育	放置宫内节育器	本期施行计划生育手术例数	女性绝育	放置宫内节育器
合 计	**320769**	**309**	**40222**	**173557**	**10632**	**770**	**5893**
市辖区	202851	285	17676	100555	4463	346	2393
兴庆区	109927	102	6529	56478	1814	126	933
西夏区	48307	161	6665	22427	1107	98	604
金凤区	44617	22	4482	21650	1542	122	856
永宁县	37611	5	3993	28244	2252	134	1101
贺兰县	35333	9	2778	20926	1638	90	836
灵武市	44974	10	15775	23832	2279	200	1563

2—6 婚 姻 状 况

	单位	2008 年
登记结婚	对	14955
协议离婚	对	3426
涉外婚姻	对	41
# 结婚	对	38
离婚	对	3
法院调离、判离	对	971
# 调离	对	543
判离	对	428

2—7 全社会从业人员情况

（2008 年）

单位：人

	城乡合计		城镇		乡村	
	地区	市区	地区	市区	地区	市区
从业人员	**905075**	**544403**	**500264**	**424986**	**404811**	**119417**
按经济类型分组						
国有经济	148292	1242	148292	1242		
集体经济	346117	204734	2790	119443	343327	85291
私营经济	173762	148781	126249	116716	47513	32065
个体经济	98236	70794	84265	68733	13971	2061
联营经济	671	596	671	596		
股份制经济	123352	105218	123352	105218		
港、澳、台商投资经济	686	580	686	580		
外商投资经济	9543	8658	9543	8658		
其他经济	4416	3800	4416	3800		
按国民经济行业分组						
农、林、牧、渔业	238306	70141	16659	7986	221647	62155
采矿业	49672	48662	47905	47255	1767	1407
制造业	105422	53824	67205	47106	38217	6718
电力、燃气及水的生产和供应业	27497	26467	27307	26443	190	24
建筑业	63946	30180	21587	18410	42359	11770
交通运输、仓储和邮政业	32146	14003	11724	9894	20422	4109
信息传输、计算机服务和软件业	17574	10718	8942	8412	8632	2306
批发和零售业	155673	127173	122715	110864	32958	16309
住宿和餐饮业	31291	18110	17845	15127	13446	2983
金融业	17929	15969	17584	15718	345	251
房地产业	10278	9115	8240	7749	2038	1366
租赁和商务服务业	21167	19962	18208	17482	2959	2480
科学研究、技术服务和地质勘查业	12869	12082	11784	11236	1085	846
水利、环境和公共设施管理业	7599	6672	7198	6417	401	255
居民服务业和其他服务业	19766	14757	16870	13926	2896	831
教育	25426	18299	25185	18068	241	231
卫生、社会保障和社会福利业	12770	10560	12381	10224	389	336
文化、体育和娱乐业	7066	6503	6651	6157	415	346
公共管理和社会组织	29909	22488	29909	22488		
其他行业	18769	8718	4365	4024	14404	4694

2—8 主要年份单位从业人员和劳动报酬情况

年份	全部从业人员(人)	按经济类型分			按三次产业分			全部单位从业人员劳动报酬(万元)			平均工资(元)
		国有	集体	其他	一产	二产	三产	国有	集体	其他	
1949	2093	2093			85	470	1538	61			291
1950	2625	2625			118	546	1961	78			297
1951	3645	3645			364	667	2614	116			318
1952	6422	6422			587	1688	4147	170			265
1953	7547	7547			883	1755	4909	281			372
1954	10823	10823			1076	3764	5983	309			286
1955	14253	14253			1561	4738	7954	380			267
1956	19438	19438			1818	7999	9621	481			247
1957	24365	24365			2712	7324	14329	1125			462
1958	55830	48722	7108		4110	12016	39704	1973	283		404
1959	75111	67958	7153		9884	17891	47336	4106	463		608
1960	102037	95039	6998		24956	16714	60367	5455	458		579
1961	80752	73717	7035		19144	15489	46119	4810	497		657
1962	61922	54284	7638		14467	8665	38790	3721	564		692
1963	61617	53891	7726		13698	8065	39854	3584	546		670
1964	61719	53719	8000		9132	7907	44680	3968	606		741
1965	76401	68613	7788		14354	10321	51726	4179	481		610
1966	81640	73748	7892		16834	12832	51974	5041	536		683
1967	85143	77265	7878		14621	14549	55973	5087	535		660
1968	87991	79956	8035		17786	18028	52177	5344	562		671
1969	92262	84100	8162		18051	21064	53147	4960	517		594
1970	98280	89753	8527		18455	26082	53743	6436	621		718
1971	90098	81728	8370		7366	28751	53981	5106	527		625
1972	99599	86739	12860		8889	29262	61448	5764	852		664
1973	99575	86690	12885		9278	27078	63219	6116	908		705
1974	104789	90583	14206		4844	28747	71198	6304	1004		697
1975	110702	96334	14368		5453	31900	73349	6575	733		660
1976	121335	103194	18141		5910	34171	81254	6975	967		655
1977	131687	106757	24930		6155	35171	90361	7362	1298		658

2—8 续表

年份	全部从业人员(人)	按经济类型分			按三次产业分			全部单位从业人员劳动报酬(万元)			平均工资(元)
		国有	集体	其他	一产	二产	三产	国有	集体	其他	
1978	140432	119913	20519		12987	76690	50755	8758	1240		723
1979	172876	147906	24970		28757	87308	56811	11040	1208		725
1980	179562	155695	23867		27932	89417	62213	12873	1945		845
1981	184320	160582	23738		19772	84092	80456	13568	1634		844
1982	195580	167623	27957		29545	97124	68911	14331	1980		854
1983	205000	173416	31584		30534	99140	75326	15744	2330		893
1984	213989	177679	36310		30506	103021	80462	18465	3220		1031
1985	227504	188042	39462		29724	103918	93862	21243	3703		1123
1986	239109	198900	40209		29882	106677	102550	26484	4275		1316
1987	245636	206741	38386	509	29084	109716	106836	29355	4256	70	1400
1988	258697	219259	38975	463	29459	117262	111976	36172	5090	75	1621
1989	263150	224812	37807	531	29150	117440	116560	41681	5114	89	1804
1990	273130	232506	40013	611	29109	123701	120320	48167	6187	125	2030
1991	285992	242130	43147	715	29535	132204	124253	53653	7190	133	2168
1992	294964	250421	43044	1499	30487	126229	138248	63671	8631	284	2497
1993	286423	246224	35827	4372	25338	112844	148240	73796	9962	1187	2973
1994	298067	247197	38468	12402	27376	143979	126712	102737	12232	5729	4049
1995	300455	245332	39729	15394	25275	147718	127462	121134	15976	9960	4872
1996	292323	242851	33327	16145	24267	138476	129580	129480	15975	10935	5311
1997	302497	240231	35450	26816	24984	144183	133330	134443	21163	20730	5814
1998	270154	205418	23513	41223	24021	122597	123536	138258	15032	31538	6665
1999	262622	201497	21249	39876	23326	112295	127001	153426	15392	32685	7475
2000	256896	196906	19932	40058	22064	108001	126831	175568	17601	37367	8956
2001	242774	186461	16176	40137	21183	97812	123779	205138	16151	40684	10802
2002	238082	178375	15881	43826	19790	98553	119739	230735	16001	47760	11930
2003	288100	150722	8747	128631	21717	140882	125501	214125	8679	179234	13496
2004	288168	144760	6226	137182	18812	144160	125196	225972	9201	210971	15243
2005	291110	155832	5254	130024	17847	146241	127022	295553	9374	250918	18424
2006	295087	149499	4680	140908	12245	149952	132890	338458	9065	349326	23226
2007	292187	147703	4211	140273	14068	140914	137205	421883	10680	425923	28600
2008	289750	148292	2790	138668	13538	137391	138821	4827993	98261	4905994	33247

2—9　全市单位从业人员人数

（2008 年）

单位：人

	单位数（个）	单位从业人员年末人数	# 女性	在岗职工	其他从业人员	离开本单位仍保留劳动关系的职工年末人数	单位从业人员平均人数	在岗职工	其他从业人员	离开本单位仍保留劳动关系的职工年平均人数
总　计	**2251**	**289750**	**106878**	**278052**	**11698**	**10634**	**300820**	**288613**	**12207**	**12298**
按地区分组										
市　区	1656	239537	86934	230354	9183	9712	247872	238765	9107	10180
永宁县	159	19977	7534	19331	646	503	19958	19260	698	1617
贺兰县	219	14109	5845	12822	1287	90	14356	13099	1257	166
灵武市	217	16127	6565	15545	582	329	18634	17489	1145	335
按企业、事业、机关分组										
企业	907	200303	65138	192477	7826	9529	211970	203464	8506	11098
事业	817	65455	33781	62750	2705	1033	65063	62494	2569	1117
机关	527	23992	7959	22825	1167	72	23787	22655	1132	83
按国民经济行业分组										
农、林、牧、渔业	64	13538	5782	13459	79	276	13695	13616	79	300
采矿业	51	47374	9044	47374		3164	46503	46503		3478
制造业	196	48320	16365	47777	543	1845	48558	47937	621	1977
电力、燃气及水的生产和供应业	48	26763	8028	26738	25	232	27262	27238	24	237
建筑业	72	14934	3038	14308	626	1983	27448	26239	1209	3041
交通运输、仓储和邮政业	54	8437	2085	7849	588	300	8328	7674	654	327
信息传输、计算机服务和软件业	16	3739	1923	3718	21	55	3604	3583	21	56
批发和零售业	111	8962	5438	8861	101	916	8966	8871	95	924
住宿和餐饮业	27	3023	1909	3006	17	30	3046	3029	17	31
金融业	194	16746	9619	11457	5289	672	16428	11113	5315	687
房地产业	58	4339	1727	4130	209	98	4243	4086	157	85
租赁和商务服务业	71	5908	1127	5636	272	14	5785	5527	258	11
科学研究、技术服务和地质勘查业	129	9383	2903	9136	247	441	9353	9140	213	454
水利、环境和公共设施管理业	55	6431	3701	5813	618	102	6447	5828	619	104
居民服务和其他服务业	8	232	91	194	38		230	192	38	
教育	285	24848	13873	24221	627	54	24730	24172	558	120
卫生、社会保障和社会福利业	96	12005	7819	11131	874	150	11776	10951	825	151
文化、体育和娱乐业	81	4859	2055	4822	37	41	4855	4812	43	41
公共管理和社会组织	635	29909	10351	28422	1487	261	29563	28102	1461	274

2—9 续表 1

单位:人

	单位数(个)	单位从业人员年末人数	# 女性	在岗职工	其他从业人员	离开本单位仍保留劳动关系的职工年末人数	单位从业人员平均人数	在岗职工	其他从业人员	离开本单位仍保留劳动关系的职工年平均人数
国有单位合计	**1641**	**148292**	**63146**	**142414**	**5878**	**3764**	**148640**	**142826**	**5814**	**3991**
按地区分组										
市　区	1163	119443	50564	115415	4028	3493	119745	115713	4032	3611
永宁县	125	7418	3035	7061	357	74	7397	7057	340	106
贺兰县	161	7845	3655	6671	1174	81	7829	6710	1119	152
灵武市	192	13586	5892	13267	319	116	13669	13346	323	122
按企业、事业、机关分组										
企业	306	59646	21812	57529	2117	2659	60588	58359	2229	2791
事业	808	64654	33375	62060	2594	1033	64265	61812	2453	1117
机关	527	23992	7959	22825	1167	72	23787	22655	1132	83
按国民经济行业分组										
农、林、牧、渔业	60	13272	5686	13198	74	270	13426	13352	74	292
采矿业										
制造业	14	6581	2061	6578	3	733	6605	6595	10	771
电力、燃气及水的生产和供应业	24	15536	4844	15523	13	163	16213	16201	12	174
建筑业	20	3937	667	3456	481	271	4360	3879	481	299
交通运输、仓储和邮政业	20	6651	1304	6063	588	153	6559	5905	654	155
信息传输、计算机服务和软件业	12	3430	1796	3409	21	52	3295	3274	21	53
批发和零售业	54	3563	2044	3500	63	427	3565	3508	57	444
住宿和餐饮业	9	1063	610	1048	15	22	1059	1044	15	22
金融业	131	7928	4027	7088	840	625	7905	7019	886	638
房地产业	11	587	212	587		6	626	626		6
租赁和商务服务业	25	586	227	578	8	5	584	576	8	5
科学研究、技术服务和地质勘查业	117	8084	2433	7859	225	429	8045	7854	191	442
水利、环境和公共设施管理业	53	6158	3559	5620	538	102	6172	5633	539	104
居民服务和其他服务业	4	105	25	67	38		104	66	38	
教育	283	24236	13535	23663	573	54	24131	23632	499	120
卫生、社会保障和社会福利业	89	11829	7721	10955	874	150	11595	10770	825	151
文化、体育和娱乐业	80	4837	2044	4800	37	41	4833	4790	43	41
公共管理和社会组织	635	29909	10351	28422	1487	261	29563	28102	1461	274

2—9 续表 2

单位:人

	单位数(个)	单位从业人员年末人数	# 女性	在岗职工	其他从业人员	离开本单位仍保留劳动关系的职工年末人数	单位从业人员平均人数	在岗职工	其他从业人员	离开本单位仍保留劳动关系的职工年平均人数
城镇集体单位合计	**45**	**2790**	**1207**	**2693**	**97**	**643**	**3134**	**3035**	**99**	**415**
按地区分组										
市　区	21	1242	640	1227	15	57	1234	1219	15	59
永宁县	4	475	186	395	80	395	478	398	80	165
贺兰县	16	467	214	465	2	6	468	464	4	6
灵武市	4	606	167	606		185	954	954		185
按企业、事业、机关分组										
企业	37	2471	1029	2454	17	643	2805	2786	19	415
事业	8	319	178	239	80		329	249	80	
机关										
按国民经济行业分组										
农、林、牧、渔业	1	9	2	9			9	9		
采矿业										
制造业	15	753	516	749	4	347	751	745	6	117
电力、燃气及水的生产和供应业										
建筑业	2	817	96	817		23	1169	1169		24
交通运输、仓储和邮政业										
信息传输、计算机服务和软件业										
批发和零售业	14	233	83	220	13	268	234	221	13	269
住宿和餐饮业	1	9	9	9		2	9	9		2
金融业	3	635	316	635		3	618	618		3
房地产业										
租赁和商务服务业	1	19	5	19			19	19		
科学研究、技术服务和地质勘查业										
水利、环境和公共设施管理业	1	157	94	77	80		159	79	80	
居民服务和其他服务业	1	5	4	5			5	5		
教育										
卫生、社会保障和社会福利业	6	153	82	153			161	161		
文化、体育和娱乐业										
公共管理和社会组织										

2—9 续表3

单位:人

	单位数(个)	单位从业人员年末人数	# 女性	在岗职工	其他从业人员	离开本单位仍保留劳动关系的职工年末人数	单位从业人员平均人数	在岗职工	其他从业人员	离开本单位仍保留劳动关系的职工年平均人数
其他单位合计	**565**	**138668**	**42525**	**132945**	**5723**	**6227**	**149046**	**142752**	**6294**	**7892**
按地区分组										
市　区	472	118852	35730	113712	5140	6162	126893	121833	5060	6510
永宁县	30	12084	4313	11875	209	34	12083	11805	278	1346
贺兰县	42	5797	1976	5686	111	3	6059	5925	134	8
灵武市	21	1935	506	1672	263	28	4011	3189	822	28
按企业、事业、机关分组										
企业	564	138186	42297	132494	5692	6227	148577	142319	6258	7892
事业	1	482	228	451	31		469	433	36	
机关										
按国民经济行业分组										
农、林、牧、渔业	3	257	94	252	5	6	260	255	5	8
采矿业	51	47374	9044	47374		3164	46503	46503		3478
制造业	167	40986	13788	40450	536	765	41202	40597	605	1089
电力、燃气及水的生产和供应业	24	11227	3184	11215	12	69	11049	11037	12	63
建筑业	50	10180	2275	10035	145	1689	21919	21191	728	2718
交通运输、仓储和邮政业	34	1786	781	1786		147	1769	1769		172
信息传输、计算机服务和软件业	4	309	127	309		3	309	309		3
批发和零售业	43	5166	3311	5141	25	221	5167	5142	25	211
住宿和餐饮业	17	1951	1290	1949	2	6	1978	1976	2	7
金融业	60	8183	5276	3734	4449	44	7905	3476	4429	46
房地产业	47	3752	1515	3543	209	92	3617	3460	157	79
租赁和商务服务业	45	5303	895	5039	264	9	5182	4932	250	6
科学研究、技术服务和地质勘查业	12	1299	470	1277	22	12	1308	1286	22	12
水利、环境和公共设施管理业	1	116	48	116			116	116		
居民服务和其他服务业	3	122	62	122			121	121		
教育	2	612	338	558	54		599	540	59	
卫生、社会保障和社会福利业	1	23	16	23			20	20		
文化、体育和娱乐业	1	22	11	22			22	22		
公共管理和社会组织										

2—10 全市单位从业人员劳动报酬

（2008 年）

单位：万元

	单位从业人员劳动报酬	在岗职工工资总额	其他从业人员劳动报酬	离开本单位仍保留劳动关系的职工生活费	单位从业人员平均劳动报酬（元）	在岗职工平均工资	其他从业人员平均劳动报酬	离开本单位仍保留劳动关系的职工平均生活费（元）
总　计	**983225**	**959554**	**23671**	**15235**	**32685**	**33247**	**19391**	**12388**
按地区分组								
市　区	867097	847166	19931	14508	34982	35481	21885	14252
永宁县	42866	41912	954	192	21478	21761	13669	1185
贺兰县	29299	28098	1201	261	20409	21450	9558	15711
灵武市	43963	42378	1585	274	23593	24231	13844	8181
按企业、事业、机关分组								
企业	717842	698154	19688	13822	33865	34313	23146	12454
事业	182723	179865	2858	1243	28084	28781	11126	11125
机关	82660	81535	1125	170	34750	25990	9937	20554
按国民经济行业分组								
农、林、牧、渔业	20822	20733	89	184	15204	15227	11266	6137
采矿业	250315	250315		6312	53828	53828		18149
制造业	109331	108274	1057	1465	22515	22587	17023	7408
电力、燃气及水的生产和供应业	122547	122502	45	222	44952	44975	18667	9363
建筑业	54752	52357	2395	1009	19947	19954	19811	3319
交通运输、仓储和邮政业	18982	17563	1419	592	22793	22887	21688	18095
信息传输、计算机服务和软件业	13586	13535	51	85	37696	37776	23952	15250
批发和零售业	23776	23698	78	1079	26518	26714	8284	11681
住宿和餐饮业	4877	4861	16	8	16012	16047	9882	2419
金融业	79020	65629	13391	2832	48101	59056	25194	41218
房地产业	8523	8243	280	68	20088	20174	17866	7965
租赁和商务服务业	11517	10740	777	28	19908	19432	30116	25091
科学研究、技术服务和地质勘查业	30380	29930	450	650	32481	32746	21113	14317
水利、环境和公共设施管理业	11788	11396	392	133	18284	19554	6331	12760
居民服务和其他服务业	475	426	49		20652	22177	12947	
教育	78681	77995	686	162	31816	32267	12297	13525
卫生、社会保障和社会福利业	32394	31257	1137	165	27508	28543	13775	10954
文化、体育和娱乐业	15343	15305	38	25	31602	31806	8860	6122
公共管理和社会组织	96116	94795	1321	216	32512	33733	9041	7909

2—10 续表 1　　　　单位:万元

	单位从业人员劳动报酬	在岗职工工资总额	其他从业人员劳动报酬	离开本单位仍保留劳动关系的职工生活费	单位从业人员平均劳动报酬(元)	在岗职工平均工资	其他从业人员平均劳动报酬	离开本单位仍保留劳动关系的职工平均生活费(元)
国有单位合计	**482799**	**473201**	**9598**	**7022**	**32481**	**33131**	**16509**	**17595**
按地区分组								
市　区	413537	405582	7955	6498	34535	35051	19730	17994
永宁县	17957	17539	418	33	24276	24854	12288	3151
贺兰县	17901	16965	936	256	22865	25283	8366	16862
灵武市	33404	33115	289	235	24438	24813	8954	19262
按企业、事业、机关分组								
企业	218934	213184	5750	5609	36135	36530	25795	20097
事业	181206	178482	2724	1243	28197	28875	11104	11125
机关	82659	81535	1124	170	34750	35990	9937	20554
按国民经济行业分组								
农、林、牧、渔业	20256	20174	82	184	15087	15109	11095	6305
采矿业								
制造业	24499	24484	15	1048	37091	37125	14700	13593
电力、燃气及水的生产和供应业	86685	86668	17	184	53466	53495	14250	10592
建筑业	10001	8859	1142	231	22938	22837	23751	7726
交通运输、仓储和邮政业	15930	14511	1419	361	24287	24575	21688	23258
信息传输、计算机服务和软件业	12049	11999	50	84	36568	36649	23952	15830
批发和零售业	10312	10270	42	847	28926	29275	7491	19077
住宿和餐饮业	1592	1577	15	4	15030	15102	10000	1591
金融业	43738	40810	2928	2721	55330	58141	33054	42641
房地产业	1163	1163			18570	18570		
租赁和商务服务业	1464	1456	8	13	25063	25281	9375	25800
科学研究、技术服务和地质勘查业	22681	22265	416	644	28193	28349	21785	14579
水利、环境和公共设施管理业	11301	10914	387	133	18310	19376	7173	12760
居民服务和其他服务业	226	177	49		21769	26848	12947	
教育	77485	76952	533	162	32110	32563	10667	13525
卫生、社会保障和社会福利业	32041	30905	1136	165	27634	28695	13775	10954
文化、体育和娱乐业	15260	15222	38	25	31574	31778	8860	6122
公共管理和社会组织	96116	94795	1321	216	32512	33733	9041	7909

2—10 续表2

单位:万元

	单位从业人员劳动报酬	在岗职工工资总额	其他从业人员劳动报酬	离开本单位仍保留劳动关系的职工生活费	单位从业人员平均劳动报酬(元)	在岗职工平均工资	其他从业人员平均劳动报酬	离开本单位仍保留劳动关系的职工平均生活费(元)
城镇集体单位合计	**9826**	**9806**	**20**	**219**	**31353**	**32311**	**1990**	**5280**
按地区分组								
市　区	3238	3228	10	101	26242	26478	7067	17153
永宁县	1687	1681	6	118	35299	42261	663	7127
贺兰县	1515	1511	4		32365	32365	9500	
灵武市	3386	3386			35491	35491		
按企业、事业、机关分组								
企业	9317	9302	15	219	33215	33389	7579	5280
事业	509	504	5		15483	20245	663	
机关								
按国民经济行业分组								
农、林、牧、渔业	14	14			15111	15111		
采矿业								
制造业	1402	1394	8	95	18664	18715	12333	8085
电力、燃气及水的生产和供应业								
建筑业	3382	3382		64	28926	28926		26833
交通运输、仓储和邮政业								
信息传输、计算机服务和软件业								
批发和零售业	391	384	7	54	16701	17367	5385	2033
住宿和餐饮业	11	11		2	12111	12111		9000
金融业	4109	4109		4	66481	66481		12000
房地产业								
租赁和商务服务业	15	15			7947	7947		
科学研究、技术服务和地质勘查业								
水利、环境和公共设施管理业	181	176	5		11409	22291	663	
居民服务和其他服务业	7	7			16400	16400		
教育								
卫生、社会保障和社会福利业	314	314			19528	19528		
文化、体育和娱乐业								
公共管理和社会组织								

2—10 续表 3

单位:万元

	单位从业人员劳动报酬	在岗职工工资总额	其他从业人员劳动报酬	离开本单位仍保留劳动关系的职工生活费	单位从业人员平均劳动报酬(元)	在岗职工平均工资	其他从业人员平均劳动报酬	离开本单位仍保留劳动关系的职工平均生活费(元)
其他单位合计	**490600**	**476547**	**14053**	**7994**	**32916**	**33383**	**22327**	**10129**
按地区分组								
市　区	450322	438357	11965	7909	35488	35980	23645	12150
永宁县	23222	22691	531	42	19219	19221	19101	302
贺兰县	9884	9622	262	4	16313	16240	19507	5250
灵武市	7172	5877	1295	39	17881	18427	15765	14071
按企业、事业、机关分组								
企业	489592	475668	13924	7994	32952	33423	22250	10129
事业	1008	879	129		21484	20289	35861	
机关								
按国民经济行业分组								
农、林、牧、渔业	552	545	7		21238	21384	13800	
采矿业	250315	250315		6312	53828	53828		18149
制造业	83430	82395	1035	322	20249	20296	17107	2957
电力、燃气及水的生产和供应业	35863	35835	28	38	32458	32468	23083	5968
建筑业	41369	40116	1253	714	18874	18931	17209	2626
交通运输、仓储和邮政业	3052	3052		231	17253	17253		13442
信息传输、计算机服务和软件业	1536	1536		2	49722	49722		5000
批发和零售业	13073	13044	29	178	25302	25368	11600	8417
住宿和餐饮业	3275	3273	2	2	16556	16563	9000	3143
金融业	31174	20712	10462	108	39435	59583	23622	23391
房地产业	7361	7080	281	68	20351	20464	17866	8570
租赁和商务服务业	10039	9269	770	14	19371	18793	30780	24500
科学研究、技术服务和地质勘查业	7698	7665	33	5	58853	59599	15273	4667
水利、环境和公共设施管理业	305	305			26328	26328		
居民服务和其他服务业	240	240			19868	19868		
教育	1197	1044	153		19978	19311	26085	
卫生、社会保障和社会福利业	38	38			18850	18850		
文化、体育和娱乐业	83	83			37864	37864		
公共管理和社会组织								

2—11 市区单位从业人员人数

（2008 年）

单位：人

	单位数（个）	单位从业人员年末人数	# 女性	在岗职工	其他从业人员	离开本单位仍保留劳动关系的职工年末人数	单位从业人员平均人数	在岗职工	其他从业人员	离开本单位仍保留劳动关系的职工年平均人数
总 计	**1656**	**239537**	**86934**	**230354**	**9183**	**9712**	**247872**	**238765**	**9107**	**10180**
按企业、事业、机关分组										
企业	751	171289	54758	164229	7060	8714	180207	173113	7094	9174
事业	557	50290	26125	48681	1609	947	49854	48349	1505	955
机关	348	17958	6051	17444	514	51	17811	17303	508	51
按国民经济行业分组										
农、林、牧、渔业	37	5254	2367	5244	10	172	5303	5293	10	182
采矿业	49	46889	8996	46889		3164	46252	46252		3478
制造业	134	32397	10693	32134	263	1448	33075	32799	276	1565
电力、燃气及水的生产和供应业	39	26135	7779	26124	11	225	26630	26619	11	230
建筑业	60	12623	2654	12103	520	1983	21781	21241	540	1969
交通运输、仓储和邮政业	42	7124	1676	6587	537	259	7026	6426	600	279
信息传输、计算机服务和软件业	12	3561	1856	3560	1	45	3426	3425	1	46
批发和零售业	88	7931	4915	7860	71	665	7935	7866	69	673
住宿和餐饮业	26	3013	1902	2996	17	30	3036	3019	17	31
金融业	169	14964	8757	9886	5078	651	14626	9542	5084	665
房地产业	56	4317	1719	4108	209	98	4221	4064	157	85
租赁和商务服务业	62	5801	1090	5537	264	9	5682	5432	250	6
科学研究、技术服务和地质勘查业	111	8891	2745	8647	244	441	8870	8660	210	454
水利、环境和公共设施管理业	49	5650	3194	5565	85	67	5661	5575	86	69
居民服务和其他服务业	8	232	91	194	38		230	192	38	
教育	178	17737	10139	17247	490	42	17605	17146	459	45
卫生、社会保障和社会福利业	53	9935	6512	9154	781	146	9713	8978	735	147
文化、体育和娱乐业	63	4595	1930	4569	26	40	4587	4555	32	40
公共管理和社会组织	420	22488	7919	21950	538	227	22213	21681	532	216

2—11 续表 1

单位：人

	单位数（个）	单位从业人员年末人数	# 女性	在岗职工	其他从业人员	离开本单位仍保留劳动关系的职工年末人数	单位从业人员平均人数	在岗职工	其他从业人员	离开本单位仍保留劳动关系的职工年平均人数
国有单位合计	**1163**	**119443**	**50564**	**115415**	**4028**	**3493**	**119745**	**115713**	**4032**	**3611**
按企业、事业、机关分组										
企业	258	51195	18388	49290	1905	2495	52080	50061	2019	2605
事业	557	50290	26125	48681	1609	947	49854	48349	1505	955
机关	348	17958	6051	17444	514	51	17811	17303	508	51
按国民经济行业分组										
农、林、牧、渔业	35	5068	2296	5058	10	166	5123	5113	10	174
采矿业										
制造业	13	6408	2017	6405	3	733	6443	6433	10	771
电力、燃气及水的生产和供应业	19	15173	4663	15172	1	156	15811	15810	1	167
建筑业	20	3937	667	3456	481	271	4360	3879	481	299
交通运输、仓储和邮政业	11	5406	924	4869	537	112	5327	4727	600	107
信息传输、计算机服务和软件业	8	3252	1729	3251	1	42	3117	3116	1	43
批发和零售业	37	2908	1643	2872	36	413	2916	2882	34	430
住宿和餐饮业	9	1063	610	1048	15	22	1059	1044	15	22
金融业	118	7302	3777	6515	787	621	7276	6443	833	633
房地产业	11	587	212	587		6	626	626		6
租赁和商务服务业	17	485	195	485			487	487		
科学研究、技术服务和地质勘查业	101	7613	2286	7391	222	429	7583	7395	188	442
水利、环境和公共设施管理业	48	5534	3146	5449	85	67	5545	5459	86	69
居民服务和其他服务业	4	105	25	67	38		104	66	38	
教育	177	17607	10029	17140	467	42	17475	17039	436	45
卫生、社会保障和社会福利业	52	9912	6496	9131	781	146	9693	8958	735	147
文化、体育和娱乐业	63	4595	1930	4569	26	40	4587	4555	32	40
公共管理和社会组织	420	22488	7919	21950	538	227	22213	21681	532	216

2—11 续表2

单位:人

	单位数(个)	单位从业人员年末人数	# 女性	在岗职工	其他从业人员	离开本单位仍保留劳动关系的职工年末人数	单位从业人员平均人数	在岗职工	其他从业人员	离开本单位仍保留劳动关系的职工年平均人数
城镇集体单位合计	**21**	**1242**	**640**	**1227**	**15**	**57**	**1234**	**1219**	**15**	**59**
按企业、事业、机关分组										
企业	21	1242	640	1227	15	57	1234	1219	15	59
事业										
机关										
按国民经济行业分组										
农、林、牧、渔业										
采矿业										
制造业	5	601	477	599	2	1	608	606	2	1
电力、燃气及水的生产和供应业										
建筑业	1	498	75	498		23	482	482		24
交通运输、仓储和邮政业										
信息传输、计算机服务和软件业										
批发和零售业	12	110	70	97	13	31	111	98	13	32
住宿和餐饮业	1	9	9	9		2	9	9		2
金融业										
房地产业										
租赁和商务服务业	1	19	5	19			19	19		
科学研究、技术服务和地质勘查业										
水利、环境和公共设施管理业										
居民服务和其他服务业	1	5	4	5			5	5		
教育										
卫生、社会保障和社会福利业										
文化、体育和娱乐业										
公共管理和社会组织										

单位:人

	单位数（个）	单位从业人员年末人数	# 女性	在岗职工	其他从业人员	离开本单位仍保留劳动关系的职工年末人数	单位从业人员平均人数	在岗职工	其他从业人员	离开本单位仍保留劳动关系的职工年平均人数
其他单位合计	**472**	**118852**	**35730**	**113712**	**5140**	**6162**	**126893**	**121833**	**5060**	**6510**
按企业、事业、机关分组										
企业	472	118852	35730	113712	5140	6162	126893	121833	5060	6510
事业										
机关										
按国民经济行业分组										
农、林、牧、渔业	2	186	71	186		6	180	180		8
采矿业	49	46889	8996	46889		3164	46252	46252		3478
制造业	116	25388	8199	25130	258	714	26024	25760	264	793
电力、燃气及水的生产和供应业	20	10962	3116	10952	10	69	10819	10809	10	63
建筑业	39	8188	1912	8149	39	1689	16939	16880	59	1646
交通运输、仓储和邮政业	31	1718	752	1718		147	1699	1699		172
信息传输、计算机服务和软件业	4	309	127	309		3	309	309		3
批发和零售业	39	4913	3202	4891	22	221	4908	4886	22	211
住宿和餐饮业	16	1941	1283	1939	2	6	1968	1966	2	7
金融业	51	7662	4980	3371	4291	30	7350	3099	4251	32
房地产业	45	3730	1507	3521	209	92	3595	3438	157	79
租赁和商务服务业	44	5297	890	5033	264	9	5176	4926	250	6
科学研究、技术服务和地质勘查业	10	1278	459	1256	22	12	1287	1265	22	12
水利、环境和公共设施管理业	1	116	48	116			116	116		
居民服务和其他服务业	3	122	62	122			121	121		
教育	1	130	110	107	23		130	107	23	
卫生、社会保障和社会福利业	1	23	16	23			20	20		
文化、体育和娱乐业										
公共管理和社会组织										

2—12 市区单位从业人员劳动报酬

（2008 年）

单位:万元

	单位从业人员劳动报酬	在岗职工工资总额	其他从业人员劳动报酬	离开本单位仍保留劳动关系的职工生活费	单位从业人员平均劳动报酬（元）	在岗职工平均工资	其他从业人员平均劳动报酬	离开本单位仍保留劳动关系的职工平均生活费（元）
总　计	**867097**	**847167**	**19930**	**14508**	**34982**	**35481**	**21885**	**14252**
按企业、事业、机关分组								
企业	657920	640513	17407	13328	36509	37000	24538	14529
事业	143489	141416	2073	1062	28782	29249	13774	11117
机关	65688	65238	450	118	36881	37703	8862	23118
按国民经济行业分组								
农、林、牧、渔业	8856	8846	10	94	16699	16712	9900	5203
采矿业	249355	249355		6312	53912	53912		18149
制造业	83174	82689	485	1324	25147	25211	17580	8459
电力、燃气及水的生产和供应业	121688	121661	27	214	45696	45705	24364	9300
建筑业	43809	42445	1364	1009	20113	19982	25265	5125
交通运输、仓储和邮政业	15090	13763	1327	438	21478	21418	22120	15710
信息传输、计算机服务和软件业	13180	13174	6	82	38471	38465	58000	17870
批发和零售业	22156	22094	62	1024	27922	28088	9014	15210
住宿和餐饮业	4859	4842	17	8	16005	16039	9882	2419
金融业	70649	57696	12953	2781	48303	60465	25478	41820
房地产业	8438	8157	281	68	19991	20073	17866	7965
租赁和商务服务业	11267	10497	770	15	19829	19325	30780	24500
科学研究、技术服务和地质勘查业	29117	28669	448	650	32826	33105	21314	14317
水利、环境和公共设施管理业	10839	10766	73	123	19147	19310	8523	17841
居民服务和其他服务业	475	426	49		20652	22177	12947	
教育	56891	56371	520	39	32315	32877	11325	8711
卫生、社会保障和社会福利业	26754	25708	1046	161	27545	28634	14238	10932
文化、体育和娱乐业	14642	14613	29	24	31920	32080	9188	6000
公共管理和社会组织	75858	75395	463	142	34151	34775	8711	6593

单位:万元

	单位从业人员劳动报酬	在岗职工工资总额	其他从业人员劳动报酬	离开本单位仍保留劳动关系的职工生活费	单位从业人员平均劳动报酬(元)	在岗职工平均工资	其他从业人员平均劳动报酬	离开本单位仍保留劳动关系的职工平均生活费(元)
国有单位合计	**413537**	**405582**	**7955**	**6498**	**34535**	**35051**	**19730**	**17994**
按企业、事业、机关分组								
企业	204360	198928	5432	5318	39240	39737	26904	20415
事业	143489	141416	2073	1062	28782	29249	13774	11117
机关	65688	65238	450	118	36881	37703	8862	23118
按国民经济行业分组								
农、林、牧、渔业	8435	8425	10	95	16464	16477	9900	5443
采矿业								
制造业	24178	24163	15	1048	37526	37562	14700	13593
电力、燃气及水的生产和供应业	86108	86107	1	176	54461	54464	10000	10557
建筑业	10001	8859	1142	231	22938	22837	23751	7726
交通运输、仓储和邮政业	12150	10823	1327	207	22808	22895	22120	19355
信息传输、计算机服务和软件业	11644	11638	6	81	37356	37349	58000	18767
批发和零售业	9246	9215	31	812	31709	31976	9088	18872
住宿和餐饮业	1592	1577	15	4	15030	15102	10000	1591
金融业	41653	38815	2838	2711	57248	60245	34064	42828
房地产业	1162	1162			18570	18570		
租赁和商务服务业	1220	1220			25051	25051		
科学研究、技术服务和地质勘查业	21468	21054	414	644	28311	28471	22021	14579
水利、环境和公共设施管理业	10534	10461	73	123	18996	19161	8523	17841
居民服务和其他服务业	226	177	49		21769	26848	12947	
教育	56702	56207	495	39	32447	32987	11353	8711
卫生、社会保障和社会福利业	26717	25670	1047	161	27563	28656	14238	10932
文化、体育和娱乐业	14642	14613	29	24	31920	32080	9188	6000
公共管理和社会组织	75859	75396	463	142	34151	34775	8711	6593

2—12 续表2

单位:万元

	单位从业人员劳动报酬	在岗职工工资总额	其他从业人员劳动报酬	离开本单位仍保留劳动关系的职工生活费	单位从业人员平均劳动报酬(元)	在岗职工平均工资	其他从业人员平均劳动报酬	离开本单位仍保留劳动关系的职工平均生活费(元)
城镇集体单位合计	**3238**	**3228**	**10**	**101**	**26242**	**26478**	**7067**	**17153**
按企业、事业、机关分组								
企业	3238	3228	10	101	26242	26478	7067	17153
事业								
机关								
按国民经济行业分组								
农、林、牧、渔业								
采矿业								
制造业	1136	1132	4	1	18686	18688	18000	5000
电力、燃气及水的生产和供应业								
建筑业	1777	1777		64	36859	36859		26833
交通运输、仓储和邮政业								
信息传输、计算机服务和软件业								
批发和零售业	291	285	6	34	26252	29020	5385	10781
住宿和餐饮业	11	11		2	12111	12111		9000
金融业								
房地产业								
租赁和商务服务业	15	15						
科学研究、技术服务和地质勘查业								
水利、环境和公共设施管理业								
居民服务和其他服务业	8	8			7947	7947		
教育								
卫生、社会保障和社会福利业								
文化、体育和娱乐业								
公共管理和社会组织								

2—12 续表 3　　　　单位:万元

	单位从业人员劳动报酬	在岗职工工资总额	其他从业人员劳动报酬	离开本单位仍保留劳动关系的职工生活费	单位从业人员平均劳动报酬(元)	在岗职工平均工资	其他从业人员平均劳动报酬	离开本单位仍保留劳动关系的职工平均生活费(元)
其他单位合计	**450322**	**438357**	**11965**	**7909**	**35488**	**35980**	**23645**	**12150**
按企业、事业、机关分组								
企业	450322	438357	11965	7909	35488	35980	23645	12150
事业								
机关								
按国民经济行业分组								
农、林、牧、渔业	421	421			23389	23389		
采矿业	249355	249355		6311	53912	53912		18149
制造业	57860	57393	467	275	22233	22280	17686	3473
电力、燃气及水的生产和供应业	35580	35554	26	38	32886	32893	25800	5968
建筑业	32032	31810	222	714	18910	18845	37610	4337
交通运输、仓储和邮政业	2940	2940		231	17306	17306		13442
信息传输、计算机服务和软件业	1536	1536		2	49722	49722		5000
批发和零售业	12618	12594	24	178	25710	25776	11045	8417
住宿和餐饮业	3256	3254	2	2	16547	16554	9000	3143
金融业	28995	18880	10115	70	39449	60922	23796	21875
房地产业	7277	6996	281	68	20239	20347	17866	8570
租赁和商务服务业	10032	9262	770	15	19381	18802	30780	24500
科学研究、技术服务和地质勘查业	7648	7615	33	5	59428	60196	15273	4667
水利、环境和公共设施管理业	305	305			26328	26328		
居民服务和其他服务业	240	240			19868	19868		
教育	189	164	25		14546	15355	10783	
卫生、社会保障和社会福利业	38	38			18850	18850		
文化、体育和娱乐业								
公共管理和社会组织								

主要统计指标解释

【总人口】 包括有常住户口和未落常住户口的人,以及被注销户口的押犯、劳改、劳教人员,但不包括现役军人及人民武装警察。

【总户数】 包括家庭户和集体户。

【农业人口和非农业人口】 (1)凡在农村从事农、林、牧、渔业的劳动者,以及乡和乡以下所办企业中不直接从事农业的人口。(2)国营的农、林、牧、渔、园艺场,拖拉机站在编的行政管理人员,文教卫生、财贸、邮电等人员,以及附属的独立核算的工业企业中常年不从事农业生产的国家职工,统计为非农业人口;这些单位的其他人员,都统计为农业人口。(3)住在农村由职工、军人抚养的家属、退休职工等国家定量粮的统计为农业人口。(4)农业与非农业之间不好区分的,一般统计为农业人口。

【性别比】 男性人数与女性人数之比(女=100)。

$$性别比=\frac{男性人数}{女性人数}\times100\%$$

【年平均人口数】 指一年之中各个时点的平均生存人数。

$$年平均人口数=\frac{年初人口数+年末人口数}{2}$$

【出生人数】 指在一定时期内(通常为一年内)出生有生命现象(即有心跳和呼吸)婴儿数的总和。

【出生率】 指某个地区一定时期内的出生人数与同期平均人数之比。

$$出生率=\frac{年出生人数}{年平均人数}\times1000‰$$

【死亡率】 指某个地区一定时期内的死亡人数与同期平均人数之比。

$$死亡率=\frac{年死亡人数}{年平均人数}\times1000‰$$

【人口自然增长率】 在一定时期内(通常为一年)人口自然增加数(出生人数减死亡人数)占该时期内平均人数之比,一般用千分率表示。

$$人口自然增长率=\frac{本年出生人数-本年死亡人数}{年平均人数}\times1000‰$$

【单位从业人员】 包括在本单位上作的在岗职工和其他从业人员两部分。不包括不在岗职工,其他从业人员包括返聘的离退休人员和雇用的港、澳、台、外籍人员;不能将过去的计划外用工及临时工统计到其他从业人员中。

【在岗职工】 是指在单位工作,以工资为生活费主要来源的从业人员。不包括下列人员:(1)乡镇企业从业人员。(2)私营企业从业人员。(3)城镇个体劳动者。(4)离休、退休、退职人员。(5)再就业的离体、退休人员。(6)社区公益岗位就业人员和其它灵活就业形式就业人员等。

【其他从业人员】 是指在城镇单位中返聘的离退休人员、聘用的外方人员和港澳台人员、兼职人员、第二职业者以及使用的外单位下岗职工。

【长期职工】 用工期限在一年以上(含满一年)的职工。包括原固定职工(含新录用的大中专毕业生、复员转业军人),签订超过一年期限合同的合同制职工,使用期限超过一年的临时工以及国有单位使用的城镇集体所有制单位人员和其他使用期限在一年以上的原计划外用工。

【离开本单位仍保留劳动关系的职工】 指由于用人单位的生产和经营状况等原因,已离开本人的生产或工作岗位,并已不在本单位从事其他任何工作,在社会上没有再就业,但仍与用人单位保留劳动关系的职工,包括停薪留职、下岗、内退等。

【从业人员劳动报酬】 指各单位在一定时期内直接支付给本单位全部从业人员的劳动报酬总额。包括在岗职工工资总额和其他从业人员劳动报酬两部分。

【在岗职工工资总额】 指各单位在一定时期内直接支付给本单位全部职工的劳动报酬总额,反映了一定时期职工从单位得到全部工资,是计算地区生产总值的基础性指标,也是研究劳动者收人状况和居民购买力的主要依据。工资总额包括计时工资(含计时标准工资)、计件工资、奖金、计件超额工资、各种津贴和补贴、加班加点工资、特殊情况下支付的工资(其他工资)及过年过节费等。

【在岗职工平均工资】 指企业、事业、机关单位的在岗职工在一定时期内平均每人所得的货币工资额。它表明在岗职工工资收入的高低程度,是反映在岗职工工资水平的主要指标。

$$在岗职工平均工资=\frac{报告期实际支付的在岗职工工资总额}{报告期在岗职工平均人数}$$

三、农　业

3—1 主要年份农林牧渔业总产值

（按当年价格计算）

单位:万元

年份	农、林、牧渔业总产值	农业	# 种植业	林业	牧业	渔业
1949	1878	1594	1513	9	265	11
1950	2422	2022	1939	11	378	11
1951	3570	3065	2962	17	475	13
1952	3044	2616	2517	19	397	12
1953	3342	2901	2784	27	402	12
1954	3435	3029	2886	23	371	13
1955	4154	3711	3549	29	401	13
1956	4107	3701	3487	48	345	13
1957	3658	3220	3049	49	376	13
1958	4197	3742	3570	76	366	13
1959	4196	3678	3487	83	419	17
1960	3329	2784	2586	115	412	18
1961	3780	3160	2946	108	492	20
1962	3667	3035	2874	108	513	12
1963	5087	4171	3962	239	661	16
1964	4952	3961	3766	246	728	17
1965	6347	5075	4803	404	850	21
1966	7293	5853	5550	506	915	19
1967	6338	5122	4831	352	846	18
1968	6043	4757	4476	409	860	17
1969	7061	5761	5436	412	873	16
1970	8167	6240	5898	840	1068	18
1971	10117	7651	7232	183	2262	20
1972	10390	7159	6695	195	2897	16
1973	12292	8987	8716	245	2917	4
1974	10957	9527	9253	126	1146	4
1975	11579	9802	9529	178	1433	7
1976	9872	7946	7686	170	1593	9
1977	10979	9240	8773	190	1376	5

3—1 续表 单位:万元

年份	农、林、牧渔业总产值	农业	# 种植业	林业	牧业	渔业
1978	12931	11149	10382	272	1504	6
1979	14735	12464	11102	430	1835	6
1980	17428	15446	15041	435	1532	15
1981	22347	19655	18098	446	2214	32
1982	27746	24721	23168	544	2428	53
1983	29844	26291	24529	855	2589	109
1984	32730	27116	26868	1598	3816	200
1985	34486	26068	25379	1606	6458	354
1986	40376	31413	30729	1104	7238	621
1987	47899	37709	36749	955	8095	1140
1988	62901	45291	44079	1290	14344	1976
1989	70137	53103	51638	1581	12840	2613
1990	79146	55864	55471	4245	15706	3331
1991	84975	61169	60275	5104	15315	3387
1992	88628	62770	61559	3995	17458	4405
1993	95826	68064	66106	1003	21342	5417
1994	136904	96774	93243	974	32398	6758
1995	184665	126159	123673	1167	49168	8171
1996	207459	144688	141700	1088	53255	8428
1997	229701	157343	154171	1166	61927	9265
1998	240193	166193	162779	1149	62415	10436
1999	232177	153460	150435	4182	64212	10323
2000	234643	148279	147025	4450	69435	12479
2001	248946	149497	147110	4271	80762	14416
2002	253094	149833	148000	4351	83030	15880
2003	251400	141388	141250	7087	85826	17099
2004	310885	184096	184096	4596	97939	24254
2005	350995	208512	208512	5148	101516	27063
2006	388734	238321	238321	4984	104641	29005
2007	449199	278391	278391	6941	115735	22794
2008	553292	332569	332569	8935	151560	32474

3—2 主要年份农林牧渔业总产值指数

（按可比价格计算，以上年为100）

年份	农、林、牧渔业总产值	农业	林业	牧业	渔业
1950	106.02	103.53	80.00	119.92	100.00
1951	135.96	138.94	214.02	122.76	267.53
1952	110.40	110.94	165.15	106.49	77.16
1953	110.79	112.21	174.70	101.34	105.78
1954	109.31	111.01	100.74	99.95	57.67
1955	114.27	116.19	124.11	101.54	123.20
1956	104.82	104.29	298.45	89.20	240.46
1957	85.98	83.44	93.51	104.57	31.33
1958	118.33	118.93	166.81	100.52	178.40
1959	100.77	97.36	128.30	113.45	76.91
1960	80.83	74.48	127.70	97.34	99.53
1961	92.77	95.81	59.33	101.35	46.46
1962	119.52	117.53	130.59	127.64	220.11
1963	143.61	137.77	236.47	129.43	181.08
1964	98.30	94.88	104.69	109.95	44.27
1965	134.25	131.15	171.75	118.63	164.05
1966	109.70	110.11	114.10	103.23	66.43
1967	92.32	94.50	79.13	97.73	69.35
1968	95.73	90.89	113.85	101.17	143.88
1969	105.72	112.64	88.03	95.58	77.32
1970	103.87	93.90	153.64	103.73	174.52
1971	97.28	105.12	21.13	178.35	13.75
1972	101.00	93.25	108.01	121.43	511.21
1973	106.36	114.97	105.12	88.93	97.32
1974	784.53	125.76	63.91	51.75	60.79
1975	13.78	100.51	137.72	119.42	215.50
1976	78.90	74.27	87.86	101.98	63.80
1977	116.21	122.58	116.90	90.57	133.05

3—2 续表

年份	农、林、牧渔业总产值	农业	林业	牧业	渔业
1978	110.58	111.52	138.32	100.18	100.00
1979	99.26	97.50	111.43	103.93	104.76
1980	112.93	118.37	87.34	95.03	118.18
1981	107.86	108.44	102.03	105.98	207.69
1982	118.48	117.91	143.50	109.10	229.63
1983	106.38	104.15	125.59	111.48	129.03
1984	114.62	108.70	158.37	125.12	200.63
1985	103.77	99.63	91.08	140.84	154.21
1986	105.87	108.49	73.71	111.01	149.29
1987	101.17	101.73	80.81	102.99	159.95
1988	108.88	109.83	85.32	107.06	158.46
1989	105.26	106.13	98.55	97.77	139.99
1990	106.27	96.15	223.13	124.97	119.37
1991	104.64	102.96	130.64	98.66	108.18
1992	96.80	97.39	68.96	106.92	115.65
1993	100.87	104.70	16.38	116.32	113.71
1994	106.55	104.60	80.62	113.19	111.99
1995	109.34	103.43	105.65	127.46	111.13
1996	109.96	109.52	96.93	112.37	104.60
1997	108.67	108.32	114.67	109.27	109.02
1998	107.11	104.84	109.83	110.75	116.39
1999	104.40	100.60	203.17	105.62	127.71
2000	106.25	103.51	115.14	110.62	110.69
2001	105.02	102.25	92.23	110.25	109.73
2002	102.65	99.33	109.03	106.03	113.43
2003	96.82	93.76	171.67	95.78	107.53
2004	109.63	112.85	79.11	103.56	121.01
2005	105.50	107.20	112.00	102.68	104.85
2006	108.40	110.22	207.69	102.86	108.85
2007	107.52	114.30	96.81	103.08	107.18
2008	108.67	109.67	118.09	102.60	120.04

3—3　主要年份农林牧渔业总产值指数

（按可比价格计算，以 1952 年为 100）

年份	农、林、牧渔业总产值	农业	林业	牧业	渔业
1953	110.79	112.21	174.35	101.35	87.65
1954	121.10	124.56	175.64	101.30	100.00
1955	138.38	144.73	217.99	102.86	103.70
1956	145.05	150.94	650.58	91.75	108.64
1957	124.71	125.94	608.34	95.94	108.64
1958	147.57	149.78	1014.79	96.44	108.64
1959	148.72	145.84	1301.95	109.41	136.25
1960	120.21	108.62	1662.58	106.50	139.96
1961	111.52	104.07	986.37	107.94	131.32
1962	133.29	122.31	1288.06	137.78	88.56
1963	191.42	168.51	3045.87	178.33	127.61
1964	188.16	159.88	3188.82	196.07	127.61
1965	252.62	209.67	5476.66	232.60	164.65
1966	277.13	230.86	6248.62	240.12	161.73
1967	255.85	218.16	4944.46	234.66	149.38
1968	244.91	198.30	5629.14	237.40	137.04
1969	258.92	223.36	4955.39	226.89	137.04
1970	268.93	209.74	7613.22	235.35	128.40
1971	261.61	220.48	1608.62	419.73	108.64
1972	264.23	205.59	1737.54	509.69	75.31
1973	281.03	236.37	1826.51	453.29	16.34
1974	2204.75	297.26	1167.28	234.59	16.93
1975	303.79	298.78	1607.62	280.15	34.50
1976	239.68	221.90	1412.49	285.69	46.26
1977	278.52	272.00	1651.26	258.76	25.86

3—3 续表

年份	农、林、牧渔业总产值	农业	林业	牧业	渔业
1978	320.48	307.94	2851.76	276.86	25.93
1979	318.11	300.25	3177.65	287.74	27.16
1980	359.24	355.42	2775.29	273.44	32.10
1981	387.47	385.44	2831.76	289.78	66.67
1982	459.08	454.45	4063.53	316.17	153.09
1983	488.36	473.29	5103.53	352.46	197.53
1984	559.76	514.47	8082.35	440.99	396.30
1985	580.84	512.59	7361.18	621.09	611.11
1986	614.96	556.09	5425.88	689.48	912.35
1987	622.13	565.69	4384.71	710.10	1459.26
1988	677.37	621.29	3741.18	760.22	2312.35
1989	713.02	659.37	3687.06	743.27	3237.04
1990	757.75	633.97	8227.06	928.85	3864.20
1991	792.87	652.72	10748.24	916.41	4180.25
1992	767.49	635.65	7411.76	979.81	4834.57
1993	774.18	665.50	1214.12	1139.72	5497.53
1994	824.91	696.09	978.82	1290.02	6156.79
1995	901.98	719.93	1034.12	1644.23	6841.98
1996	991.83	788.45	1002.35	1847.66	7156.79
1997	1077.80	854.08	1149.41	2018.93	7802.47
1998	1154.48	895.44	1262.35	2236.06	9081.48
1999	1205.33	900.80	2564.71	2361.66	11597.53
2000	1280.62	932.45	2952.94	2612.50	12837.04
2001	1344.93	953.46	2723.53	2880.17	14086.42
2002	1380.61	947.08	2969.41	3053.97	15977.78
2003	1336.77	888.03	5097.65	2925.00	17181.48
2004	1465.66	1002.10	4032.94	3029.03	20791.36
2005	1546.17	1074.25	4517.00	3110.20	21799.74
2006	1676.04	1184.04	9381.36	3199.15	23729.02
2007	1802.08	1353.36	9082.09	3297.68	25432.76
2008	1958.32	1484.23	10725.04	3383.42	30529.48

3—4 主要年份农民生活情况及主要农产品产量

年份	农民人均纯收入（元）	农村居民人均生活消费支出（元）	农民人均生活用房（m^2）	粮食产量（吨）	肉类产量（吨）	牛奶产量（吨）	禽蛋产量（吨）	蔬菜产量（吨）	水果产量（吨）	水产品产量（吨）
1978	131	103	10.19	310876	2678	2216			8516	97
1979	157	116	11.00	284150	2916	984			10174	101
1980	201	155	11.81	342624	3724	2739			8070	113
1981	298	191	12.61	397025	4281	2838			10110	188
1982	442	273	13.43	442365	4097	3500			9413	296
1983	447	276	14.24	462195	5473	4157			9339	466
1984	478	304	15.05	484005	4666	5651			12925	747
1985	488	380	15.88	429065	6203	8081			15551	1214
1986	573	457	16.36	480097	11070	11255	5741		15967	1824
1987	658	536	16.85	472011	10794	13432	5512		19031	2898
1988	727	576	17.34	514213	12560	15917	5769		19761	4647
1989	859	727	18.22	540498	13133	18947	6361		25382	6525
1990	934	765	18.28	589904	12926	24057	6516	282312	22273	7280
1991	971	765	19.02	612797	17014	29269	6215	273444	9417	7955
1992	977	785	19.27	578382	19108	35835	6755	249556	27050	9166
1993	1016	914	20.13	602581	20654	38438	7118	269711	31900	10419
1994	1336	1109	20.11	659909	23188	48050	9030	270407	28262	11738
1995	1683	1449	19.75	685534	30364	62858	11407	336380	41670	12813
1996	2212	1849	22.03	779537	34242	74558	13148	370634	46293	13602
1997	2578	2147	24.09	815924	35986	77501	14880	390504	56042	15195
1998	2811	1945	25.27	885305	41338	71216	17667	431349	46115	17182
1999	2657	1948	26.41	914116	45645	73415	17761	430633	62880	22044
2000	2712	1886	27.26	823967	46516	78903	19975	572113	62312	25823
2001	2858	2009	27.19	847511	52763	104822	21059	510440	76658	33337
2002	2932	1902	27.27	844114	54777	113842	21303	520652	64343	31326
2003	2984	2224	28.40	684527	58795	140134	20674	562710	86525	32833
2004	3324	2510	28.56	801508	52597	165329	11203	526949	92303	37615
2005	3493	2836	31.17	834345	51623	213294	11340	573445	113285	39405
2006	3800	2902	33.94	879841	50202	222775	9347	685197	111457	42961
2007	4303	3576	35.48	827505	39295	275678	14759	778551	123543	33734
2008	4917	4119	35.76	886219	42973	335385	14454	994344	165343	46833

3—5 农林牧渔业总产值

（2008 年）　　单位：万元

	银川市	兴庆区	金凤区	西夏区	永宁县	贺兰县	灵武市
农林牧渔业总产值	**553292**	**83873**	**42626**	**57730**	**129932**	**140226**	**98905**
农业产值	**332569**	**38923**	**17475**	**41355**	**85979**	**95278**	**53558**
谷物及其他作物	172605	13893	7555	19698	44814	48606	38039
谷物	168906	13590	7498	19159	44318	47759	36581
# 小麦	34541	1303	1109	2271	10986	12223	6649
稻谷	75571	10401	3060	6918	14528	21168	19496
玉米	58480	1864	3329	9970	18785	14096	10437
油料	2739	304	13	517	73	825	1007
# 花生	106					106	
胡麻	6					6	
向日葵		304	13	517			
豆类	745				381		364
# 大豆	677				300	13	364
糖类	11			11			
其它农作物	204	10	44		41	22	86
# 饲料作物	191	10	44		41	22	74
蔬菜园艺作物	98465	20559	8128	7493	14483	41688	6114
蔬菜（含菜用瓜）	95689	17937	8128	7493	14369	41647	6114
花卉	1158	1006			114	38	
其他园艺作物	86	86					
水果、坚果（含果用瓜）	41510	4471	1516	3899	18370	4121	9133
# 苹果	7039	890	47	1113	1439	573	2978
梨	1136	12	20	121	218	93	673
西瓜	6478	187	46	10	1611	2498	2125
中药材	20018		276	10265	8329	877	272
林业产值	**8935**	**384**	**435**	**601**	**1567**	**750**	**5198**
林木的培育和种植	8824	384	435	601	1567	750	5087
育苗、育种	822	21	17	58	505	36	184
造林	2879	108	285	384	563	381	1159
抚育与管理	5123	254	134	159	499	333	3744
牧业产值	**151560**	**37543**	**13615**	**11178**	**31949**	**22738**	**34538**
牲畜饲养	106333	29985	11520	8648	18042	14299	23840
牛的饲养	19150	2131	1034	1272	5622	5723	3369
羊的饲养	10912	457	380	448	2359	2239	5029
其他牲畜饲养	375	18	23	2.4	238	94	
奶产品	74225	27273	10066	6844	9657	6002	14385
# 牛奶	74225	27273	10066	6844	9657	6002	14385
毛绒产品	1670	106	17	83	165	243	1057
# 羊毛	633	76	17	54	126	126	235
羊绒	1037	29		29	39	117	822
猪的饲养	25986	1362	1197	1192	7962	5559	8714
肉猪	25986	1362	1197	1192	7962	5559	8714
家禽饲养	19079	6190	899	1260	5894	2851	1985
肉禽	9865	4574	16	30	2260	1623	1363
禽蛋	9214	1616	883	1230	3634	1229	623
其它畜牧业	162	6		77	50	28	
# 蚕茧	72			77			
兔	51	6		1	35	10	
渔业产值	**32474**	**2247**	**3795**	**1274**	**6664**	**17211**	**1284**
内陆水域水产品	32474	2247	3795	1274	6664	17211	1284
鱼类	32472	2247	3795	1274	6664	17209	1284
虾蟹类	2					2	
农林牧渔服务业	**27755**	**5676**	**6406**	**3323**	**3773**	**4250**	**4328**

3—6 农林牧渔业增加值

（2008 年）

单位:万元

	银川市	兴庆区	金凤区	西夏区	永宁县	贺兰县	灵武市
总产值	**553292**	**83873**	**42626**	**57730**	**129932**	**140226**	**98905**
农业产值	332569	38923	17475	41355	85979	95278	53558
林业产值	8935	384	435	601	1567	750	5198
牧业产值	151560	37543	13615	11178	31949	22738	34538
渔业产值	32474	2247	3795	1274	6664	17211	1284
农林牧渔服务业产值	27755	5676	6406	3323	3773	4250	4328
中间消耗	**253172**	**47392**	**22851**	**11557**	**58909**	**65626**	**46837**
农业中间消耗	128567	17809	8771	7421	33529	39517	21520
林业中间消耗	5716	304	316	281	1023	479	3313
牧业中间消耗	88447	26065	9623	652	19013	13406	19688
渔业中间消耗	19949	1769	1651	1114	3988	10679	748
农林牧渔服务业中间消耗	9954	2345	1591	1549	1356	1546	1568
增加值	**300120**	**36481**	**19775**	**46173**	**71023**	**74600**	**52068**
农业增加值	204002	21114	8705	33934	52450	55761	32038
林业增加值	3219	81	119	320	544	271	1885
牧业增加值	63113	11478	3992	10526	12936	9332	14850
渔业增加值	12525	478	2144	159.2	2676	6532	536
农林牧渔服务业增加值	17801	3331	4815	1774	2417	2704	2760

3—7 农业基本情况及从业人员

(2008 年)

	单位	合计	兴庆区	金凤区	西夏区	永宁县	贺兰县	灵武市
农村基层组织情况								
乡镇个数	个	27	4	2	2	6	5	8
# 镇个数	个	21	2	2	2	5	4	6
村民委员会个数	个	271	32	19	16	69	59	76
农村社会基础设施								
自来水受益村数	个	171	31	18	12	25	29	56
通汽车村数	个	271	32	19	16	69	59	76
通电话村数	个	271	32	19	16	69	59	76
乡村人口与从业人员								
乡村户数	户	156011	17680	13590	8333	42909	37546	35953
乡村人口数	人	613289	62805	50762	37487	169883	138394	153958
乡村劳动力资源数	人	373908	42031	28999	18934	103681	91439	88824
# 劳动年龄内	人	345678	33676	28593	18934	91519	87692	85264
乡村从业人员数合计	人	343327	37764	28593	18934	94672	84061	79303
# 劳动年龄内	人	317339	32670	28593	18934	80310	79666	77166
男	人	177347	19667	14696	10665	48120	42912	41287
女	人	165980	18097	13897	8269	46552	41149	38016
农林牧渔业从业人员	人	219434	27440	21538	12391	58336	59312	40417
工业从业人员	人	28041	1178	1614	1545	9273	3785	10646
建筑业从业人员	人	36850	1564	2332	2786	10736	7401	12031
交运仓储和邮电业从业人员	人	18638	1618	1272	355	4067	5443	5883
批发与零售业从业人员	人	8502	1589	122	111	2947	440	3293
信息传输、计算机服务和软件业	人	7903	173	782	890	305	3958	1795
住宿和餐饮业从业人员	人	10154	624	361	583	3694	2749	2143
其他行业从业人员	人	13805	3578	572	273	5314	973	3095

3—8 耕地变动情况

(2008 年)

单位:公顷

	银川市	兴庆区	金凤区	西夏区	永宁县	贺兰县	灵武市
年初耕地总资源	**129226**	**11049**	**6291**	**17501**	**32329**	**38018**	**24038**
年内增加	3178	272	101	1694	689	337	85
# 新开荒面积	2561		77	1624	689	156	15
园地改为耕地	84		24	60			
当年减少	1554	187	332	139	517	333	46
# 国家基建占地	701	103	332	69		162	35
其他基建占地	160	84		50		21	5
耕地改为园地	542			20	517		5
年末耕地总资源	**130850**	**11134**	**6060**	**19056**	**32501**	**38022**	**24077**
常用耕地面积	130148	11134	6060	18354	32501	38022	24077
# 水田	103600	9118	4005	13620	27252	27334	22271
水浇地	26541	2016	2055	4727	5249	10688	1806
临时性耕地	702			702			

3—9 农业机械化情况

（2008 年）

	单位	银川市	兴庆区	金凤区	西夏区	永宁县	贺兰县	灵武市
农用机械总动力合计	**千瓦**	**1539387**	**117928**	**110201**	**149229**	**354650**	**391020**	**416359**
柴油发动机动力	千瓦	1339203	110363	102516	131654	300823	330930	362917
汽油发动机动力	千瓦	1806	38	33	403		736	596
电动机动力	千瓦	198378	7527	7652	17172	53827	59354	52846
主要农业机械与设备								
大中型拖拉机（数量）	台	4777	227	331	588	1457	1731	443
大中型拖拉机（动力）	千瓦	132375	5129	7277	19334	33070	47317	20248
小型拖拉机（数量）	台	49213	4203	3226	2523	11813	19048	8400
小型拖拉机（动力）	千瓦	558101	46829	33856	29612	157656	198989	91159
大中型拖拉机配套农具	台	6708	403	398	1079	1812	2121	895
小型拖拉机配套农具	台	61225	6428	3928	4388	16162	20139	10180
农用排灌电动机（数量）	台	4428	631	463	763	716	1043	812
农用排灌电动机（动力）	千瓦	84997	4023	3909	8723	41676	10388	16278
农用排灌柴油机（数量）	台	879	139	21	42	102	322	253
农用排灌柴油机（动力）	千瓦	13863	1251	270	641	3648	2864	5189
联合收割机（数量）	台	1382	107	96	95	244	569	271
联合收割机（动力）	千瓦	46844	4337	3470	3634	7080	17807	10516
自走式机动割晒机（数量）	台	516					516	
自走式机动割晒机（动力）	千瓦	903					903	
机动脱粒机（数量）	台	3028	439	185	59		1091	1254
农用运输车（包括四轮和三轮机动车）（数量）	辆	23281	1448	1769	2092	5859	2943	9170
农用运输车（动力）	千瓦	508641	48314	52003	50174	98139	55882	204129
机电井	眼	1771	3	68	433	459	808	
节水灌溉机械	套	3102		3000	51	38	5	8
农用水泵	台	4871	770	418	778	841	1196	868

3—10 农业主要能源物资消耗及农用水利建设情况

（2008 年）

	单位	银川市	兴庆区	金凤区	西夏区	永宁县	贺兰县	灵武市
农村用电量	万千瓦小时	24542	3206	1665	3892	5765	3922	6092
# 农林牧渔业生产用电量	万千瓦小时	12131	1145	730	1745	4406	1904	2201
农用化肥施用量（实物量）	吨	242397	25601	19034	40371	55047	65731	36613
氮肥	吨	149829	16377	12345	21564	38488	43044	18011
# 尿素	吨	69319	7603	3012	9767	19469	21024	8444
磷肥	吨	43927	5464	3713	10122	4914	11365	8349
钾肥	吨	8866	648	369	1842	2409	1543	2055
复合肥	吨	39775	3112	2607	6843	9236	9779	8198
# 磷酸二氨	吨	27932	2690	1366	4644	6672	7666	4894
农用塑料薄膜使用量	公斤	2019002	464673	56300	154255	649696	544862	149216
# 地膜使用量	公斤	758290	136699	40083	31912	151234	337473	60889
地膜覆盖面积	公顷	16649	1672	2625	1492	2636	6151	2073
农用柴油使用量	吨	36215	4203	1894	4787	7255	9674	8402
农药使用量	公斤	870087	50078	34752	226126	199555	225374	134202
农用机油使用量	公斤	247331	9787	6843	37535	84392	38314	70460
农业生产用煤	吨	7821	2235	162	2332	1710	876	506
小农具购置	万元	974.1	119	16	115.2	618	15.5	90.4
有效灌溉面积	公顷	130141	11134	6060	18347	32501	38022	24077
# 当年实灌	公顷	126408	11134	6060	14614	32501	38022	24077
旱涝保收面积	公顷	123066	9801	6060	14421	32501	38022	22261
机电排灌面积	公顷	17155	1353	547	4684	2180	4634	3757
井窖个数	个	568						568
机械耕地面积	公顷	117964	10628	5607	15215	25484	37158	23872
机械播种面积	公顷	103710	10453	5177	14459	25484	30541	17596
机械收获面积	公顷	86538	9536	4442	9056	18292	25814	19398

3—11　农业主要产品生产情况

（2008 年）

	银川市		兴庆区		金凤区		西夏区	
	播种面积（公顷）	产量（吨）	播种面积（公顷）	产量（吨）	播种面积（公顷）	产量（吨）	播种面积（公顷）	产量（吨）
农作物总播种面积	**164063**		**14473**		**8518**		**18090**	
粮食作物	127958	886219	9607	69700	5832	40774	13325	106165
夏收粮食	31524	153648	1339	5952	1255	5065	1886	10519
谷物	31514	153627	1339	5952	1255	5065	1886	10519
小麦	31134	151389	1339	5952	1255	5065	1862	10371
# 硬粒小麦	307	2342					307	2342
软粒小麦	993	4382					993	4382
冬小麦	1613	9472					488	3832
春小麦	29521	141917	1339	5952	1255	5065	1374	6539
其它谷物	380	2238					24	148
# 大麦	380	2238					24	148
豆类	10	21						
# 豌豆	10	21						
秋收粮食	96434	732571	8268	63748	4577	35709	11439	95646
谷物	92460	730721	8268	63748	4537	35709	11399	95646
稻谷	44808	374760	6598	52383	1862	15410	4480	34842
# 糯稻	95	795						
玉米	47433	355948	1670	11365	2675	20299	6700	60791
# 套种玉米	10351	71573	995	7130	1490	10260	63	406
谷子	220	13					219	13
豆类	3974	1850			40		40	
# 大豆	3974	1850			40		40	
油料合计	2522	6436	278	675	13	29	461	1149
# 花生	233	463						
油菜籽	88	160						
胡麻籽	6	9						
大麻籽	67	53						
向日葵籽	2128	5751	278	675	13	29	461	1149
甜菜	28	534					28	534
药材	2506	12408					1065	924
# 甘草	404	934					14	74
麻黄	1929	11030					1051	850
胡芦巴	92	160						
蔬菜(含菜用瓜)	23031	997816	4362	213075	2488	104179	1624	89870
瓜果类	3081	135188	169	7557	30	888	3	199
# 西瓜	2824	124571	62	3602	30	888	3	199
甜瓜	154	6844	8	242				
草莓	103	3773	99	3713				
其他作物	4936		57		155		1584	
# 青饲料	3632	32905	57		102		759	
牧草	989	913			53		825	
苇子产量		1018						
采集野生植物(万元)	45							

3—11 续表

	永宁县		贺兰县		灵武市	
	播种面积（公顷）	产量（吨）	播种面积（公顷）	产量（吨）	播种面积（公顷）	产量（吨）
农作物总播种面积	**43713**		**47384**		**31884**	
粮食作物	37294	243600	35285	242133	26616	183847
夏收粮食	11024	51965	10404	51854	5617	28293
谷物	11024	51965	10394	51833	5617	28293
小麦	11001	51820	10061	49888	5617	28293
# 硬粒小麦						
软粒小麦						
冬小麦	39	188	378	1873	708	3579
春小麦	10962	51632	9683	48015	4909	24714
其它谷物	23	145	333	1945		
# 大麦	23	145	333	1945		
豆类			10	21		
# 豌豆			10	21		
秋收粮食	26269	191635	24881	190279	20999	155554
谷物	24154	190699	24713	190247	19389	154672
稻谷	8196	73004	12771	105841	10901	93280
# 糯稻			95	795		
玉米	15958	117695	11942	84406	8488	61392
# 套种玉米			7803	53777		
谷子						
豆类	2116	936	169	32	1610	882
# 大豆	2116	936	169	32	1610	882
油料合计	237	548	801	1808	732	2227
# 花生	76	228	157	235		
油菜籽	88	160				
胡麻籽			6	9		
大麻籽					67	53
向日葵籽	73	160	638	1564	665	2174
甜菜						
药材	1057	10805	24	279	360	400
# 甘草	30	460			360	400
麻黄	878	10180				
胡芦巴	92	160				
蔬菜(含菜用瓜)	3355	160409	9777	369506	1425	60777
瓜果类	950	31072	1331	54211	598	41260
# 西瓜	944	30980	1196	48046	589	40855
甜瓜	2	32	135	6165	9	405
草莓	4	60				
其他作物	820		167		2154	
# 青饲料	709	32905	167		1838	
牧草	111	913				
苇子产量				1018		
采集野生植物(万元)	45					

3—12 蔬菜及特种作物生产情况

（2008 年）

	银川市		兴庆区		金凤区		西夏区	
	播种面积（公顷）	产量（吨）	播种面积（公顷）	产量（吨）	播种面积（公顷）	产量（吨）	播种面积（公顷）	产量（吨）
蔬菜合计	**24350**	**994344**	**5046**	**213075**	**2858**	**104144**	**1909**	**89626**
叶菜类	4971	189737	2103	84240	640	17109	168	9380
# 菠菜	292	6417	20	350	13	351		
芹菜	713	26420	11	40	100	2471	71	3874
大白菜	979	42554	118	8800	88	2448	53	2493
圆白菜	280	9806			109	2650		
油菜	492	15565	101	2400	167	4816	32	2922
瓜菜类	2399	110834	577	27600	379	20011	283	16524
# 黄瓜	1517	66327	453	19600	130	6941	191	13569
块根、块茎类	4700	178880	190	6060	493	14138	257	7609
# 箩卜	535	14087	93	1860	69	1982	113	791
胡箩卜	265	7288	43	1540	35	1005	47	294
茄果菜类	8567	399351	1440	76530	691	41033	938	45033
# 茄子	1824	63089	100	3700	33	1971	510	10799
西红柿	5783	291373	1280	71760	613	36464	316	25393
辣椒	957	36872	60	1070	44	2598	110	8841
葱蒜类	1462	46804	246	4305	134	2251	105	4090
# 大葱	463	16086			58	1021	46	1794
蒜头	86	2713			2	30	33	1144
韭菜	805	26055	138	2370	74	1185	26	1152
菜用豆类	1805	54407	490	12360	108	2705	146	5496
# 四季豆	1120	33721			103	2503	104	4767
豇豆	59	1528			5	155	32	729
水生菜类	400	87			400	87		
# 莲藕	133	60			133	60		
其他蔬菜	46	9727			13	6600	12	1494
食用菌（干鲜混合）		4517		1980		210		
# 香菇（干品）		19						
磨菇（鲜品）		4485		1980		210		
金针菇（鲜品）		13						
特种作物								
花卉种植面积	420		201		169		23	
鲜切花（万枚）		1448		1258				
盆栽观赏植物（万盆）		1276		954				321

3—12 续表

	永宁县		贺兰县		灵武市	
	播种面积（公顷）	产量（吨）	播种面积（公顷）	产量（吨）	播种面积（公顷）	产量（吨）
蔬菜合计	**3335**	**160409**	**9777**	**369472**	**1425**	**57618**
叶菜类	666	30459	1155	36791	239	11758
# 菠菜	42	840	215	4965	2	51
芹菜	192	8640	322	10973	17	422
大白菜	106	4770	449	14515	165	9528
圆白菜	136	6120	23	792	12	244
油菜	32	960	142	4014	18	453
瓜菜类	422	18990	640	23075	98	4634
# 黄瓜	181	6253	484	16200	78	3764
块根、块茎类	612	23345	2824	117526	324	10202
# 箩卜	95	3325	122	4514	43	1615
胡箩卜	66	1980	24	913	50	1556
茄果菜类	1079	59985	3776	150166	643	26604
# 茄子	552	24840	475	14272	154	7507
西红柿	396	22275	2954	126260	224	9221
辣椒	131	4853	347	9634	265	9876
葱蒜类	164	7345	740	25908	73	2905
# 大葱	45	2025	313	11226	1	20
蒜头	7	280	44	1259		
韭菜	112	5040	383	13423	72	2885
菜用豆类	371	17062	642	15365	48	1419
# 四季豆	289	11590	624	14861		
豇豆	3	120	18	504	1	20
水生菜类						
# 莲藕						
其他蔬菜	21	1633				
食用菌（干鲜混合）		1590		641		96
# 香菇（干品）				19		
磨菇（鲜品）		1590		609		96
金针菇（鲜品）				13		
特种作物						
花卉种植面积	24		3			
鲜切花（万枚）		142		48		
盆栽观赏植物（万盆）				1		

3—13 水果、枸杞生产情况

（2008 年）

	单位	银川市	兴庆区	金凤区	西夏区	永宁县	贺兰县	灵武市
园林水果面积合计	**公顷**	**17895**	**728**	**768**	**2273**	**7391**	**1055**	**5680**
# 新增水果面积	公顷	3573	116	170	316	2135	89	747
水果产量合计	**吨**	**165343**	**11498**	**5479**	**21857**	**74314**	**8630**	**43565**
苹果面积	公顷	4591	355	38	1022	924	705	1547
# 新增苹果面积	公顷	709	2		293	127	9	278
苹果产量	吨	74096	9366	497	11713	15143	6032	31345
# 红富士苹果	吨	28174	3770	218	3514	2778	3695	14199
国光苹果	吨	9703	220		1725	3532	991	3235
梨面积	公顷	446	5	13	90	100	42	196
梨产量	吨	8351	88	148	887	1600	681	4947
# 雪花梨	吨	285				176	20	89
鸭梨	吨	372		45	99	157	19	52
葡萄面积	公顷	7195	171	697	756	5308	100	163
葡萄产量	吨	60017	582	4769	8514	43315	1100	1737
# 酿造用葡萄产量	吨	21972		3078	6140	12660	94	
枣面积	公顷	4456	109	19	353	345	156	3474
枣产量	吨	4060	19	46	588	300	81	3026
桃面积	公顷	721	5	1	20	514	24	157
桃产量	吨	14425	82	19	107	12850	627	740
杏面积	公顷	148			22	89	2	35
杏产量	吨	791			1	489	11	290
其它水果面积	公顷	338	83		10	111	26	108
其它水果产量	吨	3603	1361		47	617	98	1480
枸杞面积合计	公顷	2752		99	2090	390	173	
# 新增	公顷	458			413		45	
结果面积	公顷	2275		95	1662	390	128	
产量合计	吨	6744		128	4574	1700	342	
补充资料:桑园面积	公顷	80			80			
桑叶产量	吨	2142			2142			

3—14 林业生产情况

（2008 年）

	单位	银川市	兴庆区	金凤区	西夏区	永宁县	贺兰县	灵武市
当年造林面积合计	公顷	12192	325	854	1152	2524	1218	4896
造林面积中经果林面积	公顷	3607	34			1619	233	328
按造林方式分								
当年人工造林面积	公顷	12192	325	854	1152	2524	1218	4896
按用途分								
经济林	公顷	3607	67		807	1619	233	328
防护林	公顷	8585	258	854	345	905	985	4568
迹地更新面积	公顷	6			6			
# 人工更新面积	公顷	6			6			
封山育林面积	公顷	54440	4933		13733	3100		27400
# 本年新封面积	公顷	2141	166			1067		667
零星(四旁)植树	百株	2433	987	487	7227		518	1375
育苗面积	公顷	1291	124	101	341	322	69	473
# 本年新育	公顷	599	16	67	17	255	33	224
当年苗木产量	百株	1019527	2100	315	41298	71200	9300	79486
幼林抚育作业面积	公顷	65810	3966	1839	2622	3015	6242	47136
成林抚育面积	公顷	74001	2302	1526	1261	13429	1759	51395
主要林产品产量								
核桃产量	吨	3			3			
竹木采伐								
木材	立方米	2313						2313
# 村及村以下	立方米	231						231

3—15 渔业生产情况

（2008 年）

	单位	银川市	兴庆区	金凤区	西夏区	永宁县	贺兰县	灵武市
水产品总产量	**吨**	**46833**	**4189**	**6944**	**2169**	**7840**	**21512**	**1510**
内陆水域捕捞	吨	844				5	41	
鱼类	吨	844				5	41	
# 黄河鲤鱼	吨	185				3	20	
内陆水域养殖	吨	45989	4189	6944	2169	7835	21471	1510
鱼类	吨	45988	4189	6944	2169	7835	21470	1510
# 鲤鱼	吨	24525	2420	4553	1402	4527	10898	462
鲢鱼	吨	5633	459	570	150	1547	2656	151
鲫鱼	吨	3267	547	869	306	556	819	61
草鱼	吨	10556	759	853	248	1052	6422	798
团头鲂	吨	959		94		153	674	38
虾蟹类	吨	1					1	
内陆水域养殖面积	**公顷**	**11097**	**1484**	**2075**	**605**	**966**	**5400**	**609**
池塘养殖	公顷	5953	748	518	605	845	2559	458
湖泊养殖	公顷	5084	736	1557		121	2841	91
河沟养殖	公顷	40						40
水库养殖	公顷	20						20

3—16 畜牧业生产情况

（2008年）

	单位	银川市	兴庆区	金凤区	西夏区	永宁县	贺兰县	灵武市
年末大牲畜总头数	**头**	**205712**	**37342**	**23726**	**31897**	**49181**	**31046**	**32520**
牛	头	198760	36973	23192	31590	45209	29480	32316
良种及改良种乳牛(奶牛)	头	111948	29296	14091	20185	17078	10386	20912
# 能繁殖的母乳牛	头	78736	19728	10539	14606	10861	7506	15496
当年生仔乳牛	头	32462	4733	6635	6991	5043	1731	7329
肉用牛	头	86812	7677	9101	11405	28131	19094	11404
# 能繁殖的母牛	头	45569	5537	5897	4248	15911	9478	4498
当年生仔牛	头	20519	2056	2435	1722	7933	3972	2401
马	匹	1167	369	1	207	430	157	3
# 能繁殖的母马	匹	416			48	272	96	
当年生仔马	匹	214			16	176	22	
驴	头	4427		532	70	2728	960	137
# 能繁殖的母驴	头	2720		239	9	1790	658	24
当年生仔驴	头	1155		133	3	843	156	20
骡	头	1358		1	30	814	449	64
# 当年生仔骡	头	211			1	138	72	
年末生猪存栏头数	**头**	**182153**	**10354**	**10601**	**9905**	**52956**	**30966**	**67371**
# 能繁殖的母猪	头	31452	2322	2014	1429	10664	3094	12129
年末羊只存栏数	**只**	**599959**	**40436**	**24487**	**52104**	**125194**	**108691**	**249047**
山羊	只	84779	9679	4242	15092	10757	10723	34286
# 能繁殖的母山羊	只	50849	6216	2808	7777	6289	5832	21927
当年生山羊羔	只	25687	3636	1455	4157	3168	2976	10295
绵羊	只	515180	30757	20245	37012	114437	97968	214761
# 能繁殖的母绵羊	只	303779	14906	9809	16162	60943	59353	138196
当年生绵羊羔	只	161881	8556	5926	7261	29384	26646	84108
# 滩羊	只	2258			1131		2258	
年末家禽数	**百只**	**23730**	**5284**	**3136**	**4111**	**6985**	**3199**	**1742**
# 鸡	百只	21340	4131	2509	4069	6944	2429	1742
# 蛋鸡	百只	14088	2396	2036	1940	5484	1864	887
年末养兔数	只	33310	3184		240	24681	5205	
# 能繁殖的母兔	只	11679				8684	2995	
当年生仔兔	只	12626				8221	4405	
当年出栏数								
大牲畜	头	86319	14388	7138	8475	24100	17151	15067
牛	头	82527	14133	6858	8435	21596	16438	15067
# 黄牛	头	78144	13885	6549	4868	21553	15709	14566
# 购买饲养两个月以上出售的	头	25174	3498	1951	3838	9249	4270	2368
马	匹	413	253		10	123	27	
驴	头	3038		281	29	2168	560	
骡	头	339				213	126	
骆驼	峰	2	2					
猪	头	214630	13557	11906	11863	69564	38867	69260
# 购买饲养两个月以上出售的	头	19093	1518	870	814	7684	7301	906

3—16 续表

	单位	银川市	兴庆区	金凤区	西夏区	永宁县	贺兰县	灵武市
羊(不包括羊羔)	只	513039	36256	22492	27560	120180	86388	220163
# 购买饲养两个月以上出售的	只	217558	3618	11417	5596	66195	37532	88200
山羊	只	42507	4127	4621	5973	10565	7923	9298
绵羊	只	470532	32129	17871	21587	109615	78465	210865
宰杀羊羔	只	39511	3847	3803	1623	11949	9144	9145
# 供宰杀二毛的羊羔	只	2600			924		2600	
家禽	百只	42665	10074	3574	6616	10195	6980	5924
# 鸡	百只	37885	8028	2705	5749	9771	6406	5924
鸭	百只	4619	2046	869	713	417	574	
兔	只	34195	4095		430	23352	6318	
超短期育肥出售牲畜头数								
牛	头	32994				30096	2898	
猪	头	27816			110	22838	4868	
羊	只	153995				147333	6662	
肉类总产量	**吨**	**42973**	**4785**	**3070**	**3555**	**12102**	**7826**	**11635**
猪肉产量	吨	14793	954	955	646	4846	2717	4709
牛肉产量	吨	11839	1443	1289	1497	3094	2365	2151
# 黄牛肉产量	吨	11205	1370	1243	952	3052	2343	2055
羊肉产量(包括羊羔)	吨	8649	715	233	381	2054	1454	3741
# 山羊肉产量	吨	958	79	65	98	228	376	112
绵羊肉产量	吨	7691	636	168	283	1826	1078	3629
禽肉产量	吨	7265	1663	588	977	1782	1221	1034
马肉产量	吨	18			3	12	3	
驴肉产量	吨	257				215	42	
骡肉产量	吨	35				22	13	
兔肉产量	吨	110	28		1	70	11	
其他肉产量	吨	7				7		
奶类产量	**吨**	**335385**	**96328**	**35553**	**24172**	**43953**	**26674**	**63931**
# 牛奶	吨	335385	96328	35553	24169	43953	26674	63931
山羊毛产量	吨	119	29		3	7	15	65
绵羊毛产量	吨	810	99	26	75	176	168	282
# 细羊毛产量	吨	284			7			277
半细羊毛产量	吨	203	7	1	37		168	
山羊绒产量	吨	53			3	2	6	42
鹿茸	公斤	67			35		32	
禽蛋产量	**吨**	**14454**	**2789**	**1524**	**2122**	**5723**	**1916**	**971**
# 鸡蛋产量	吨	14454	2789	1524	1923	5723	1916	971
蚕茧产量	公斤	42340			42340			
# 桑蚕茧产量	公斤	42340			42340			
非耕地当年种草面积	公顷	908				510	398	
# 当年种草	公顷	436				410	26	
捕获野禽野兽	万元	44				44		
特种动物饲养	万元	1323	1	62	130	1130		

主要统计指标解释

【农林牧渔业总产值】　指以货币表现的农、林、牧、渔业全部产品的总量，它反映一定时期内农业生产总规模和总成果。农业总产值的计算方法通常是按农林牧渔业产品及其副产品的产量分别乘以各自单位产品价格求得；少数生产周期较长，当年没有产品或产品产量不易统计的，则采用间接方法匡算其产值；然后将四业产品产值相加即为农业总产值。1957 年以前的农业总产值中包括厩肥和农民自给性手工业（如农民自制衣服、鞋袜，自己从事粮食初步加工等）。1958 年及以后的农业总产值，林业中增加了村及村以下竹木采伐产值；牧业中取消了厩肥产值；副业中取消了农民自给性手工业产值，增加了村及村以下办的工业产值；渔业中增加了海洋捕捞水产品产值。1980 年及以后的农业总产值，在副业中增加了农民家庭兼营工业商品部分的产值。从 1984 年起村及村以上工业产值划归工业。从 1993 年起取消副业，将野生动物的捕猎划入牧业，野生植物采集和农民家庭兼营商品性工业划归农业。从 2005 年起计算农林牧渔服务业产值。

【农林牧渔业增加值】　指报告期内从事农业、林业、牧业、渔业和农林牧渔服务业生产活动的各种单位和农户从事生产活动所提供最终成果的货币表现。

【粮食产量】　指全社会的产量。包括国有经济经营的、集体统一经营的和农民家庭经营的粮食产量，还包括工矿企业办的农场和其他生产单位的产量。粮食除包括稻谷、小麦、玉米、高粱、谷子及其他杂粮外，还包括薯类和豆类。其产量计算方法，豆类按去豆荚后的干豆计算；薯类（包括甘薯和马铃薯，不包括芋头和木薯）1963 年以前按每 4 公斤鲜薯折 1 公斤粮食计算，从 1964 年开始改为按 5 公斤鲜薯折 1 公斤粮食计算。城市郊区作为蔬菜的薯类（如马铃薯等）按鲜品计算，并且不作粮食统计。其他粮食一律按脱粒后的原粮计算。

【油料产量】　指全部油料作物的生产量。包括花生、油菜籽、芝麻、向日葵籽、胡麻籽（亚麻籽）和其他油料，不包括大豆、木本油料和野生油料。花生以带壳干花生计算。

【水产品产量】　指人工养殖的水产品和天然生长的水产品的捕捞量。包括海水的鱼类、虾蟹类、贝类和藻类以及内陆水域的鱼类、虾蟹类和贝类，不包括淡水水生植物。

【猪、牛、羊肉产量】　指当年出栏并已屠宰、除去头蹄下水后带骨肉（即胴体重）的重量。

【期初（末）畜禽存栏头（只）数】　指报告期初（末）农村各种合作经济组织和国营农场、农民个人、机关、团体、学校、工矿企业、部队等单位以及城镇居民饲养的大牲畜、猪、羊、家禽等畜禽的存栏数。

【耕地面积】　指可以用来种植农作物、经常进行耕锄的田地，包括熟地、当年新开荒地、连续撂荒未满三年的耕地和当年休闲地（轮歇地），还包括以种植农作物为主并附带种植桑树、茶树、果树和其他林木的土地，以及沿海、沿湖地区已围垦利用的“海涂”、“湖田”等面积。不包括属于专业性的桑园、茶园、果园、果木苗圃、林地、芦苇地、天然或人工草地面积。

【农作物播种面积】　指实际播种或移植有农作物的面积。凡是实际种植有农作物的面积，不论种植在耕地上还是种植在非耕地上，均包括在农作物播种面积中。在播种季节基本结束后，因遭灾而重新改种和补种的农作物面积，也包括在内。

【有效灌溉面积】　指具有一定的水源，地块比较平整，灌溉工程或设备已经配套，在一般年景下当年能进行正常灌溉的耕地面积。

【农用化肥施用量】　指本年内实际用于农业生产的化肥数量，包括氮肥、磷肥、钾肥和复合肥。化肥施用量要求按折纯量计算数量。折纯量是指把氮肥、磷肥、钾肥分别按含氮、含五氧化二磷、含氧化钾的百分之一百成份进行折算后的数量。复合肥按其所含主要成分折算。

【农业机械总动力】　指主要用于农、林、牧、渔业的各种动力机械的动力总和。包括耕作机械、排灌机械、收获机械、农用运输机械、植物保护机械、牧业机械、林业机械、渔业机械和其他农业机械（内燃机按引擎马力折成瓦（特）计算、电动机按功率折成瓦（特）计算）。不包括专门用于乡、镇、村、组办工业、基本建设、非农业运输、科学试验和教学等非农业生产方面用的动力机械与作业机械。

【农林牧渔业劳动力】　指全社会直接参加农林牧渔业生产活动的劳动力。

【乡村从业人员】　是指乡村人口中 16 岁以上实际参加生产经营活动并取得实物或货币收入的人员，既包括劳动年龄内经常参加劳动的人员，也包括超过劳动年龄实际参加劳动人员。但不包括户口在家的在外学生、现役军人和丧失劳动能力的人，也不包括待业人员和家务劳动者。从业时间为一个农事季节，一般为 2 个月以上的劳动时间。

四、工　业

4—1 主要年份全部工业总产值

单位:万元

年份	工业总产值	工业总产值指数(以上年为100)	工业总产值指数(以1952年为100)	按经济类型分		按轻重工业分		按企业规模分			产品销售收入	利税总额	利润总额
				# 国有	# 股份制	轻工业	重工业	大型企业	中型企业	小型企业			
1949	297		43.6	66		169	128			297			
1950	310	104.3	45.4	64		185	125			310			
1951	453	146.2	66.4	194		339	114			453			
1952	662	150.6	100.0	339		467	195			662			
1953	825	120.1	120.1	503		593	232			825			
1954	917	124.1	149.1	600		652	265			890			
1955	1206	118.1	176.0	864		922	284			1163			
1956	1679	138.5	243.8	1099		1186	493			1604			
1957	2285	132.9	324.2	1565		1863	422			2164			
1958	3167	153.3	497.0	2345		1944	1223			2847			
1959	6765	204.9	1018.5	6126		3865	2900			5908			
1960	9712	136.7	1391.9	8840		5105	4607			8241			
1961	7433	68.8	957.1	6696		4693	2740			6301			
1962	5638	86.7	829.9	4820		4028	1610			4681			
1963	5704	98.6	818.5	4853		4088	1616			4188			
1964	5915	103.8	849.3	4868		4134	1781			4336			
1965	6779	123.7	1050.5	5709		4588	2191			5428			
1966	13766	216.2	2271.5	12538		5372	8394			8166			
1967	15032	90.6	2058.3	13684		5791	9241			9332			
1968	12290	89.9	1850.3	11084		5103	7187			6794			
1969	17953	152.3	2818.4	16445		7185	10768			10453			
1970	25292	144.0	4059.3	23315		9836	15456			13456			
1971	24849	100.4	4076.3	22219		8567	16282			10257			
1972	26973	111.0	4522.7	23793		9325	17648			11921			
1973	28035	108.5	4905.7	24713		9925	18110			12067			
1974	33140	108.4	5320.1	28960		12015	21125			16306			
1975	37507	113.1	6015.2	32086		14708	22799			20186			
1976	34485	95.7	5756.4	28713		14620	19865			19926			
1977	37750	105.6	6081.3	30288		15994	21756			21461			

4—1 续表 单位:万元

年份	工业总产值	工业总产值指数(以上年为100)	工业总产值指数(以1952年为100)	按经济类型分		按轻重工业分		按企业规模分			产品销售收入	利税总额	利润总额
				# 国有	# 股份制	轻工业	重工业	大型企业	中型企业	小型企业			
1978	49750	130.7	8294.2	40562		19609	30141		16905	32845	42091	9325	5681
1979	52665	102.5	8499.0	38952		20153	32512		19169	33496	43043	9693	6416
1980	50576	100.4	8536.5	40939		21794	28782		16818	33758	42957	8870	5314
1981	40537	74.1	6327.7	27597		22618	17919		9448	31089	35640	4001	1187
1982	49769	123.1	7790.5	35395		25607	24162		14018	35751	45053	6609	2921
1983	61723	123.7	9638.3	44428		30196	31527		19031	42692	54068	9561	5321
1984	73500	117.1	11286.1	52327		35397	38103		23539	49961	63487	11735	6816
1985	93215	132.8	14992.4	71703		43202	50013		28736	64479	81292	15352	8504
1986	109090	106.7	16001.0	75233		51099	57991	7484	29507	72099	89511	15971	7908
1987	129119	115.0	18400.7	90007		59760	69359	11969	35340	81810	115190	19616	8777
1988	176466	122.4	22515.2	125938		73827	102639	25593	46651	104222	163440	26489	13155
1989	246317	120.4	27097.7	182655		93009	153308	35118	71390	139809	186970	29735	14247
1990	250241	108.9	29500.0	212169		88364	161877	37215	80762	132264	183729	22744	7641
1991	309257	103.5	30520.7	238074		102155	207102	117109	50039	142109	224755	25145	7120
1992	377891	119.8	36577.8	287885		114139	263752	122335	84395	171161	47571	25563	5418
1993	518930	116.5	42607.0	381182	2809	131830	387100	164527	161566	192837	417825	40393	10905
1994	647702	112.6	47971.1	376879	11488	169864	477838	235998	170081	241623	470561	50662	-703
1995	802370	117.7	56438.3	518764	38729	183733	618637	312861	216678	272831	637133	72479	10699
1996	889899	110.5	62376.3	392668	105954	227465	662434	334177	217877	337845	677803	79435	9377
1997	935361	104.0	64864.5	387160	111202	239869	695492	335349	241466	358546	751831	82231	12180
1998	932899	106.9	69364.7	233733	228741	269598	663301	304840	224244	403815	733525	43901	-14990
1999	995156	107.4	74525.0	240935	307410	315424	679732	310981	234883	449292	776650	37975	-19000
2000	1350836	111.7	83251.2	471680	447330	326300	1024536	712700	225517	412619	937746	49777	-4969
2001	1482460	110.6	92713.5	401728	638451	384120	1098340	827255	239205	416000	1037883	64889	-7307
2002	1679417	115.1	106760.9	392712	931177	406222	1273195	1067647	153157	458613	1128795	85731	11412
2003	1982866	116.3	125553.7	421701	1152754	500897	1481969	681579	731810	569477	1449813	121890	34321
2004	2877823	135.5	170125.3	729690	1719105	636613	2241210	1021355	813391	1043077	2392661	240109	107607
2005	3493447	121.4	206532.1	829826	2015002	906523	2586924	1529342	924734	1039371	3178012	224963	84184
2006	4318730	123.6	255273.7	959420	2627608	1040581	3278149	2048439	952857	1317443	3902884	243522	73093
2007	5289808	122.5	312710.3	1167797	3344637	1241105	4048703	2431750	1439109	1418949	4738217	423298	204231
2008	6412142	121.2	379004.9	1269453	4291828	1446856	4965286	2976139	1744631	1691372	5766846	366078	96540

注:2000年后指标数含宁夏电力公司全区口径;效益指标2000年前为独立核算口径,2000年后(含2000年)为规模以上口径。

4—2 主要年份工业产品产量

年份	合成洗涤剂（万吨）	轮胎外胎（万条）	输送带（万平米）	水泥（万吨）	金属切削机床（台）	小型拖拉机（台）	电力变压器（万千伏安）	平板玻璃（万重量箱）	布（万米）	毛毯（万条）	味精（吨）	糖（吨）	乳制品（吨）
1978	0.27	30.10	8.60	3.13	439	2502	3.50		1171.00	12.23	35		
1979	0.39	32.00	10.90	2.82	437	3300	4.00	3.50	1033.00	13.00			
1980	0.27	29.30	12.36	2.96	385	573	7.33	7.20	1333.40	14.31		5163	
1981	0.14	8.50	5.00	1.84	239	827	3.00	4.70	1080.00	16.10	24	7793	205
1982	0.01	16.20	8.16	3.35	245	2275	2.66	9.10	1121.00	18.00	53	6789	258
1983	0.31	25.60	22.86	5.47	356	468	4.31	12.00	1377.00	20.20	55	14437	308
1984	0.36	29.50	21.50	5.77	406	6594	6.49	16.40	1221.00	20.20	48	14008	527
1985	0.57	34.30	24.30	8.60	400	7606	12.15	17.30	955.60	21.08	55	15600	759
1986	0.60	38.45	28.77	10.09	392	5834	13.88	13.30	1195.00	22.69	87	21000	1068
1987	0.58	57.01	27.23	14.70	417	9492	18.65	5.99	1260.00	31.12	151	15100	1355
1988	0.84	67.08	43.16	28.34	480	11496	19.61	13.20	1247.60	33.13	250	16700	1779
1989	0.93	69.10	60.37	35.11	403	8200	24.73	7.50	1523.40	35.41	423	22500	3292
1990	1.13	63.51	40.52	30.46	289	11941	24.54		1059.50	33.16	433	18300	3128
1991	0.99	75.62	35.55	32.26	228	10907	23.90		1023.18	11.62	393	19000	4033
1992	1.01	103.59	83.34	36.96	337	11845	26.54		1069.67	24.92	420	24700	7404
1993	1.24	123.56	88.81	38.11	386	7900	33.90	36.96	638.87	28.81	500	16000	4811
1994	1.43	144.20	69.54	47.19	1649	9860	25.00	34.10	514.55	13.62	567	10516	4643
1995	1.57	164.95	28.77	51.51	994	15908	25.00	23.16	509.09	12.82	800	11970	4329
1996	1.93	192.24	23.79	59.90	829	12179	30.06	54.95	463.85	13.78	1000	14577	5991
1997	1.71	186.74	18.98	60.95	983	6540	36.82	57.25	581.42	9.16	1235	24276	5079
1998	1.85	191.24	21.78	74.77	455	5177	40.81	21.85	114.72	9.24	880	26668	6531
1999	1.47	167.98	22.82	85.20	659	3820	46.73	62.98		4.38	1567	20646	7742
2000	1.00	193.00	26.00	82.22	909	1721	67.00	67.00			2419		6760
2001	1.20	182.00	23.00	87.70	1298	800	124.00	65.00			3592		7814
2002	1.93	224.31	12.16	123.06	1816	1985	116.02	59.50			3032		6099
2003	1.97	241.53	13.23	208.52	1953	689	105.00	17.31			14979		5621
2004	0.05	293.60		196.48	1095		73.25	65.01			24236		6876
2005	0.31	304.56		178.23	1418		67.66	66.00	133.65		24159		49656
2006	0.22	389.59		219.52	1892		159.41	66.06	15.00		32018		64688
2007	0.21	395.54		261.55	2494		224.85	61.14			62151		73347
2008		337.16		277.93	2458		178.90	151.82			66660		50159

4—2 续表

年份	饮料酒（吨）	农用化肥（万吨）	自来水售水量（万吨）	服装（万件）	中成药（吨）	汽油（万吨）	柴油（万吨）	燃料油（万吨）	合成氨（万吨）	铁合金（万吨）	轴承（万套）	配混合饲料（万吨）	液化石油气（万吨）	原煤（万吨）
1978	424	15.07							4.84		12.00			48.00
1979	743	3.64							5.98		6.40			48.00
1980	855	3.62			200				5.49	0.14	3.09			46.00
1981	2889	3.08		94.80	188				4.71	0.06				48.00
1982	3658	3.84			191				5.55	0.07				49.00
1983	4867	3.96		77.78	222				5.51	0.11				49.00
1984	5830	4.84		100.76	230				6.80	0.11				60.00
1985	7600	4.36	1283		172				6.27	0.13				69.00
1986	13345	4.83	1596		222				11.00	0.44	20.10			73.00
1987	14553	5.31	1840	107.26	243				6.73					78.00
1988	16800	5.73	2208		340				7.59	1.16				84.00
1989	16300	18.68	2560	192.46	277				23.25					87.00
1990	15800	23.50	2864	171.34	255		0.01		29.90	1.73	195.06			105.00
1991	16200	26.96	3233	158.55	322	2.80	2.95	3.60	33.62	0.76	200.00		0.13	133.00
1992	14103	28.79	3625	139.36	281	9.43	9.23	9.17	34.84	1.26	171.40		0.68	146.00
1993	21970	25.22	4227	74.02	402	16.14	18.85	14.35	25.99	2.32	197.00		1.64	156.00
1994	21848	27.96	4865	119.31	317	15.75	18.45	13.93	35.14	3.54	203.55		1.84	179.00
1995	28063	34.34	5153	193.75	354	23.58	24.76	8.71	40.66	3.21	349.69		2.24	202.00
1996	31270	32.07	5249	72.00	392	25.66	25.16	7.30	39.76	4.53	309.37		2.67	262.00
1997	28068	32.97	5048	129.20	385	28.51	29.12	12.30	4.59	3.68	283.46		2.54	287.00
1998	28468	36.35	5697		300	28.57	31.16	10.75	45.52	3.04	622.67		2.20	341.00
1999	43712	43.02	4297	37.72	349	26.81	32.95	9.54	52.95	4.09	655.00		3.36	353.00
2000	40390	50.00	4399	51.00	461	21.60	33.87	5.00	63.00	5.38	735.00	2.02	4.16	373.00
2001	43934	57.00	4101	120.00	453	35.38	41.34	6.00	72.00	5.80	459.00	3.11	6.39	383.00
2002	77449	66.68	4108	132.34	459	29.06	32.90	8.55	82.93	7.38	354.30	4.58	3.87	465.00
2003	66167	63.67	4455	120.85	512	38.77	50.73	5.28	79.69	10.83	254.45	4.57	6.78	633.00
2004	95015	69.20	4592	96.62	481	48.19	98.51	3.59	85.89	12.49	215.45	9.42	9.31	907.00
2005	85439	57.84	4804	57.57	802	53.52	73.47	3.23	75.16	11.46	199.72	12.33	9.55	1168.23
2006	76888	55.80	5079	41.35	1013	57.20	76.85	3.05	74.02	15.75	176.28	12.27	11.65	1602.23
2007	103363	57.90	5578	169.54	762	50.04	68.00	2.85	78.38	11.80	205.90	11.20	10.57	1942.80
2008	120124	74.91	5909	243.74	671	60.16	82.57	2.97	89.66	10.35	161.97	15.91	9.22	2533.68

4—3 主要年份规模以上工业总产值

单位:万元

	2004年	2005年	2006年	2007年	2008年
总　计	**2607750**	**3222799**	**4017086**	**4922282**	**5999463**
按地区分					
市　区	1934352	2263583	2684876	3093216	3664004
永　宁	161477	235257	292734	404768	501170
贺　兰	58510	116541	178470	267981	376754
灵　武	453410	607418	861006	1156318	1457534
按轻重工分					
轻工业	501313	726522	835528	1054619	1272635
重工业	2106437	2496276	3181558	3867664	4726827
按企业规模分					
大型企业	1189691	1529342	2048439	2431750	2976139
中型企业	813391	924734	952857	1439109	1744631
小型企业	604668	768722	1015790	1051423	1278692
按登记注册类型分					
内资企业	2326096	2894754	3623471	4374544	5403065
国有企业	729690	829826	959420	1164597	1258944
集体企业	24826	9403	5014	7368	4711
联营企业	19006	22536	5061	5314	7974
有限责任公司	694927	673828	938111	1345937	1697668
国有独资公司	431970	210359	285020	36020	597831
其他有限责任公司	262957	463469	653091	1309917	1099837
股份有限公司	328802	744347	842580	873486	1327548
私营企业	501311	614815	873292	977841	1106221
私营独资企业	22496	17998	26375	38059	17873
私营有限责任公司	469278	592586	840711	923356	1086361
私营股份有限公司	6426	4231	6206	11356	1987
港、澳、台商投资企业	29616	18498	4887	26753	35347
外商投资企业	252038	309547	388722	520986	561051

4—3 续表 单位:万元

	2004 年	2005 年	2006 年	2007 年	2008 年
按工业行业大类分					
煤炭开采和洗选业	94041	139890	234188	365492	574599
石油和天然气开采业	8035	11992	25491	28810	27545
农副食品加工业	60345	81002	111703	116701	144376
食品制造业	51128	79322	105449	173464	220772
饮料制造业	35408	37324	31567	31580	40588
纺织业	223237	300513	349444	444092	513030
纺织服装、鞋、帽制造业	4154	18337	5171	5375	6041
皮革、毛皮、羽毛(绒)及其制品业	4427	8988	7691	12020	9935
木材加工及木、竹、藤、棕、草制品业		1324	1015	1034	2297
家具制造业	1271	322	3117	3302	6311
造纸及纸制品业	31431	37040	41401	56178	83432
印刷业和记录媒介的复制	4947	6029	6765	10156	10031
石油加工、炼焦及核燃料加工业	380021	536261	709559	666985	872652
化学原料及化学制品制造业	242254	287215	271718	305415	422604
医药制造业	71168	125498	141015	161548	183163
化学纤维制造业	3107	4213	2262	849	
橡胶制品业	173844	195386	239141	262269	253897
塑料制品业	12975	9443	14499	26212	37180
非金属矿物制品业	74600	65062	100009	115910	161722
黑色金属冶炼及压延加工业	85176	78337	77100	100492	104253
有色金属冶炼及压延加工业	62343	90766	114176	214316	167239
金属制品业	24689	35248	52491	61725	90547
通用设备制造业	156878	176008	227031	285412	317114
专用设备制造业	3176	5686	7530	6871	12167
交通运输设备制造业	1110	1543	3228	2618	5348
电气机械及器材制造业	29213	26409	49666	88985	158487
仪器仪表及文化、办公用机械制造业	7378	8226	7792	12734	13884
工艺品及其他制造业				5070	
电力、热力的生产和供应业	738298	832015	1050276	1326365	1524959
燃气生产和供应业	16778	16029	19092	22567	20734
水的生产和供应业	6320	7373	7500	7738	14558

4—4 全部工业单位数及总产值

（2008 年）

单位:个、万元

	企业单位数	工业总产值（当年价）		企业单位数	工业总产值（当年价）
总 计	**4876**	**6412142**	食品制造业	149	232398
按地区分			饮料制造业	45	45650
市区	2037	3764488	纺织业	202	531516
永宁县	1038	604970	纺织服装、鞋、帽制造业	148	13876
贺兰县	812	480030	皮革、毛皮、羽毛(绒)及其制品业	61	12805
灵武县	989	1562654	木材加工及竹藤棕草制品业	368	22211
按登记注册类型分			家具制造业	298	24002
国有企业	37	1269453	造纸及纸制品业	45	87546
集体企业	18	6594	印刷业和记录媒介的复制	128	20497
股份合作	2	30	文教体育用品制造业	5	231
联营企业	1	7974	石油加工炼焦及核燃料加工业	15	873562
有限责任公司	178	1728202	化学原料及化学制品制造业	82	433269
股份有限公司	16	1328837	医药制造业	24	184752
私营企业	1121	1286817	化学纤维制造业	1	537
个体经营	3455	177009	橡胶制品业	21	256375
外商及港澳台商投资企业	45	607120	塑料制品业	123	50273
其他企业	3	106	非金属矿物制品业	453	210053
按轻重工业分			黑色金属冶炼及压延加工业	22	111340
轻工业	2306	1446856	有色金属冶炼及压延加工业	17	170605
重工业	2570	4965286	金属制品业	648	139111
按企业规模分			通用设备制造业	183	339521
大型企业	7	2976139	专用设备制造业	245	27790
中型企业	45	1744631	交通运输设备制造业	176	15557
小型企业	4824	1691372	电器机械及器材制造业	68	168235
按工业行业大类分			通信设备计算机及其他电子设备制造业	3	154
煤炭开采和洗选业	6	575009	仪器仪表及文化、办公用机械制造业	23	17244
石油和天然气开采业	4	28499	工艺品及其他制造业	112	6030
有色金属矿采选业	2	129	废弃资源和废旧材料回收加工业	30	2102
非金属矿采选业	88	7557	电力、热力的生产和供应业	39	1536600
其他采矿业	14	717	燃气生产和供应业	8	23217
农副食品加工业	1006	225537	水的生产和供应业	14	17635

4—5 规模以上工业企业主要产品产量

产品名称	单位	2008 年	2007 年
大米	万吨	15.62	8.55
乳制品	万吨	5.02	7.33
液体乳	万吨	4.00	6.41
小麦粉	万吨	10.14	14.91
味精	吨	6.67	62151
白酒	千升	3414	2527
啤酒	千升	111710	79551.18
葡萄酒	千升	5000	9177
服装	万件	243.74	169.54
家具	万件	5.68	1.02
机制纸	万吨	10.61	9.56
中成药	吨	671	762
塑料制品	吨	31355	6577
水泥	万吨	277.93	261.55
汽油	万吨	60.16	50.04
柴油	万吨	82.57	68
燃料油	万吨	2.97	2.85
液化石油气	万吨	9.22	10.57
合成氨	万吨	89.66	78.38
农用化肥	万吨	74.91	57.9
氮肥	万吨	73.69	56.75
磷肥	万吨	1.22	1.15
轮胎外胎	万条	337.16	395.54
平板玻璃	万重量箱	151.82	61.14
变压器	万千伏安	178.90	224.85
金属切削机床	台	2458	2494
铁合金	万吨	10.35	11.80
轴承	万套	161.97	205.9
配混合饲料	吨	159111	112034
铝材	吨	300	311
发电量	万千瓦时	1460520	1080763
原煤	万吨	2533.68	1942.8
交流电动机	万千瓦	22.82	19.82

4—6 全市规模以上工业企业主要经济指标

（2008 年）

单位：万元

	企业单位数（个）	# 亏损企业	工业总产值（当年价格）	工业销售产值（当年价格）	工业增加值（当年价格）
总　计	**336**	**100**	**5999463**	**5722947**	**2060271**
# 亏损企业	100	100	1253741	1226821	
按地区分					
市区	157	43	3664004	3599643	1147154
永宁	36	8	501170	456807	173067
贺兰	84	29	376754	336168	129383
灵武	59	20	1457534	1330329	610667
按轻重工分					
轻工业	128	39	1272635	1112526	460610
重工业	208	61	4726827	4610421	1599661
按企业规模分					
大型企业	7	2	2976139	2932272	906756
中型企业	45	8	1744631	1595707	610369
小型企业	284	90	1278692	1194968	543146
按登记注册类型分					
内资企业	307	91	5403065	5147980	1850900
国有企业	13	7	1258944	1255168	447229
中央企业	2		1226858	1226067	433208
地方企业	11	7	32086	29101	14021
集体企业	3	1	4711	4742	2510
联营企业	1		7974	8114	2842
集体联营企业	1		7974	8114	2842
有限责任公司	86	22	1697668	1599560	727908
国有独资公司	8	3	597831	561642	274608
其他有限责任公司	78	19	1099837	1037918	453301
股份有限公司	13	2	1327548	1284555	268744
私营企业	191	59	1106221	995840	401666
私营独资企业	3	2	17873	17237	1714
私营有限责任公司	187	57	1086361	976617	399199
私营股份有限公司	1		1987	1987	753
港、澳、台商投资企业	7	3	35347	34471	12237
合资经营企业(港或澳、台资)	5	2	22936	22501	8667
港澳台商独资经营企业	2	1	12411	11971	3570
外商投资企业	22	6	561051	540495	197134
中外合资经营企业	16	3	453803	437065	163545
中外合作经营企业	2	1	10169	9773	3989
外资企业	4	2	97079	93657	29600

4—6 续表1

单位:万元

	企业单位数（个）	# 亏损企业	工业总产值（当年价格）	工业销售产值（当年价格）	工业增加值（当年价格）
按工业行业大类分					2060271
煤炭开采和洗选业	5		574599	541907	262304
石油和天然气开采业	2		27545	27545	16777
农副食品加工业	29	5	144376	140600	39670
食品制造业	21	5	220772	200980	69235
饮料制造业	6	3	40588	38179	18447
纺织业	29	8	513030	418684	195978
纺织服装、鞋、帽制造业	1		6041	6032	2614
皮革、毛皮、羽毛(绒)及其制品业	5	3	9935	8039	3728
木材加工及木、竹、藤、棕、草制品业	1		2297	1889	1194
家具制造业	4	1	6311	6295	2069
造纸及纸制品业	5	1	83432	71708	29411
印刷业和记录媒介的复制	6	1	10031	9449	5397
石油加工、炼焦及核燃料加工业	9	5	872652	890371	113996
化学原料及化学制品制造业	24	8	422604	383520	145222
医药制造业	10	3	183163	165628	67027
橡胶制品业	3	1	253897	251231	82512
塑料制品业	13	5	37180	37710	11951
非金属矿物制品业	29	10	161722	157156	56857
黑色金属冶炼及压延加工业	12	8	104253	93228	30377
有色金属冶炼及压延加工业	7	4	167239	156381	54023
金属制品业	26	5	90547	76300	34382
通用设备制造业	36	8	317114	303044	119248
专用设备制造业	2		12167	11919	3014
交通运输设备制造业	3	2	5348	5348	3920
电气机械及器材制造业	21	4	158487	147030	53650
仪器仪表及文化、办公用机械制造业	4	1	13884	13477	5805
电力、热力的生产和供应业	16	7	1524959	1524684	609260
燃气生产和供应业	4		20734	20281	14026
水的生产和供应业	3	2	14558	14334	8179

4—6 续表 2　　　　单位:万元

	资产总计	流动资产合　计	# 存货	# 产成品	流动资产年平均余额
总　计	**9192211**	**3015460**	**904606**	**421636**	**2783146**
# 亏损企业	1209012	604437	155495	65020	565343
按地区分					
市区	5028303	1658267	486653	201074	1585228
永宁	589780	173201	60631	14364	146907
贺兰	336252	177208	58080	245078	145302
灵武	3237877	1006784	299243	181690	905710
按轻重工分					
轻工业	1602213	749983	319314	117525	667831
重工业	7589998	2265477	585293	3041111	2115315
按企业规模分					
大型企业	4075007	1031753	227124	138277	982230
中型企业	2804635	1143402	413125	175962	1039571
小型企业	2312569	840304	264358	107398	761345
按登记注册类型分					
内资企业	8527893	2679863	744137	334244	2446495
国有企业	1433811	145329	10133	620	188759
中央企业	1289801	119771	2098	383	166216
地方企业	144010	25558	8035	238	22543
集体企业	7352	3488	1064	392	4119
联营企业	61497	4097	1536	1231	3415
集体联营企业	6150	4097	1536	1231	3415
有限责任公司	4693872	1288904	267121	179425	1117324
国有独资公司	2199786	599184	107982	104280	523184
其他有限责任公司	2494085	689720	159139	75145	594140
股份有限公司	1242267	561605	164864	59834	514384
私营企业	1144442	676441	299419	92742	618495
私营独资企业	6911	4201	2973	1276	3455
私营有限责任公司	1134675	671022	295725	91466	613822
私营股份有限公司	2856	1218	722		1218
港、澳、台商投资企业	45227	20782	5825	1684	28502
合资经营企业(港或澳、台资)	37496	16300	3708	652	24287
港澳台商独资经营企业	7731	4482	2117	1031	4215
外商投资企业	619090	314815	154645	85709	308149
中外合资经营企业	478841	246375	124941	70249	238616
中外合作经营企业	16582	4995	382	241	4695
外资企业	123668	63444	29321	15219	64837

4—6 续表 3

单位:万元

	资产总计	流动资产合计	# 存货	# 产成品	流动资产年平均余额
按工业行业大类分					
煤炭开采和洗选业	1885556	517487	102908	102824	454974
石油和天然气开采业	63921	9354			26950
农副食品加工业	86362	47600	28420	9227	39682
食品制造业	197812	77383	25850	10892	64720
饮料制造业	93324	50557	16609	3259	48405
纺织业	574552	410388	193273	71568	376171
纺织服装、鞋、帽制造业	6292	4429	807	312	3879
皮革、毛皮、羽毛(绒)及其制品业	10403	8334	3961	2959	6827
木材加工及木、竹、藤、棕、草制品业	3620	1487	294	136	1586
家具制造业	7206	3563	1185	263	3301
造纸及纸制品业	83608	32405	10404	5388	29047
印刷业和记录媒介的复制	13590	6034	1996	500	6185
石油加工、炼焦及核燃料加工业	452161	329721	48129	11585	287104
化学原料及化学制品制造业	478036	144156	82274	32773	113188
医药制造业	370202	79188	29251	9125	63995
橡胶制品业	206666	93690	45302	29565	99404
塑料制品业	42588	16934	3852	1498	26026
非金属矿物制品业	335404	120737	30898	10703	103272
黑色金属冶炼及压延加工业	106124	43692	23732	12558	44087
有色金属冶炼及压延加工业	92623	43679	28942	12002	61566
金属制品业	73558	49343	20456	6395	45641
通用设备制造业	508828	307582	131791	62962	285058
专用设备制造业	10946	9840	2367	1242	9482
交通运输设备制造业	4122	2421	999		2769
电气机械及器材制造业	136450	100660	54076	23582	89433
仪器仪表及文化、办公用机械制造业	13109	11443	1443	306	8748
电力、热力的生产和供应业	3118894	414073	11260		418181
燃气生产和供应业	94392	66910	1926	12	51533
水的生产和供应业	121862	12370	2203		11934

4—6 续表4

单位:万元

	固定资产合计	固定资产原价	累计折旧	固定资产净值	固定资产净值年平均余额
总　计	**5184532**	**5739206**	**1670062**	**4069144**	**3825902**
# 亏损企业	498322	671217	161129	510088	503072
按地区分					
市区	2697649	3867742	1335847	2531895	2394734
永宁	360530	396027	75412	320615	265947
贺兰	128511	147152	33561	113591	104371
灵武	1997842	1328285	225242	1103043	1060850
按轻重工分					
轻工业	674190	769602	158117	611485	540564
重工业	4510342	4969604	1511946	3457659	3285338
按企业规模分					
大型企业	2771632	3152476	1164073	1988403	1788300
中型企业	1125741	1368219	330972	1037247	992815
小型企业	1287159	1218511	175017	1043494	1044787
按登记注册类型分					
内资企业	4928897	5409411	1589083	3820327	3579161
国有企业	1230593	1750421	601994	1148427	1059153
中央企业	1125602	1618039	570625	1047414	958464
地方企业	104991	132382	31369	101014	100689
集体企业	3771	6616	2960	3657	3792
联营企业	692	4166	3542	624	598
集体联营企业	692	4166	3542	624	598
有限责任公司	2910970	2327826	394016	1933809	1789148
国有独资公司	1414987	875016	185039	689978	628557
其他有限责任公司	1495983	1452809	208978	1243831	1160590
股份有限公司	416935	909549	483555	425994	420057
私营企业	365937	410833	103017	307816	306413
私营独资企业	2540	2857	317	2540	2567
私营有限责任公司	362166	406077	101935	304142	302615
私营股份有限公司	1230	1899	765	1134	1231
港、澳、台商投资企业	23035	29010	6700	22310	23162
合资经营企业(港或澳、台资)	20259	25543	6009	19535	20318
港澳台商独资经营企业	2776	3467	691	2776	2844
外商投资企业	232600	300785	74279	226506	223579
中外合资经营企业	188659	241609	58823	182787	180962
中外合作经营企业	1880	2156	440	1716	1749
外资企业	42061	57020	15017	42003	40868

4—6 续表 5

单位:万元

	固定资产合计	固定资产原价	累计折旧	固定资产净值	固定资产净值年平均余额
按工业行业大类分					
煤炭开采和洗选业	1208490	636716	153057	483659	420822
石油和天然气开采业	695	827	280	546	630
农副食品加工业	36239	45779	11491	34289	33490
食品制造业	95764	107524	25475	82049	78230
饮料制造业	35356	40077	7844	32233	29998
纺织业	88429	94561	13884	80677	76464
纺织服装、鞋、帽制造业	1474	2198	909	1289	1289
皮革、毛皮、羽毛(绒)及其制品业	1879	2114	437	1677	1819
木材加工及木、竹、藤、棕、草制品业	1900	2255	355	1900	1900
家具制造业	3364	4054	1287	2767	2775
造纸及纸制品业	46530	58546	17168	41378	34464
印刷业和记录媒介的复制	6022	10788	4780	6008	5163
石油加工、炼焦及核燃料加工业	88908	193258	82888	110369	123862
化学原料及化学制品制造业	293558	613822	349652	264171	259335
医药制造业	245687	266236	46497	219739	168965
橡胶制品业	104138	142478	38510	103969	104449
塑料制品业	22763	28302	7174	21128	21914
非金属矿物制品业	119444	167184	61375	105810	106544
黑色金属冶炼及压延加工业	53257	53406	10053	43354	43277
有色金属冶炼及压延加工业	40014	45636	5867	39769	39364
金属制品业	18655	22262	4458	17804	16032
通用设备制造业	147995	212119	77815	134304	130114
专用设备制造业	1013	1988	975	1013	1007
交通运输设备制造业	1377	1786	410	1376	1384
电气机械及器材制造业	27786	27117	4173	22944	23356
仪器仪表及文化、办公用机械制造业	1586	2340	788	1552	1565
电力、热力的生产和供应业	2375311	2818997	712563	2106434	1990536
燃气生产和供应业	19076	17909	4816	13092	13489
水的生产和供应业	97822	118930	25085	93844	93666

4—6 续表 6　　单位:万元

	负债合计	流动负债合计	# 应付账款	长期负债合计
总　计	**5744242**	**3383938**	**1005630**	**2323913**
# 亏损企业	830892	540012	216790	290065
按地区分				
市区	2913413	1613613	543555	1296568
永宁	377582	230751	66596	146037
贺兰	195041	161266	41298	33767
灵武	2258205	1378308	354181	847540
按轻重工分				
轻工业	986831	692726	129500	288665
重工业	4757411	2691212	876130	2035248
按企业规模分				
大型企业	2337686	1395370	555651	942316
中型企业	1705558	1047765	185708	655138
小型企业	1700997	940803	264271	726459
按登记注册类型分				
内资企业	5340382	3066856	864136	2238187
国有企业	839893	4051608	209257	434632
中央企业	729354	372684	199803	356570
地方企业	110539	32477	9454	78062
集体企业	17781	14803	3363	2978
联营企业	3860	3860	674	
集体联营企业	3860	3860	674	
有限责任公司	3340851	1670926	484310	1639073
国有独资公司	1476874	836976	313462	639898
其他有限责任公司	1863977	833950	170848	999175
股份有限公司	457180	391821	44084	64720
私营企业	680818	580285	122448	96784
私营独资企业	3906	3716	331	190
私营有限责任公司	675693	575351	122011	96594
私营股份有限公司	1218	1218	106	
港、澳、台商投资企业	29396	23389	28859	6007
合资经营企业(港或澳、台资)	24023	18016	24716	6007
港澳台商独资经营企业	5373	5373	4142	
外商投资企业	374464	293693	112636	79719
中外合资经营企业	303739	235681	100373	67007
中外合作经营企业	7726	7726	363	
外资企业	62999	50286	11899	12712

4—6 续表 7

单位:万元

	负债合计	流动负债合计	# 应付账款	长期负债合计
按工业行业大类分				
煤炭开采和洗选业	1234868	766196	282666	468672
石油和天然气开采业	26214	26214	4949	
农副食品加工业	46396	42549	9220	3741
食品制造业	114182	91980	28714	20793
饮料制造业	73807	54384	4931	19423
纺织业	340253	297162	32743	40446
纺织服装、鞋、帽制造业	3879	3629	931	250
皮革、毛皮、羽毛(绒)及其制品业	7245	5600	886	371
木材加工及木、竹、藤、棕、草制品业	524	524	5	
家具制造业	4562	4562	342	
造纸及纸制品业	54701	35539	5515	19162
印刷业和记录媒介的复制	6095	5894	3010	201
石油加工、炼焦及核燃料加工业	203727	195864	60227	7863
化学原料及化学制品制造业	230113	202180	26966	27933
医药制造业	215823	110331	33240	105486
橡胶制品业	145270	104270	50154	41000
塑料制品业	28739	22495	27067	6244
非金属矿物制品业	154553	123411	30867	31142
黑色金属冶炼及压延加工业	75062	68426	14565	6636
有色金属冶炼及压延加工业	63000	54995	5769	8005
金属制品业	46610	45719	10784	891
通用设备制造业	281761	235657	51811	46102
专用设备制造业	5576	5576	1675	
交通运输设备制造业	2540	2540	-672	
电气机械及器材制造业	79591	71954	33933	6586
仪器仪表及文化、办公用机械制造业	7070	6222	3298	847
电力、热力的生产和供应业	2116733	730069	268337	1356768
燃气生产和供应业	79577	49296	7791	30280
水的生产和供应业	95771	20702	5909	75070

4—6 续表 8

单位:万元

	所有者权益合计	实收资本	国家资本	集体资本	法人资本	个人资本	港澳台资本	外商资本
总　计	**3447969**	**1845934**	**792016**	**12135**	**545265**	**377778**	**5160**	**113579**
#亏损企业	378120	245000	85758	4294	64111	69645	3265	17926
按地区分								
市区	2114890	1011292	524900	10423	243135	138515	5106	89214
永宁	212198	107426	407	1037	27310	78671		
贺兰	141210	100146	6086	281	29699	41316		22765
灵武	979672	627070	260623	395	245121	119277	54	1600
按轻重工分								
轻工业	615382	364977	52779	828	108787	173700	1479	27406
重工业	2832587	1480957	739238	11307	436479	204079	3681	86173
按企业规模分								
大型企业	1737321	815188	560962		207178	39654		7395
中型企业	1099077	568334	86538	5394	227998	169228	750	78427
小型企业	611572	462412	144517	6741	110090	168897	4410	27757
按登记注册类型分								
内资企业	3187511	1647951	758860	11592	506841	369162		1496
国有企业	593918	225112	224230		875	7		
中央企业	560447	173611	173611					
地方企业	33471	51501	50619		875	7		
集体企业	-10429	1675		1634	41			
联营企业	2290	1458		789		669		
集体联营企业	2290	1458		789		669		
有限责任公司	1353021	853351	352874	4462	414425	81591		
国有独资公司	722913	459252	234664		224588			
其他有限责任公司	630108	394100	118211	4462	189836	81591		
股份有限公司	785087	277813	181756	4708	35809	55540		
私营企业	463624	288542			55691	231355		1496
私营独资企业	3005	3141			266	2875		
私营有限责任公司	458981	285251			55426	228330		1496
私营股份有限公司	1638	150				150		
港、澳、台商投资企业	15831	15893			10772		5121	
合资经营企业(港或澳、台资)	13473	14507			10772		3735	
港澳台商独资经营企业	2358	1386					1386	
外商投资企业	244627	182090	33157	543	27653	8616	39	112083
中外合资经营企业	175102	143022	33157	543	27653	8091	39	73540
中外合作经营企业	8856	9786				525		9261
外资企业	60669	29282						29282

4—6 续表9

单位:万元

	所有者权益合计	实收资本	国家资本	集体资本	法人资本	个人资本	港澳台资本	外商资本
按工业行业大类分								
煤炭开采和洗选业	650688	402622	196597	395	205130	500		
石油和天然气开采业	37707	15886			6800			9086
农副食品加工业	39966	23407	684		6103	15509	600	510
食品制造业	83630	60303	1100		29323	21196		8685
饮料制造业	19517	28002	6831		2000	5566		13605
纺织业	234299	102445			43759	54446		4240
纺织服装、鞋、帽制造业	2413	1000	750					250
皮革、毛皮、羽毛(绒)及其制品业	3159	1552			162	1336	54	
木材加工及木、竹、藤、棕、草制品业	3095	2438				2438		
家具制造业	2644	2279			1008	1271		
造纸及纸制品业	28906	21684			6424	15143		116
印刷业和记录媒介的复制	7496	6476		623	5571	243	39	
石油加工、炼焦及核燃料加工业	248434	58133			6266	51868		
化学原料及化学制品制造业	247923	213792	168871	4046	29071	10239	786	779
医药制造业	154379	68912	1099	205	14237	53371		
橡胶制品业	61396	60383	24650			1083		34650
塑料制品业	13850	15658	1000		7743	4490	2425	
非金属矿物制品业	180851	44266	6975	1888	5521	29882		
黑色金属冶炼及压延加工业	31062	28027			18300	9727		
有色金属冶炼及压延加工业	29623	14038			2185	11450	403	
金属制品业	26948	16468	547	23	5996	9799	103	
通用设备制造业	227067	123066	15097	125	36068	32525		39252
专用设备制造业	5370	1661	310		435	916		
交通运输设备制造业	1582	1821			300	1521		
电气机械及器材制造业	56858	40310	4526	482	8862	24034		2405
仪器仪表及文化、办公用机械制造业	6040	3735			2650	335	750	
电力、热力的生产和供应业	1002161	436067	316223	4348	97352	18144		
燃气生产和供应业	14815	9190	4442		4001	747		
水的生产和供应业	26091	42315	42315					

4—6 续表 10

单位:万元

	主营业务收入	# 主营业务成本	# 主营业务税金及附加	其他业务利润	营业费用	管理费用	# 税金
总 计	**5766846**	**5002923**	**59319**	**8380**	**101181**	**347834**	**23644**
# 亏损企业	1246989	1329586	30124	2318	17693	45770	3557
按地区分							
市区	3627443	3353532	39289	-394	64624	159146	12162
永宁	463835	378501	2072	2997	13384	26018	2179
贺兰	324544	291701	3133	3636	10851	14244	1758
灵武	1351025	979188	14825	2141	12322	148425	7545
按轻重工分							
轻工业	1114424	940384	5768	5938	28102	47689	5160
重工业	4652422	4062539	53552	2442	73079	300145	18484
按企业规模分							
大型企业	2943664	2609622	43939	-4191	19980	215693	11469
中型企业	1612292	1349542	8744	9512	53085	76297	7848
小型企业	1210890	1043759	6637	3058	28116	55843	4327
按登记注册类型分							
内资企业	5191436	4519059	56088	2104	72179	315717	20011
国有企业	1254186	1180861	6480	2367	2415	22893	308
中央企业	1226067	1158807	6383	2221	144	18756	
地方企业	28119	22054	98	146	2272	4137	308
集体企业	4361	3333	36	5	25	1138	21
联营企业	6935	5162	25	-25	249	561	36
集体联营企业	6935	5162	25	-25	249	561	36
有限责任公司	1620172	1148315	17517	7016	26917	187801	8110
国有独资公司	571122	289671	9856	1717	7410	133851	4473
其他有限责任公司	1049050	858643	7661	5298	19508	53950	3637
股份有限公司	1300127	1289949	28336	-8936	17256	68947	7532
私营企业	1005655	891439	3694	1678	25317	34378	4005
私营独资企业	16439	16018	33		199	236	9
私营有限责任公司	987512	873887	3652	1678	25113	34142	3996
私营股份有限公司	1704	1534	8		6		
港、澳、台商投资企业	46925	43553	11	30	1821	2087	144
合资经营企业(港或澳、台资)	35808	32997	10	28	1190	1860	115
港澳台商独资经营企业	11117	10556	1	2	631	226	29
外商投资企业	528485	440311	3221	6246	27180	30030	3488
中外合资经营企业	424607	364876	3186	5611	16644	18671	3061
中外合作经营企业	9796	3903	34		163	4079	32
外资企业	94082	71532	1	634	10373	7280	395

4—6 续表 11

单位:万元

	主营业务收入	# 主营业务成本	# 主营业务税金及附加	其他业务利润	营业费用	管理费用	# 税金
按工业行业大类分							
煤炭开采和洗选业	549662	269739	9661	1122	7253	132699	4426
石油和天然气开采业	22984	14247	337	19		5304	32
农副食品加工业	144065	132353	73	67	4197	4010	272
食品制造业	202177	167329	953	1719	9856	7349	715
饮料制造业	38801	29324	3123	3123	3436	2715	369
纺织业	420086	364032	225	-459	1598	6064	1375
纺织服装、鞋、帽制造业	6179	4386		13	481	927	22
皮革、毛皮、羽毛(绒)及其制品业	7959	7308	14	2	59	90	6
木材加工及木、竹、藤、棕、草制品业	1889	1116	57		47	75	
家具制造业	6295	5122	26		441	437	41
造纸及纸制品业	68845	57025	319	76	1031	3403	481
印刷业和记录媒介的复制	9875	8066	28	1	117	1151	28
石油加工、炼焦及核燃料加工业	897750	990965	29081	213	1983	25557	2032
化学原料及化学制品制造业	383606	312913	1075	-10230	8480	37673	5663
医药制造业	168860	130220	858	1182	4174	16407	1452
橡胶制品业	234091	216448	689	1835	8583	4348	1176
塑料制品业	50915	48604	89	20	1305	1928	155
非金属矿物制品业	158319	121940	1203	155	13009	11055	570
黑色金属冶炼及压延加工业	100551	92352	530	397	3478	3785	263
有色金属冶炼及压延加工业	156382	148823	670	163	1667	2777	825
金属制品业	75144	68361	142	568	847	3681	345
通用设备制造业	308011	233000	-96	3438	20757	31213	2273
专用设备制造业	12422	9822	40		433	528	23
交通运输设备制造业	3790	3401	13		110	292	11
电气机械及器材制造业	157417	141883	201	377	4174	5253	488
仪器仪表及文化、办公用机械制造业	13768	10368	11	17	880	1464	44
电力、热力的生产和供应业	1526507	1386881	9526	4106	347	31052	150
燃气生产和供应业	26381	17757	395	252	487	3246	126
水的生产和供应业	14116	9140	75	208	1951	3353	283

4—6 续表 12

单位:万元

	财务费用	# 利息支出	营业利润	利润总额	亏损企业亏损总额	利税总额
总　计	**186191**	**180370**	**68515**	**96540**	**243908**	**366078**
# 亏损企业	16533	18133	-243192	-243908	243908	-200568
按地区分						
市区	95570	95688	-94171	-34067	220678	114768
永宁	19277	17389	30256	35258	724	52543
贺兰	4622	4480	3172	8029	5240	19250
灵武	66723	62814	129258	87319	17266	179516
按轻重工分						
轻工业	44955	42450	63957	73492	15086	102392
重工业	141237	137921	4558	23047	228822	263686
按企业规模分						
大型企业	61453	61390	-46421	-86043	196172	72038
中型企业	75884	73398	79633	119997	16802	187345
小型企业	48854	45582	35304	62585	30934	106695
按登记注册类型分						
内资企业	175229	168124	46033	72058	232399	323615
国有企业	31946	33271	31448	26187	5617	92346
中央企业	27140	28464	36822	31580		96818
地方企业	4806	4807	-5373	-5393	5617	-4472
集体企业	165	165	-351	-243	348	-9
联营企业	160	160	754	767		1042
集体联营企业	160	160	754	767		1042
有限责任公司	103294	96201	155186	144957	14334	260106
国有独资公司	21070	20162	94496	49044	1196	109063
其他有限责任公司	82224	76040	60691	95913	13138	151044
股份有限公司	15127	15207	-168778	-136247	193942	-88948
私营企业	24537	23120	27774	36639	18158	59078
私营独资企业	152	149	-248	-170	190	133
私营有限责任公司	24385	22971	27864	36653	17968	58679
私营股份有限公司			157	155		266
港、澳、台商投资企业	519	555	-1036	-378	2099	732
合资经营企业(港或澳、台资)	524	543	-745	-497	1896	613
港澳台商独资经营企业	-4	12	-290	118	203	119
外商投资企业	10443	11691	23518	24860	9410	41732
中外合资经营企业	8603	10333	18198	19563	2393	30020
中外合作经营企业	-1513	381	3130	3086	100	3195
外资企业	3353	977	2190	2210	6918	8517

单位:万元

	财务费用	# 利息支出	营业利润	利润总额	亏损企业亏损总额	利税总额
按工业行业大类分						
煤炭开采和洗选业	19393	17970	95923	50064		107689
石油和天然气开采业	-494	454	3608	23062		24410
农副食品加工业	2028	2023	1380	5376	749	6428
食品制造业	4399	4296	14455	15922	556	24525
饮料制造业	1400	960	1895	1982	1258	7494
纺织业	17355	17026	38289	40916	1508	44241
纺织服装、鞋、帽制造业	71	73	316	256		700
皮革、毛皮、羽毛(绒)及其制品业	185	185	112	112	233	187
木材加工及木、竹、藤、棕、草制品业	77	69	517	517		645
家具制造业	146	143	122	117	51	395
造纸及纸制品业	2373	2256	4587	4716	33	8511
印刷业和记录媒介的复制	239	67	347	175	131	387
石油加工、炼焦及核燃料加工业	8728	6832	-206370	-208621	210543	-176206
化学原料及化学制品制造业	1319	1415	24730	30613	653	37232
医药制造业	11556	10229	9699	11406	3006	15443
橡胶制品业	6291	7224	-433	-826	2239	4265
塑料制品业	562	578	-1464	-1334	1968	-395
非金属矿物制品业	5318	5557	5794	13818	1756	25616
黑色金属冶炼及压延加工业	1422	1373	-227	-65	1180	3542
有色金属冶炼及压延加工业	3212	3051	-939	-492	753	9275
金属制品业	1334	1109	1284	2991	340	4056
通用设备制造业	9362	6244	14706	28109	7658	39120
专用设备制造业	64	123	1536	1534		1918
交通运输设备制造业	105	104	-143	-68	74	79
电气机械及器材制造业	810	2042	5486	8076	1263	9475
仪器仪表及文化、办公用机械制造业	47	43	1021	1272	194	2312
电力、热力的生产和供应业	81646	84124	55302	69820	2578	165938
燃气生产和供应业	2463	23	2274	2266		3144
水的生产和供应业	4781	4781	-5292	-5173	5183	-4347

4—6 续表 14

单位:万元

	本年应付工资总额	本年应付福利费总额	本年应交增值税	本年进项税额	本年销项税额	全部从业人员年平均人数（人）
总　计	**337338**	**24549**	**210219**	**677364**	**8263072**	**102052**
# 亏损企业	39922	3201	13215	223500	222906	16561
按地区分						
市区	181147	9840	109546	484549	550631	51606
永宁	19692	1854	15213	52735	60488	10854
贺兰	13565	1089	8088	36858	43666	8086
灵武	122934	11767	77372	103222	171522	31506
按轻重工分						
轻工业	43848	3766	23133	106912	126222	25802
重工业	293490	20784	187087	570453	700086	76250
按企业规模分						
大型企业	214230	16656	114142	355126	444688	46735
中型企业	74404	4219	58604	189601	217169	31760
小型企业	48704	3674	37473	132638	164450	23557
按登记注册类型分						
内资企业	307435	23458	195469	580526	719892	92139
国有企业	71957	3049	59679	151686	201474	13234
中央企业	67203	2571	58855	150955	200716	11476
地方企业	4754	478	824	731	758	1758
集体企业	772	74	198	424	645	427
联营企业	404		250	950	1199	300
集体联营企业	404		250	950	1199	300
有限责任公司	154573	13835	97633	131428	212723	42624
国有独资公司	108979	10407	50163	29661	80110	22368
其他有限责任公司	45594	3429	47470	101767	132613	20256
股份有限公司	46215	4022	18964	189197	178110	15844
私营企业	33515	2478	18746	106841	125741	19710
私营独资企业	170	14	269	1516	1733	108
私营有限责任公司	33276	2464	18374	105326	124008	19539
私营股份有限公司	69		102			63
港、澳、台商投资企业	1515		1099	5524	6634	818
合资经营企业(港或澳、台资)	1173		1099	5084	6180	603
港澳台商独资经营企业	343			439	454	215
外商投资企业	28387	1091	13651	91315	99782	9095
中外合资经营企业	21201	419	7271	70378	72152	7752
中外合作经营企业	398	52	74	593	1710	133
外资企业	6788	620	6305	20344	25920	1210

4—6 续表15

单位:万元

	本年应付工资总额	本年应付福利费总额	本年应交增值税	本年进项税额	本年销项税额	全部从业人员年平均人数(人)
按工业行业大类分						
煤炭开采和洗选业	107202	10521	47964	27139	75126	22467
石油和天然气开采业	1323	45	1012	1134	3188	306
农副食品加工业	3304	181	978	11105	11065	1949
食品制造业	7821	436	7650	22726	28690	4248
饮料制造业	2549	104	2389	2493	4633	1336
纺织业	7697	920	3099	36113	45019	6249
纺织服装、鞋、帽制造业	970		444	571	1015	510
皮革、毛皮、羽毛(绒)及其制品业	145	0	61	1293	1145	158
木材加工及木、竹、藤、棕、草制品业	102	37	71	250	321	64
家具制造业	516	9	252	793	1045	283
造纸及纸制品业	6191	434	3475	8675	11889	4350
印刷业和记录媒介的复制	697	27	183	1445	1618	415
石油加工、炼焦及核燃料加工业	15229	1892	3335	157279	150402	4902
化学原料及化学制品制造业	22912	1862	5544	33213	33725	7353
医药制造业	8141	1129	3180	17734	15511	4036
橡胶制品业	9856	33	4402	45189	48094	4042
塑料制品业	2248	52	850	7815	8700	1121
非金属矿物制品业	8875	464	10594	12428	21514	3902
黑色金属冶炼及压延加工业	3452	123	3077	14863	17397	1884
有色金属冶炼及压延加工业	2348	209	9097	16570	10296	997
金属制品业	3496	463	922	10014	11377	1668
通用设备制造业	29600	1607	11108	48296	55567	10812
专用设备制造业	517		344	1393	1710	129
交通运输设备制造业	209		135	505	644	157
电气机械及器材制造业	4015	188	1198	27360	27946	2135
仪器仪表及文化、办公用机械制造业	1152	33	1029	1302	2264	553
电力、热力的生产和供应业	81693	3234	86592	168117	234390	14449
燃气生产和供应业	1234	143	483	1552	1962	341
水的生产和供应业	3845	404	751		53	1236

4—7 规模以上工业企业主要经济指标(市区)

(2008年)

单位:万元

	企业单位数(个)	# 亏损企业	工业总产值(当年价格)	工业销售产值(当年价格)	工业增加值(当年价格)
总 计	**157**	**43**	**3664004**	**3599643**	**1147154**
# 亏损企业	43	43	1031807	1011224	
按轻重工分					
轻工业	49	14	259335	257380	98720
重工业	108	29	3404670	3342263	1048434
按企业规模分					
大型企业	5	2	2298577	2291451	608429
中型企业	25	5	847644	812338	334249
小型企业	127	36	517783	495854	204476
按登记注册类型分					
内资企业	135	38	3093907	3049873	948349
国有企业	9	5	1251849	1248077	444339
中央企业	2		1226858	1226067	674519
地方企业	7	5	24992	22010	472635
集体企业	1		1300	1301	472
联营企业	1		7974	8114	2842
集体联营企业	1		7974	8114	2842
有限责任公司	41	10	302986	294807	154016
国有独资公司	6	2	33019	31548	18226
其他有限责任公司	35	8	269967	263259	135790
股份有限公司	10	2	1188412	1158352	229228
私营企业	73	21	341385	339222	117452
私营有限责任公司	73	21	341385	339222	117452
港、澳、台商投资企业	6	2	34629	33753	12115
合资经营企业(港或澳、台资)	4	1	22218	21783	8545
港澳台商独资经营企业	2	1	12411	11971	3570
外商投资企业	16	3	535469	516018	186690
中外合资经营企业	12	1	431810	415404	154358
中外合作经营企业	1		7486	7486	3316
外资企业	3	2	96173	93127	29016

4—7 续表 1

单位:万元

	企业单位数(个)	# 亏损企业	工业总产值(当年价格)	工业销售产值(当年价格)	工业增加值(当年价格)
按工业行业大类分					
石油和天然气开采业	2		27545	27545	16777
农副食品加工业	17	2	65429	61968	21626
食品制造业	6	2	33423	31690	10879
饮料制造业	2	2	3323	2537	1650
纺织业	4	1	94057	101601	35351
纺织服装、鞋、帽制造业	1		6041	6032	2614
家具制造业	3		5791	5774	1901
造纸及纸制品业	2		3248	2967	1524
印刷业和记录媒介的复制	4	1	7250	7168	4426
石油加工、炼焦及核燃料加工业	3	2	776614	772916	89199
化学原料及化学制品制造业	15	5	348427	325294	112814
医药制造业	3		13315	12335	6612
橡胶制品业	3	1	253897	251231	82512
塑料制品业	5	2	19991	20370	6251
非金属矿物制品业	14	3	111218	107968	43823
黑色金属冶炼及压延加工业	3	2	44707	37805	12713
有色金属冶炼及压延加工业	2	1	3176	2945	791
金属制品业	6	2	9102	8385	4067
通用设备制造业	28	6	293093	279461	106241
专用设备制造业	1	0	9865	9794	2582
交通运输设备制造业	2	1	4746	4746	3757
电气机械及器材制造业	12	3	117477	107481	39933
仪器仪表及文化、办公用机械制造业	3	1	12763	12621	5364
电力、热力的生产和供应业	12	5	1368615	1368339	513903
燃气生产和供应业	2		17212	17212	12193
水的生产和供应业	2	1	13684	13460	7649

4—7 续表 2

单位:万元

	资产总计	流动资产合计	# 存货	# 产成品	流动资产年平均余额
总　计	**5028303**	**1658267**	**486653**	**201074**	**1585228**
# 亏损企业	985262	485861	119935	48433	467415
按轻重工分					
轻工业	425428	217261	95428	31201	204962
重工业	4602875	1441006	391224	169873	1380266
按企业规模分					
大型企业	1960380	473547	104843	31831	498215
中型企业	1903124	680423	224425	106962	613976
小型企业	1164799	504297	157385	62282	473036
按登记注册类型分					
内资企业	4430671	1350212	333671	115193	1273778
国有企业	1429492	143606	9323	582	187380
中央企业	1289801	119771	2098	383	166216
地方企业	139691	23835	7225	199	21164
集体企业	2630	1596	827	392	1406
联营企业	6150	4097	1536	1231	3415
集体联营企业	6150	4097	1536	1231	3415
有限责任公司	1428027	422929	61839	23469	382601
国有独资公司	316371	84849	3860	1010	71514
其他有限责任公司	1111656	338080	57980	22459	311087
股份有限公司	1128672	509092	133245	45573	448566
私营企业	435700	268892	126900	43946	250412
私营有限责任公司	435700	268892	126900	43946	250412
港、澳、台商投资企业	44189	19826	5273	1684	27605
合资经营企业(港或澳、台资)	36458	15344	3157	652	23390
港澳台商独资经营企业	7731	4482	2117	1031	4215
外商投资企业	553443	288229	147708	84198	283845
中外合资经营企业	426745	222612	118832	69303	217431
中外合作经营企业	13322	3433			3251
外资企业	113376	62184	28877	14895	63162

4—7 续表3 单位:万元

	资产总计	流动资产合计	# 存货	# 产成品	流动资产年平均余额
按工业行业大类分					
石油和天然气开采业	63921	9354			26950
农副食品加工业	41516	27396	16169	5701	21563
食品制造业	37290	21493	6672	2739	20234
饮料制造业	31857	22191	7619	1036	23513
纺织业	127911	102239	52561	15042	94686
纺织服装、鞋、帽制造业	6292	4429	807	312	3879
家具制造业	5321	2545	631	194	2351
造纸及纸制品业	4754	3244	276	19	3135
印刷业和记录媒介的复制	11687	5175	1737	413	5597
石油加工、炼焦及核燃料加工业	303923	249056	40564	9895	229606
化学原料及化学制品制造业	433961	117621	76329	30442	98761
医药制造业	22041	9405	3142	2633	9072
橡胶制品业	206666	93690	45302	29565	99404
塑料制品业	30900	9148	2283	947	18402
非金属矿物制品业	278122	98897	21972	8947	83732
黑色金属冶炼及压延加工业	75458	25910	15258	8974	29131
有色金属冶炼及压延加工业	3919	1671	1096	176	1581
金属制品业	10060	6469	3512	64	5980
通用设备制造业	489529	293256	127358	62286	271876
专用设备制造业	9312	8356	1849	835	8127
交通运输设备制造业	3152	2083	759		2428
电气机械及器材制造业	94719	74351	45349	20537	64945
仪器仪表及文化、办公用机械制造业	11304	9714	1228	306	7884
电力、热力的生产和供应业	2515901	384196	11003		391474
燃气生产和供应业	89883	65031	1525	12	49803
水的生产和供应业	118905	11348	1654		11116

4—7 续表 4

单位:万元

	固定资产合计	固定资产原价	累计折旧	固定资产净值	固定资产净值年平均余额
总　计	**2697649**	**3867742**	**1335847**	**2531895**	**2394734**
# 亏损企业	409818	569485	136412	433072	428636
按轻重工分					
轻工业	160901	215170	62396	152775	149144
重工业	2536748	3652572	1273452	2379120	2245590
按企业规模分					
大型企业	1405617	2337341	986728	1350613	1262937
中型企业	772254	987816	254068	733748	702521
小型企业	519779	542585	95052	447534	429276
按登记注册类型分					
内资企业	2467453	3566265	1257790	2308475	2172582
国有企业	1228122	1746763	600807	1145956	1057044
中央企业	1125602	1618039	570625	1047414	958464
地方企业	102520	128724	30181	98543	98581
集体企业	985	1947	972	975	1031
联营企业	692	4166	3542	624	598
集体联营企业	692	4166	3542	624	598
有限责任公司	743671	807988	132669	675320	630150
国有独资公司	205024	238722	33981	204742	206078
其他有限责任公司	538647	569266	98688	470578	424072
股份有限公司	366680	851019	471119	379900	375884
私营企业	127304	154381	48681	105700	107875
私营有限责任公司	127304	154381	48681	105700	107875
港、澳、台商投资企业	22953	28894	6665	22229	23075
合资经营企业(港或澳、台资)	20177	25427	5974	19453	20231
港澳台商独资经营企业	2776	3467	691	2776	2844
外商投资企业	207244	272583	71392	201191	199078
中外合资经营企业	165221	215618	56243	159375	158236
中外合作经营企业	317	317	148	169	162
外资企业	41706	56648	15000	41648	40680

4—7 续表 5　　单位:万元

	固定资产合计	固定资产原价	累计折旧	固定资产净值	固定资产净值年平均余额
按工业行业大类分					
石油和天然气开采业	695	827	280	546	630
农副食品加工业	12547	19185	7758	11427	11494
食品制造业	9029	18269	9241	9029	6048
饮料制造业	8678	11333	4925	6408	6661
纺织业	5805	7870	2558	5312	5841
纺织服装、鞋、帽制造业	1474	2198	909	1289	1289
家具制造业	2497	3569	1164	2405	2402
造纸及纸制品业	913	1539	626	913	889
印刷业和记录媒介的复制	5112	9609	4510	5099	4406
石油加工、炼焦及核燃料加工业	26084	143652	72896	70756	68424
化学原料及化学制品制造业	279589	591599	341133	250466	247432
医药制造业	9630	13892	4269	9623	8964
橡胶制品业	104138	142478	38510	103969	104449
塑料制品业	19640	25315	6365	18950	19760
非金属矿物制品业	89346	118746	40318	78428	79958
黑色金属冶炼及压延加工业	41137	39313	7334	31979	31596
有色金属冶炼及压延加工业	2141	3588	1447	2141	1941
金属制品业	2630	3186	650	2536	2517
通用设备制造业	143417	206261	76477	129784	125858
专用设备制造业	867	1816	948	867	867
交通运输设备制造业	1068	1364	295	1068	1065
电气机械及器材制造业	14700	15126	2468	12658	12231
仪器仪表及文化、办公用机械制造业	1510	2230	754	1475	1500
电力、热力的生产和供应业	1802418	2353523	681598	1671925	1545326
燃气生产和供应业	16586	14717	3896	10821	11110
水的生产和供应业	95999	116540	24519	92021	92076

4—7 续表6

单位:万元

	负债合计	流动负债合计	# 应付账款	长期负债合计
总　计	**2913413**	**1613613**	**543555**	**1296568**
# 亏损企业	640249	363297	159222	276313
按轻重工分				
轻工业	281837	160258	46604	120794
重工业	2631577	1453355	496951	1175774
按企业规模分				
大型企业	953304	568285	250562	385019
中型企业	1141127	574275	124403	564818
小型企业	818983	471053	168591	346731
按登记注册类型分				
内资企业	2541240	1319241	407645	1219819
国有企业	836644	402185	207513	434359
中央企业	729354	372684	199803	356570
地方企业	107290	29501	7710	77789
集体企业	2205	2116	606	89
联营企业	3860	3860	674	
集体联营企业	3860	3860	674	
有限责任公司	1063374	378135	107776	683797
国有独资公司	246879	75892	31960	170988
其他有限责任公司	816495	302244	75816	512809
股份有限公司	376075	325935	40195	49502
私营企业	259082	207009	50881	52073
私营有限责任公司	259082	207009	50881	52073
港、澳、台商投资企业	28533	22526	28662	6007
合资经营企业(港或澳、台资)	23160	17153	24520	6007
港澳台商独资经营企业	5373	5373	4142	
外商投资企业	343640	271846	107249	70743
中外合资经营企业	276067	216986	96274	58030
中外合作经营企业	6182	6182	180	
外资企业	61391	48679	10795	12712

4—7 续表 7

单位:万元

	负债合计	流动负债合计	# 应付账款	长期负债合计
按工业行业大类分				
石油和天然气开采业	26214	26214	4949	
农副食品加工业	22491	21886	6818	505
食品制造业	18614	12666	6068	5264
饮料制造业	43493	32937	741	10557
纺织业	68232	40702	21407	27530
纺织服装、鞋、帽制造业	3879	3629	931	250
家具制造业	3010	3010	50	
造纸及纸制品业	1962	1962	269	
印刷业和记录媒介的复制	5545	5344	2786	201
石油加工、炼焦及核燃料加工业	72023	64919	25557	7103
化学原料及化学制品制造业	208151	184884	20162	23267
医药制造业	6204	5399	1240	805
橡胶制品业	145270	104270	50154	41000
塑料制品业	22038	16038	24269	6000
非金属矿物制品业	98781	79799	16856	18982
黑色金属冶炼及压延加工业	50330	47510	11296	2820
有色金属冶炼及压延加工业	2390	2390		
金属制品业	5832	5832	1060	
通用设备制造业	269193	223758	45992	45433
专用设备制造业	4132	4132	1008	
交通运输设备制造业	1788	1787	-744	
电气机械及器材制造业	61035	59982	31596	2
仪器仪表及文化、办公用机械制造业	5897	5050	2503	847
电力、热力的生产和供应业	1597695	595321	257144	1000979
燃气生产和供应业	76195	45968	7097	30227
水的生产和供应业	93021	18225	4348	74796

4—7 续表 8

单位:万元

	所有者权益合计	实收资本	国家资本	集体资本	法人资本	个人资本	港澳台资本	外商资本
总　计	**2114890**	**1011292**	**524900**	**10423**	**243135**	**138515**	**5106**	**89214**
# 亏损企业	345013	182328	85495	3000	46237	26738	3211	17646
按轻重工分								
轻工业	143591	120675	46260	828	33617	35030	1425	3516
重工业	1971298	890618	478641	9595	209518	103485	3681	85698
按企业规模分								
大型企业	1007076	384679	363958		2556	10770		7395
中型企业	761998	375545	80708	5137	165708	59916	750	63327
小型企业	345816	251069	80235	5286	74871	67829	4356	18492
按登记注册类型分								
内资企业	1889430	846096	497574	9880	205773	132869		
国有企业	592848	224630	223949		675	7		
中央企业	560447	173611	173611					
地方企业	32402	51020	50338		675	7		
集体企业	425	562		562				
联营企业	2290	1458		789		669		
集体联营企业	2290	1458		789		669		
有限责任公司	364653	248626	91870	4181	148569	4006		
国有独资公司	69491	55033	38066		16967			
其他有限责任公司	295162	193593	53804	4181	131602	4006		
股份有限公司	752596	262210	181756	4348	35285	40821		
私营企业	176618	108610			21244	87366		
私营有限责任公司	1766183	108610			21244	87366		
港、澳、台商投资企业	15657	15677			10610		5067	
合资经营企业(港或澳、台资)	13299	14291			10610		3681	
港澳台商独资经营企业	2358	1386					1386	
外商投资企业	209803	149520	27326	543	26753	5645	39	89214
中外合资经营企业	150678	119836	27326	543	26753	5645	39	59531
中外合作经营企业	7141	9086						9086
外资企业	51984	20598						20598

4—7 续表9 单位:万元

	所有者权益合计							
		实收资本	国家资本	集体资本	法人资本	个人资本	港澳台资本	外商资本
按工业行业大类分								
石油和天然气开采业	37707	15886			6800			9806
农副食品加工业	19025	11512	658		1549	8195	600	510
食品制造业	18676	15163	1100		8903	5160		
饮料制造业	-11636	2200	1000			1200		
纺织业	59679	25107			8670	13797		2640
纺织服装、鞋、帽制造业	2413	1000	750					250
家具制造业	2311	1779			1008	771		
造纸及纸制品业	2792	1096				980		116
印刷业和记录媒介的复制	6142	6176		623	5371	143	39	
石油加工、炼焦及核燃料加工业	231900	6200			6000	200		
化学原料及化学制品制造业	225810	208407	168871	3789	27471	7186	786	304
医药制造业	15837	9856	692	205	8116	843		
橡胶制品业	61396	60383	24650			1083		34650
塑料制品业	8862	12306	1000		7483	1398	2425	
非金属矿物制品业	179341	34182	6975	851	2125	24231		
黑色金属冶炼及压延加工业	25128	23739			17350	6389		
有色金属冶炼及压延加工业	1529	1538			1085	50	403	
金属制品业	4229	3281	547			2631	103	
通用设备制造业	220337	118062	15097	125	35717	27871		39252
专用设备制造业	5181	1545	310		435	800		
交通运输设备制造业	1364	1521				1521		
电气机械及器材制造业	33684	25333	4526	482	1450	16470		2405
仪器仪表及文化、办公用机械制造业	5407	3335			2250	335	750	
电力、热力的生产和供应业	918205	371136	252223	4348	97352	17213		
燃气生产和供应业	13688	8490	4442		4001	47		
水的生产和供应业	25884	42060	42060					

4—7 续表 10 单位:万元

	主营业务收入	# 主营业务成本	# 主营业务税金及附加	其他业务收入	其他业务利润	营业费用	管理费用	# 税金
总　计	**3627443**	**3353532**	**39289**	**95717**	**－394**	**64624**	**159146**	**12162**
# 亏损企业	1033089	1109749	28762	49928	1209	13548	35855	2547
按轻重工分								
轻工业	253986	214976	785	2606	150	8976	14043	819
重工业	3373457	3138556	38504	93112	－544	55648	145103	11343
按企业规模分								
大型企业	2297581	2266762	33931	66974	－6463	10908	72912	6240
中型企业	819564	655075	2877	21660	4985	37871	52340	4179
小型企业	510297	431696	2482	7083	1084	15845	33894	1743
按登记注册类型分								
内资企业	3077253	2888371	38573	29920	－3754	38195	129287	8887
国有企业	1247174	1174903	6473	7284	2324	2191	22603	269
中央企业	1226067	1158807	6383	6619	2221	144	18756	
地方企业	21107	16095	90	665	103	2047	3848	269
集体企业	1301	1109	9				248	6
联营企业	6935	5162	25	25	－25	249	561	36
集体联营企业	6935	5162	25	25	－25	249	561	36
有限责任公司	303318	238175	3069	3868	2514	5518	23533	827
国有独资公司	33063	28399	361	243	625	351	2283	86
其他有限责任公司	270256	209776	2708	3625	1888	5167	21251	741
股份有限公司	1177146	1175413	27705	15292	－8936	16329	65927	6575
私营企业	341379	293610	1292	3451	370	13909	16415	1174
私营有限责任公司	341379	293610	1292	3451	370	13909	16415	1174
港、澳、台商投资企业	46207	42858	10	1236	30	1821	2057	144
合资经营企业(港或澳、台资)	35089	32303	10	1233	28	1190	1831	115
港澳台商独资经营企业	11117	10556	1	3	2	631	226	29
外商投资企业	503984	422303	706	64562	3330	24609	27802	3131
中外合资经营企业	402945	349153	671	63496	2696	14235	16765	2733
中外合作经营企业	7486	2016	34				3769	9
外资企业	93552	71134	1	1066	634	10373	7268	389

4—7 续表 11

单位:万元

	主营业务收入	# 主营业务成本	# 主营业务税金及附加	其他业务收入	其他业务利润	营业费用	管理费用	# 税金
按工业行业大类分								
石油和天然气开采业	22984	14247	337	650	19		5304	32
农副食品加工业	68223	60219	48	279	45	2731	2282	150
食品制造业	32129	27625	91	922	209	1867	1427	141
饮料制造业	2849	2602	411	297	210	136	594	39
纺织业	92130	79649	13	814	-509	109	1077	42
纺织服装、鞋、帽制造业	6179	4386		15	13	481	927	22
家具制造业	5774	4704	24			396	379	27
造纸及纸制品业	3296	2183	1	34	9	142	220	9
印刷业和记录媒介的复制	7162	6149	20	1	1	40	1075	20
石油加工、炼焦及核燃料加工业	778301	865244	26956			1353	21254	1231
化学原料及化学制品制造业	331604	266848	928	9001	-10262	7261	35594	5559
医药制造业	11242	6939	89	5	1	690	1849	39
橡胶制品业	234091	216448	689	61600	1835	8583	4348	1176
塑料制品业	33566	33033	61	1232	20	568	1355	118
非金属矿物制品业	109343	80259	907	445	108	9768	8491	409
黑色金属冶炼及压延加工业	46867	42846	419	37	37	2534	1636	188
有色金属冶炼及压延加工业	2945	2207	2			463	234	9
金属制品业	7517	6441	27	422	86	54	717	33
通用设备制造业	283739	211362	-200	9787	3257	20091	29813	2217
专用设备制造业	9794	7487	38			246	476	19
交通运输设备制造业	3188	2853	12			110	212	
电气机械及器材制造业	114284	103986	147	473	273	3678	3402	265
仪器仪表及文化、办公用机械制造业	12913	9689	6	50	16	838	1331	38
电力、热力的生产和供应业	1370772	1272326	7833	9429	4072	168	29248	129
燃气生产和供应业	23312	15197	362			368	2798	6
水的生产和供应业	13242	8605	70	224	167	1951	3105	246

4—7 续表 12

单位:万元

	财务费用	# 利息支出	营业利润	利润总额	亏损企业亏损总额	利税总额
总　计	**95570**	**95688**	**-94171**	**-34067**	**220678**	**114768**
# 亏损企业	12765	14390	-218597	-220678	220678	-183205
按轻重工分						
轻工业	9367	8923	5566	7325	9625	13100
重工业	86203	86765	-99737	-41392	211053	101669
按企业规模分						
大型企业	33629	36064	-149216	-144229	196172	-45671
中型企业	48515	47081	41592	72637	8859	108685
小型企业	13426	12543	13453	37524	15647	51754
按登记注册类型分						
内资企业	85378	84212	-115365	-57273	209464	78457
国有企业	31780	33105	31021	25999	5606	92098
中央企业	27140	28464	36822	31580		96818
地方企业	4640	4641	-5800	-5581	5606	-4720
集体企业	44	44	-108	6		72
联营企业	160	160	754	767		1042
集体联营企业	160	160	754	767		1042
有限责任公司	35758	33492	11485	38107	3670	59845
国有独资公司	1698	2224	219	572	615	3796
其他有限责任公司	34060	31268	11266	37535	3055	56049
股份有限公司	11494	11620	-168822	-136816	193942	-98459
私营企业	6143	5792	10305	14665	6246	23859
私营有限责任公司	6143	5792	10305	14665	6246	23859
港、澳、台商投资企业	485	521	-994	-337	2057	766
合资经营企业(港或澳、台资)	489	509	-704	-455	1854	6465
港澳台商独资经营企业	-4	12	-290	118	203	119
外商投资企业	9706	10955	22188	23543	9156	35546
中外合资经营企业	7903	9634	16902	18267	2239	23966
中外合作经营企业	-1550	344	3217	3186		3220
外资企业	3353	977	2069	2090	6918	8360

单位:万元

	财务费用	# 利息支出	营业利润	利润总额	亏损企业亏损总额	利税总额
按工业行业大类分						
石油和天然气开采业	-494	454	3608	23062		24410
农副食品加工业	669	670	2192	2927	153	3796
食品制造业	416	450	956	1379	256	1728
饮料制造业	626	188	-1311	-1177	1177	-624
纺织业	2307	2314	8465	9282	556	10207
纺织服装、鞋、帽制造业	71	73	316	256		700
家具制造业	99	96	173	168		431
造纸及纸制品业	116	100	643	671		904
印刷业和记录媒介的复制	84	62	-210	-97	131	99
石油加工、炼焦及核燃料加工业	4789	4902	-192706	-195055	195309	-167774
化学原料及化学制品制造业	1057	1040	22613	27382	357	31811
医药制造业	235	231	1441	1257		2163
橡胶制品业	6291	7224	-433	-826	2239	4265
塑料制品业	459	485	-1813	-1670	1936	-983
非金属矿物制品业	4267	4513	5629	12545	1130	21226
黑色金属冶炼及压延加工业	411	373	-547	-387	586	1550
有色金属冶炼及压延加工业	144		-104	-94	121	-53
金属制品业	118	115	245	242	92	398
通用设备制造业	9279	6167	14249	27653	7515	38039
专用设备制造业	42	101	1505	1505		1856
交通运输设备制造业	70	68	-82	-7	13	124
电气机械及器材制造业	-619	738	3920	5659	1243	6467
仪器仪表及文化、办公用机械制造业	34	30	1038	1169	194	2142
电力、热力的生产和供应业	58020	60652	39169	53106	2495	133365
燃气生产和供应业	2437		2154	2148		2919
水的生产和供应业	4642	4642	-5281	-5164	5174	-4396

4—7 续表 14

单位:万元

	本年应付工资总额	本年应付福利费总额	本年应交增值税	本年进项税额	本年销项税额	全部从业人员年平均人数（人）
总　计	**181147**	**9840**	**109546**	**4845492**	**550631**	**51606**
# 亏损企业	32626	2537	8712	1934682	189800	11897
按轻重工分						
轻工业	14997	1031	4989	25706	28200	7174
重工业	166150	8809	104556	458843	522431	44432
按企业规模分						
大型企业	105116	5809	64627	316504	360181	23233
中型企业	49315	2002	33171	112858	127750	16240
小型企业	26715	2029	11748	55188	62701	12133
按登记注册类型分						
内资企业	153599	8803	97156	390387	449331	42716
国有企业	71574	3038	59626	151512	201257	13008
中央企业	67203	2571	58855	150955	200716	11476
地方企业	4371	467	771	557	541	1532
集体企业	140	11	57	164	221	72
联营企业	404		250	950	1199	300
集体联营企业	404		250	950	1199	300
有限责任公司	22270	1071	18669	22784	29836	6644
国有独资公司	4305	235	2863	3457	6606	959
其他有限责任公司	17965	836	15806	19327	23230	5685
股份有限公司	43358	3600	10652	175742	171956	13957
私营企业	15853	1083	7902	39236	44862	8735
私营有限责任公司	15853	1083	7902	39236	44862	8735
港、澳、台商投资企业	1496		1092	5409	6512	791
合资经营企业(港或澳、台资)	1153		1092	4970	6058	576
港澳台商独资经营企业	343			439	454	215
外商投资企业	26052	1036	11297	88754	94789	8099
中外合资经营企业	19174	371	5028	68215	67668	6908
中外合作经营企业	228	45		229	1272	61
外资企业	6651	620	6269	20309	25849	1130

4—7 续表 15

单位:万元

	本年应付工资总额	本年应付福利费总额	本年应交增值税	本年进项税额	本年销项税额	全部从业人员年平均人数（人）
按工业行业大类分						
石油和天然气开采业	1323	45	1012	1134	3188	306
农副食品加工业	1943	74	820	4809	4789	1013
食品制造业	1785	98	258	4755	5365	978
饮料制造业	283	19	142	586	484	182
纺织业	2116	276	911	10210	10141	1294
纺织服装、鞋、帽制造业	970		444	571	1015	510
家具制造业	418		239	743	982	215
造纸及纸制品业	307		232	335	566	156
印刷业和记录媒介的复制	591	11	176	894	1070	359
石油加工、炼焦及核燃料加工业	13145	1696	325	140190	130447	3587
化学原料及化学制品制造业	21026	1738	3502	28356	27637	6141
医药制造业	1602	65	817	1059	1869	612
橡胶制品业	9856	33	4402	45189	48094	4042
塑料制品业	1508	13	626	5259	5904	789
非金属矿物制品业	6355	240	7774	8406	14974	2388
黑色金属冶炼及压延加工业	1791	25	1519	6612	7974	1114
有色金属冶炼及压延加工业	69		40	410	473	21
金属制品业	653	29	128	1183	1314	347
通用设备制造业	28323	1568	10586	44767	51509	10184
专用设备制造业	459		314	1351	1665	99
交通运输设备制造业	114		119	417	542	89
电气机械及器材制造业	2764	122	661	18097	18236	1210
仪器仪表及文化、办公用机械制造业	1067	31	967	1204	2119	502
电力、热力的生产和供应业	77919	3217	72426	156787	208714	14049
燃气生产和供应业	1096	135	409	1226	1563	272
水的生产和供应业	3665	404	698			1147

4—8 工业企业按工业总产值排序前50名

（2008年）

企业名称	法人代表	名次
宁夏电力公司	马力克	1
中国石油天然气股份有限公司宁夏炼化分公司	陈　坚	2
神华宁夏煤业集团有限责任公司	王　俭	3
中国石油天然气股份有限公司宁夏石化分公司	雍瑞生	4
银川佳通轮胎有限公司	李怀靖	5
华电宁夏灵武发电有限公司	白　桦	6
宁夏启元药业有限公司	胡吉东	7
宁夏嘉源绒业有限公司	杨立功	8
宁夏天马冶化（集团）股份有限公司	马生军	9
宁夏中银绒业国际集团有限公司	马生明	10
宁夏发电集团有限责任公司	刘应宽	11
银川佳通长城轮胎有限公司	李怀靖	12
宁夏荣昌绒业集团有限公司	杨建荣	13
宁夏伊品味精有限公司	闫晓平	14
宁夏小巨人机床有限公司	孙文靖	15
宁夏伊品生物工程股份有限公司	闫晓平	16
恩德（银川）风电设备制造有限公司	TomasRichterich	17
宁夏鲁西化工化肥有限公司	冯德学	18
宁夏赛马实业股份有限公司	李永进	19
宁夏紫荆花纸业有限公司	纳洪福	20
宁夏马斯特（集团）羊绒制品有限公司	马福强	21
宁夏多维泰瑞制药有限公司	王　义	22
宁夏长城须崎铸造有限公司	彭　凡	23
宁夏开元丰友化工股份有限公司	赵思俭	24
西北轴承股份有限公司	荣十庆	25
宁夏盛源绒业有限公司	周学文	26
德泰（宁夏）绒业有限公司	何怀成	27
宁夏共享铸钢有限公司	彭　凡	28
宁夏鑫汇集团美洁纸业股份有限公司	周兴起	29
宁夏宝塔灵州石化有限公司	梁玉新	30
宁夏银光钢构件制造有限公司	董天海	31
宁夏宝丰能源催化有限公司	高建军	32
宁夏灵武市国斌绒业有限公司	马国斌	33
宁夏开特利镁业有限公司	王洪斌	34
宁夏荣盛铁合金集团有限公司	包万荣	35
宁夏大北农科技实业有限公司	邢泽光	36
宁夏回族自治区银川热电有限责任公司	王建华	37
银川冀宁精细化工有限公司	张彦生	38
贺兰华硕铜业有限公司	史志仓	39
银川兄弟彩兴化工有限公司	董天才	40
银川卧龙变压器有限公司	席立功	41
宁夏天净电能开发集团有限公司银川冶金分公司	张新国	42
银川市长陇石化实业有限公司	焦旭鹏	43
宁夏力成电气集团有限公司	陈庆成	44
宁夏新瑞长城机床有限公司	于才奇	45
宁夏东方企业（有限公司）	吴桂俊	46
宁夏塞北雪面粉有限公司	肖建国	47
富安捷铁路轴承（宁夏）有限公司	WOLFGONG	48
银川宝塔精细化工有限公司	孙淑兰	49
宁夏西夏嘉酿啤酒有限公司	王克勤	50

4—9 工业企业按固定资产原价排序前 50 名

（2008 年）

企业名称	法人代表	名次
宁夏电力公司	马力克	1
神华宁夏煤业集团有限责任公司	王　俭	2
中国石油天然气股份有限公司宁夏石化分公司	雍瑞生	3
华电宁夏灵武发电有限公司	白　桦	4
宁夏发电集团有限责任公司	刘应宽	5
宁夏启元药业有限公司	胡吉东	6
宁夏电投西夏热电有限公司	张满贵	7
中国石油天然气股份有限公司宁夏炼化分公司	陈　坚	8
银川佳通轮胎有限公司	李怀靖	9
宁夏回族自治区银川热电有限责任公司	王建华	10
宁夏宁东水务有限责任公司	杨　国	11
宁夏赛马实业股份有限公司	李永进	12
宁夏银仪风力发电有限责任公司	任育杰	13
宁夏开元丰友化工股份有限公司	赵思俭	14
西北轴承股份有限公司	荣十庆	15
宁夏小巨人机床有限公司	孙文靖	16
宁夏伊品味精有限公司	闫晓平	17
宁夏嘉源绒业有限公司	杨立功	18
银川市自来水总公司	赵　勇	19
华电宁夏宁东风电有限公司	季　军	20
宁夏伊品生物工程股份有限公司	闫晓平	21
宁夏多维药业有限公司	王　君	22
宁夏共享铸钢有限公司	彭　凡	23
银川佳通长城轮胎有限公司	李怀靖	24
宁夏天马冶化（集团）股份有限公司	马生军	25
宁夏紫荆花纸业有限公司	纳洪福	26
宁夏东方企业（有限公司）	吴桂俊	27
宁夏鑫汇集团美洁纸业股份有限公司	周兴起	28
宁夏瀛海灵武特种水泥有限公司	范中华	29
宁夏多维泰瑞制药有限公司	王　义	30
宁夏实德新型建材有限公司	徐　斌	31
宁夏宝丰能源催化有限公司	高建军	32
宁夏长城须崎铸造有限公司	彭　凡	33
宁夏西夏嘉酿啤酒有限公司	王克勤	34
宁夏宝塔灵州石化有限公司	梁玉新	35
宁夏中银绒业国际集团有限公司	马生明	36
宁夏鲁西化工化肥有限公司	冯德学	37
宁夏瀛海银川建材有限公司	范海龙	38
宁夏哈纳斯天然气有限公司	杜彦忠	39
宁夏荣盛铁合金集团有限公司	包万荣	40
富安捷铁路轴承（宁夏）有限公司	WOLFGONG	41
宁夏新瑞长城机床有限公司	于才奇	42
宁夏共享精密加工有限公司	彭　凡	43
银川市热力公司	魏兆瑞	44
宁夏荣昌绒业集团有限公司	杨建荣	45
广夏（银川）贺兰山葡萄酿酒有限公司	金爱军	46
宁夏天净电能开发集团有限公司银川冶金分公司	张新国	47
宁夏启元国药有限公司	巨丽红	48
银川维维北塔乳业股份有限公司	焦明义	49
宁夏哈纳斯天然气热电有限公司	杜彦忠	50

4—10 工业企业按利税总额排序前50名

（2008年）

企 业 名 称	法人代表	名 次
神华宁夏煤业集团有限责任公司	王 俭	1
宁夏电力公司	马力克	2
银川市长陇石化实业有限公司	焦旭鹏	3
宁夏嘉源绒业有限公司	杨立功	4
华电宁夏灵武发电有限公司	白 桦	5
宁夏英力特电力集团股份有限公司	秦江玉	6
中国石油天然气股份有限公司宁夏石化分公司	雍瑞生	7
宁夏赛马实业股份有限公司	李永进	8
宁夏鲁西化工化肥有限公司	冯德学	9
宁夏启元药业有限公司	胡吉东	10
宁夏小巨人机床有限公司	孙文靖	11
宁夏伊品生物工程股份有限公司	闫晓平	12
宁夏荣昌绒业集团有限公司	杨建荣	13
宁夏长城须崎铸造有限公司	彭 凡	14
宁夏发电集团有限责任公司	刘应宽	15
西北轴承股份有限公司	荣十庆	16
宁夏共享铸钢有限公司	彭 凡	17
宁夏伊品味精有限公司	闫晓平	18
宁夏马斯特(集团)羊绒制品有限公司	马福强	19
德泰(宁夏)绒业有限公司	何怀成	20
宁夏紫荆花纸业有限公司	纳洪福	21
银川卧龙变压器有限公司	席立功	22
银川冀宁精细化工有限公司	张彦生	23
宁夏凯恩欧赛三星兰天石油开发有限公司	朴明浩	24
宁夏多维泰瑞制药有限公司	王 义	25
宁夏中银绒业国际集团有限公司	马生明	26
恩德(银川)风电设备制造有限公司	TomasRichterich	27
宁夏塞北雪面粉有限公司	肖建国	28
宁夏新瑞长城机床有限公司	于才奇	29
宁夏开元丰友化工股份有限公司	赵思俭	30
银川新源实业有限公司	宗维海	31
银川昊王酒业有限公司	强振平	32
宁夏力成电气集团有限公司	陈庆成	33
灵武市雪源绒业有限责任公司	张学鹏	34
宁夏灵武市国斌绒业有限公司	马国斌	35
宁夏长庆抽油杆制造有限责任公司	徐步京	36
宁夏哈纳斯天然气有限公司	杜彦忠	37
宁夏隆基宁光仪表有限公司	钟宝申	38
宁夏宝丰能源催化有限公司	高建军	39
银川高薪区青龙管道有限责任公司	方志良	40
宁夏西夏嘉酿啤酒有限公司	王克勤	41
银川佳通轮胎有限公司	李怀靖	42
宁夏大北农科技实业有限公司	邢泽光	43
宁夏共享精密加工有限公司	彭 凡	44
宁夏建成建材有限责任公司	张宝军	45
宁夏夏盛实业集团有限公司	杜仲平	46
宁夏瀛海银川建材有限公司	范海龙	47
天津大桥银川电焊条有限公司	冯学常	48
宁夏盛源绒业有限公司	周学文	49
宁夏多维药业有限公司	王 君	50

注:神华宁夏煤业集团有限公司只含银川市数据。

4—11 全市规模以上工业分行业产值能耗

（2008 年）

	综合能源消费量（吨标准煤）	工业总产值（万元）	产值单耗（吨标准煤/万元）
合　计	**7445743**	**5999463**	**1.24**
采矿业	**782899**	**602143**	**1.30**
煤炭开采和洗选业	781345	574599	1.36
石油和天然气开采业	1554	27545	0.06
制造业	**3807189**	**3837068**	**0.99**
农副食品加工业	8472	144376	0.06
食品制造业	275624	220772	1.25
饮料制造业	17098	40588	0.42
纺织业	12933	513030	0.03
纺织服装、鞋、帽制造业	65	6041	0.01
皮革、毛皮、羽毛（绒）等	1022	9935	0.10
木材加工及木、竹、藤等	88	2297	0.04
家具制造业	902	6311	0.14
造纸及纸制品业	127209	83432	1.52
印刷业和记录媒介的复制	278	10031	0.03
石油加工炼焦及核燃料	387203	872652	0.44
化学原料及化学制品制造	1879556	422604	4.45
医药制造业	183833	183163	1.00
橡胶制品业	77526	253897	0.31
塑料制品业	3373	37180	0.09
非金属矿物制品业	466214	161722	2.88
黑色金属冶炼及压延	240025	104253	2.30
有色金属冶炼及压延	47236	167239	0.28
金属制品业	6980	90547	0.08
通用设备制造业	63632	317114	0.20
专用设备制造业	710	12167	0.06
交通运输设备制造业	75	5348	0.01
电气机械及器材制造业	6990	158487	0.04
仪器仪表及文化、办公用	146	13884	0.01
电力、燃气及水的生产和供应业	**2855655**	**1560252**	**1.83**
电力、热力的生产和供应	2847139	1524959	1.87
燃气生产和供应业	329	20734	0.02
水的生产和供应业	8187	14558	0.56

4—12 全市规模以上工业企业能源购进、消费与库存情况

（2008年）

	年初库存量	购进量	购进额（万元）	消费量			年末库存
				合计	# 工业生产消费	# 非工业生产消费	
原煤（吨标准煤）	548417	12667090	272366	12952572	12878159	74413	1223366
洗精煤（吨）	25824	146912	14255	153834	153161	673	18902
其他洗煤（吨）	2455	93848	2032	94102	94102		1995
煤制品（吨）		29082	620	29082	29082		4141
焦炭（吨）	193	445	28	632	632		6
其他焦化产品（吨）	1926	21247	3887	19143	19143		2407
焦炉煤气（万立方米）		5331	260	16547	16547		
天然气（万立方米）		81109	92287	81109	81044	65	
液化天然气（吨）		20.84	12	21	21		
原油（吨）	41502	1755794	959797	1746374	1746374		44812
汽油（吨）	43	6442	4474	6708	5308	1400	35
煤油（吨）	4	193	124	195	195		2
柴油（吨）	2069	16721	10547	16042	14605	1437	3022
燃料油（吨）	2182	74853	27717	68508	68508		8640
液化石油气（吨）	936	55004	28717	55203	55203		737
炼厂干气（吨）				51686	51686		
其他石油制品（吨）	309	4823	2050	4872	4776	96	259
热力（百万千焦）		54287	228	5676721	5676721		
电力（万千瓦时）		394228	170557	568228	561267	6962	
其他燃料（吨标准煤）	16769	108533	16081	116943	114922	2021	666
煤矸石（吨）		50755	246	46369	46369		
能源合计（吨标准煤）				13507196	13436258	70939	

4—13 全市规模以上工业企业能源购进、消费与库存附表情况

（2008 年）

	单位	工业生产消费量	加工转换投入合计	火力发电	供热	原煤入洗	炼焦	炼油	加工型煤	能源加工转换产出	回收利用
原煤	吨	11917141	10890428	8006822	803422	995699	739171		345313		
洗精煤	吨	26629	12800		12800					623552	
其他洗煤	吨									117414	
煤制品	吨										
焦炭	吨	8								383887	
其他焦化产品	吨	2165								9535	
焦炉煤气	万立方米	16547								16546	
其他煤气	万立方米										2095
天然气	万立方米	79348	4710		4710						
液化天然气	吨										
原油	吨	1746374	1746374					1746374			
汽油	吨	633								596513	
煤油	吨										
柴油	吨	6120								825366	
燃料油	吨	68503	65460					65460		30367	
液化石油气	吨	55196								113446	13711
炼厂干气	吨	51686								51686	
其他石油制品	吨	4745								67194	
热力	百万千焦	5622434								13538175	93296
电力	万千瓦时	289399								1516781	
其他燃料	吨标准煤	2493	2493	2493						63837	49765
煤矸石	吨	13959	13959	13959							
能源合计	吨标准煤	12086074	9699718	5108252	576050	668128	527990	2588386	230911	5913147	77368

4—14 全市规模以上工业分品种分行业能源消费

（2008 年）

	原煤（吨）	洗精煤（吨）	其他洗煤（吨）	煤制品（吨）	焦炭（吨）	其他焦化产品（吨）	焦炉煤气（万立方米）
合　计	**12952572**	**153834**	**94102**	**29082**	**632**	**19143**	**16547**
采矿业	**2391121**				**8**		
煤炭开采和洗选业	2390120				8		
石油和天然气开采业	1001						
制造业	**3465684**	**141034**	**94102**	**29082**	**625**	**19143**	**16547**
农副食品加工业	5882						
食品制造业	417641						
饮料制造业	23651						
纺织业	14787						
纺织服装、鞋、帽制造业							
皮革、毛皮、羽毛(绒)等	1273						
木材加工及木、竹、藤等	120						
家具制造业	1003		46				
造纸及纸制品业	174367						
印刷业和记录媒介的复制	68						
石油加工炼焦及核燃料	589819	624					
化学原料及化学制品制造	1160652	102552	7735			14227	
医药制造业	275774						
橡胶制品业	12519		86321				
塑料制品业	811						
非金属矿物制品业	533311	37809		29082	617	4916	
黑色金属冶炼及压延	8915						
有色金属冶炼及压延	174059						16547
金属制品业	5245						
通用设备制造业	58423	49			8		
专用设备制造业	55						
交通运输设备制造业							
电气机械及器材制造业	7310						
通信设备、计算机及其他							
仪器仪表及文化、办公用							
电力、燃气及水的生产和供应业	**7095767**	**12800**					
电力、热力的生产和供应	7093757	12800					
燃气生产和供应业							
水的生产和供应业	2010						

4—14 续表 1

	天然气（万立方米）	液化天然气（吨）	原油（吨）	汽油（吨）	煤油（吨）	柴油（吨）	燃料油（吨）
合　计	**81109**	**21**	**1746374**	**6708**	**195**	**16042**	**68508**
采矿业	**945**			**651**		**2056**	
煤炭开采和洗选业	945			600		1796	
石油和天然气开采业				52		260	
制造业	**75447**	**21**	**1746374**	**2790**	**195**	**9739**	**68476**
农副食品加工业	35	1		211		117	
食品制造业	5	9		259		226	
饮料制造业				45		7	
纺织业	10			136	1	45	5
纺织服装、鞋、帽制造业				58			
皮革、毛皮、羽毛（绒）等							
木材加工及木、竹、藤等				8			
家具制造业				61		30	
造纸及纸制品业	166			72	1	104	
印刷业和记录媒介的复制				53		1	
石油加工炼焦及核燃料			1746374	188		824	65460
化学原料及化学制品制造	73693			206	1	1491	3011
医药制造业				44		56	
橡胶制品业							
塑料制品业	19			47	1	51	
非金属矿物制品业	8			191	5	5617	
黑色金属冶炼及压延				88		208	
有色金属冶炼及压延	159			32		419	
金属制品业	29			203		58	
通用设备制造业	1269	11		571	187	417	
专用设备制造业				33			
交通运输设备制造业				35			
电气机械及器材制造业	54			188		67	
通信设备、计算机及其他							
仪器仪表及文化、办公用				61			
电力、燃气及水的生产和供应业	**4717**			**3266**		**4247**	**32**
电力、热力的生产和供应	4710			2837		4244	32
燃气生产和供应业				216			
水的生产和供应业	7			213		3	

4—14 续表 2

	液化石油气（吨）	炼厂干气（吨）	其他石油制品（吨）	热力（百万千焦）	电力（万千瓦时）	其他燃料（吨标准煤）	煤矸石（吨）
合　计	**55203**	**51686**	**4873**	**5676721**	**568228**	**116943**	**463692**
采矿业			**772**		**54189**	**2493**	**13959**
煤炭开采和洗选业			772		53719	2493	13959
石油和天然气开采业					470		
制造业	**55203**	**51686**	**4100**	**5676721**	**383033**	**114450**	**32410**
农副食品加工业					3134		
食品制造业				2588013	16993		
饮料制造业					1516		
纺织业			3		2561		
纺织服装、鞋、帽制造业					67		
皮革、毛皮、羽毛（绒）等					92		
木材加工及木、竹、藤等					27		
家具制造业					140		
造纸及纸制品业				1468083	13860		
印刷业和记录媒介的复制					168		
石油加工炼焦及核燃料	55196	51686	4025		16689		
化学原料及化学制品制造				11682	94365	4340	
医药制造业				1578068	37235		
橡胶制品业					10760		
塑料制品业					2044		
非金属矿物制品业					49139	5788	32410
黑色金属冶炼及压延			3		107544	104321	
有色金属冶炼及压延	6		44		5984		
金属制品业					2364		
通用设备制造业	2		25	30875	16183		
专用设备制造业					514		
交通运输设备制造业					34		
电气机械及器材制造业					1537		
通信设备、计算机及其他							
仪器仪表及文化、办公用					82		
电力、燃气及水的生产和供应业					**131007**		
电力、热力的生产和供应					125608		
燃气生产和供应业					35		
水的生产和供应业					5364		

4—15　规模以上工业分行业产值能耗（市区）

（2008 年）

	综合能源消费量（吨标准煤）	工业总产值（万元）	产值单耗（吨标准煤/万元）
合　计	**3841684**	**3674195**	**1.05**
采矿业	**1554**	**27545**	**0.06**
石油和天然气开采业	1554	27545	0.06
制造业	**2589248**	**2247140**	**1.15**
农副食品加工业	3913	65429	0.06
食品制造业	10704	33423	0.32
饮料制造业	670	13513	0.05
纺织业	1179	94057	0.01
纺织服装、鞋、帽制造业	65	6041	0.01
家具制造业	885	5791	0.15
造纸及纸制品业	261	3248	0.08
印刷业和记录媒介的复制	222	7250	0.03
石油加工炼焦及核燃料	190635	776614	0.25
化学原料及化学制品制造	1786048	348427	5.13
医药制造业	394	13315	0.03
橡胶制品业	77526	253897	0.31
塑料制品业	1972	19991	0.10
非金属矿物制品业	309289	111218	2.78
黑色金属冶炼及压延	135542	44707	3.03
有色金属冶炼及压延	177	3176	0.06
金属制品业	367	9102	0.04
通用设备制造业	62330	293093	0.21
专用设备制造业	692	9865	0.07
交通运输设备制造业	63	4746	0.01
电气机械及器材制造业	6174	117477	0.05
通信设备、计算机及其他			
仪器仪表及文化、办公用	140	12763	0.01
电力、燃气及水的生产和供应业	**1250882**	**1399511**	**0.89**
电力、热力的生产和供应	1242589	1368615	0.91
燃气生产和供应业	326	17212	0.02
水的生产和供应业	7968	13684	0.58

4—16 规模以上工业企业能源购进、消费与库存情况（市区）

（2008 年）

	年初库存量	购进量	购进额（万元）	消费量			年末库存量
				合计	# 工业生产消费	# 非工业生产消费	
原煤（吨标准煤）	191843	4992755	127399	4770061	4718618	51443	433920
洗精煤（吨）	13655	56641	6560	61760	61087	673	8536
其他洗煤（吨）	2455	85856	1699	86367	86367		1925
焦炭（吨）		8	1	8	8		
其他焦化产品（吨）	1765	13880	2025	14227	14227		1418
天然气（万立方米）		79793	90268	79793	79746	47	
液化天然气（吨）		11	6	11	11		
原油（吨）	41421	1653783	918158	1651555	1651555		39431
汽油（吨）	40	4815	3458	5078	4607	471	34
煤油（吨）	4	190	122	192	192		2
柴油（吨）	1058	8557	5615	8299	7922	377	1579
燃料油（吨）	2182	35885	14347	31141	31141		7039
液化石油气（吨）		8	47	8	8		
炼厂干气（吨）				51686	51686		
其他石油制品（吨）	302	3988	1114	4053	4053		237
热力（百万千焦）		51991	220	51991	51991		
电力（万千瓦时）		224565	93311	286182	282917	3265	
其他燃料（吨标准煤）	7108	53221	5316	59442	57421	2021	129
能源合计（吨标准煤）				7181424	7133709	47715	

4—17 规模以上工业企业能源购进、消费与库存附表情况(市区)

(2008 年)

	单位	工业生产消费量	加工转换投入合计	火力发电	供热	原煤入洗	炼焦	炼油	加工型煤	能源加工转换产出	回收利用
原煤	吨	4186725	3319986	2857610	389938		72438				
焦炭	吨									41531	
其他煤气	万立方米										2095
天然气	万立方米	78403	4710		4710						
原油	吨	1651555	1651555					1651555			
汽油	吨	175.55								549928	
柴油	吨	2716								786922	
燃料油	吨	31141	28098					28098		29722	
液化石油气	吨									92177	
炼厂干气	吨	51686								51686	
其他石油制品	吨	4025								67194	
热力	百万千焦									7056080	93296
电力	万千瓦时	122427								553043	
其他燃料	吨标准煤										9162
能源合计	吨标准煤	6355411	4609874	1851442	307137		51742	2399552		3278765	13259

4—18 规模以上工业分品种分行业能源消费(市区)

(2008 年)

	原　煤（吨）	洗精煤（吨）	其他洗煤（吨）	焦炭（吨）	其他焦化产品（吨）	天然气（万立方米）
合　计	**4770061**	**61760**	**86367**	**8**	**14227**	**79793**
采矿业	**1001**					
石油和天然气开采业	1001					
制造业	**1646532**	**61760**	**86367**	**8**	**14227**	**75076**
农副食品加工业	2199					35
食品制造业	13338					
饮料制造业	729					
纺织业	100					10
纺织服装、鞋、帽制造业						
家具制造业	853		46			
造纸及纸制品业	212					
印刷业和记录媒介的复制	50					
石油加工炼焦及核燃料	75708	624				
化学原料及化学制品制造	1112916	45396			14227	73693
医药制造业						
化学纤维制造业						
橡胶制品业	12519		86321			
塑料制品业	109					19
非金属矿物制品业	364140	15691				
黑色金属冶炼及压延						
有色金属冶炼及压延	67					
金属制品业	203					
通用设备制造业	57615	49		8		1269
专用设备制造业	55					
交通运输设备制造业						
电气机械及器材制造业	5721					48
仪器仪表及文化、办公用						
电力、燃气及水的生产和供应业	**3122528**					**4717**
电力、热力的生产和供应	3120822					4710
燃气生产和供应业						
水的生产和供应业	1706					7

4—18 续表1

	液化天然气（吨）	原油（吨）	汽油（吨）	煤油（吨）	柴油（吨）	燃料油（吨）
合　计	**11**	**1651555**	**5078**	**192**	**8299**	**31141**
采矿业			**52**		**260**	
石油和天然气开采业			52		260	
制造业	**11**	**1651555**	**1809**	**192**	**5521**	**31109**
农副食品加工业	1		121		69	
食品制造业			98		123	
饮料制造业			19		7	
纺织业			12	1	4	
纺织服装、鞋、帽制造业			58			
家具制造业			50		30	
造纸及纸制品业			25		8	
印刷业和记录媒介的复制			40		1	
石油加工炼焦及核燃料		1651555	117		340	28098
化学原料及化学制品制造			157	1	1456	3011
医药制造业			32		31	
化学纤维制造业						
橡胶制品业						
塑料制品业			31	1	9	
非金属矿物制品业			138	5	2911	
黑色金属冶炼及压延			64		185	
有色金属冶炼及压延			11			
金属制品业			57		10	
通用设备制造业	11		562	185	318	
专用设备制造业			25			
交通运输设备制造业			22			
电气机械及器材制造业			115		18	
仪器仪表及文化、办公用			55			
电力、燃气及水的生产和供应业			**3217**		**2519**	**32**
电力、热力的生产和供应			2809		2516	32
燃气生产和供应业			205			
水的生产和供应业			203		3	

4—18 续表 2

	液化石油气（吨）	炼厂干气（吨）	其他石油制品（吨）	热力（百万千焦）	电力（万千瓦时）	其他燃料（吨标准煤）
合　计	**8**	**51686**	**4053**	**51991**	**286182**	**59442**
采矿业					**470**	
石油和天然气开采业					470	
制造业	**8**	**51686**	**4053**	**51991**	**224924**	**59442**
农副食品加工业					1439	
食品制造业				6123	969	
饮料制造业					90	
纺织业			3		815	
纺织服装、鞋、帽制造业					67	
家具制造业					126	
造纸及纸制品业					79	
印刷业和记录媒介的复制					132	
石油加工炼焦及核燃料		51686	4025		7798	
化学原料及化学制品制造				11682	84627	
医药制造业				3312	205	
化学纤维制造业						
橡胶制品业					10760	
塑料制品业					1307	
非金属矿物制品业					34639	
黑色金属冶炼及压延					64235	59442
有色金属冶炼及压延	6				93	
金属制品业					106	
通用设备制造业	2		25	30875	15657	
专用设备制造业					502	
交通运输设备制造业					24	
电气机械及器材制造业					1176	
仪器仪表及文化、办公用					77	
电力、燃气及水的生产和供应业					**60789**	
电力、热力的生产和供应					55584	
燃气生产和供应业					20	
水的生产和供应业					5185	

4—19 全市规模以上工业企业水消费

（2008 年）

	数量 （万立方米）	金额 （万元）
取水总量	7898	9846
地表水	964	1397
地下水	4330	1872
自来水	1182	3485
管道供应的未经达标处理的水	1373	3052
中水		39
重复用水	135052	

4—20 全市规模以上工业企业水消费（市区）

（2008 年）

	数量 （万立方米）	金额 （万元）
取水总量	3422	3736
地表水	141	167
地下水	2087	1082
自来水	298	617
管道供应的未经达标处理的水	846	1830
中水	49	39
重复用水	131549	

主要统计指标解释

【工业总产值】 是指工业企业在本年内生产的以货币形式表现的工业最终产品和提供工业劳务活动的总价值量。

工业总产值计算应遵循的三个原则：工业生产的原则、最终产品的原则、“工厂法”原则。

工业总产值的内容包括三部分：生产的成品价值、对外加工费收入、自制半成品在制品期末期初差额价值。

【工业增加值】 是指工业企业在报告期内以货币表现的工业生产活动的最终成果。工业增加值有两种计算方法：一是生产法，即工业总产值减去工业中间投入；二是收入法（又称要素分配法），即从收入的角度出发，根据生产要素在生产过程中应得到的收入份额计算，具体构成项目有固定资产折旧、劳动者报酬、生产税净值、营业盈余。

生产法计算公式为：

工业增加值 = 工业总产值 - 工业中间投入 + 本年应交增值税

收入法（分配法）计算公式为：

工业增加值 = 固定资产折旧 + 劳动者报酬 + 生产税净额 + 营业盈余

【实收资本】 指企业投资者实际投入的资本（或股本），包括货币、实物、无形资产等各种形式的投入。实收资本按投资主体可分为国家资本、集体资本、法人资本、个人资本、港澳台资本和外商资本。

【资产总计】 指企业拥有或控制的能以货币计量的经济资源，包括各种财产、债权和其他权利。资产按其流动性（即资产的变现能力和支付能力）划分为：流动资产、长期投资、固定资产、无形资产、递延资产和其他资产。

固定资产指企业使用期限超过一年的房屋、建筑物、机器、机械、运输工具以及其他与生产、经营有关的设备、器具、工具等。不属于生产经营主要设备的物品，单位价值在2000元以上，并且使用年限超过2年的，也应当作为固定资产。

流动资产指企业可以在一年内或者超过一年的一个生产周期内变现或者耗用的资产，包括现金及各种存款、短期投资、应收及预付款项、存货等。

【负债合计】 指企业所承担的能以货币计量，将以资产或劳务偿付的债务。偿还形式包括货币、资产或提供劳务。负债一般按偿还期长短分为流动负债和长期负债。

流动负债指企业在一年内或超过一年的一个营业周期内需要偿还的债务，包括短期借款、应付票据、应付帐款、预收帐款、应付工资、应交税金、应付利润、预提费用等。

长期负债指企业偿还期在一年以上或者超过一年的一个营业周期以上的债务，包括长期借款、长期应付款、应付债券等。

【所有者权益合计】 指企业投资人对企业净资产的所有权。企业净资产等于企业全部资产减去全部负债后的余额，包括实收资本、资本公积金、盈余公积金和未分配利润等。

【利税总额】 指企业利润总额、产品销售税金及附加和应交增值税之和。

五、固定资产投资

5—1 主要年份全社会固定资产投资

单位:万元、平方米

年份	全社会固定资产投资	基本建设投资	更新改造投资	房地产开发投资	# 住宅	新增固定资产	各类房屋施工面积	# 住宅面积	各类房屋竣工面积	# 住宅面积
1950	53	53				31	1467	1143	1100	800
1951	108	108				48	8000	5571	6000	3900
1952	445	445				224	6133	2857	4600	2000
1953	524	524				256	15600	5000	11700	3500
1954	715	715				387	26133	11231	19600	7300
1955	641	641				314	37733	18000	28300	11700
1956	667	667				363	70286	26462	49200	17200
1957	447	447				218	33857	13538	23700	8800
1958	2313	2313				750	383541	201987	272755	131987
1959	4840	4840				1048	441690	215213	318090	133746
1960	6397	6397				4188	463863	271040	332120	167240
1961	2400	2400				497	237231	130333	154200	78200
1962	666	666				464	29846	3833	19400	2300
1963	1066	1066				830	68462	18667	44500	11200
1964	2403	2403				2006	160923	75273	104600	41400
1965	4927	4927				3498	224061	100913	147599	56322
1966	5727	5727				3809	525333	248545	315200	136700
1967	3313	3313				349	58828	3091	37095	1700
1968	3776	3776				688	864784	43285	523517	26349
1969	3261	3261				1872	828898	143303	502565	72603
1970	4623	4623				2113	609499	29600	370699	14800
1971	5050	5050				2110	271931	162000	186198	81000
1972	4957	4957				2985	272935	126620	171547	66720
1973	5294	5294				3077	316289	124406	195381	64606
1974	5599	5599				3477	345613	129454	138739	46787
1975	6065	6065				4091	367316	126226	175353	56230
1976	5950	5950				3002	404323	130909	157000	57854
1977	6047	6047				4564	402883	131114	179555	60785

5—1 续表

单位:万元、平方米

年份	全社会固定资产投资	基本建设投资	更新改造投资	房地产开发投资	# 住宅	新增固定资产	各类房屋施工面积	# 住宅面积	各类房屋竣工面积	# 住宅面积
1978	8560	8376				5243	502900	148000	227020	72000
1979	11905	10919	862			8008	837493	388562	311284	134805
1980	16265	13699	2362			12648	1070119	524200	610119	284000
1981	15339	10653	3726			12949	1031995	542744	637528	315157
1982	18258	12208	4566			14997	1587654	997424	1186744	766054
1983	21385	11012	8241			15461	1093897	618285	498977	320511
1984	29330	15407	9384			19559	1887950	995322	1142746	686193
1985	55005	34872	13160			30347	2255500	1109428	1241225	701528
1986	66084	43894	17423			39289	2037959	943686	1346280	744614
1987	75101	51668	18597			55585	1532013	582122	965840	395009
1988	56292	33375	13822			33629	1409844	674239	982568	495398
1989	56419	29761	16852			38038	1158405	591582	781511	413010
1990	65500	36431	17340	2149	1764	48913	1398073	802355	939523	600655
1991	87636	44318	21405	8965	8372	60555	1899668	1195878	1303969	906242
1992	146519	78744	37615	13663	10400	151708	2410361	1324909	1578398	974386
1993	194002	84407	52851	22540	12104	173246	2969490	1811726	1987984	1384739
1994	246885	126134	66092	24037	19790	219909	2311284	1283794	1610092	990857
1995	227456	105098	43262	38376	28000	189329	2410970	1532772	1530400	1167180
1996	315463	154291	83632	41086	28111	252909	2600454	1442603	1761583	1178097
1997	380733	191802	60937	48590	31059	314142	4038255	2892013	3014031	2307205
1998	511270	277336	75541	88455	58856	359110	3931877	2559940	2611550	1799054
1999	516344	256873	70575	104919	59640	378007	4396176	2519022	3274393	1995085
2000	523923	204858	104399	126616	74690	525341	4552693	2652779	3115842	2087221
2001	560558	201025	106508	177941	98121	516897	4569637	2653177	3061367	1947532
2002	729627	326252	91328	240498	164659	479996	5766251	3485057	3093144	1992760
2003	1433939	620045	186981	393550	279647	1015596	9967477	6478985	6115154	4313808
2004	1717373	616663	257489	488078	295523	1007747	10510923	5643948	5390303	3441758
2005	2016507	905404	239750	566134	346375	1113990	11297484	6752154	6188935	4246691
2006	2328456	1284219	257813	576808	405861	1429210	11564933	6798205	5792179	3747578
2007	2926906	1689254	368149	627154	443118	1337848	12610230	7419524	6053179	4212773
2008	3656897	2280467	355143	786051	569594	2322089	13430521	8285362	5673344	3672797

注:自 2003 年起全社会固定资产投资包括自治区统计局反馈不分地区项目投资。2008 年各项分组指标不含农户投资。

5—2 主要年份按行业分的固定资产投资

单位:万元

	1980 年	1985 年	1990 年	1995 年	2000 年	2005 年	2006 年	2007 年	2008 年
按国民经济行业分	**16265**	**52723**	**59646**	**201342**	**455148**	**1778640**	**2131519**	**2681405**	**3392333**
第一产业	**1126**	**2636**	**1416**	**4572**	**8874**	**2469**	**10671**	**6066**	**49172**
农林牧渔业	1126	2636	1416	4572	8874	2469	10671	6066	49172
第二产业	**6475**	**26747**	**37901**	**98424**	**159042**	**853847**	**1018050**	**1554617**	**1985045**
工业	5624	26054	37362	97309	155730	851997	1011130	1553322	1983815
采掘业	26		6280	42588	3607	189504	178502	374274	440974
制造业	5381	26054	29470	47542	104376	309622	428972	745179	1336429
电力、燃气及水的生产和供应业	217		1612	7179	47747	352871	403656	433869	206412
建筑业	851	693	539	1115	3312	1850	6920	1295	1230
第三产业	**8664**	**23340**	**20329**	**98346**	**287232**	**922324**	**1102798**	**1120722**	**1358116**
地质勘察业、水利管理业	638	582	807	4136	1825				
交通运输、仓储及邮电业	465	3487	4361	14114	57220				
批发和零售贸易、餐饮业	2119	3640	3510	3483	14458				
金融、保险业	263	869	707	7478	1473				
房地产业	961	4954	4581	38559	127114				
社会服务业	509	96	190	11814	32261				
卫生、体育和社会福利业	392	1538	459	2857	3090				
教育、文化和广播电影电视业	1728	4197	2992	6301	19888				
科研和综合技术服务业	535	1109	365	811	6639				
国家、政党机关和社会团体	886	1685	1777	7545	21354				
其他行业	168	1183	580	1248	1910				

注:自2003年起国民经济行业由原16大行业调整为20大行业,各年份按国民经济行业分的固定资产投资均不含农村和不分地区项目。

5—3 全社会固定资产投资及房屋建筑面积

（2008 年）　　　　单位：万元、平方米

	总计	市区	永宁县	贺兰县	灵武市
全社会固定资产投资	**3656897**	**1413488**	**300971**	**235603**	**1706835**
# 住宅	672977	516317	66824	50186	39650
国有经济控股	2039516	476050	175132	52796	1335538
新建	1882366	238604	125422	107615	1410725
扩建	452533	246672	88766	3147	113948
改建和技术改造	296139	104559	46337	28632	116611
单纯建造生活设施	7383			7383	
迁建	15101	13521		1580	
单纯购置	19486	16964			2522
房地产开发投资	786051	683935	5140	53464	43512
不分地区和农户投资	197838	109233	35306	33782	19517
按隶属关系分					
中央	1145216	92110	1915	2117	1049074
地方	2313843	1212145	263750	199704	638244
自治区	466284	196105	2100	1310	266769
地市县属	665958	249525	246204	44569	125660
其他	1181601	766515	15446	153825	245815
各类房屋施工面积	**13430521**	**10558263**	**709994**	**1267938**	**894326**
# 住宅	8285362	6430536	526283	701856	626687
新建	2040375	1078719	424160	198870	338626
扩建	782291	516343	232998	6200	26750
改建和技术改造	64610	18530		38280	7800
单纯建造生活设施	52287			52287	
迁建	276746	264746		12000	
房地产开发投资	10214212	8679925	52836	960301	521150
各类房屋竣工面积	**5673344**	**4213146**	**533806**	**604546**	**321846**
# 住宅	3672797	2670646	476283	325600	200268
新建	1165910	523409	322160	99670	220671
扩建	324423	143551	158810	6200	15862
改建和技术改造	13000	1500		11500	
单纯建造生活设施	52287			52287	
迁建	198058	198058			
房地产开发投资	3919666	3346628	52836	434889	85313

注：分组指标不含农户和不分地区项目。

5—4 按国民经济行业分的固定资产投资

单位:万元

	总计		市区		永宁县		贺兰县		灵武市	
	2008 年	2007 年	2008 年	2007 年	2008 年	2007 年	2008 年	2007 年	2008 年	2007 年
本年资金来源合计	**3430938**	**2614918**	**1324860**	**1115173**	**265665**	**184095**	**194564**	**125872**	**1645849**	**1189778**
上年末结余资金	**54420**	**65310**	**53601**	**51557**			**573**	**543**	**246**	**13210**
本年资金来源小计	**3376518**	**2549608**	**1271259**	**1063616**	**265665**	**184095**	**193991**	**125329**	**1645603**	**1176568**
按资金来源分										
国家预算内资金	131525	121234	97864	91571	6211	1540	2360	11561	25090	16562
国内贷款	1297734	1029742	265748	268709	66075	70109	2062	3985	963849	686939
利用外资	7644	14410	7644	7710				6700		
自筹资金	1493231	1037882	503939	386092	191859	106296	165898	89155	631535	456339
其他资金	446384	346340	396064	309534	1520	6150	23671	13928	25129	16728
按国民经济行业分										
第一产业	69062	39131	7452	4366	36297	30387	24471	2410	842	1968
农、林、牧、渔业	69062	39131	7452	4366	36297	30387	24471	2410	842	1968
第二产业	1988195	1554777	298051	305674	71308	115849	93388	68006	1525448	1065248
工业	1986965	1553482	296935	304906	71308	115849	93388	68006	1525334	1064721
采掘业	440974	374274							440974	374274
制造业	1339579	745339	205192	128459	66893	110003	87271	67054	980223	439823
电力、燃气及水的生产和供应业	206412	433869	91743	176447	4415	5846	6117	952	104137	250624
建筑业	1230	1295	1116	768					114	527
第三产业	1401802	1138310	998752	897478	158060	38939	83962	64187	161028	137706
交通运输、仓储和邮政业	66242	72222	30544	13430	11540	5580	1310	1870	22848	51342
信息传输、计算机服务和软件业	812	7407	812	7407						
批发和零售业	40059	14939	35159	9329	1000		3400	4110	500	1500
住宿和餐饮业	8937	17996	7447	17996			1490			
金融业	1005	2353	1005	2353						
房地产业	889291	648083	702932	566549	67200	16140	60847	39403	58312	25991
租赁和商务服务业	11906	4000			9106	4000	2800			
科学研究、技术服务和地质勘查业	1100	3684	1100	3684						
水利、环境和公共设施管理业	192290	131280	86926	69816	27371		12541	15853	65452	45611
居民服务和其他服务业										
教育	44401	85377	35540	75632	1770	4653		451	7091	4641
卫生、社会保障和社会福利业	26473	43446	26148	42796	98	650	227			
文化、体育和娱乐业	76821	72346	66178	68346	10643	4000				
公共管理和社会组织	42465	35177	4961	20140	29332	3916	1347	2500	6825	8621
新增固定资产	**2322089**	**1245085**	**1147417**	**701083**	**190631**	**228750**	**145334**	**125261**	**838707**	**189991**
固定资产交付使用率(%)	**67.0**	**46.0**	**88.0**	**58.0**	**72.0**	**124.0**	**72.0**	**93.0**	**50.0**	**16.0**

注:本表不含不分地区项目和农户投资。

5—5 各种分组的固定资产投资

单位:万元、平方米

	总计		市区		永宁县		贺兰县		灵武市	
	2008 年	2007 年	2008 年	2007 年	2008 年	2007 年	2008 年	2007 年	2008 年	2007 年
本年实际征用和购置土地面积	24377593	3179572	1116359	1916662	3064035	408085	947504	303709	19249695	551116
本年实际征用和购置土地成交价款	69079	48092	19450	25815	19395	4152	21371	14706	8863	3419
自开始建设至本年底累计完成投资	6553892	4634598	2282768	1915664	308885	304785	243961	170579	3718278	2243570
本年完成投资	**3459059**	**2732218**	**1304255**	**1207518**	**265665**	**185175**	**201821**	**134603**	**1687318**	**1204922**
# 住宅	672977	476081	516317	412277	66824	14575	50186	27650	39650	21579
按构成分										
建筑工程	1794209	1333788	951626	771001	185362	99087	165183	106341	492038	357359
安装工程	287478	197878	63687	57128	6204	26010	477	1607	217110	113133
设备工器具购置	973601	738170	146588	176348	56013	55556	31336	18283	739664	487983
其他费用	403771	462382	142354	203041	18086	4522	4825	8372	238506	246447
按建设性质分(不含房地产)										
# 新建	1882366	1426185	238604	379801	125422	49222	107615	53757	1410725	943405
扩建	452533	373416	246672	136176	88766	122993	3147		113948	114247
改建和技术改造	296139	244551	104559	87947	46337	2320	28632	39653	116611	114631
按经济类型分										
内资	3403657	2681647	1249453	1156947	265665	185175	201221	134603	1687318	1204922
国有	600794	533752	305501	342996	166026	50992	49396	24036	79871	115728
集体	210	470	210	470						
股份合作	11639	10383	11639	10383						
有限责任公司	1832110	1354854	319756	390555	84193	72956	66529	47746	1361632	843597
国有独资公司	1355172	802622	133686	201590	9106	4000			1212380	597032
其他有限责任公司	476938	552232	186070	188965	75087	68956	66529	47746	149252	246565
股份有限公司	18708	11403	10908	7828					7800	3575
私营	925266	765785	601309	404715	15446	61227	85296	62821	223215	237022
其他内资	14930	5000	130						14800	5000
外商投资	54802	50571	54802	50571						
个体户经营	600						600			

注:1. 本表不含不分地区项目和农户投资。

2. 本年实际征用和购置土地面积包含无偿划拨土地。

5—6 城镇固定资产投资

单位:万元

	2008 年	2007 年
合　计	**3392333**	**2681405**
按隶属关系分		
中央	1145216	874057
地方	2247117	1807348
自治区	453259	508524
地市县属	1793858	1298824
地区	223172	219785
县	394419	112303
其他	1176267	966736
按建设性质分(不含房地产)		
# 新建	1853026	1388313
扩建	431673	370060
改建和技术改造	279613	235066
按登记注册类型分		
内资	3336931	2630834
国有	540421	488229
集体		270
股份合作	11639	10383
有限责任公司	1830551	1353054
国有独资公司	1355172	802622
其他有限责任公司	475379	550432
股份有限公司	18164	11403
私营	921226	762495
其他内资	14930	5000
外商投资	54802	50571
外商合资经营	18611	9278
外商独资	36191	41293
按国民经济行业分		
第一产业	49172	6066
农、林、牧、渔业	49172	6066
第二产业	1985045	1554617
工业	1983815	1553322
采掘业	440974	374274
制造业	1336429	745179
电力、燃气及水的生产和供应业	206412	433869
建筑业	1230	1295
第三产业	1358116	1120722
交通运输、仓储和邮政业	51716	62187
信息传输、计算机服务和软件业	812	7407
批发和零售业	40059	14939
住宿和餐饮业	8047	16276
金融业	1005	2353
房地产业	884771	648083
租赁和商务服务业	11906	4000
科学研究、技术服务和地质勘查业	1100	2084
水利、环境和公共设施管理业	184564	128275
教育	43912	84634
卫生、社会保障和社会福利业	26473	43446
文化、体育和娱乐业	65214	72346
公共管理和社会组织	38537	34692

注:本表不含不分地区项目和农村投资。

5—7 固定资产投资效果

（2008 年）

	单位	合计	新建	扩建	改建和技术改造	单纯建造生活设施	迁建	单纯购置	房地产开发
建设项目投产率	%	**66.1**	**64.4**	**70.9**	**55.8**	**100.0**	**25.0**		
本年施工项目	个	443	180	206	52	1	4		
# 农村非农户	个	58	12	37	9				
本年竣工项目	个	293	116	146	29	1	1		
# 农村非农户	个	50	12	31	7				
固定资产交付使用率	%	**67.1**	**72.9**	**47.4**	**27.7**	**100.0**	**367.9**	**96.5**	**72.8**
本年新增固定资产	万元	2322089	1371794	214366	82070	7383	55557	18801	572118
# 农村非农户	万元	60267	29340	15711	15216				
本年完成投资额	万元	3459059	1882366	452533	296139	7383	15101	19486	786051
# 农村非农户	万元	66726	29340	20860	16526				
建设周期	**年**	**5.1**	**7.7**	**1.7**	**2.4**	**1.0**	**5.1**	**1.0**	**2.1**
计划总投资	万元	17671050	14409926	786796	710651	7383	76323	19486	1660485
# 农村非农户	万元	69028	30650	21272	17106				
本年完成投资	万元	3459059	1882366	452533	296139	7383	15101	19486	786051
# 农村非农户	万元	66726	29340	20860	16526				
房屋建筑面积竣工率	%	**42.2**	**57.1**	**41.5**	**20.1**	**100.0**	**71.6**		**38.4**
施工面积	平方米	13430521	2040375	782291	64610	52287	276746		10214212
# 农村非农户	平方米	65315	38150	27165					
竣工面积	平方米	5673344	1165910	324423	13000	52287	198058		3919666
# 农村非农户	平方米	57732	38150	19582					

注:本表不含不分地区项目和农户投资。

5—8 重点项目建设情况

（2008 年）

单位:万元

	开工时间	竣工时间	计划总投资	累计完成投资	本年计划	本年完成投资
自治区级重点项目						
西夏热电厂	200607	200812	197000	198624	77000	33624
银川河东机场改扩建工程	200807		50930	2971	2000	2971
自治区人民医院扩建	200706		56096	24388	32000	10988
宁夏亲水体育健身中心	200709		13594	11540	10000	7000
宁夏国际会展中心	200606	200812	34706	38438	11106	16040
银川市文化艺术中心	200608	200812	15607	13510	5277	3688
自治区博物馆	200605	200809	22865	19724	9939	6427
自治区图书馆	200604	200810	24506	19348	6906	5961
自治区科技馆	200604	200809	24896	25850	5746	8217
宁夏广电中心	200403		21484	23770	6656	11948
银川市级重点项目						
城市景观节点园林绿化美化提升工程	200804	200809	500	588	300	588
城市公园及街头绿地改造	200803	200809	4080	2948	4080	2948
亲水大街西侧绿化美化工程	200803	200809	1500	1685	1500	1685
正源北街等四条路景观林带	200803	200808	1000	1500	1000	1500
解放街（西门桥－丽景街）改造	200708	200807	2546	3028	1300	2650
北三环（大连路）（亲水大街－正源街）	200705	200807	4000	2176	2000	468
北四环（沈阳路）（亲水大街－唐徕渠）	200705	200807	11000	7006	4800	3014
北京路（正源街－通达街）公交专用通道	200808	200809	1000	1108	1000	1108
万寿路（北三环－北五环路）一期工程	200705	200807	3524	2382	1800	541
小街巷改造（实施改造 30 条）	200804	200810	15000	6582	7500	6582
第三污水处理厂中水回用工程	200709		3600	2770	2100	2096
宁安文化公园	200803	200812	2550	2187	2000	2187
高速公路路灯工程	200805	200807	540	299	540	299
“三馆两中心”周边基础设施配套及绿化	200708	200812	10315	7617	6000	5450
银川览山、露天大剧院及绿化工程	200801	200809	17123	10807	13000	10807
览山进厂道路、给排水及附属工程	200803	200808	8000	10452	5500	10452
九中迁建	200703		20000	16701	7650	10619
市医院改造	200709		37525	17500	15000	11500

5—9 房地产开发企业投资情况

（2008 年）　　单位：个、万元、平方米

	总计	国有经济	私营经济	其他有限责任公司	外商投资
企业个数	**208**	**10**	**163**	**32**	**3**
计划总投资	1660485	172153	1232681	196644	59007
自开始建设累计完成投资	1204406	126169	895638	154159	28440
本年完成投资	**786051**	**96005**	**571283**	**108452**	**10311**
# 土地开发投资额	7030		4365	1997	668
配套工程投资	9645		7861	1784	
按构成分					
建筑工程	672473	94965	469043	98212	10253
安装工程	11076		11025	51	
设备工器具购置	12130		7670	4460	
其他费用	90372	1040	83545	5729	58
# 旧建筑物购置费	220		220		
土地购置费	45190	1000	41777	2355	58
按工程用途分					
住宅	569594	83136	389868	86988	9602
# 90 平方米以下住房	225258	42473	153976	26189	2620
140 平方米以上住房	87569	1742	58029	22631	5167
经济适用房	25581	14113	7155	4313	
别墅、高档公寓	12427	830	2285	5519	3793
办公楼	38493	7158	24758	6577	
商业营业用房	135635	2956	120915	11548	216
其他	42329	2755	35742	3339	493
本年新增固定资产	572118	73764	403370	79270	15714
本年资金来源合计	886507	103873	662440	105187	15007
上年末结余资金	53721	9838	35391	4699	3793
本年资金来源小计	832786	94035	627049	100488	11214
国内贷款	118840	26514	86989	5337	
# 银行贷款	106009	26514	74158	5337	
非银行金融机构贷款	12831		12831		
利用外资					
# 外商直接投资					
自筹资金	280024	42517	186933	48129	2445
# 自有资金	175065	42517	92127	37976	2445
其他资金来源	433922	25004	353127	47022	8769
# 定金及预收款	308501	11826	249417	40225	7033
个人按揭贷款	86128	4911	74398	5083	1736
本年各项应付款合计	86100	8196	62395	15182	327
# 工程款	74194	8196	54645	11026	327
本年完成开发土地面积	684210		587704	96506	
待开发土地面积	501315		472676	28639	
本年购置土地面积	721842		675241	46601	
本年土地成交价款	45843		43236	2607	

5—9 续表 1

单位:个、万元、平方米

	银川市	市辖区	永宁县	贺兰县	灵武市
企业个数	**208**	**174**	**6**	**18**	**10**
计划总投资	1660485	1440969	5400	119273	94843
自开始建设累计完成投资	1204406	1048917	5400	82537	67552
本年完成投资	**786051**	**683935**	**5140**	**53464**	**43512**
# 土地开发投资额	7030	4618		1548	864
配套工程投资	9645	8396		1239	10
按构成分					
建筑工程	672473	575952	4890	51396	40235
安装工程	11076	9805		157	1114
设备工器具购置	12130	12130			
其他费用	90372	86048	250	1911	2163
# 旧建筑物购置费	220			220	
土地购置费	45190	42020		1297	1873
按工程用途分					
住宅	569594	498245	3646	42053	25650
# 90 平方米以下住房	225258	200204	2238	19811	3005
140 平方米以上住房	87569	82868	280	3390	1031
经济适用房	25581	22935			2646
别墅、高档公寓	12427	6108		6319	
办公楼	38493	35888		2605	
商业营业用房	135635	108059	1494	8408	17674
其他	42329	41743		398	188
本年新增固定资产	572118	501649	5400	54743	10326
本年资金来源合计	886507	800008	5140	49372	31987
上年末结余资金	53721	53113		573	35
本年资金来源小计	832786	746895	5140	48799	31952
国内贷款	118840	117478		1362	
# 银行贷款	106009	104647		1362	
非银行金融机构贷款	12831	12831			
利用外资					
# 外商直接投资					
自筹资金	280024	233763	3620	24646	17995
# 自有资金	175065	147138	3520	15312	9095
其他资金来源	433922	395654	1520	22791	13957
# 定金及预收款	308501	280700	750	15156	11895
个人按揭贷款	86128	77375	770	5921	2062
本年各项应付款合计	86100	67519		4191	14390
# 工程款	74194	56172		3654	14368
本年完成开发土地面积	684210	349216		225167	109827
待开发土地面积	501315	350673		31807	118835
本年购置土地面积	721842	614733		30733	76376
本年土地成交价款	45843	42703		1267	1873

5—9 续表 2

单位:个、万元、平方米

	资质等级					
	一级	二级	三级	四级	暂定	其他
企业个数	**11**	**43**	**57**	**46**	**44**	**7**
计划总投资	460416	525581	290713	150808	192128	40839
自开始建设累计完成投资	346786	377400	212360	126706	115310	25844
本年完成投资	**224818**	**256854**	**128369**	**73728**	**80793**	**21489**
# 土地开发投资额	1275	1518	1841	468	1928	
配套工程投资	5733	1335	980	940	657	
按构成分						
建筑工程	197302	219418	117007	48634	68623	21489
安装工程	5035	3130	265	1202	1444	
设备工器具购置	109	4977	120	6631	293	
其他费用	22372	29329	10977	17261	10433	
# 旧建筑物购置费			100		120	
土地购置费	12799	10601	3972	12332	5486	
按工程用途分						
住宅	159063	198803	91432	33743	65710	20843
# 90 平方米以下住房	64633	67356	41762	12008	31760	7739
140 平方米以上住房	34512	28115	9820	5554	9471	97
经济适用房		1889	9801	4421		9470
别墅、高档公寓	2030	3725	5869		803	
办公楼	8228	3920	17433	7324	1588	
商业营业用房	35697	46052	15333	27254	10653	646
其他	21830	8079	4171	5407	2842	
本年新增固定资产	192989	157149	117415	31422	59152	13991
本年资金来源合计	246072	292970	152201	81967	91808	21489
上年末结余资金	19551	17415	9424	5303	2028	
本年资金来源小计	226521	275555	142777	76664	89780	21489
国内贷款	32310	34452	21416	10860	1288	18514
# 银行贷款	31210	29635	15812	10000	838	18514
非银行金融机构贷款	1100	4817	5604	860	450	
利用外资						
# 外商直接投资						
自筹资金	53046	102090	47414	34414	43060	
# 自有资金	45620	57716	38685	12445	20599	
其他资金来源	141165	139013	73947	31390	45432	2975
# 定金及预收款	116455	102315	39894	24877	23001	1959
个人按揭贷款	21980	28051	17583	3813	13685	1016
本年各项应付款合计	21172	24664	11656	12293	12017	4298
# 工程款	21172	17074	11487	10973	9190	4298
本年完成开发土地面积	87600	98270	180387	4851	313102	
待开发土地面积	40000	50667	76623	83296	250729	
本年购置土地面积	329001	136131	54043	63461	139206	
本年土地成交价款	19980	12389	1373	1496	10605	

5—10 房地产开发企业经营情况

（2008 年）

单位:万元、人

	总计	国有经济	私营经济	其他有限责任公司	外商投资
年初存货	**1396599**	**118361**	**1036049**	**156454**	**85735**
年末资产负债					
流动资产合计	2878235	425997	1856050	471793	124395
# 存货	1796610	305000	1129289	301671	60649
固定资产原价	159799	10171	139276	9571	781
累计折旧	36691	1944	31922	2575	251
# 本年折旧	8267	473	7004	567	223
资产总计	3196493	450302	2128053	490667	127471
负债合计	2587224	434999	1705171	353526	93529
所有者权益合计	609269	15303	422883	137141	33942
# 实收资本	551170	33520	375100	122437	20113
国家资本	44784	33520	4105	7159	
集体资本	3767		360	3407	
法人资本	151674		50433	97153	4088
个人资本	334920		320201	14719	
港澳台资本					
外商资本	16025				16025
损益及分配					
主营业务收入	900615	77661	604813	150698	67443
土地转让收入					
商品房屋销售收入	891459	77661	597008	150169	66621
房屋出租收入	7647		7206	441	
其他收入	1510		599	88	822
主营业务成本	733274	62669	494506	130024	46075
主营业务税金及附加	53188	4861	36490	8477	3360
主营业务利润	100120	8264	63265	11094	17497
其他业务收入	11048	176	9622	882	368
其他业务利润	4875	151	4832	147	-256
销售费用	14033	1867	10552	1103	511
管理费用	50943	3802	40892	5295	953
# 税金	6174	527	4823	771	53
差旅费	1727	67	1260	148	251
工会经费	268	7	227	31	3
财务费用	14661	589	12555	1520	-3
# 利息支出	13659	588	11614	1499	-42
营业利润	39391	4024	14650	4426	16291
营业外收入	1226	43	1119	59	5
营业外支出	5397	253	4488	596	61
利润总额	35314	3655	11331	4092	16236
应交所得税	9736	479	7577	1680	
劳动失业、保险费	1122	50	774	283	15
住房公积金及住房补贴	474	43	315	104	12
工资、福利费					
本年应付工资总额	16208	1454	11505	2314	935
本年应付福利费总额	801	23	661	115	1
全部从业人员年平均人数	**6112**	**345**	**4556**	**870**	**341**

5—10 续表1

单位:万元、人

	银川市	市辖区	永宁县	贺兰县	灵武市
年初存货	**1396599**	**1288539**	**11671**	**74496**	**21892**
年末资产负债					
流动资产合计	2878235	2618421	20202	191593	48020
# 存货	1796610	1622787	15029	129682	29112
固定资产原价	159799	146687	2971	7179	2962
累计折旧	36691	32529	594	2475	1094
# 本年折旧	8267	7686	99	404	79
资产总计	3196493	2910133	26668	207195	52497
负债合计	2587224	2355862	17553	178884	34926
所有者权益合计	609269	554271	9115	28312	17571
# 实收资本	551170	495375	8228	34007	13560
国家资本	44784	44784			
集体资本	3767	2960			807
法人资本	151674	129828	5166	16680	
个人资本	334920	301778	3062	17328	12753
港澳台资本					
外商资本	16025	16025			
损益及分配					
主营业务收入	900615	823489	20785	43314	13028
土地转让收入					
商品房屋销售收入	891459	814733	20785	42912	13028
房屋出租收入	7647	7489		157	
其他收入	1510	1266		244	
主营业务成本	733274	666147	18805	37816	10506
主营业务税金及附加	53188	49122	1212	2209	645
主营业务利润	100120	94828	753	2765	1775
其他业务收入	11048	10945	1	102	
其他业务利润	4875	4770	13	92	
销售费用	14033	13392	15	524	102
管理费用	50943	46542	720	2634	1046
# 税金	6174	5196	201	462	316
差旅费	1727	1576	34	104	13
工会经费	268	205	3	56	4
财务费用	14661	14164	152	125	221
# 利息支出	13659	13153	152	135	219
营业利润	39391	38891	-106	98	508
营业外收入	1226	1110	5	62	50
营业外支出	5397	5074	57	216	50
利润总额	35314	35108	-160	-143	508
应交所得税	9736	9272	84	94	286
劳动失业、保险费	1122	1054	11	38	19
住房公积金及住房补贴	474	456		4	14
工资、福利费					
本年应付工资总额	16208	14823	153	808	423
本年应付福利费总额	801	684	14	51	53
全部从业人员年平均人数	**6112**	**5344**	**102**	**425**	**241**

5—10 续表2

单位:万元、人

	资质等级					
	一级	二级	三级	四级	暂定	其他
年初存货	**344090**	**486816**	**219789**	**159560**	**132200**	**54144**
年末资产负债						
流动资产合计	661713	962295	400314	267562	491996	94356
# 存货	481140	505641	218179	173095	363923	54633
固定资产原价	69615	44320	20207	10693	14854	110
累计折旧	12270	11861	6024	2109	4337	90
# 本年折旧	3089	2548	1038	788	789	14
资产总计	770541	1042650	475419	291486	522023	94375
负债合计	676704	813196	388780	222303	387274	98967
所有者权益合计	93837	229454	86639	69183	134748	-4592
# 实收资本	74679	156417	95889	70935	153250	
国家资本	7872	17403	15296	2093	2120	
集体资本		600	2807	360		
法人资本	4898	17785	16707	15896	96389	
个人资本	61910	115503	51180	51586	54741	
港澳台资本						
外商资本		5125	9900	1000		
损益及分配						
主营业务收入	224878	441541	126988	35647	64936	6626
土地转让收入						
商品房屋销售收入	219200	440382	126420	34482	64349	6626
房屋出租收入	5580	1079	499	232	257	
其他收入	98	81	69	933	330	
主营业务成本	178127	355812	105969	29970	57765	5632
主营业务税金及附加	14248	24300	7713	2967	3595	364
主营业务利润	29029	56831	10619	1453	1973	216
其他业务收入	3579	5397	1273	484	162	154
其他业务利润	2800	1023	663	281	-22	130
销售费用	3474	4598	2687	1257	1603	413
管理费用	11956	18976	8689	5379	5694	248
# 税金	1324	2523	1155	522	645	7
差旅费	244	752	249	185	272	26
工会经费	53	78	39	29	69	
财务费用	3746	7103	1023	960	1411	419
# 利息支出	3510	6639	908	826	1358	418
营业利润	16127	31775	1570	-4605	-5155	-321
营业外收入	191	699	216	26	94	
营业外支出	2047	1647	1150	208	345	1
利润总额	14567	31181	159	-4714	-5558	-322
应交所得税	3577	3941	1506	318	395	
劳动失业、保险费	193	391	199	242	96	
住房公积金及住房补贴	117	169	78	105	5	
工资、福利费						
本年应付工资总额	3351	5895	2929	2064	1869	101
本年应付福利费总额	200	207	200	83	111	
全部从业人员年平均人数	**849**	**2054**	**1259**	**912**	**1015**	**23**

5—11　房地产开发施工、竣工房屋面积

（2008 年）　　　　单位：平方米、万元、套

	总计	国有经济	私营经济	其他有限责任公司	外商投资
房屋施工面积	**10214212**	**1369048**	**7185614**	**1352839**	**306711**
住宅	7269264	1201250	4843975	957864	266175
# 90 平方米以下住房	3152835	652287	2010240	317976	172332
140 平方米以上住房	894264	16262	601552	227884	48566
经济适用房	370821	220722	80000	70099	
别墅、高档公寓	140174	6818	16929	74462	41965
办公楼	488497	37367	345123	106007	
商业营业用房	1999623	99429	1638689	245847	15658
其他	456828	31002	357827	43121	24878
本年新开工面积	5060480	1050323	3372681	501476	136000
住宅	4097171	894533	2661584	417217	123837
# 90 平方米以下住房	1973399	522672	1142129	211398	97200
140 平方米以上住房	385100	9444	288282	70755	16619
经济适用房	294308	172912	80000	41396	
别墅、高档公寓	60814		9172	41624	10018
办公楼	174376	37367	125607	11402	
商业营业用房	608087	96584	449798	61705	
其他	180846	21839	135692	11152	12163
房屋竣工面积	**3919666**	**545460**	**2642029**	**647917**	**84260**
住宅	2937262	519456	1906871	436734	74201
# 90 平方米以下住房	1147024	246102	771274	129648	
140 平方米以上住房	396461	6818	197875	146650	45118
经济适用房	36503			36503	
别墅、高档公寓	68163	6818	2600	26798	31947
办公楼	161408		76122	85286	
商业营业用房	713601	14599	578059	110884	10059
其他	107395	11405	80977	15013	
不可销售面积	730303	84911	347503	297889	
住宅	526784	66845	265315	194624	
# 90 平方米以下住房	258358	66845	178765	12748	
140 平方米以上住房	119852			119852	
经济适用房	1500			1500	
别墅、高档公寓					
办公楼	92853		8650	84203	
商业营业用房	53086	6661	42376	4049	
其他	57580	11405	31162	15013	
商品住宅竣工套数	**28772**	**5520**	**19380**	**3461**	**411**
# 90 平方米以下住房	14560	3296	9665	1599	
140 平方米以上住房	2190	35	1231	753	171
经济适用房	390			390	
别墅、高档公寓	278	35	8	128	107
竣工房屋价值	**500942**	**71877**	**336605**	**76746**	**15714**
住宅	361472	68047	231712	47608	14105
# 90 平方米以下住房	137733	31734	95969	10030	
140 平方米以上住房	59192	1705	26043	21550	9894
经济适用房	3212			3212	
别墅、高档公寓	14801	1705	385	4724	7987
办公楼	26964		13257	13707	
商业营业用房	96931	1949	79660	13713	1609
其他	15575	1881	11976	1718	

5—11 续表 1　　　　单位：平方米、万元、套

	银川市	市辖区	永宁县	贺兰县	灵武市
房屋施工面积	**10214212**	**8679925**	**52836**	**960301**	**521150**
住宅	7269264	6171045	41523	646179	410517
# 90 平方米以下住房	3152835	2784579	25076	240443	102737
140 平方米以上住房	894264	777204	5850	105616	5594
经济适用房	370821	308560			62261
别墅、高档公寓	140174	63112		77062	
办公楼	488497	466358		22139	
商业营业用房	1999623	1606366	11313	273227	108717
其他	456828	436156		18756	1916
本年新开工面积	5060480	4391500	27117	375531	266332
住宅	4097171	3528262	17297	337207	214405
# 90 平方米以下住房	1973399	1755930	6700	176267	34502
140 平方米以上住房	385100	316246		63260	5594
经济适用房	294308	260750			33558
别墅、高档公寓	60814	19190		41624	
办公楼	174376	171398		2978	
商业营业用房	608087	513750	9820	33546	50971
其他	180846	178090		1800	956
房屋竣工面积	**3919666**	**3346628**	**52836**	**434889**	**85313**
住宅	2937262	2558625	41523	269923	67191
# 90 平方米以下住房	1147024	1004656	25076	97663	19629
140 平方米以上住房	396461	339577	5850	51034	
经济适用房	36503	7800			28703
别墅、高档公寓	68163	38765		29398	
办公楼	161408	156647		4761	
商业营业用房	713601	524921	11313	160205	17162
其他	107395	106435			960
不可销售面积	730303	707731	7431	12681	2460
住宅	526784	518247		7037	1500
# 90 平方米以下住房	258358	256858			1500
140 平方米以上住房	119852	119852			
经济适用房	1500				1500
别墅、高档公寓					
办公楼	92853	89175		3678	
商业营业用房	53086	43689	7431	1966	
其他	57580	56620			960
商品住宅竣工套数	**28772**	**25356**	**461**	**2349**	**606**
# 90 平方米以下住房	14560	12833	284	1223	220
140 平方米以上住房	2190	1901	10	279	
经济适用房	390	110			280
别墅、高档公寓	278	142		136	
竣工房屋价值	**500942**	**439850**	**5777**	**45095**	**10220**
住宅	361472	324547	4477	24116	8332
# 90 平方米以下住房	137733	126259	2744	6947	1783
140 平方米以上住房	59192	51883	280	7029	
经济适用房	3212	605			2607
别墅、高档公寓	14801	9692		5109	
办公楼	26964	26338		626	
商业营业用房	96931	73478	1300	20353	1800
其他	15575	15487			88

5—11 续表 2

单位:平方米、万元、套

	资质等级					
	一级	二级	三级	四级	暂定	其他
房屋施工面积	**2506983**	**3134417**	**2024262**	**947633**	**1236194**	**364723**
住宅	1951875	2231361	1410821	478313	886712	310182
# 90 平方米以下住房	811243	804263	688561	211414	370650	266704
140 平方米以上住房	297118	239677	151849	85577	118599	1444
经济适用房		31478	142261	69971		127111
别墅、高档公寓	11975	41119	62742		24338	
办公楼	100941	46783	246998	88114	5661	
商业营业用房	278680	758919	302324	334682	270477	54541
其他	175487	97354	64119	46524	73344	
本年新开工面积	1056860	1616571	1159090	313306	666369	248284
住宅	860780	1287513	975550	248516	531069	193743
# 90 平方米以下住房	379443	537590	515438	89926	281168	169834
140 平方米以上住房	82025	68504	90828	51308	90991	1444
经济适用房		16779	113558	69971		94000
别墅、高档公寓		9172	51642			
办公楼	79751	24246	57901	9500	2978	
商业营业用房	70107	270974	81304	46079	85082	54541
其他	46222	33838	44335	9211	47240	
房屋竣工面积	**1204114**	**1122378**	**827297**	**189770**	**451293**	**124814**
住宅	1036754	769867	552749	122843	334776	120273
# 90 平方米以下住房	321532	241612	287530	78744	116902	100704
140 平方米以上住房	158705	160948	40035		36773	
经济适用房			28703	7800		
别墅、高档公寓	6818	31947	11100		18298	
办公楼	21190	7535	102639	28961	1083	
商业营业用房	78339	318513	164713	32532	114963	4541
其他	67831	26463	7196	5434	471	
不可销售面积	196349	291144	163882	3984	20299	54645
住宅	138113	247946	65325	2422	18333	54645
# 90 平方米以下住房	85686	64904	44631	2422	6070	54645
140 平方米以上住房		119852				
经济适用房			1500			
别墅、高档公寓						
办公楼	4972		87881			
商业营业用房	14544	29145	7431		1966	
其他	38720	14053	3245	1562		
商品住宅竣工套数	**10197**	**6986**	**5768**	**1417**	**3097**	**1307**
# 90 平方米以下住房	4483	2976	3515	1019	1430	1137
140 平方米以上住房	1001	790	172		227	
经济适用房			280	110		
别墅、高档公寓	35	107	36		100	
竣工房屋价值	**158023**	**152787**	**105403**	**24517**	**46221**	**13991**
住宅	132756	102025	67293	13034	32763	13601
# 90 平方米以下住房	40034	31192	37067	8343	9844	11253
140 平方米以上住房	22596	25965	6384		4247	
经济适用房			2607	605		
别墅、高档公寓	1705	7987	2340		2769	
办公楼	3630	2067	15634	5551	82	
商业营业用房	11154	45070	21679	5303	13335	390
其他	10483	3625	797	629	41	

5—12　房地产开发商品房销售与出租情况

（2008 年）　　　　单位:平方米、万元、套

	总计	国有经济	私营经济	其他有限责任公司	外商投资
出租房屋面积	**305085**		**287193**	**17892**	
住宅	14909		14909		
# 90 平方米以下住房					
140 平方米以上住房					
经济适用房					
别墅、高档公寓					
办公楼	21918		21918		
商业营业用房	260195		244303	15892	
其他	8063		6063	2000	
商品房销售面积	**3033965**	**276771**	**2181363**	**466395**	**109436**
住宅	2651083	273871	1849737	420058	107417
# 90 平方米以下住房	845774	68083	658143	119132	416
140 平方米以上住房	389960	23367	247709	53512	65372
经济适用房	57825	32985		24840	
别墅、高档公寓	76229	8301	8991	12991	45946
办公楼	61804		48766	13038	
商业营业用房	309783	2900	271762	33102	2019
其他	11295		11098	197	
现房销售面积	1437341	241914	800443	328595	66389
住宅	1174901	239014	580342	291175	64370
# 90 平方米以下住房	337623	56310	201914	78983	416
140 平方米以上住房	217015	23367	98442	53131	42075
经济适用房	37715	32985		4730	
别墅、高档公寓	60661	8301	8991	12991	30378
办公楼	33443		23305	10138	
商业营业用房	221148	2900	189144	27085	2019
其他	7849		7652	197	
期房销售面积	1596624	34857	1380920	137800	43047
住宅	1476182	34857	1269395	128883	43047
# 90 平方米以下住房	508151	11773	456229	40149	
140 平方米以上住房	172945		149267	381	23297
经济适用房	20110			20110	
别墅、高档公寓	15568				15568
办公楼	28361		25461	2900	
商业营业用房	88635		82618	6017	
其他	3446		3446		
商品房销售额	**862322**	**45907**	**657869**	**109763**	**48783**
住宅	690554	44663	504400	93725	47766
# 90 平方米以下住房	203988	12140	166874	24824	150
140 平方米以上住房	144103	6063	84883	16232	36925
经济适用房	9394	6218		3176	
别墅、高档公寓	42345	3331	4762	4063	30189
办公楼	23378		19666	3712	
商业营业用房	145910	1244	131378	12271	1017
其他	2480		2425	55	
现房销售额	363410	36871	209744	84349	32446
住宅	265141	35627	126845	71240	31429
# 90 平方米以下住房	64610	9210	37450	17800	150
140 平方米以上住房	74172	6063	26496	16135	25478
经济适用房	6995	6218		777	
别墅、高档公寓	32158	3331	4762	4063	20002

5—12 续表 1　　　　单位：平方米、万元、套

	总计	国有经济	私营经济	其他有限责任公司	外商投资
办公楼	12235		9567	2668	
商业营业用房	83957	1244	71310	10386	1017
其他	2077		2022	55	
期房销售额	498912	9036	448125	25414	16337
住宅	425413	9036	377555	22485	16337
# 90 平方米以下住房	139378	2930	129424	7024	
140 平方米以上住房	69931		58387	97	11447
经济适用房	2399			2399	
别墅、高档公寓	10187				10187
办公楼	11143		10099	1044	
商业营业用房	61953		60068	1885	
其他	403		403		
商品住宅销售套数	**25575**	**2673**	**18261**	**4017**	**624**
# 90 平方米以下住房	10479	899	8090	1485	5
140 平方米以上住房	2163	137	1475	295	256
经济适用房	660	367		293	
别墅、高档公寓	267	33	33	60	141
现房住宅销售套数	10858	2299	5506	2685	368
# 90 平方米以下住房	4175	750	2418	1002	5
140 平方米以上住房	1114	137	526	293	158
经济适用房	426	367		59	
别墅、高档公寓	219	33	33	60	93
期房住宅销售套数	14717	374	12755	1332	256
# 90 平方米以下住房	6304	149	5672	483	
140 平方米以上住房	1049		949	2	98
经济适用房	234			234	
别墅、高档公寓	48				48
空置面积	**2884332**	**386838**	**1909256**	**470041**	**118197**
住宅	1437896	328586	834061	231782	43467
# 90 平方米以下住房	481636	120471	298995	62170	
140 平方米以上住房	216917	29324	113595	33769	40229
经济适用房	30632	18882	128	11622	
别墅、高档公寓	68037	23003	10418	27984	6632
办公楼	129558	3016	116972	3562	6008
商业营业用房	1229930	45854	897861	221014	65201
其他	86948	9382	60362	13683	3521
空置 1－3 年面积	869264	52940	588727	149428	78169
住宅	236917	14680	153981	54758	13498
# 90 平方米以下住房	62924	3804	53838	5282	
140 平方米以上住房	53208	7260	24254	8196	13498
经济适用房	2475	2242		233	
别墅、高档公寓	13891	2314	8561	3016	
办公楼	39934	3016	27843	3067	6008
商业营业用房	569082	34212	390660	89068	55142
其他	23331	1032	16243	2535	3521
空置 3 年以上面积	100218	22609	76943	666	
住宅	31090	19585	11505		
# 90 平方米以下住房	5396	1757	3639		
140 平方米以上住房	20099	17080	3019		
经济适用房	3880	3880			
别墅、高档公寓	16234	15705	529		
办公楼	12446		11951	495	
商业营业用房	47667	3024	44472	171	
其他	9015		9015		

单位:平方米、万元、套

	银川市	市辖区	永宁县	贺兰县	灵武市
出租房屋面积	**305085**	**263546**		**41539**	
住宅	14909	14909			
# 90 平方米以下住房					
140 平方米以上住房					
经济适用房					
别墅、高档公寓					
办公楼	21918	21918			
商业营业用房	260195	218656		41539	
其他	8063	8063			
商品房销售面积	**3033965**	**2524508**	**45609**	**284933**	**178915**
住宅	2651083	2213861	42337	251596	143289
# 90 平方米以下住房	845774	709055	24380	89339	23000
140 平方米以上住房	389960	365063	7301	17596	
经济适用房	57825	40600			17225
别墅、高档公寓	76229	63238		12991	
办公楼	61804	61804			
商业营业用房	309783	237548	3272	33337	35626
其他	11295	11295			
现房销售面积	1437341	1170650	45609	163950	57132
住宅	1174901	970823	42337	135713	26028
# 90 平方米以下住房	337623	258801	24380	42329	12113
140 平方米以上住房	217015	194567	7301	15147	
经济适用房	37715	36153			1562
别墅、高档公寓	60661	47670		12991	
办公楼	33443	33443			
商业营业用房	221148	158535	3272	28237	31104
其他	7849	7849			
期房销售面积	1596624	1353858		120983	121783
住宅	1476182	1243038		115883	117261
# 90 平方米以下住房	508151	450254		47010	10887
140 平方米以上住房	172945	170496		2449	
经济适用房	20110	4447			15663
别墅、高档公寓	15568	15568			
办公楼	28361	28361			
商业营业用房	88635	79013		5100	4522
其他	3446	3446			
商品房销售额	**862322**	**782132**	**7088**	**46829**	**26273**
住宅	690554	626770	6058	38945	18781
# 90 平方米以下住房	203988	182789	3849	13785	3565
140 平方米以上住房	144103	138931	477	4695	
经济适用房	9394	7190			2204
别墅、高档公寓	42345	38282		4063	
办公楼	23378	23378			
商业营业用房	145910	129504	1030	7884	7492
其他	2480	2480			
现房销售额	363410	319204	7088	26937	10181
住宅	265141	234583	6058	20495	4005
# 90 平方米以下住房	64610	52355	3849	6016	2390
140 平方米以上住房	74172	69374	477	4321	
经济适用房	6995	6625			370
别墅、高档公寓	32158	28095		4063	

单位：平方米、万元、套

	银川市	市辖区	永宁县	贺兰县	灵武市
办公楼	12235	12235			
商业营业用房	83957	70309	1030	6442	6176
其他	2077	2077			
期房销售额	498912	462928		19892	16092
住宅	425413	392187		18450	14776
# 90 平方米以下住房	139378	130434		7769	1175
140 平方米以上住房	69931	69557		374	
经济适用房	2399	565			1834
别墅、高档公寓	10187	10187			
办公楼	11143	11143			
商业营业用房	61953	59195		1442	1316
其他	403	403			
商品住宅销售套数	25575	21211	401	2577	1386
# 90 平方米以下住房	10479	8830	276	1112	261
140 平方米以上住房	2163	2052	20	91	
经济适用房	660	469			191
别墅、高档公寓	267	207		60	
现房住宅销售套数	10858	8855	401	1336	266
# 90 平方米以下住房	4175	3224	276	537	138
140 平方米以上住房	1114	1020	20	74	
经济适用房	426	409			17
别墅、高档公寓	219	159		60	
期房住宅销售套数	14717	12356		1241	1120
# 90 平方米以下住房	6304	5606		575	123
140 平方米以上住房	1049	1032		17	
经济适用房	234	60			174
别墅、高档公寓	48	48			
空置面积	2884332	2347375	10498	373966	152493
住宅	1437896	1206622	9889	207447	13938
# 90 平方米以下住房	481636	399734	6695	65585	9622
140 平方米以上住房	216917	170014		46903	
经济适用房	30632	20654			9978
别墅、高档公寓	68037	37453		30584	
办公楼	129558	127892			1666
商业营业用房	1229930	925913	609	166519	136889
其他	86948	86948			
空置 1－3 年面积	869264	643841		135769	89654
住宅	236917	195759		41158	
# 90 平方米以下住房	62924	57589		5335	
140 平方米以上住房	53208	47592		5616	
经济适用房	2475	2475			
别墅、高档公寓	13891	8275		5616	
办公楼	39934	38268			1666
商业营业用房	569082	386483		94611	87988
其他	23331	23331			
空置 3 年以上面积	100218	100218			
住宅	31090	31090			
# 90 平方米以下住房	5396	5396			
140 平方米以上住房	20099	20099			
经济适用房	3880	3880			
别墅、高档公寓	16234	16234			
办公楼	12446	12446			
商业营业用房	47667	47667			
其他	9015	9015			

5—12 续表 4

单位:平方米、万元、套

	资质等级					
	一级	二级	三级	四级	暂定	其他
出租房屋面积	**132946**	**88310**	**60665**	**9673**	**13491**	
住宅	14909					
# 90 平方米以下住房						
140 平方米以上住房						
经济适用房						
别墅、高档公寓						
办公楼	11446	1284		6454	2734	
商业营业用房	105784	79822	60665	3167	10757	
其他	807	7204		52		
商品房销售面积	**778190**	**994526**	**616220**	**231060**	**375636**	**38333**
住宅	717985	834809	550039	153017	356900	38333
# 90 平方米以下住房	158776	253627	237310	39252	125895	30914
140 平方米以上住房	126840	139513	64349	23214	36044	
经济适用房		12711	17225	7538		20351
别墅、高档公寓	17292	45946	4039		8952	
办公楼	12836	33538	3861	11569		
商业营业用房	40515	124373	59877	66282	18736	
其他	6854	1806	2443	192		
现房销售面积	292034	573889	305068	91294	142040	33016
住宅	249361	442282	254128	64837	131277	33016
# 90 平方米以下住房	49886	118609	98914	11453	30914	27847
140 平方米以上住房	37380	119256	38184	9382	12813	
经济适用房		12711	1562	3091		20351
别墅、高档公寓	17292	30378	4039		8952	
办公楼	5308	26472		1663		
商业营业用房	32380	103329	49951	24725	10763	
其他	4985	1806	989	69		
期房销售面积	486156	420637	311152	139766	233596	5317
住宅	468624	392527	295911	88180	225623	5317
# 90 平方米以下住房	108890	135018	138396	27799	94981	3067
140 平方米以上住房	89460	20257	26165	13832	23231	
经济适用房			15663	4447		
别墅、高档公寓		15568				
办公楼	7528	7066	3861	9906		
商业营业用房	8135	21044	9926	41557	7973	
其他	1869		1454	123		
商品房销售额	**226747**	**322468**	**142294**	**68767**	**93055**	**8991**
住宅	199066	239122	122343	34818	86214	8991
# 90 平方米以下住房	42644	61815	50657	7551	34192	7129
140 平方米以上住房	50332	57589	16646	7902	11634	
经济适用房		1870	2204	964		4356
别墅、高档公寓	8093	30189	2196		1867	
办公楼	4940	12662	1251	4525		
商业营业用房	21274	70226	18202	29367	6841	
其他	1467	458	498	57		
现房销售额	66307	183086	59938	23073	23819	7187
住宅	48024	127308	47226	15214	20182	7187
# 90 平方米以下住房	9788	26077	16322	1945	4415	6063
140 平方米以上住房	14456	45988	8240	2892	2596	
经济适用房		1870	370	399		4356
别墅、高档公寓	8093	20002	2196		1867	

5—12 续表5　　　　单位:平方米、万元、套

	资质等级					
	一级	二级	三级	四级	暂定	其他
办公楼	2223	9608		404		
商业营业用房	14745	45712	12425	7438	3637	
其他	1315	458	287	17		
期房销售额	160440	139382	82356	45694	69236	1804
住宅	151042	111814	75117	19604	66032	1804
# 90 平方米以下住房	32856	35738	34335	5606	29777	1066
140 平方米以上住房	35876	11601	8406	5010	9038	
经济适用房			1834	565		
别墅、高档公寓		10187				
办公楼	2717	3054	1251	4121		
商业营业用房	6529	24514	5777	21929	3204	
其他	152		211	40		
商品住宅销售套数	**6671**	**7862**	**5495**	**1496**	**3588**	**463**
# 90 平方米以下住房	2049	3143	2838	499	1554	396
140 平方米以上住房	746	686	369	142	220	
经济适用房		113	191	101		255
别墅、高档公寓	66	141	15		45	
现房住宅销售套数	2315	3885	2388	592	1278	400
# 90 平方米以下住房	678	1440	1160	138	402	357
140 平方米以上住房	184	609	203	48	70	
经济适用房		113	17	41		255
别墅、高档公寓	66	93	15		45	
期房住宅销售套数	4356	3977	3107	904	2310	63
# 90 平方米以下住房	1371	1703	1678	361	1152	39
140 平方米以上住房	562	77	166	94	150	
经济适用房			174	60		
别墅、高档公寓		48				
空置面积	**590956**	**1030904**	**506764**	**278147**	**461364**	**16197**
住宅	449156	378779	204044	98067	291653	16197
# 90 平方米以下住房	131385	113384	105765	29646	88301	13155
140 平方米以上住房	76010	61569	37289	2893	39156	
经济适用房	128	6122	9978	1644		12760
别墅、高档公寓	28964	7161	12668	1328	17916	
办公楼	3104	45814	48834	30710	1096	
商业营业用房	111167	579560	240465	131711	167027	
其他	27529	26751	13421	17659	1588	
空置 1－3 年面积	101993	363585	198043	79135	123071	3437
住宅	40024	83888	39187	39029	31352	3437
# 90 平方米以下住房	9147	41167	2780	2756	6679	395
140 平方米以上住房	17640	21741	10814	1565	1448	
经济适用房		2242		233		
别墅、高档公寓	8275		4168		1448	
办公楼	3104	23743	4608	7383	1096	
商业营业用房	48948	249385	151323	30391	89035	
其他	9917	6569	2925	2332	1588	
空置 3 年以上面积	23948	52807	16202	6977	284	
住宅	16860	12623	1323		284	
# 90 平方米以下住房	79	5317				
140 平方米以上住房	15848	3263	704		284	
经济适用房		3880				
别墅、高档公寓	15705	529				
办公楼		7922	1591	2933		
商业营业用房	5647	32168	5808	4044		
其他	1441	94	7480			

5—13 房地产开发企业资质等级一、二级企业名单

（2008年）

单 位 名 称	法人代表	资质等级	经济类型
中房集团银川房地产开发有限责任公司	王爱全	一级	私营有限责任公司
银川建发集团股份有限公司	杨 伟	一级	私营有限责任公司
宁夏新材房地产开发有限公司	朱国广	一级	私营有限责任公司
宁夏住宅建设发展(集团)有限公司	王新生	一级	私营有限责任公司
宁夏正丰房地产开发有限公司	郑国祥	一级	私营有限责任公司
银川众一集团房地产开发有限公司	魏 民	一级	私营有限责任公司
宁夏民生房地产开发有限公司	刘文锦	一级	私营有限责任公司
宁夏耀吉兴房地产开发有限公司	姚建国	一级	私营有限责任公司
宁夏银帝房地产开发有限公司	朱奕龙	一级	私营有限责任公司
宁夏亘元房地产开发有限公司	白武新	一级	国有独资公司
宁夏长城集团房地产开发有限公司	王光银	一级	私营有限责任公司
宁夏荣恒房地产集团有限责任公司	梁志东	二级	私营有限责任公司
宁夏银基房地产开发有限责任公司	韩建华	二级	私营有限责任公司
宁夏天成市场开发有限责任公司	王 琪	二级	私营有限责任公司
银川神州房地产开发有限公司	桑建华	二级	私营有限责任公司
宁夏房地产综合开发有限公司	刘胜冬	二级	私营有限责任公司
银川联创住宅建设开发有限公司	李厚生	二级	私营有限责任公司
银川大地房地产开发有限责任公司	齐 宁	二级	私营有限责任公司
银川市白云房地产开发有限公司	朱宏奎	二级	其他有限责任公司
宁夏昆仑房地产开发有限公司	党建宁	二级	私营有限责任公司
宁夏华尊立达房地产开发集团有限公司	张 达	二级	私营有限责任公司
宁夏灵隆房地产开发有限责任公司	官国福	二级	私营有限责任公司
宁夏圣雪绒房地产开发有限公司	肖 奕	二级	私营有限责任公司
宁夏隆湖房地产开发集团有限公司	徐 毅	二级	私营有限责任公司
宁夏天骏房地产开发有限公司	李 俊	二级	私营有限责任公司
宁夏北方温和房地产开发有限公司	温炳成	二级	私营有限责任公司
宁夏银川龙马房地产开发有限公司	倪吉乐	二级	私营有限责任公司
宁夏吉泰房地产开发有限公司	侯智斌	二级	私营有限责任公司
宁夏富兴达房地产开发集团有限公司	刘良富	二级	私营有限责任公司
宁夏吉运开发建设集团有限公司	尤天彪	二级	私营有限责任公司
宁夏和信房地产开发有限公司	郑 忠	二级	私营有限责任公司
宁夏英力特房地产开发有限公司	成璐毅	二级	其他有限责任公司
宁夏中恒房地产开发有限公司	王志乾	二级	私营有限责任公司
宁夏派胜房地产开发有限公司	张学鹏	二级	其他有限责任公司
宁夏新思路房地产开发有限公司	陈 舒	二级	私营有限责任公司
宁夏舜天房地产开发有限公司	马小奇	二级	私营有限责任公司
宁夏建工集团房地产开发有限公司	刘文秀	二级	国有独资公司
银川市规划建筑设计院房地产开发有限公司	黄民生	二级	其他有限责任公司
拉普斯置业有限公司	马丁·纳科	二级	外资企业
宁夏瑞兴房地产开发有限公司	倪 伟	二级	私营有限责任公司
宁夏浩海房地产开发集团有限公司	王海军	二级	私营有限责任公司
宁夏建源房地产开发有限公司	施建文	二级	私营有限责任公司
银川市通城置业有限公司	席 华	二级	私营有限责任公司
宁夏鑫业房地产开发有限公司	张长寿	二级	其他有限责任公司
宁夏共享地产有限公司	霍 飞	二级	私营有限责任公司
宁夏恒诺房地产开发有限公司	范国添	二级	私营有限责任公司
银川市经济适用住房开发公司	王继光	二级	国有独资公司
宁夏海利达房地产开发有限公司	王 海	二级	私营有限责任公司
宁夏鑫祥房地产开发有限公司	杨智祥	二级	私营有限责任公司
银川颐安建设集团有限公司	孙万国	二级	私营有限责任公司
宁夏政兴房地产开发建设有限公司	李稳平	二级	国有独资公司
宁夏燕葆房地产开发有限公司	李宝华	二级	私营有限责任公司
宁夏经济适用住房建设公司	徐保刚	二级	国有独资公司
宁夏地德人和房地产开发有限公司	李志海	二级	私营有限责任公司

5—14 房地产开发企业按投资额排序

（2008年）

单　位　名　称	资质等级	投资额排序	法人代表
宁夏亘元房地产开发有限公司	一级	1	白武新
银川建发集团股份有限公司	一级	2	杨　伟
宁夏英力特房地产开发有限公司	二级	3	成璐毅
中房集团银川房地产开发有限责任公司	一级	4	王爱全
宁夏易大房地产开发有限公司	三级	5	朱子渊
宁夏银帝房地产开发有限公司	一级	6	朱奕龙
宁夏住宅建设发展(集团)有限公司	一级	7	王新生
宁夏隆湖房地产开发集团有限公司	二级	8	徐　毅
宁夏民生房地产开发有限公司	一级	9	刘文锦
陕西华宇实业有限公司灵武分公司	一级	10	王忠杰
银川市白云房地产开发有限公司	二级	11	朱宏奎
宁夏燕葆房地产开发有限公司	二级	12	李宝华
宁夏荣恒房地产集团有限责任公司	二级	13	梁志东
宁夏新材房地产开发有限公司	一级	14	朱国广
宁夏通和房地产开发有限公司	四级	15	刘万义
宁夏吉泰房地产开发有限公司	二级	16	侯智斌
宁夏华尊立达房地产开发集团有限公司	二级	17	张　达
宁夏派胜房地产开发有限公司	二级	18	张学鹏
银川忠心房地产开发有限公司	四级	19	孙尧忠
宁夏海利达房地产开发有限公司	二级	20	王　海
宁夏汇融房地产开发有限公司	三级	21	任彦豹
宁夏长城集团房地产开发有限公司	一级	22	王光银
宁夏宁房房地产开发有限公司	三级	23	方　昕
宁夏建源房地产开发有限公司德胜分公司	其它	24	施　平
宁夏土木基业房地产开发有限公司	三级	25	乔根其
宁夏灵隆房地产开发有限责任公司	二级	26	官国福
宁夏天骏房地产开发有限公司贺兰分公司	其它	27	李　骏
宁夏宏昌房地产开发有限公司	暂定	28	郑志浩
宁夏正丰房地产开发有限公司	一级	29	郑国祥
宁夏江河房地产开发有限公司	三级	30	刘汉东

5—15　房地产开发企业按销售面积排序

（2008 年）

单　位　名　称	资质等级	销售面积排序	法人代表
宁夏亘元房地产开发有限公司	一级	1	白武新
宁夏银帝房地产开发有限公司	一级	2	朱奕龙
中房集团银川房地产开发有限责任公司	一级	3	王爱全
宁夏燕葆房地产开发有限公司	二级	4	李宝华
宁夏隆湖房地产开发集团有限公司	二级	5	徐　毅
宁夏派胜房地产开发有限公司	二级	6	张学鹏
宁夏中恒房地产开发有限公司	二级	7	王志乾
拉普斯置业有限公司	二级	8	马丁・纳科
银川建发集团股份有限公司	一级	9	杨　伟
宁夏长城集团房地产开发有限公司	一级	10	王光银
宁夏宏昌房地产开发有限公司	暂定	11	郑志浩
宁夏银大房地产开发有限公司	三级	12	刘　峰
宁夏民生房地产开发有限公司	一级	13	刘文锦
银川开发区宏建房地产开发有限公司	三级	14	陈述清
宁夏汇融房地产开发有限公司	三级	15	任彦豹
宁夏鑫业房地产开发有限公司	二级	16	张长寿
宁夏正丰房地产开发有限公司	一级	17	郑国祥
宁夏土木基业房地产开发有限公司	三级	18	乔根其
宁夏天骏房地产开发有限公司贺兰分公司	其它	19	李　骏
宁夏银基房地产开发有限责任公司	二级	20	韩建华
宁夏北方明珠房地产开发有限公司	暂定	21	黄自亮
陕西华宇实业有限公司灵武分公司	其它	22	王忠杰
银川市白云房地产开发有限公司	二级	23	朱宏奎
宁夏吉泰房地产开发有限公司	二级	24	侯智斌
宁夏荣恒房地产集团有限责任公司	二级	25	梁志东
宁夏颐和置业有限公司	三级	26	何建梁
宁夏玉福房地产开发有限公司	四级	27	苏玉福
宁夏新材房地产开发有限公司	一级	28	朱国广
宁夏海利达房地产开发有限公司	二级	29	王　海
宁夏灵隆房地产开发有限责任公司	二级	30	官国福

5—16 房地产开发企业按主营业务收入排序

（2008 年）

单　位　名　称	资质等级	主营业务收入排序	法人代表
拉普斯置业有限公司	二级	1	马丁·纳科
宁夏英力特房地产开发有限公司	二级	2	成璐毅
中房集团银川房地产开发有限责任公司	一级	3	王爱全
银川市白云房地产开发有限公司	二级	4	朱宏奎
宁夏银帝房地产开发有限公司	一级	5	朱奕龙
银川众一集团房地产开发有限公司	一级	6	魏　民
宁夏亘元房地产开发有限公司	一级	7	白武新
宁夏民生房地产开发有限公司	一级	8	刘文锦
银川市经济适用住房开发公司	二级	9	王继光
宁夏隆湖房地产开发集团有限公司	二级	10	徐　毅
宁夏华尊立达房地产开发集团有限公司	二级	11	张　达
宁夏新材房地产开发有限公司	一级	12	朱国广
宁夏经济适用住房建设公司	二级	13	徐保刚
银川建发集团股份有限公司	一级	14	杨　伟
宁夏海利达房地产开发有限公司	二级	15	王　海
宁夏正丰房地产开发有限公司	一级	16	郑国祥
宁夏圣雪绒房地产开发有限公司	二级	17	肖　奕
宁夏银水房地产开发有限责任公司	三级	18	王　玲
宁夏燕葆房地产开发有限公司	二级	19	李宝华
宁夏银基房地产开发有限责任公司	二级	20	韩建华
宁夏住宅建设发展(集团)有限公司	一级	21	王新生
银川开发区宏建房地产开发有限公司	三级	22	陈述清
宁夏共享地产有限公司	二级	23	霍　飞
宁夏建源房地产开发有限公司	二级	24	施建文
宁夏吉运开发建设集团有限公司	二级	25	尤天彪
宁夏通和房地产开发有限公司	四级	26	刘万义
宁夏长城集团房地产开发有限公司	一级	27	王光银
宁夏银大房地产开发有限公司	三级	28	刘　峰
银川市望远庆丰房地产开发有限公司	三级	29	唐旭辉
宁夏昆仑房地产开发有限公司	二级	30	党建宁

5—17 房地产开发企业按利润总额排序

（2008 年）

单 位 名 称	资质等级	利润总额排序	法人代表
拉普斯置业有限公司	二级	1	马丁·纳科
中房集团银川房地产开发有限责任公司	一级	2	王爱全
银川众一集团房地产开发有限公司	一级	3	魏 民
宁夏海利达房地产开发有限公司	二级	4	王 海
宁夏亘元房地产开发有限公司	一级	5	白武新
宁夏共享地产有限公司	二级	6	霍 飞
宁夏经济适用住房建设公司	二级	7	徐保刚
宁夏隆湖房地产开发集团有限公司	二级	8	徐 毅
宁夏英力特房地产开发有限公司	二级	9	成璐毅
宁夏银大房地产开发有限公司	三级	10	刘 峰
宁夏银水房地产开发有限责任公司	三级	11	王 玲
宁夏舜天房地产开发有限公司	二级	12	马小奇
银川市通城置业有限公司	二级	13	席 华
银川市白云房地产开发有限公司	二级	14	朱宏奎
灵武市建兴房地产开发有限责任公司	三级	15	王全林
宁夏恒兴房地产开发有限公司	暂定	16	徐玉本
宁夏吉运开发建设集团有限公司	二级	17	尤天彪
宁夏长城集团房地产开发有限公司	一级	18	王光银
宁夏光耀房地产开发有限公司	三级	19	马耀庭
宁夏新思路房地产开发有限公司	二级	20	陈 舒
银川神州房地产开发有限公司	二级	21	桑建华
宁夏浩海房地产开发集团有限公司	二级	22	王海军
宁夏荣恒房地产集团有限责任公司	二级	23	梁志东
宁夏民生房地产开发有限公司	一级	24	刘文锦
银川高新区荣华房地产开发有限公司	暂定	25	陈树松
宁夏新材房地产开发有限公司	一级	26	朱国广
宁夏银基房地产开发有限责任公司	二级	27	韩建华
宁夏燕葆房地产开发有限公司	二级	28	李宝华
宁夏和信房地产开发有限公司	二级	29	郑 忠
银川建发集团股份有限公司	一级	30	杨 伟

主要统计指标解释

【全社会固定资产投资】 固定资产投资额是以货币表现的建造和购置固定资产活动的工作量,它是反映固定资产投资规模、速度、比例关系和使用方向的综合性指标。全社会固定资产投资按经济类型分,包括国有经济单位投资、城乡集体经济单位投资、其他各种经济类型的单位投资和城乡居民个人投资。全社会固定资产投资总额分为基本建设、更新改造、其他固定资产投资和房地产开发投资四个部分;城乡集体经济单位投资包括城镇集体所有制单位投资和农村集体所有制单位投资;其他各种经济类型单位投资包括联营经济、股份制经济、中外合资经营、中外合作经营、外资、与大陆合资经营、与大陆合作经营、港澳台独资及其他经济的单位投资。城乡居民个人投资包括城市、县城、镇、工矿区所辖范围内的个人建房和农村个人建房及购买生产性固定资产的投资。

【基本建设投资】 基本建设是企业、事业、行政单位以扩大生产能力或工程效益为主要目的的新建、扩建工程及有关工作。包括(1)列入中央和各级地方本年基本建设计划的建设项目,以及虽未列入本年基本建设计划,但使用以前年度基建计划内结转投资(包括利用基建设备材料)在本年继续施工的建设项目;(2)本年基本建设计划内投资与更新改造计划内投资结合安排的新建项目和新增生产能力(或工程效益)达到大中型项目标准的扩建项目,以及为改变生产力布局而进行的全厂性迁建项目;(3)国有单位既未列入基建计划,也未列入更新改造计划的总投资在50万元以上的新、扩建、恢复项目和为改变生产力布局而进行的全厂性迁建项目,以及行政、事业单位增建业务用房和行政单位增建生活福利设施的项目。

【更新改造投资】 更新改造指企业、事业单位对原有设施进行固定资产更新和技术改造,以及相应配套的工程和有关工作(不包括大修理和维护工程)。包括:(1)列入中央和各级地方本年更新改造计划的项目和虽未列入本年更新改造计划,但使用上年更新改造计划内结转的投产在本年继续施工的项目;(2)本年更新改造计划内投资与基本建设计划内投资结合安排的对企、事业单位原有设施进行技术改造或更新的项目和增建主要生产车间、分厂等其新增生产能力(或工程效益)未达到大中型项目标准的项目,以及由于城市环境保护和安全生产的需要而进行的迁建工作;(3)国有企、事业既未列入基建计划也未列入更新改造计划,总投资在50万元以上的属于改建式更新改造性质的项目,以及由于城市环境保护和安全生产的需要而进行的迁建工程。

【房地产开发投资】 包括各种经济类型的房地产开发公司、商品房建设公司及其他房地产开发单位统一开发的包括统代建、拆迁还建的住宅、厂房、仓库、饭店、宾馆、度假村、写字楼、办公楼等房屋建筑物和配套的服务设施、土地开发工程,如道路、给水、排水、供电、供热、通讯、平整场地等基础设施工程的投资。包括实际从事房地产开发或经营活动的附营房地产开发单位。

【其他固定资产投资】 全社会固定资产投资中未列入基本建设、更新改造和房地产开发投资的建造和购置固定资产的活动。包括:(1)国有单位按规定不纳入基本建设计划和更新改造计划管理,计划总投资或实际需要总投资在50万元以上的工程。(2)城镇集体经济单位固定投资。(3)除国有、城镇集体以外的联营经济、股份制经济、外商投资经济、港澳台投资经济及其他经济类型的企、事业单位建造和购置固定资产其计划总投资在50万元以上的、未列入基本建设计划和更新改造计划的项目。

【新增固定资产】 指通过投资活动所形成的新的固定资产价值。包括本年内建成投入生产或交付使用的工程价值和达到固定资产标准的设备、工具、器具的价值及有关应摊入的费用。它是以价值形成表示的固定资产投资成果的综合性指标,可以综合反映不同时期、不同部门、不同地区的固定资产投资成果。

【建设项目投产率】 指一定时期内全部建成投入生产项目个数占同期正式施工项目个数的比率。它是从项目建设速度的角度反映投资效果的指标。

【固定资产交付使用率】 指一定时期新增固定资产与同期完成投资额的比率。它是反映各个时期固定资产动用速度,衡量建设过程中宏观投资效果的一个综合性指标。

【商品房销售面积】 指报告期内出售商品房屋的合同总面积(即双方签署的正式买卖合同中所确定的建筑面积)。由现房销售建筑面积和期房销售建筑面积两部分组成。

【商品房销售额】 指报告期内出售商品房屋的合同总价款(即双方签署的正式买卖合同中所确定的合同总价)。该指标与商品房销售面积同口径,由现房销售额和期房销售额两部分组成。

【规划用地面积】 指根据经有关部门批准的项目规划,建设项目需要使用的土地面积。

【本年实际征用和购置土地面积】 指报告期内通过征用等各种方式获得使用权的土地面积。

【本年实际征用和购置土地成交价款】 指报告期内征用和购置土地进行土地使用权交易活动的最终金额。征用和购置的土地成交价款与征用和购置土地面积同口径,目的是正确计算平均土地征用和购置价格。

六、建　筑　业

6—1 主要年份建筑业主要指标

	单位	2000 年	2005 年	2006 年	2007 年	2008 年
企业个数	个	**261**	**283**	**290**	**287**	**294**
建筑业总产值	**万元**	**352618**	**809251**	**908596**	**1046648**	**1211416**
# 一、二级企业	万元	240486	645233	728311	846700	975137
按构成分						
建筑工程产值	万元	306454	712100	798534	947317	1103995
安装工程产值	万元	41471	94899	109110	96007	98709
其他产值	万元	4693	2252	952	3323	8713
按登记注册类型分						
国有企业	万元	217708	286807	358587	402588	445943
集体企业	万元	19468	10742	6608	11681	8022
联营企业	万元	3667				
有限责任公司	万元	80605	281923	239981	253230	263105
股份有限公司	万元		54618	80308	125974	100280
私营企业	万元	30509	174982	222933	252941	393779
港澳台投资企业	万元	459	180	179	234	287
外商投资企业	万元	202				
按建筑行业分						
房屋和土木工程建筑业	万元	318646	761822	862012	992913	1151416
建筑安装业	万元	18184	21027	21380	25432	23573
建筑装饰业	万元	15788	20736	19611	21748	29017
其他建筑业	万元		5665	5593	6555	7410
竣工产值	万元	252240	734117	827738	902646	1039337
房屋施工面积	万 m^2	331.9	770.4	809	897.9	1092.3
房屋竣工面积	万 m^2	185.8	416	366.3	414.3	477.8
建筑业劳动生产率	元/人	53324	76583	84944	97203	109083
期末从业人员	人	45089	47829	50397	44867	38297
工程结算收入	万元	313884	778770	910146	1063419	1250645
工程结算利润	万元	30766	45563	58789	55114	62701
利税总额	万元	12787	33265	43841	49547	57639

注:本表不包含劳务分包建筑企业数据。

6—2 全部建筑业企业主要指标

（2008 年）

单位：万元

	企业数（个）	# 有工作量的企业数	企 业 总产值	# 建筑业总产值	企 业 总收入	# 主营业务收入
总 计	**320**	**296**	**1248020**	**1213376**	**1283438**	**1252591**
# 一、二级企业	133	130	1000597	976273	1020036	1000617
按地区分						
市 区	282	260	1117518	1082892	1148885	1118195
永宁县	4	4	16478	16478	16297	16207
贺兰县	15	15	39652	39634	49245	49182
灵武市	19	17	74372	74372	69010	69007
按登记注册类型分						
内资企业	319	295	1247733	1213088	1283151	1252304
国有企业	33	33	455051	445943	462903	455117
集体企业	1	1	8022	8022	8005	8005
有限责任公司	48	47	274663	263258	247509	242160
国有独资公司	5	4	34468	34468	13649	13649
其他有限责任公司	43	43	240195	228789	233860	228511
股份有限公司	1	1	100577	100280	128224	127927
私营企业	236	213	409421	395586	436510	419095
私营独资企业	1	1	20	20		
私营有限责任公司	235	212	409401	395566	436510	419095
港、澳、台商投资企业	1	1	287	287	287	287
港、澳、台商独资经营企业	1	1	287	287	287	287
按国民经济行业分						
房屋和土木工程建筑业	196	180	1182353	1153005	1216195	1193727
房屋工程建筑	109	98	694419	684958	695072	691391
土木工程建筑	87	82	487934	468048	521123	502336
铁路道路隧道和桥梁工程	22	21	172892	170989	208134	206921
水利和港口工程建筑	17	17	55388	55187	45197	44993
工矿工程建筑	7	7	167465	161808	167206	161927
架线和管道工程建筑	21	18	48228	40028	60220	51858
其他土木工程建筑	20	19	43961	40036	40366	36637
建筑安装业	54	49	28779	23944	30904	23128
建筑装饰业	57	54	29478	29017	29403	28818
其它建筑业	13	13	7410	7410	6935	6919
工程准备	13	13	7410	7410	6935	6919

6—2 续表 1

单位:万元

	企业数（个）	# 有工作量的企业数	企业总产值	# 建筑业总产值	企业总收入	# 主营业务收入
按控股情况分						
国有控股	45	44	571060	559305	557827	547363
集体控股	4	4	22829	22829	23335	23319
私人控股	257	234	619324	598005	657019	638382
港澳台商控股	1	1	287	287	287	287
按营业状态分						
营业	312	293	1246876	1212231	1282531	1251700
停业(歇业)	7	3	1145	1145	907	891
其它	1					
按企业资质等级分						
施工总承包	123	118	1061712	1047679	1098176	1091079
一　级	10	10	562193	558035	591661	588821
二　级	40	40	320198	312524	306674	302833
三级及以下	73	68	179321	177121	199842	199425
专业承包	171	160	184348	163737	183225	159566
一　级	3	3	30863	30821	27257	27216
二　级	65	65	86206	73757	93242	80634
三级及以下	103	92	67279	59158	62726	51716
劳务分包	26	18	1960	1960	2037	1947
一　级	13	10	837	837	805	805
二　级	2	2	299	299	398	308
不分级	11	6	824	824	834	834

6—2 续表2

单位:万元、人

	税金	利润总额	全部从业人员年平均人数	计算劳动生产率的平均人数	年末从业人员
总　计	**42100**	**15504**	**113308**	**111698**	**38735**
# 一、二级企业	33601	8823	91142	90409	28510
按地区分					
市　区	37964	12437	101839	100263	33351
永宁县	668	－20	2195	2192	1107
贺兰县	1732	928	3022	3022	1405
灵武市	1735	2158	6252	6221	2872
按登记注册类型分					
内资企业	42091	15507	113228	111618	38655
国有企业	14801	2346	43763	43355	12812
集体企业	284	524	689	689	319
有限责任公司	8445	85	26934	26610	6890
国有独资公司	466	－332	3136	3136	499
其他有限责任公司	7979	417	23798	23474	6391
股份有限公司	4261	832	4018	4018	1255
私营企业	14301	11720	37824	36946	17379
私营独资企业			6	6	4
私营有限责任公司	14301	11720	37818	36940	17375
港、澳、台商投资企业	9	－3	80	80	80
港、澳、台商独资经营企业	9	－3	80	80	80
按国民经济行业分					
房屋和土木工程建筑业	40083	14199	106654	105623	34450
房屋工程建筑	23769	7883	78941	78755	17754
土木工程建筑	16315	6316	27713	26868	16696
铁路道路隧道和桥梁工程	6952	1649	9828	9451	4422
水利和港口工程建筑	1556	－103	3652	3652	1789
工矿工程建筑	4924	－280	7351	7321	4700
架线和管道工程建筑	1650	3904	3595	3250	3476
其他土木工程建筑	1233	1144	3287	3194	2309
建筑安装业	778	334	2491	2170	2311
建筑装饰业	993	504	3423	3287	1557
其它建筑业	247	468	740	618	417
工程准备	247	468	740	618	417

6—2 续表 3

单位:万元、人

	税金	利润总额	全部从业人员年平均人数	计算劳动生产率的平均人数	年末从业人员
按控股情况分					
国有控股	17981	1172	58241	57594	16031
集体控股	839	578	2366	2366	514
私人控股	21763	13150	49852	48954	20573
港澳台商控股	9	-3	80	80	80
按营业状态分					
营业	42073	15500	113170	111560	38595
停业(歇业)	27	6	136	136	138
其它		-2	2	2	2
按企业资质等级分					
施工总承包	36591	10195	97733	97184	28150
一　级	20117	2363	55221	55221	10405
二　级	9795	3458	25677	25585	10816
三级及以下	6680	4374	16835	16378	6929
专业承包	5464	5388	14920	13871	10147
一　级	821	900	2187	2187	1551
二　级	2838	2156	7689	7060	5507
三级及以下	1806	2332	5044	4624	3089
劳务分包	44	-80	655	643	438
一　级	17	-57	302	293	170
二　级	14	2	66	63	61
不分级	13	-25	287	287	207

6—3 建筑业总产值

（2008 年）

单位:万元

	企业数（个）	#有工作量的企业数	建筑业总产值	#装饰装修产值	#在外省完成的产值	建筑工程产值	安装工程产值	其他产值	竣工产值
总　计	**294**	**278**	**1211416**	**32415**	**89738**	**1103995**	**98709**	**8713**	**1039337**
#一、二级企业	118	118	975137	26172	77478	878460	87979	8698	855248
按地区分									
市　区	260	244	1081231	31797	85367	973810	98709	8713	971259
永宁县	3	3	16199			16199			13389
贺兰县	15	15	39634	111	3360	39634			26895
灵武市	16	16	74352	507	1011	74352			27793
按登记注册类型分									
内资企业	293	277	1211129	32127	89738	1103707	98709	8713	1039049
国有企业	33	33	445943	771	42804	365176	75827	4940	318885
集体企业	1	1	8022			8022			5551
有限责任公司	46	45	263105	5149	11194	255296	6849	961	243942
国有独资公司	4	3	34461		350	34461			29605
其他有限责任公司	42	42	228644	5149	10844	220835	6849	961	214337
股份有限公司	1	1	100280		15277	100280			153380
私营企业	212	197	393779	26208	20463	374934	16033	2812	317291
私营有限责任公司	212	197	393779	26208	20463	374934	16033	2812	317291
港、澳、台商投资企业	1	1	287	287		287			287
港、澳、台商独资经营企业	1	1	287	287		287			287
按国民经济行业分									
房屋和土木工程建筑业	175	166	1151416	5196	89491	1054260	88594	8562	986614
房屋工程建筑	89	85	683647	4740	23694	675667	4358	3622	554198
土木工程建筑	86	81	467769	457	65797	378593	84236	4940	432415
铁路道路隧道和桥梁工程	21	20	170710		18376	170130	580		213335
水利和港口工程建筑	17	17	55187	457	5655	53317	1869		46199
工矿工程建筑	7	7	161808		16143	84170	72698	4940	114680
架线和管道工程建筑	21	18	40028		6692	31059	8969		31765
其他土木工程建筑	20	19	40036		18932	39916	120		26435
建筑安装业	49	45	23573	404	91	13386	10051	136	19972
建筑装饰业	57	54	29017	26814		28951	52	15	26468
其它建筑业	13	13	7410		156	7398	12		6282
工程准备	13	13	7410		156	7398	12		6282
按控股情况分									
国有控股	44	43	559298	771	52887	477364	76994	4940	418786
集体控股	4	4	22829			22829			22040
私人控股	232	217	596053	28348	35754	576248	16033	3773	572911
港澳台商控股	1	1	287	287		287			287
按营业状态分									
营业	287	275	1210271	31300	89738	1102850	98709	8713	1038192
停业（歇业）	7	3	1145	1115		1145			1145
按企业资质等级分									
施工总承包	123	118	1047679	5196	55999	962829	81228	3622	901834
一　级	10	10	558035	470	37954	483323	74712		510346
二　级	40	40	312524	3202	12486	302796	6106	3622	258638
三级及以下	73	68	177121	1524	5559	176710	411		132850
专业承包	171	160	163737	27219	33739	141165	17481	5091	137502
一　级	3	3	30821	2113	15549	30821			16812
二　级	65	65	73757	20387	11489	61520	7162	5076	69451
三级及以下	103	92	59158	4719	6701	48825	10319	15	51239

6—4　建筑业合同签订及承包工程完成情况

（2008 年）

单位:万元

	签订的合同额	上年结转合同额	本年新签合同额	直接从建设单位承揽工程完成的产值	自行完成施工产值	分包出去工程的产值	从建设单位以外承揽工程完成的产值
总　计	**2025513**	**566170**	**1459342**	**1202363**	**1202005**	**358**	**9411**
#一、二级企业	1707833	510778	1197055	967818	967460	358	7677
按地区分							
市　区	1848090	518967	1329123	1072178	1071820	358	9411
永宁县	28356	10735	17621	16199	16199		
贺兰县	58397	10049	48348	39634	39634		
灵武市	90670	26419	64251	74352	74352		
按登记注册类型分							
内资企业	2025225	566170	1459055	1202076	1201718	358	9411
国有企业	750219	213815	536403	444694	444694		1249
集体企业	13542	1419	12123	8022	8022		
有限责任公司	519297	147574	371723	262376	262018	358	1087
国有独资公司	91577	47987	43591	34461	34461		
其他有限责任公司	427720	99587	328133	227915	227557	358	1087
股份有限公司	154919	56150	98769	97528	97528		2752
私营企业	587249	147212	440037	389455	389455		4323
私营有限责任公司	587249	147212	440037	389455	389455		4323
港、澳、台商投资企业	287		287	287	287		
港、澳、台商独资经营企业	287		287	287	287		
按国民经济行业分							
房屋和土木工程建筑业	1954584	552966	1401618	1143338	1142980	358	8436
房屋工程建筑	1290578	354778	935800	680264	680264		3383
土木工程建筑	664006	198189	465817	463074	462716	358	5053
铁路道路隧道和桥梁工程	264714	77324	187390	168116	167758	358	2952
水利和港口工程建筑	72554	20272	52282	55187	55187		
工矿工程建筑	234965	94393	140572	160559	160559		1249
架线和管道工程建筑	44010	4487	39524	39981	39981		46
其他土木工程建筑	47763	1713	46050	39231	39231		806
建筑安装业	31567	6282	25285	23039	23039		534
建筑装饰业	28790	1712	27079	28917	28917		100
其它建筑业	10572	5211	5361	7069	7069		341
工程准备	10572	5211	5361	7069	7069		341
按控股情况分							
国有控股	1070336	313714	756622	558049	558049		1249
集体控股	26810	9475	17335	22829	22829		
私人控股	889853	240708	649145	588238	588238		7815
港澳台商控股	287		287	287	287		
按营业状态分							
营业	2024753	566170	1458582	1201318	1200960	358	9311
停业(歇业)	760		760	1045	1045		100
按企业资质等级分							
施工总承包	1832606	539992	1292615	1040653	1040295	358	7384
一　级	1124971	362470	762501	554034	554034		4001
二　级	464651	140200	324451	310292	309934	358	2590
三级及以下	242985	37321	205663	176328	176328		793
专业承包	192906	26179	166728	161710	161710		2027
一　级	37809	1720	36089	30821	30821		
二　级	80403	6388	74015	72671	72671		1086
三级及以下	74695	18071	56624	58217	58217		941

6—5 房屋建筑施工面积及竣工面积

（2008 年）　　单位:平方米

	房屋建筑施工面积	# 本年新开工面积	# 实行投标承包面积	# 本年新开工	房屋建筑竣工面积	厂房、仓库	住宅	办公用房
总　计	**10923173**	**6105784**	**10694631**	**6072152**	**4778456**	**417768**	**2485285**	**288700**
# 一、二级企业	8375726	4326300	8233508	4298872	3825675	404127	1681255	239346
按地区分								
市　区	9534890	5140578	9486468	5106946	4380294	409503	2238140	225764
永宁县	226851	129110	226851	129110	120073		96007	
贺兰县	354718	292534	315220	292534	140021		84962	51986
灵武市	806714	543562	666092	543562	138068	8265	66176	10950
按登记注册类型分								
内资企业	10923173	6105784	10694631	6072152	4778456	417768	2485285	288700
国有企业	3954533	2104473	3954533	2104473	1434396	86778	364828	101619
集体企业	193809	146481	193809	146481	64744	1707	39984	
有限责任公司	2502260	1211272	2498362	1207374	1519457	259631	752202	60560
国有独资公司	217835	180434	217835	180434	110316	8135	26405	12240
其他有限责任公司	2284425	1030838	2280527	1026940	1409141	251496	725797	48320
私营企业	4272571	2643558	4047927	2613824	1759859	69652	1328271	126521
私营有限责任公司	4272571	2643558	4047927	2613824	1759859	69652	1328271	126521
按国民经济行业分								
房屋和土木工程建筑业	10923173	6105784	10694631	6072152	4778456	417768	2485285	288700
房屋工程建筑	10646892	5945369	10463972	5942569	4678283	384828	2467203	284490
土木工程建筑	276281	160415	230659	129583	100173	32940	18082	4210
铁路道路隧道和桥梁工程	2306	2306			2306	2100		
水利和港口工程建筑	12273	8545	11175	7447	6252	3915	578	661
工矿工程建筑	200775	122136	200775	122136	55478	4240	11504	2119
架线和管道工程建筑	37518	4019	18709		12728	8709		
其他土木工程建筑	23409	23409			23409	13976	6000	1430
按控股情况分								
国有控股	5005406	2515898	5005406	2515898	2151120	344513	518136	138439
集体控股	364360	212402	364360	212402	235295	1707	197150	
私人控股	5503956	3355205	5277469	3323628	2373763	70397	1757713	149357
按营业状态分								
营业	10923173	6105784	10694631	6072152	4778456	417768	2485285	288700
按企业资质等级分								
施工总承包	10899480	6082091	10694347	6071868	4754763	403792	2479285	286986
一　级	5036433	2536328	5036433	2536328	2197523	343993	576225	136320
二　级	3315600	1766279	3196791	1762260	1604459	46158	1099030	101312
三级及以下	2547447	1779484	2461123	1773280	952781	13641	804030	49354
专业承包	23693	23693	284	284	23693	13976	6000	1714
二　级	23693	23693	284	284	23693	13976	6000	1714

6—5 续表

单位:平方米

	批发和零售用房	住宿和餐饮用房	居民服务业用房	教育用房	文化、体育和娱乐用房	卫生医疗用房	科研用房	其他用房
总 计	**347878**	**68793**	**15128**	**267894**	**288416**	**22952**	**1100**	**574542**
# 一、二级企业	300800	65793	15128	245328	285129	22952	1100	564717
按地区分								
市 区	295278	64420	15128	250342	287135	21252	1100	572232
永宁县	21562			2504				
贺兰县		1373				1700		
灵武市	31038	3000		15048	1281			2310
按登记注册类型分								
内资企业	347878	68793	15128	267894	288416	22952	1100	574542
国有企业	142360			181140	156162	15381		386128
集体企业	16038			7015				
有限责任公司	107488	14655	15128	51876	125270	7571		125076
国有独资公司		4320	15128	7312	2026			34750
其他有限责任公司	107488	10335		44564	123244	7571		90326
私营企业	81992	54138		27863	6984		1100	63338
私营有限责任公司	81992	54138		27863	6984		1100	63338
按国民经济行业分								
房屋和土木工程建筑业	347878	68793	15128	267894	288416	22952	1100	574542
房屋工程建筑	345875	68793	15128	230279	287318	22952	1100	570317
土木工程建筑	2003			37615	1098			4225
铁路道路隧道和桥梁工程								206
水利和港口工程建筑					1098			
工矿工程建筑				37615				
架线和管道工程建筑								4019
其他土木工程建筑	2003							
按控股情况分								
国有控股	149014	13282	15128	215904	253988	21252		481464
集体控股	24719			7015				4704
私人控股	174145	55511		44975	34428	1700	1100	84437
按营业状态分								
营业	347878	68793	15128	267894	288416	22952	1100	574542
按企业资质等级分								
施工总承包	345875	68793	15128	267894	288416	22952	1100	574542
一 级	130044	13282	15128	215904	253988	21252		491387
二 级	168753	52511		29424	31141	1700	1100	73330
三级及以下	47078	3000		22566	3287			9825
专业承包	2003							
二 级	2003							

6—6 房屋建筑竣工价值

（2008 年）

单位：万元

	总计	厂房、仓库	住宅	办公用房	批发和零售用房	住宿和餐饮用房
总　计	**465399**	**35831**	**213686**	**31173**	**28657**	**5859**
# 一、二级企业	383574	33892	147852	24975	25050	5822
按地区分						
市　区	428877	34627	192238	24153	24264	5610
永宁县	10848		8841		1814	
贺兰县	13511		7510	5641		213
灵武市	12164	1204	5097	1379	2579	37
按登记注册类型分						
内资企业	465399	35831	213686	31173	28657	5859
国有企业	153945	10942	37853	12355	7853	
集体企业	5551	244	2991		1641	
有限责任公司	159394	18872	67662	6722	11537	1606
国有独资公司	12826	1374	1868	1147		259
其他有限责任公司	146568	17498	65794	5575	11537	1348
私营企业	146509	5774	105180	12096	7626	4253
私营有限责任公司	146509	5774	105180	12096	7626	4253
按国民经济行业分						
房屋和土木工程建筑业	465399	35831	213686	31173	28657	5859
房屋工程建筑	457460	33106	212418	30684	28539	5859
土木工程建筑	7940	2725	1268	490	118	
铁路道路隧道和桥梁工程	294	283				
水利和港口工程建筑	820	416	100	108		
工矿工程建筑	4662	636	868	284		
架线和管道工程建筑	817	560				
其他土木工程建筑	1346	831	300	98	118	
按控股情况分						
国有控股	230823	29553	49470	16920	8137	1394
集体控股	21091	244	16808		2423	
私人控股	211994	5862	146668	14154	18097	4466
按营业状态分						
营业	465399	35831	213686	31173	28657	5859
按企业资质等级分						
施工总承包	464003	35000	213386	31026	28539	5859
一　级	235010	29521	52746	16636	7777	1394
二　级	147168	3540	94806	8192	17155	4429
三级及以下	81825	1940	65834	6199	3607	37
专业承包	1396	831	300	148	118	
二　级	1396	831	300	148	118	

6—6 续表

单位:万元

	居民服务业用房	教育用房	文化、体育和娱乐用房	卫生医疗用房	科研用房	其他用房
总　计	**1717**	**30790**	**35711**	**2430**	**111**	**79434**
# 一、二级企业	1717	28370	35059	2430	111	78296
按地区分						
市　区	1717	29208	35597	2283	111	79069
永宁县		193				
贺兰县				147		
灵武市		1390	114			365
按登记注册类型分						
内资企业	1717	30790	35711	2430	111	79434
国有企业		20012	14196	1452		49283
集体企业		676				
有限责任公司	1717	7192	20664	978		22444
国有独资公司	1717	585	254			5623
其他有限责任公司		6607	20410	978		16821
私营企业		2910	851		111	7708
私营有限责任公司		2910	851		111	7708
按国民经济行业分						
房屋和土木工程建筑业	1717	30790	35711	2430	111	79434
房屋工程建筑	1717	27916	35514	2430	111	79166
土木工程建筑		2874	197			268
铁路道路隧道和桥梁工程						12
水利和港口工程建筑			197			
工矿工程建筑		2874				
架线和管道工程建筑						257
其他土木工程建筑						
按控股情况分						
国有控股	1717	24809	29578	2283		66962
集体控股		676				941
私人控股		5305	6133	147	111	11052
按营业状态分						
营业	1717	30790	35711	2430	111	79434
按企业资质等级分						
施工总承包	1717	30790	35711	2430	111	79434
一　级	1717	24809	29578	2283		68550
二　级		3561	5481	147	111	9747
三级及以下		2420	652			1138
专业承包						
二　级						

6—7 建筑业企业自有施工机械设备及劳动人员情况

（2008 年）

	年末自有施工机械设备			计算建筑业劳动生产率的平均人数（人）	年末从业人数（人）			
	净值（万元）	总台数（台）	总功率（千瓦）			管理人员	工程技术人员	一级建造师
总　计	**91985**	**19567**	**437263**	**111055**	**38297**	**8889**	**11887**	**361**
# 一、二级企业	71633	13826	291110	90053	28279	6824	8442	312
按地区分								
市　区	72842	16979	364492	99690	32981	7939	9982	354
永宁县	226	320	5188	2135	1050	323	328	
贺兰县	5405	842	40629	3022	1405	239	580	6
灵武市	13513	1426	26954	6208	2861	388	997	1
按登记注册类型分								
内资企业	91971	19564	437163	110975	38217	8865	11882	361
国有企业	36136	4655	109593	43355	12812	3107	3133	133
集体企业	82	130	1266	689	319	30	155	
有限责任公司	16951	4138	87169	26487	6849	1744	2203	60
国有独资公司	2868	397	17543	3133	498	91	71	5
其他有限责任公司	14083	3741	69626	23354	6351	1653	2132	55
股份有限公司	7303	445	32055	4018	1255	150	460	33
私营企业	31500	10196	207080	36426	16982	3834	5931	135
私营有限责任公司	31500	10196	207080	36426	16982	3834	5931	135
港、澳、台商投资企业	15	3	100	80	80	24	5	
港、澳、台商独资经营企业	15	3	100	80	80	24	5	
按国民经济行业分								
房屋和土木工程建筑业	85506	17207	402645	105025	34055	7972	10502	289
房屋工程建筑	25511	10830	178405	78214	17416	4990	6048	122
土木工程建筑	59995	6377	224240	26811	16639	2982	4454	167
铁路道路隧道和桥梁工程	18130	1689	79373	9394	4365	943	1736	76
水利和港口工程建筑	6522	966	43316	3652	1789	362	631	24
工矿工程建筑	26068	2143	42635	7321	4700	836	699	43
架线和管道工程建筑	4919	848	21924	3250	3476	352	602	8
其他土木工程建筑	4356	731	36992	3194	2309	489	786	16
建筑安装业	944	451	10456	2125	2268	344	608	40
建筑装饰业	1727	1726	6778	3287	1557	474	612	27
其它建筑业	3808	183	17384	618	417	99	165	5
工程准备	3808	183	17384	618	417	99	165	5
按控股情况分								
国有控股	43368	6122	151263	57591	16030	4076	3974	160
集体控股	1571	823	8309	2366	514	64	290	7
私人控股	44244	11913	266239	48314	20136	4507	7223	188
港澳台商控股	15	3	100	80	80	24	5	
按营业状态分								
营业	91903	19532	437031	110919	38159	8867	11856	361
停业（歇业）	83	35	232	136	138	22	31	
按企业资质等级分								
施工总承包	68611	14868	317006	97184	28150	6931	8922	257
一　级	28474	4932	106950	55221	10405	3214	2976	171
二　级	29285	5830	112075	25585	10816	2308	3488	55
三级及以下	10852	4106	97981	16378	6929	1409	2458	31
专业承包	23375	4699	120257	13871	10147	1958	2965	104
一　级	1511	237	15309	2187	1551	256	378	44
二　级	12363	2827	56776	7060	5507	1046	1600	42
三级及以下	9501	1635	48172	4624	3089	656	987	18

6—8 建筑业企业财务状况

（2008 年）

单位:万元

	资产总计	流动资产合计	# 存货	长期投资	固定资产合计	固定资产原价	# 生产经营用
总 计	**1321071**	**962589**	**244619**	**88004**	**238190**	**351398**	**297336**
# 一、二级企业	1024918	752417	187089	71058	177095	270352	238611
按地区分							
市 区	1231301	907529	230276	86270	206019	311012	265043
永宁县	9337	7288	2115	20	2018	3082	3082
贺兰县	26384	15744	2707	269	10223	11064	7543
灵武市	54049	32028	9521	1445	19930	26241	21669
按登记注册类型分							
内资企业	1320611	962144	244324	88004	238175	351353	297300
国有企业	314631	219162	28118	8648	81338	124096	108689
集体企业	3630	2797	1052	39	464	616	324
有限责任公司	360657	243236	67753	49106	52869	73729	62275
国有独资公司	66058	18660	2956	33423	5992	5947	5523
其他有限责任公司	294599	224576	64797	15683	46878	67782	56752
股份有限公司	107419	93103	23239	4393	8729	22584	22584
私营企业	534275	403847	124163	25819	94775	130328	103429
私营有限责任公司	534275	403847	124163	25819	94775	130328	103429
港、澳、台商投资企业	459	445	295		15	45	37
港、澳、台商独资经营企业	459	445	295		15	45	37
按国民经济行业分							
房屋和土木工程建筑业	1190241	883525	224743	78639	201792	305389	259385
房屋工程建筑	648960	505936	124256	47802	79861	114295	81350
土木工程建筑	541281	377589	100488	30837	121931	191094	178035
建筑安装业	66948	38645	11093	2902	21092	26286	22476
建筑装饰业	44137	33529	7936	71	8856	10924	7555
其它建筑业	19745	6890	848	6393	6450	8800	7920
工程准备	19745	6890	848	6393	6450	8800	7920
按控股情况分							
国有控股	484585	314247	34976	43949	108261	161113	140488
集体控股	23545	16816	4572	1198	5199	6155	5808
私人控股	739186	575238	186033	32936	117299	169920	137354
港澳台商控股	459	445	295		15	45	37
其他	73295	55843	18743	9921	7416	14165	13650
按营业状态分							
营业	1315117	957615	242469	88004	237272	350130	296302
停业(歇业)	5954	4974	2150		918	1269	1035
按企业资质等级分							
施工总承包	1042147	790507	204299	67523	160305	244080	202792
一 级	472033	351615	47641	41693	65523	110173	96440
二 级	379094	294556	117595	20546	58548	84177	73756
三级及以下	191020	144336	39063	5284	36234	49730	32596
专业承包	278924	172082	40321	20482	77885	107318	94545
一 级	23108	17211	5786	897	4857	12137	11320
二 级	150683	89035	16067	7923	48167	63865	57095
三级及以下	105133	65836	18467	11662	24861	31316	26130

6—8 续表1　　　　单位:万元

	累计折旧	# 本年折旧	在建工程	负债合计	流动负债合计	长期负债合计
总　计	**125077**	**21852**	**10130**	**861813**	**848773**	**13040**
# 一、二级企业	100133	16751	6210	698340	693247	5093
按地区分						
市　区	115788	19901	10056	818497	806446	12051
永宁县	1063	39		4733	4333	400
贺兰县	1427	329	41	11859	11809	50
灵武市	6799	1582	34	26723	26185	539
按登记注册类型分						
内资企业	125046	21848	10130	861282	848242	13040
国有企业	44452	6506	1037	237102	235871	1231
集体企业	152	21		2010	2010	
有限责任公司	23511	4643	2024	227091	221016	6076
国有独资公司	2314	883	1826	25096	20461	4635
其他有限责任公司	21197	3759	198	201995	200555	1440
股份有限公司	14013	1332	158	90825	90825	
私营企业	42919	9346	6911	304254	298521	5733
私营有限责任公司	42919	9346	6911	304254	298521	5733
港、澳、台商投资企业	31	4		530	530	
港、澳、台商独资经营企业	31	4		530	530	
按国民经济行业分						
房屋和土木工程建筑业	110700	17974	5444	812577	801368	11209
房屋工程建筑	36067	4868	1119	452432	447237	5195
土木工程建筑	74634	13106	4325	360144	354131	6013
建筑安装业	8996	1924	3744	26544	25614	930
建筑装饰业	2860	458	771	17314	16599	715
其它建筑业	2521	1496	171	5378	5191	186
工程准备	2521	1496	171	5378	5191	186
按控股情况分						
国有控股	56999	9137	2952	334270	327539	6730
集体控股	956	134		12920	12920	
私人控股	60342	11260	7178	470295	463992	6302
港澳台商控股	31	4		530	530	
其他	6750	1318		43798	43791	7
按营业状态分						
营业	124726	21823	10130	858864	845974	12890
停业(歇业)	351	30		2949	2799	150
按企业资质等级分						
施工总承包	86674	12975	2032	735492	728875	6617
一　级	45140	5442	358	368684	367313	1372
二　级	26523	4924	541	251302	249026	2276
三级及以下	15010	2609	1133	115506	112537	2969
专业承包	38403	8877	8098	126320	119897	6423
一　级	7288	1050	9	15479	15433	46
二　级	21181	5334	5302	62875	61475	1400
三级及以下	9934	2492	2787	47967	42990	4978

单位:万元

	所有者权益合计	实收资本					
			国家资本	集体资本	法人资本	个人资本	港澳台资本
总　计	**459258**	**379123**	**106217**	**7201**	**52457**	**213189**	**60**
# 一、二级企业	326578	259161	90989	5088	35053	128031	
按地区分							
市　区	412804	342871	101891	6547	44621	189752	60
永宁县	4604	4556	570			3985	
贺兰县	14525	11739	1439		6453	3848	
灵武市	27325	19957	2317	653	1384	15603	
按登记注册类型分							
内资企业	459329	379063	106217	7201	52457	213189	
国有企业	77529	63033	62673		360		
集体企业	1620	653		653			
有限责任公司	133566	100554	43544	6547	38624	11839	
国有独资公司	40962	31198	31198				
其他有限责任公司	92604	69356	12346	6547	38624	11839	
股份有限公司	16594	15293				15293	
私营企业	230021	199530			13474	186057	
私营有限责任公司	230021	199530			13474	186057	
港、澳、台商投资企业	-71	60					60
港、澳、台商独资经营企业	-71	60					60
按国民经济行业分							
房屋和土木工程建筑业	377664	316431	99577	6469	50339	160047	
房屋工程建筑	196528	170655	54829	5742	18366	91718	
土木工程建筑	181136	145777	44748	727	31973	68329	
建筑安装业	40404	21747	5833		471	15443	
建筑装饰业	26823	27150	140		1647	25302	60
其它建筑业	14367	13796	666	732		12397	
工程准备	14367	13796	666	732		12397	
按控股情况分							
国有控股	150316	109399	106217		1495	1687	
集体控股	10625	7282		6224		1058	
私人控股	268891	236810		977	25812	210021	
港澳台商控股	-71	60					60
其他	29497	25573			25150	423	
按营业状态分							
营业	456253	375857	105517	6469	52355	211456	60
停业(歇业)	3005	3267	700	732	102	1733	
按企业资质等级分							
施工总承包	306654	266996	82661	6469	39900	137967	
一　级	103349	91223	63851		3088	24284	
二　级	127791	107644	9439	5088	24752	68365	
三级及以下	75514	68130	9371	1380	12060	45319	
专业承包	152604	112127	23556	732	12557	75222	60
一　级	7629	6820	5740			1080	
二　级	87809	53474	11959		7213	34303	
三级及以下	57166	51833	5857	732	5345	39839	60

6—8 续表 3

单位:万元

	工程结算收入	工程结算成本	经营费用	工程结算税金及附加	工程结算利润	其他业务收入	其他业务利润
总 计	**1251175**	**1145718**	**2673**	**40025**	**62759**	**31000**	**6221**
# 一、二级企业	999504	919615	1332	31949	46607	19329	3075
按地区分							
市 区	1117087	1023029	2648	36014	55397	30934	6211
永宁县	15899	14899	25	649	326		
贺兰县	49182	45802		1683	1697	63	58
灵武市	69007	61989		1680	5338	4	-48
按登记注册类型分							
内资企业	1250888	1145483	2673	40016	62716	31000	6221
国有企业	455117	420911	548	14006	19651	7786	1471
集体企业	8005	7057		275	674		
有限责任公司	242008	222980	233	8044	10751	5349	793
国有独资公司	13642	12593		451	597		
其他有限责任公司	228366	210387	233	7593	10154	5349	793
股份有限公司	127927	120170		4229	3528	296	248
私营企业	417831	374364	1892	13462	28112	17569	3709
私营有限责任公司	417831	374364	1892	13462	28112	17569	3709
港、澳、台商投资企业	287	235		9	43		
港、澳、台商独资经营企业	287	235		9	43		
按国民经济行业分							
房屋和土木工程建筑业	1192183	1098037	1090	38237	54820	22600	4813
房屋工程建筑	690155	644339	110	22744	22962	3903	317
土木工程建筑	502028	453698	980	15492	31858	18698	4496
建筑安装业	22752	17890	1201	685	2977	7798	1240
建筑装饰业	29321	24700	344	870	3408	586	163
其它建筑业	6919	5091	39	234	1555	16	6
工程准备	6919	5091	39	234	1555	16	6
按控股情况分							
国有控股	547356	507663	549	17058	22085	10464	1704
集体控股	23319	20438	1	788	2091	16	6
私人控股	636973	579862	1911	20775	34426	18791	4239
港澳台商控股	287	235		9	43		
其他	43240	37519	213	1395	4114	1729	273
按营业状态分							
营业	1250273	1144910	2660	40000	62704	30984	6215
停业(歇业)	902	808	12	25	56	16	6
按企业资质等级分							
施工总承包	1091095	1010683	512	35007	44895	7319	1246
一 级	588821	550601	29	19331	18860	2840	820
二 级	302833	278228	244	9268	15093	3841	553
三级及以下	199442	181854	239	6407	10942	639	-127
专业承包	160080	135036	2161	5019	17865	23681	4976
一 级	27216	24153	374	795	1894	42	29
二 级	80634	66633	686	2555	10761	12607	1673
三级及以下	52230	44250	1102	1669	5210	11032	3274

6—8 续表 4

单位:万元

	管理费用	税金	财产保险费	差旅费	工会经费
总　计	**47516**	**2085**	**189**	**2581**	**994**
# 一、二级企业	35586	1621	143	1803	798
按地区分					
市　区	43790	1974	180	2418	959
永宁县	294	6		3	3
贺兰县	776	49	6	14	8
灵武市	2656	56	3	146	24
按登记注册类型分					
内资企业	47469	2085	189	2580	993
国有企业	17984	795	71	999	462
集体企业	110	9		1	1
有限责任公司	10308	401	25	330	189
国有独资公司	832	15	5	132	15
其他有限责任公司	9477	386	20	199	173
股份有限公司	2320	31	16	55	38
私营企业	16748	849	77	1195	304
私营有限责任公司	16748	849	77	1195	304
港、澳、台商投资企业	46			1	1
港、澳、台商独资经营企业	46			1	1
按国民经济行业分					
房屋和土木工程建筑业	40285	1844	148	1869	848
房屋工程建筑	13009	1019	60	381	329
土木工程建筑	27276	826	88	1488	519
建筑安装业	3356	83	11	514	108
建筑装饰业	2913	145	17	119	23
其它建筑业	962	13	13	79	16
工程准备	962	13	13	79	16
按控股情况分					
国有控股	21957	922	82	1179	574
集体控股	589	51		3	10
私人控股	21185	998	105	1284	361
港澳台商控股	46			1	1
其他	3739	113	2	115	49
按营业状态分					
营业	47452	2081	187	2574	993
停业(歇业)	64	3	1	6	1
按企业资质等级分					
施工总承包	31106	1597	119	1154	710
一　级	15603	785	73	584	475
二　级	9635	526	28	386	175
三级及以下	5868	286	18	184	60
专业承包	16410	488	70	1426	284
一　级	844	26	12	237	8
二　级	9504	283	31	595	140
三级及以下	6062	178	28	594	136

6—8 续表5

单位:万元

	财务费用	# 利息支出	营业利润	利润总额	劳动、失业保险费	住房公积金及住房补贴
总　计	**5659**	**5476**	**15702**	**15389**	**11576**	**5044**
# 一、二级企业	4388	4231	9605	8877	10989	4755
按地区分						
市　区	5205	5057	12510	12318	10828	4629
永宁县	52	52	-19	-22	50	4
贺兰县	46	40	934	928	30	6
灵武市	357	327	2278	2165	669	405
按登记注册类型分						
内资企业	5659	5476	15705	15392	11576	5044
国有企业	404	455	2771	2346	7300	3452
集体企业	31	30	533	524	30	
有限责任公司	1182	1187	-86	73	2507	691
国有独资公司	-6	-6	-369	-344	841	83
其他有限责任公司	1188	1193	283	417	1667	608
股份有限公司	731	698	725	832	660	680
私营企业	3312	3107	11762	11617	1078	220
私营有限责任公司	3312	3107	11762	11617	1078	220
港、澳、台商投资企业			-3	-3		
港、澳、台商独资经营企业			-3	-3		
按国民经济行业分						
房屋和土木工程建筑业	5126	5001	14118	14037	11149	4687
房屋工程建筑	2421	2244	7708	7804	4329	784
土木工程建筑	2705	2756	6410	6233	6820	3903
建筑安装业	267	261	594	335	282	339
建筑装饰业	126	101	531	549	102	6
其它建筑业	140	113	459	468	43	12
工程准备	140	113	459	468	43	12
按控股情况分						
国有控股	403	483	1325	1160	9176	3825
集体控股	920	919	588	578	33	2
私人控股	4362	4093	13118	13047	1952	948
港澳台商控股			-3	-3		
其他	-26	-18	674	607	415	269
按营业状态分						
营业	5660	5476	15704	15397	11576	5044
停业(歇业)	-1		-2	-8		
按企业资质等级分						
施工总承包	4451	4240	10480	10024	10195	3465
一　级	1667	1617	2307	2363	8349	2751
二　级	2314	2208	3696	3458	1414	588
三级及以下	470	415	4477	4202	432	125
专业承包	1208	1236	5222	5365	1381	1579
一　级	147	132	932	900	144	243
二　级	260	275	2670	2156	1082	1173
三级及以下	801	830	1620	2309	155	163

6—8 续表 6

单位:万元

	本年应付工资总额	本年应付福利费总额	应收工程款	# 竣工工程	全部从业人员年平均人数（人）
总　计	**229111**	**6888**	**383740**	**262734**	**112868**
# 一、二级企业	190775	5485	330685	223170	90774
按地区分					
市　区	206612	5443	369157	252818	101481
永宁县	3382	448	2670	2149	2135
贺兰县	4464	98	5342	4523	3022
灵武市	14652	900	6572	3244	6230
按登记注册类型分					
内资企业	228869	6884	383453	262447	112788
国有企业	101898	2170	111529	71721	43763
集体企业	1605	225	1031	1031	689
有限责任公司	54575	1096	93699	60343	26823
国有独资公司	7205	11	3164	2099	3145
其他有限责任公司	47370	1085	90535	58244	23678
股份有限公司	4013	561	20411	12684	4018
私营企业	66778	2833	156783	116667	37495
私营有限责任公司	66778	2833	156783	116667	37495
港、澳、台商投资企业	241	4	287	287	80
港、澳、台商独资经营企业	241	4	287	287	80
按国民经济行业分					
房屋和土木工程建筑业	217623	6354	364846	247239	106202
房屋工程建筑	162057	2825	222926	146674	78487
土木工程建筑	55566	3529	141920	100565	27715
建筑安装业	4779	330	7272	5809	2469
建筑装饰业	5557	123	9190	7354	3457
其它建筑业	1152	80	2433	2332	740
工程准备	1152	80	2433	2332	740
按控股情况分					
国有控股	133876	2275	161676	103800	58250
集体控股	4038	547	7851	7851	2366
私人控股	85066	3583	194086	140671	49403
港澳台商控股	241	4	287	287	80
其他	5889	479	19840	10125	2769
按营业状态分					
营业	228788	6887	383740	262734	112714
停业(歇业)	323				154
按企业资质等级分					
施工总承包	201351	5294	329084	215534	97839
一　级	122751	1979	168418	103157	55221
二　级	48786	2308	123839	86988	25677
三级及以下	29814	1007	36826	25389	16941
专业承包	27760	1593	54657	47200	15029
一　级	3823	258	7890	7547	2187
二　级	15415	939	30537	25478	7689
三级及以下	8522	396	16230	14175	5153

6—9 劳务分包建筑业企业生产经营情况

（2008 年）

单位:万元、人

	企业数（个）	# 有工作量的企业数	建筑业总产值	# 装饰装修产值	固定资产原价	本年折旧	资产总计	负债合计
总　　计	**26**	**18**	**1960**	**20**	**192**	**38**	**2998**	**358**
# 国有及国有控股企业	1	1	7				95	1
按地区分								
市　区	22	16	1661	20	145	31	2617	288
永宁县	1	1	279		8	1	236	50
灵武市	3	1	20		38	6	145	20
按登记注册类型分								
内资企业	26	18	1960	20	192	38	2998	358
有限责任公司	2	2	152				106	3
国有独资公司	1	1	7				95	1
其他有限责任公司	1	1	145				11	2
私营企业	24	16	1808	20	192	38	2892	354
私营独资企业	1	1	20		20	5	55	20
私营有限责任公司	23	15	1788	20	172	33	2837	334
按国民经济行业分								
房屋和土木工程建筑业	21	14	1589	20	168	28	1304	228
房屋工程建筑	20	13	1310	20	160	28	1068	178
土木工程建筑	1	1	279		8	1	236	50
建筑安装业	5	4	371		24	10	1694	130
按控股情况分								
国有控股	1	1	7				95	1
私人控股	25	17	1953	20	192	38	2903	356
按营业状态分								
营　业	25	18	1960	20	192	38	2968	358
其　他	1						30	
按企业资质等级分								
一　级	13	10	837	20	139	23	792	73
二　级	2	2	299		28	6	291	70
不分级	11	6	824		24	10	1914	215

6—9 续表 1

单位:万元、人

	实收资本	国家资本	法人资本	个人资本	营业收入合计	# 主营业务收入
总　　计	**1376**	**50**	**19**	**1307**	**2037**	**1947**
# 国有及国有控股企业	50	50			7	7
按地区分						
市　区	1156	50	19	1087	1639	1639
永宁县	100			100	398	308
灵武市	120			120		
按登记注册类型分						
内资企业	1376	50	19	1307	2037	1947
有限责任公司	60	50		10	152	152
国有独资公司	50	50			7	7
其他有限责任公司	10			10	145	145
私营企业	1316		19	1297	1885	1795
私营独资企业	30			30		
私营有限责任公司	1286		19	1267	1885	1795
按国民经济行业分						
房屋和土木工程建筑业	1096		19	1077	1651	1561
房屋工程建筑	996		19	977	1253	1253
土木工程建筑	100			100	398	308
建筑安装业	280	50		230	386	386
按控股情况分						
国有控股	50	50			7	7
私人控股	1326		19	1307	2030	1940
按营业状态分						
营　业	1346	50	19	1277	2037	1947
其　他	30			30		
按企业资质等级分						
一　级	736	50	19	667	805	805
二　级	130			130	398	308
不分级	510			510	834	834

6—9 续表2 单位:万元、人

	主营业务成本	主营业务税金及附加	费用合计	营业利润	利润总额	从业人员劳动报酬	劳动、失业保险费
总　计	**1923**	**44**	**183**	**-114**	**-80**	**1194**	**17**
# 国有及国有控股企业	6			1	1	4	
按地区分							
市　区	1550	30	161	-103	-75	1129	16
永宁县	373	14	9	2	2	54	
灵武市			13	-13	-7	11	1
按登记注册类型分							
内资企业	1923	44	183	-114	-80	1194	17
有限责任公司	151		1			149	
国有独资公司	6			1	1	4	
其他有限责任公司	145		1	-1	-1	145	
私营企业	1772	44	183	-114	-80	1045	17
私营独资企业			7	-7		7	
私营有限责任公司	1772	44	176	-107	-80	1037	17
按国民经济行业分							
房屋和土木工程建筑业	1570	32	149	-100	-65	1122	15
房屋工程建筑	1196	18	140	-102	-67	1068	15
土木工程建筑	373	14	9	2	2	54	
建筑安装业	354	13	34	-14	-14	71	2
按控股情况分							
国有控股	6			1	1	4	
私人控股	1917	44	183	-115	-80	1190	17
按营业状态分							
营　业	1923	44	181	-112	-78	1192	17
其　他			2	-2	-2	2	
按企业资质等级分							
一　级	768	17	105	-85	-57	632	9
二　级	373	14	16	-5	2	61	
不分级	782	13	63	-25	-25	500	8

6—9 续表 3

单位:万元、人

	全部从业人员年平均人数	计算劳动生产率的平均人数	年末从业人数	# 管理人员	# 工程技术人员	# 现场施工工人
总　计	**655**	**643**	**438**	**87**	**52**	**298**
# 国有及国有控股企业	3	3	1	1		
按地区分						
市　区	573	573	370	76	46	248
永宁县	60	57	57	4	3	50
灵武市	22	13	11	7	3	
按登记注册类型分						
内资企业	655	643	438	87	52	298
有限责任公司	123	123	41	9	5	27
国有独资公司	3	3	1	1		
其他有限责任公司	120	120	40	8	5	27
私营企业	532	520	397	78	47	271
私营独资企业	6	6	4	2	2	
私营有限责任公司	526	514	393	76	45	271
按国民经济行业分						
房屋和土木工程建筑业	610	598	395	76	40	278
房屋工程建筑	550	541	338	72	37	228
土木工程建筑	60	57	57	4	3	50
建筑安装业	45	45	43	11	12	20
按控股情况分						
国有控股	3	3	1	1		
私人控股	652	640	437	86	52	298
按营业状态分						
营　业	653	641	436	85	52	298
其　他	2	2	2	2		
按企业资质等级分						
一　级	302	293	170	46	26	94
二　级	66	63	61	6	5	50
不分级	287	287	207	35	21	154

6—10 全部建筑业企业主要指标(市区)

(2008 年)

单位:万元

	企业数(个)	# 有工作量的企业数	企业总产值	# 建筑业总产值	企业总收入	# 主营业务收入
总　计	**282**	**260**	**1117518**	**1082892**	**1148885**	**1118195**
# 一、二级企业	121	119	936166	911860	954379	935094
按辖区分						
兴庆区	177	163	894757	872457	896546	883000
西夏区	26	25	82219	76379	88019	82151
金凤区	79	72	140543	134055	164321	153045
按登记注册类型分						
内资企业	281	259	1117231	1082605	1148598	1117908
国有企业	30	30	426828	417738	435818	428050
有限责任公司	43	42	258773	247367	231706	226384
国有独资公司	5	4	34468	34468	13649	13649
其他有限责任公司	38	38	224305	212899	218057	212735
股份有限公司	1	1	100577	100280	128224	127927
私营企业	207	186	331054	317219	352851	335547
私营有限责任公司	207	186	331054	317219	352851	335547
港、澳、台商投资企业	1	1	287	287	287	287
港、澳、台商独资经营企业	1	1	287	287	287	287
按国民经济行业分						
房屋和土木工程建筑业	163	149	1052966	1023636	1082800	1060477
房屋工程建筑	87	78	607938	598477	603255	599606
土木工程建筑	76	71	445028	425159	479544	460871
铁路道路隧道和桥梁工程	18	17	162396	160493	197495	196372
水利和港口工程建筑	14	14	49225	49024	40509	40307
工矿工程建筑	5	5	141713	136074	141454	136193
架线和管道工程建筑	20	17	47743	39543	59735	51377
其他土木工程建筑	19	18	43951	40026	40352	36623
建筑安装业	53	48	28579	23744	30673	22896
建筑装饰业	53	50	28564	28103	28478	27903
其它建筑业	13	13	7410	7410	6935	6919
工程准备	13	13	7410	7410	6935	6919
按控股情况分						
国有控股	42	41	542838	531101	530743	520296
集体控股	3	3	14807	14807	15329	15313
私人控股	224	203	529303	507985	561794	543295
港澳台商控股	1	1	287	287	287	287
按营业状态分						
营业	274	257	1116374	1081747	1147978	1117304
停业(歇业)	7	3	1145	1145	907	891
其它	1					
按企业资质等级分						
施工总承包	100	95	944660	930627	977205	970142
一　级	10	10	562193	558035	591661	588821
二　级	33	33	261125	253450	246473	242659
三级及以下	57	52	121342	119142	139071	138662
专业承包	160	149	171198	150604	170042	146415
一　级	3	3	30863	30821	27257	27216
二　级	63	63	81148	68717	88183	75594
三级及以下	94	83	59187	51066	54601	43606
劳务分包	22	16	1661	1661	1639	1639
一　级	12	10	837	837	805	805
不分级	10	6	824	824	834	834

6—10 续表

单位:万元、人

	税金	利润总额	全部从业人员年平均人数	计算劳动生产率的平均人数	年末从业人员
总　计	**37964**	**12437**	**101839**	**100263**	**33351**
# 一、二级企业	31938	8606	85684	84978	25148
按辖区分					
兴庆区	30279	9548	81599	80901	21224
西夏区	2546	940	7034	6539	4266
金凤区	5139	1949	13206	12823	7861
按登记注册类型分					
内资企业	37956	12441	101759	100183	33271
国有企业	14614	3177	42446	42038	11495
有限责任公司	7864	-21	25971	25647	6435
国有独资公司	466	-332	3136	3136	499
其他有限责任公司	7399	311	22835	22511	5936
股份有限公司	4261	832	4018	4018	1255
私营企业	11217	8453	29324	28480	14086
私营有限责任公司	11217	8453	29324	28480	14086
港、澳、台商投资企业	9	-3	80	80	80
港、澳、台商独资经营企业	9	-3	80	80	80
按国民经济行业分					
房屋和土木工程建筑业	36003	11221	95309	94312	29201
房屋工程建筑	20441	4308	69971	69816	14454
土木工程建筑	15562	6913	25338	24496	14747
铁路道路隧道和桥梁工程	6563	1471	9058	8684	4016
水利和港口工程建筑	1369	-121	3236	3236	1435
工矿工程建筑	4770	515	6208	6178	3557
架线和管道工程建筑	1628	3903	3565	3220	3446
其他土木工程建筑	1232	1144	3271	3178	2293
建筑安装业	769	331	2472	2151	2304
建筑装饰业	946	418	3318	3182	1429
其它建筑业	247	468	740	618	417
工程准备	247	468	740	618	417
按控股情况分					
国有控股	17793	2003	56924	56277	14714
集体控股	555	54	1677	1677	195
私人控股	18252	9783	40569	39705	16855
港澳台商控股	9	-3	80	80	80
按营业状态分					
营业	37938	12433	101701	100125	33211
停业(歇业)	27	6	136	136	138
其它		-2	2	2	2
按企业资质等级分					
施工总承包	32956	7427	87221	86692	23506
一　级	20117	2363	55221	55221	10405
二　级	8323	3501	20697	20620	7938
三级及以下	4517	1563	11303	10851	5163
专业承包	4978	5085	14045	12998	9475
一　级	821	900	2187	2187	1551
二　级	2660	1892	7289	6660	5087
三级及以下	1497	2293	4569	4151	2837
劳务分包	30	-75	573	573	370
一　级	17	-50	290	290	167
不分级	13	-25	283	283	203

6—11　建筑业总产值(市区)

(2008 年)　　　　单位:万元

	企业数(个)	#有工作量的企业数	建筑业总产值	#装饰装修产值	#在外省完成的产值	建筑工程产值	安装工程产值	其他产值	竣工产值
总　计	**260**	**244**	**1081231**	**31797**	**85367**	**973810**	**98709**	**8713**	**971259**
#一、二级企业	109	109	911023	25747	74119	814346	87979	8698	826540
按辖区分									
兴庆区	163	154	871626	16256	47124	788214	82301	1111	781376
西夏区	23	22	76301	3144	27527	68703	2247	5351	59456
金凤区	74	68	133305	12397	10716	116893	14161	2251	130427
按登记注册类型分									
内资企业	259	243	1080944	31510	85367	973523	98709	8713	970972
国有企业	30	30	417738	771	39444	336971	75827	4940	313115
有限责任公司	41	40	247215	5149	11194	239406	6849	961	234345
国有独资公司	4	3	34461		350	34461			29605
其他有限责任公司	37	37	212754	5149	10844	204944	6849	961	204740
股份有限公司	1	1	100280		15277	100280			153380
私营企业	187	172	315711	25590	19451	296866	16033	2812	270132
私营有限责任公司	187	172	315711	25590	19451	296866	16033	2812	270132
港、澳、台商投资企业	1	1	287	287		287			287
港、澳、台商独资经营企业	1	1	287	287		287			287
按国民经济行业分									
房屋和土木工程建筑业	146	137	1022346	5175	85119	925190	88594	8562	919226
房屋工程建筑	70	66	597187	4719	22683	589207	4358	3622	503147
土木工程建筑	76	71	425159	457	62437	335983	84236	4940	416079
铁路道路隧道和桥梁工程	18	17	160493		18376	159913	580		206972
水利和港口工程建筑	14	14	49024	457	5655	47154	1869		41370
工矿工程建筑	5	5	136074		12783	58436	72698	4940	110047
架线和管道工程建筑	20	17	39543		6692	30574	8969		31265
其他土木工程建筑	19	18	40026		18932	39906	120		26425
建筑安装业	48	44	23373	404	91	13186	10051	136	19772
建筑装饰业	53	50	28103	26218		28037	52	15	25979
其它建筑业	13	13	7410		156	7398	12		6282
工程准备	13	13	7410		156	7398	12		6282
按控股情况分									
国有控股	41	40	531094	771	49527	449160	76994	4940	413016
集体控股	3	3	14807			14807			16489
私人控股	203	188	506331	27731	34742	486526	16033	3773	516155
港澳台商控股	1	1	287	287		287			287
按营业状态分									
营业	253	241	1080087	30682	85367	972665	98709	8713	970115
停业(歇业)	7	3	1145	1115		1145			1145
按企业资质等级分									
施工总承包	100	95	930627	5175	54988	845777	81228	3622	842261
一　级	10	10	558035	470	37954	483323	74712		510346
二　级	33	33	253450	3202	12486	243723	6106	3622	234564
三级及以下	57	52	119142	1503	4548	118731	411		97351
专业承包	160	149	150604	26622	30379	128033	17481	5091	128998
一　级	3	3	30821	2113	15549	30821			16812
二　级	63	63	68717	19962	8130	56479	7162	5076	64817
三级及以下	94	83	51066	4547	6701	40733	10319	15	47369

6—12 建筑业合同签订及承包工程完成情况(市区)

(2008 年)

单位:万元

	签订的合同额	上年结转合同额	本年新签合同额	直接从建设单位承揽工程完成的产值	自行完成施工产值	分包出去工程的产值	从建设单位以外承揽工程完成的产值
总　计	**1848090**	**518967**	**1329123**	**1072178**	**1071820**	**358**	**9411**
# 一、二级企业	1626534	477598	1148936	903704	903346	358	7677
按辖区分							
兴庆区	1565847	454632	1111214	865823	865823		5803
西夏区	113382	22162	91220	75562	75562		740
金凤区	168861	42173	126688	130794	130436	358	2869
按登记注册类型分							
内资企业	1847802	518967	1328835	1071891	1071533	358	9411
国有企业	739744	211308	528436	416489	416489		1249
有限责任公司	488358	143801	344557	246486	246128	358	1087
国有独资公司	91577	47987	43591	34461	34461		
其他有限责任公司	396781	95814	300967	212025	211667	358	1087
股份有限公司	154919	56150	98769	97528	97528		2752
私营企业	464782	107709	357073	311387	311387		4323
私营有限责任公司	464782	107709	357073	311387	311387		4323
港、澳、台商投资企业	287		287	287	287		
港、澳、台商独资经营企业	287		287	287	287		
按国民经济行业分							
房屋和土木工程建筑业	1778275	505763	1272512	1014268	1013910	358	8436
房屋工程建筑	1145283	312660	832623	593804	593804		3383
土木工程建筑	632992	193103	439890	420464	420106	358	5053
铁路道路隧道和桥梁工程	249707	75071	174637	157899	157541	358	2952
水利和港口工程建筑	65162	19560	45602	49024	49024		
工矿工程建筑	226960	92293	134667	134825	134825		1249
架线和管道工程建筑	43410	4467	38944	39496	39496		46
其他土木工程建筑	47753	1713	46040	39221	39221		806
建筑安装业	31367	6282	25085	22839	22839		534
建筑装饰业	27876	1712	26164	28003	28003		100
其它建筑业	10572	5211	5361	7069	7069		341
工程准备	10572	5211	5361	7069	7069		341
按控股情况分							
国有控股	1059861	311206	748655	529845	529845		1249
集体控股	13269	8056	5212	14807	14807		
私人控股	744659	197431	547228	498516	498516		7815
港澳台商控股	287		287	287	287		
按营业状态分							
营业	1847330	518967	1328363	1071134	1070776	358	9311
停业(歇业)	760		760	1045	1045		100
按企业资质等级分							
施工总承包	1673607	494443	1179164	923601	923243	358	7384
一　级	1124971	362470	762501	554034	554034		4001
二　级	388392	107020	281372	251218	250860	358	2590
三级及以下	160244	24953	135292	118349	118349		793
专业承包	174482	24524	149958	148577	148577		2027
一　级	37809	1720	36089	30821	30821		
二　级	75362	6388	68974	67631	67631		1086
三级及以下	61311	16417	44895	50125	50125		941

6—13 房屋建筑施工面积及竣工面积(市区)

(2008 年)　　　　　　　　　　单位:平方米

	房屋建筑施工面积	# 本年新开工面积	# 实行投标承包面积	# 本年新开工	房屋建筑竣工面积	厂房、仓库	住宅	办公用房
总　计	**9534890**	**5140578**	**9486468**	**5106946**	**4380294**	**409503**	**2238140**	**225764**
# 一、二级企业	7822584	4000899	7780366	3973471	3666848	404127	1576834	213360
按辖区分								
兴庆区	7927883	4166718	7882261	4135886	3600393	391680	1601132	211841
西夏区	247651	165729	246906	164984	87117	15992	17856	3969
金凤区	1359356	808131	1357301	806076	692784	1831	619152	9954
按登记注册类型分								
内资企业	9534890	5140578	9486468	5106946	4380294	409503	2238140	225764
国有企业	3954533	2104473	3954533	2104473	1434396	86778	364828	101619
有限责任公司	2350734	1082432	2346836	1078534	1486984	259631	743788	39574
国有独资公司	217835	180434	217835	180434	110316	8135	26405	12240
其他有限责任公司	2132899	901998	2129001	898100	1376668	251496	717383	27334
私营企业	3229623	1953673	3185099	1923939	1458914	63094	1129524	84571
私营有限责任公司	3229623	1953673	3185099	1923939	1458914	63094	1129524	84571
按国民经济行业分								
房屋和土木工程建筑业	9534890	5140578	9486468	5106946	4380294	409503	2238140	225764
房屋工程建筑	9258609	4980163	9255809	4977363	4280121	376563	2220058	221554
土木工程建筑	276281	160415	230659	129583	100173	32940	18082	4210
铁路道路隧道和桥梁工程	2306	2306			2306	2100		
水利和港口工程建筑	12273	8545	11175	7447	6252	3915	578	661
工矿工程建筑	200775	122136	200775	122136	55478	4240	11504	2119
架线和管道工程建筑	37518	4019	18709		12728	8709		
其他土木工程建筑	23409	23409			23409	13976	6000	1430
按控股情况分								
国有控股	5005406	2515898	5005406	2515898	2151120	344513	518136	138439
集体控股	170551	65921	170551	65921	170551		157166	
私人控股	4309482	2536480	4263115	2504903	2040345	63839	1550552	86421
按营业状态分								
营　业	9534890	5140578	9486468	5106946	4380294	409503	2238140	225764
按企业资质等级分								
施工总承包	9511197	5116885	9486184	5106662	4356601	395527	2232140	224050
一　级	5036433	2536328	5036433	2536328	2197523	343993	576225	136320
二　级	2762458	1440878	2743649	1436859	1445632	46158	994609	75326
三级及以下	1712306	1139679	1706102	1133475	713446	5376	661306	12404
专业承包	23693	23693	284	284	23693	13976	6000	1714
二　级	23693	23693	284	284	23693	13976	6000	1714

单位:平方米

	批发和零售用房	住宿和餐饮用房	居民服务业用房	教育用房	文化、体育和娱乐用房	卫生医疗用房	科研用房	其他用房
总　计	**295278**	**64420**	**15128**	**250342**	**287135**	**21252**	**1100**	**572232**
# 一、二级企业	279238	64420	15128	242824	283848	21252	1100	564717
按辖区分								
兴庆区	221425	59320	15128	245952	287135	21252	1100	544428
西夏区	44200	5100						
金凤区	29653			4390				27804
按登记注册类型分								
内资企业	295278	64420	15128	250342	287135	21252	1100	572232
国有企业	142360			181140	156162	15381		386128
有限责任公司	107488	13282	15128	51876	125270	5871		125076
国有独资公司		4320	15128	7312	2026			34750
其他有限责任公司	107488	8962		44564	123244	5871		90326
私营企业	45430	51138		17326	5703		1100	61028
私营有限责任公司	45430	51138		17326	5703		1100	61028
按国民经济行业分								
房屋和土木工程建筑业	295278	64420	15128	250342	287135	21252	1100	572232
房屋工程建筑	293275	64420	15128	212727	286037	21252	1100	568007
土木工程建筑	2003			37615	1098			4225
铁路道路隧道和桥梁工程								206
水利和港口工程建筑					1098			
工矿工程建筑				37615				
架线和管道工程建筑								4019
其他土木工程建筑	2003							
按控股情况分								
国有控股	149014	13282	15128	215904	253988	21252		481464
集体控股	8681							4704
私人控股	137583	51138		34438	33147		1100	82127
按营业状态分								
营　业	295278	64420	15128	250342	287135	21252	1100	572232
按企业资质等级分								
施工总承包	293275	64420	15128	250342	287135	21252	1100	572232
一　级	130044	13282	15128	215904	253988	21252		491387
二　级	147191	51138		26920	29860		1100	73330
三级及以下	16040			7518	3287			7515
专业承包	2003							
二　级	2003							

6—14 房屋建筑竣工价值(市区)

(2008 年)　　　　单位:万元

	总计	厂房、仓库	住宅	办公用房	批发和零售用房	住宿和餐饮用房
总　计	**428877**	**34627**	**192238**	**24153**	**24264**	**5610**
# 一、二级企业	368937	33892	138277	22393	23236	5610
按辖区分						
兴庆区	357884	32282	137150	22193	18044	5110
西夏区	7910	2070	1288	421	3631	500
金凤区	63083	275	53800	1539	2590	
按登记注册类型分						
内资企业	428877	34627	192238	24153	24264	5610
国有企业	153945	10942	37853	12355	7853	
有限责任公司	156379	18872	66928	4801	11537	1394
国有独资公司	12826	1374	1868	1147		259
其他有限责任公司	143552	17498	65060	3654	11537	1135
私营企业	118553	4814	87458	6997	4874	4216
私营有限责任公司	118553	4814	87458	6997	4874	4216
按国民经济行业分						
房屋和土木工程建筑业	428877	34627	192238	24153	24264	5610
房屋工程建筑	420937	31902	190970	23663	24146	5610
土木工程建筑	7940	2725	1268	490	118	
铁路道路隧道和桥梁工程	294	283				
水利和港口工程建筑	820	416	100	108		
工矿工程建筑	4662	636	868	284		
架线和管道工程建筑	817	560				
其他土木工程建筑	1346	831	300	98	118	
按控股情况分						
国有控股	230823	29553	49470	16920	8137	1394
集体控股	15540		13817		782	
私人控股	181022	4902	128211	7134	15346	4216
按营业状态分						
营　业	428877	34627	192238	24153	24264	5610
按企业资质等级分						
施工总承包	427480	33796	191938	24006	24146	5610
一　级	235010	29521	52746	16636	7777	1394
二　级	132530	3540	85231	5610	15341	4216
三级及以下	59940	736	53961	1760	1028	
专业承包	1396	831	300	148	118	
二　级	1396	831	300	148	118	

6—14 续表

单位:万元

	居民服务业用房	教育用房	文化、体育和娱乐用房	卫生医疗用房	科研用房	其他用房
总　计	**1717**	**29208**	**35597**	**2283**	**111**	**79069**
# 一、二级企业	1717	28178	34945	2283	111	78296
按辖区分						
兴庆区	1717	28508	35597	2283	111	74891
西夏区						
金凤区		700				4178
按登记注册类型分						
内资企业	1717	29208	35597	2283	111	79069
国有企业		20012	14196	1452		49283
有限责任公司	1717	7192	20664	831		22444
国有独资公司	1717	585	254			5623
其他有限责任公司		6607	20410	831		16821
私营企业		2003	737		111	7343
私营有限责任公司		2003	737		111	7343
按国民经济行业分						
房屋和土木工程建筑业	1717	29208	35597	2283	111	79069
房屋工程建筑	1717	26334	35400	2283	111	78801
土木工程建筑		2874	197			268
铁路道路隧道和桥梁工程						12
水利和港口工程建筑			197			
工矿工程建筑		2874				
架线和管道工程建筑						257
其他土木工程建筑						
按控股情况分						
国有控股	1717	24809	29578	2283		66962
集体控股						941
私人控股		4398	6019		111	10687
按营业状态分						
营　业	1717	29208	35597	2283	111	79069
按企业资质等级分						
施工总承包	1717	29208	35597	2283	111	79069
一　级	1717	24809	29578	2283		68550
二　级		3368	5367		111	9747
三级及以下		1030	652			773
专业承包						
二　级						

6—15 建筑业企业自有施工机械设备及劳动人员情况（市区）

（2008 年）

	年末自有施工机械设备			计算建筑业劳动生产率的平均人数（人）	年末从业人数（人）			
	净值（万元）	总台数（台）	总功率（千瓦）			管理人员	工程技术人员	一级建造师
总计	**72842**	**16979**	**364492**	**99690**	**32981**	**7939**	**9982**	**354**
# 一、二级企业	57356	12557	265568	84688	24981	6256	7388	312
按辖区分								
兴庆区	56140	11498	245423	80610	21098	5567	6594	272
西夏区	6427	1548	51154	6508	4227	900	1219	35
金凤区	10275	3933	67915	12572	7656	1472	2169	47
按登记注册类型分								
内资企业	72828	16976	364392	99610	32901	7915	9977	354
国有企业	23631	4194	97433	42038	11495	2966	3017	133
有限责任公司	13294	3754	77705	25524	6394	1672	1921	54
国有独资公司	2868	397	17543	3133	498	91	71	5
其他有限责任公司	10425	3357	60162	22391	5896	1581	1850	49
股份有限公司	7303	445	32055	4018	1255	150	460	33
私营企业	28601	8583	157199	28030	13757	3127	4579	134
私营有限责任公司	28601	8583	157199	28030	13757	3127	4579	134
港、澳、台商投资企业	15	3	100	80	80	24	5	
港、澳、台商独资经营企业	15	3	100	80	80	24	5	
按国民经济行业分								
房屋和土木工程建筑业	66381	14632	329961	93784	28874	7047	8646	282
房屋工程建筑	21698	9003	126720	69288	14127	4300	4595	121
土木工程建筑	44683	5629	203241	24496	14747	2747	4051	161
铁路道路隧道和桥梁工程	15566	1447	73600	8684	4016	889	1532	76
水利和港口工程建筑	6309	924	39904	3236	1435	326	539	18
工矿工程建筑	13620	1697	31256	6178	3557	706	609	43
架线和管道工程建筑	4917	845	21789	3220	3446	342	596	8
其他土木工程建筑	4271	716	36692	3178	2293	484	775	16
建筑安装业	944	451	10456	2106	2261	341	604	40
建筑装饰业	1709	1713	6691	3182	1429	452	567	27
其它建筑业	3808	183	17384	618	417	99	165	5
工程准备	3808	183	17384	618	417	99	165	5
按控股情况分								
国有控股	30863	5661	139103	56274	14713	3935	3858	160
集体控股	1490	693	7043	1677	195	34	135	7
私人控股	38420	9967	208526	39135	16486	3735	5607	181
港澳台商控股	15	3	100	80	80	24	5	
按营业状态分								
营业	72759	16944	364260	99554	32843	7917	9951	354
停业（歇业）	83	35	232	136	138	22	31	
按企业资质等级分								
施工总承包	53079	12566	251079	86692	23506	6100	7215	250
一　级	28474	4932	106950	55221	10405	3214	2976	171
二　级	16082	4615	89773	20620	7938	1801	2517	55
三级及以下	8523	3019	54356	10851	5163	1085	1722	24
专业承包	19764	4413	113413	12998	9475	1839	2767	104
一　级	1511	237	15309	2187	1551	256	378	44
二　级	11289	2773	53536	6660	5087	985	1517	42
三级及以下	6964	1403	44568	4151	2837	598	872	18

6—16 建筑业企业财务状况(市区)

(2008 年)

单位:万元

	资产总计	流动资产合计	# 存货	长期投资	固定资产合计	固定资产原价	# 生产经营用
总 计	**1231301**	**907529**	**230276**	**86270**	**206019**	**311012**	**265043**
# 一、二级企业	974500	723962	178183	69651	156845	244900	217692
按登记注册类型分							
内资企业	1230842	907085	229981	86270	206004	310967	265006
国有企业	294649	212616	27205	8628	67922	108462	93289
有限责任公司	348172	236890	66676	49106	46730	66962	57613
国有独资公司	66058	18660	2956	33423	5992	5947	5523
其他有限责任公司	282114	218230	63720	15683	40739	61015	52091
股份有限公司	107419	93103	23239	4393	8729	22584	22584
私营企业	480602	364476	112861	24143	82623	112959	91521
私营有限责任公司	480602	364476	112861	24143	82623	112959	91521
港、澳、台商投资企业	459	445	295		15	45	37
港、澳、台商独资经营企业	459	445	295		15	45	37
按国民经济行业分							
房屋和土木工程建筑业	1102681	829959	211317	76905	170292	265832	227341
房屋工程建筑	595017	466503	112775	46088	67797	98862	71110
土木工程建筑	507664	363456	98542	30817	102494	166970	156231
建筑安装业	66610	38309	11093	2902	21090	26284	22476
建筑装饰业	42265	32371	7019	71	8187	10095	7306
其他建筑业	19745	6890	848	6393	6450	8800	7920
工程准备	19745	6890	848	6393	6450	8800	7920
按控股情况分							
国有控股	464604	307701	34063	43929	94846	145478	125088
集体控股	19915	14019	3521	1160	4735	5539	5484
私人控股	675958	531720	174342	31260	99739	146580	121580
港澳台商控股	459	445	295		15	45	37
其他	70365	53645	18056	9921	6684	13369	12854
按营业状态分							
营业	1225348	902556	228126	86270	205101	309743	264008
停业(歇业)	5954	4974	2150		918	1269	1035
按企业资质等级分							
施工总承包	965148	742824	192036	65788	133455	209242	174790
一 级	472033	351615	47641	41693	65523	110173	96440
二 级	332652	268467	109387	19139	39909	60347	53655
三级及以下	160463	122743	35008	4957	28023	38721	24695
专业承包	266153	164705	38241	20482	72563	101770	90253
一 级	23108	17211	5786	897	4857	12137	11320
二 级	146707	86669	15369	7923	46556	62243	56277
三级及以下	96339	60825	17085	11662	21151	27391	22656

6—16 续表 1

单位:万元

	累计折旧	# 本年折旧	在建工程	负债合计	流动负债合计	长期负债合计
总　计	**115788**	**19901**	**10056**	**818497**	**806446**	**12051**
# 一、二级企业	94422	15434	6210	670011	665571	4441
按登记注册类型分						
内资企业	115757	19897	10056	817967	805916	12051
国有企业	41723	5389	1037	220603	219372	1231
有限责任公司	22795	4444	2024	221669	215643	6026
国有独资公司	2314	883	1826	25096	20461	4635
其他有限责任公司	20481	3560	198	196573	195182	1390
股份有限公司	14013	1332	158	90825	90825	
私营企业	37226	8732	6837	284870	280075	4795
私营有限责任公司	37226	8732	6837	284870	280075	4795
港、澳、台商投资企业	31	4		530	530	
港、澳、台商独资经营企业	31	4		530	530	
按国民经济行业分						
房屋和土木工程建筑业	101591	16047	5369	769950	759730	10220
房屋工程建筑	32277	4338	1078	430257	426000	4257
土木工程建筑	69314	11709	4291	339693	333730	5963
建筑安装业	8996	1924	3744	26509	25579	930
建筑装饰业	2680	434	771	16661	15945	715
其他建筑业	2521	1496	171	5378	5191	186
工程准备	2521	1496	171	5378	5191	186
按控股情况分						
国有控股	54270	8020	2952	317771	311040	6730
集体控股	804	113		10910	10910	
私人控股	53998	10511	7104	446914	441601	5314
港澳台商控股	31	4		530	530	
其他	6685	1254		42372	42364	7
按营业状态分						
营业	115437	19872	10056	815549	803647	11901
停业(歇业)	351	30		2949	2799	150
按企业资质等级分						
施工总承包	77911	11180	1992	696349	690721	5628
一　级	45140	5442	358	368684	367313	1372
二　级	20981	3626	541	224042	222419	1624
三级及以下	11790	2112	1092	103623	100990	2633
专业承包	37877	8721	8064	122148	115725	6423
一　级	7288	1050	9	15479	15433	46
二　级	21012	5315	5302	61806	60406	1400
三级及以下	9576	2356	2753	44863	39886	4978

6—16 续表 2

单位:万元

	所有者权益合计	实收资本	国家资本	集体资本	法人资本	个人资本	港澳台资本
总　计	**412804**	**342871**	**101891**	**6547**	**44621**	**189752**	**60**
# 一、二级企业	304489	240981	87233	5088	32491	116169	
按登记注册类型分							
内资企业	412875	342811	101891	6547	44621	189752	
国有企业	74046	58707	58347		360		
有限责任公司	126503	93360	43544	6547	32214	11055	
国有独资公司	40962	31198	31198				
其他有限责任公司	85541	62163	12346	6547	32214	11055	
股份有限公司	16594	15293				15293	
私营企业	195732	175451			12047	163404	
私营有限责任公司	195732	175451			12047	163404	
港、澳、台商投资企业	-71	60					60
港、澳、台商独资经营企业	-71	60					60
按国民经济行业分							
房屋和土木工程建筑业	332731	281579	95251	5815	42503	138010	
房屋工程建筑	164760	148108	54829	5088	14378	73813	
土木工程建筑	167971	133472	40422	727	28125	64197	
建筑安装业	40101	21447	5833		471	15143	
建筑装饰业	25604	26050	140		1647	24202	60
其他建筑业	14367	13796	666	732		12397	
工程准备	14367	13796	666	732		12397	
按控股情况分							
国有控股	146833	105073	101891		1495	1687	
集体控股	9005	6628		5570		1058	
私人控股	229043	207038		977	19476	186584	
港澳台商控股	-71	60					60
其他	27994	24073			23650	423	
按营业状态分							
营业	409799	339605	101191	5815	44519	188020	60
停业(歇业)	3005	3267	700	732	102	1733	
按企业资质等级分							
施工总承包	268799	238231	79774	5815	35566	117076	
一　级	103349	91223	63851		3088	24284	
二　级	108610	91702	7122	5088	22190	57302	
三级及以下	56840	55305	8800	727	10288	35490	
专业承包	144005	104641	22117	732	9055	72677	60
一　级	7629	6820	5740			1080	
二　级	84900	51236	10520		7213	33503	
三级及以下	51476	46585	5857	732	1842	38094	60

6—16 续表 3

单位:万元

	工程结算收入	工程结算成本	经营费用	工程结算税金及附加	工程结算利润	其他业务收入	其他业务利润
总　计	**1117087**	**1023029**	**2648**	**36014**	**55397**	**30934**	**6211**
# 一、二级企业	934289	858989	1307	30331	43662	19285	3031
按登记注册类型分							
内资企业	1116800	1022793	2648	36005	55354	30934	6211
国有企业	428050	394641	548	13821	19041	7768	1454
有限责任公司	226231	208158	233	7479	10362	5323	767
国有独资公司	13642	12593		451	597		
其他有限责任公司	212590	195565	233	7028	9764	5323	767
股份有限公司	127927	120170		4229	3528	296	248
私营企业	334592	299825	1867	10476	22424	17547	3743
私营有限责任公司	334592	299825	1867	10476	22424	17547	3743
港、澳、台商投资企业	287	235		9	43		
港、澳、台商独资经营企业	287	235		9	43		
按国民经济行业分							
房屋和土木工程建筑业	1059241	976244	1064	34272	47661	22545	4809
房屋工程建筑	598370	561391	84	19481	17414	3871	337
土木工程建筑	460871	414853	980	14791	30246	18674	4473
建筑安装业	22521	17683	1201	677	2961	7798	1240
建筑装饰业	28407	24011	344	831	3221	574	156
其他建筑业	6919	5091	39	234	1555	16	6
工程准备	6919	5091	39	234	1555	16	6
按控股情况分							
国有控股	520289	481393	549	16872	21475	10447	1686
集体控股	15313	13381	1	514	1418	16	6
私人控股	542195	494531	1885	17364	28415	18742	4246
港澳台商控股	287	235		9	43		
其他	39004	33489	213	1255	4047	1729	273
按营业状态分							
营业	1116186	1022220	2635	35988	55342	30918	6205
停业(歇业)	902	808	12	25	56	16	6
按企业资质等级分							
施工总承包	970159	900026	486	31444	38202	7285	1263
一　级	588821	550601	29	19331	18860	2840	820
二　级	242659	222154	219	7826	12461	3814	526
三级及以下	138679	127272	239	4287	6881	631	-83
专业承包	146929	123002	2161	4569	17196	23649	4948
一　级	27216	24153	374	795	1894	42	29
二　级	75594	62081	686	2378	10448	12590	1655
三级及以下	44120	36768	1102	1396	4854	11018	3264

6—16 续表 4

单位:万元

	管理费用	税金	财 产 保险费	差旅费	工会经费
总 计	**43790**	**1974**	**180**	**2418**	**959**
# 一、二级企业	33211	1590	140	1671	776
按登记注册类型分					
内资企业	43744	1974	180	2417	958
国有企业	16613	793	71	967	453
有限责任公司	10045	385	25	323	183
国有独资公司	832	15	5	132	15
其他有限责任公司	9214	370	20	191	168
股份有限公司	2320	31	16	55	38
私营企业	14765	765	68	1072	284
私营有限责任公司	14765	765	68	1072	284
港、澳、台商投资企业	46			1	1
港、澳、台商独资经营企业	46			1	1
按国民经济行业分					
房屋和土木工程建筑业	36684	1742	143	1707	813
房屋工程建筑	11420	955	56	355	312
土木工程建筑	25264	787	87	1352	502
建筑安装业	3343	82	11	514	108
建筑装饰业	2801	137	13	118	23
其他建筑业	962	13	13	79	16
工程准备	962	13	13	79	16
按控股情况分					
国有控股	20587	921	82	1148	565
集体控股	479	41		2	9
私人控股	18996	912	96	1156	341
港澳台商控股	46			1	1
其他	3682	101	2	112	43
按营业状态分					
营业	43726	1971	178	2411	959
停业(歇业)	64	3	1	6	1
按企业资质等级分					
施工总承包	27730	1524	114	999	684
一 级	15603	785	73	584	475
二 级	7333	496	25	255	154
三级及以下	4795	242	16	160	55
专业承包	16060	450	66	1418	275
一 级	844	26	12	237	8
二 级	9431	282	31	594	138
三级及以下	5785	142	24	587	129

6—16 续表 5

单位:万元

	财务费用	# 利息支出	营业利润	利润总额	劳动、失业保险费	住房公积金及住房补贴
总　计	**5205**	**5057**	**12510**	**12318**	**10828**	**4629**
# 一、二级企业	4097	3968	9281	8656	10307	4350
按登记注册类型分						
内资企业	5205	5057	12513	12321	10828	4629
国有企业	396	433	3521	3177	6661	3064
有限责任公司	1175	1184	-232	-33	2492	685
国有独资公司	-6	-6	-369	-344	841	83
其他有限责任公司	1181	1190	137	311	1652	602
股份有限公司	731	698	725	832	660	680
私营企业	2903	2741	8499	8345	1015	199
私营有限责任公司	2903	2741	8499	8345	1015	199
港、澳、台商投资企业			-3	-3		
港、澳、台商独资经营企业			-3	-3		
按国民经济行业分						
房屋和土木工程建筑业	4667	4581	11015	11055	10401	4272
房屋工程建筑	2070	1945	4121	4222	4237	763
土木工程建筑	2597	2637	6894	6833	6165	3509
建筑安装业	267	261	591	332	282	339
建筑装饰业	131	101	445	463	101	6
其他建筑业	140	113	459	468	43	12
工程准备	140	113	459	468	43	12
按控股情况分						
国有控股	395	462	2075	1991	8536	3438
集体控股	889	889	55	54	3	2
私人控股	3946	3725	9719	9675	1889	927
港澳台商控股			-3	-3		
其他	-25	-19	664	601	400	263
按营业状态分						
营业	5205	5057	12512	12326	10828	4629
停业(歇业)	-1		-2	-8		
按企业资质等级分						
施工总承包	4008	3843	7622	7256	9463	3055
一　级	1667	1617	2307	2363	8349	2751
二　级	2019	1945	3635	3501	733	183
三级及以下	323	281	1681	1392	382	121
专业承包	1197	1214	4887	5062	1365	1574
一　级	147	132	932	900	144	243
二　级	264	275	2408	1892	1082	1173
三级及以下	785	808	1548	2270	139	158

6—16 续表 6

单位:万元

	本年应付工资总额	本年应付福利费总额	应收工程款	# 竣工工程	全部从业人员年平均人数（人）
总　计	**206612**	**5443**	**369157**	**252818**	**101481**
# 一、二级企业	177724	4462	324338	218041	85394
按登记注册类型分					
内资企业	206371	5439	368870	252530	101401
国有企业	95921	1837	107218	67931	42446
有限责任公司	53295	1091	93042	59692	25860
国有独资公司	7205	11	3164	2099	3145
其他有限责任公司	46089	1081	89878	57594	22715
股份有限公司	4013	561	20411	12684	4018
私营企业	53143	1951	148198	112223	29077
私营有限责任公司	53143	1951	148198	112223	29077
港、澳、台商投资企业	241	4	287	287	80
港、澳、台商独资经营企业	241	4	287	287	80
按国民经济行业分					
房屋和土木工程建筑业	195256	4911	350444	237504	94939
房屋工程建筑	147315	1835	214508	142350	69539
土木工程建筑	47941	3075	135937	95155	25400
建筑安装业	4744	330	7272	5809	2450
建筑装饰业	5460	122	9008	7172	3352
其他建筑业	1152	80	2433	2332	740
工程准备	1152	80	2433	2332	740
按控股情况分					
国有控股	127899	1942	157365	100010	56933
集体控股	2433	322	6820	6820	1677
私人控股	70502	2701	184845	135576	40202
港澳台商控股	241	4	287	287	80
其他	5537	474	19840	10125	2589
按营业状态分					
营业	206290	5443	369157	252818	101327
停业(歇业)	323				154
按企业资质等级分					
施工总承包	180478	3856	318458	209575	87327
一　级	122751	1979	168418	103157	55221
二　级	36621	1287	120669	85035	20697
三级及以下	21106	589	29370	21383	11409
专业承包	26134	1587	50700	43243	14154
一　级	3823	258	7890	7547	2187
二　级	14529	937	27360	22302	7289
三级及以下	7782	392	15449	13394	4678

6—17 劳务分包建筑业企业生产经营情况(市区)

(2008 年)　　单位:万元、人

	企业数(个)	# 有工作量的企业数	建筑业总产值	# 装饰装修产值	固定资产原价	本年折旧	资产总计	负债合计
总　计	**22**	**16**	**1661**	**20**	**145**	**31**	**2617**	**288**
# 国有及国有控股企业	1	1	7				95	1
按登记注册类型分								
内资企业	22	16	1661	20	145	31	2617	288
有限责任公司	2	2	152				106	3
国有独资公司	1	1	7				95	1
其他有限责任公司	1	1	145				11	2
私营企业	20	14	1509	20	145	31	2511	284
私营有限责任公司	20	14	1509	20	145	31	2511	284
按国民经济行业分								
房屋和土木工程建筑业	17	12	1290	20	121	22	923	158
房屋工程建筑	17	12	1290	20	121	22	923	158
土木工程建筑业								
建筑安装业	5	4	371		24	10	1694	130
按控股情况分								
国有控股	1	1	7				95	1
私人控股	21	15	1654	20	145	31	2522	286
按营业状态分								
营　业	21	16	1661	20	145	31	2587	288
其　他	1						30	
按企业资质等级分								
一　级	12	10	837	20	121	22	752	73
不分级	10	6	824		24	10	1864	215

6—17 续表 1

单位:万元、人

	实收资本	国家资本	法人资本	个人资本	营业收入合计	# 主营业务收入
总　　计	**1156**	**50**	**19**	**1087**	**1639**	**1639**
# 国有及国有控股企业	50	50			7	7
按登记注册类型分						
内资企业	1156	50	19	1087	1639	1639
有限责任公司	60	50		10	152	152
国有独资公司	50	50			7	7
其他有限责任公司	10			10	145	145
私营企业	1096		19	1077	1487	1487
私营有限责任公司	1096		19	1077	1487	1487
按国民经济行业分						
房屋和土木工程建筑业	876		19	857	1253	1253
房屋工程建筑	876		19	857	1253	1253
土木工程建筑业						
建筑安装业	280	50		230	386	386
按控股情况分						
国有控股	50	50			7	7
私人控股	1106		19	1087	1632	1632
按营业状态分						
营　业	1126	50	19	1057	1639	1639
其　他	30			30		
按企业资质等级分						
一　级	696	50	19	627	805	805
不分级	460			460	834	834

6—17 续表2

单位:万元、人

	主营业务成本	主营业务税金及附加	费用合计	营业利润	利润总额	从业人员劳动报酬	劳动、失业保险费
总　计	**1550**	**30**	**161**	**-103**	**-75**	**1129**	**16**
# 国有及国有控股企业	6			1	1	4	
按登记注册类型分							
内资企业	1550	30	161	-103	-75	1129	16
有限责任公司	151		1			149	
国有独资公司	6			1	1	4	
其他有限责任公司	145		1	-1	-1	145	
私营企业	1399	30	160	-103	-75	980	16
私营有限责任公司	1399	30	160	-103	-75	980	16
按国民经济行业分							
房屋和土木工程建筑业	1196	18	127	-88	-61	1058	15
房屋工程建筑	1196	18	127	-88	-61	1058	15
土木工程建筑业							
建筑安装业	354	13	34	-14	-14	71	2
按控股情况分							
国有控股	6			1	1	4	
私人控股	1544	30	161	-103	-76	1125	16
按营业状态分							
营　业	1550	30	159	-101	-73	1127	16
其　他			2	-2	-2	2	
按企业资质等级分							
一　级	768	17	98	-78	-50	630	8
不分级	782	13	63	-25	-25	499	8

6—17 续表 3

单位:万元、人

	全部从业人员年平均人数	计算劳动生产率的平均人数	年末从业人数	# 管理人员	# 工程技术人员	# 现场施工人
总　计	**573**	**573**	**370**	**76**	**46**	**248**
# 国有及国有控股企业	3	3	1	1		
按登记注册类型分						
内资企业	573	573	370	76	46	248
有限责任公司	123	123	41	9	5	27
国有独资公司	3	3	1	1		
其他有限责任公司	120	120	40	8	5	27
私营企业	450	450	329	67	41	221
私营有限责任公司	450	450	329	67	41	221
按国民经济行业分						
房屋和土木工程建筑业	528	528	327	65	34	228
房屋工程建筑	528	528	327	65	34	228
土木工程建筑业						
建筑安装业	45	45	43	11	12	20
按控股情况分						
国有控股	3	3	1	1		
私人控股	570	570	369	75	46	248
按营业状态分						
营　业	571	571	368	74	46	248
其　他	2	2	2	2		
按企业资质等级分						
一　级	290	290	167	45	26	94
不分级	283	283	203	31	20	154

6—18 建筑业企业按建筑业总产值、利税总额排序前30名

（2008年）

建筑业总产值		利税总额	
单位名称	法人代表	单位名称	法人代表
宁夏第一建筑公司	王天林	宁夏路桥工程股份有限公司	侯建国
宁夏电力建设工程公司	王　平	宁夏电力建设工程公司	王　平
宁夏路桥工程股份有限公司	侯建国	宁夏第一建筑公司	王天林
宁夏二建集团有限责任公司	丁宝善	宁夏第五建筑工程公司	白耀华
宁夏第五建筑工程公司	白耀华	宁夏二建集团有限责任公司	丁宝善
银川三建工程有限责任公司	刘惠敏	宁夏永刚建筑工程有限公司	郭兴斌
银川市第一建筑工程有限责任公司	邵关宝	宁夏灵隆建设集团有限责任公司	官国福
宁夏伊斯兰地质工程公司	胡学祥	宁夏泰达丰工程有限责任公司	董小兵
神华宁夏煤业集团灵州建井工程有限公司	王立峰	银川银润石油管道工程有限公司	黄川眉
宁夏水利水电工程局	陈学斌	银川三建工程有限责任公司	刘惠敏
宁夏建工集团有限公司	白耀华	宁夏水利水电工程局	陈学斌
宁夏正丰建筑工程有限公司	郑国福	宁夏路捷公路工程建设有限公司	石金龙
宁夏荣恒集团建筑安装工程有限责任公司	梁志东	宁夏万通建设工程有限公司	韩　万
宁夏天信建设发展股份有限公司	王　新	宁夏天信建设发展股份有限公司	王　新
银川市郊区第二建筑有限公司	朱宏魁	银川长城建筑工程有限责任公司	杨相林
宁夏金沙湾农业综合开发科技示范推广中心	陈培寿	宁夏治国建筑工程有限责任公司	张治国
宁夏华宇建设工程有限公司	竺伟军	宁夏煤炭勘察工程公司	刘自俭
宁夏住宅建筑工程有限公司	王志国	宁夏通信建设公司	张　伟
宁夏石油化工建设有限公司	李正星	宁夏华建建筑有限责任公司	张发国
银川第一市政工程有限责任公司	高雨仁	银川第一市政工程有限责任公司	高雨仁
宁夏路捷公路工程建设有限公司	石金龙	灵武市建筑工程公司	秦玉焕
宁夏新月建筑有限公司	朱江成	宁夏正丰建筑工程有限公司	郑国福
宁夏永刚建筑工程有限公司	郭兴斌	宁夏农垦建设实业总公司	杨怀林
宁夏万通建设工程有限公司	韩　万	宁夏贺兰星河建筑安装工程有限公司	董志荣
宁夏天净元光电力有限公司	张冬青	宁夏伊斯兰地质工程公司	胡学祥
宁夏灵隆建设集团有限责任公司	官国福	宁夏北方明珠建筑工程有限公司	黄自亮
宁夏大捷建设工程有限公司	叶海锦	宁夏视通建设发展有限公司	张　静
宁夏方圆建设工程有限公司	杨　勇	银川市郊区第二建筑有限公司	朱宏魁
银川第二市政工程有限责任公司	马建泽	宁夏庆元建设实业有限公司	刘良庆
灵武市建筑工程公司	秦玉焕	银川市第一建筑工程有限责任公司	邵关宝

6—19 建筑业总承包资质等级一、二级企业名单

（2008 年）

单位名称	法人代表	行业类别	注册类型	资质等级
宁夏二建集团有限责任公司	丁宝善	房屋工程建筑	其他有限责任公司	房屋建筑工程一级
宁夏第五建筑工程公司	白耀华	房屋工程建筑	国有企业	房屋建筑工程一级
宁夏第一建筑公司	王天林	房屋工程建筑	国有企业	房屋建筑工程一级
宁夏正丰建筑工程有限公司	郑国福	房屋工程建筑	私营有限责任公司	房屋建筑工程一级
宁夏建工集团有限公司	白耀华	房屋工程建筑	国有独资公司	房屋建筑工程一级
宁夏可泰建筑工程有限责任公司	金　伟	房屋工程建筑	私营有限责任公司	房屋建筑工程一级
宁夏路桥工程股份有限公司	侯建国	铁路、道路、隧道和桥梁工程建筑	股份有限公司	公路工程一级
宁夏水利水电工程局	陈学斌	水利和港口工程建筑	国有企业	水利水电工程一级
宁夏电力建设工程公司	王　平	工矿工程建筑	国有企业	电力工程一级
银川第一市政工程有限责任公司	高雨仁	铁路、道路、隧道和桥梁工程建筑	私营有限责任公司	市政公用工程一级
宁夏农垦建设实业总公司	杨怀林	房屋工程建筑	国有企业	房屋建筑工程二级
宁夏新月建筑有限公司	朱江成	房屋工程建筑	私营有限责任公司	房屋建筑工程二级
宁夏固本建筑有限公司	杨永乐	房屋工程建筑	私营有限责任公司	房屋建筑工程二级
宁夏华宇建设工程有限公司	竺伟军	房屋工程建筑	其他有限责任公司	房屋建筑工程二级
银川建发建筑工程有限责任公司	周雪原	房屋工程建筑	其他有限责任公司	房屋建筑工程二级
银川市郊区第二建筑有限公司	朱宏魁	房屋工程建筑	其他有限责任公司	房屋建筑工程二级
银川三建工程有限责任公司	刘惠敏	房屋工程建筑	其他有限责任公司	房屋建筑工程二级
银川市第一建筑工程有限责任公司	邵关宝	房屋工程建筑	私营有限责任公司	房屋建筑工程二级
宁夏治国建筑工程有限责任公司	张治国	房屋工程建筑	私营有限责任公司	房屋建筑工程二级
银川长城建筑工程有限责任公司	杨相林	房屋工程建筑	私营有限责任公司	房屋建筑工程二级
宁夏永建建筑工程有限公司	王立平	房屋工程建筑	私营有限责任公司	房屋建筑工程二级
宁夏方圆建设工程有限公司	杨　勇	房屋工程建筑	私营有限责任公司	房屋建筑工程二级
宁夏功达建筑工程公司	孙建功	房屋工程建筑	其他有限责任公司	房屋建筑工程二级
宁夏灵隆建设集团有限责任公司	官国福	房屋工程建筑	私营有限责任公司	房屋建筑工程二级
宁夏德达建筑安装工程公司	杨学刚	房屋工程建筑	私营有限责任公司	房屋建筑工程二级
宁夏华建建筑有限责任公司	张发国	房屋工程建筑	私营有限责任公司	房屋建筑工程二级
宁夏城乡建筑工程机械化公司	王金星	房屋工程建筑	其他有限责任公司	房屋建筑工程二级
宁夏住宅建筑工程有限公司	王志国	房屋工程建筑	私营有限责任公司	房屋建筑工程二级
宁夏兴亚建筑工程有限公司	温天明	房屋工程建筑	私营有限责任公司	房屋建筑工程二级
宁夏成城建设(集团)有限公司	马源浩	房屋工程建筑	私营有限责任公司	房屋建筑工程二级
宁夏科强建筑安装有限公司	孙成杰	房屋工程建筑	私营有限责任公司	房屋建筑工程二级
宁夏荣恒集团建筑安装工程有限责任公司	梁志东	房屋工程建筑	其他有限责任公司	房屋建筑工程二级
银川市万兴隆建筑工程有限公司	徐　涛	房屋工程建筑	私营有限责任公司	房屋建筑工程二级
宁夏友厦建设集团有限公司	吴美芳	房屋工程建筑	私营有限责任公司	房屋建筑工程二级
宁夏大捷建设工程有限公司	叶海锦	房屋工程建筑	私营有限责任公司	房屋建筑工程二级
宁夏合泰建设工程有限公司	刘树其	房屋工程建筑	私营有限责任公司	房屋建筑工程二级
宁夏圣华建筑安装工程有限公司	张学义	房屋工程建筑	私营有限责任公司	房屋建筑工程二级
宁夏路捷公路工程建设有限公司	石金龙	铁路、道路、隧道和桥梁工程建筑	私营有限责任公司	公路工程二级
宁夏华澳铁路综合工程有限公司	曹金东	铁路、道路、隧道和桥梁工程建筑	其他有限责任公司	铁路工程二级
宁夏灵州建设安装集团有限公司	岳文礼	铁路、道路、隧道和桥梁工程建筑	私营有限责任公司	水利水电工程二级
宁夏天信建设发展股份有限公司	王　新	架线、管道工程建筑	私营有限责任公司	电力工程二级
宁夏天净电力工程有限公司	韦生宁	架线、管道工程建筑	其他有限责任公司	电力工程二级
核工业宁夏工程公司	闫正罡	工矿工程建筑	国有企业	矿山工程二级
神华宁夏煤业集团灵州建井工程有限公司	王立峰	工矿工程建筑	国有企业	矿山工程二级
宁夏石油化工建设有限公司	李正星	房屋工程建筑	私营有限责任公司	化工石油工程二级
银川第二市政工程有限责任公司	马建泽	铁路、道路、隧道和桥梁工程建筑	私营有限责任公司	市政公用工程二级
宁夏建宏道路有限公司	朱宏山	铁路、道路、隧道和桥梁工程建筑	其他有限责任公司	市政公用工程二级
银川市成通建设工程有限公司	韩春明	铁路、道路、隧道和桥梁工程建筑	其他有限责任公司	市政公用工程二级
银川市市政建设工程有限责任公司	吕建军	铁路、道路、隧道和桥梁工程建筑	私营有限责任公司	市政公用工程二级
银川高新区诚畅市政工程有限公司	徐存斌	铁路、道路、隧道和桥梁工程建筑	私营有限责任公司	市政公用工程二级

6—20 建筑业专业承包资质等级一、二级企业名单

（2008年）

单位名称	法人代表	行业类别	注册类型	资质等级
宁夏伊斯兰地质工程公司	胡学祥	其他土木工程建筑	国有企业	地基与基础工程一级
宁夏爱华建筑装饰工程有限公司	黄燕强	建筑装饰业	私营有限责任公司	建筑装修装饰工程一级
宁夏通信建设公司	张　伟	建筑安装业	国有企业	电信工程一级
宁夏地质工程勘察院	余秋生	其他土木工程建筑	国有企业	地基与基础工程二级
宁夏大力岩土工程公司	朱建德	其他土木工程建筑	国有企业	地基与基础工程二级
宁夏基础工程有限公司	牛文连	其他土木工程建筑	其他有限责任公司	地基与基础工程二级
宁夏煤炭勘察工程公司	刘自俭	其他土木工程建筑	国有企业	地基与基础工程二级
宁夏夯利地基有限责任公司	徐国荣	其他土木工程建筑	私营有限责任公司	地基与基础工程二级
宁夏三鑫机械化工程有限公司	郝卫兴	工程准备	私营有限责任公司	土石方工程二级
宁夏天邦装饰工程有限公司	曹巨峰	建筑装饰业	私营有限责任公司	建筑装修装饰工程二级
银川中房建设装饰有限公司	陆西安	建筑装饰业	其他有限责任公司	建筑装修装饰工程二级
宁夏三昌建筑装饰工程有限公司	孟宪静	建筑装饰业	私营有限责任公司	建筑装修装饰工程二级
宁夏嘉恒帝建设工程有限公司	殷培耕	建筑装饰业	私营有限责任公司	建筑装修装饰工程二级
银川市民政福利建筑装饰有限公司	陈现场	建筑装饰业	私营有限责任公司	建筑装修装饰工程二级
宁夏建筑设计装饰工程有限公司	李志锋	建筑装饰业	其他有限责任公司	建筑装修装饰工程二级
银川市金利装饰发展有限公司	周　辉	建筑装饰业	私营有限责任公司	建筑装修装饰工程二级
宁夏乾坤广告装璜设计有限公司	高　琨	建筑装饰业	私营有限责任公司	建筑装修装饰工程二级
宁夏中联装饰工程有限公司	韩晓群	建筑装饰业	私营有限责任公司	建筑装修装饰工程二级
宁夏西美装饰工程有限公司	邵宝琪	建筑装饰业	私营有限责任公司	建筑装修装饰工程二级
银川古月建筑装饰工程有限公司	胡爱香	建筑装饰业	私营有限责任公司	建筑装修装饰工程二级
宁夏鑫羊工程技术服务有限公司	杨　宝	建筑装饰业	私营有限责任公司	建筑装修装饰工程二级
宁夏鑫北装饰有限公司	李　明	建筑装饰业	私营有限责任公司	建筑装修装饰工程二级
宁夏元龙装饰设计工程有限公司	韩　斌	建筑装饰业	私营有限责任公司	建筑装修装饰工程二级
宁夏三菱装饰工程有限公司	田业才	建筑装饰业	私营有限责任公司	建筑装修装饰工程二级
宁夏建工集团装饰工程有限公司	陈宗平	建筑装饰业	其他有限责任公司	建筑装修装饰工程二级
宁夏新三星装饰工程有限公司	朱兆泽	建筑装饰业	私营有限责任公司	建筑装修装饰工程二级
宁夏展图装饰工程有限公司	汪群英	建筑装饰业	私营有限责任公司	建筑装修装饰工程二级
宁夏鑫翔建设实业有限公司	李正行	建筑装饰业	私营有限责任公司	建筑装修装饰工程二级
宁夏信誉建筑装饰工程有限公司	李祖平	建筑装饰业	私营有限责任公司	建筑装修装饰工程二级
宁夏银祥建筑装饰工程有限公司	王治刚	建筑装饰业	私营有限责任公司	建筑装修装饰工程二级
宁夏舜豪建筑装饰工程有限公司	贾金怀	建筑装饰业	私营有限责任公司	建筑装修装饰工程二级
宁夏恒亚制造安装有限公司	朱国广	建筑装饰业	其他有限责任公司	建筑装修装饰工程二级
宁夏僖泰装饰工程有限公司	刘良喜	建筑装饰业	私营有限责任公司	建筑装修装饰工程二级
深装（宁夏）装饰工程有限公司	贾　峰	建筑装饰业	私营有限责任公司	建筑装修装饰工程二级

6—20 续表

单位名称	法人代表	行业类别	注册类型	资质等级
宁夏华利建筑装饰有限公司	李维军	建筑装饰业	私营有限责任公司	建筑装修装饰工程二级
银川金辉建筑装饰工程有限公司	路金明	建筑装饰业	私营有限责任公司	建筑幕墙工程二级
宁夏鸿日建筑幕墙装饰有限公司	洪跃辉	建筑装饰业	私营有限责任公司	建筑幕墙工程二级
银川彩新钢结构工程有限公司	司永鹏	其他土木工程建筑	私营有限责任公司	钢结构工程二级
宁夏优泰消防安全工程有限公司	朱海珠	建筑安装业	私营有限责任公司	消防设施工程二级
宁夏安消消防设施工程有限公司	周时光	建筑安装业	私营有限责任公司	消防设施工程二级
宁夏利安消防工程有限公司	彭陆川	建筑安装业	私营有限责任公司	消防设施工程二级
宁夏众邦消防工程有限公司	邓建国	建筑安装业	私营有限责任公司	消防设施工程二级
宁夏众安消防安全工程有限公司	黎春霞	建筑安装业	私营有限责任公司	消防设施工程二级
宁夏宁电消防设备有限公司	何勇志	建筑安装业	私营有限责任公司	消防设施工程二级
宁夏丰亨环保消防工程有限公司	姜建军	建筑安装业	私营有限责任公司	消防设施工程二级
宁夏久安消防工程有限公司	马　力	建筑安装业	私营有限责任公司	消防设施工程二级
宁夏众辰安全技术有限公司	王晓龙	建筑安装业	私营有限责任公司	消防设施工程二级
宁夏高力安装工程有限公司	冉　治	建筑安装业	私营有限责任公司	消防设施工程二级
宁夏鑫吉海医疗工程有限公司	田海滨	建筑安装业	私营有限责任公司	机电设备安装工程二级
宁夏爆破公司	刘金科	工程准备	国有企业	爆破与拆除工程二级
银川市现代爆破有限公司	安永东	工程准备	私营有限责任公司	爆破与拆除工程二级
银川定向爆破工程有限公司	朱正南	工程准备	私营有限责任公司	爆破与拆除工程二级
宁夏银川天宏爆破工程有限公司	张顺柱	工程准备	私营有限责任公司	爆破与拆除工程二级
银川腾龙电子电讯工程有限公司	冷若松	建筑安装业	私营有限责任公司	建筑智能化工程二级
宁夏安正科贸有限公司	颜　岩	建筑安装业	私营有限责任公司	建筑智能化工程二级
宁夏恒创设备安装工程有限公司	彭　华	建筑安装业	私营有限责任公司	建筑智能化工程二级
宁夏通信服务公司	金宝铭	建筑安装业	其他有限责任公司	建筑智能化工程二级
宁夏波导系统工程有限公司	索　刚	建筑安装业	私营有限责任公司	电子工程二级
宁夏嘉宁科技实业有限公司	谢　宁	建筑安装业	私营有限责任公司	电子工程二级
宁夏天净元光电力有限公司	张冬青	架线、管道工程建筑	其他有限责任公司	送变电工程二级
宁夏宁化安装检修厂	滕兴荣	工矿工程建筑	国有企业	化工石油设备管道安装工程二级
银川龙成实业有限公司	贺克勤	架线、管道工程建筑	私营有限责任公司	化工石油设备管道安装工程二级
宁夏长丰实业发展有限公司	平郁才	架线、管道工程建筑	其他有限责任公司	化工石油设备管道安装工程二级
银川银润石油管道工程有限公司	黄川眉	架线、管道工程建筑	私营有限责任公司	化工石油设备管道安装工程二级
宁夏有色地质工程公司	赵文生	工矿工程建筑	国有企业	能源、矿产资源、水源钻井工程二级
宁夏矿业开发公司	许开明	工矿工程建筑	国有企业	能源、矿产资源、水源钻井工程二级
银川市兴盈钻井工程有限公司	陈福信	其他土木工程建筑	私营有限责任公司	能源、矿产资源、水源钻井工程二级
宁夏大地地质勘查有限责任公司	侯培林	其他土木工程建筑	其他有限责任公司	能源、矿产资源、水源钻井工程二级

主要统计指标解释

【建筑业统计单位】 指从事房屋、构筑物建造和设备安装活动的法人企业。建筑业法人企业应同时具备的条件是：1.依法成立，有自己的名称、组织机构和场所，能够承担民事责任；2.独立拥有和使用资产，承担负债，有权与其他单位签订合同；3.独立核算盈亏，能够编制资产负债表。统计范围是具有建筑业资质等级的独立核算的总承包、专业承包和劳务分包企业。

【建筑业总产值】 是以货币表现的建筑业企业在一定时期内生产的建筑业产品和服务的总和。建筑业总产值包括三部分内容：

建筑工程产值指列入建筑工程预算内的各种工程价值。

安装工程产值指设备安装工程价值，不包括被安装设备本身价值。

其他产值建筑业总产值中除建筑工程、安装工程以外的产值。包括房屋构筑物修理产值、非标准设备制造产值、总包企业向分包企业收取的管理费以及不能明确划分的施工活动所完成的产值。

【房屋建筑施工面积】 指在报告期内施过工的全部房屋建筑面积，它包括本期新开工的房屋面积、上期施工跨入本期继续施工的房屋面积、上期停缓建在本期恢复施工的房屋面积、本期竣工的房屋面积以及本期施工后又停缓建的房屋面积。

【房屋建筑竣工面积】 指在报告期内房屋建筑按照设计要求已全部完工，达到了住人和使用条件，经检查验收鉴定合格，正式移交使用单位的房屋建筑面积。

【年末自有施工机械设备总台数】 指年末本企业（或单位）自有的直接用于工程施工的各种机械设备的台数。但不包括附属辅助生产机械设备、运输设备、生产试验机械设备的台数。

【年末自有施工机械设备总功率】 指年末本企业（或单位）自有的直接用于工程施工的各种机械设备年末总功率，按设定能力或查定能力计算。包括施工机械本身的动力和为该机械服务的单独动力设备，如电动机等。但不包括附属辅助生产机械设备、运输机械设备、生产试验机械设备的功率。计算单位用千瓦，动力换算可按1马力＝0.735千瓦折合成千瓦数。电焊机、变压器、锅炉不计算动力。

【工程结算收入】 指本企业承包工程实现的工程价款结算收入以及向发包单位收取的除工程价款以外的按规定列作营业收入的各种款项，如临时设施费、劳动保险费、施工机构调迁费等以及向发包单位收取的各种索赔款。

【工程结算利润】 指已结算工程实现的利润。如亏损以“－”号表示。计算公式为：

工程结算利润＝工程结算收入－工程结算成本－经营费用－工程结算税金及附加。

【企业总收入】 指与企业生产经营直接有关的各项收入，包括工程结算收入和其他业务收入。计算公式为：

企业总收入＝工程结算收入＋其他业务收入

【计算建筑业劳动生产率的平均人数】 指建筑业企业（或单位）报告期实际拥有的、与建筑施工活动有关的平均人数，包括参加本企业（或单位）建筑施工活动的非本企业（或单位）人员，但不包括企业内部社会服务性机构的人员以及由本企业支付工资但所从事的工作与本企业生产基本无关的人员。

七、交通运输与邮电

7—1　主要年份交通运输业主要经济指标

年份	载客汽车年末拥有量（辆）	载货汽车年末拥有量（辆）	公路客运量（万人）	公路客运周转量（万人公里）	公路货运量（万吨）	公路货运周转量（万吨公里）
1978	227	1028	185	12436	441	17512
1979	230	1083	162	10980	476	11429
1980	1225	3647	189	15004	469	10284
1981	1448	3668	265	14477	266	8391
1982	1488	3718	340	18282	284	10400
1983	1719	3154	344	20421	319	12018
1984	2030	3583	400	22801	292	12851
1985	2840	4791	529	30601	645	30305
1986	2838	4778	653	35965	672	29367
1987	3028	5152	815	41344	688	38034
1988	3313	5380	879	48898	649	37890
1989	3789	6023	1154	54764	646	36800
1990	4422	7532	1095	49564	685	36796
1991	4794	7913	1329	54133	735	40943
1992	5285	8533	1396	56210	862	46592
1993	5991	9306	1324	57166	960	56678
1994	6908	10068	1405	62297	957	58098
1995	7921	11387	1784	74634	1083	59637
1996	9754	12627	2057	82712	1103	62332
1997	13025	13819	2196	94080	1125	66804
1998	15393	15408	2396	106437	1210	78994
1999	17687	17353	2118	117973	1157	159830
2000	19286	17825	2457	134031	1422	170906
2001	21002	19278	2526	144234	1504	168145
2002	23395	17963	2672	152435	1600	190162
2003	27499	25117	1974	124815	1897	211205
2004	27928	24570	2240	142166	2013	216448
2005	28852	31253	2468	160420	2149	232092
2006	48154	28130	2475	162024	2170	235412
2007	56514	28035	2601	173365	2261	247417
2008	76417	35092	2775	187408	2428	263994

7—2 主要年份邮电业主要经济指标

年份	邮电业务总量（万元）	函件（万件）	包件（万件）	市内电话交换机总容量（门）	市内电话年末到达户数（户）	# 住宅电话	移动电话用户期末数（户）	上网用户（户）
1978	183	413	7.4	3925	2622			
1979	188	546	7.6	3920	2717			
1980	200	603	7.4	3920	3303			
1981	289	652	7.3	4520	3498			
1982	310	674	6.9	4420	3742			
1983	343	651	7.1	6000	4230			
1984	377	636	11.3	6400	5036			
1985	465	897	8.5	8000	5738			
1986	532	949	9.8	7800	6721			
1987	606	1001	9.5	14800	7007			
1988	789	969	11.3	14800	9003			
1989	998	934	10.2	14800	10610			
1990	2307	976	9	14800	12178			
1991	2953	1153	7	19066	14036			
1992	3798	1086	8.5	20666	16572			
1993	5800	1292	13	36314	29502			
1994	8199	1225	9	85222	49742	26509	2495	
1995	12967	1296	10	150838	81657	55094	4740	
1996	18352	1356	11	161792	108910	80450	8053	
1997	25225	1098	11	229272	130056	95776	15457	
1998	37400	1090	11	287000	160444	126770	31935	
1999	57015	1098.2	12.6	304596	187467	150534	52902	
2000	72997	1213	15	346100	260162	171586	107817	21102
2001	116008	1685	15.1	532832	329612	185834	197215	47456
2002	130389	133.5	18.31	643646	402525	214230	327112	116364
2003	150294	58.5	20.3	644311	457690	246919	580460	150238
2004	199442	44.3	21.3	710000	541000	253133	705009	181568
2005	218200	649	20.35	788000	615000	267000	856800	221700
2006	246431	1964	17.49	842000	572300	258030	1035800	108600
2007	280632	1132.1	18.2	845000	535100	260900	1248600	114000
2008	326375	942.41	15.04	899770	536835	259688	1226000	116410

7—3 全社会客货运输量

（2008 年）

	客运量（万人）	客运周转量（万人公里）	货运量（万吨）	货运周转量（万吨公里）
公路运输	2775	187408	2428	263994
民航运输	78.53	96436.8	0.437	650.22
铁路运输	213	150477	1858	1233082

7—4 机动车拥有量

（2008 年）

	单位	合计	# 个人	# 营运		
					# 公交客运	# 出租客运
总　计	**辆**	**25481**	**210668**	**55898**	**1117**	**5227**
汽车	辆	124390	84518	51728	1117	5227
载客汽车	辆	76417	53114	9004	1090	5213
大型	辆	2836	79	2052	992	2
中型	辆	2422	667	651	81	36
小型	辆	67900	49657	6284	17	5173
微型	辆	3259	2711	17		2
载货汽车	辆	35062	22326	32466	5	10
重型	辆	4340	1574	4200	2	2
中型	辆	3613	1793	3481	2	1
轻型	辆	25999	18057	23759	1	7
微型	辆	1110	902	1026		
其它汽车	辆	12911	9078	10258	22	4
摩托车	辆	102443	100667	79		
普通	辆	91950	90275	79		
轻便	辆	10493	10392	0		
拖拉机	辆	23985	23982	480		
挂车	辆	3663	1501	3611		
年末机动车驾驶员	人	279303				
# 汽车驾驶员	人	240086				

7—5 邮政、电信业务量

(2008 年)

	单位	合计	市区	永宁县	贺兰县	灵武市
邮电业务总量	万元	326375	311695	4291	3762	6627
# 邮政	万元	15195.52	12767.99	788.01	836.97	802.55
商函制作	万件	942.41	913.56	4.83	20.88	3.14
包件	万件	15.04	14.02	0.26	0.31	0.45
订销报纸累计份数	万份	2064.12	1351.74	219.39	192.18	300.81
订销杂志累计份数	万份	154.75	128.47	6.28	5.18	14.83
收寄特快专递	万份	36.59	30.59	1.45	1.9	2.65
市内电话年末到达户数	户	536835	420326	38600	39625	38284
住宅电话	户	259688	187050	22715	25117	24806
农村电话期末到达户数	户	84612	30470	17840	18406	17896
公用电话	部	37960	32470	2200	1168	2122
移动电话期末数	户	1226000				
互联网用户	户	116410	103753	3465	4010	5182
邮政局、所总数	处	412	349	17	16	30
邮政服务网点	处	107	73	11	9	14
电信服务网点	处	305	276	6	7	16
本地网及接入网设备总容量	门	899770	688421	66672	64873	79804
电话普及率	部/百人	115.7				
移动电话普及率	部/百人	80.5				

7—6 独立核算电信企业财务状况

单位:万元

	2008 年		2008 年
固定资产原价	201295	管理费用	3406
本年折旧	98553	# 税金	283
资产总计	124635	养老和医疗保险	257
负债合计	18026	营业利润	88014
主营业务收入	149982	利润总额	87335
主营业务成本	28757	本年应付工资总额	6499
主营业务费用	16000	本年应付福利费总额	909
主营业务税金和附加	25395	全年职工平均人数(人)	1720

注:本表只含银川地区联通、电信、移动、铁通四家公司数据。

主要统计指标解释

【货(客)运量】 指在一定时期内,各种运输工具实际运送的货物(旅客)数量。货运按吨计算,客运按人计算。

【货物(旅客)周转量】 指在一定时期内,由各种运输工具运送的货物(旅客)数量与其相应运输距离的乘积之总和。计算公式为:

货物(旅客)周转量 = Σ货物(旅客)运输量 × 运输距离

【邮电业务总量】 即邮电专业产品量。邮电业务量按专业分类包括函件、机要文件、包裹、汇票、报刊发行、邮政快件、特快专递、邮政储蓄、集邮、公众电报、用户电报、传真、长途电话、出租电路、市话无线寻呼、移动电话、分组交换数据通信、出租代维等。

【移动电话用户】 指在邮电部门登记,通过移动电话交换机进入移动电话网、占有移动电话号码的电话用户,按实际办理登记手续进入邮电部门移动电话网的户数进行计算。一部(台)移动电话统计为一户。

【固定电话用户】 指在电信运营商营业网点办理开户登记手续并已接入固定电话网上,并按固定电话业务进行经营管理的全部电话用户。包括普通电话用户、公共电话用户、窄带综合业务数字网(N-ISDN)用户、智能网专用接入终端用户等。

【计算机互联网(INTERNET)用户】 计算机互联网是一个连接计算机网的网络,范围遍及全世界,包括局域网、城域网和广域网,旨在实现计算机资源共享。它分为两大类,一类是学术范围的非盈利的网络,另一类是商业性或非学术的网络。接入这个网络的用户,称为 INTERNET 用户。

八、内贸、外贸和旅游

8—1 主要年份社会消费品零售总额分类情况

单位:万元

年份	社会消费品零售总额	按经济类型分					按行业分	
		国有经济	集体经济	个体经济	私营经济	股份制经济	批发和零售业	住宿和餐饮业
1949	728	177		540			618	
1950	1128	335	69	711			860	66
1951	1601	468	99	1019			1245	75
1952	2080	616	172	1275			1555	90
1953	2588	678	297	1559			2024	94
1954	3131	906	516	1647			2604	139
1955	3101	994	524	1546			2672	115
1956	3505	1342	1046	963			2949	163
1957	3761	1384	1226	958			2968	164
1958	5098	2299	1925	455			4271	193
1959	7038	4537	2163	222			6520	331
1960	8007	5484	2460				7625	231
1961	7362	5211	2065				7271	256
1962	7079	5628	1225	83			6421	378
1963	6998	5354	1381	102			6319	375
1964	7059	5506	1404	46			6442	295
1965	7213	5575	1533	46			6610	286
1966	8193	6062	2111	5			7603	291
1967	7796	6136	1641	7			7435	250
1968	8324	6376	1928	10			7763	260
1969	8730	6616	2090	11			8231	275
1970	9857	7452	2375	14			9326	329
1971	10821	8254	2536	9			10354	352
1972	13137	9430	3370	12			12125	468
1973	13343	9738	3564	15			12709	484
1974	13933	10008	3778	10			13229	473
1975	14903	10766	3974	11			13963	559
1976	16050	11561	4328	18			15001	599
1977	16780	12039	4559	24			15628	577

8—1 续表

单位:万元

年份	社会消费品零售总额	按经济类型分					按行业分	
		国有经济	集体经济	个体经济	私营经济	股份制经济	批发和零售业	住宿和餐饮业
1978	22581	14282	5963	40			18031	773
1979	26308	19110	6782	221			21049	885
1980	30622	22929	6924	417			24425	1066
1981	34389	24324	8970	970			27137	1102
1982	39754	25835	12656	1243			31332	1436
1983	44007	27596	13924	2398			34590	1547
1984	52457	29743	15408	6932			41148	2104
1985	64364	36022	15084	12455			50945	2330
1986	74148	41250	18806	13215			59079	2499
1987	84158	43319	25144	14419			66184	3581
1988	106964	53149	32266	20370			84657	4406
1989	123437	61632	36472	23670			98072	4767
1990	135904	65184	36417	32575			107772	5487
1991	151126	71094	38439	39379			119229	6463
1992	173341	81822	43881	44707			136158	8091
1993	197262	93383	20010	50249	32864	382	181725	10960
1994	229350	106092	21929	61113	38550	1093	199277	23476
1995	306588	143211	29752	77665	52273	2715	267919	31548
1996	357052	158139	35227	90725	59843	11012	312164	36994
1997	396506	144521	32856	112897	63924	38925	346450	41993
1998	434333	138273	29095	131677	71097	56507	378256	47821
1999	471686	125797	23359	148339	86828	79256	408701	54567
2000	519939	111087	19636	175010	106822	99046	448299	63039
2001	567457	98044	17126	192152	118014	123542	486107	72563
2002	631580	88324	14679	225369	144302	149996	537957	85124
2003	719856	81502	12754	257501	165745	193922	611801	99806
2004	828554	78049	11349	299751	194872	236438	703023	117450
2005	945245	76231	11423	336423	229630	283891	801632	135747
2006	1087118	78232	10356	384774	397942	210063	924090	156623
2007	1281040	90279	11154	436180	496660	239855	1095793	179682
2008	1557663	94030	13776	503091	597903	337021	1320318	231794

8—2 社会消费品零售总额

（2008 年）

单位:万元

	合计	市区	永宁县	贺兰县	灵武市
社会消费品零售总额	**1557663**	**1324261**	**50322**	**122769**	**60311**
按销售单位所在地分					
市的零售额	1362120	1324261			37859
县的零售额	139253		28647	110606	
县以下的零售额	56290		21675	12163	22452
按登记注册类型分					
国有经济	94030	91100	949	1221	760
集体经济	13776	12331	699	125	621
私营经济	597903	544733	5951	39402	7817
个体经济	503091	416206	30289	18559	38037
股份制经济	337021	248049	12434	63462	13076
其他经济	11842	11842			
按行业分					
批发业	184584	178696	473	2321	3094
# 个体	28864	24928		1151	2785
零售业	1135734	932534	41471	116410	45319
# 个体	349491	287132	22225	14631	25503
住宿业	18568	18562		6	
# 个体	2415	2415			
餐饮业	213226	192003	8093	4032	9098
# 个体	119051	100303	7802	2777	8169
其他	5551	2466	285		2800
# 个体	3270	1428	262		1580

8—3 限额以上批发和零售业商品购进、销售、库存总额

（2008 年） 单位：万元

	法人企业（个）	产业活动单位（个）	年末从业人数（人）	购进总额
总 计	**248**	**464**	**14958**	**3569116**
市 区	203	380	12784	3097639
兴庆区	153	264	9600	1487128
金凤区	36	59	1916	1091170
西夏区	14	57	1268	519340
贺兰县	35	51	1453	309228
永宁县	2	23	142	28098
灵武市	8	10	579	134151
批发业	**123**	**190**	**4925**	**2672510**
按登记注册类型分组				
内资企业	123	188	4842	2660891
国有企业	13	33	1163	453891
联营企业	1	1	55	41965
有限责任公司	24	31	1068	364927
国有独资公司	1	1	7	3415
其他有限责任公司	23	30	1061	361512
股份有限公司	4	42	704	852357
私营企业	81	81	1852	947750
私营独资企业	1	1	22	2924
私营有限责任公司	79	79	1754	937562
私营股份有限公司	1	1	76	7263
港、澳、台商投资企业		1	23	7251
外商投资企业		1	60	4369
按国民经济行业分组				
农畜产品批发	3	9	210	6896
谷物、豆及薯类批发	2	8	80	6096
种子、饲料批发	1	1	130	800
食品、饮料及烟草制品批发	10	11	783	112718
米、面制品及食用油批发	2	2	146	5053
糕点、糖果及糖批发	1	1	12	2565
肉、禽、蛋及水产品批发	1	1	30	2912
盐及调味品批发	1	1	30	3163
饮料及茶叶批发	4	5	179	18670
烟草制品批发	1	1	386	80355
纺织、服装及日用品批发	2	2	93	79423
纺织品、针织品及原料批发	1	1	55	41965
服装批发	1	1	38	37458
文化、体育用品及器材批发	4	4	232	45791
文具用品批发	2	2	44	6729
图书批发	1	1	173	10023
其他文化用品批发	1	1	15	29039

8—3 续表 1

单位:万元

	法人企业(个)	产业活动单位(个)	年末从业人数(人)	购进总额
医药及医疗器材批发	2	3	93	9328
西药批发	2	3	93	9328
矿产品、建材及化工产品批发	67	119	2303	2079659
煤炭及制品批发	7	7	413	179233
石油及制品批发	9	59	1028	1038921
非金属矿及制品批发	2	2	18	6441
金属及金属矿批发	41	42	653	768136
化肥批发	3	4	114	55159
其他化工产品批发	5	5	77	31768
机械设备、五金交电及电子产品批发	30	37	1108	310791
农业机械批发	6	6	163	45184
汽车、摩托车及零配件批发	14	14	449	128119
五金、交电批发	2	2	34	12224
家用电器批发	8	5	134	53683
计算机、软件及辅助设备批发		1	4	679
其他机械设备及电子产品批发		9	324	70903
其他批发	5	5	103	27907
再生物资回收与批发	4	4	74	23218
其他未列明的批发	1	1	29	4689
按经营形式分组				
独立门店	115	117	3679	2254322
连锁总店	3	5	474	111363
连锁门店		52	490	142887
其他	5	16	282	163938
零售业	**125**	**274**	**10033**	**896606**
按登记注册类型分组				
内资企业	125	274	10033	896606
国有企业	12	56	1627	78960
集体企业	1	1	16	1495
有限责任公司	38	102	3737	407195
股份有限公司	1	4	749	103004
私营企业	73	111	3904	305953
私营独资企业	1	1	120	12157
私营有限责任公司	71	109	3528	283558
私营股份有限公司	1	1	256	10238

8—3 续表2　　单位:万元

	法人企业（个）	产业活动单位（个）	年末从业人数（人）	购进总额
按国民经济行业分组				
综合零售	11	37	3943	270894
百货零售	9	34	3648	257309
超级市场零售	2	1	268	13496
其他综合零售		2	27	89
食品、饮料及烟草制品专门零售	1	16	178	6614
粮油零售	1	2	122	5032
糕点、面包零售		14	56	1581
纺织、服装及日用品专门零售	2	2	193	3377
服装零售	1	1	108	3003
钟表、眼镜零售	1	1	85	373
文化、体育用品及器材专门零售	8	17	558	14881
体育用品零售	2	2	49	1450
图书零售	3	9	362	6957
音像制品及电子出版物零售		1	5	386
珠宝首饰零售	2	2	109	5383
其他文化用品零售	1	3	33	705
医药及医疗器材专门零售	14	81	1081	98549
药品零售	14	81	1081	98549
汽车、摩托车、燃料及零配件专门零售	59	70	2475	375008
汽车零售	47	50	2100	321229
汽车零配件零售		1	5	394
摩托车及零配件零售	3	3	47	2857
机动车燃料零售	9	16	323	50528
家用电器及电子产品专门零售	27	48	1225	118943
家用电器零售	4	10	338	44487
计算机、软件及辅助设备零售	21	22	589	52237
通信设备零售	2	16	298	22220
五金、家具及室内装修材料专门零售	2	2	97	2360
家具零售	2	2	97	2360
无店铺及其他零售	1	1	283	5981
生活用燃料零售	1	1	283	5981
按经营形式分组				
独立门店	111	118	7249	718527
连锁总店	10	4	472	10013
连锁门店	3	139	2119	151249
其他	1	13	193	16817
按零售业态分组				
便利店	5	1	9	8
超市	1	39	1737	68235
大型超市	7	1	31	372
百货店	69	7	2416	202189
专业店	42	155	3414	380801
专卖店	1	69	2078	231329
购物中心		1	256	10238

8—3 续表 3

单位:万元

	销售总额	批发额	零售额	年末库存总额	年末零售营业面积（平方米）
总　计	**3888140**	**2925838**	**962302**	**267035**	**513707**
市　区	3392804	2593674	799131	214814	486615
兴庆区	1650646	1023729	626917	148223	366496
金凤区	1172529	1040996	131533	42052	94966
西夏区	569630	528948	40682	24540	25153
贺兰县	330093	180157	149936	33218	18850
永宁县	31002	21966	9037	2418	750
灵武市	134241	130042	4199	16585	7492
批发业	**2885783**	**2837046**	**48737**	**161055**	**2320**
按登记注册类型分组					
内资企业	2873325	2824588	48737	160470	2320
国有企业	551207	541846	9362	22174	120
联营企业	41965	41965		3472	
有限责任公司	395137	393481	1655	41957	2200
国有独资公司	3488	3488			
其他有限责任公司	391649	389993	1655	41957	2200
股份有限公司	872865	837572	35293	7210	
私营企业	1012151	1009724	2426	85657	
私营独资企业	2835	2835		169	
私营有限责任公司	1001414	998987	2426	84470	
私营股份有限公司	7902	7902		1018	
港、澳、台商投资企业	7782	7782		6	
外商投资企业	4676	4676		579	
按国民经济行业分组					
农畜产品批发	22727	22727		4474	
谷物、豆及薯类批发	18342	18342		2734	
种子、饲料批发	4384	4384		1740	
食品、饮料及烟草制品批发	149104	148237	867	16143	
米、面制品及食用油批发	8271	8271		4273	
糕点、糖果及糖批发	2838	2838		560	
肉、禽、蛋及水产品批发	4519	4519		344	
盐及调味品批发	4397	4397		1222	
饮料及茶叶批发	20205	19338	867	3074	
烟草制品批发	108875	108875		6670	
纺织、服装及日用品批发	83955	83955		10529	
纺织品、针织品及原料批发	41965	41965		3472	
服装批发	41990	41990		7057	
文化、体育用品及器材批发	48967	48967		7898	
文具用品批发	6105	6105		1894	
图书批发	10569	10569		538	
其他文化用品批发	32293	32293		5466	

8—3 续表4

单位:万元

	销售总额	批发额	零售额	年末库存总额	年末零售营业面积（平方米）
医药及医疗器材批发	9078	9077	1	1547	2200
西药批发	9078	9077	1	1547	2200
矿产品、建材及化工产品批发	2203504	2158292	45212	72397	120
煤炭及制品批发	185299	185299		3539	
石油及制品批发	1056232	1011020	45212	31556	
非金属矿及制品批发	7396	7396		129	
金属及金属矿批发	867070	867070		21445	120
化肥批发	54962	54962		10361	
其他化工产品批发	32546	32546		5367	
机械设备、五金交电及电子产品批发	337403	334746	2657	41835	
农业机械批发	46467	46467		4421	
汽车、摩托车及零配件批发	130994	128694	2300	15600	
五金、交电批发	12687	12524	164	1143	
家用电器批发	72656	72656		7215	
计算机、软件及辅助设备批发	698	593	105	70	
其他机械设备及电子产品批发	73902	73813	88	13386	
其他批发	31046	31046		6233	
再生物资回收与批发	26678	26678		2074	
其他未列明的批发	4368	4368		4159	
按经营形式分组					
独立门店	2434531	2429945	4585	124900	120
连锁总店	114257	114256	1	13075	2200
连锁门店	167082	126037	41044	10064	
其他	169913	166807	3106	13016	
零售业	**1002357**	**88792**	**913565**	**105981**	**511387**
按登记注册类型分组					
内资企业	1002357	88792	913565	105981	511387
国有企业	75721	320	75401	20237	54161
集体企业	1801		1801	41	1500
有限责任公司	429154	54688	374466	38881	188890
股份有限公司	129540	7317	122223	2207	54178
私营企业	366141	26467	339674	44615	212658
私营独资企业	12648	1581	11067	1977	400
私营有限责任公司	326008	24886	301121	42507	147258
私营股份有限公司	27485		27485	132	65000

8—3 续表 5

单位:万元

	销售总额	批发额	零售额	年末库存总额	年末零售营业面积（平方米）
按国民经济行业分组					
综合零售	329336		329336	18091	259386
百货零售	312847		312847	16672	248722
超级市场零售	16354		16354	1412	10000
其他综合零售	135		135	7	664
食品、饮料及烟草制品专门零售	6485		6485	1660	1280
粮油零售	4906		4906	1659	605
糕点、面包零售	1580		1580	1	675
纺织、服装及日用品专门零售	7383		7383	3242	1800
服装零售	3169		3169	1134	1200
钟表、眼镜零售	4214		4214	2108	600
文化、体育用品及器材专门零售	14735	320	14415	8824	15529
体育用品零售	1679		1679	647	844
图书零售	6986	282	6704	1853	10659
音像制品及电子出版物零售	376		376	225	900
珠宝首饰零售	4821	38	4783	5923	2348
其他文化用品零售	873		873	177	778
医药及医疗器材专门零售	103718	2061	101657	20110	21736
药品零售	103718	2061	101657	20110	21736
汽车、摩托车、燃料及零配件专门零售	404669	75049	329620	43028	164418
汽车零售	347759	56942	290816	40227	88275
汽车零配件零售	378		378	59	105
摩托车及零配件零售	3069	456	2613	1299	1516
机动车燃料零售	53463	17651	35812	1442	74522
家用电器及电子产品专门零售	127424	11362	116062	10263	39775
家用电器零售	45574		45574	2801	27327
计算机、软件及辅助设备零售	58356	10232	48124	5801	7462
通信设备零售	23494	1130	22364	1660	4986
五金、家具及室内装修材料专门零售	2336		2336	438	5665
家具零售	2336		2336	438	5665
无店铺及其他零售	6271		6271	324	1798
生活用燃料零售	6271		6271	324	1798
按经营形式分组					
独立门店	808948	76248	732700	85224	390428
连锁总店	10370		10370	1891	4825
连锁门店	166209	12544	153665	17838	105512
其他	16830		16830	1029	10622
按零售业态分组					
便利店	17		17	5	100
超市	84828		84828	8993	83630
大型超市	353		353	96	4200
百货店	227093	38	227055	16262	119787
专业店	400874	55692	345182	50483	134131
专卖店	257773	33063	224710	28978	104539
购物中心	27485		27485	132	65000

8—4　限额以上批发和零售业商品分类销售额

（2008 年）　　单位:万元

	销售额	批发额	零售额
总　计	**3888140**	**2925838**	**962302**
批发业	**2885783**	**2837046**	**48737**
粮油、食品、饮料、烟酒类	164940	164072	867
粮油、食品类	41155	41155	
# 粮油类	29401	29401	
水产品类	4519	4519	
饮料类	4676	4676	
烟酒类	119109	118242	867
服装、鞋帽、针纺织品类	86557	86557	
服装类	43056	43056	
针纺织品	43500	43500	
日用品类	3156	3156	
儿童玩具类	3156	3156	
五金、电料类	3824	3824	
书报杂志类	10569	10569	
家用电器和音像器材类	70286	70246	40
中西药品类	9078	9077	1
# 西药	8099	8098	1
中草药及中成药类	979	979	
文化办公用品类	39601	39496	105
家具类	2841	2841	
煤炭及制品类	182927	182927	
石油及制品类	1068800	1023588	45212
化工材料及制品类	100962	100962	
# 化肥类	54962	54962	
金属材料类	812997	812997	
建筑及装潢材料类	5259	5259	
机电产品及设备类	116214	116002	212
# 农机类	11717	11717	
汽车类	143219	140919	2300
其他类	64554	64554	

8—4 续表

单位:万元

	销售额	批发额	零售额
零售业	**1002357**	**88792**	**913565**
粮油、食品、饮料、烟酒类	87548		87548
粮油、食品类	68056		68056
# 粮油类	18510		18510
肉禽蛋类	11661		11661
水产品类	2726		2726
蔬菜类	1918		1918
干鲜果品类	4499		4499
饮料类	6544		6544
烟酒类	12948		12948
服装、鞋帽、针纺织品类	139058		139058
服装类	87826		87826
鞋帽类	29015		29015
针纺织品	22218		22218
化妆品类	14812		14812
金银珠宝类	38587		38587
日用品类	34164		34164
# 洗涤用品类	7517		7517
儿童玩具类	813		813
五金、电料类	977		977
体育、娱乐用品类	4789		4789
书报杂志类	7432	282	7150
电子出版物及音像制品类	2		2
家用电器和音像器材类	69896	3127	66769
中西药品类	104631	2061	102570
# 西药	94959	1216	93743
中草药及中成药类	9664	845	8819
文化办公用品类	56632	7105	49526
家具类	2527		2527
通讯器材类	29949	1130	28819
石油及制品类	59733	17651	42083
汽车类	348894	57398	291496
其他类	2726	38	2688

8—5 限额以上批发和零售业法人企业主要财务状况

（2008 年）

单位:万元

	法人企业（个）	流动资产	# 应收帐款	# 存货	流动资产年平均余额
总　计	**248**	**1031834**	**172202**	**240007**	**606895**
市　区	203	858383	151467	201100	487207
贺兰县	35	96336	16743	27780	57815
永宁县	2	2138	1641	284	1488
灵武市	8	74977	2351	10844	60385
批发业	**123**	**678499**	**120799**	**150859**	**380857**
按登记注册类型分组					
国有企业	13	104735	8826	20151	81822
联营企业	1	45028	5680	22601	7438
有限责任公司	24	108013	26243	31712	42814
国有独资公司	1	956	418		
其他有限责任公司	23	107057	25825	31712	42814
股份有限公司	4	20318	9882	7587	8440
私营企业	81	400406	70168	68809	240343
私营独资企业	1	1206	782	169	916
私营有限责任公司	79	396444	69024	67770	238665
私营股份有限公司	1	2756	363	870	762
按国民经济行业分组					
农畜产品批发	3	10514	1602	4474	6116
谷物、豆及薯类批发	2	4665	682	2734	1843
种子、饲料批发	1	5849	920	1740	4273
食品、饮料及烟草制品批发	10	55897	4747	14164	51745
米、面制品及食用油批发	2	9088	3357	4227	8598
糕点、糖果及糖批发	1	1309	5	479	1180
肉、禽、蛋及水产品批发	1	660	133	339	55
盐及调味品批发	1	1856	657	1081	1845
饮料及茶叶批发	4	4350	596	2338	3682
烟草制品批发	1	38634		5701	36385
纺织、服装及日用品批发	2	75392	8756	29658	37164
纺织品、针织品及原料批发	1	45028	5680	22601	7438
服装批发	1	30364	3076	7057	29726
文化、体育用品及器材批发	4	25890	12913	6703	14231
文具用品批发	2	3967	1064	1619	1561
图书批发	1	6746	3037	413	
其他文化用品批发	1	15177	8812	4672	12670
医药及医疗器材批发	2	3463	1957	1278	
西药批发	2	3463	1957	1278	

8—5 续表 1

单位:万元

	法人企业（个）	流动资产	# 应收帐款	# 存货	流动资产年平均余额
矿产品、建材及化工产品批发	67	398510	57220	62991	213534
煤炭及制品批发	7	21498	7938	3129	8801
石油及制品批发	9	97896	12380	22746	68749
非金属矿及制品批发	2	3889	900	135	2694
金属及金属矿批发	41	241217	35168	21587	129688
化肥批发	3	25823	146	10368	1914
其他化工产品批发	5	8188	689	5027	1689
机械设备、五金交电及电子产品批发	30	96608	26179	30362	56201
农业机械批发	6	11336	4535	3973	5438
汽车、摩托车及零配件批发	14	43325	5864	13513	30110
五金、交电批发	2	3788	1933	1390	3152
其他机械设备及电子产品批发	8	38159	13848	11486	17501
其他批发	5	12225	7424	1229	1866
再生物资回收与批发	4	2493	1572	770	1866
其他未列明的批发	1	9732	5852	459	
按经营形式分组					
独立门店	115	574230	103981	108878	359074
连锁总店	3	34679	3373	14576	
其他	5	69590	13446	27406	21783
零售业	**125**	**353334**	**51403**	**89147**	**226038**
按登记注册类型分组					
国有企业	12	23923	8116	8231	14216
集体企业	1	206	16	41	219
有限责任公司	38	111302	20764	35659	75870
其他有限责任公司	38	111302	20764	35659	75870
股份有限公司	1	38278		1850	34646
私营企业	73	179624	22506	43366	101087
私营独资企业	1	7550	778	1818	
私营有限责任公司	71	143318	21728	41416	98690
私营股份有限公司	1	28757	1	132	2396
按国民经济行业分组					
综合零售	11	95925	385	13344	54124
百货零售	9	84368	134	6737	51481
超级市场零售	2	11557	251	6607	2643
食品、饮料及烟草制品专门零售	1	1607	260	217	
粮油零售	1	1607	260	217	
纺织、服装及日用品专门零售	2	4402	404	2717	4048
服装零售	1	2167	3	969	2195
钟表、眼镜零售	1	2235	401	1747	1854

8—5 续表 2

单位:万元

	法人企业（个）	流动资产	# 应收帐款	# 存货	流动资产年平均余额
文化、体育用品及器材专门零售	8	9406	761	6105	8356
体育用品零售	2	743	147	553	307
图书零售	3	3562	554	1494	3250
珠宝首饰零售	2	4738		3908	4532
其他文化用品零售	1	363	61	151	267
医药及医疗器材专门零售	14	39194	25171	9259	20403
药品零售	14	39194	25171	9259	20403
汽车、摩托车、燃料及零配件专门零售	59	123848	12345	38960	73037
汽车零售	47	113444	10814	36639	68707
摩托车及零配件零售	3	1560		1111	903
机动车燃料零售	9	8845	1531	1211	3426
家用电器及电子产品专门零售	27	75607	11467	17135	62577
家用电器零售	4	54455	4645	10004	47393
计算机、软件及辅助设备零售	21	18995	6753	6403	13420
通信设备零售	2	2158	70	728	1764
五金、家具及室内装修材料专门零售	2	1319	434	422	1535
家具零售	2	1319	434	422	1535
无店铺及其他零售	1	2027	176	988	1957
生活用燃料零售	1	2027	176	988	1957
按经营形式分组					
独立门店	111	280542	44473	67166	172794
连锁总店	10	47280	6885	19442	32329
连锁门店	3	6587	45	2397	4671
其他	1	18926		143	16244
按零售业态分组					
超市	5	7270	500	3888	4708
大型超市	1	8239	39	4739	1151
百货店	7	58498	127	9222	52326
专业店	69	173265	37318	44335	113715
专卖店	42	77307	13417	26831	51741
购物中心	1	28757	1	132	2396

8—5 续表3

单位:万元

	长期投资	固定资产	固定资产原价	累计折旧	# 本年折旧	资产总计	流动负债	长期负债
总　计	**126217**	**154249**	**215792**	**64323**	**13183**	**1412933**	**974417**	**57540**
市　区	121288	135837	192334	59162	11901	1210417	806742	57472
贺兰县	4779	13009	16167	3272	1079	118771	90914	4
永宁县		245	436	191	7	2902	2382	
灵武市	150	5158	6855	1698	196	80843	74379	65
批发业	**67428**	**69084**	**99871**	**32485**	**4326**	**888730**	**627020**	**48565**
按登记注册类型分组								
国有企业	9360	14993	21936	6943	1170	132411	50106	9761
联营企业	5028	2244	11935	9691		71150	39381	32887
有限责任公司	7621	10470	12770	3626	881	133024	95498	1806
国有独资公司	2860	5	8	3	1	3821	68	
其他有限责任公司	4761	10465	12763	3623	880	129204	95429	1806
股份有限公司	490	24183	31147	6964	756	78771	76086	
私营企业	44930	17194	22083	5261	1519	473373	365949	4112
私营独资企业		96	129	33	11	1302	1213	
私营有限责任公司	43263	15429	19588	4477	1409	464705	359065	4112
私营股份有限公司	1667	1669	2366	751	99	7366	5671	
按国民经济行业分组								
农畜产品批发	1790	3792	5172	1380	154	16681	11412	1728
谷物、豆及薯类批发		2176	3148	972	32	7128	6455	
种子、饲料批发	1790	1616	2024	408	122	9554	4958	1728
食品、饮料及烟草制品批发	4791	9732	13743	4310	911	73235	18370	2050
米、面制品及食用油批发		2564	3814	1249	96	11653	8695	1950
糕点、糖果及糖批发	250	42	128	86	19	1601	1313	
肉、禽、蛋及水产品批发	1611	744	530	86	48	3356	1623	
盐及调味品批发	2930	418	587	169	31	6171	762	100
饮料及茶叶批发		1550	2130	580	191	5900	3080	
烟草制品批发		4414	6555	2140	526	44555	2898	
纺织、服装及日用品批发	25161	3466	13459	9993	98	123771	77129	33287
纺织品、针织品及原料批发	5028	2244	11935	9691		71150	39381	32887
服装批发	20133	1222	1524	302	98	52621	37748	400
文化、体育用品及器材批发	712	2795	4113	1318	298	29889	8484	4119
文具用品批发	10	644	842	198	31	4745	3788	
图书批发	702	2124	3220	1096	261	9649	2374	4119
其他文化用品批发		27	51	24	7	15495	2323	
医药及医疗器材批发		746	1108	362	7	4676	4003	
西药批发		746	1108	362	7	4676	4003	

8—5 续表 4

单位:万元

	长期投资	固定资产	固定资产原价	累计折旧	# 本年折旧	资产总计	流动负债	长期负债
矿产品、建材及化工产品批发	31892	42741	54546	13150	2389	519985	402591	5712
煤炭及制品批发		809	2000	1190	159	23963	14900	
石油及制品批发	3367	28833	36019	8508	1078	168965	156979	
非金属矿及制品批发	2860	41	153	112	7	6790	448	
金属及金属矿批发	25564	9481	11704	2240	682	281266	197565	5712
化肥批发	102	2376	3216	844	334	29279	24670	
其他化工产品批发		1200	1454	255	128	9722	8030	
机械设备、五金交电及电子产品批发	1842	5567	7403	1890	439	106114	93032	78
农业机械批发	22	534	748	213	68	11943	10982	
汽车、摩托车及零配件批发	1740	3438	4441	1057	253	50342	41741	
五金、交电批发	20	60	108	48	13	3868	3684	
其他机械设备及电子产品批发	60	1535	2107	572	105	39960	36625	78
其他批发	1241	245	327	82	31	14379	11999	1591
再生物资回收与批发	200	12	50	38	1	2795	1882	1591
其他未列明的批发	1041	233	277	44	30	11584	10117	
按经营形式分组								
独立门店	60606	47017	60937	15614	3794	710228	497906	11559
连锁总店	1293	19093	26150	7061	479	81294	68151	4119
其他	5530	2974	12784	9810	54	97207	60963	32887
零售业	**58789**	**85165**	**115921**	**31838**	**8857**	**524203**	**347397**	**8976**
按登记注册类型分组								
国有企业	25	16367	25226	8859	4100	41332	29399	442
集体企业		11	15	5	2	217	257	
有限责任公司	13132	28242	39878	12317	1932	164131	114844	40
其他有限责任公司	13132	28242	39878	12317	1932	164131	114844	40
股份有限公司	40827	6425	10248	4198	361	87115	34037	
私营企业	4805	34121	40554	6460	2462	231407	168859	8494
私营独资企业		122	210	88	19	7680	5818	1500
私营有限责任公司	3151	33318	39594	6302	2373	192636	137475	6994
私营股份有限公司	1654	681	751	70	70	31091	25566	
按国民经济行业分组								
综合零售	51044	42311	56808	15385	5527	196239	96661	207
百货零售	51044	27883	41212	14217	4646	170109	84517	207
超级市场零售		14428	15596	1168	881	26130	12143	
食品、饮料及烟草制品专门零售		254	390	136	27	1861	1580	
粮油零售		254	390	136	27	1861	1580	
纺织、服装及日用品专门零售		707	907	200	170	5202	3020	1162
服装零售		16	52	35	6	2184	2191	
钟表、眼镜零售		691	856	165	165	3019	829	1162

单位:万元

	长期投资	固定资产	固定资产原价	累计折旧	# 本年折旧	资产总计	流动负债	长期负债
文化、体育用品及器材专门零售	110	3592	5553	1960	273	13171	10714	268
体育用品零售		27	64	37	15	769	670	
图书零售	5	2674	4230	1556	181	6278	5213	268
珠宝首饰零售	105	885	1250	365	77	5754	4518	
其他文化用品零售		7	9	2	1	370	313	
医药及医疗器材专门零售	1197	6645	9077	2432	494	47876	43863	10
药品零售	1197	6645	9077	2432	494	47876	43863	10
汽车、摩托车、燃料及零配件专门零售	4929	24234	31979	7938	1680	169132	123638	7059
汽车零售	4741	20002	25754	5919	1477	151784	112657	6030
摩托车及零配件零售		189	412	222	1	1750	1402	
机动车燃料零售	188	4043	5813	1797	201	15599	9578	1030
家用电器及电子产品专门零售	1510	3710	5074	1365	410	82592	63920	270
家用电器零售		908	1503	595	152	55695	47719	
计算机、软件及辅助设备零售	1510	2649	3304	656	144	24250	14200	270
通信设备零售		153	267	115	114	2647	2000	
五金、家具及室内装修材料专门零售		1665	2222	557	77	3369	3428	
家具零售		1665	2222	557	77	3369	3428	
无店铺及其他零售		2047	3911	1864	200	4760	575	
生活用燃料零售		2047	3911	1864	200	4760	575	
按经营形式分组								
独立门店	58249	60004	84278	25355	7191	423406	278098	8776
连锁总店	120	24487	30660	6173	1577	73100	44675	200
连锁门店	420	646	907	261	74	8744	5751	
其他		28	76	48	14	18954	18874	
按零售业态分组								
超市	905	4137	6037	1900	389	12495	9359	200
大型超市		13317	14018	701	701	21556	8826	
百货店	49390	26997	40432	14322	4599	141699	61830	207
专业店	3955	25616	35162	9577	2072	219369	173384	6121
专卖店	2885	14416	19522	5269	1027	97993	68432	2448
购物中心	1654	681	751	70	70	31091	25566	

8—5 续表 6

单位:万元

	负债合计	所有者权益	实收资本	国家资本	集体资本	法人资本	个人资本
总　计	**1036105**	**376827**	**262047**	**46691**	**6493**	**86694**	**122169**
市　区	868361	342056	221602	43968	6493	70929	100213
贺兰县	90918	27853	24812	741		15765	8307
永宁县	2382	519	441				441
灵武市	74444	6399	15191	1982			13209
批发业	**676410**	**212320**	**158419**	**36333**	**6360**	**33696**	**82029**
按登记注册类型分组							
国有企业	59868	72543	30217	30067			150
联营企业	72268	－1118	5500	1100		4400	
有限责任公司	97303	35721	25809	4666	6360	11204	3579
国有独资公司	68	3752	3678	3678			
其他有限责任公司	97235	31969	22131	988	6360	11204	3579
股份有限公司	76910	1862	500	500			
私营企业	370061	103312	96393			18092	78301
私营独资企业	1213	89	52				52
私营有限责任公司	363177	101529	94651			18092	76559
私营股份有限公司	5671	1695	1690				1690
按国民经济行业分组							
农畜产品批发	13140	3541	3585	2585	1000		
谷物、豆及薯类批发	6455	673	2585	2585			
种子、饲料批发	6685	2868	1000		1000		
食品、饮料及烟草制品批发	20422	52814	10533	8038			2496
米、面制品及食用油批发	10645	1007	1610	1410			200
糕点、糖果及糖批发	1313	288	300				300
肉、禽、蛋及水产品批发	1623	1733	1000				1000
盐及调味品批发	862	5309	3384	3384			
饮料及茶叶批发	3081	2819	2671	1675			996
烟草制品批发	2898	41657	1568	1568			
纺织、服装及日用品批发	110416	13355	14106	1100		12642	364
纺织品、针织品及原料批发	72268	－1118	5500	1100		4400	
服装批发	38148	14473	8606			8242	364
文化、体育用品及器材批发	12603	17286	6012	2435		245	3333
文具用品批发	3788	957	916	338		245	333
图书批发	6493	3156	2097	2097			
其他文化用品批发	2323	13172	3000				3000
医药及医疗器材批发	4003	673	781				781
西药批发	4003	673	781				781

8—5 续表 7

单位:万元

	负债合计	所有者权益	实收资本				
				国家资本	集体资本	法人资本	个人资本
矿产品、建材及化工产品批发	409126	110859	107725	22018	5000	15176	65531
煤炭及制品批发	14900	9064	5748	3600		518	1630
石油及制品批发	157803	11162	11788	760		144	10884
非金属矿及制品批发	448	6342	5712	3678		2035	
金属及金属矿批发	203276	77990	79437	13980	2000	12480	50976
化肥批发	24670	4609	3580		3000		580
其他化工产品批发	8030	1692	1460				1460
机械设备、五金交电及电子产品批发	93110	13003	12796	50	360	3170	9216
农业机械批发	10982	961	615			100	515
汽车、摩托车及零配件批发	41741	8602	8793		360	2970	5463
五金、交电批发	3684	184	230				230
其他机械设备及电子产品批发	36703	3257	3159	50		100	3009
其他批发	13590	789	2880	107		2463	310
再生物资回收与批发	3473	-679	680	107		263	310
其他未列明的批发	10117	1467	2200			2200	
按经营形式分组							
独立门店	509466	200762	143564	32478	3360	26197	81529
连锁总店	73094	8201	5097	2097	3000		
其他	93850	3357	9758	1758		7500	500
零售业	**359695**	**164508**	**103628**	**10358**	**133**	**52997**	**40140**
按登记注册类型分组							
国有企业	30146	11186	10258	10178		80	
集体企业	257	-405	1		1		
有限责任公司	114885	49247	31746	180	132	27768	3666
其他有限责任公司	114885	49247	31746	180	132	27768	3666
股份有限公司	34037	53078	17286			6390	10896
私营企业	180370	51037	44337			18760	25577
私营独资企业	7318	362	818			502	316
私营有限责任公司	147487	45150	38519			13258	25261
私营股份有限公司	25566	5525	5000			5000	
按国民经济行业分组							
综合零售	96868	99371	49880	4617		31575	13689
百货零售	84725	85384	39880	4617		22375	12889
超级市场零售	12143	13987	10000			9200	800
食品、饮料及烟草制品专门零售	1580	281	122	122			
粮油零售	1580	281	122	122			
纺织、服装及日用品专门零售	4182	1021	921				921
服装零售	2191	-74	200				200
钟表、眼镜零售	1991	1028	721				721

8—5 续表 8

单位:万元

	负债合计	所有者权益					
			实收资本	国家资本	集体资本	法人资本	个人资本
文化、体育用品及器材专门零售	10983	2189	1534	821			712
体育用品零售	671	98	150				150
图书零售	5481	797	716	716			
珠宝首饰零售	4518	1236	606	106			500
其他文化用品零售	313	58	62				62
医药及医疗器材专门零售	44178	3698	3792	938		1656	1198
药品零售	44178	3698	3792	938		1656	1198
汽车、摩托车、燃料及零配件专门零售	132314	36819	33248		133	16673	16443
汽车零售	120304	31480	27699			12867	14832
摩托车及零配件零售	1402	348	391			351	40
机动车燃料零售	10607	4991	5158		133	3455	1570
家用电器及电子产品专门零售	65589	17003	9672			2905	6767
家用电器零售	47719	7976	3616			2284	1332
计算机、软件及辅助设备零售	15870	8380	5406			622	4784
通信设备零售	2000	648	650				650
五金、家具及室内装修材料专门零售	3428	-59	598			188	410
家具零售	3428	-59	598			188	410
无店铺及其他零售	575	4185	3861	3861			
生活用燃料零售	575	4185	3861	3861			
按经营形式分组							
独立门店	289892	133514	83261	6037	133	39868	37223
连锁总店	45179	27920	17209	4322		10871	2017
连锁门店	5751	2994	1500			600	900
其他	18874	80	1658			1658	
按零售业态分组							
超市	9559	2936	1991	461		110	1420
大型超市	8826	12730	9200			9200	
百货店	62038	79661	34357	4722		17265	12370
专业店	181426	37943	33144	1192	133	15276	16543
专卖店	72280	25712	19936	3983		6146	9807
购物中心	25566	5525	5000			5000	

8—5 续表 9

单位:万元

	主营业务收入	主营业务成本	主营业务税金及附加	主营业务利润	营业费用	管理费用	# 税金	# 差旅费	# 工会经费
总　计	**3365231**	**3131812**	**17611**	**218672**	**108811**	**55041**	**3297**	**1853**	**593**
市　区	2971103	2749681	17180	203708	98739	48629	2747	1578	541
贺兰县	267262	251037	215	19338	8457	5021	411	268	43
永宁县	10017	9481	132	404	146	115	14		
灵武市	116849	121613	84	-4778	1470	1276	125		
批发业	**2484575**	**2344223**	**14420**	**129265**	**63662**	**24234**	**1682**	**1145**	**208**
按登记注册类型分组									
国有企业	410727	370839	2499	37489	5663	8556	404	120	86
联营企业	41965	35835	1200	4930	1286	2106	70	98	26
有限责任公司	300455	278242	2539	22906	16367	4773	238	180	26
国有独资公司	2981	2919	10	53	8	154	8	4	
其他有限责任公司	297474	275323	2529	22853	16358	4618	231	176	26
股份有限公司	847641	811918	343	35380	17830	249	101	73	1
私营企业	883788	847389	7839	28559	22516	8550	869	674	69
私营独资企业	2835	2551	2	282	192	71	2	8	1
私营有限责任公司	874217	838640	7820	27757	22079	8113	813	666	64
私营股份有限公司	6736	6198	18	520	245	366	54		4
按国民经济行业分组									
农畜产品批发	22720	21628	122	1070	169	497	18		
谷物、豆及薯类批发	18336	17701		735	169	284	18		
种子、饲料批发	4384	3927	122	335		213			
食品、饮料及烟草制品批发	124600	94110	458	30032	1950	6152	94	75	63
米、面制品及食用油批发	7904	7323	1	579	255	231	1	1	4
糕点、糖果及糖批发	2425	2238	1	187	15	60	1		
肉、禽、蛋及水产品批发	3862	2533	1	1328	116	95			
盐及调味品批发	3891	2482	30	1380	213	455	6		2
饮料及茶叶批发	13373	12182	15	1175	605	357	6	13	4
烟草制品批发	93145	67352	410	25383	746	4955	80	60	52
纺织、服装及日用品批发	77854	69239	1205	7411	2123	2830	294	127	29
纺织品、针织品及原料批发	41965	35835	1200	4930	1286	2106	70	98	26
服装批发	35889	33404	5	2481	837	724	224	29	3
文化、体育用品及器材批发	41364	36760	17	4586	516	1189	59	27	12
文具用品批发	5462	5016	4	442	106	309	32	7	2
图书批发	8301	6998	13	1290	408	805	17	16	9
其他文化用品批发	27601	24747		2854	1	75	10	4	1
医药及医疗器材批发	8107	7414	7	4415	325	242			
西药批发	8107	7414	7	4415	325	242			

8—5 续表 10

单位:万元

	主营业务收入	主营业务成本	主营业务税金及附加	主营业务利润	营业费用	管理费用	# 税金	# 差旅费	# 工会经费
矿产品、建材及化工产品批发	1949591	1868010	12297	69284	47980	8920	999	429	61
煤炭及制品批发	163876	142667	2093	19116	14133	2673	238	46	26
石油及制品批发	955148	920332	450	34366	20664	1498	212	98	11
非金属矿及制品批发	6321	5907	16	399	209	260	10	8	1
金属及金属矿批发	741036	717124	9708	14203	10516	3385	469	238	18
化肥批发	55097	56093	1	-997	1075	567	52	16	3
其他化工产品批发	28113	25887	30	2196	1384	536	19	25	2
机械设备、五金交电及电子产品批发	230749	216353	168	13732	10286	4110	197	483	41
农业机械批发	40961	37721	26	3215	2367	529	20	95	5
汽车、摩托车及零配件批发	113511	108994	91	4426	2399	2198	135	156	25
五金、交电批发	11142	10075	7	1060	1029	80	3	46	2
其他机械设备及电子产品批发	65136	59564	45	5031	4491	1304	38	186	10
其他批发	29591	30708	147	-1264	313	294	21	4	2
再生物资回收与批发	25858	27090	129	-1361	275	101	21		
其他未列明的批发	3733	3618	18	97	38	193		3	1
按经营形式分组									
独立门店	2227437	2112907	13164	104698	50709	20057	1555	970	168
连锁总店	161747	145180	13	16555	9634	1263	21	24	11
其他	95391	86136	1243	8012	3319	2915	105	151	29
零售业	**880656**	**787590**	**3191**	**89407**	**45149**	**30806**	**1615**	**709**	**386**
按登记注册类型分组									
国有企业	64765	57145	354	7267	4509	3954	238	59	95
集体企业	1539	1472	1	66	14	49		1	
有限责任公司	350679	315381	879	33979	15934	8541	668	290	152
其他有限责任公司	350679	315381	879	33979	15934	8541	668	290	152
股份有限公司	88659	73810	1069	13779	5096	6547	86	22	47
私营企业	375014	339782	888	34316	19596	11716	623	336	91
私营独资企业	10810	10284	5	522	409	149	3	7	5
私营有限责任公司	338734	308002	621	30082	17198	9491	419	321	85
私营股份有限公司	25470	21497	262	3712	1989	2077	201	8	1

8—5 续表 11

单位:万元

	主营业务收入	主营业务成本	主营业务税金及附加	主营业务利润	营业费用	管理费用	# 税金	# 差旅费	# 工会经费
按国民经济行业分组									
综合零售	277482	230400	2441	44741	20912	13621	626	86	163
百货零售	210124	175057	2056	33012	13207	12676	622	61	152
超级市场零售	67358	55344	385	11730	7705	946	4	25	11
食品、饮料及烟草制品专门零售	939	1641		-702	134	121	4	5	1
粮油零售	939	1641		-702	134	121	4	5	1
纺织、服装及日用品专门零售	6310	4982	10	1318	499	358	11	12	2
服装零售	2709	2249	2	457	239	115		9	2
钟表、眼镜零售	3601	2732	8	861	260	243	11	4	
文化、体育用品及器材专门零售	12381	9564	99	2719	1171	1452	45	45	12
体育用品零售	1435	1185	1	249	117	129	1	5	1
图书零售	6079	4558	25	1496	737	919	34	23	8
珠宝首饰零售	4121	3193	72	856	247	365	10	16	4
其他文化用品零售	746	628	1	118	70	40		1	
医药及医疗器材专门零售	89774	81727	131	7916	3514	3183	131	78	50
药品零售	89774	81727	131	7916	3514	3183	131	78	50
汽车、摩托车、燃料及零配件专门零售	330512	310827	216	19024	9782	6613	576	312	74
汽车零售	297191	280017	199	16570	8124	5954	508	290	68
摩托车及零配件零售	2623	2414	2	207	122	90		2	
机动车燃料零售	30698	28397	16	2247	1536	568	68	19	6
家用电器及电子产品专门零售	155712	141723	280	13585	8540	4945	169	155	77
家用电器零售	95741	85646	219	9846	6704	2049	111	88	55
计算机、软件及辅助设备零售	50885	47924	38	2830	1309	2328	55	59	16
通信设备零售	9086	8153	24	909	528	569	3	7	7
五金、家具及室内装修材料专门零售	1997	1646	4	347	178	197	17	9	2
家具零售	1997	1646	4	347	178	197	17	9	2
无店铺及其他零售	5550	5080	10	459	421	316	37	8	4
生活用燃料零售	5550	5080	10	459	421	316	37	8	4
按经营形式分组									
独立门店	676422	611263	2463	62128	28810	24862	1359	536	286
连锁总店	170066	144472	702	24992	15606	4851	214	148	90
连锁门店	25300	23849	23	1428	129	727	41	23	5
其他	8868	8006	3	860	604	366	2	1	5
按零售业态分组									
超市	15396	12748	49	2600	1669	865	34	22	11
大型超市	61000	49884	375	10841	6905	893		25	7
百货店	184582	153291	1844	29447	11218	10792	424	59	154
专业店	394389	361406	509	32403	17233	10998	612	417	160
专卖店	199819	188764	152	10404	6135	5181	344	177	53
购物中心	25470	21497	262	3712	1989	2077	201	8	1

单位:万元

	财务费用	# 利息支出	营业利润	利润总额	劳动、失业保险费	养老保险和医疗保险费
总　计	**15044**	**10868**	**46949**	**63649**	**711**	**5932**
市　区	13300	9333	52648	69007	688	5673
贺兰县	1579	1396	1532	1323	19	162
永宁县	15	14	102	111	1	23
灵武市	150	125	-7333	-6791	4	75
批发业	**9641**	**6799**	**31838**	**42384**	**395**	**2940**
按登记注册类型分组						
国有企业	853	846	22693	23271	88	877
联营企业	1823	1689	-285	131		193
有限责任公司	1376	1098	-1716	1066	130	242
国有独资公司	-3	-3	-107	-109		4
其他有限责任公司	1379	1101	-1609	1175	130	239
股份有限公司	80		17619	18736	10	1128
私营企业	5510	3166	-6472	-820	167	499
私营独资企业	21	21	-2	29	1	5
私营有限责任公司	5429	3087	-6453	-873	165	474
私营股份有限公司	60	58	-17	24	1	20
按国民经济行业分组						
农畜产品批发	225	225	88	53	22	86
谷物、豆及薯类批发	162	162	26	17	1	30
种子、饲料批发	63	63	62	36	21	56
食品、饮料及烟草制品批发	209	207	21875	22221	48	548
米、面制品及食用油批发	492	491	-363	83	5	47
糕点、糖果及糖批发	109	109	3	3	1	6
肉、禽、蛋及水产品批发	2	2	1134	1303		
盐及调味品批发	10	10	726	686	3	27
饮料及茶叶批发	132	131	122	129	4	51
烟草制品批发	-537	-537	20253	20017	35	418
纺织、服装及日用品批发	2566	2171	315	2328		193
纺织品、针织品及原料批发	1823	1689	-285	131		193
服装批发	743	482	600	2197		
文化、体育用品及器材批发	82	37	2865	2908	7	95
文具用品批发	123	79	-96	-53	1	16
图书批发	21	20	120	120	6	78
其他文化用品批发	-63	-63	2840	2840		
医药及医疗器材批发	48	14	72	75	1	23
西药批发	48	14	72	75	1	23

8—5 续表 13

单位:万元

	财务费用	# 利息支出	营业利润	利润总额	劳动、失业保险费	养老保险和医疗保险费
矿产品、建材及化工产品批发	6308	4212	8208	14544	164	1697
煤炭及制品批发	129	-20	2303	2321	105	275
石油及制品批发	780	678	12691	12515	8	1123
非金属矿及制品批发	-3	-3	-67	-69	1	11
金属及金属矿批发	4690	3086	-3836	-168	39	160
化肥批发	535	533	-3005	-174	10	108
其他化工产品批发	178	-62	122	120	2	20
机械设备、五金交电及电子产品批发	-138	-203	652	610	151	284
农业机械批发	33	24	296	320	1	11
汽车、摩托车及零配件批发	10	-34	93	128	7	68
五金、交电批发	10		-57	-60	1	2
其他机械设备及电子产品批发	-191	-193	320	222	142	203
其他批发	342	138	-2236	-356	2	15
再生物资回收与批发	-1	-2	-1759	77	1	8
其他未列明的批发	344	140	-477	-433		7
按经营形式分组						
独立门店	7121	4463	26462	35061	386	1611
连锁总店	445	396	5478	7017	7	1113
其他	2075	1940	-101	306	2	216
零售业	**5403**	**4069**	**15111**	**21265**	**316**	**2993**
按登记注册类型分组						
国有企业	932	870	-1166	59	78	825
集体企业	4			-2		3
有限责任公司	1462	1252	10526	10478	112	1050
其他有限责任公司	1462	1252	10526	10478	112	1050
股份有限公司	-145	-145	2282	7149	49	398
私营企业	3151	2092	3469	3582	77	716
私营独资企业	107	67	-143	-136	1	12
私营有限责任公司	2746	2023	3542	3656	73	699
私营股份有限公司	298	2	70	62	3	5

8—5 续表 14

单位:万元

	财务费用	# 利息支出	营业利润	利润总额	劳动、失业保险费	养老保险和医疗保险费
按国民经济行业分组						
综合零售	469	83	11378	16442	126	1283
百货零售	402	19	8262	13313	111	1091
超级市场零售	67	64	3116	3128	15	191
食品、饮料及烟草制品专门零售	6	6	-962	13	1	14
粮油零售	6	6	-962	13	1	14
纺织、服装及日用品专门零售	218	129	244	193	4	46
服装零售	130	129	-26	-29	3	37
钟表、眼镜零售	88		270	222	1	9
文化、体育用品及器材专门零售	150	141	121	101	21	198
体育用品零售	1		3	1	1	13
图书零售	26	25	-42	-54	14	130
珠宝首饰零售	123	116	153	146	5	51
其他文化用品零售	1		8	8	1	5
医药及医疗器材专门零售	772	676	497	564	51	492
药品零售	772	676	497	564	51	492
汽车、摩托车、燃料及零配件专门零售	2596	2078	1169	1039	57	486
汽车零售	2409	1965	1165	1063	52	392
摩托车及零配件零售	1	1	-3	-3	2	16
机动车燃料零售	186	112	7	-21	3	77
家用电器及电子产品专门零售	1034	803	3011	3081	45	347
家用电器零售	651	542	2736	2702	14	123
计算机、软件及辅助设备零售	341	265	253	367	27	207
通信设备零售	42	-5	23	13	4	17
五金、家具及室内装修材料专门零售	117	115	-95	-96	2	14
家具零售	117	115	-95	-96	2	14
无店铺及其他零售	40	39	-252	-73	9	113
生活用燃料零售	40	39	-252	-73	9	113
按经营形式分组						
独立门店	4196	3021	9061	14989	237	2160
连锁总店	539	466	6074	6312	76	806
连锁门店	234	233	338	326	1	16
其他	434	349	-362	-362	2	10
按零售业态分组						
超市	130	127	154	166	25	256
大型超市	-34	-36	3077	3084	2	47
百货店	156	62	8117	13155	112	1125
专业店	3739	3097	3974	3741	103	1026
专卖店	1114	817	-281	1058	70	534
购物中心	298	2	70	62	3	5

8—5 续表 15

单位:万元

	住房公积金和住房补贴	本年应付工资总额	本年应付福利费总额	本年应交增值税	全部从业人员年平均数(人)
总　计	**2793**	**37327**	**2150**	**30766**	**15474**
市　区	2777	33141	1968	28489	13468
贺兰县	11	3260	93	1361	1388
永宁县	3	138	9	45	56
灵武市	3	789	81	872	562
批发业	**2090**	**14922**	**1328**	**17617**	**5176**
按登记注册类型分组					
国有企业	357	4615	625	5842	1069
联营企业	40	1301		3	587
有限责任公司	140	1862	62	3241	940
国有独资公司	2	18	9	11	8
其他有限责任公司	139	1845	53	3231	932
股份有限公司	1530	3388	477	4542	653
私营企业	23	3756	165	3988	1927
私营独资企业		60	1	4	22
私营有限责任公司	18	3535	164	3875	1807
私营股份有限公司	4	161		109	98
按国民经济行业分组					
农畜产品批发	11	433	21	1	213
谷物、豆及薯类批发	2	119	21		83
种子、饲料批发	9	314			130
食品、饮料及烟草制品批发	257	3377	405	4546	721
米、面制品及食用油批发	18	179		12	146
糕点、糖果及糖批发		26	1	10	12
肉、禽、蛋及水产品批发		48	2	6	30
盐及调味品批发	15	168	15	196	29
饮料及茶叶批发	9	318		106	118
烟草制品批发	216	2639	387	4216	386
纺织、服装及日用品批发	40	1465		3	625
纺织品、针织品及原料批发	40	1301		3	587
服装批发		164			38
文化、体育用品及器材批发	43	572	70	111	240
文具用品批发	10	92	2	50	52
图书批发	33	459	65	61	173
其他文化用品批发		22	3		15
医药及医疗器材批发	3	187		84	100
西药批发	3	187		84	100

8—5 续表 16

单位:万元

	住房公积金和住房补贴	本年应付工资总额	本年应付福利费总额	本年应交增值税	全部从业人员年平均数(人)
矿产品、建材及化工产品批发	1722	6749	758	11838	2197
煤炭及制品批发	139	967	114	2310	407
石油及制品批发	1473	3855	371	5490	928
非金属矿及制品批发	2	45	12	43	19
金属及金属矿批发	31	1353	73	2405	640
化肥批发	78	371	183	1340	129
其他化工产品批发		159	6	250	74
机械设备、五金交电及电子产品批发	10	1858	65	1034	969
农业机械批发		276	2	128	147
汽车、摩托车及零配件批发	4	882	60	336	479
五金、交电批发		84	3	65	31
其他机械设备及电子产品批发	6	616		505	312
其他批发	5	281	9		111
再生物资回收与批发	5	217	9		82
其他未列明的批发		64			29
按经营形式分组					
独立门店	572	9869	968	14890	3823
连锁总店	1477	3493	356	2491	628
其他	42	1561	4	236	725
零售业	**703**	**22405**	**822**	**13150**	**10298**
按登记注册类型分组					
国有企业	250	3385	201	1337	1818
集体企业	1	25		14	16
有限责任公司	230	7478	468	3790	3044
其他有限责任公司	230	7478	468	3790	3044
股份有限公司	179	2396		5981	610
私营企业	44	9121	153	2027	4810
私营独资企业		255		34	120
私营有限责任公司	44	8341	147	1795	4434
私营股份有限公司		525	6	199	256

8—5 续表 17

单位:万元

	住房公积金和住房补贴	本年应付工资总额	本年应付福利费总额	本年应交增值税	全部从业人员年平均数(人)
按国民经济行业分组					
综合零售	442	9869	254	9013	4017
百货零售	423	6779	254	8903	2628
超级市场零售	19	3090		111	1389
食品、饮料及烟草制品专门零售	6	89		2	30
粮油零售	6	89		2	30
纺织、服装及日用品专门零售		306	2	59	193
服装零售		119		1	108
钟表、眼镜零售		187	2	58	85
文化、体育用品及器材专门零售	71	1031	115	460	556
体育用品零售		70		14	49
图书零售	48	722	92	336	371
珠宝首饰零售	23	197	9	98	103
其他文化用品零售		42	14	11	33
医药及医疗器材专门零售	108	2087	98	1053	1296
药品零售	108	2087	98	1053	1296
汽车、摩托车、燃料及零配件专门零售	15	5231	237	1814	2428
汽车零售	6	4496	202	1462	2108
摩托车及零配件零售		80	3	32	47
机动车燃料零售	10	655	33	320	273
家用电器及电子产品专门零售	15	2883	115	595	1408
家用电器零售	1	1377	103	212	601
计算机、软件及辅助设备零售	11	1109	10	287	587
通信设备零售	3	397	1	96	220
五金、家具及室内装修材料专门零售		116	2	45	87
家具零售		116	2	45	87
无店铺及其他零售	46	793		109	283
生活用燃料零售	46	793		109	283
按经营形式分组					
独立门店	554	15593	598	12047	6955
连锁总店	148	6260	220	871	3074
连锁门店	1	341	3	207	165
其他		211		26	104
按零售业态分组					
超市	34	947	79	317	718
大型超市	19	2884		52	1088
百货店	442	6326	254	8758	2395
专业店	145	7811	379	2683	3962
专卖店	64	3913	104	1140	1879
购物中心		525	6	199	256

8—6 限额以上批发和零售业连锁经营情况

（2008 年）

	连锁总店个数（个）	门店总数（个）					
		合 计		直营店		加盟店	
		2008 年	2007 年	2008 年	2007 年	2008 年	2007 年
总 计	**13**	**1206**	**790**	**244**	**226**	**962**	**564**
批发业	**3**	**1023**	**621**	**85**	**79**	**938**	**542**
按登记注册类型分组							
国有企业	1	33	33	33	33		
有限责任公司	1	938	542			938	542
股份有限公司	1	52	46	52	46		
按国民经济行业分组							
文化、体育用品及器材批发	1	33	33	33	33		
矿产品、建材及化工产品批发	2	990	588	52	46	938	542
零售业	**10**	**183**	**169**	**159**	**147**	**24**	**22**
按登记注册类型分组							
国有企业	3	56	57	56	57		
有限责任公司	3	64	55	64	55		
私营企业	4	63	57	39	35	24	22
按国民经济行业分组							
综合零售	2	49	42	26	21	23	21
文化、体育用品及器材专门零售	1	8	8	8	8		
医药及医疗器材专门零售	4	74	75	73	74	1	1
家用电器及电子产品专门零售	2	42	34	42	34		
无店铺及其他零售	1	10	10	10	10		
按零售业态分组							
超市	1	9	9	9	9		
大型超市	1	40	33	17	12	23	21
专业店	8	134	127	133	126	1	1

8—6 续表 1

	年末零售营业面积(平方米)					
	合　计		直营店		加盟店	
	2008 年	2007 年	2008 年	2007 年	2008 年	2007 年
总　计	**389683**	**341418**	**309860**	**290025**	**79823**	**51393**
批发业	**235823**	**192094**	**179543**	**159574**	**56280**	**32520**
按登记注册类型分组						
国有企业	28943	28943	28943	28943		
有限责任公司	56280	32520			56280	32520
股份有限公司	150600	130631	150600	130631		
按国民经济行业分组						
文化、体育用品及器材批发	28943	28943	28943	28943		
矿产品、建材及化工产品批发	206880	163151	150600	130631	56280	32520
零售业	**153860**	**149324**	**130317**	**130451**	**23543**	**18873**
按登记注册类型分组						
国有企业	18056	18106	18056	18106		
有限责任公司	27480	26393	27480	26393		
私营企业	108324	104825	84781	85952	23543	18873
按国民经济行业分组						
综合零售	105546	101654	82201	82979	23345	18675
文化、体育用品及器材专门零售	10609	10609	10609	10609		
医药及医疗器材专门零售	10747	11196	10549	10998	198	198
家用电器及电子产品专门零售	25160	24067	25160	24067		
无店铺及其他零售	1798	1798	1798	1798		
按零售业态分组						
超市	19952	22660	19952	22660		
大型超市	85594	78994	62249	60319	23345	18675
专业店	48314	47670	48116	47472	198	198

8—6 续表2

	年末从业人员数(人)					
	合　计		直营店		加盟店	
	2008年	2007年	2008年	2007年	2008年	2007年
总　计	**7726**	**5757**	**4328**	**3705**	**3398**	**2052**
批发业	**4150**	**2847**	**1350**	**1221**	**2800**	**1626**
按登记注册类型分组						
国有企业	670	652	670	652		
有限责任公司	2800	1626			2800	1626
股份有限公司	680	569	680	569		
按国民经济行业分组						
文化、体育用品及器材批发	670	652	670	652		
矿产品、建材及化工产品批发	3480	2195	680	569	2800	1626
零售业	**3576**	**2910**	**2978**	**2484**	**598**	**426**
按登记注册类型分组						
国有企业	972	1054	972	1054		
有限责任公司	473	420	473	420		
私营企业	2131	1436	1533	1010	598	426
按国民经济行业分组						
综合零售	1876	1214	1293	804	583	410
文化、体育用品及器材专门零售	281	281	281	281		
医药及医疗器材专门零售	769	810	754	794	15	16
家用电器及电子产品专门零售	367	309	367	309		
无店铺及其他零售	283	296	283	296		
按零售业态分组						
超市	343	150	343	150		
大型超市	1533	1064	950	654	583	410
专业店	1700	1696	1685	1680	15	16

8—6 续表 3

	连锁门店商品购进总额(万元)					
	合 计		直营店		加盟店	
	2008 年	2007 年	2008 年	2007 年	2008 年	2007 年
总 计	**467252**	**214793**	**336836**	**129005**	**130415**	**85788**
批发业	**313505**	**88837**	**195570**	**12863**	**117936**	**75974**
按登记注册类型分组						
国有企业	12803	12863	12803	12863		
有限责任公司	117936	75974			117936	75974
股份有限公司	182767		182767			
按国民经济行业分组						
文化、体育用品及器材批发	12803	12863	12803	12863		
矿产品、建材及化工产品批发	300703	75974	182767		117936	75974
零售业	**153747**	**125955**	**141267**	**116141**	**12480**	**9814**
按登记注册类型分组						
国有企业	15411	10455	15411	10455		
有限责任公司	59201	50569	59201	50569		
私营企业	79135	64931	66655	55117	12480	9814
按国民经济行业分组						
综合零售	74653	61740	62299	51980	12354	9760
文化、体育用品及器材专门零售	5589	5589	5589	5589		
医药及医疗器材专门零售	24151	13435	24025	13381	126	54
家用电器及电子产品专门零售	49354	45191	49354	45191		
无店铺及其他零售						
按零售业态分组						
超市	4599	5820	4599	5820		
大型超市	70054	55920	57700	46160	12354	9760
专业店	79093	64216	78968	64161	126	54

8—6 续表 4

	连锁门店商品销售额(万元)					
	合　计		直营店		加盟店	
	2008 年	2007 年	2008 年	2007 年	2008 年	2007 年
总　计	**523085**	**367339**	**393954**	**281476**	**129131**	**85863**
批发业	**317106**	**203046**	**201510**	**128592**	**115596**	**74454**
按登记注册类型分组						
国有企业	10569	10572	10569	10572		
有限责任公司	115596	74454			115596	74454
股份有限公司	190941	118020	190941	118020		
按国民经济行业分组						
文化、体育用品及器材批发	10569	10572	10569	10572		
矿产品、建材及化工产品批发	306537	192475	190941	118020	115596	74454
零售业	**205979**	**164292**	**192444**	**152884**	**13535**	**11408**
按登记注册类型分组						
国有企业	16716	17263	16716	17263		
有限责任公司	96708	79698	96708	79698		
私营企业	92556	67332	79021	55923	13535	11408
按国民经济行业分组						
综合零售	87734	63250	74365	51887	13369	11363
文化、体育用品及器材专门零售	5432	5432	5432	5432		
医药及医疗器材专门零售	20383	16865	20217	16820	166	45
家用电器及电子产品专门零售	86880	73233	86880	73233		
无店铺及其他零售	5550	5512	5550	5512		
按零售业态分组						
超市	3490	2375	3490	2375		
大型超市	84244	60875	70875	49512	13369	11363
专业店	118245	101042	118079	100997	166	45

8—6 续表 5

	# 零售额					
	合　计		直营店		加盟店	
	2008 年	2007 年	2008 年	2007 年	2008 年	2007 年
总　计	**207142**	**151404**	**193607**	**139996**	**13535**	**11408**
批发业	**54059**	**34136**	**54059**	**34136**		
按登记注册类型分组						
国有企业	2833	2474	2833	2474		
有限责任公司						
股份有限公司	51226	31663	51226	31663		
按国民经济行业分组						
文化、体育用品及器材批发	2833	2474	2833	2474		
矿产品、建材及化工产品批发	51226	31663	51226	31663		
零售业	**153083**	**117268**	**139548**	**105859**	**13535**	**11408**
按登记注册类型分组						
国有企业	16716	17263	16716	17263		
有限责任公司	60627	41731	60627	41731		
私营企业	75741	58274	62206	46865	13535	11408
按国民经济行业分组						
综合零售	70982	54308	57613	42945	13369	11363
文化、体育用品及器材专门零售	5432	5432	5432	5432		
医药及医疗器材专门零售	18322	15473	18156	15428	166	45
家用电器及电子产品专门零售	52797	36543	52797	36543		
无店铺及其他零售	5550	5512	5550	5512		
按零售业态分组						
超市	3490	2375	3490	2375		
大型超市	67492	51933	54124	40570	13369	11363
专业店	82101	62959	81934	62914	166	45

8—7 限额以上住宿和餐饮业经营情况

（2008 年）

单位:万元

	法人企业（个）	产业活动单位（个）	年末从业人员（个）	营业额				
					客房收入	餐费收入	商品销售收入	其他收入
总　计	**81**	**94**	**10679**	**95684**	**27760**	**59683**	**3672**	**4569**
市　区	77	90	10486	94367	27583	58626	3591	4568
兴庆区	63	74	8558	80369	23290	50375	3012	3693
金凤区	8	8	1346	10369	3061	6120	440	749
西夏区	6	8	582	3629	1232	2131	139	126
贺兰县	2	2	100	497	64	351	81	2
灵武市	2	2	93	820	114	706		
住宿业	**32**	**37**	**4759**	**39704**	**19840**	**14858**	**11344**	**3662**
按登记注册类型分组								
内资企业	31	36	4502	37511	18510	14044	1344	3613
国有企业	6	9	1393	11638	5762	4232	179	1467
有限责任公司	9	9	1040	11021	5038	3593	777	1612
国有独资公司	1	1	65	638	444	192	1	1
其他有限责任公司	8	8	975	10383	4594	3401	776	1611
股份有限公司		1	485	3792	696	2940	156	
私营企业	16	17	1584	11060	7014	3279	233	534
私营独资企业	3	3	307	2068	720	1325	23	1
私营有限责任公司	13	14	1277	8992	6295	1955	210	533
外商投资企业	1	1	257	2193	1329	815		49
按星级分组								
四星	3	3	800	8803	4341	2092	732	1638
三星	19	21	2635	19585	8988	8917	540	1140
二星	5	5	292	3147	1488	1631	18	10
其他	5	8	1032	8170	5023	2218	55	874
餐饮业	**49**	**57**	**5920**	**55980**	**7921**	**44825**	**2327**	**907**
按登记注册类型分组								
内资企业	48	54	5422	54042	7921	42945	2270	907
国有企业	2	2	126	632	199	412	20	
股份合作企业	1	1	88	558		473	84	1
有限责任公司	5	5	919	9187	2623	6288	247	30
私营企业	40	46	4289	43665	5099	35771	1918	877
私营独资企业	9	12	521	6703	371	6120	200	12
私营合伙企业	1	1	54	831		620	202	9
私营有限责任公司	30	33	3714	36131	4728	29031	1517	856
外商投资企业	1	3	498	1938		1880	58	
外资企业		2	170	1564		1564		
外商投资股份有限公司	1	1	328	374		316	58	
按国民经济行业分组								
正餐服务	47	49	5606	53525	7921	42370	2327	907
快餐服务	2	8	314	2455		2455		
按经营形式分组								
独立门店	48	56	5866	55149	7921	44205	2125	898
连锁总店	1	1	54	831		620	202	9

单位:万元

	客房数（间）	床位数（个）	餐位数（位）	年末餐饮营业面积（平方米）
总　计	**5502**	**9574**	**31763**	**160148**
市　区	5414	9402	30683	152160
兴庆区	4280	7518	24419	115879
金凤区	678	983	3854	22171
西夏区	456	901	2410	14110
贺兰县	28	52	630	4600
灵武市	60	120	450	3388
住宿业	**4241**	**7489**	**9921**	**46598**
按登记注册类型分组				
内资企业	4069	7217	8941	43798
国有企业	1207	2026	3288	18796
有限责任公司	956	1694	2017	7846
国有独资公司	103	175	150	500
其他有限责任公司	853	1519	1867	7346
股份有限公司	125	230	600	3600
私营企业	1781	3267	3036	13556
私营独资企业	207	406	910	4800
私营有限责任公司	1574	2861	2126	8756
外商投资企业	172	272	980	2800
按星级分组				
四星	620	1025	1680	8250
三星	2019	3699	5451	22390
二星	391	725	1020	2497
其他	1211	2040	1770	13461
餐饮业	**1261**	**2085**	**21842**	**113550**
按登记注册类型分组				
内资企业	1261	2085	20334	103297
国有企业	140	271	526	2600
股份合作企业			393	1968
有限责任公司	349	557	2850	17291
私营企业	772	1257	16565	81438
私营独资企业	107	207	3206	14634
私营合伙企业			350	827
私营有限责任公司	665	1050	13009	65977
外商投资企业			1508	10253
外资企业			408	1163
外商投资股份有限公司			1100	9090
按国民经济行业分组				
正餐服务	1261	2085	20790	108623
快餐服务			1052	4927
按经营形式分组				
独立门店	1261	2085	21492	112723
连锁总店			350	827

8—8 限额以上住宿和餐饮业法人企业主要财务状况

（2008 年）

单位:万元

	法人企业（个）	流动资产	# 应收帐款	# 存货	流动资产年平均余额
总　计	**81**	**53409**	**5570**	**5725**	**33293**
市　区	77	52664	5355	5665	33227
贺兰县	2	230	143	55	
灵武市	2	515	73	6	66
住宿业	**32**	**28873**	**2420**	**2842**	**21783**
按登记注册类型分组					
内资企业	31	27971	2251	2634	20244
国有企业	6	17286	505	1162	14076
有限责任公司	9	5353	1083	923	4544
国有独资公司	1	454	87	19	
其他有限责任公司	8	4899	996	904	4544
私营企业	16	5333	663	550	1624
私营独资企业	3	360	66	70	192
私营有限责任公司	13	4973	597	480	1432
外商投资企业	1	902	170	208	1539
按星级分组					
四星	3	3951	313	862	4296
三星	19	9335	1761	1060	2769
二星	5	951	151	113	380
其他	5	14636	196	807	14338
餐饮业	**49**	**24536**	**3150**	**2884**	**11510**
按登记注册类型分组					
内资企业	48	24340	3100	2793	11510
国有企业	2	162	12		
股份合作企业	1	488	10	30	486
有限责任公司	5	3395	591	584	1911
私营企业	40	20295	2487	2179	9114
私营独资企业	9	1040	128	269	131
私营合伙企业	1	507	49	9	
私营有限责任公司	30	18747	2311	1901	8983
外商投资企业	1	196	50	91	
按国民经济行业分组					
正餐服务	47	24084	3094	2780	11508
快餐服务	2	452	56	103	3
按经营形式分组					
独立门店	48	24029	3101	2875	11510
连锁总店	1	507	49	9	

8—8 续表 1

单位：万元

	长期投资	固定资产	固定资产原价	累计折旧	# 本年折旧	资产总计	流动负债	长期负债
总　计	**7506**	**93315**	**128642**	**36215**	**6433**	**174291**	**87992**	**33088**
市　区	7330	91956	127368	35816	6356	172011	86103	33088
贺兰县	176	544	66	6	3	950	670	
灵武市		815	1208	393	73	1330	1219	
住宿业	**3983**	**57855**	**85609**	**27754**	**4324**	**107295**	**49767**	**23581**
按登记注册类型分组								
内资企业	3983	50736	75640	24904	3579	98616	46031	21154
国有企业	1720	15154	23376	8222	1317	36578	19719	13517
有限责任公司	108	15814	25632	9819	1196	25206	6295	523
国有独资公司		58	230	172		2104	181	
其他有限责任公司	108	15756	25402	9647	1196	23102	6115	523
私营企业	2155	19768	26632	6863	1066	36832	20016	7114
私营独资企业		3026	4902	1876	173	3954	3214	
私营有限责任公司	2155	16742	21730	4988	892	32877	16802	7114
外商投资企业		7119	9970	2851	745	8679	3737	2427
按星级分组								
四星	30	16832	26365	9533	1423	22743	4806	2427
三星	78	33693	49712	16019	2153	49278	28332	9524
二星		225	871	646	88	2951	930	
其他	3875	7104	8660	1556	660	32323	15699	11630
餐饮业	**3523**	**35460**	**43033**	**8461**	**2109**	**66996**	**38225**	**9507**
按登记注册类型分组								
内资企业	3523	33598	41160	8450	2098	64938	38073	9487
国有企业		4103	4100	401	56	4335	1914	1044
股份合作企业		49	57	9	9	896	170	
有限责任公司	1700	15599	18890	3775	1223	20723	13714	1500
私营企业	1823	13847	18113	4265	811	38984	22275	6943
私营独资企业	837	2443	3424	981	187	4601	2789	282
私营合伙企业						564	115	149
私营有限责任公司	986	11404	14689	3285	624	33818	19371	6512
外商投资企业		1862	1874	11	11	2058	151	20
按国民经济行业分组								
正餐服务	3523	35106	42611	8393	2089	66182	38088	9507
快餐服务		355	422	68	20	815	137	
按经营形式分组								
独立门店	3523	35460	43033	8461	2109	66432	38110	9358
连锁总店						564	115	149

8—8 续表 2

单位:万元

	负债合计	所有者权益						
			实收资本	国家资本	集体资本	法人资本	个人资本	外商资本
总　计	**122077**	**52214**	**67503**	**28734**	**1413**	**10171**	**24298**	**2887**
市　区	120187	51824	66565	28729	1413	10171	23365	2887
贺兰县	670	279	433				433	
灵武市	1219	111	505	5			500	
住宿业	**73450**	**33845**	**44480**	**24725**	**1283**	**2866**	**13106**	**2500**
按登记注册类型分组								
内资企业	67286	31329	40180	24725	1283	1066	13106	
国有企业	33237	3342	6447	6447				
有限责任公司	6905	18301	20828	18278	1283	1066	201	
国有独资公司	268	1837	2262	2262				
其他有限责任公司	6637	16464	18567	16017	1283	1066	201	
私营企业	27145	9687	12905				12905	
私营独资企业	3225	730	3678				3678	
私营有限责任公司	23920	8957	9227				9227	
外商投资企业	6164	2515	4300			1800		2500
按星级分组								
四星	7233	15510	18816	14416		1800	100	2500
三星	37860	11418	20113	7747	1283	766	10317	
二星	1028	1923	3018	2562		300	156	
其他	27329	4994	2533				2533	
餐饮业	**48627**	**18370**	**23023**	**4009**	**130**	**7304**	**11192**	**387**
按登记注册类型分组								
内资企业	48455	16483	21136	4009	130	5804	11192	
国有企业	2959	1377	1909	1909				
股份合作企业	170	726	918			480	438	
有限责任公司	15816	4907	7946	2100	130	5274	442	
私营企业	29511	9473	10363			50	10313	
私营独资企业	3153	1449	1455				1455	
私营合伙企业	264	300	300				300	
私营有限责任公司	26094	7724	8607			50	8557	
外商投资企业	171	1887	1887			1500		387
按国民经济行业分组								
正餐服务	48490	17692	22893	4009	130	7304	11062	387
快餐服务	137	678	130				130	
按经营形式分组								
独立门店	48363	18070	22723	4009	130	7304	10892	387
连锁总店	264	300	300				300	

8—8 续表 3

单位:万元

	主营业务收入	主营业务成本	主营业务税金及附加	主营业务利润	营业费用	管理费用			
							# 税金	# 差旅费	# 工会经费
总　计	**88169**	**36907**	**4959**	**46257**	**30802**	**15661**	**1076**	**263**	**347**
市　区	86855	36260	4880	45669	30187	15590	1071	262	345
贺兰县	495	211	27	257	218	38			
灵武市	820	436	52	332	397	33	5	1	1
住宿业	**33756**	**9885**	**1794**	**22077**	**14488**	**8515**	**500**	**63**	**79**
按登记注册类型分组									
内资企业	31563	9478	1671	20413	13692	7295	418	52	69
国有企业	10345	3114	271	6961	4914	2013	145	15	16
有限责任公司	10545	3245	745	6555	4485	2146	163	12	20
国有独资公司	638	316	35	288	3	290			
其他有限责任公司	9907	2929	710	6267	4482	1856	163	12	20
私营企业	10673	3120	655	6898	4292	3137	109	25	33
私营独资企业	2068	795	112	1161	838	364	28	8	9
私营有限责任公司	8605	2325	543	5737	3454	2773	81	17	24
外商投资企业	2193	407	123	1664	796	1219	83	11	10
按星级分组									
四星	8803	1840	656	6306	4942	2083	193	17	20
三星	15509	5167	878	9465	5703	3718	282	31	44
二星	2671	1136	145	1391	663	708	4	2	8
其他	6773	1742	116	4916	3181	2005	21	13	7
餐饮业	**54413**	**27022**	**3165**	**24181**	**16314**	**7146**	**575**	**200**	**268**
按登记注册类型分组									
内资企业	54040	26746	3146	24101	16314	6826	470	180	268
国有企业	632	355	33	244	597	36	1	1	1
股份合作企业	558	263	20	276	278	25		2	
有限责任公司	9186	3674	522	4991	3907	1374	159	29	30
私营企业	43664	22455	2572	18590	11531	5391	310	149	236
私营独资企业	6703	3818	465	2421	2143	422	23	10	6
私营合伙企业	831	565	50	217	113	41	23		
私营有限责任公司	36130	18073	2058	15953	9275	4928	265	139	230
外商投资企业	374	276	19	79		320	105	20	
按国民经济行业分组									
正餐服务	53522	26651	3108	23718	15936	7092	574	200	265
快餐服务	891	371	57	463	378	54	2		3
按经营形式分组									
独立门店	53582	26457	3115	23964	16200	7105	553	200	268
连锁总店	831	565	50	217	113	41	23		

8—8 续表 4

单位:万元

	财务费用	# 利息支出	营业利润	利润总额	劳动、失业保险费	养老保险和医疗保险费
总　计	**2726**	**1803**	**-2604**	**-3535**	**328**	**1248**
市　区	2711	1789	-2493	-3423	315	1237
贺兰县	1		1			
灵武市	14	13	-111	-112	13	11
住宿业	**1078**	**903**	**-1772**	**-2657**	**55**	**807**
按登记注册类型分组						
内资企业	744	573	-1772	-2067	54	773
国有企业	19	6	60	-799	5	115
有限责任公司	128	123	-204	-219	25	390
国有独资公司			-4	6		23
其他有限责任公司	130	124	-201		25	367
私营企业	597	445	-1025	-1049	25	267
私营独资企业	60	54	-102	-109	3	35
私营有限责任公司	537	391	-924	-940	23	232
外商投资企业	335	329	-602	-590		35
按星级分组						
四星	327	318	-933	-933	15	224
三星	721	568	-595	-1487	28	399
二星			21	18		80
其他	31	19	-265	-254	11	104
餐饮业	**1648**	**900**	**-832**	**-878**	**273**	**441**
按登记注册类型分组						
内资企业	1648	900	-591	-637	273	441
国有企业	1		-371	-285	13	20
股份合作企业	1		-27	-27		4
有限责任公司	632	412	-874	-871	7	63
私营企业	1015	488	681	546	253	354
私营独资企业	115	108	-259	-287	218	56
私营合伙企业			62	62		
私营有限责任公司	899	381	878	771	35	298
外商投资企业			-241	-241		
按国民经济行业分组						
正餐服务	1643	896	-858	-905	272	438
快餐服务	5	4	27	27	1	3
按经营形式分组						
独立门店	1648	900	-894	-940	273	441
连锁总店			62	62		

8—8 续表 5

单位:万元

	住房公积金和住房补贴	本年应付工资总额	本年应付福利费总额	全部从业人员年平均人数（人）
总　计	**99**	**15874**	**294**	**9789**
市　区	96	15702	287	9596
贺兰县		60	1	100
灵武市	3	111	6	93
住宿业	**87**	**6395**	**272**	**4224**
按登记注册类型分组				
内资企业	87	5878	272	3967
国有企业	28	1761	108	1206
有限责任公司	56	1977	137	1097
国有独资公司	7	167		65
其他有限责任公司	49	1810	137	1032
私营企业	3	2140	26	1664
私营独资企业		449	12	287
私营有限责任公司	3	1691	14	1377
外商投资企业		517		257
按星级分组				
四星	23	1633	128	882
三星	41	2978	72	2131
二星	22	589		347
其他	1	1195	71	864
餐饮业	**12**	**9479**	**22**	**5565**
按登记注册类型分组				
内资企业	12	9250	22	5242
国有企业	3	167	8	126
股份合作企业		124	2	87
有限责任公司	4	1886		919
私营企业	5	7073	13	4110
私营独资企业		673	9	521
私营合伙企业		78		54
私营有限责任公司	5	6323	4	3535
外商投资企业		229		323
按国民经济行业分组				
正餐服务	12	9252	22	5421
快餐服务		227		144
按经营形式分组				
独立门店	12	9401	22	5511
连锁总店		78		54

8—9 限额以上批发和零售业购进、销售、库存总额(市区)

(2008 年)

单位:万元

	产业活动单位(个)	年末从业人员(个)	商品购进总额	商品销售总额			年末商品库存总额	年末零售营业面积(平方米)
					批发额	零售额		
总 计	**380**	**12784**	**3097639**	**3392804**	**2593674**	**799131**	**214814**	**486615**
批发业	**145**	**4091**	**2384930**	**2588516**	**2555992**	**32525**	**130786**	**2320**
按登记注册类型分组								
内资企业	143	4008	2373310	2576058	2543534	32525	130201	2320
国有企业	15	1012	432756	511768	510845	923	19121	120
联营企业	1	55	41965	41965	41965	41965	3472	
有限责任公司	24	770	270595	299472	297816	1655	31591	2200
国有独资公司	1	7	3415	3488	3488			
其他有限责任公司	23	763	267180	295984	294329	1655	31591	2200
股份有限公司								
私营企业	73	1535	793899	868404	866373	2031	68882	
私营独资企业	1	22	2924	2835	2835		169	
私营有限责任公司	71	1437	783712	857667	855636	2031	67695	
私营股份有限公司	1	76	7263	7902	7902		1018	
港、澳、台商投资企业	1	23	7251	7782	7782		6	
外商投资企业	1	60	4369	4676	4676		579	
按国民经济行业分组								
农畜产品批发	1	130	800	4384	4384		1740	
种子、饲料批发	1	130	800	4384	4384		1740	
食品、饮料及烟草制品批发	10	758	109997	146315	145448	867	16052	
米、面制品及食用油批发	2	146	5053	8271	8271		4273	
糕点、糖果及糖批发	1	12	2565	2838	2838		560	
肉、禽、蛋及水产品批发	1	30	2912	4519	4519		344	
盐及调味品批发	1	30	3163	4397	4397		1222	
饮料及茶叶批发	4	154	15950	17417	16549	867	2983	
烟草制品批发	1	386	80355	108875	108875		6670	
纺织、服装及日用品批发	2	93	79423	83955	83955		10529	
纺织品、针织品及原料批发	1	55	41965	41965	41965		3472	
服装批发	1	38	37458	41990	41990		7057	
文化、体育用品及器材批发	3	196	43050	46181	46181		6910	
文具用品批发	1	8	3989	3319	3319		906	
图书批发	1	173	10023	10569	10569		538	
其他文化用品批发	1	15	29039	32293	32293		5466	
医药及医疗器材批发	1	10	229	81	81		148	2200
西药批发	1	10	229	81	81		148	2200

8—9 续表 1

单位:万元

	产业活动单位(个)	年末从业人员(个)	商品购进总额	商品销售总额			年末商品库存总额	年末零售营业面积(平方米)
					批发额	零售额		
矿产品、建材及化工产品批发	92	1900	1885835	2016663	1987268	29395	57182	120
煤炭及制品批发	6	400	171795	177723	177723		3510	
石油及制品批发	34	654	872280	896731	867336	29395	16389	
非金属矿及制品批发	2	18	6441	7396	7396		129	
金属及金属矿批发	41	637	748391	847306	847306		21426	120
化肥批发	4	114	55159	54962	54962		10361	
其他化工产品批发	5	77	31768	32546	32546		5367	
机械设备、五金交电及电子产品批发	33	917	246460	272129	269867	2262	34001	
农业机械批发	6	163	45184	46467	46467		4421	
汽车、摩托车及零配件批发	11	330	86415	90129	88224	1906	12489	
五金、交电批发	2	34	12224	12687	12524	164	1143	
家用电器批发	5	134	53683	72656	72656		7215	
计算机、软件及辅助设备批发	1	4	679	698	593	105	70	
其他机械设备及电子产品批发	8	252	48275	49493	49405	88	8663	
其他批发	3	87	19135	18808	18808		4224	
再生物资回收与批发	2	58	14447	14440	14440		65	
其他未列明的批发	1	29	4689	4368	4368		4159	
按经营形式分组								
独立门店	105	3155	2061394	2239743	2235552	4191	100811	120
连锁总店	4	450	109244	112372	112372		12840	2200
连锁门店	31	358	112028	130165	103899	26266	9744	
其他	5	128	102265	106237	104168	2068	7392	
零售业	**235**	**8693**	**712709**	**804288**	**37682**	**766606**	**84028**	**484295**
按登记注册类型分组								
国有企业	54	1610	78135	74837	320	74517	20170	51961
集体企业	1	16	1495	1801		1801	41	1500
有限责任公司	82	3080	265397	286031	14293	271739	23612	177096
股份有限公司	4	749	103004	129540	7317	122223	2207	54178
私营企业	94	3238	264678	312079	15752	296326	37998	199560
私营独资企业	1	120	12157	12648	1581	11067	1977	400
私营有限责任公司	92	2862	242283	271945	14171	257774	35890	134160
私营股份有限公司	1	256	10238	27485		27485	132	65000

8—9 续表 2

单位:万元

	产业活动单位（个）	年末从业人员（个）	商品购进总额	商品销售总额	批发额	零售额	年末商品库存总额	年末零售营业面积（平方米）
按国民经济行业分组								
综合零售	35	3651	269340	327259		327259	17869	254604
百货零售	32	3356	255754	310770		310770	16449	243940
超级市场零售	1	268	13496	16354		16354	1412	10000
其他综合零售	2	27	89	135		135	7	664
食品、饮料及烟草制品专门零售	16	178	6614	6485		6485	1660	1280
粮油零售	2	122	5032	4906		4906	1659	605
糕点、面包零售	14	56	1581	1580		1580	1	675
纺织、服装及日用品专门零售	2	193	3377	7383		7383	3242	1800
服装零售	1	108	3003	3169		3169	1134	1200
钟表、眼镜零售	1	85	373	4214		4214	2108	600
文化、体育用品及器材专门零售	16	547	14275	14109	320	13789	8775	15329
体育用品零售	2	49	1450	1679		1679	647	844
图书零售	8	351	6351	6360	282	6078	1804	10459
音像制品及电子出版物零售	1	5	386	376		376	225	900
珠宝首饰零售	2	109	5383	4821	38	4783	5923	2348
其他文化用品零售	3	33	705	873		873	177	778
医药及医疗器材专门零售	72	1044	97371	102554	2061	100493	19978	20776
药品零售	72	1044	97371	102554	2061	100493	19978	20776
汽车、摩托车、燃料及零配件专门零售	45	1500	195673	211664	23938	187726	21672	143678
汽车零售	26	1131	142112	155011	5832	149180	18891	69535
汽车零配件零售	1	5	394	378		378	59	105
摩托车及零配件零售	3	47	2857	3069	456	2613	1299	1516
机动车燃料零售	15	317	50309	53205	17651	35555	1423	72522
家用电器及电子产品专门零售	46	1200	117719	126227	11362	114864	10069	39365
家用电器零售	9	315	43429	44539		44539	2622	27027
计算机、软件及辅助设备零售	22	589	52237	58356	10232	48124	5801	7462
通信设备零售	15	296	22054	23332	1130	22202	1645	4876
五金、家具及室内装修材料专门零售	2	97	2360	2336		2336	438	5665
家具零售	2	97	2360	2336		2336	438	5665
无店铺及其他零售	1	283	5981	6271		6271	324	1798
生活用燃料零售	1	283	5981	6271		6271	324	1798
按经营形式分组								
独立门店	92	5979	542161	619350	28241	591109	63844	367206
连锁总店	4	472	10013	10370		10370	1891	4825
连锁门店	127	2055	143937	157996	9441	148555	17284	103642
其他	12	187	16598	16572		16572	1009	8622
按零售业态分组								
便利店	1	9	8	17		17	5	100
超市	39	1772	70901	87515		87515	9884	81830
大型超市	1	31	372	353		353	96	4200
百货店	6	2181	201402	226263	38	226225	16180	116805
专业店	128	2573	240940	247055	16324	230732	34294	117101
专卖店	59	1871	188847	215600	21320	194279	23437	99259
购物中心	1	256	10238	27485		27485	132	65000

8—10 限额以上批发和零售业商品分类销售额(市区)

(2008 年)　　单位:万元

	销售额	批发额	零售额
总　计	**3392804**	**2593674**	**799131**
批发业	**2588516**	**2555992**	**32525**
粮油、食品、饮料、烟酒类	143809	142942	867
粮油、食品类	20024	20024	
# 粮油类	8271	8271	
水产品类	4519	4519	
饮料类	4676	4676	
烟酒类	119109	118242	867
服装、鞋帽、针纺织品类	86557	86557	
服装类	43056	43056	
针纺织品	43500	43500	
日用品类	3156	3156	
五金、电料类	3824	3824	
书报杂志类	10569	10569	
家用电器和音像器材类	70286	70246	40
中西药品类	81	81	
# 西药	54	54	
中草药及中成药类	27	27	
文化办公用品类	36815	36710	105
家具类	2841	2841	
煤炭及制品类	175351	175351	
石油及制品类	909300	879905	29395
化工材料及制品类	100962	100962	
# 化肥类	54962	54962	
金属材料类	793232	793232	
建筑及装潢材料类	5259	5259	
机电产品及设备类	116214	116002	212
# 农机类	11717	11717	
汽车类	77945	76039	1906
其他类	52316	52316	

8—10 续表

单位:万元

	销售额	批发额	零售额
零售业	**804288**	**37682**	**766606**
粮油、食品、饮料、烟酒类	86620		86620
粮油、食品类	67471		67471
# 粮油类	18333		18333
肉禽蛋类	11530		11530
水产品类	2694		2694
蔬菜类	1852		1852
干鲜果品类	4358		4358
饮料类	6282		6282
烟酒类	12867		12867
服装、鞋帽、针纺织品类	138437		138437
服装类	87544		87544
鞋帽类	28851		28851
针纺织品	22042		22042
化妆品类	14692		14692
金银珠宝类	38506		38506
日用品类	33912		33912
# 洗涤用品类	7367		7367
儿童玩具类	806		806
五金、电料类	977		977
体育、娱乐用品类	4782		4782
书报杂志类	6806	282	6523
电子出版物及音像制品类	2		2
家用电器和音像器材类	68801	3127	65674
中西药品类	103468	2061	101407
# 西药	94288	1216	93072
中草药及中成药类	9178	845	8333
文化办公用品类	56624	7105	49518
家具类	2527		2527
通讯器材类	29787	1130	28657
石油及制品类	59476	17651	41826
汽车类	156147	6288	149860
其他类	2726	38	2688

8—11 限额以上批发和零售业法人单位主要财务状况(市区)

(2008 年)

单位:万元

	法人企业(个)	流动资产	# 应收帐款	# 存货	流动资产年平均余额
总 计	**203**	**858383**	**151467**	**201100**	**487207**
批发业	**106**	**562343**	**105860**	**130557**	**294503**
按登记注册类型分组					
国有企业	11	100070	8144	17417	79979
联营企业	1	45028	5680	22601	7438
国有联营企业	1	45028	5680	22601	7438
有限责任公司	17	71315	16480	23070	20688
国有独资公司	1	956	418		
其他有限责任公司	16	70360	16062	23070	20688
股份有限公司	4	20318	9882	7587	8440
私营企业	73	325611	65674	59883	177958
私营独资企业	1	1206	782	169	916
私营有限责任公司	71	321649	64530	58843	176280
私营股份有限公司	1	2756	363	870	762
按国民经济行业分组					
农畜产品批发	1	5849	920	1740	4273
种子、饲料批发	1	5849	920	1740	4273
食品、饮料及烟草制品批发	9	55720	4703	14074	51548
米、面制品及食用油批发	2	9088	3357	4227	8598
糕点、糖果及糖批发	1	1309	5	479	1180
肉、禽、蛋及水产品批发	1	660	133	339	55
盐及调味品批发	1	1856	657	1081	1845
饮料及茶叶批发	3	4173	551	2248	3485
烟草制品批发	1	38634		5701	36385
纺织、服装及日用品批发	2	75392	8756	29658	37164
纺织品、针织品及原料批发	1	45028	5680	22601	7438
服装批发	1	30364	3076	7057	29726
文化、体育用品及器材批发	3	24680	12670	5859	12670
文具用品批发	1	2757	821	775	
图书批发	1	6746	3037	413	
其他文化用品批发	1	15177	8812	4672	12670
矿产品、建材及化工产品批发	62	317345	54989	54090	153212
煤炭及制品批发	6	20539	7332	3103	7904
石油及制品批发	6	26630	10755	13887	9323
非金属矿及制品批发	2	3889	900	135	2694

8—11 续表1

单位:万元

	法人企业（个）	流动资产	# 应收帐款	# 存货	流动资产年平均余额
金属及金属矿批发	40	232277	35168	21570	129688
化肥批发	3	25823	146	10368	1914
其他化工产品批发	5	8188	689	5027	1689
机械设备、五金交电及电子产品批发	26	72641	17876	23918	35635
农业机械批发	6	11336	4535	3973	5438
汽车、摩托车及零配件批发	11	32015	4308	11106	20674
五金、交电批发	2	3788	1933	1390	3152
其他机械设备及电子产品批发	7	25502	7101	7449	6370
其他批发	3	10714	5946	1220	
再生物资回收与批发	2	982	94	761	
其他未列明的批发	1	9732	5852	459	
按经营形式分组					
独立门店	102	482635	96807	93381	287065
连锁总店	3	34679	3373	14576	
其他	1	45028	5680	22601	7438
零售业	**97**	**296040**	**45607**	**70542**	**192705**
按登记注册类型分组					
国有企业	11	23609	7921	8180	13902
集体企业	1	206	16	41	219
有限责任公司	22	72885	15836	22907	48786
股份有限公司	1	38278		1850	34646
私营企业	62	161063	21834	37564	95152
私营独资企业	1	7550	778	1818	
私营有限责任公司	60	124756	21056	35615	92755
私营股份有限公司	1	28757	1	132	2396
按国民经济行业分组					
综合零售	9	95353	378	13031	53502
百货零售	7	83796	127	6424	50859
超级市场零售	2	11557	251	6607	2643
食品、饮料及烟草制品专门零售	1	1607	260	217	
粮油零售	1	1607	260	217	
纺织、服装及日用品专门零售	2	4402	404	2717	4048
服装零售	1	2167	3	969	2195
钟表、眼镜零售	1	2235	401	1747	1854
文化、体育用品及器材专门零售	7	9091	566	6054	8042
体育用品零售	2	743	147	553	307
图书零售	2	3247	358	1443	2936

8—11 续表 2

单位:万元

	法人企业(个)	流动资产	# 应收帐款	# 存货	流动资产年平均余额
珠宝首饰零售	2	4738		3908	4532
其他文化用品零售	1	363	61	151	267
医药及医疗器材专门零售	14	39194	25171	9259	20403
药品零售	14	39194	25171	9259	20403
汽车、摩托车、燃料及零配件专门零售	35	68541	6834	20873	40760
汽车零售	23	58136	5303	18551	36430
摩托车及零配件零售	3	1560		1111	903
机动车燃料零售	9	8845	1531	1211	3426
家用电器及电子产品专门零售	26	74507	11385	16982	62458
家用电器零售	3	53355	4563	9851	47274
计算机、软件及辅助设备零售	21	18995	6753	6403	13420
通信设备零售	2	2158	70	728	1764
五金、家具及室内装修材料专门零售	2	1319	434	422	1535
家具零售	2	1319	434	422	1535
无店铺及其他零售	1	2027	176	988	1957
生活用燃料零售	1	2027	176	988	1957
按经营形式分组					
独立门店	85	224927	38706	48909	139681
连锁总店	10	47280	6885	19442	32329
连锁门店	1	4907	17	2049	4451
其他	1	18926		143	16244
按零售业态分组					
超市	4	6932	500	3747	4559
大型超市	1	8239	39	4739	1151
百货店	6	58263	120	9050	51853
专业店	53	132478	32410	30634	90715
专卖店	32	61372	12537	22240	42031
购物中心	1	28757	1	132	2396

8—11 续表 3

单位:万元

	长期投资	固定资产	固定资产原价	累计折旧	# 本年折旧	资产总计	流动负债	长期负债
总　计	**121288**	**135837**	**192334**	**59162**	**11901**	**1210417**	**806742**	**57472**
批发业	**66743**	**62162**	**90468**	**30005**	**3958**	**763140**	**515369**	**48565**
按登记注册类型分组								
国有企业	9360	12818	18788	5971	1138	125284	43652	9761
联营企业	5028	2244	11935	9691		71150	39381	32887
国有联营企业	5028	2244	11935	9691		71150	39381	32887
有限责任公司	7591	7638	9289	2977	742	93009	63525	1806
国有独资公司	2860	5	8	3	1	3821	68	
其他有限责任公司	4731	7633	9281	2974	741	89188	63457	1806
股份有限公司	490	24183	31147	6964	756	78771	76086	
私营企业	44275	15279	19309	4402	1322	394927	292726	4112
私营独资企业		96	129	33	11	1302	1213	
私营有限责任公司	42608	13515	16815	3618	1213	386259	285842	4112
私营股份有限公司	1667	1669	2366	751	99	7366	5671	
按国民经济行业分组								
农畜产品批发	1790	1616	2024	408	122	9554	4958	1728
种子、饲料批发	1790	1616	2024	408	122	9554	4958	1728
食品、饮料及烟草制品批发	4791	9675	13683	4308	908	73001	18191	2050
米、面制品及食用油批发		2564	3814	1249	96	11653	8695	1950
糕点、糖果及糖批发	250	42	128	86	19	1601	1313	
肉、禽、蛋及水产品批发	1611	744	530	86	48	3356	1623	
盐及调味品批发	2930	418	587	169	31	6171	762	100
饮料及茶叶批发		1492	2070	578	189	5666	2901	
烟草制品批发		4414	6555	2140	526	44555	2898	
纺织、服装及日用品批发	25161	3466	13459	9993	98	123771	77129	33287
纺织品、针织品及原料批发	5028	2244	11935	9691		71150	39381	32887
服装批发	20133	1222	1524	302	98	52621	37748	400
文化、体育用品及器材批发	702	2212	3335	1123	271	27963	7016	4119
文具用品批发		61	65	3	3	2819	2319	
图书批发	702	2124	3220	1096	261	9649	2374	4119
其他文化用品批发		27	51	24	7	15495	2323	
矿产品、建材及化工产品批发	31240	40950	52018	12411	2183	435825	325436	5712
煤炭及制品批发		809	2000	1190	159	23004	14268	
石油及制品批发	2715	27043	33491	7770	873	94705	86500	
非金属矿及制品批发	2860	41	153	112	7	6790	448	

8—11 续表4

单位:万元

	长期投资	固定资产	固定资产原价	累计折旧	#本年折旧	资产总计	流动负债	长期负债
金属及金属矿批发	25564	9480	11703	2240	682	272326	191521	5712
化肥批发	102	2376	3216	844	334	29279	24670	
其他化工产品批发		1200	1454	255	128	9722	8030	
机械设备、五金交电及电子产品批发	1819	3997	5623	1680	346	80249	71878	78
农业机械批发	22	534	748	213	68	11943	10982	
汽车、摩托车及零配件批发	1717	2000	2827	881	159	37268	33069	
五金、交电批发	20	60	108	48	13	3868	3684	
其他机械设备及电子产品批发	60	1403	1940	537	105	27170	24142	78
其他批发	1241	245	326	82	31	12778	10762	1591
再生物资回收与批发	200	12	50	38	1	1194	645	1591
其他未列明的批发	1041	233	277	44	30	11584	10117	
按经营形式分组								
独立门店	60423	40825	52384	13253	3480	610696	407837	11559
连锁总店	1293	19093	26150	7061	479	81294	68151	4119
其他	5028	2244	11935	9691		71150	39381	32887
零售业	**54545**	**73676**	**101866**	**29157**	**7943**	**447276**	**291372**	**8907**
按登记注册类型分组								
国有企业	25	16237	24989	8752	4089	40888	29220	377
集体企业		11	15	5	2	217	257	
有限责任公司	8981	21116	30722	10172	1211	111099	75176	40
股份有限公司	40827	6425	10248	4198	361	87115	34037	
私营企业	4712	29887	35891	6031	2280	207957	152682	8490
私营独资企业		122	210	88	19	7680	5818	1500
私营有限责任公司	3058	29085	34931	5873	2191	169186	121298	6990
私营股份有限公司	1654	681	751	70	70	31091	25566	
按国民经济行业分组								
综合零售	51044	40378	54821	15331	5500	193713	96145	207
百货零售	51044	25950	39225	14162	4620	167583	84002	207
超级市场零售		14428	15596	1168	881	26130	12143	
食品、饮料及烟草制品专门零售		254	390	136	27	1861	1580	
粮油零售		254	390	136	27	1861	1580	
纺织、服装及日用品专门零售		707	907	200	170	5202	3020	1162
服装零售		16	52	35	6	2184	2191	
钟表、眼镜零售		691	856	165	165	3019	829	1162
文化、体育用品及器材专门零售	110	3463	5316	1854	261	12727	10535	203
体育用品零售		27	64	37	15	769	670	
图书零售	5	2544	3993	1449	169	5834	5034	203

8—11 续表 5

单位:万元

	长期投资	固定资产	固定资产原价	累计折旧	# 本年折旧	资产总计	流动负债	长期负债
珠宝首饰零售	105	885	1250	365	77	5754	4518	
其他文化用品零售		7	9	2	1	370	313	
医药及医疗器材专门零售	1197	6645	9077	2432	494	47876	43863	10
药品零售	1197	6645	9077	2432	494	47876	43863	10
汽车、摩托车、燃料及零配件专门零售	685	14818	20159	5420	803	96285	68933	7056
汽车零售	497	10586	13934	3400	601	78937	57952	6026
摩托车及零配件零售		189	412	222	1	1750	1402	
机动车燃料零售	188	4043	5813	1797	201	15599	9578	1030
家用电器及电子产品专门零售	1510	3699	5063	1364	410	81483	63295	270
家用电器零售		898	1492	594	152	54585	47094	
计算机、软件及辅助设备零售	1510	2649	3304	656	144	24250	14200	270
通信设备零售		153	267	115	114	2647	2000	
五金、家具及室内装修材料专门零售		1665	2222	557	77	3369	3428	
家具零售		1665	2222	557	77	3369	3428	
无店铺及其他零售		2047	3911	1864	200	4760	575	
生活用燃料零售		2047	3911	1864	200	4760	575	
按经营形式分组								
独立门店	54005	48534	70250	22683	6277	348679	223716	8707
连锁总店	120	24487	30660	6173	1577	73100	44675	200
连锁门店	420	626	879	253	74	6544	4108	
其他		28	76	48	14	18954	18874	
按零售业态分组								
超市	905	3713	5558	1845	362	11733	9236	200
大型超市		13317	14018	701	701	21556	8826	
百货店	49390	25488	38922	14322	4599	139934	61438	207
专业店	794	17691	24874	7210	1278	163660	129749	6053
专卖店	1802	12785	17742	5009	934	79301	56558	2448
购物中心	1654	681	751	70	70	31091	25566	

8—11 续表 6

单位:万元

	负债合计	所有者权益	实收资本	国家资本	集体资本	法人资本	个人资本
总　计	**868361**	**342056**	**221602**	**43968**	**6493**	**70929**	**100213**
批发业	**564759**	**198381**	**135373**	**33664**	**6360**	**27683**	**67666**
按登记注册类型分组							
国有企业	53414	71870	27631	27481			150
联营企业	72268	-1118	5500	1100		4400	
国有联营企业	72268	-1118	5500	1100		4400	
有限责任公司	65331	27678	17790	4583	6360	5191	1656
国有独资公司	68	3752	3678	3678			
其他有限责任公司	65262	23926	14112	905	6360	5191	1656
股份有限公司	76910	1862	500	500			
私营企业	296837	98090	83952			18092	65860
私营独资企业	1213	89	52				52
私营有限责任公司	289953	96306	82210			18092	64118
私营股份有限公司	5671	1695	1690				1690
按国民经济行业分组							
农畜产品批发	6685	2868	1000		1000		
种子、饲料批发	6685	2868	1000		1000		
食品、饮料及烟草制品批发	20243	52758	10483	8038			2446
米、面制品及食用油批发	10645	1007	1610	1410			200
糕点、糖果及糖批发	1313	288	300				300
肉、禽、蛋及水产品批发	1623	1733	1000				1000
盐及调味品批发	862	5309	3384	3384			
饮料及茶叶批发	2902	2763	2621	1675			946
烟草制品批发	2898	41657	1568	1568			
纺织、服装及日用品批发	110416	13355	14106	1100		12642	364
纺织品、针织品及原料批发	72268	-1118	5500	1100		4400	
服装批发	38148	14473	8606			8242	364
文化、体育用品及器材批发	11135	16828	5597	2352		245	3000
文具用品批发	2319	499	500	255		245	
图书批发	6493	3156	2097	2097			
其他文化用品批发	2323	13172	3000				3000
矿产品、建材及化工产品批发	331971	103854	93331	22018	5000	12063	54251
煤炭及制品批发	14268	8736	5218	3600		518	1100
石油及制品批发	87324	7381	924	760		30	134
非金属矿及制品批发	448	6342	5712	3678		2035	

8—11 续表 7

单位:万元

	负债合计	所有者权益	实收资本	国家资本	集体资本	法人资本	个人资本
金属及金属矿批发	197232	75094	76437	13980	2000	9480	50976
化肥批发	24670	4609	3580		3000		580
其他化工产品批发	8030	1692	1460				1460
机械设备、五金交电及电子产品批发	71956	8293	8286	50	360	270	7606
农业机械批发	10982	961	615			100	515
汽车、摩托车及零配件批发	33069	4199	4383		360	170	3853
五金、交电批发	3684	184	230				230
其他机械设备及电子产品批发	24220	2950	3059	50			3009
其他批发	12353	425	2570	107		2463	
再生物资回收与批发	2236	-1043	370	107		263	
其他未列明的批发	10117	1467	2200			2200	
按经营形式分组							
独立门店	419398	191299	124776	30468	3360	23283	67666
连锁总店	73094	8201	5097	2097	3000		
其他	72268	-1118	5500	1100		4400	
零售业	**303602**	**143674**	**86229**	**10304**	**133**	**43246**	**32547**
按登记注册类型分组							
国有企业	29902	10986	10204	10124		80	
集体企业	257	-41	1		1		
有限责任公司	75216	35883	21437	180	132	18527	2598
股份有限公司	34037	53078	17286			6390	10896
私营企业	164189	43768	37302			18250	19052
私营独资企业	7318	362	818			502	316
私营有限责任公司	131305	37881	31484			12748	18736
私营股份有限公司	25566	5525	5000			5000	
按国民经济行业分组							
综合零售	96353	97361	48212	4617		31575	12020
百货零售	84209	83374	38211	4617		22375	11220
超级市场零售	12143	13987	10000			9200	800
食品、饮料及烟草制品专门零售	1580	281	122	122			
粮油零售	1580	281	122	122			
纺织、服装及日用品专门零售	4182	1021	921				921
服装零售	2191	-7	200				200
钟表、眼镜零售	1991	1028	721				721
文化、体育用品及器材专门零售	10739	1988	1479	766			712
体育用品零售	671	98	150				150
图书零售	5237	597	661	661			

8—11 续表 8

单位:万元

	负债合计	所有者权益					
			实收资本	国家资本	集体资本	法人资本	个人资本
珠宝首饰零售	4518	1236	606	106			500
其他文化用品零售	313	58	62				62
医药及医疗器材专门零售	44178	3698	3792	938		1656	1198
药品零售	44178	3698	3792	938		1656	1198
汽车、摩托车、燃料及零配件专门零售	77604	18681	18073		133	6922	11019
汽车零售	65595	13343	12524			3116	9408
摩托车及零配件零售	1402	348	391			351	40
机动车燃料零售	10607	4991	5158		133	3455	1570
家用电器及电子产品专门零售	64965	16518	9172			2905	6267
家用电器零售	47094	7491	3116			2284	832
计算机、软件及辅助设备零售	15870	8380	5406			622	4784
通信设备零售	2000	648	650				650
五金、家具及室内装修材料专门零售	3428	-59	598			188	410
家具零售	3428	-59	598			188	410
无店铺及其他零售	575	4185	3861	3861			
生活用燃料零售	575	4185	3861	3861			
按经营形式分组							
独立门店	235441	113238	66462	5982	133	30717	29630
连锁总店	45179	27920	17209	4322		10871	2017
连锁门店	4108	2436	900				900
其他	18874	80	1658			1658	
按零售业态分组							
超市	9436	2297	1472	461		110	901
大型超市	8826	12730	9200			9200	
百货店	61646	78289	33207	4722		17265	11220
专业店	137723	25937	22513	1138	133	8936	12307
专卖店	60406	18896	14837	3983		2735	8119
购物中心	25566	5525	5000			5000	

8—11 续表 9

单位:万元

	主营业务收入	主营业务成本	主营业务税金及附加	主营业务利润	营业费用
总 计	**2971103**	**2749681**	**17180**	**203708**	**98739**
批发业	**2258559**	**2119303**	**14107**	**124653**	**58697**
按登记注册类型分组					
国有企业	392392	353138	2499	36755	5494
联营企业	41965	35835	1200	4930	1286
国有联营企业	41965	35835	1200	4930	1286
有限责任公司	218170	199956	2466	15252	13955
国有独资公司	2981	2919	10	53	8
其他有限责任公司	215189	197037	2456	15200	13947
股份有限公司	847641	811918	343	35380	17830
私营企业	758391	718457	7599	32335	20132
私营独资企业	2835	2551	2	282	192
私营有限责任公司	748820	709708	7580	31533	19695
私营股份有限公司	6736	6198	18	520	245
按国民经济行业分组					
农畜产品批发	4384	3927	122	335	
种子、饲料批发	4384	3927	122	335	
食品、饮料及烟草制品批发	122175	91853	457	29866	1835
米、面制品及食用油批发	7904	7323	1	579	255
糕点、糖果及糖批发	2425	2238	1	187	15
肉、禽、蛋及水产品批发	3862	2533	1	1328	116
盐及调味品批发	3891	2482	30	1380	213
饮料及茶叶批发	10948	9925	14	1009	490
烟草制品批发	93145	67352	410	25383	746
纺织、服装及日用品批发	77854	69239	1205	7411	2123
纺织品、针织品及原料批发	41965	35835	1200	4930	1286
服装批发	35889	33404	5	2481	837
文化、体育用品及器材批发	38738	34379	13	4346	409
文具用品批发	2837	2635		202	
图书批发	8301	6998	13	1290	408
其他文化用品批发	27601	24747		2854	1
矿产品、建材及化工产品批发	1822703	1737552	12204	72948	45777
煤炭及制品批发	157171	136111	2089	18972	13989
石油及制品批发	851948	813379	362	38207	18607
非金属矿及制品批发	6321	5907	16	399	209

8—11 续表 10

单位:万元

	主营业务收　入	主营业务成　本	主营业务税金及附加	主营业务利　润	营业费用
金属及金属矿批发	724053	700175	9707	14170	10514
化肥批发	55097	56093	1	-997	1075
其他化工产品批发	28113	25887	30	2196	1384
机械设备、五金交电及电子产品批发	1747735	163602	88	10549	8280
农业机械批发	40961	37721	26	3215	2367
汽车、摩托车及零配件批发	78359	75439	42	2878	1421
五金、交电批发	11142	10075	7	1060	1029
其他机械设备及电子产品批发	44273	40368	14	3396	3463
其他批发	17969	18752	18	-801	272
再生物资回收与批发	14236	15134		-898	234
其他未列明的批发	3733	3618	18	97	38
按经营形式分组					
独立门店	2054846	1938289	12894	103168	47777
连锁总店	161747	145180	13	16555	9634
其他	41965	35835	1200	4930	1286
零售业	**712544**	**630378**	**3074**	**79055**	**40043**
按登记注册类型分组					
国有企业	64213	56684	354	7176	4458
集体企业	1539	1472	1	66	14
有限责任公司	229325	201811	800	26675	12503
股份有限公司	88659	73810	1069	13779	5096
私营企业	328808	296602	850	31358	17973
私营独资企业	10810	10284	5	522	409
私营有限责任公司	292527	264822	583	27124	15574
私营股份有限公司	25470	21497	262	3712	1989
按国民经济行业分组					
综合零售	275447	228700	2430	44417	20746
百货零售	208089	173356	2046	32687	13041
超级市场零售	67358	55344	385	11730	7705
食品、饮料及烟草制品专门零售	939	1641		-702	134
粮油零售	939	1641		-702	134
纺织、服装及日用品专门零售	6310	4982	10	1318	499
服装零售	2709	2249	2	457	239
钟表、眼镜零售	3601	2732	8	861	260
文化、体育用品及器材专门零售	11829	9102	99	2628	1119
体育用品零售	1435	1185	1	249	117
图书零售	5527	4097	25	1406	686

8—11 续表 11

单位:万元

	主营业务收入	主营业务成本	主营业务税金及附加	主营业务利润	营业费用
珠宝首饰零售	4121	3193	72	856	247
其他文化用品零售	746	628	1	118	70
医药及医疗器材专门零售	89774	81727	131	7916	3514
药品零售	89774	81727	131	7916	3514
汽车、摩托车、燃料及零配件专门零售	165872	156596	109	9123	4923
汽车零售	132551	125785	92	6669	3265
摩托车及零配件零售	2623	2414	2	207	122
机动车燃料零售	30698	28397	16	2247	1536
家用电器及电子产品专门零售	154827	140905	280	13549	8510
家用电器零售	94856	84828	218	9810	6674
计算机、软件及辅助设备零售	50885	47924	38	2830	1309
通信设备零售	9086	8153	24	909	528
五金、家具及室内装修材料专门零售	1997	1646	4	347	178
家具零售	1997	1646	4	347	178
无店铺及其他零售	5550	5080	10	459	421
生活用燃料零售	5550	5080	10	459	421
按经营形式分组					
独立门店	514197	459731	2348	51980	23832
连锁总店	170066	144472	702	24992	15606
连锁门店	19413	18169	20	1223	
其他	8868	8006	3	860	604
按零售业态分组					
超市	14160	11750	39	2372	1563
大型超市	61000	49884	375	10841	6905
百货店	183783	152588	1844	29351	11159
专业店	264358	239790	429	24100	13618
专卖店	163773	154870	125	8680	4808
购物中心	25470	21497	262	3712	1989

8—11 续表 12

单位:万元

	管理费用	# 税金	# 差旅费	# 工会经费	财务费用	# 利息支出	营业利润
总　计	**48629**	**2747**	**1578**	**541**	**13300**	**9333**	**52648**
批发业	**21029**	**1472**	**1035**	**192**	**9219**	**6445**	**39107**
按登记注册类型分组							
国有企业	8272	386	120	86	691	685	22667
联营企业	2106	70	98	26	1823	1689	-285
国有联营企业	2106	70	98	26	1823	1689	-285
有限责任公司	3146	178	79	20	1284	1061	-1786
国有独资公司	154	8	4		-3	-3	-107
其他有限责任公司	2992	171	75	20	1288	1065	-1680
股份有限公司	249	101	73	1	80		17619
私营企业	7255	737	664	60	5340	3010	893
私营独资企业	71	2	8	1	21	21	-2
私营有限责任公司	6818	681	656	55	5259	2931	912
私营股份有限公司	366	54		4	60	58	-17
按国民经济行业分组							
农畜产品批发	213				63	63	62
种子、饲料批发	213				63	63	62
食品、饮料及烟草制品批发	6114	93	72	63	204	203	21867
米、面制品及食用油批发	231	1	1	4	492	491	-363
糕点、糖果及糖批发	60	1			109	109	3
肉、禽、蛋及水产品批发	95				2	2	1134
盐及调味品批发	455	6		2	10	10	726
饮料及茶叶批发	319	5	11	4	128	127	113
烟草制品批发	4955	80	60	52	-537	-537	20253
纺织、服装及日用品批发	2830	294	127	29	2566	2171	315
纺织品、针织品及原料批发	2106	70	98	26	1823	1689	-285
服装批发	724	224	29	3	743	482	600
文化、体育用品及器材批发	983	29	23	10	59	14	2959
文具用品批发	103	2	3		101	57	-2
图书批发	805	17	16	9	21	20	120
其他文化用品批发	75	10	4	1	-63	-63	2840
矿产品、建材及化工产品批发	7868	882	414	52	6010	3934	15133
煤炭及制品批发	2657	237	44	26	116	-33	2333
石油及制品批发	475	95	84	3	617	537	19482
非金属矿及制品批发	260	10	8	1	-3	-3	-67

单位:万元

	管理费用	# 税金	# 差旅费	# 工会经费	财务费用	# 利息支出	营业利润
金属及金属矿批发	3373	469	237	18	4567	2963	-3732
化肥批发	567	52	16	3	535	533	-3005
其他化工产品批发	536	19	25	2	178	-62	122
机械设备、五金交电及电子产品批发	2755	167	395	36	-25	-78	448
农业机械批发	529	20	95	5	33	24	296
汽车、摩托车及零配件批发	1506	110	120	23	51	19	101
五金、交电批发	80	3	46	2	10		-57
其他机械设备及电子产品批发	641	34	134	7	-119	-121	108
其他批发	265	6	4	1	342	138	-1676
再生物资回收与批发	72	6			-2	-2	-1199
其他未列明的批发	193		3	1	344	140	-477
按经营形式分组							
独立门店	17660	1380	912	155	6950	4360	33914
连锁总店	1263	21	24	11	445	396	5478
其他	2106	70	98	26	1823	1689	-285
零售业	**27600**	**1276**	**543**	**349**	**4082**	**2888**	**13541**
按登记注册类型分组							
国有企业	3899	235	59	94	932	870	-1171
集体企业	49		1		4		
有限责任公司	6366	420	174	126	334	212	9311
股份有限公司	6547	86	22	47	-145	-145	2282
私营企业	10741	535	288	82	2957	1951	3119
私营独资企业	149	3	7	5	107	67	-143
私营有限责任公司	8515	330	273	75	2552	1883	3193
私营股份有限公司	2077	201	8	1	298	2	70
按国民经济行业分组							
综合零售	13523	609	80	163	443	57	11251
百货零售	12577	605	55	152	376	-7	8135
超级市场零售	946	4	25	11	67	64	3116
食品、饮料及烟草制品专门零售	121	4	5	1	6	6	-962
粮油零售	121	4	5	1	6	6	-962
纺织、服装及日用品专门零售	358	11	12	2	218	129	244
服装零售	115		9	2	130	129	-26
钟表、眼镜零售	243	11	4		88		270
文化、体育用品及器材专门零售	1396	42	45	12	151	141	116
体育用品零售	129	1	5	1	1		3
图书零售	863	31	23	7	26	25	-48

单位:万元

	管理费用	# 税金	# 差旅费	# 工会经费	财务费用	# 利息支出	营业利润
珠宝首饰零售	365	10	16	4	123	116	153
其他文化用品零售	40		1		1		8
医药及医疗器材专门零售	3183	131	78	50	772	676	497
药品零售	3183	131	78	50	772	676	497
汽车、摩托车、燃料及零配件专门零售	3575	257	152	39	1325	922	-268
汽车零售	2916	189	131	32	1138	809	-272
摩托车及零配件零售	90		2		1	1	-3
机动车燃料零售	568	68	19	6	186	112	7
家用电器及电子产品专门零售	4932	169	155	77	1011	803	3010
家用电器零售	2035	111	88	55	628	542	2735
计算机、软件及辅助设备零售	2328	55	59	16	341	265	253
通信设备零售	569	3	7	7	42	-5	23
五金、家具及室内装修材料专门零售	197	17	9	2	117	115	-95
家具零售	197	17	9	2	117	115	-95
无店铺及其他零售	316	37	8	4	40	39	-252
生活用燃料零售	316	37	8	4	40	39	-252
按经营形式分组							
独立门店	21754	1022	379	250	2879	1844	7465
连锁总店	4851	214	148	90	539	466	6074
连锁门店	630	38	15	5	229	229	364
其他	366	2	1	5	434	349	-362
按零售业态分组							
超市	850	33	19	11	128	125	50
大型超市	893		25	7	-34	-36	3077
百货店	10709	408	56	154	133	38	8094
专业店	8463	378	294	131	2541	1992	2726
专卖店	4609	256	141	46	1017	767	-476
购物中心	2077	201	8	1	298	2	70

单位:万元

	利润总额	劳动、失业保险费	养老保险和医疗保险费	住房公积金和住房补贴	本年应付工资总额	本年应付福利费总额	本年应交增值税	全部从业人员年平均数(人)
总　计	**69007**	**688**	**5673**	**2777**	**33141**	**1968**	**28489**	**13468**
批发业	**49100**	**386**	**2791**	**2077**	**13492**	**1220**	**16307**	**4448**
按登记注册类型分组								
国有企业	23254	87	847	356	4496	604	5842	986
联营企业	131		193	40	1301		3	587
国有联营企业	131		193	40	1301		3	587
有限责任公司	987	127	208	131	1259	42	2841	654
国有独资公司	109		4	2	18	9	11	8
其他有限责任公司	1096	127	205	130	1242	32	2830	646
股份有限公司	18736	10	1128	1530	3388	477	4542	653
私营企业	5992	161	414	20	3048	98	3079	1568
私营独资企业	29	1	5		60	1	4	22
私营有限责任公司	5939	159	389	16	2827	98	2966	1448
私营股份有限公司	24	1	20	4	161		109	98
按国民经济行业分组								
农畜产品批发	36	21	56	9	314			130
种子、饲料批发	36	21	56	9	314			130
食品、饮料及烟草制品批发	22214	48	542	257	3295	405	4530	696
米、面制品及食用油批发	83	5	47	18	179		12	146
糕点、糖果及糖批发	3	1	6	26	1	10	12	
肉、禽、蛋及水产品批发	1303				48	2	6	30
盐及调味品批发	686	3	27	15	168	15	196	29
饮料及茶叶批发	122	4	45	9	235		91	93
烟草制品批发	20017	35	418	216	2639	387	4216	386
纺织、服装及日用品批发	2328		193	40	1465		3	625
纺织品、针织品及原料批发	131		193	40	1301		3	587
服装批发	2197				164			38
文化、体育用品及器材批发	2968	6	81	34	496	70	62	196
文具用品批发	7		2	1	16	2	1	8
图书批发	120	6	78	33	459	65	61	173
其他文化用品批发	2840				22	3		15
矿产品、建材及化工产品批发	21547	161	1649	1722	6265	701	10988	1934
煤炭及制品批发	2352	105	275	139	948	114	2198	394
石油及制品批发	19383	5	1075	1473	3396	313	4756	694
非金属矿及制品批发	-69	1	11	2	45	12	43	19

单位:万元

	利润总额	劳动、失业保险费	养老保险和医疗保险费	住房公积金和住房补贴	本年应付工资总额	本年应付福利费总额	本年应交增值税	全部从业人员年平均数(人)
金属及金属矿批发	-64	39	160	31	1347	73	2401	624
化肥批发	-174	10	108	78	371	183	1340	129
其他化工产品批发	120	2	20		159	6	250	74
机械设备、五金交电及电子产品批发	419	148	256	10	1446	45	722	777
农业机械批发	320	1	11		276	2	128	147
汽车、摩托车及零配件批发	140	5	55	4	653	40	196	348
五金、交电批发	-60	1	2		84	3	65	31
其他机械设备及电子产品批发	19	141	188	6	433		334	251
其他批发	-412	2	15	5	211			90
再生物资回收与批发	21	1	8	5	148			61
其他未列明的批发	-433		7		64			29
按经营形式分组								
独立门店	41953	379	1485	560	8698	864	13813	3233
连锁总店	7017	7	1113	1477	3493	356	2491	628
其他	131		193	40	1301		3	587
零售业	**19907**	**302**	**2882**	**700**	**19649**	**748**	**12182**	**9020**
按登记注册类型分组								
国有企业	57	77	818	248	3346	197	1273	1803
集体企业	-2		3	1	25		14	16
有限责任公司	9404	100	974	230	5573	436	3165	2393
股份有限公司	7149	49	398	179	2396		5981	610
私营企业	3298	76	689	44	8309	115	1749	4198
私营独资企业	-136	1	12		255		34	120
私营有限责任公司	3372	72	672	44	7529	109	1516	3822
私营股份有限公司	62	3	5		525	6	199	256
按国民经济行业分组								
综合零售	16297	126	1283	442	9607	251	8973	3743
百货零售	13169	111	1091	423	6517	251	8862	2354
超级市场零售	3128	15	191	19	3090		111	1389
食品、饮料及烟草制品专门零售	13	1	14	6	89		2	30
粮油零售	13	1	14	6	89		2	30
纺织、服装及日用品专门零售	193	4	46		306	2	59	193
服装零售	-29		37		119		1	108
钟表、眼镜零售	222	1	9		187	2	58	85
文化、体育用品及器材专门零售	99	20	191	68	992	110	396	541
体育用品零售	1	1	13		70		14	49
图书零售	-56	13	122	45	683	87	272	356

8—11 续表 17

单位:万元

	利润总额	劳动、失业保险费	养老保险和医疗保险费	住房公积金和住房补贴	本年应付工资总额	本年应付福利费总额	本年应交增值税	全部从业人员年平均数(人)
珠宝首饰零售	146	5	51	23	197	9	98	103
其他文化用品零售	8	1	5		42	14	11	33
医药及医疗器材专门零售	564	51	492	108	2087	98	1053	1296
药品零售	564	51	492	108	2087	98	1053	1296
汽车、摩托车、燃料及零配件专门零售	-172	44	383	15	2792	172	953	1462
汽车零售	-148	39	289	6	2057	137	601	1142
摩托车及零配件零售	-3	2	16		80	3	32	47
机动车燃料零售	-21	3	77	10	655	33	320	273
家用电器及电子产品专门零售	3080	45	347	15	2867	114	593	1385
家用电器零售	2700	14	123	1	1361	102	209	578
计算机、软件及辅助设备零售	367	27	207	11	1109	10	287	587
通信设备零售	13	4	17	3	397	1	96	220
五金、家具及室内装修材料专门零售	-96	2	14		116	2	45	87
家具零售	-96	2	14		116	2	45	87
无店铺及其他零售	-73	9	113	46	793		109	283
生活用燃料零售	-73	9	113	46	793		109	283
按经营形式分组								
独立门店	13600	223	2051	551	12929	528	11082	5731
连锁总店	6312	76	806	148	6260	220	871	3074
连锁门店	356	1	15	1	249		204	111
其他	-362	2	10		211		26	104
按零售业态分组								
超市	44	25	256	34	894	76	308	679
大型超市	3084	2	47	19	2884		52	1088
百货店	13132	112	1125	442	6117	254	8727	2160
专业店	2706	90	922	142	5702	311	1932	3155
专卖店	879	70	528	64	3527	101	964	1682
购物中心	62	3	5		525	6	199	256

8—12 限额以上住宿和餐饮业经营情况(市区)

(2008 年)

单位:万元

	法人企业(个)	产业活动单位(个)	年末从业人员(个)	营业额				
					客房收入	餐费收入	商品销售收入	其他收入
总　计	**77**	**90**	**10486**	**94367**	**27583**	**58626**	**3591**	**4568**
住宿业	**32**	**37**	**4759**	**39704**	**19840**	**14858**	**1344**	**3662**
按登记注册类型分组								
内资企业	31	36	4502	37511	18510	14044	1344	3613
国有企业	6	9	1393	11638	5762	4232	179	1467
有限责任公司	9	9	1040	11021	5038	3593	777	1612
国有独资公司	1	1	65	638	444	192	1	1
其他有限责任公司	8	8	975	10383	4594	3401	776	1611
股份有限公司		1	485	3792	696	2940	156	
私营企业	16	17	1584	11060	7014	3279	233	534
私营独资企业	3	3	307	2068	720	1325	23	1
私营有限责任公司	13	14	1277	8992	6295	1955	210	533
外商投资企业	1	1	257	2193	1329	815		49
按星级分组								
四星	3	3	800	8803	4341	2092	732	1638
三星	19	21	2635	19585	8988	8917	540	1140
二星	5	5	292	3147	1488	1631	18	10
其他	5	8	1032	8170	5023	2218	55	874
餐饮业	**45**	**53**	**5727**	**54663**	**7743**	**43768**	**2246**	**906**
按登记注册类型分组								
内资企业	44	50	5229	52725	7743	41888	2189	906
国有企业	1	1	65	202	86	96	20	
股份合作企业	1	1	88	558		473	84	1
有限责任公司	4	4	865	8979	2623	6131	196	30
私营企业	38	44	4211	42986	5035	35187	1889	875
私营独资企业	9	12	521	6703	371	6120	200	12
私营合伙企业	1	1	54	831		620	202	9
私营有限责任公司	28	31	3636	35452	4664	28446	1487	854
外商投资企业	1	3	498	1938		1880	58	
外资企业		2	170	1564		1564		
外商投资股份有限公司	1	1	328	374		316	58	
按国民经济行业分组								
正餐服务	43	45	5413	52208	7743	41313	2246	906
快餐服务	2	8	314	2455		2455		
按经营形式分组								
独立门店	44	52	5673	53832	7743	43148	2044	897
连锁总店	1	1	54	831		620	202	9

8—12 续表

单位:万元

	客房数(间)	床位数(个)	餐位数(位)	年末餐饮营业面积(平方米)
总　计	**5414**	**9402**	**30683**	**152160**
住宿业	**4241**	**7489**	**9921**	**46598**
按登记注册类型分组				
内资企业	4069	7217	8941	43798
国有企业	1207	2026	3288	18796
有限责任公司	956	1694	2017	7846
国有独资公司	103	175	150	500
其他有限责任公司	853	1519	1867	7346
股份有限公司	125	230	600	3600
私营企业	1781	3267	3036	13556
私营独资企业	207	406	910	4800
私营有限责任公司	1574	2861	2126	8756
外商投资企业	172	272	980	2800
按星级分组				
四星	620	1025	1680	8250
三星	2019	3699	5451	22390
二星	391	725	1020	2497
其他	1211	2040	1770	13461
餐饮业	**1173**	**1913**	**20762**	**105562**
按登记注册类型分组				
内资企业	1173	1913	19254	95309
国有企业	80	151	326	800
股份合作企业			393	1968
有限责任公司	349	557	2670	15691
私营企业	744	1205	15865	76850
私营独资企业	107	207	3206	14634
私营合伙企业			350	827
私营有限责任公司	637	998	12309	61389
外商投资企业			1508	10253
外资企业			408	1163
外商投资股份有限公司			1100	9090
按国民经济行业分组				
正餐服务	1173	1913	19710	100635
快餐服务			1052	4927
按经营形式分组				
独立门店	1173	1913	20412	104735
连锁总店			350	827

8—13 限额以上住宿和餐饮业法人企业主要财务状况(市区)

(2008 年)

单位:万元

	法人企业(个)	流动资产	# 应收帐款	# 存货	流动资产年平均余额
总 计	**77**	**52664**	**5355**	**5665**	**33227**
住宿业	**32**	**28873**	**2420**	**2842**	**21783**
按登记注册类型分组					
内资企业	31	27971	2251	2634	20244
国有企业	6	17286	505	1162	14076
有限责任公司	9	5353	1083	923	4544
国有独资公司	1	454	87	19	
其他有限责任公司	8	4899	996	904	4544
私营企业	16	5333	663	550	1624
私营独资企业	3	360	66	70	192
私营有限责任公司	13	4973	597	480	1432
外商投资企业	1	902	170	208	1539
中外合作经营企业	1	902	170	208	1539
按星级分组					
四星	3	3951	313	862	4296
三星	19	9335	1761	1060	2769
二星	5	951	151	113	380
其他	5	14636	196	807	14338
餐饮业	**45**	**23791**	**2934**	**2823**	**11445**
按登记注册类型分组					
内资企业	44	23595	2884	2732	11445
国有企业	1	151	3		
股份合作企业	1	488	10	30	486
有限责任公司	4	3224	465	564	1911
私营企业	38	19732	2407	2138	9048
私营独资企业	9	1040	128	269	131
私营合伙企业	1	507	49	9	
私营有限责任公司	28	18185	2230	1860	8917
外商投资企业	1	196	50	91	
按国民经济行业分组					
正餐服务	43	23339	2878	2719	11442
快餐服务	2	452	56	103	3
按经营形式分组					
独立门店	44	23284	2886	2814	11445
连锁总店	1	507	49	9	

8—13 续表 1

单位:万元

	长期投资	固定资产	固定资产原价	累计折旧	# 本年折旧	资产总计	流动负债	长期负债
总　计	**7330**	**91956**	**127368**	**35816**	**6356**	**172011**	**86103**	**33088**
住宿业	**3983**	**57855**	**85609**	**27754**	**4324**	**107295**	**49767**	**23581**
按登记注册类型分组								
内资企业	3983	50736	75640	24904	3579	98616	46031	21154
国有企业	1720	15154	23376	8222	1317	36578	19719	13517
有限责任公司	108	15814	25632	9819	1196	25206	6295	523
国有独资公司		58	230	172		2104	181	
其他有限责任公司	108	15756	25402	9647	1196	23102	6115	523
私营企业	2155	19768	26632	6863	1066	36832	20016	7114
私营独资企业		3026	4902	1876	173	3954	3214	
私营有限责任公司	2155	16742	21730	4988	892	32877	16802	7114
外商投资企业		7119	9970	2851	745	8679	3737	2427
中外合作经营企业		7119	9970	2851	745	8679	3737	2427
按星级分组								
四星	30	16832	26365	9533	1423	22743	4806	2427
三星	78	33693	49712	16019	2153	49278	28332	9524
二星		225	871	646	88	2951	930	
其他	3875	7104	8660	1556	660	32323	15699	11630
餐饮业	**3347**	**34102**	**41759**	**8062**	**2033**	**64717**	**36335**	**9507**
按登记注册类型分组								
内资企业	3347	32239	39885	8050	2021	62659	36184	9487
国有企业		3560	3192	37		3781	957	1044
股份合作企业		49	57	9	9	896	170	
有限责任公司	1700	15115	18890	3775	1223	20068	13106	1500
私营企业	1647	13516	17746	4231	790	37914	21951	6943
私营独资企业	837	2443	3424	981	187	4601	2789	282
私营合伙企业						564	115	149
私营有限责任公司	810	11072	14322	3250	603	32748	19047	6512
外商投资企业		1862	1874	11	11	2058	151	20
按国民经济行业分组								
正餐服务	3347	33747	41337	7994	2013	63902	36199	9507
快餐服务		355	422	68	20	815	137	
按经营形式分组								
独立门店	3347	34102	41759	8062	2033	64153	36220	9358
连锁总店						564	115	149

8—13 续表 2

单位:万元

	负债合计	所有者权益							主营业务收入
			实收资本	国家资本	集体资本	法人资本	个人资本	外商资本	
总　计	**120187**	**51824**	**66565**	**28729**	**1413**	**10171**	**23365**	**2887**	**86855**
住宿业	**73450**	**33845**	**44480**	**24725**	**1283**	**2866**	**13106**	**2500**	**33756**
按登记注册类型分组									
内资企业	67286	31329	40180	24725	1283	1066	13106		31563
国有企业	33237	3342	6447	6447					10345
有限责任公司	6905	18301	20828	18278	1283	1066	201		10545
国有独资公司	268	1837	2262	2262					638
其他有限责任公司	6637	16464	18567	16017	1283	1066	201		9907
私营企业	27145	9687	12905				12905		10673
私营独资企业	3225	730	3678				3678		2068
私营有限责任公司	23920	8957	9227				9227		8605
外商投资企业	6164	2515	4300			1800		2500	2193
中外合作经营企业	6164	2515	4300			1800		2500	2193
按星级分组									
四星	7233	15510	18816	14416		1800	100	2500	8803
三星	37860	11418	20113	7747	1283	766	10317		15509
二星	1028	1923	3018	2562		300	156		2671
其他	27329	4994	2533				2533		6773
餐饮业	**46737**	**17980**	**22085**	**4004**	**130**	**7304**	**10259**	**387**	**53099**
按登记注册类型分组									
内资企业	46566	16093	20198	4004	130	5804	10259		52725
国有企业	2001	1780	1904	1904					202
股份合作企业	170	726	918			480	438		558
有限责任公司	15208	4861	7746	2100	130	5274	242		8979
私营企业	29187	8727	9630			50	9580		42986
私营独资企业	3153	1449	1455				1455		6703
私营合伙企业	264	300	300				300		831
私营有限责任公司	25770	6978	7874			50	7824		35452
外商投资企业	171	1887	1887			1500		387	374
按国民经济行业分组									
正餐服务	46601	17302	21955	4004	130	7304	10129	387	52208
快餐服务	137	678	130				130		891
按经营形式分组									
独立门店	46473	17680	21785	4004	130	7304	9959	387	52268
连锁总店	264	300	300				300		831

8—13 续表 3

单位:万元

	主营业务成本	主营业务税金及附加	主营业务利润	其他业务收入	其他业务利润	营业费用
总计	**36260**	**4880**	**45669**	**435**	**326**	**30187**
住宿业	**9885**	**1794**	**22077**	**293**	**232**	**14488**
按登记注册类型分组						
内资企业	9478	1671	20413	200	148	13692
国有企业	3114	271	6961	45	45	4914
有限责任公司	3245	745	6555	2		4485
国有独资公司	316	35	288			3
其他有限责任公司	2929	710	6267	2		4482
私营企业	3120	655	6898	153	103	4292
私营独资企业	795	112	1161			838
私营有限责任公司	2325	543	5737	153	103	3454
外商投资企业	407	123	1664	94	84	796
中外合作经营企业	407	123	1664	94	84	796
按星级分组						
四星	1840	656	6306	125	112	4942
三星	5167	878	9465	86	82	5703
二星	1136	145	1391	2		663
其他	1742	116	4916	81	38	3181
餐饮业	**26375**	**3086**	**23592**	**142**	**95**	**15699**
按登记注册类型分组						
内资企业	26099	3067	23512	142	95	15699
国有企业	157	9	36	19	19	260
股份合作企业	263	20	276			278
有限责任公司	3566	501	4912	79	48	3792
私营企业	22113	2538	18288	45	27	11368
私营独资企业	3818	465	2421			2143
私营合伙企业	565	50	217			113
私营有限责任公司	17731	2024	15651	45	27	9112
外商投资企业	276	19	79			
按国民经济行业分组						
正餐服务	26004	3029	23129	142	95	15321
快餐服务	371	57	463			378
按经营形式分组						
独立门店	25810	3036	23375	142	95	15585
连锁总店	565	50	217			113

单位:万元

	管理费用	# 税金	# 差旅费	# 工会经费	财务费用	# 利息支出	营业利润
总　计	**15590**	**1071**	**262**	**345**	**2711**	**1789**	**-2493**
住宿业	**8515**	**500**	**63**	**79**	**1078**	**903**	**-1772**
按登记注册类型分组							
内资企业	7295	418	52	69	744	573	-1170
国有企业	2013	145	15	16	19	6	60
有限责任公司	2146	163	12	20	128	123	-204
国有独资公司	290				-1	-1	-4
其他有限责任公司	1856	163	12	20	130	124	-201
私营企业	3137	109	25	33	597	445	-1025
私营独资企业	364	28	8	9	60	54	-102
私营有限责任公司	2773	81	17	24	537	391	-924
外商投资企业	1219	83	11	10	335	329	-602
中外合作经营企业	1219	83	11	10	335	329	-602
按星级分组							
四星	2083	193	17	20	327	318	-933
三星	3718	282	31	44	721	568	-595
二星	708	4	2	8	-1	-2	21
其他	2005	21	13	7	31	19	-265
餐饮业	**7075**	**570**	**199**	**267**	**1633**	**887**	**-721**
按餐饮行业小类分组							
正餐服务	7022	569	199	264	1629	883	-748
快餐服务	54	2		3	5	4	27
按登记注册类型分组							
内资企业	6755	465	179	267	1633	887	-480
国有企业	32						-238
股份合作企业	25		2		1		-27
有限责任公司	1338	159	29	30	631	412	-801
私营企业	5360	307	149	236	1001	475	586
私营独资企业	422	23	10	6	115	108	-259
私营合伙企业	41	23					62
私营有限责任公司	4897	261	139	230	886	368	783
外商投资企业	320	105	20				-241
按经营形式分组							
独立门店	7034	548	199	267	1633	887	-783
连锁总店	41	23					62

8—13 续表 5　　　　单位:万元

	利润总额	劳动、失业保险费	养老保险和医疗保险费	住房公积金和住房补贴	本年应付工资总额	本年应付福利费	全部从业人员年平均数(人)
总　计	**-3423**	**315**	**1237**	**96**	**15702**	**287**	**9596**
住宿业	**-2657**	**55**	**807**	**87**	**6395**	**272**	**4224**
按登记注册类型分组							
内资企业	-2067	54	773	87	5878	272	3967
国有企业	-799	5	115	28	1761	108	1206
有限责任公司	-219	25	390	56	1977	137	1097
国有独资公司	6		23	7	167		65
其他有限责任公司	-225	25	367	49	1810	137	1032
私营企业	-1049	25	267	3	2140	26	1664
私营独资企业	-109	3	35		449	12	287
私营有限责任公司	-940	23	232	3	1691	14	1377
外商投资企业	-590		35		517		257
中外合作经营企业	-590		35		517		257
按星级分组							
四星	-933	15	224	23	1633	128	882
三星	-1487	28	399	41	2978	72	2131
二星	18		80	22	589		347
其他	-254	11	104	1	1195	71	864
餐饮业	**-766**	**260**	**430**	**9**	**9308**	**16**	**5372**
按登记注册类型分组							
内资企业	-525	260	430	9	9079	16	5049
国有企业	-152	1	9		77	4	65
股份合作企业	-27		4		124	2	87
有限责任公司	-798	7	63	4	1831		865
私营企业	452	253	354	5	7046	9	4032
私营独资企业	-287	218	56		673	9	521
私营合伙企业	62				78		54
私营有限责任公司	676	35	298	5	6296		3457
外商投资企业	-241				229		323
按国民经济行业分组							
正餐服务	-793	259	427	9	9081	16	5228
快餐服务	27	1	3		227		144
按经营形式分组							
独立门店	-829	260	430	9	9230	16	5318
连锁总店		62			78		54

8—14 重点商品交易市场成交情况

（2008 年）

	市场个数（个）	# 亿元以上市场	摊位数量（个）	# 亿元以上市场	成交额（万元）	# 亿元以上市场
总　计	**41**	**16**	**14900**	**10811**	**1286398**	**1229604**
按经营环境分						
露天式	6	5	3054	2874	937976	937516
封闭式	35	11	11846	7937	348422	292088
其他						
按经营方式分						
批发	12	8	5058	4166	1125628	1110678
零售	29	8	9842	6645	160770	118926
按市场类别分						
综合市场	4	3	2433	2052	113961	105870
工业消费品综合市场	1	1	479	479	73904	73904
农产品综合市场	3	2	1954	1573	40057	31966
专业市场	37	13	12467	8759	1172437	1123734
生产资料市场	6	5	2344	2022	936428	928334
农业生产用具市场	1	1	137	137	29003	29003
木材市场	1		322		8094	
金属材料市场	3	3	1589	1589	870621	870621
机械设备市场	1	1	296	296	28710	28710
农产品市场	2	1	1171	1100	60329	55620
粮油市场	1		71		4709	
蔬菜市场	1	1	1100	1100	55620	55620
食品、饮料及烟酒市场	1	1	565	565	52820	52820
纺织、服装、鞋帽市场	8	3	5616	4693	48865	44996
服装市场	2		304		1569	
鞋帽市场	1		227		1640	
其他纺织服装鞋帽市场	5	3	5085	4693	45656	44996
电器、通讯器材、电子设备市场	3		425		8595	
通讯器材市场	2		205		1913	
计算机及辅助设备市场	1		220		6682	
家具、五金及装饰材料市场	12	1	1637	104	40085	19689
家具市场	7		631		8954	
装饰材料市场	3		818		9702	
灯具市场	1		84		1740	
其他装修市场	1	1	104	104	19689	19689
汽车、摩托车及零配件市场	2	2	275	275	22275	22275
汽车市场	2	2	275	275	22275	22275
花、鸟、鱼、虫市场	1		200		2000	
花卉市场	1		200		2000	
旧货市场	2		234		1040	
其他旧货市场	2		234		1040	

8—14 续表

	摊位数量（个）	# 亿元以上市场	成交额（万元）	# 亿元以上市场
总　计	**14900**	**10811**	**1286398**	**1229604**
食品、饮料、烟酒类	2749	2524	127002	117518
粮油、食品类	2646	2430	116692	107436
粮油类	74	19	9131	3261
肉禽蛋类	226	211	8036	6835
水产品类	106	96	5715	5528
蔬菜类	1782	1667	64815	62903
干鲜果品类	458	437	28985	28899
饮料类	76	71	9733	9614
烟酒类	27	23	577	468
服装、鞋帽、针纺织品类	5501	4530	73509	67587
服装类	2758	2227	36033	33214
鞋帽类	1210	916	12877	10465
针纺织品类	1533	1387	24599	23908
化妆品类	181	144	3888	3730
金银珠宝类	45	44	402	394
日用品类	871	761	32166	30265
洗涤用品类	84	64	765	653
儿童玩具类	46	40	478	429
五金、电料类	186	128	2096	1768
体育、娱乐用品类	8	8	77	77
书报杂志类	34	32	14097	14093
电子出版物及音像制品类	26	25	321	315
家用电器和音像器材类	49	13	577	202
文化办公用品类	287	64	8042	1323
家具类	575	9	10886	2288
通讯器材类	277	72	2213	300
木材及制品类	145		5119	
化工材料及制品类	41	16	1998	1553
化肥类	13	13	1333	1333
金属材料类	1472	1472	868951	868951
建筑及装潢材料类	1123	71	27988	15144
机电产品及设备类	439	434	72567	72474
农机类	140	136	17189	17105
汽车类	275	275	22275	22275
种子饲料类	33	31	3969	3920
棉麻类	10		89	
其他类	573	158	8166	5427

8—15 利用外资情况

（2008 年）

单位：万美元

	新批项目个数（个）	项目总投资	合同外资	实际利用外资
直接利用外资	**9**	**13678**	**4584**	**3888**
# 中外合资企业	4	4049	555	2224
中外合作企业				50
外商独资企业	5	9629	4029	1614

8—16 进出口贸易总额

（2008 年）

单位：万美元

	合　计
进出口贸易总额	**126986**
出口贸易总额	**87508**
国有企业	39818
集体企业	4116
民营企业	37005
外商投资企业	6569
进口贸易总额	**39478**

8—17 主要出口商品数量

（2008 年）

商品名称	单位	数量
硅　铁	吨	13963
银及制品	千克	97275
四环素及盐	吨	1270
无毛绒	吨	461
轮　胎	条	473106
红霉素	吨	894

8—18 旅　游　情　况

	单位	2008 年	2007 年
接待国内游客总人数	万人次	277.31	246.93
接待国内游客总收入	亿元	21.53	16.49
接待国内游客人均花费额	元	776	668
接待海外旅游者	人次	7937	7371
旅游外汇收入	万美元	224.29	221.45

8—19　批发零售企业按销售额排序

（2008 年）

	销售额排序名次	法人代表
中国石油天然气股份有限公司西北销售宁夏分公司	1	赵　杰
银川嘉利鑫商贸有限公司	2	韩文治
中国石油天然气股份有限公司宁夏银川分公司	3	周建国
银川新华百货商店股份有限公司	4	徐鸣凤
宁夏回族自治区烟草公司银川市分公司	5	杨保仓
宁夏灵武宝塔大古储运有限公司	6	王　剑
银川新华百货东桥家电有限公司	7	马维骐
中国石化销售有限公司西北宁夏分公司	8	韩庆跃
宁夏元嘉电力燃料有限公司	9	楼小明
宁夏驰创贸易有限责任公司	10	阎　杰
银川市新华百货连锁超市有限公司	11	朱建波
银川市龙丰物资贸易有限责任公司	12	刘玉安
宁夏天净互盈国际经贸有限公司	13	张新国
银川新华百货购物中心有限公司	14	戴志青
银川新华百货老大楼有限公司	15	朱风玲
宁夏同基国际贸易有限公司	16	陈　涛
宁夏马斯特（集团）进出口有限公司	17	汪　勇
宁夏圣雪绒国际企业集团有限公司	18	侯羽乾
宁夏宝来源冶金炉料有限公司	19	黄金虎
宁夏和丰汽车贸易有限公司	20	和　波
宁夏中农金合生产资料有限责任公司	21	雍　文
西网（宁夏）进出口贸易有限公司	22	罗海宏
宁夏华源冶金实业有限公司	23	李洪中
宁夏明迈特科工贸有限公司	24	孙　宁
宁夏恒昌顺贸易有限公司	25	马小奇
宁夏国芳百盛购物广场有限公司	26	张国芳
宁夏东盛源汽车销售服务有限公司	27	黄　勇
银川市同济物资有限公司	28	郭润莲
宁夏奥立升汽车销售服务有限公司	29	游海军
宁夏中天小松工程机械有限公司	30	刘学斌

8—20 批发零售企业按零售额排序

（2008年）

	按零售额排序位次	法人代表
银川新华百货商店股份有限公司	1	徐鸣凤
银川市新华百货连锁超市有限公司	2	朱建波
中国石油天然气股份有限公司宁夏银川分公司	3	周建国
银川新华百货东桥家电有限公司	4	马维骐
银川新华百货购物中心有限公司	5	戴志青
银川新华百货老大楼有限公司	6	朱风玲
宁夏国芳百盛购物广场有限公司	7	张国芳
宁夏东辉汽车销售服务有限公司	8	田惠琴
宁夏奥立升汽车销售服务有限公司	9	游海军
宁夏华联商厦有限责任公司	10	张玉芹
宁夏宁北长城汽车专营有限公司	11	曹建光
宁夏金富源汽车销售服务有限公司	12	和　涛
北京华联综合超市股份有限公司银川分公司	13	彭小海
宁夏润众汽车销售服务有限公司	14	杜向荣
宁夏新城医药药材公司	15	杨银娣
中国石化销售有限公司西北宁夏分公司	16	韩庆跃
银川大中电器有限公司	17	张敏智
银川天银汽车销售服务有限公司	18	高顺利
宁夏京胜汽车销售服务有限公司	19	徐广胜
宁夏福利升汽车销售服务有限公司	20	王　兵
宁夏怡通汽车销售服务有限公司	21	徐广胜
银川五宝实业有限公司	22	叶景武
宁夏汽车大世界	23	郭金善
宁夏闽宁医药有限公司	24	刘　鹏
宁夏医药贸易有限责任公司	25	吴小凡
宁夏中信医药有限公司	26	张　丽
宁夏华源耀康医药有限公司	27	王　军
银川国美信远电子有限公司	28	乔燕梅
宁夏午阳中西药有限公司	29	张国权
宁夏林森汽车销售服务有限公司	30	钱　林

8—21 批发零售企业按固定资产原价排序

(2008年)

	固定资产排序位次	法人代表
中国石油天然气股份有限公司宁夏银川分公司	1	周建国
银川市新华百货连锁超市有限公司	2	朱建波
宁夏圣雪绒国际企业集团有限公司	3	侯羽乾
宁夏华联商厦有限责任公司	4	张玉芹
银川新华百货商店股份有限公司	5	徐鸣凤
中国石化销售有限公司西北宁夏分公司	6	韩庆跃
银川新华百货老大楼有限公司	7	朱凤玲
银川新华百货购物中心有限公司	8	戴志青
宁夏回族自治区烟草公司银川市分公司	9	杨保仓
宁夏新禾药品连锁有限公司	10	姚建国
银川昌昊汽车工贸有限责任公司	11	常　元
银川市煤气供热总公司	12	李建斌
银川粮油购销公司	13	赵振远
银川市新华书店	14	沙　青
宁夏大世界实业集团有限公司	15	宋秉忠
宁夏回族自治区新华书店	16	李海舟
银川洁能科技有限公司	17	黄晓枫
灵武市粮油收储公司	18	杨志成
宁夏兰星石油销售公司	19	陈　震
宁夏交通物流产业股份有限公司	20	张　钢
宁夏怡通汽车销售服务有限公司	21	徐广胜
宁夏林业研究所(有限公司)	22	李　建
宁夏奥立升汽车销售服务有限公司	23	游海军
宁夏灵武宝塔大古储运有限公司	24	王　剑
宁夏区糖酒经营公司	25	王树勇
宁夏中农金合生产资料有限责任公司	26	雍　文
银川新田国际贸易有限公司	27	邓凤伟
宁夏电通实业发展有责任公司	28	张建国
宁夏华泰家具有限责任公司	29	徐　建
宁夏明迈特科工贸有限公司	30	孙　宁

8—22 批发零售企业按利润总额排序

（2008 年）

	利润总额排序位次	法人代表
宁夏回族自治区烟草公司银川市分公司	1	杨保仓
中国石油天然气股份有限公司西北销售宁夏分公司	2	赵 杰
银川新华百货商店股份有限公司	3	徐鸣凤
中国石油天然气股份有限公司宁夏银川分公司	4	周建国
银川新华百货老大楼有限公司	5	朱凤玲
宁夏明迈特科工贸有限公司	6	孙 宁
银川市新华百货连锁超市有限公司	7	朱建波
银川新华百货东桥家电有限公司	8	马维骐
西网（宁夏）进出口贸易有限公司	9	罗海宏
银川新华百货购物中心有限公司	10	戴志青
宁夏驰创贸易有限责任公司	11	阎 杰
宁夏马斯特（集团）进出口有限公司	12	汪 勇
宁夏恒源万福冷冻食品有限公司	13	李关坤
中国石化销售有限公司西北宁夏分公司	14	韩庆跃
宁夏回族自治区盐业公司	15	魏成冰
宁夏中农金合生产资料有限责任公司	16	雍 文
宁夏奥立升汽车销售服务有限公司	17	游海军
宁夏东辉汽车销售服务有限公司	18	田惠琴
银川洁能科技有限公司	19	黄晓枫
宁夏电通实业发展有责任公司	20	张建国
银川天银汽车销售服务有限公司	21	高顺利
宁夏经济技术协作开发公司	22	费永忠
宁夏兰星石油销售公司	23	陈 震
银川华夏汽车销售服务有限公司	24	高志领
银川巍雅斯名表眼睛有限公司	25	裴正江
宁夏中天小松工程机械有限公司	26	刘学斌
宁夏润众汽车销售服务有限公司	27	杜向荣
宁夏方泽医药有限公司	28	潘金玲
银川五宝实业有限公司	29	叶景武
银川中建达工程机械有限公司	30	王春霞

8—23 住宿餐饮企业按营业收入排序

（2008 年）

	营业收入排序位次	法人代表
宁夏香渔王子饭店有限责任公司	1	李新华
宁夏虹桥大酒店有限责任公司	2	赵玉玺
宁夏悦海宾馆	3	王照龙
宁夏柏悦酒店有限公司	4	冯国华
宁夏国际饭店有限公司	5	王　强
宁夏沙湖旅游股份有限公司沙湖宾馆	6	王素娥
宁夏宁丰餐饮服务有限公司	7	李新华
宁夏东港火锅超级广场(有限公司)	8	汪清录
银川雪花餐饮娱乐有限公司	9	高寿象
宁夏太阳神大酒店有限公司	10	魏文兴
银川市灿烂阳光餐饮有限公司	11	胡建二
宁夏海悦建国饭店有限公司	12	张学珍
宁夏盛世花园大酒店有限公司	13	阮世忠
宁夏尊园餐饮有限公司	14	张　鹏
宁夏华兴实业有限公司银川世纪大厦	15	李双洲
宁夏凯达酒店管理有限公司	16	胡陈周
宁夏银川仙鹤餐业有限公司	17	袁　兵
宁夏太西百吉大酒店有限公司	18	李新聪
宁夏电力宾馆有限公司	19	王　涛
宁夏金悦餐饮有限公司	20	朱红明
银川东港海逸餐饮有限公司	21	汪清录
百胜餐饮(西安)有限公司宁夏分公司	22	初德政
宁夏长相忆娱乐有限公司	23	马胜方
银川市德隆楼清真餐饮有限公司	24	刘德华
银川绿洲富临香港鲍翅餐饮管理有限公司	25	王秀芳
银川高新区毛家饭店有限公司	26	王雪松
银川市君豪实业有限公司	27	张国良
宁夏天净电力宾馆有限公司	28	赵晓莉
宁夏工会大厦	29	金　伟
银川市长城宾馆有限公司	30	王钦玉

8—24 住宿餐饮企业按客房收入排序

（2008 年）

	客房收入排序位次	法人代表
宁夏悦海宾馆	1	王照龙
宁夏虹桥大酒店有限责任公司	2	赵玉玺
宁夏柏悦酒店有限公司	3	冯国华
宁夏太阳神大酒店有限公司	4	魏文兴
宁夏国际饭店有限公司	5	王　强
宁夏宁丰餐饮服务有限公司	6	李新华
宁夏海悦建国饭店有限公司	7	张学珍
宁夏盛世花园大酒店有限公司	8	阮世忠
宁夏香渔王子饭店有限责任公司	9	李新华
宁夏凯达酒店管理有限公司	10	胡陈周
宁夏华兴实业有限公司银川世纪大厦	11	李双洲
宁夏沙湖旅游股份有限公司沙湖宾馆	12	王景娥
银川绿洲饭店有限责任公司	13	王岩松
银川同福餐饮服务有限公司同福宾馆	14	马　越
银川新华饭店有限公司	15	翟宁成
宁夏长相忆娱乐有限公司	16	马胜方
宁夏电力宾馆有限公司	17	王　涛
宁夏太西百吉大酒店有限公司	18	李新聪
银川市长城宾馆有限公司	19	王钦玉
宁夏工会大厦	20	金　伟
宁夏民航大厦有限公司	21	任兵文
宁夏地德人和酒店有限公司	22	李志海
中国石油宁化宾馆二部	23	黄耀萍
银川宾馆有限公司	24	贾玉兰
银川昊源商贸有限公司	25	马卫国
宁夏元亨大酒店	26	胡宗礼
宁夏隆湖餐饮娱乐有限公司隆湖宾馆	27	王淑华
宁夏瀛海花园酒店(有限公司)	28	范中华
银川鼓楼饭店有限公司	29	郑凤文
宁夏铁路多元发展集团银川铁道宾馆	30	李　英

8—25　商品交易市场按成交额排序

（2008 年）

市场名称	单位（管理机构）名称	成交额排序名次	市场负责人
昆仑建材市场	宁夏昆仑市场发展有限公司	1	党　宾
燕宝钢材市场	宁夏燕宝钢材市场有限公司	2	张　宁
宁夏商都	银川建发集团宁夏商都资产经营公司	3	王宁君
北环蔬菜果品批发市场	银川北环蔬菜果品综合批发市场管理有限公司	4	王宏伟
东环批发市场	银川市环盛商贸有限公司	5	唐月英
西北农资城	银川博源物业服务有限公司	6	苏　平
西部宁夏机电批发市场	宁夏立达物业服务有限公司	7	于晓燕
同心路综合市场	宁夏长城集团物业服务有限公司	8	汤晓娟
建发家世界	银川建发家世界有限责任公司	9	王宁君
温州商城	宁夏温州商城有限公司	10	陈文艺

8—26　商品交易市场按营业面积排序

（2008 年）

	单位（管理机构）名称	营业面积排序名次	市场负责人
国际汽车城	银川通和汽车城有限公司	1	张宝祥
昆仑建材市场	宁夏昆仑市场发展有限公司	2	党　宾
燕宝钢材市场	宁夏燕宝钢材市场有限公司	3	张　宁
燕葆装饰材料市场	宁夏燕葆建材实业有限公司	4	李惠宁
银川商城	银川盛广汇商业经营管理有限公司	5	支绍鑫
银川满春旧货综合市场	银川满春旧货综合市场	6	赵宝林
龙盘市场	银川龙盘市场有限公司	7	邢月华
建发家世界	银川建发家世界有限责任公司	8	王宁君
长城装饰市场	银川长城装饰市场管理委员会	9	黄　娟
宁夏商都	银川建发集团宁夏商都资产经营公司	10	王宁君

8—27　银川市星级宾馆一览表

（2008 年）

	地　址	电　话	星　级
宁夏虹桥大酒店有限责任公司	解放西街 38 号	0951－6918840	★★★★
宁夏凯达大酒店	清和南街 256 号	0951－6021698	★★★★
宁夏太阳神大酒店有限公司	北京东路 123 号	0951－7868888	★★★★
宁夏长相忆娱乐有限公司	玉皇阁北街 120 号	0951－6710668	★★★
宁夏沙湖旅游股份有限公司沙湖宾馆	文化西街 58 号	0951－5069123	★★★
宁夏工会大厦	解放东街 1 号	0951－6037023	★★★
宁夏华兴实业有限公司银川世纪大厦	玉皇阁北街 24 号	0951－6080688	★★★
宁夏宁丰集团有限公司	解放东街 6 号	0951－6090268	★★★
银川建发大自然酒店管理有限责任公司	清和南街 242 号	0951－6037896	★★★
宁夏铁路多元发展集团银川铁路宾馆	怀远东路 550 号	0951－3962118	★★★
宁夏林苑宾馆	南熏西街 88 号	0951－4124816	★★★
宁夏电力宾馆有限公司	长城东路 280 号	0951－4915888	★★★
银川绿洲饭店有限责任公司	解放西街 33 号	0951－5032773	★★★
宁夏盛世花园大酒店有限公司	玉皇阁北街 46 号	0951－6037600	★★★
宁夏太西百吉大酒店有限公司	新华东街 219 号	0951－6970811	★★★
银川凤城旅游服务集团有限公司同福宾馆	新华东街 93 号	0951－6023574	★★★
银川满春大酒店有限公司	丽景街 418 号	0951－3990999	★★★
银川颐恒发展有限公司	兴洲路中段 142 号	0951－3965369	★★★
银川市客运总站（有限公司）荣源大酒店	清和北街 199 号	0951－6045522	★★★
银泉大酒店	胜利北街 23 号	0951－4081688	★★★
宁夏隆湖娱乐有限公司隆湖宾馆	民族北街 160 号	0951－6736118	★★★
宁夏玉皇阁酒店有限公司	玉皇阁北街 8 号	0951－6090680	★★★
银川昊源商贸有限公司	中山南街裕民巷 1－11 号	0951－6021286	★★★
宁夏怡江花园酒店有限公司	北京东路 41 号	0951－5170333	★★★
宁夏长丰实业发展有限公司长丰大酒店	长庆燕鸽胡石油基地	0951－6935000	★★★
燕莎大酒店	银川石油城	0951－6934586	★★★
宁夏天净电力宾馆有限公司	民族南街 208 号	0951－4101788	★★
银川富康大酒店有限公司	中山北街 379 号	0951－6715998	★★
宁夏民航大厦有限公司	胜利北街 87 号	0951－4090007	★★
银川市长城宾馆有限公司	解放西街 388 号	0951－5030778	★★
银川市西夏区兰京宾馆	兴洲路 6 号	0951－3025016	★★
宁夏银川兰天宾馆有限公司	民族北街 34 号	0951－6012881	★★

主要统计指标解释

【社会消费品零售总额】 指国民经济各行业直接售给城乡居民和社会集团的消费品总额，它是反映各行业通过多种商品流通渠道向居民和社会集团供应的生活消费品总量，是研究国内零售市场变动情况、反映经济景气程度的重要指标。

社会消费品零售总额包括：(1)售给城乡居民作为生活用的商品和修建房屋用的建筑材料；(2)售给社会集团的各种办公用品和公用消费品；(3)售给机关、团体、学校、部队、企业、事业单位的职工食堂和旅店（招待所）附设专门供本店旅客食用，不对外营业的食堂的各种食品、燃料；企业单位和国营农场直接售给本单位职工和职工食堂的自己生产的产品；(4)售给部队干部、战士生活用和粮食、副食品、衣着品、日用品、燃料；(5)售给来华的外国人、华侨、港澳台同胞的消费品；(6)居民自费购买的中、西药品、中药材及医疗用品；(7)报社、出版社直接售给居民和社会集团的报纸、图书、杂志，集邮公司出售的新、旧纪念邮票、特种邮票、首日封、集邮册、集邮工具等；(8)旧货寄售商店自购、自销部分的商品；(9)煤气公司、液化石油气站售给居民和社会集团的煤气灶具和罐装液化气石油气；(10)农民售给非农业居民和社会集团的商品。不包括售给国民经济各部门企业、事业单位（包括国有经济的农场）生产经营用的各种原材料、燃料、设备、工具等和售给批发零售贸易业、餐饮业作为转卖用的商品，旧货寄售商店受托寄售卖出的商品，服务业的营业收入，邮局出售邮票的收入，自来水、电力、煤气生产（供应）单位的产品供应收入，也不包括农民之间的商品销售。

【商品购进总额】 指从本企业（单位）以外的单位和个人购进（包括从境外直接进口）作为转卖或加工后转卖的商品总额，它反映批发零售贸易业从国内、国外市场上购进商品的总量。商品购进总额包括：(1)从工农业生产者购进的商品；(2)从出版社、报社的出版发行部门购进的图书、杂志和报纸；(3)从各种登记注册类型的批发零售贸易企业（单位）购进的商品；(4)从其他单位购进的商品，如从机关、团体、企业等单位购进的剩余物资，从餐饮业、服务业购进的商品，从海关、市场管理部门购进的缉私和没收的商品，从居民手中收购的废旧商品等；(5)从国（境）外直接进口的商品。不包括企业（单位）为自身经营用和未通过买卖行为而收入的商品以及销售退回、商品升溢等。

【商品销售总额】 指对本企业（单位）以外的单位和个人售出（包括对外境直接出口）的商品总额。它反映批发零售贸易业在国内市场上销售商品以及出口商品的总量。商品销售总额包括：(1)售给城乡居民和社会集团消费用的商品；(2)售给工业、农业、建筑业、运输邮电业、批发零售贸易业、餐饮业、服务业等作为生产、经营使用的商品；(3)售给批发零售贸易业作为转卖或加工后转卖的商品；(4)对国（境）外直接出口的商品。不包括出售本企业（单位）自用的废旧包装用品；未通过买卖行为付出的商品；经本单位介绍，由买卖双方直接结算，本单位只收取手续费的业务；购货退出的商品以及商品损耗和损失等。

【住宿和餐饮业营业额】 指住宿和餐饮业法人企业、产业活动单位在经营活动中因提供服务或销售商品等取得的收入。包括：客房收入、餐费收入、商品销售收入和其他收入。

【年末住宿和餐饮企业拥有床位数】 指宾馆、饭店、酒店、旅馆等供应旅客使用的床位数，不包括临时加的床位和宾馆、饭店、酒店、旅馆等内部工作人员使用的床位。该指标按年内正常情况下的实有数统计。

【年末住宿和餐饮企业拥有餐位数】 指住宿和餐饮业法人企业、产业活动单位为顾客提供就餐服务时，正常可同时容纳就餐人员的餐位数量，不包括临时加的餐位。该指标按年内正常情况下的实有数统计。

【年末餐饮营业面积】 指住宿和餐饮业法人企业、产业活动单位对外提供就餐服务的门店建筑面积和从事食品加工、烹饪、调制的厨房面积，不包括办公用房和仓库等面积。该指标按年末实有面积统计。

【进出口总额】 海关进出口总额指实际进出我国国境的货物总金额。包括对外贸易实际进出口货样。来料加工装配进出口货物，国家间、联合国及国际组织无偿援助物资和赠送品，华侨、港澳台同胞和外籍华人捐赠品，租赁期满归承租人所有的租赁货物。进料加工进出口货物。边境地方贸易及边境地区小额贸易进出口货物（边民互市贸易除外），中外合资企业、中外合作经营企业、外商独资经营企业进出口货物和公用物品，到、离岸价格在规定限额以上进出口货物和广告品（无商业价值、无使用价值和免费提供出口的除外），从保税仓库提取在中国境内销售的进口货物，以及其他进出口货物。进出口总额用以观察一个国家在对外贸易方面的总规模，我国规定出口货物按离岸价格统计，进口货物按到岸价格统计。

利用外资，指我国各级政府、部门、企业和其他经济组织通过对外借款、吸收外商直接投资以及用其他方式筹措的境外现汇、设备、技术等。

九、财政、金融和保险

9—1　主要年份地方财政收支情况

单位:万元

年份	地方财政收入	# 市区	地方财政支出	# 市区	# 基本建设支出	# 农业支出	# 文教科学卫生
1951	201	79	39	23	4		
1952	307	159	92	67	16		
1953	452	307	243	88	7	1	70
1954	850	604	337	181	91	2	79
1955	607	326	225	83	14	4	66
1956	584	341	409	198	54	5	172
1957	730	422	392	176	33	7	158
1958	773	721	1040	652	694	6	139
1959	1356	1242	1349	929	785	36	234
1960	2100	1576	2571	1761	1618	73	382
1961	1007	903	1631	876	638	113	343
1962	970	843	1194	759	439	26	319
1963	1145	982	1387	858	541	62	288
1964	1457	1108	1904	1244	871	84	499
1965	1580	1175	1641	1027	636	83	557
1966	1935	1501	1930	1207	742	83	578
1967	1434	1101	1520	892	651	42	461
1968	1260	913	1455	941	664	27	435
1969	2198	1782	1932	1298	1043	13	520
1970	2827	2381	2294	1430	1234	34	568
1971	3277	2798	2837	1527	1095	48	625
1972	3886	3265	3069	1873	975	80	709
1973	4449	3657	3451	2163	837	118	756
1974	4574	3655	3885	2507	1211	153	834
1975	5467	4308	4324	2410	1200	191	901
1976	5333	4037	5214	2528	1993	158	993
1977	5522	4057	5257	2776	1682	188	1035

9—1 续表

单位:万元

年份	地方财政收　入	# 市区	地方财政支　出	# 市区	# 基本建设支出	# 农业支出	# 文教科学卫生
1978	7254	5413	6833	3915	2317	202	1360
1979	7117	5441	8272	4688	2337	1955	1524
1980	3881	2396	6669	3411	276	1932	1637
1981	3160	1671	5153	2416	217	1070	1841
1982	3958	2271	7478	4221	501	1052	2662
1983	4087	2554	9219	5669	723	1335	2746
1984	5833	4080	12048	7390	809	1199	3266
1985	13171	10544	12223	6974	744	1472	3583
1986	14056	11251	17413	10993	1242	1513	4599
1987	15941	12815	15306	8986	368	1578	4323
1988	18850	15133	18230	10862	436	2023	5009
1989	21277	17458	21238	13674	470	2425	5716
1990	22965	19173	22367	14382	453	2315	6251
1991	26391	22130	26179	18147	493	1680	6666
1992	24737	19790	25198	16805	641	2136	7574
1993	31260	24223	31211	19732	866	2614	8368
1994	19598	14899	33718	21292	797	1878	11201
1995	26402	20868	42954	28799	1641	1673	12350
1996	42468	32474	51499	35104	2487	2279	13978
1997	54396	41935	66118	45690	2297	3099	14348
1998	74720	61745	85335	63941	2360	3394	16299
1999	80515	66323	90549	67040	2694	3369	17622
2000	94989	79183	123786	91481	16031	3416	23139
2001	123089	103303	163850	118290	25296	3530	30230
2002	133234	112189	202666	147863	36049	4689	36612
2003	160561	137437	234359	177796	29063	9665	40173
2004	194609	162362	284863	215923	30969	12876	45289
2005	249307	210424	343573	254325	35907	14021	54949
2006	299372	244279	431830	306971	47976	16419	71617
2007	539726	389012	744479	499537			
2008	646674	467143	926417	613012			

9—2 地方财政收入

（2008 年）

单位：万元

	合计	市区	永宁县	贺兰县	灵武市
本年收入总计	**646674**	**467143**	**26400**	**81566**	**71565**
一般预算收入	**358110**	**270820**	**20080**	**23145**	**44065**
税收收入	316141	243177	15248	19095	38621
增值税	38544	26324	5233	2775	4212
营业税	154983	120974	4993	8449	20567
企业所得税	20178	18492	500	512	674
企业所得税退款	－108	－108			
个人所得税	11249	9887	515	242	605
资源税	2739	328		5	2406
城市维护建设税	27737	20174	1281	913	5369
房产税	7163	5606	423	344	790
印花税	6627	5334	291	344	658
城镇土地使用税	16704	10727	1393	2933	1651
土地增值税	6002	5593	143	196	70
车船税	1869	1458	29	252	130
耕地占用税	110			1	109
契税	22344	18388	447	2129	1380
非税收入	41969	27643	4832	4050	5444
专项收入	15585	10807	1746	568	2464
行政事业性收费收入	11776	7950	691	1547	1588
罚没收入	7641	3934	1229	1338	1140
国有资本经营收入	1513	15	1116	365	17
国有资源(资产)有偿使用收入	1594	1241	50	68	235
其他收入	3860	3696		164	
基金预算收入	**288564**	**196323**	**6320**	**58421**	**27500**
政府性基金收入	288564	196323	6320	58421	27500

9—3 地方财政支出

（2008 年） 单位:万元

	合计	市区	永宁县	贺兰县	灵武市
本年支出总计	**926417**	**613012**	**71547**	**126483**	**115375**
一般预算支出	**630430**	**410204**	**63239**	**64768**	**92219**
一般公共服务	72679	44946	6427	10058	11248
国防	436	307			129
公共安全	41245	31143	3739	3718	2645
教育	106048	60378	12872	15910	16888
科学技术	6318	3280	1106	774	1158
文化体育与传媒	9889	7096	489	750	1554
社会保障和就业	61816	46010	3569	3885	8352
医疗卫生	32155	19112	4383	3730	4930
环境保护	15834	8766	3337	1866	1865
城乡社区事务	132405	98245	9022	7213	17925
农林水事务	43321	19583		11402	12336
交通运输	4719	1066	1063	788	1802
工业商业金融等事务	38019	27621	2283	2985	5130
其他支出	55109	42651	4512	1689	6257
基金预算支出	**295987**	**202808**	**8308**	**61715**	**23156**
一般公共服务	717	388	73	191	65
教育	2709	1717	741	83	168
文化体育与传媒	58	9	4	45	
社会保障和就业	1057	876	74	66	41
城乡社区事务	281950	193398	6661	60433	21458
农林水事务	5329	3071	255	789	1214
交通运输	607	67	228	102	210
工业商业金融等事务	2205	1933	272		
其他支出	1355	1349		6	

9—4 主要年份金融机构存、贷款余额

单位:万元

年份	各项存款余额	# 国家银行	# 居民储蓄	各项贷款余额	# 国家银行	# 工业贷款	# 商业贷款	# 农业贷款
1951	27	27	8	13	13		2	7
1952	51	51	12	25	25		2	10
1953	92	92	19	39	39	2	5	21
1954	1137	1137	135	1092	1092	28	43	19
1955	2256	2256	155	2605	2605	80	1213	29
1956	2525	2525	248	2966	2966	50	569	178
1957	3282	3282	355	3523	3523	10	426	118
1958	5898	5898	413	6088	6088	225	1700	49
1959	19157	19157	625	19480	19480	1548	4528	89
1960	31169	31169	757	31608	31608	3248	2093	167
1961	18809	18809	752	19481	19481	2002	8101	178
1962	12994	12994	936	13213	13213	883	633	536
1963	9310	9310	670	10824	10824	538	1767	520
1964	8908	8908	892	9326	9326	456	2294	404
1965	13077	13077	1009	13907	13907	256	3375	438
1966	21340	21340	1195	20958	20958	415	6076	966
1967	23802	23802	1291	24300	24300	489	6405	804
1968	21700	21700	1361	22263	22263	679	6991	633
1969	26827	26827	1333	27592	27592	848	7299	577
1970	26021	26021	1455	27210	27210	2461	10592	563
1971	29952	29952	1723	30038	30038	5528	13362	751
1972	26818	26818	2025	27003	27003	4970	12852	379
1973	29112	29112	2303	28643	28643	2019	13350	354
1974	28487	28487	2575	28972	28972	4309	12420	337
1975	36203	36203	2774	36696	36696	3864	14235	445
1976	37683	37683	2957	38506	38506	4596	12950	642
1977	41410	41410	3383	42337	42337	4041	14454	759

9—4 续表

单位:万元

年份	各项存款余额	# 国家银行	# 居民储蓄	各项贷款余额	# 国家银行	# 工业贷款	# 商业贷款	# 农业贷款
1978	49659	49659	3903	50310	50310	3802	17152	934
1979	50928	50928	5135	50453	50453	4044	17681	1131
1980	83659	83659	6734	83659	83659	6700	16611	908
1981	98680	98680	8862	99103	99103	7519	20505	758
1982	71523	71523	11802	72742	72742	6803	22173	676
1983	107439	107439	15814	106354	106354	8699	20620	464
1984	148583	148583	23568	149627	149627	12361	24332	4228
1985	95110	95110	30382	98640	98640	26876	40067	4992
1986	115343	115343	42416	126374	126374	36572	46583	6282
1987	128112	128112	57368	170829	170829	47666	55486	8961
1988	149310	149310	71642	224608	224608	62190	79357	8570
1989	180472	180472	93624	257532	257532	78071	89926	11639
1990	225386	225386	122634	311791	311791	108775	100529	12956
1991	281564	281564	154230	399997	399997	131676	107238	13563
1992	345822	345822	186737	468094	468094	156467	128217	13913
1993	416441	416441	236156	570809	570809	184433	151318	15877
1994	674904	549733	362184	796435	690839	205252	168235	26422
1995	863818	708656	493414	900108	782052	233542	175200	23903
1996	1097742	933259	628206	1051645	931411	294426	239680	27268
1997	1242053	1091149	714143	1201302	1032897	328032	275001	33885
1998	1389316	1215715	813962	1310574	1164919	335518	290594	42587
1999	1903393	1642217	913344	1848119	1655668	377651	433091	46311
2000	2232318	1885173	998236	2053071	1774688	362999	373399	49141
2001	2813614	2319854	1239655	2353019	1970644	405628	315090	75352
2002	3583910	2666719	1548067	2854180	2177933	407808	283762	136569
2003	4641305	3069964	1930771	3724738	2543640	458811	262614	218000
2004	5139463	3455615	2188016	4013796	2840865	496620	267837	261023
2005	6126851	4200698	2649514	5517095	4152282	456304	308036	331312
2006	7182299		3063847	6612150		450296	336665	356859
2007	8096592		3264143	7960248		669992	371927	390264
2008	9939064		4231523	9650819		1172224	292573	330976

9—5 金融机构年末存、贷款余额

（2008 年）

单位：万元

	合计	市区	永宁县	贺兰县	灵武市
年末各项存款余额	**9939064**	**8942144**	**270692**	**228078**	**498150**
企业存款	3177419	3013770	16898	29256	117495
财政存款	1108428	1047755	10841	11276	38556
机关团体存款	499127	486085	4199	2844	5999
储蓄存款	4231523	3558120	209520	165126	298757
# 定期储蓄	2491858	2115362	144682	96560	135254
农业存款	224731	201785	6751	8445	7750
信托存款	564	564			
委托存款	26516	26374	104	36	2
其他存款	670756	607690	22380	11096	29590
年末各项贷款余额	**9650819**	**8629304**	**281986**	**110732**	**628797**
短期贷款	2917370	2248316	209272	65762	394020
工业贷款	1172224	977241	31638	4150	159195
商业贷款	292573	254206	16814	11880	9673
建筑业贷款	37631	33948		2060	1623
农业贷款	330976	57669	129179	32156	111972
三资企业贷款	5250	5250			
私营企业及个体贷款	162912	136716	7687	4391	14118
其他短期贷款	915804	783286	23954	11125	97439
# 个人短期消费贷款	29046	23382	1176	3551	937
中长期贷款	6289350	5937918	72714	44791	233927
基本建设贷款	3963137	3798917	23400		140820
技术改造贷款	7340	6540			800
其他中长期贷款	2318873	2132461	49314	44791	92307
# 个人中长期消费贷款	489631	470076	3332	6214	10009
融资租赁	17	17			
委托贷款	500	500			
票据融资	439779	438929			850
各项垫款	3803	3623		180	

9—6 金融机构现金收支情况

（2008 年）

单位:万元

	合计	市区	永宁县	贺兰县	灵武市
现金收入总计	**18664965**	**15491707**	**700423**	**717670**	**1755165**
商品销售收入	2079598	1713614	45671	64559	255754
服务业收入	537387	436475	13084	32523	55305
税款收入	94963	80691	3107	281	10884
城乡个体经营收入	648606	619453	1553	16767	10833
储蓄存款收入	13105332	10724899	530278	511014	1339141
其他金融机构收入	12846	12481	11	44	310
居民归还贷款收入	547126	378126	71178	35664	62158
汇兑收入	133810	133626	4		180
有价证券收入	19863	18405	899		559
其他收入	1485434	1373934	34639	56819	20042
现金支出总计	**18190604**	**15002348**	**647667**	**713657**	**1826932**
工资支出	802950	668206	16057	28863	89824
农副产品采购支出	184345	128998	5719	22853	26775
工矿及其他产品采购支出	220523	116764	2105	328	101326
行政企事业管理费支出	504014	452638	8075	23643	19658
城乡个体经营支出	582065	557601	3429	19298	1737
储蓄存款支出	14403113	11661383	583059	582763	1575908
其他金融机构支出	21748	17620	1	13	4114
居民提取贷款支出	32904	29072	3428	3	401
汇兑支出	6746	6744	2		
有价证券支出	40503	40494		9	
其他支出	1391694	1322828	25793	35884	7189
货币投放(＋)、回笼(—)	**－474361**	**－489359**	**－52756**	**－4013**	**71767**

9—7 政策性银行年末存、贷款余额

（2008 年）

单位：万元

	合计	市区	永宁县	贺兰县	灵武市
年末各项存款余额	**241884**	**199064**	**4888**	**1915**	**36017**
企业存款	232780	224413	2418	1832	4117
其他存款	9104	－23039	2470	83	29590
年末各项贷款余额	**2866028**	**2691053**	**69124**	**10458**	**95393**
短期贷款	387568	275513	38114	2758	71183
商业贷款	110378	83993	16314	2038	8033
其他短期贷款	277190	191520	21800	720	63150
中长期贷款	2478460	2415540	31010	7700	24210
基本建设贷款	1649089	1649089			
其他中长期贷款	829371	766451	31010	7700	24210

9—8 国有商业银行年末存、贷款余额

（2008 年）

单位：万元

	合计	市区	永宁县	贺兰县	灵武市
年末各项存款余额	**5232733**	**4737926**	**109761**	**113737**	**271309**
企业存款	1991192	1855735	14472	24102	96883
机关团体存款	238296	226917	4199	1181	5999
储蓄存款	2605362	2286422	82025	87000	149915
# 定期储蓄	1461001	1328770	44565	34794	52872
农业存款	5438	4565	18	93	762
其他存款	392445	364288	9047	1361	17749
年末各项贷款余额	**4474062**	**4013396**	**73451**	**17411**	**369804**
短期贷款	1202746	1001986	33771	3973	163016
工业贷款	968494	810621	31638	1060	125175
商业贷款	46148	44798	500	350	500
建筑业贷款	13407	11984			1423
农业贷款	6199	1624		1665	2910
三资企业贷款	5000	5000			
私营企业及个体贷款	9549	4379	486	138	4546
其他短期贷款	153949	123580	1147	760	28462
# 个人短期消费贷款	8193	6420	1147	41	585
中长期贷款	3084301	2825194	39680	13438	205989
基本建设贷款	2150632	1986412	23400		140820
技术改造贷款	7340	6540			800
其他中长期贷款	926329	842142	16280	3538	64369
# 个人中长期消费贷款	398917	383188	3332	2479	9918
票据融资	185624	184825			799
各项垫款	1391	1391			

9—9　地方中小金融机构年末存、贷款余额

（2008 年）　　　　单位:万元

	合计	市区	永宁县	贺兰县	灵武市
年末各项存款余额	**2825691**	**2435377**	**124114**	**99945**	**166255**
企业存款	798304	777300	7	4502	16495
储蓄存款	1297317	979101	107058	78994	132164
# 定期储蓄	809552	601321	86659	49477	72095
农业存款	219293	197864	6706	7735	6988
其他存款	250110	221958	10343	7201	10608
年末各项贷款余额	**2159585**	**1764936**	**141107**	**90579**	**162963**
短期贷款	1204332	850247	139079	55822	159184
工业贷款	123929	88339		1570	34020
商业贷款	131246	123554		6552	1140
建筑业贷款	22724	21024		1500	200
农业贷款	323871	52120	131412	31482	108857
三资企业贷款	250	250			
私营企业及个体贷款	141990	121985	6690	4012	9303
其他短期贷款	453298	435951	977	10706	5664
# 个人短期消费贷款	19986	15295		4502	189
中长期贷款	699616	659321	2028	34539	3728
基本建设贷款	163416	163416			
其他中长期贷款	536200	495905	2028	34539	3728
# 个人中长期消费贷款	85180	80404		4685	91
票据融资	253225	253174			51
各项垫款	2412	2194		218	

9—10 保险业务情况

（2008 年）

单位:万元

	保费收入	赔款支出
总　　计	**180708.95**	**47634.04**
一、财产险	**49424.59**	**27178.57**
企业财产险	4976.08	1973.50
家庭财产险	48.48	16.66
责任险	1017.15	258.26
机动车辆险	40454.63	23732.34
货物运输险	884.90	247.31
工程险	1051.49	755.96
农业险	934.16	187.08
其他险	57.70	7.46
二、人身险	**131284.36**	**20455.47**
人寿险	107735.76	14916.56
意外伤害险	4827.88	1025.78
健康险	18720.72	4513.13

主要统计指标解释

【地方财政收入】 是地方通过财政各个环节筹集的财政资金的总称,它是保证地方行使其职能不可缺少的部分。包括地方一般预算收入和基金预算收入。

地方一般预算收入主要包括各项税收(主要有增值税、营业税、企业所得税、个人所得税、城市维护建设税、房产税、印花税、城镇土地使用税、土地增值税、资源税等)、专项收入(包括排污费、城市水资源费、教育费附加收入等)、国有资产收益、罚没收入和纳入预算管理的行政性收费以及其他预算内收入。

基金预算收入是国家为满足某一时期特定需要的收入形式,主要包括:工业交通部门基金收入、地方财政税费附加收入等。

【地方财政支出】 是地方政府为行使其职能,对筹集的财政资金进行有计划的分配使用的总称。地方财政支出体现政府的活动范围和方向,反映财政资金的分配关系。地方财政支出主要包括基本建设支出、企业挖潜改造资金、科技三项费、农业支出、林业支出、水利和气象支出、工交文体事业费、教育支出、科学支出、卫生经费、社会保障支出、行政管理费、公检法司支出、专项支出、政策性补贴支出等。

【存款】 企业、机关、团体或居民根据可以收回的原则,把货币资金存入银行或其他信用机构保管并取得一定利息的一种信用活动形式。根据存款对象的不同可划分为企业存款、财政存款、机关团体存款、城乡居民储蓄存款等科目。它是银行信贷资金的主要来源。

【贷款】 银行或其他信用机构根据必须归还的原则,按一定利率,为企业、个人等提供资金的一种信用活动形式。我国银行贷款分流动资金贷款、中短期设备贷款以及农户贷款等科目。

【现金投放】 "现金回笼"的对称。中央银行在一定时期内,根据国家批准计划,而投入流动领域的现钞。它是国家银行据市场现金流通状况,有计划地通过工资发放、商品采购、贷款等渠道,将现金投入市场。

【现金回笼】 "现金投放"的对称。它是中央银行在一定时期内,吸回流通中的现钞。它是国家银行根据市场现金流通状况,有计划通过出售商品、提供劳务、吸收储蓄、收回贷款,向居民个人征收税款,组织市场多余现金,流回国家银行。

【保费收入】 保险费收入指投保人或被保险人为获得保险保障而付给保险人的代价。储金收入指投保人为取得经济保障而存入保险公司的存款,保险期满,保险公司连同部分利息退还投保人。

【赔款支出】 赔款指财产保险在被保险财产发生保险合同规定的损失后,保险公司按实际损失给予的经济补偿金额。给付指人身保险在保险责任发生的意外伤害或事故及返还性保险期满,保险公司给保险人支付的款项。

【保险金额】 指保险对象的投保价值,也是保险承担经济补偿或给付的最高金额。

十、人民生活和物价

10—1　主要年份城市居民收支及价格指数情况

年份	城市居民人均可支配收入（元）	城市居民人均消费性支出（元）	# 食品	居民消费价格总指数（%）	# 服务项目价格指数	商品零售价格指数（%）
1949	118.64	110.96	66.69			
1950	136.13	135.94	81.70			
1951	156.15	166.52	100.09	123.7		113.3
1952	179.24	204.02	122.63	106.7		102.6
1953	187.00	205.38	123.28	104.7		102.8
1954	195.04	206.70	123.90	101.4		102.1
1955	203.43	208.05	124.52	100.7		101.2
1956	212.18	209.44	125.14	100.1		100.2
1957	221.56	211.09	125.92	102.5		101.5
1958	222.31	210.03	126.10	102.4		101.7
1959	222.97	209.52	126.22	102.9		102.0
1960	223.64	209.74	126.35	104.3		104.4
1961	224.31	210.79	126.48	120.2		120.6
1962	224.99	212.85	126.60	95.1		95.3
1963	226.08	216.48	126.99	88.9		89.1
1964	233.73	218.25	128.03	94.9		95.7
1965	263.90	235.81	134.47	97.7		97.5
1966	268.74	238.59	137.16	98.2		98.1
1967	273.58	241.75	139.90	102.5		102.5
1968	278.50	245.26	142.70	101.3		101.3
1969	283.51	249.08	145.55	102.5		102.5
1970	288.62	253.26	148.47	100.8		100.8
1971	293.81	257.74	151.44	99.8		99.7
1972	299.10	262.50	154.46	100.4		100.4
1973	304.49	267.59	157.55	100.3		100.3
1974	309.97	272.97	160.70	100.4		100.4
1975	315.55	278.65	163.92	100.6		100.7
1976	321.23	284.62	167.20	100.9		101.1
1977	327.01	291.24	171.11	108.2		108.4

10—1 续表

年份	城市居民人均可支配收入（元）	城市居民人均消费性支出（元）	# 食品	居民消费价格总指数（%）	# 服务项目价格指数	商品零售价格指数（%）
1978	346.08	306.12	179.85	100.6	100.0	100.7
1979	369.49	314.13	188.59	101.2	100.1	101.3
1980	488.18	403.32	220.80	106.5	105.0	106.5
1981	485.01	422.90	222.02	101.7	103.2	101.6
1982	501.36	448.07	237.12	101.2	102.6	101.1
1983	550.00	477.46	262.82	101.8	98.5	101.7
1984	672.43	583.30	318.98	103.8	101.9	103.8
1985	815.45	703.41	337.09	108.9	112.3	108.6
1986	972.44	830.82	385.10	107.3	109.8	107.1
1987	1050.51	916.73	451.60	110.1	100.7	111.0
1988	1170.23	1177.16	552.03	117.2	107.6	118.1
1989	1298.92	1241.06	658.96	115.8	105.6	116.7
1990	1580.72	1432.67	758.20	106.3	145.3	102.9
1991	1708.50	1490.00	736.40	106.0	113.3	105.3
1992	1961.60	1683.80	776.40	109.7	117.1	108.9
1993	2326.00	2159.50	908.90	116.7	140.3	113.9
1994	3410.40	3036.10	1332.40	124.3	115.9	119.1
1995	3931.70	3540.50	1563.00	117.3	120.3	114.7
1996	4252.07	3684.99	1639.87	107.0	107.7	106.2
1997	4471.08	4016.61	1713.70	104.1	114.1	102.2
1998	4821.05	4398.48	1715.20	100.2	117.7	97.1
1999	5167.67	4484.40	1625.52	100.1	105.5	98.7
2000	5621.51	5369.05	1833.56	99.2	107.6	97.7
2001	6256.61	5507.79	1857.73	101.4	109.6	100.6
2002	6845.28	5979.36	2133.24	99.5	103.9	98.7
2003	7245.32	6093.01	2215.83	101.7	104.5	99.8
2004	7984.33	6728.85	2514.56	103.2	102.9	102.0
2005	8852.42	7311.38	2614.73	101.7	102.9	100.6
2006	10067.76	8288.47	2869.47	101.6	101.9	101.2
2007	12185.47	9176.42	3329.29	105.3	102.1	103.6
2008	14458	11455	4053	107.6	101.5	105.9

10—2 城市居民家庭就业情况

（2008 年）

	单位	总平均	最低收入组	#更低收入组	低收入组	较低收入组
调查户数	户	300.00	29.42	15.08	30.50	58.75
家庭人口	人/户	2.70	3.53	3.63	2.88	2.90
有收入者人数	人/户	1.79	1.40	1.34	1.63	1.81
就业人口数	人/户	1.25	0.86	0.67	1.17	1.35
国有经济单位职工人数	人/户	0.47	0.11	0.07	0.16	0.33
城镇集体经济单位职工人数	人/户					0.01
其他各种经济类型单位职工人数	人/户	0.21	0.03		0.30	0.25
城镇个体经营者人员数	人/户	0.24	0.13	0.03	0.22	0.37
城镇个体被雇者人员数	人/户	0.29	0.50	0.40	0.48	0.34
离退休再就业者人员数	人/户	0.02			0.02	0.04
其他就业人员数	人/户	0.01	0.09	0.18		0.02
离退休人数	人/户	0.46	0.20	0.13	0.30	0.36
其他有收入者人数	人/户	0.09	0.34	0.54	0.16	0.09
无收入者人数	人/户	0.91	2.07	2.28	1.29	1.13
在外就学人数	人/户	0.06			0.04	0.09
非家庭人口在家用餐人次数	人次/户	6.92	8.69	7.48	6.56	5.79
家庭人口在外用餐	人次/户	34.03	26.80	21.76	27.64	35.34

	单位	中间收入组	较高收入组	高收入组	最高收入组	#更高收入组
调查户数	户	59.92	61.92	30.58	28.92	13.92
家庭人口	人/户	2.64	2.52	2.53	1.90	1.87
有收入者人数	人/户	1.90	1.88	1.98	1.75	1.80
就业人口数	人/户	1.41	1.38	1.31	0.83	0.97
国有经济单位职工人数	人/户	0.35	0.87	0.78	0.56	0.75
城镇集体经济单位职工人数	人/户					
其他各种经济类型单位职工人数	人/户	0.29	0.15	0.30	0.07	
城镇个体经营者人员数	人/户	0.31	0.17	0.21	0.16	0.14
城镇个体被雇者人员数	人/户	0.46	0.16	0.01	0.01	
离退休再就业者人员数	人/户		0.03	0.01	0.03	0.07
其他就业人员数	人/户					
离退休人数	人/户	0.46	0.45	0.63	0.90	0.83
其他有收入者人数	人/户	0.03	0.04	0.04	0.01	
无收入者人数	人/户	0.77	0.66	0.53	0.10	0.01
在外就学人数	人/户	0.02	0.05	0.03	0.22	0.37
非家庭人口在家用餐人次数	人次/户	6.88	6.95	7.93	6.78	5.75
家庭人口在外用餐	人次/户	33.23	37.56	42.68	30.45	28.98

10—3　城市居民家庭年末主要消费品拥有情况

（2008 年）

	单位	总平均	最低收入组	#更低收入组	低收入组	较低收入组
摩托车	辆	6.31	3.13		6.25	7.94
助力车	辆	11.36	9.38		15.63	11.11
家用汽车	辆	2.52				3.17
洗衣机	台	91.80	87.50	87.50	90.63	88.89
电冰箱	台	87.70	65.63	50.00	84.38	80.95
彩色电视机	台	104.10	100.00	100.00	103.13	103.17
家用电脑	台	41.96	18.75	6.25	15.63	25.40
组合音响	套	16.40	12.50		12.50	11.11
摄像机	架	7.26			3.13	4.76
照相机	架	21.45	6.25		6.25	14.29
钢琴	架	0.32				
其它中高档乐器	件	2.84				1.59
微波炉	台	55.21	21.88	12.50	28.13	38.10
空调器	台	10.41				3.17
淋浴热水器	台	81.70	65.63	62.50	75.00	74.60
消毒碗柜	台	1.26				
洗碗机	台	0.63				
健身器材	套	3.47				
固定电话	部	59.62	46.88	56.25	46.88	58.73
移动电话	部	162.78	128.13	100.00	140.63	165.08
接入有线电视机	台	97.48	90.63	93.75	96.88	98.41
接入互联网计算机	台	28.71	6.25		3.13	12.70

10—3 续表

	单位	中　间 收入组	较　高 收入组	高收 入组	最　高 收入组	#更　高 收入组
摩托车	辆	3.13	7.94	9.38	6.46	6.67
助力车	辆	12.50	6.35	21.88	6.45	6.67
家用汽车	辆	3.13		9.38	3.23	6.67
洗衣机	台	87.50	92.06	103.13	100.00	106.67
电冰箱	台	90.63	95.24	100.00	93.55	100.00
彩色电视机	台	103.13	103.17	106.25	112.90	120.00
家用电脑	台	42.19	68.25	68.75	45.16	46.67
组合音响	套	15.63	19.05	28.13	19.35	26.67
摄像机	架	9.38	3.17	21.88	12.90	13.33
照相机	架	17.19	31.75	46.88	29.03	33.33
钢琴	架				3.23	
其它中高档乐器	件		7.94	9.38		
微波炉	台	64.06	61.90	96.88	77.42	80.00
空调器	台	10.94	12.70	25.00	25.81	40.00
淋浴热水器	台	84.38	82.54	100.00	93.55	93.33
消毒碗柜	台	1.56	1.59	3.13	3.23	6.67
洗碗机	台			3.13	3.23	6.67
健身器材	套	3.13		15.63	12.90	26.67
固定电话	部	62.50	60.32	68.75	70.97	73.33
移动电话	部	171.88	171.43	193.75	148.39	153.33
接入有线电视机	台	95.31	100.00	100.00	100.00	100.00
接入互联网计算机	台	34.38	53.97	46.88	29.03	26.67

10—4 城市居民家庭现金收支情况(年人均)

(2008 年)　　单位:元

	总平均	最 低 收入组	# 更 低 收入组	低收 入组	较 低 收入组
期初手存现金	**155.99**	**65.76**	**41.50**	**103.88**	**111.42**
家庭总收入	**15719.58**	**4904.12**	**3821.03**	**8098.21**	**10458.05**
# 可支配收入	14458.38	4471.88	3427.66	7397.52	9834.61
工资性收入	8966.81	2614.72	1524.81	4566.38	5293.74
工资及补贴收入	8726.12	2278.42	1219.68	4272.54	5049.87
其他劳动收入	240.69	336.29	305.12	293.83	243.88
经营净收入	2082.52	463.24	75.91	1076.75	2500.46
财产性收入	160.72	199.02	283.54	43.74	138.17
利息收入	6.36				
股息与红利收入	6.71			11.21	5.79
保险收益	2.47			22.43	
转移性收入	4509.53	1627.14	1936.78	2411.35	2525.68
离退休金	3895.96	812.78	536.38	1638.51	2104.61
社会救济收入	76.92	426.81	760.52	126.50	12.79
保险收入	9.34	31.57	58.90		25.23
# 失业保险金	9.34	31.57	58.90		25.23
赡养收入	116.07	79.90	132.62	264.25	139.15
捐赠收入	248.78	185.59	338.41	291.03	131.46
提取住房公积金	30.93				
记账补贴	85.08	65.39	63.11	78.73	77.59
其他转移性收入	46.45	25.10	46.83	12.34	34.86
出售财物收入	**1.00**				**1.82**
出售住房收入	0.06				0.28
出售其他物品收入	0.94				1.55
借贷收入	**11524.26**	**4431.92**	**4274.34**	**5381.98**	**6321.99**
提取储蓄存款	11175.61	4001.52	3637.76	4989.24	6119.48
借入款	248.01	325.49	477.44	291.59	196.72
收回借出款	20.98	19.61		0.22	5.79
收回储蓄性保险本金	14.36	85.29	159.15	16.82	
收回投资本金	4.81			43.74	
住房贷款	1.31				

10—4 续表 1

单位:元

	中间收入组	较高收入组	高收入组	最高收入组	#更高收入组
期初手存现金	**144.72**	**173.83**	**275.93**	**358.61**	**327.28**
家庭总收入	**14531.31**	**20275.38**	**27010.45**	**40017.25**	**47948.16**
# 可支配收入	13408.38	18269.69	24652.39	37527.28	45132.46
工资性收入	8607.09	14540.42	15808.50	15172.75	20349.38
工资及补贴收入	8533.92	14217.98	15531.04	15005.27	20134.10
其他劳动收入	73.16	322.44	277.46	167.48	215.28
经营净收入	2372.67	1489.97	3469.71	4378.32	5814.22
财产性收入	21.61	53.25	212.38	1012.77	146.83
利息收入	0.09	28.42		12.77	27.23
股息与红利收入	21.52				
保险收益					
转移性收入	3529.94	4191.74	7519.86	19453.41	21637.73
离退休金	2914.62	3861.66	6947.09	17980.52	20295.40
社会救济收入	24.64	7.89	2.61		
保险收入					
# 失业保险金					
赡养收入	183.22	31.83	53.42		
捐赠收入	257.63	126.68	213.42	1060.56	1215.95
提取住房公积金		73.21	158.31	26.92	
记账补贴	87.30	90.46	92.90	123.74	126.38
其他转移性收入	62.53		52.12	261.68	
出售财物收入	**1.11**		**4.17**		
出售住房收入					
出售其他物品收入	1.11		4.17		
借贷收入	**9435.48**	**17177.37**	**20357.82**	**29062.19**	**30534.42**
提取储蓄存款	9247.89	16792.08	19753.26	28464.06	30534.42
借入款	125.07	350.13	429.97		
收回借出款	2.50	19.10	138.11		
收回储蓄性保险本金		9.23			
收回投资本金					
住房贷款		6.83			

10—4 续表 2

单位:元

	总平均	最低收入组	# 更低收入组	低收入组	较低收入组
家庭总支出	**14821.96**	**6555.17**	**5915.94**	**8691.02**	**10027.73**
消费性支出	11454.91	5719.03	5405.72	7394.95	8418.73
# 服务性消费支出	3086.11	1479.13	1579.42	1816.87	2313.29
食品	3993.39	2018.20	1699.30	3097.15	3302.16
衣着	1415.48	491.98	446.65	749.37	937.13
居住	1091.60	1338.97	1567.97	676.64	782.33
家庭设备用品及服务	686.26	322.78	311.43	314.40	342.20
医疗保健	978.39	415.34	269.26	611.61	759.50
交通和通信	1384.35	444.80	382.63	693.54	979.64
教育文化娱乐服务	1387.57	567.35	615.61	982.91	1005.49
其他商品和服务	517.87	119.61	112.87	269.33	310.29
购房与建房支出	378.65	163.06			
购房	378.65	163.06			
转移性支出	1763.10	294.70	179.95	645.24	1025.49
交纳所得税	84.86				15.75
捐赠支出	995.74	239.78	161.35	394.35	560.37
购买彩票	7.86	7.72	13.77	7.05	6.28
赡养支出	630.19	25.49		228.90	403.16
# 在外就学子女费用	429.33			131.78	284.38
各种非储蓄性保险支出	11.33	4.25	3.37	8.01	13.73
其他转移性支出	33.12	17.46	1.46	6.93	26.20
财产性支出	134.05	11.54		28.87	53.41
非生产性贷款利息支出	113.08	11.54		28.87	17.44
社会保障支出	1091.26	366.84	330.26	621.97	530.10
个人交纳的养老基金	401.03	286.41	268.61	434.58	258.11
个人交纳的住房公积金	510.57	10.88	2.74	78.62	153.80
个人交纳的医疗基金	152.42	65.19	54.73	91.18	94.82
个人交纳的失业基金	27.14	4.36	4.17	17.59	23.25
借贷支出	**12409.68**	**2719.26**	**2134.03**	**4747.42**	**6726.18**
存入储蓄款	11632.95	2343.90	1681.84	4371.79	6316.33
借出款	18.16			0.34	
归还借款	18.39	19.61	36.59		42.82
储蓄性保险支出	224.52	280.11	415.61		157.59
购买有价证券	36.98				
归还住房贷款	322.07	64.86		71.67	203.66
其他借款支出	152.18	10.78		281.19	5.79
期末手存现金	**170.52**	**121.36**	**85.72**	**142.09**	**140.19**

10—4 续表 3

单位:元

	中间收入组	较高收入组	高收入组	最高收入组	#更高收入组
家庭总支出	**13544.20**	**19721.48**	**23288.31**	**33577.12**	**35383.97**
消费性支出	11454.66	14116.41	17969.13	21806.67	22058.24
# 服务性消费支出	2913.40	4113.85	4724.15	5910.62	5553.20
食品	4053.06	4944.01	5285.80	6662.44	6880.74
衣着	1480.77	1932.53	2166.80	3040.55	3358.37
居住	1083.80	1033.92	1387.30	2079.15	1486.00
家庭设备用品及服务	629.31	944.67	1080.45	1956.56	1964.28
医疗保健	1154.70	1010.87	1228.78	2388.75	3336.99
交通和通信	1223.48	1590.32	3570.66	2374.08	2158.42
教育文化娱乐服务	1231.69	2018.92	2356.09	2082.86	1941.21
其他商品和服务	597.85	641.17	893.25	1222.27	932.24
购房与建房支出		1022.05		2429.91	3189.37
购房		1022.05		2429.91	3189.37
转移性支出	1056.53	2733.82	2642.53	6808.77	7786.65
交纳所得税	32.15	154.68	244.26	335.16	577.94
捐赠支出	637.15	1480.27	1649.36	3557.33	2502.62
购买彩票	10.72	10.07	7.30	0.39	0.44
赡养支出	326.12	1049.51	672.70	2802.03	4632.02
# 在外就学子女费用	130.22	728.80	183.06	2580.12	4428.70
各种非储蓄性保险支出	14.68	2.93	9.91	39.25	
其他转移性支出	35.70	36.36	59.01	74.61	73.63
财产性支出	29.53	88.64	655.76	500.71	238.33
非生产性贷款利息支出	29.53	77.92	616.67	386.50	238.33
社会保障支出	1003.48	1760.55	2020.89	2031.06	2111.39
个人交纳的养老基金	421.50	567.90	410.76	460.27	200.09
个人交纳的住房公积金	433.54	914.52	1277.77	1279.26	1616.97
个人交纳的医疗基金	123.37	223.56	305.96	264.51	284.32
个人交纳的失业基金	25.08	54.14	26.39	26.96	10.01
借贷支出	**10368.04**	**17757.97**	**24175.80**	**35535.87**	**43184.81**
存入储蓄款	9759.56	17100.10	22317.27	32840.22	40955.91
借出款		85.94	15.64		
归还借款	13.13	9.03		37.38	
储蓄性保险支出	243.35	303.97	175.35	489.88	490.37
购买有价证券	187.60				
归还住房贷款	60.24	243.01	1405.55	1072.69	677.30
其他借款支出	94.15	15.92	261.99	1095.69	1061.24
期末手存现金	**200.81**	**149.91**	**189.07**	**346.42**	**261.75**

10—5 城市居民平均每人全年购买商品数量

（2008 年）

	单位	总平均	最低收入组	#更低收入组	低收入组	较低收入组
食用植物油	千克	8.51	5.89	4.83	9.33	7.80
猪肉	千克	7.83	3.61	2.51	6.91	7.48
牛肉	千克	2.64	1.98	1.96	2.66	2.12
羊肉	千克	5.30	3.95	3.72	4.43	4.59
禽类	千克	4.58	2.96	1.90	3.91	4.07
鲜蛋	千克	7.81	4.89	3.94	7.29	7.29
鱼	千克	5.19	2.56	1.77	4.30	4.48
鲜菜	千克	114.75	77.04	68.25	98.15	104.19
白酒	千克	1.30	0.55	0.50	0.96	1.28
啤酒	千克	4.33	2.19	1.32	4.03	3.81
鲜果	千克	41.60	24.91	23.00	33.84	36.83
鲜瓜	千克	29.07	16.59	15.13	24.22	26.37
糕点	千克	4.59	2.66	2.30	4.22	4.19
鲜乳品	千克	34.83	20.25	17.16	28.72	32.60
酸奶	千克	8.31	3.55	2.75	6.59	7.21
鞋类	双	3.47	2.26	2.26	2.26	2.59
液化石油气	千克	7.05	7.80	9.23	8.15	8.04
管道天然气	立方米	35.73	10.42	5.44	17.51	27.20

	单位	中间收入组	较高收入组	高收入组	最高收入组	#更高收入组
食用植物油		8.48	9.04	9.14	11.97	11.99
猪肉		8.06	9.01	8.31	13.66	13.22
牛肉		2.61	3.07	3.11	3.70	3.34
羊肉		5.17	6.64	5.45	7.82	7.89
禽类		4.50	5.68	4.94	6.95	6.72
鲜蛋		7.54	9.17	8.45	11.78	13.02
鱼		5.26	7.08	5.23	8.20	8.85
鲜菜		122.16	131.59	120.90	168.02	168.98
白酒		1.40	1.61	1.32	2.08	2.17
啤酒		4.06	5.88	4.01	7.25	5.81
鲜果		43.12	52.21	45.71	60.21	61.64
鲜瓜		30.04	36.11	33.19	40.18	41.15
糕点		4.64	5.41	5.45	6.44	6.86
鲜乳品		32.04	41.85	43.92	54.69	59.71
酸奶		7.57	9.97	11.12	17.11	17.23
鞋类		3.84	4.49	4.14	5.56	5.66
液化石油气		8.21	5.32	5.21	4.91	6.15
管道天然气		28.14	56.49	67.60	57.96	62.23

10—6　城市居民家庭住房基本情况

（2008 年）

	单位	合计		单位	合计
家庭居住人口数	**人/户**	**300.00**	公用卫生设备	%	
现住房总建筑面积	**平方米/人**	**28.77**	**取暖设备**		**100.00**
现在住房按市场价估计值	**元/户**	**170357.10**	无取暖设备	%	
租赁房房租	**元/户**	**44.17**	空调设备	%	
自有房房租折算	**元/户**	**401.67**	暖气	%	97.16
购房总金额	**元/户**	**79602.97**	其它	%	2.84
# 购房实际支出金额	元/户	78073.00	**装修状况**		**100.00**
除现住房，还有几处其它住房	**套/户**	**0.09**	有装修	%	41.64
房屋产权		**100.00**	未装修	%	58.36
租赁公房	%	5.68	如果装修过，最近一次装修花费	元/户	
租赁私房	%	10.41	**炊用燃料使用情况**		**100.00**
原有私房	%		管道天然气	%	42.90
房改私房	%	45.11	瓶装液化石油气	%	50.47
商品房	%	38.80	煤炭	%	1.26
其它	%		其它燃料	%	5.36
用水情况		**100.00**	**住宅建筑式样**		**100.00**
独用自来水	%	100.00	单栋住宅	%	0.95
公用自来水	%		一居室	%	10.09
井、河水	%		二居室	%	58.68
其它	%		三居室	%	27.13
卫生设备		**100.00**	四居室	%	3.15
无卫生设备	%		普通楼房	%	
有厕所浴室	%	82.02	平房及其它	%	
有厕所无浴室	%	17.98			

10—7　农村居民家庭基本情况

（2008 年）

项　　目	单位	银川市	兴庆区	西夏区	金凤区	永宁县	贺兰县	灵武市
调查户数	**户**	**520**	**60**	**50**	**50**	**120**	**120**	**120**
常住人口	人	2031	236	224	180	468	421	502
# 整半劳动力	人	1364	149	141	129	313	316	315
男劳动力人数	人	705	76	71	65	167	165	161
劳动力文化程度								
文盲半文盲	人	134	12		19	21	37	45
小学程度	人	267	35	39	32	68	63	30
初中程度	人	793	81	78	66	192	156	220
高中程度	人	146	15	22	9	31	51	18
中专程度	人	15	5	1	2		5	2
大专以上程度	人	8	1	1	1	1	4	
劳动力就业情况								
一产业就业劳动力	人	1039	94	115	101	251	248	230
二产业就业劳动力	人	105	12	1	7	38	19	28
三产业就业劳动力	人	214	39	25	20	24	49	57
劳动力就业地点								
乡内就业劳动力	人	1192	145	140	124	282	271	230
县内乡外就业劳动力	人	105		1	4	1	14	85
省内县外就业劳动力	人	55				30	25	
国内省外就业劳动力	人	6					6	
年内新建(购)人均住房面积	平方米	1.18			0.33	1.76	2	3.42
# 钢筋混凝土结构面积	平方米							
# 砖木结构面积	平方米	1.18			0.33	1.58	2	3.42
年内新建(购)人均住房价值	元	365.74			333.33	363.25	676.96	326.89
年末人均住房面积	平方米	35.76	56.34	26.17	37.46	30.19	40.19	30.75
# 钢筋混凝土结构面积	平方米	3.42	21.05	3.60	3.83	1.98	0.43	0.15
# 砖木结构面积	平方米	30.70	34.63	21.43	31.47	26.65	39.43	27.31

10—8 农民人均总收入、纯收入

（2008 年）

单位：元

项目	银川市	兴庆区	西夏区	金凤区	永宁县	贺兰县	灵武市
总收入	**8475.51**	**10062.50**	**6511.46**	**8407.46**	**8298.93**	**9014.85**	**7961.62**
工资性收入	1349.84	1159.28	1367.22	1559.79	1358.68	909.72	1752.87
在非企业组织中劳动得到	70.90	172.35	129.25	52.48	32.47	106.39	31.40
在本乡地域内劳动得到的	686.77	917.72	1225.92	1360.58	708.58	331.12	546.90
常住人口外出从业得到的	592.18	69.20	12.05	146.73	617.63	472.21	1174.58
家庭经营收入	6661.32	8083.18	4385.55	6320.13	6473.36	7760.04	5874.77
农业收入	3735.10	3981.47	2455.00	3127.34	3892.6	5416.8	2389.63
林业收入	10.45	3.77		2.33	34.85		0.60
牧业收入	1316.85	2410.61	1148.32	1396.24	939.18	924.92	1649.11
渔业收入	272.65	117.46		111.11	435.45	565.71	
工业收入	138.25	9.83			322.06	57.95	137.64
交通、运输、邮电业收入	723.20	1330.83	473.14	1449.91	508.94	477.51	744.63
批发、零售贸易、餐饮业收入	336.91	160.08	308.65	155.72	75.34	258.73	844.71
社会服务业收入	127.92	69.13	0.45	77.47	264.95	58.43	108.45
财产性收入	152.68	579.29	167.75	273.32	119.23	69.71	41.95
# 土地征用补偿	14.74	31.32	9.38	104.93	5.28	2.95	0.17
转移性收入	311.67	240.75	590.93	254.23	347.66	275.39	292.02
# 家庭非常住人口寄回和带回	3.62	25.64		2.78	1.28	1.43	
# 城市亲友赠送	0.46					0.95	
# 农村亲友赠送	51.07	54.68	186.98	68.89	49.75	20.34	43.19
可支配收入	4462.60	5091.26	3144.56	4242.55	4078.70	4718.90	4756.82
纯收入	**4917.21**	**5618.24**	**3307.79**	**4886.76**	**4747.21**	**4910.94**	**5184.22**

10—9 农民人均总支出

（2008 年）

单位:元

项　目	银川市	兴庆区	西夏区	金凤区	永宁县	贺兰县	灵武市
总支出	**8470.04**	**8924.47**	**6470.68**	**9737.56**	**5476.90**	**8976.85**	**7821.38**
家庭经营费用支出	3085.62	3796.89	2549.30	3004.73	3079.67	3633.90	2430.62
农业生产支出	1548.46	1590.35	1423.57	1490.23	1511.28	2364.23	866.67
林业生产支出	3.05			5.63	5.86		3.84
牧业生产支出	949.00	1752.79	980.87	1123.59	658.17	699.93	1098.56
渔业生产支出	207.00	28.54		110.39	350.29	423.99	
工业生产支出	77.80	0.85			255.58	10.48	16.42
建筑业支出	0.73	2.33	8.79				
交通、运输和邮电业支出	220.85	366.79	128.02	261.38	229.9	100.49	266.89
批零贸易餐饮业支出	40.99	29.31	7.58	9.00	4.70	14.29	129.46
社会服务业支出	37.51	25.93	0.47	1.72	63.88	8.05	48.78
其他家庭经营支出	0.23			2.78			
购置生产用固定资产支出	759.68	185.68	128.21	1068.38	705.96	744.43	1114.65
生活消费支出	**4118.83**	**4360.24**	**3442.95**	**4923.93**	**3973.02**	**4386.61**	**3813.33**
财产性支出	30.08	0.78	13.49	0.56	17.66	43.23	57.89
转移性支出	473.51	580.88	336.73	712.55	700.60	168.68	404.73
# 寄给和带给家庭非常住人口	102.57	19.92	7.59	47.69	237.40	85.83	41.28
# 赠送农村亲友	163.34	333.81	298.81	401.92	248.52	38.91	0.16
# 赠送城市亲友	15.07	2.33	0.62	5.03	51.16	0.48	

10—10 农民人均生活消费支出

（2008 年）

单位:元

项目	银川市	兴庆区	西夏区	金凤区	永宁县	贺兰县	灵武市
生活消费支出	**4118.83**	**4360.24**	**3442.95**	**4923.93**	**3973.02**	**4386.61**	**3813.33**
# 货币性消费	3692.97	4079.11	3207.72	4574.14	3495.58	4005.49	3274.76
食品性消费	1542.08	1748.65	1343.89	1762.82	1569.9	1620.14	1321.21
# 货币性消费	1125.33	1467.52	1108.66	1413.03	1125.15	1239.02	782.64
食品消费品支出	1373.47	1551.85	1119.84	1555.72	1400.37	1389.18	1248.38
食品消费服务性支出	168.61	196.80	224.05	207.09	169.53	230.96	72.83
衣着消费支出	344.11	391.59	215.84	432.00	308.45	312.54	392.17
# 货币性消费	343.94	391.59	215.84	432.00	307.84	312.54	392.17
居住消费支出	755.21	611.21	503.13	630.70	742.65	883.84	809.46
# 货币性消费	746.29	611.21	503.13	630.70	710.65	883.84	809.46
居住消费品支出	472.03	334.87	228.07	277.84	342.73	700.30	584.00
居住消费服务性支出	283.18	276.33	275.05	352.86	399.92	183.55	225.46
家庭设备用品及服务	165.40	93.07	209.43	125.46	199.75	174.58	152.68
# 货币性消费	165.38	93.07	209.43	125.46	199.67	174.58	152.68
交通和通讯消费支出	431.66	400.85	329.45	796.20	391.51	399.61	419.97
# 货币性消费	431.66	400.85	329.45	796.20	391.51	399.61	419.97
交通和通讯用品支出	212.39	143.22	127.43	483.63	192.58	181.94	220.09
交通和通讯服务消费支出	219.27	257.62	202.02	312.57	198.92	217.68	199.87
文教娱乐用品及服务支出	272.36	331.56	468.25	303.59	226.96	299.47	219.17
# 货币性消费	272.36	331.56	468.25	303.59	226.96	299.47	219.17
文化教育娱乐用品支出	95.64	61.85	52.30	62.88	128.13	132.07	60.52
教育服务消费支出	159.61	231.83	412.85	218.30	80.82	149.81	150.47
文化娱乐服务消费支出	17.11	37.88	3.10	22.42	18.00	17.60	28.51
医疗保健消费支出	490.56	655.24	303.23	765.83	437.98	541.68	381.89
# 货币性消费	490.56	655.24	303.23	765.83	437.98	541.68	381.89
医药卫生保健用品支出	79.44	72.32	51.07	86.69	68.57	106.82	73.28
医疗保健服务消费支出	411.12	582.92	252.16	679.15	369.42	434.86	308.61
其他商品和服务消费总支出	117.44	128.08	69.73	107.34	95.82	154.73	116.78
# 货币性消费	117.44	128.08	69.73	107.34	95.82	154.73	116.78
其他商品支出	66.45	110.23	58.78	94.83	44.06	48.85	81.43
其他消费服务支出	50.99	17.85	10.95	12.51	51.76	105.88	35.35

10—11 农民人均消费品消费量

(2008年)

单位:公斤

项　　目	银川市	兴庆区	西夏区	金凤区	永宁县	贺兰县	灵武市
粮食	203.76	201.91	199.64	206.36	193.75	190.25	228.00
# 小麦	105.47	93.57	128.81	118.99	98.96	102.81	111.00
稻谷	93.47	97.96	45.72	83.02	91.05	85.43	117.00
玉米	2.64	9.01	24.33	2.92			
蔬菜及菜制品	107.43	112.74	100.04	144.41	103.48	125.72	82.00
油脂类	8.17	9.32	8.96	10.23	7.3	9.52	6.65
# 植物油	8.07	9.25	8.96	10.22	7.29	9.52	6.18
动物油	0.11	0.07		0.02	0.01		0.39
肉类及其制品	18.67	16.56	9.75	14.85	18.96	16.47	24.52
# 猪肉	4.11	3.50	3.19	3.16	7.12	5.45	0.28
牛肉	1.87	3.23	1.82	2.06	0.75	1.25	3.09
羊肉	4.05	3.75	1.25	4.02	2.01	2.52	8.52
家禽	8.31	5.73	3.46	5.35	8.33	7.02	12.62
其他肉禽及制品	0.33	0.35	0.04	0.27	0.75	0.23	0.01
蛋类及蛋制品	2.90	3.37	4.03	5.12	3.70	1.49	2.12
奶和奶制品	8.93	10.20	4.49	10.22	7.34	8.75	10.89
水产品	1.63	5.20	0.66	0.99	1.06	1.79	1.02
食糖	2.81	4.07	0.96	3.49	2.76	3.4	1.96
酒	2.10	2.80	1.63	2.50	2.91	2.92	0.10
水果	26.40	18.70	13.88	20.52	40.21	21.81	23.15

10—12 农民百户耐用消费品拥有量

(2008年)

项　　目	单位	银川市	兴庆区	西夏区	金凤区	永宁县	贺兰县	灵武市
洗衣机	台	87	98	78	76	79	88	96
电冰箱	台	36	67	42	40	19	30	46
空调机	台	0.4	3					
抽油烟机	台	4	22			3	3	
吸尘器	台	0.2				1		
微波炉	台	7	27	8	4	4	7	
热水器	台	12	20	10	6	8	8	17
自行车	辆	198	198	154	192	203	216	176
摩托车	辆	66	63	54	74	63	43	96
汽车(生活用)	辆	0.4		2	2			
电话机	部	73	90	82	70	64	67	84
移动电话	部	143	128	94	136	168	142	130
彩色电视机	台	114	127	106	110	120	112	100
黑白电视机	台	0.4	2			1		
影碟机	台	44	42	24	64	52	39	38
照相机	架	4	15		4	7		
家用计算机	台	3	12	4		3	3	

10—13　居民消费价格指数

（2008 年，以上年价格为 100）

类别	年度	月份											
		一	二	三	四	五	六	七	八	九	十	十一	十二
居民消费价格总指数	**107.6**	**110.6**	**110.8**	**109.9**	**110.0**	**109.4**	**108.5**	**108.2**	**107.4**	**106.3**	**105.2**	**103.5**	**102.4**
非食品价格指数	102.1	102.5	102.2	102.4	102.4	102.4	102.2	102.6	102.2	102.3	102.1	101.3	100.4
服务项目价格指数	101.5	103.6	102.3	102.1	102.0	101.8	101.2	101.7	101.0	101.4	100.7	100.5	99.5
工业品价格指数	102.4	101.9	102.1	102.5	102.7	102.7	102.7	103.0	102.8	102.8	102.8	101.8	100.9
扣除食品和能源价格指数	101.4	101.8	101.4	101.6	101.7	101.6	101.4	101.9	101.5	101.7	101.4	101.1	100.1
扣除鲜菜鲜果总指数	107.0	109.6	108.9	109.4	109.6	109.0	107.8	107.6	106.5	105.9	104.8	103.5	101.8
消费品价格指数	109.4	112.6	113.3	112.3	112.4	111.6	110.7	110.2	109.3	107.7	106.5	104.3	103.2
食品	**117.7**	**125.9**	**126.8**	**124.0**	**124.3**	**122.4**	**120.2**	**118.6**	**116.8**	**113.4**	**110.6**	**107.2**	**106.0**
粮食	107.3	108.8	109.4	108.1	108.4	108.2	108.0	108.0	107.8	107.4	105.8	105.4	102.6
大米	99.7	101.1	102.3	99.5	99.6	99.4	99.4	99.2	99.1	99.5	99.6	99.4	97.9
面粉	106.8	107.6	107.4	106.3	107.4	106.8	106.3	106.4	109.4	108.7	105.7	107.8	102.7
粮食制品	114.6	117.8	117.9	117.3	117.3	117.3	117.3	117.3	114.4	113.5	111.2	108.7	106.3
其他	110.4	97.1	103.3	113.8	113.9	114.5	109.7	112.0	112.9	112.9	111.0	111.9	111.9
淀粉	105.5	100.7	100.7	100.7	105.9	105.9	105.9	106.8	106.8	108.3	108.3	108.3	108.3
淀粉	105.5	100.7	100.7	100.7	105.9	105.9	105.9	106.8	106.8	108.3	108.3	108.3	108.3
干豆类及豆制品	150.8	137.0	137.8	158.2	167.3	169.0	166.7	164.9	162.4	152.9	146.3	139.2	119.1
干豆	118.5	117.5	121.7	134.0	127.2	124.3	118.9	118.3	119.4	120.8	113.5	107.6	103.6
豆制品	155.1	139.7	139.9	161.4	172.8	175.3	173.5	171.4	168.3	157.0	150.6	143.4	120.9
油脂	139.9	153.3	158.2	178.7	174.3	166.8	153.9	153.2	139.7	126.2	118.8	106.4	91.9
食用植物油	144.1	155.3	162.5	197.7	192.2	180.6	160.5	161.0	142.9	127.1	117.7	101.1	89.4
植物油制品	133.2	149.9	151.3	151.3	148.3	146.2	143.3	140.7	134.7	125.1	121.0	115.0	95.4
肉禽及其制品	128.8	154.3	155.7	155.1	153.5	147.2	137.8	125.9	117.4	115.4	110.0	105.9	102.0
食用畜肉及副产品	132.2	166.8	167.6	167.1	164.0	154.2	144.8	128.7	118.4	116.0	108.9	103.7	99.5
猪肉	125.0	172.5	181.8	183.8	175.1	153.3	136.2	111.4	97.2	107.2	100.2	91.3	84.9
牛肉	141.4	165.4	168.9	160.2	158.7	156.2	152.7	147.9	138.0	123.1	120.0	119.3	119.3
羊肉	131.6	162.7	151.9	150.7	150.0	148.2	144.6	137.0	135.0	118.1	109.0	106.0	103.4
畜肉副产品	125.9	149.0	145.3	156.8	165.3	155.5	144.7	129.0	124.0	113.9	96.4	88.8	83.8
禽	111.1	109.5	116.0	114.5	116.8	121.5	108.4	106.0	105.2	107.4	110.8	110.0	108.4
鸡	110.8	110.0	116.9	114.7	116.7	121.9	108.0	104.9	104.2	107.1	110.7	109.4	106.6
鸭	104.4	98.9	101.8	102.8	109.8	114.8	104.5	106.3	103.4	98.1	103.4	103.1	106.2
其他	122.4	109.1	116.7	126.7	133.8	128.7	130.0	121.7	120.3	118.3	117.6	122.4	125.0
加工肉禽	124.0	134.6	132.2	132.6	133.5	131.3	127.8	129.3	122.3	116.9	113.1	113.0	110.5
畜肉制品	130.4	145.8	144.4	146.3	144.4	141.4	139.7	142.4	128.4	119.0	112.6	112.9	110.1
禽制品	116.0	121.7	118.3	117.1	120.9	119.4	114.3	114.5	114.7	114.3	113.7	113.3	110.9

10—13 续表1

类别	年度	月份											
		一	二	三	四	五	六	七	八	九	十	十一	十二
蛋	105.0	96.9	96.5	93.8	104.5	105.0	103.8	113.6	111.5	116.0	108.6	104.8	105.4
鲜蛋	104.7	95.1	94.7	91.8	103.7	104.3	102.7	113.9	111.8	117.7	109.4	105.3	106.2
蛋制品	107.2	110.1	110.1	108.3	110.2	109.8	111.7	111.0	108.6	103.1	102.9	101.3	100.6
水产品	109.2	112.2	114.7	111.1	111.5	108.8	109.5	113.8	110.9	108.0	104.4	103.0	102.4
鱼	116.2	121.6	125.2	119.8	119.8	115.0	115.1	122.2	119.7	115.5	109.6	106.8	106.1
淡水鱼	124.4	135.3	138.3	129.3	128.7	123.0	124.8	133.0	127.8	122.8	115.6	109.9	108.8
海水鱼	100.7	99.0	102.0	102.8	103.0	99.7	96.4	101.3	104.1	101.5	98.2	100.7	100.6
其他水产品	98.5	99.6	100.0	99.6	99.4	99.3	99.9	100.2	97.9	96.5	96.3	96.9	96.1
虾蟹类	107.1	98.4	102.2	105.0	106.3	106.1	107.1	107.6	106.2	111.6	111.2	112.5	111.1
其他	85.4	101.3	96.2	91.1	88.9	88.9	88.9	88.9	85.2	74.1	74.1	74.1	74.1
菜	117.8	120.9	137.1	117.5	114.3	112.7	117.2	122.4	129.1	114.3	112.7	104.6	108.4
鲜菜	118.9	122.2	139.9	119.0	115.6	113.1	118.8	124.5	131.6	116.3	112.6	103.4	107.9
干菜及菜制品	112.1	105.5	101.2	102.4	111.4	113.1	114.5	117.7	119.1	118.0	115.9	114.1	113.5
薯类	108.4	118.1	132.6	101.4	90.9	105.2	107.2	115.4	123.0	82.2	113.2	112.0	108.4
调味品	110.3	112.6	111.5	111.0	109.4	109.4	110.3	110.4	110.5	110.2	109.2	110.0	109.8
盐	100.0	100.0	100.0	100.0	100.0	100.0	100.0	100.0	100.0	100.0	100.0	100.0	100.0
酱油	108.1	106.0	106.0	107.7	106.6	107.1	107.1	107.1	107.1	110.4	108.7	112.0	111.1
醋	115.2	122.1	118.4	113.4	112.4	117.2	117.2	117.8	118.3	113.2	111.2	111.2	111.2
味精	106.2	102.2	104.0	104.0	104.0	103.6	110.2	110.2	110.2	107.4	106.6	106.0	106.0
其他	125.4	139.2	134.5	134.5	127.3	121.1	121.1	121.1	121.1	122.1	122.1	122.1	122.1
糖	104.3	102.7	106.7	104.5	104.9	105.2	105.4	105.1	103.5	103.5	104.5	103.1	101.9
食糖	100.8	102.6	102.5	101.1	101.1	101.1	100.8	100.0	100.0	100.0	100.0	100.0	100.0
糖果	106.9	101.2	109.2	109.2	109.2	109.2	109.2	109.2	106.3	103.4	108.0	106.8	102.7
巧克力制品	106.6	108.6	118.6	107.4	107.7	107.7	107.7	107.7	102.7	107.7	104.9	98.7	101.6
糖类小食品	104.4	100.0	100.0	100.0	102.3	104.2	106.1	106.1	106.8	107.5	107.5	107.5	105.0
茶及饮料	105.1	106.0	104.9	106.6	107.6	106.5	105.8	104.0	104.0	104.6	104.9	101.6	104.5
茶叶	103.7	109.4	103.8	103.8	103.8	104.9	104.1	104.1	104.1	104.1	104.1	94.5	104.1
茶叶	103.7	109.4	103.8	103.8	103.8	104.9	104.1	104.1	104.1	104.1	104.1	94.5	104.1
饮料	105.8	104.2	105.4	108.0	109.6	107.3	106.7	103.9	103.9	104.9	105.4	105.4	104.8
固体饮料	115.5	109.4	109.4	108.7	114.5	114.5	114.3	114.2	114.1	120.1	123.4	123.4	119.1
液体饮料	104.6	101.0	103.0	107.6	108.9	108.9	108.0	103.0	103.0	103.0	103.0	103.0	103.0
冷冻饮品	102.5	108.0	108.0	108.0	108.0	100.0	100.0	100.0	100.0	100.0	100.0	100.0	100.0
干鲜瓜果	112.1	117.9	107.2	105.7	113.6	116.2	121.4	116.0	116.3	110.3	108.9	102.8	111.7
鲜瓜果	112.7	122.3	106.3	104.1	113.5	116.8	124.3	117.3	117.8	110.9	108.7	102.0	113.7
干(坚)果	109.8	103.6	110.9	112.3	114.2	113.8	112.0	111.9	112.1	108.6	109.5	105.1	104.9

10—13 续表 2

类别	年度	月份 一	二	三	四	五	六	七	八	九	十	十一	十二
糕点饼干	110.7	112.1	106.4	107.1	109.7	111.3	111.4	111.4	112.1	113.3	113.3	110.7	109.4
糕点	112.9	117.6	107.7	108.9	112.3	114.8	114.8	114.8	114.8	114.8	114.8	110.4	110.4
饼干	114.3	110.2	110.0	109.1	109.5	112.6	113.3	113.3	115.8	119.9	119.9	119.9	117.3
面包	102.7	103.7	100.4	101.5	104.7	103.3	103.1	103.1	103.2	103.8	103.8	102.2	99.7
液体乳及乳制品	122.2	120.6	122.1	123.4	128.7	128.1	128.1	127.1	126.5	122.1	117.8	114.6	110.3
巴氏杀菌奶或消毒奶	125.1	123.6	126.9	126.9	131.4	131.4	131.4	131.4	131.2	125.1	119.6	117.4	109.5
酸奶	112.2	119.7	119.7	119.7	119.7	115.7	115.7	115.7	113.6	109.3	104.8	97.1	100.0
奶粉	137.0	122.1	116.8	124.5	150.9	151.1	151.1	137.5	137.5	137.5	137.9	137.9	137.5
其他	110.8	100.0	100.0	107.2	110.0	112.7	112.7	114.5	114.5	114.5	114.5	114.5	114.5
在外用膳食品	111.8	121.6	114.0	115.3	114.2	113.6	108.1	110.6	111.9	111.0	108.2	107.9	107.5
主食	108.6	121.5	112.0	108.0	108.0	108.0	108.0	108.0	107.2	106.4	106.4	106.4	104.7
炒菜	110.5	116.7	109.5	113.8	113.8	113.8	103.7	108.2	110.8	110.3	109.1	109.1	109.1
地方小吃	119.6	136.6	130.6	130.6	124.1	121.0	121.0	121.0	121.0	118.6	107.8	106.5	106.5
其他食品	107.3	110.6	105.6	106.1	105.6	103.4	107.2	107.2	107.0	105.5	108.9	110.9	109.7
其他食品	107.3	110.6	105.6	106.1	105.6	103.4	107.2	107.2	107.0	105.5	108.9	110.9	109.7
烟酒及用品	**101.0**	**100.3**	**100.1**	**100.1**	**100.4**	**100.8**	**100.9**	**101.1**	**101.1**	**101.9**	**102.1**	**101.8**	**101.6**
烟草	99.6	98.8	98.8	98.8	98.9	99.2	99.4	99.4	99.4	100.7	100.7	100.7	100.6
国产卷烟	99.1	98.6	98.6	98.6	98.6	98.6	98.6	98.6	98.6	100.0	100.0	100.0	100.0
进口卷烟	103.9	100.0	100.0	100.0	101.5	104.4	105.9	105.9	105.9	105.9	105.9	105.9	105.9
其他	101.0	100.0	100.0	100.0	100.0	100.0	100.0	100.0	100.0	104.9	104.9	102.4	100.0
酒	103.8	103.4	103.0	103.0	103.6	103.9	103.9	104.4	104.4	104.2	104.7	103.8	103.3
白酒	105.8	105.5	104.8	104.4	104.9	105.3	105.3	106.3	106.3	106.3	107.4	106.3	106.3
葡萄酒	102.4	103.9	103.9	103.9	102.2	102.2	102.2	102.2	102.2	100.9	99.6	100.4	105.5
啤酒	101.2	99.9	99.9	100.7	102.2	102.2	102.2	102.2	102.2	102.2	102.2	101.1	98.0
其他	100.0	100.0	100.0	100.0	100.0	100.0	100.0	100.0	100.0	100.0	100.0	100.0	100.0
吸烟、饮酒用品	111.6	101.5	100.0	100.0	101.2	108.0	118.3	118.3	118.3	118.3	118.3	118.3	118.3
吸烟用品	105.9	102.5	100.0	100.0	100.0	108.5	108.5	108.5	108.5	108.5	108.5	108.5	108.5
饮酒用品	119.8	100.0	100.0	100.0	102.9	107.4	132.5	132.5	132.5	132.5	132.5	132.5	132.5
衣着	**105.5**	**104.4**	**104.8**	**105.9**	**105.6**	**105.0**	**105.4**	**106.3**	**106.0**	**105.6**	**106.7**	**106.0**	**104.1**
服装	105.3	104.0	104.3	105.5	105.1	104.9	105.3	106.6	106.3	105.5	105.8	106.1	104.4
男式服装	104.6	103.7	104.9	105.8	104.9	105.2	105.3	105.7	105.2	104.0	104.5	104.4	102.0
大衣	105.5	112.6	112.7	104.4	103.2	103.7	103.7	103.7	103.7	103.7	104.5	106.7	104.9
毛线衣	107.8	106.6	106.7	109.5	106.0	109.4	109.4	109.4	109.4	109.4	108.0	106.8	103.7
夹克衫	106.6	108.3	107.4	105.8	105.1	102.6	102.6	105.6	106.5	105.1	110.5	111.8	108.5
衬衫	102.3	101.8	101.8	103.2	102.9	102.7	102.7	102.7	102.7	102.7	102.7	102.7	99.4
T恤衫	111.1	107.3	107.3	109.8	111.2	113.0	114.8	114.8	111.1	109.5	111.6	111.6	111.6

10—13 续表 3

类别	年度	月份											
		一	二	三	四	五	六	七	八	九	十	十一	十二
裤子	103.8	107.1	105.4	107.2	103.7	103.7	102.6	105.5	105.0	100.7	103.9	102.0	100.0
西服	106.0	104.8	106.2	108.5	108.5	108.5	108.5	108.5	108.5	105.4	103.3	102.6	99.3
运动衫裤	105.7	101.4	102.9	104.8	106.7	108.3	110.2	108.8	100.6	103.3	107.3	107.3	106.6
内衣	98.3	89.4	94.2	100.0	100.0	100.0	100.0	100.0	100.0	100.0	100.0	100.0	97.4
羽绒衣	103.5	102.6	109.1	102.6	102.5	102.5	102.5	102.5	102.5	102.5	102.5	105.5	105.6
其他	99.8	100.0	100.0	100.0	100.0	100.0	100.0	100.0	100.0	100.0	100.0	100.0	97.5
女式服装	105.6	104.0	103.9	105.0	105.0	104.5	105.2	107.1	107.1	106.4	106.4	107.0	106.0
大衣	102.3	109.6	103.4	98.0	99.4	101.2	101.2	101.2	101.2	101.2	102.9	105.4	103.2
毛线衣	104.9	102.6	101.0	105.3	105.3	105.3	105.3	105.3	105.3	105.3	106.3	107.2	104.2
羽绒衣	106.3	106.6	107.1	103.9	103.9	103.9	103.9	103.9	103.9	103.9	103.9	112.4	117.4
套装	114.6	108.8	108.8	110.7	112.7	110.8	113.1	122.8	129.4	120.6	113.1	113.1	113.1
衬衫	108.3	111.8	111.8	111.8	109.7	107.4	107.0	106.7	106.3	106.7	107.0	107.0	107.0
T恤衫	106.8	103.0	103.0	104.0	105.0	106.8	108.5	108.5	105.1	106.1	110.3	110.3	110.3
裙子	108.9	107.5	107.5	107.5	107.5	103.6	104.9	112.9	115.7	112.0	109.7	109.7	109.7
裤子	103.4	102.0	100.9	101.1	101.1	102.9	102.9	104.6	106.7	105.6	104.7	104.7	103.6
运动衫裤	105.9	100.3	102.1	103.8	105.5	104.7	108.0	110.4	101.8	105.4	109.7	109.7	108.9
内衣	98.3	89.4	94.2	100.0	100.0	100.0	100.0	100.0	100.0	100.0	100.0	100.0	97.4
其他	101.3	105.3	105.3	105.3	102.6	100.0	100.0	100.0	100.0	100.0	100.0	100.0	97.5
儿童服装	108.0	106.7	104.7	108.6	107.2	106.3	106.6	109.5	107.3	108.2	111.1	111.0	109.1
套装	106.9	106.3	104.7	109.9	106.3	106.3	106.3	106.3	103.3	105.5	110.4	110.3	107.4
裤子	105.3	109.8	103.8	105.4	101.9	101.9	101.9	105.1	103.0	104.0	110.3	110.3	107.5
裙子	111.9	110.2	110.2	111.5	110.5	105.2	107.1	120.6	117.8	115.8	111.7	111.7	111.7
其他	110.7	100.0	100.0	106.8	113.5	113.5	113.5	113.5	113.5	113.5	113.5	113.5	113.5
衣着材料	105.3	104.0	104.6	105.9	106.3	105.9	105.3	105.0	105.0	105.0	105.0	106.0	106.0
棉布	105.3	102.9	104.7	105.6	105.6	105.6	105.6	105.6	105.6	105.6	105.6	105.6	105.6
棉混纺布	102.6	107.9	106.9	106.9	104.1	104.1	102.0	100.0	100.0	100.0	100.0	100.0	100.0
化纤布	104.3	105.0	105.0	105.0	105.0	104.0	103.1	103.1	103.1	103.1	103.1	106.2	106.2
毛线	112.8	100.0	100.0	108.1	117.6	117.6	117.6	117.6	117.6	116.1	114.7	114.7	114.7
鞋袜帽	106.2	104.9	106.1	107.2	107.1	105.2	105.7	106.2	106.0	106.5	110.2	106.2	103.3
鞋	106.6	105.1	106.6	107.6	107.6	105.6	106.1	106.6	106.4	106.9	111.1	106.5	103.3
男鞋	107.1	109.6	109.4	110.2	108.7	106.2	108.3	108.3	107.5	105.7	109.1	103.7	99.0
女鞋	106.2	101.2	104.1	106.7	108.0	105.3	104.7	105.0	105.0	107.2	114.0	107.8	105.0
童鞋	106.8	106.0	107.2	104.9	104.9	105.2	105.5	107.4	107.3	108.5	108.6	108.6	107.4
袜子	101.7	99.7	99.7	101.6	101.9	101.9	101.9	101.9	101.9	101.9	101.9	103.7	102.8
男袜	99.6	99.2	99.2	99.2	100.0	100.0	100.0	100.0	100.0	100.0	100.0	100.0	97.5
女袜	103.3	100.0	100.0	103.3	103.3	103.3	103.3	103.3	103.3	103.3	103.3	106.5	106.6

10—13 续表 4

类别	年度	月份 一	二	三	四	五	六	七	八	九	十	十一	十二
帽子	105.8	111.2	109.9	111.7	105.9	102.3	102.3	103.5	105.1	105.2	105.3	105.3	103.1
男帽	106.1	120.3	120.3	120.3	109.2	100.0	100.0	102.2	102.2	102.2	102.2	102.2	98.9
女帽	105.5	105.9	103.9	106.7	103.9	103.9	103.6	104.3	107.1	107.1	107.1	107.1	105.6
衣着加工服务费	104.0	109.9	105.9	105.9	105.9	104.6	104.6	102.1	102.1	102.1	102.1	102.1	102.1
缝纫	100.0	100.0	100.0	100.0	100.0	100.0	100.0	100.0	100.0	100.0	100.0	100.0	100.0
清洗	105.8	114.4	108.6	108.6	108.6	106.7	106.7	103.0	103.0	103.0	103.0	103.0	103.0
家庭设备用品及维修服务	**104.8**	**103.2**	**103.6**	**103.8**	**103.6**	**103.4**	**103.9**	**105.4**	**105.9**	**106.9**	**106.6**	**106.0**	**105.7**
耐用消费品	103.6	103.2	104.1	103.7	103.0	103.6	104.1	104.7	103.7	104.8	103.5	102.5	102.0
家具	102.7	102.3	104.1	102.4	102.0	103.0	103.1	103.1	102.8	104.6	102.9	100.9	100.8
柜	100.9	100.1	106.4	102.1	102.1	100.1	100.1	100.1	100.1	102.4	100.5	98.5	98.5
床	100.0	95.7	96.4	95.9	95.9	101.6	101.6	101.6	101.6	103.8	103.9	101.5	101.5
桌	108.4	107.9	108.3	109.3	109.3	110.0	110.0	110.0	107.6	108.6	108.2	106.2	106.2
椅	98.9	100.0	100.0	98.4	98.4	97.5	97.5	97.5	97.5	99.0	100.5	100.5	100.5
沙发	105.7	106.6	107.3	106.4	105.5	105.5	106.0	106.0	106.0	109.0	105.2	102.6	102.2
其他	95.5	104.9	106.6	98.0	96.5	96.5	96.5	96.5	96.5	92.0	87.7	87.7	87.7
家庭设备	104.2	103.7	104.1	104.6	103.7	104.1	104.9	105.8	104.4	105.0	103.9	103.6	102.8
洗衣机	102.8	104.3	103.8	101.9	103.7	103.7	102.9	103.6	101.9	102.2	105.0	102.6	98.5
电风扇	101.6	102.2	102.2	102.2	102.2	100.3	100.2	101.7	101.7	101.7	101.7	101.7	101.7
电冰箱(柜)	102.5	104.3	105.6	105.5	103.3	103.3	103.3	103.3	100.3	102.7	99.4	99.4	99.5
吸排油烟机	119.0	112.2	111.1	120.2	121.8	121.8	122.0	122.0	122.0	122.0	120.1	120.1	112.6
空调器	99.1	102.0	100.4	100.5	100.6	100.2	100.2	99.9	97.7	95.7	94.8	97.5	100.8
热水器	108.2	102.1	103.0	103.0	103.6	109.6	111.5	111.5	111.5	111.5	111.1	110.0	110.0
微波炉	95.3	100.7	101.4	101.4	99.9	96.7	92.0	92.0	92.0	92.0	92.0	91.9	91.9
电炊具	94.6	100.1	100.1	100.1	86.7	76.6	86.6	100.0	100.0	100.0	98.6	97.2	97.2
室内装饰品	107.1	104.7	106.0	106.0	109.4	108.7	108.6	108.0	107.3	108.0	107.8	106.1	104.4
纺织装饰品	105.9	100.4	100.4	100.4	108.0	108.0	107.9	107.9	107.9	107.9	107.5	107.5	107.5
装饰灯具	108.3	112.5	112.5	112.5	110.1	107.5	107.5	110.1	107.3	110.0	110.0	103.5	97.7
其他	108.5	106.0	112.1	112.1	112.1	112.1	112.1	105.9	105.9	105.9	105.9	105.9	105.9
床上用品	97.4	100.2	100.2	100.2	100.2	96.7	93.2	94.4	95.1	95.5	97.5	99.0	95.9
毛毯	100.5	102.3	102.3	102.3	102.3	99.2	96.1	96.1	96.1	96.1	101.8	107.6	103.9
被子	95.8	100.0	100.0	100.0	100.0	96.8	93.7	93.7	93.7	93.7	93.7	93.7	90.6
床上套件	95.4	100.0	100.0	100.0	100.0	95.1	90.1	90.1	90.1	91.3	95.2	97.8	94.6
其他	102.0	100.0	100.0	100.0	100.0	98.3	96.3	102.5	105.9	105.9	105.9	105.9	102.8

10—13 续表 5

类别	年度	月份											
		一	二	三	四	五	六	七	八	九	十	十一	十二
家庭日用杂品	108.4	103.8	104.4	104.7	104.5	104.0	105.3	108.9	111.4	112.9	113.3	113.0	113.7
茶具	111.0	107.4	109.7	108.1	106.1	103.0	108.8	121.1	113.7	113.7	113.7	113.7	113.7
餐具	101.4	103.1	104.8	104.8	103.1	100.7	99.8	99.8	100.1	100.1	100.1	100.1	100.1
厨具	112.3	97.5	94.9	97.5	100.0	100.0	105.4	112.9	124.5	128.4	128.0	128.0	131.3
家用手工工具	107.1	100.9	100.9	103.9	108.8	108.8	108.8	108.8	108.8	108.8	108.8	108.8	108.8
洗涤用品	108.2	102.1	105.2	105.1	105.7	106.4	105.4	105.7	105.7	109.2	115.5	116.0	116.1
其他	107.7	110.0	110.4	109.8	108.2	108.8	106.6	106.6	108.6	108.6	106.0	104.4	104.4
家庭服务及加工维修服务	101.9	102.2	97.4	102.4	102.4	102.4	102.4	102.4	102.4	102.4	102.4	102.4	102.4
家庭服务	105.7	106.9	94.3	106.9	106.9	106.9	106.9	106.9	106.9	106.9	106.9	106.9	106.9
加工维修服务	100.0	100.0	100.0	100.0	100.0	100.0	100.0	100.0	100.0	100.0	100.0	100.0	100.0
医疗保健和个人用品	**102.2**	**101.9**	**101.9**	**102.3**	**102.7**	**102.9**	**102.8**	**102.8**	**102.7**	**102.4**	**102.0**	**101.1**	**101.3**
医疗保健	101.5	101.7	101.2	101.6	101.7	101.9	101.8	102.0	101.9	101.6	101.4	100.7	100.9
医疗器具及用品	99.7	98.9	98.7	98.7	98.7	98.7	98.7	100.0	100.0	100.0	100.0	100.0	104.4
医疗器具及用品	99.7	98.9	98.7	98.7	98.7	98.7	98.7	100.0	100.0	100.0	100.0	100.0	104.4
中药材及中成药	102.9	104.9	103.2	103.4	103.4	103.8	103.2	103.1	103.0	102.3	101.7	101.6	101.6
中药材	107.3	113.8	106.5	106.9	108.0	110.8	109.1	108.4	108.2	105.8	103.9	103.4	103.6
中成药	101.4	102.0	102.1	102.2	101.8	101.5	101.2	101.3	101.2	101.0	100.9	100.9	100.9
西药	101.3	100.5	100.6	101.4	101.4	101.7	101.6	101.7	101.6	101.2	101.1	101.3	101.4
抗微生物药	99.7	99.2	99.2	99.2	99.2	99.2	99.2	100.0	100.0	100.0	100.0	100.4	101.0
消化系统用药	103.4	99.6	100.6	102.0	102.3	103.9	103.8	103.7	103.5	103.5	105.2	106.7	106.6
呼吸系统用药	100.8	100.0	100.0	100.5	101.0	101.0	101.0	101.0	101.0	101.0	101.0	101.0	101.0
解热镇痛及非甾体抗炎药	101.1	100.0	100.0	100.7	101.3	101.3	101.3	101.3	101.3	101.3	101.3	101.3	101.3
抗肿瘤药	99.7	100.1	99.9	99.9	99.9	99.9	99.5	99.0	99.0	99.7	99.7	99.7	99.7
激素及调节内分泌功能药	99.9	96.1	96.1	102.0	102.0	101.5	101.0	100.1	100.1	100.1	100.0	100.0	100.0
循环系统用药	100.3	99.2	99.7	100.9	100.2	100.2	100.5	100.7	100.6	100.5	100.4	100.2	100.5
神经系统用药	100.4	101.7	101.7	101.7	100.0	100.0	100.0	100.0	100.0	100.0	100.0	100.0	100.0
专科用药	100.9	100.0	100.0	100.3	100.6	101.3	101.3	101.3	101.3	101.3	101.3	100.9	100.6
其他	103.3	105.3	105.0	104.7	104.7	104.7	104.7	104.7	104.1	102.0	100.0	100.0	100.0
保健器具及用品	103.4	103.0	99.8	100.6	100.6	100.6	102.8	105.4	105.9	105.9	105.6	105.3	105.3
保健器具	100.9	108.6	103.4	100.0	100.0	100.0	100.0	100.0	100.0	100.0	100.0	100.0	100.0
滋补保健用品	103.6	102.6	99.5	100.6	100.6	100.6	103.0	105.8	106.3	106.3	106.0	105.7	105.7
医疗保健服务	100.5	100.9	100.9	100.9	101.1	101.1	101.1	101.1	101.1	101.1	101.1	98.1	98.1
挂号费	100.0	100.0	100.0	100.0	100.0	100.0	100.0	100.0	100.0	100.0	100.0	100.0	100.0
注射费	100.0	100.0	100.0	100.0	100.0	100.0	100.0	100.0	100.0	100.0	100.0	100.0	100.0
检查费	100.0	100.0	100.0	100.0	100.0	100.0	100.0	100.0	100.0	100.0	100.0	100.0	100.0
手术费	100.0	100.0	100.0	100.0	100.0	100.0	100.0	100.0	100.0	100.0	100.0	100.0	100.0

10—13 续表 6

类别	年度	月份 一	二	三	四	五	六	七	八	九	十	十一	十二
住院费	102.7	104.9	104.9	104.9	106.1	106.1	106.1	106.1	106.1	106.1	106.1	89.3	89.3
理疗费	100.0	100.0	100.0	100.0	100.0	100.0	100.0	100.0	100.0	100.0	100.0	100.0	100.0
化验费	100.0	100.0	100.0	100.0	100.0	100.0	100.0	100.0	100.0	100.0	100.0	100.0	100.0
其他	100.0	100.0	100.0	100.0	100.0	100.0	100.0	100.0	100.0	100.0	100.0	100.0	100.0
个人用品及服务	103.6	102.2	103.4	103.8	104.7	104.8	104.8	104.3	104.3	104.1	103.3	102.1	102.1
化妆美容用品	100.5	99.6	100.5	99.9	101.6	102.0	101.4	100.7	101.0	101.0	99.8	99.5	99.1
化妆美容器具	100.4	100.3	100.7	100.7	100.7	100.7	101.2	101.8	101.8	101.8	101.8	98.6	95.2
美容化妆品	103.2	101.7	103.3	103.3	103.3	103.3	103.3	103.3	103.3	103.3	103.3	103.3	103.3
护肤品	100.3	100.3	102.5	99.9	101.0	99.9	99.9	99.2	100.0	100.0	100.2	100.4	100.4
护发美容品	97.9	95.9	94.4	95.9	100.7	103.8	101.4	99.5	99.4	99.4	94.8	94.6	94.4
清洁化妆用品	103.5	100.7	101.7	101.5	102.8	103.3	103.5	103.2	103.7	104.5	104.6	106.0	106.9
洗发用品	103.2	100.0	100.8	100.8	102.4	102.5	102.2	102.0	103.2	104.7	103.9	106.8	108.5
洗浴用品	100.3	99.1	99.2	98.1	99.4	99.6	98.9	99.2	99.9	101.5	101.9	104.0	103.3
其他	110.0	104.9	107.8	109.2	109.8	111.4	114.2	112.9	111.4	109.4	110.7	108.0	110.0
个人饰品	111.7	109.0	113.0	117.0	117.0	116.2	116.6	115.8	114.1	112.6	109.5	101.0	99.7
首饰	124.2	113.4	125.6	135.2	136.4	136.4	136.4	137.2	134.7	130.9	119.8	94.4	95.4
皮件	100.9	104.3	102.3	103.3	101.4	100.8	102.3	101.3	99.2	99.2	99.2	101.2	96.6
手表	116.9	116.5	119.5	117.5	117.5	114.0	113.8	115.7	115.8	115.8	119.0	119.0	119.0
领带	99.7	100.0	100.0	100.0	100.0	100.0	100.0	100.0	100.0	100.0	100.0	100.0	96.9
其他	99.2	100.0	100.0	107.0	107.0	107.0	107.0	96.9	92.8	92.8	92.8	92.8	92.8
个人服务	102.7	103.2	103.2	103.2	103.2	103.2	103.2	103.2	103.2	102.3	102.3	101.4	101.4
美容	101.7	102.6	102.6	102.6	102.6	102.6	102.6	102.6	102.6	100.0	100.0	100.0	100.0
理(烫)发	102.9	102.9	102.9	102.9	102.9	102.9	102.9	102.9	102.9	102.9	102.9	102.9	102.9
洗浴	103.9	104.7	104.7	104.7	104.7	104.7	104.7	104.7	104.7	104.7	104.7	100.0	100.0
其他	101.3	101.9	101.9	101.9	101.9	101.9	101.9	101.9	101.9	100.0	100.0	100.0	100.0
交通和通信	**98.6**	**98.5**	**98.3**	**97.7**	**98.2**	**97.6**	**97.9**	**99.0**	**99.3**	**99.6**	**99.5**	**99.6**	**98.1**
交通	104.6	104.5	103.9	102.4	103.8	102.1	103.6	106.3	106.6	107.3	106.3	106.2	102.7
交通工具	99.7	97.6	97.4	97.9	98.1	98.4	99.3	101.0	101.6	101.6	101.3	101.5	101.5
摩托车	100.9	100.0	100.0	99.7	99.7	100.1	100.1	101.9	101.9	101.9	101.9	101.9	101.9
自行车	103.0	100.0	100.0	101.5	101.5	101.5	102.7	104.9	104.9	104.9	104.9	104.9	104.9
轿车	93.4	90.8	90.3	90.3	90.8	91.3	92.9	94.3	96.5	96.6	95.5	96.4	96.4
其他	100.0	100.0	100.0	100.0	100.0	100.0	100.0	100.0	100.0	100.0	100.0	100.0	100.0
车用燃料及零配件	112.5	105.7	106.8	106.9	106.9	106.9	111.9	120.4	120.9	120.9	121.0	113.3	108.4
汽油	116.1	106.9	109.0	109.0	109.0	109.0	115.6	127.1	127.1	127.1	127.1	116.6	110.1
柴油	117.9	109.9	109.9	109.9	109.9	109.9	117.2	130.2	130.2	130.2	130.2	117.9	110.5
零配件	100.0	100.0	100.0	100.0	100.0	100.0	100.0	100.0	100.0	100.0	100.0	100.0	100.0
其他	117.5	97.0	102.4	107.8	107.8	107.8	115.0	115.0	129.4	129.4	133.3	133.3	133.3

10—13 续表 7

类别	年度	一	二	三	四	五	六	七	八	九	十	十一	十二
		月份											
车辆使用及维修费	104.1	101.1	101.1	100.1	100.1	100.1	106.7	106.7	106.7	106.7	106.7	106.7	106.7
驾驶证	100.3	100.3	100.3	100.3	100.3	100.3	100.3	100.3	100.3	100.3	100.3	100.3	100.3
保险费	100.0	100.0	100.0	100.0	100.0	100.0	100.0	100.0	100.0	100.0	100.0	100.0	100.0
停车费	115.2	100.0	100.0	100.0	100.0	100.0	126.0	126.0	126.0	126.0	126.0	126.0	126.0
车辆修理服务费	101.2	100.0	100.0	100.0	100.0	100.0	102.0	102.0	102.0	102.0	102.0	102.0	102.0
其他	103.2	122.5	122.5	100.0	100.0	100.0	100.0	100.0	100.0	100.0	100.0	100.0	100.0
市区公共交通费	100.0	100.0	100.0	100.0	100.0	100.0	100.0	100.0	100.0	100.0	100.0	100.0	100.0
公共汽车票	100.0	100.0	100.0	100.0	100.0	100.0	100.0	100.0	100.0	100.0	100.0	100.0	100.0
出租汽车	100.0	100.0	100.0	100.0	100.0	100.0	100.0	100.0	100.0	100.0	100.0	100.0	100.0
其他	100.0	100.0	100.0	100.0	100.0	100.0	100.0	100.0	100.0	100.0	100.0	100.0	100.0
城市间交通费	108.1	109.8	108.4	105.0	108.2	104.1	105.9	109.9	110.4	111.9	109.8	110.7	103.6
飞机票	99.1	121.8	114.1	92.1	113.0	90.6	96.3	104.3	92.6	100.9	88.2	91.0	87.5
火车票	100.0	100.0	100.0	100.0	100.0	100.0	100.0	100.0	100.0	100.0	100.0	100.0	100.0
长途汽车	121.3	115.6	115.6	115.6	115.6	115.6	115.6	123.7	131.5	131.5	131.5	131.5	113.8
其他	100.0	100.0	100.0	100.0	100.0	100.0	100.0	100.0	100.0	100.0	100.0	100.0	100.0
通信	94.1	94.1	94.3	94.1	94.1	94.1	93.7	93.7	93.9	93.8	94.4	94.7	94.6
通信工具	69.7	69.5	70.5	70.0	69.4	69.8	67.9	67.7	68.6	68.2	70.8	72.7	72.0
固定电话机	94.5	97.7	97.8	97.8	96.7	95.6	94.4	93.4	92.4	92.0	92.0	92.0	92.0
移动电话机	65.0	64.6	65.7	65.0	64.5	65.0	63.0	63.0	64.1	63.6	66.5	68.6	67.7
其他	81.9	76.7	76.7	79.4	79.4	79.4	79.4	79.4	79.4	80.7	87.3	95.0	95.0
通信服务	99.9	100.0	99.9	99.9	99.9	99.9	99.9	99.9	99.9	99.9	99.9	99.9	99.9
移动通信费	100.0	100.0	100.0	100.0	100.0	100.0	100.0	100.0	100.0	100.0	100.0	100.0	100.0
市内电话费	100.0	100.0	100.0	100.0	100.0	100.0	100.0	100.0	100.0	100.0	100.0	100.0	100.0
长途电话费	100.0	100.0	100.0	100.0	100.0	100.0	100.0	100.0	100.0	100.0	100.0	100.0	100.0
月租费	100.0	100.0	100.0	100.0	100.0	100.0	100.0	100.0	100.0	100.0	100.0	100.0	100.0
上网费	100.0	100.0	100.0	100.0	100.0	100.0	100.0	100.0	100.0	100.0	100.0	100.0	100.0
信件邮寄	100.0	100.0	100.0	100.0	100.0	100.0	100.0	100.0	100.0	100.0	100.0	100.0	100.0
包裹邮寄	100.0	100.0	100.0	100.0	100.0	100.0	100.0	100.0	100.0	100.0	100.0	100.0	100.0
其他	87.7	100.0	86.6	86.6	86.6	86.6	86.6	86.6	86.6	86.6	86.6	86.6	86.6
娱乐教育文化用品及服务	**98.1**	**101.8**	**99.3**	**99.6**	**99.2**	**99.3**	**97.6**	**98.5**	**97.0**	**97.7**	**96.3**	**95.8**	**94.8**
文娱用耐用消费品及服务	87.9	92.1	91.2	90.5	91.2	90.8	89.5	89.2	88.4	87.0	83.8	82.2	78.0
电视机	82.7	90.3	88.1	85.7	86.3	88.7	88.7	87.0	86.1	80.5	74.1	70.1	64.3
激光视盘机	100.0	100.0	100.0	100.0	100.0	100.0	100.0	100.0	100.0	100.0	100.0	100.0	100.0

10—13 续表 8

类别	年度	月份 一	二	三	四	五	六	七	八	九	十	十一	十二
摄像机	92.7	97.9	95.8	95.8	95.8	95.8	95.8	90.9	90.9	89.5	88.1	88.1	88.1
照相机	85.9	89.5	88.6	88.6	88.1	86.0	81.6	81.6	81.6	81.6	88.3	88.3	86.7
家用音响	100.0	100.0	100.0	100.0	100.0	100.0	100.0	100.0	100.0	100.0	100.0	100.0	100.0
便携式音响	89.7	89.4	89.4	89.4	89.8	85.8	85.8	89.9	88.7	92.3	92.3	92.3	92.3
电脑	87.0	90.7	90.7	90.7	92.1	90.6	87.9	88.5	87.2	87.2	82.1	80.8	73.7
修理服务	100.0	100.0	100.0	100.0	100.0	100.0	100.0	100.0	100.0	100.0	100.0	100.0	100.0
教育	101.7	103.1	103.0	103.4	103.1	103.1	100.0	100.0	100.0	101.0	101.0	101.3	101.3
教材及参考书	99.9	97.6	96.7	98.1	98.1	98.1	98.1	98.3	98.3	104.1	104.1	104.1	104.1
工具书	107.4	106.3	106.3	106.3	106.3	106.3	106.3	108.6	108.6	108.6	108.6	108.6	108.6
教材	96.5	98.6	98.6	94.3	94.3	94.3	94.3	94.3	94.3	98.9	98.9	98.9	98.9
参考书	113.4	89.8	89.8	113.5	113.5	113.5	113.5	113.5	113.5	126.4	126.4	126.4	126.4
教育软件	86.0	100.0	84.7	84.7	84.7	84.7	84.7	84.7	84.7	84.7	84.7	84.7	84.7
学杂托幼费	101.9	103.8	103.8	104.0	103.7	103.7	100.2	100.2	100.2	100.5	100.5	100.9	100.9
义务教育杂费	104.6	111.8	111.8	111.8	111.8	111.8	100.0	100.0	100.0	100.0	100.0	100.0	100.0
非义务教育学杂费	100.0	100.0	100.0	100.0	100.0	100.0	100.0	100.0	100.0	100.0	100.0	100.0	100.0
技能培训学费	100.0	100.0	100.0	100.0	100.0	100.0	100.0	100.0	100.0	100.0	100.0	100.0	100.0
托幼费	108.2	105.4	105.4	107.1	109.5	109.5	109.5	109.5	109.5	110.6	110.6	106.3	106.3
其他	100.0	100.0	100.0	100.0	100.0	100.0	100.0	100.0	100.0	100.0	100.0	100.0	100.0
文化娱乐类	102.8	103.8	103.5	102.2	102.3	102.8	102.2	102.8	102.8	102.8	102.9	103.1	102.5
文化娱乐用品	103.0	100.1	100.1	101.4	101.6	103.1	103.0	104.8	104.8	104.6	105.0	104.5	102.8
乐器	100.0	100.0	100.0	100.0	100.0	100.0	100.0	100.0	100.0	100.0	100.0	100.0	100.0
音响光盘和磁带	100.0	100.0	100.0	100.0	100.0	100.0	100.0	100.0	100.0	100.0	100.0	100.0	100.0
照相胶卷和存储卡	92.0	92.4	92.4	92.4	92.4	92.4	92.4	92.4	92.4	95.9	100.0	93.1	75.5
录像磁带和视盘	100.0	100.0	100.0	100.0	100.0	100.0	100.0	100.0	100.0	100.0	100.0	100.0	100.0
儿童玩具	109.8	101.1	101.1	106.5	106.5	113.5	113.0	112.2	112.2	112.2	112.2	113.4	113.4
纸张本册	103.1	100.0	100.0	100.0	100.0	102.1	102.2	105.5	105.5	105.5	105.5	105.5	105.5
文具	106.6	103.2	103.2	103.2	103.2	103.2	103.2	112.2	112.2	108.7	108.7	108.7	108.7
体育用品	105.6	100.7	100.7	104.4	106.9	106.9	106.9	106.9	106.9	106.9	106.9	106.9	106.9
其他	100.0	100.0	100.0	100.0	100.0	100.0	100.0	100.0	100.0	100.0	100.0	100.0	100.0
书报杂志	103.2	102.7	102.7	102.7	102.7	102.7	102.7	102.7	102.7	102.7	102.7	105.3	105.3
书籍	101.1	100.0	100.0	100.0	100.0	100.0	100.0	100.0	100.0	100.0	100.0	106.7	106.7
报纸	107.5	107.5	107.5	107.5	107.5	107.5	107.5	107.5	107.5	107.5	107.5	107.5	107.5
杂志	100.0	100.0	100.0	100.0	100.0	100.0	100.0	100.0	100.0	100.0	100.0	100.0	100.0
文娱费	102.4	106.6	106.0	102.5	102.5	102.5	101.3	101.3	101.3	101.3	101.3	101.3	101.3
电影票	103.3	130.0	117.4	100.0	100.0	100.0	100.0	100.0	100.0	100.0	100.0	100.0	100.0

10—13 续表 9

类别	年度	月份 一	二	三	四	五	六	七	八	九	十	十一	十二
有线电视	100.0	100.0	100.0	100.0	100.0	100.0	100.0	100.0	100.0	100.0	100.0	100.0	100.0
健身活动	105.4	104.0	108.2	108.2	108.2	108.2	104.0	104.0	104.0	104.0	104.0	104.0	104.0
其他	100.0	100.0	100.0	100.0	100.0	100.0	100.0	100.0	100.0	100.0	100.0	100.0	100.0
旅游	97.6	109.8	93.1	98.9	93.7	95.9	98.2	101.9	94.4	97.8	95.1	96.6	97.5
旅行社收费	98.3	113.5	91.4	101.7	93.2	95.6	98.3	103.8	96.5	98.8	94.0	97.0	98.2
宾馆住宿	99.3	103.2	100.7	96.3	97.7	99.6	101.5	101.0	95.1	99.8	101.7	97.9	97.8
其他住宿	90.2	95.4	97.4	83.9	90.5	90.5	90.5	90.5	79.4	88.3	94.0	92.1	92.1
居住	**105.3**	**106.7**	**106.9**	**106.8**	**106.9**	**107.3**	**107.2**	**105.6**	**105.0**	**104.6**	**104.2**	**101.9**	**100.8**
建房及装修材料	106.3	104.6	104.5	106.6	107.4	109.6	108.8	106.6	105.9	105.1	105.1	105.6	105.4
木材	107.7	101.1	101.1	108.2	111.2	114.3	114.4	109.6	107.4	107.0	107.5	105.8	105.8
木地板	103.1	97.0	97.0	101.1	102.7	104.4	104.4	103.3	103.3	103.3	103.3	108.7	108.7
砖	105.0	108.2	106.5	106.5	104.3	104.3	104.5	103.8	103.8	103.8	103.8	105.1	105.1
水泥	123.0	109.5	109.5	111.6	113.5	129.8	137.6	132.5	131.6	124.2	126.3	124.2	124.2
涂料	104.2	111.4	111.4	110.1	110.1	110.1	100.0	100.0	100.0	100.0	100.0	100.0	100.0
胶合板	101.8	102.7	104.7	104.4	102.5	102.9	102.9	101.8	100.7	99.9	100.2	99.7	99.7
玻璃	109.4	107.6	107.0	113.5	121.2	124.9	123.1	110.1	103.3	101.9	101.7	102.1	101.0
粘胶	113.6	118.8	118.8	118.8	118.8	120.1	118.4	116.6	116.6	113.3	107.9	101.8	98.2
油漆	104.1	108.1	108.1	108.1	108.1	108.1	101.8	101.1	102.2	102.2	102.2	100.0	100.0
其他	99.1	102.2	102.2	101.7	103.6	99.1	98.2	97.0	97.0	97.0	97.0	97.0	97.0
租房	98.9	100.8	103.1	100.0	100.0	100.0	100.0	95.8	95.8	95.8	95.8	100.0	100.0
公房房租	100.0	100.0	100.0	100.0	100.0	100.0	100.0	100.0	100.0	100.0	100.0	100.0	100.0
私房房租	98.5	101.1	104.1	100.0	100.0	100.0	100.0	94.5	94.5	94.5	94.5	100.0	100.0
其他费用	100.0	100.0	100.0	100.0	100.0	100.0	100.0	100.0	100.0	100.0	100.0	100.0	100.0
自有住房	101.5	105.9	105.9	105.2	104.4	104.0	103.5	103.1	102.1	100.4	98.1	96.0	90.8
房屋贷款利率	104.4	117.3	117.3	115.2	112.6	111.4	109.9	108.7	105.7	101.2	95.1	89.7	76.5
物业管理费用	100.0	100.0	100.0	100.0	100.0	100.0	100.0	100.0	100.0	100.0	100.0	100.0	100.0
维护修理费用	100.0	100.0	100.0	100.0	100.0	100.0	100.0	100.0	100.0	100.0	100.0	100.0	100.0
水、电、燃料	107.4	109.1	109.1	109.1	109.1	109.1	109.1	107.9	107.2	107.2	107.2	102.9	102.6
水	100.0	100.0	100.0	100.0	100.0	100.0	100.0	100.0	100.0	100.0	100.0	100.0	100.0
电	100.0	100.0	100.0	100.0	100.0	100.0	100.0	100.0	100.0	100.0	100.0	100.0	100.0
液化石油气	110.9	117.4	117.4	117.4	117.4	117.4	117.4	110.1	106.4	106.4	106.4	101.8	100.0
管道燃气	100.0	100.0	100.0	100.0	100.0	100.0	100.0	100.0	100.0	100.0	100.0	100.0	100.0
其他燃料	135.1	139.5	139.5	139.5	139.5	139.5	139.5	139.5	139.5	139.5	139.5	116.7	116.7

10—14 商品零售价格分类指数

（2008 年，以上年价格为 100）

类别及名称	指数	类别及名称	指数
商品零售价格总指数	**105.9**	**服装鞋帽类**	**105.2**
食品类	**116.3**	服装	105.2
粮食	106.1	鞋帽袜	105.9
大米	99.7	**纺织品类**	**99.1**
面粉	106.8	棉布	105.3
油脂类	138.8	棉混纺布	102.6
肉禽及其制品	127.4	化纤布	104.3
水产品	103.6	毛线	112.8
鲜菜	118.9	**家用电器及音像器材类**	**96.8**
干菜及菜制品	112.1	**文化办公用品类**	**94.8**
调味品	112.6	**日用品类**	**109.3**
糖	105.6	日用百货	104.8
干鲜瓜果类	111.9	日用杂品	108.6
鲜果	112.7	**体育娱乐用品类**	**96.5**
糕点饼干面包	111.5	**交通通信用品类**	**90.2**
液体乳及乳制品	123.9	**家具类**	**102.9**
巴氏杀菌奶或消毒奶	125.1	**化妆品类**	**100.3**
奶粉	137.0	**金银珠宝类**	**115.3**
在外用膳食品类	112.7	**中西药品及医疗保健用品类**	**102.8**
主食	108.6	医疗器具及用品	99.7
炒菜	110.5	中药材及中成药	105.4
地方小吃	119.6	西药	101.4
其它食品	107.3	保健器具及用品	102.9
烟酒及饮料	**103.2**	**书报杂志及电子出版物类**	**102.9**
茶及饮料	104.7	**燃料类**	**116.1**
烟草	99.4	**建筑材料及五金电料类**	**109.9**
酒	103.9		

10—15 各种物价总指数

（2008 年）

	居民消费价格总指数	商品零售价格总指数
以 1957 年年价格为 100	718.2	534.8
以 1962 年年价格为 100	571.7	429.7
以 1965 年价格为 100	693.6	516.8
以 1970 年价格为 100	658.4	491.1
以 1978 年价格为 100	590.6	438.4
以 1980 年价格为 100	548.0	406.4
以 1985 年价格为 100	462.7	345.1
以 1990 年价格为 100	271.5	204.7
以 1992 年价格为 100	233.5	178.5
以 1995 年价格为 100	137.2	114.7
以 1997 年价格为 100	123.2	105.7
以 1998 年价格为 100	123.0	108.9
以 1999 年价格为 100	122.9	110.3
以 2000 年价格为 100	123.9	112.9
以 2001 年价格为 100	122.2	112.2
以 2002 年价格为 100	122.8	113.7
以 2003 年价格为 100	120.8	113.9
以 2004 年价格为 100	117.1	111.7
以 2005 年价格为 100	115.1	111.0
以 2006 年价格为 100	113.3	109.7
以 2007 年价格为 100	107.6	105.9

10—16 工业品出厂价格指数

（以上年价格为100）

	2002年	2003年	2004年	2005年	2006年	2007年	2008年
全部工业品出厂价格总指数	**99.3**	**105.5**	**107.1**	**106.0**	**107.0**	**104.0**	**111.5**
按轻重工业分							
轻工业	98.4	99.8	100.7	106.0	103.2	103.6	108.7
以农产品为原料	98.4	99.1	105.7	102.3	101.6	102.3	104.6
以非农产品为原料	98.2	100.5	96.1	105.3	104.8	105.2	114.0
重工业	99.7	108.7	110.7	107.6	108.4	104.3	112.8
采掘		99.5	108.5	120.8	121.2	110.4	134.0
原料	97.5	110.6	109.6	109.3	110.1	104.3	109.3
加工	100.8	107.1	112.1	101.2	101.5	102.2	114.9
按两大部类分							
生产资料	99.6	106.8	107.5	106.4	107.7	104.1	111.7
采掘		99.5	108.5	120.8	121.2	110.4	134.0
原料	97.4	110.3	109.0	109.0	110.3	104.3	109.3
加工	100.7	104.3	106.2	102.0	103.2	102.8	111.2
生活资料	98.6	99.8	104.0	101.5	99.9	103.9	110.3
食品	96.0	100.3	105.8	101.8	99.4	102.8	109.9
衣着	100.5	101.0	100.8	99.1	96.9	100.3	98.1
一般日用品	98.0	95.5	103.8	102.8	101.5	107.8	115.5
耐用消费品	92.4	97.0	98.1	10.2	98.5	98.3	102.5
按工业部门分							
冶金工业	99.0	109.0	129.4	94.8	104.2	112.2	120.8
电力工业	99.6	104.5	102.7	100.3	103.5	103.8	99.7
煤炭及炼焦工业	99.6	104.5	102.7	120.8	121.2	110.4	134.0
石油工业	97.5	115.5	110.4	117.8	123.0	102.5	120.3
化学工业	97.5	115.5	105.4	106.0	101.5	103.8	117.6
机械工业	102.3	106.8	105.4	106.0	106.4	101.5	104.8
建筑材料工业	93.8	99.5	102.5	99.1	100.2	102.9	116.3
森林工业	96.4	96.6	94.8	101.8	98.5	100.0	101.4
食品工业	96.0	100.1	105.9	101.0	99.8	104.1	112.3
纺织工业	89.9	97.6	106.5	110.8	103.7	101.1	97.4
缝纫工业	99.8	101.0	100.8	99.0	96.5	100.3	97.9
皮革工业		100.0	107.0	103.7	100.0	100.1	98.4
造纸工业	97.7	95.1	106.1	102.7	102.6	102.5	113.8
文教艺术用品工业	99.5	99.0	100.0	100.0	100.0	100.0	106.3
其它工业	97.2	112.7	118.1	105.5	99.9	103.3	127.9

10—16 续表

	2002 年	2003 年	2004 年	2005 年	2006 年	2007 年	2008 年
按工业行业分							
煤炭开采和洗选业		99.5	108.5	120.8	121.2	110.4	134.0
农副食品加工业	94.5	101.2	109.7	99.8	101.0	110.0	116.2
食品制造业	96.5	96.7	105.2	102.5	97.3	99.0	110.5
饮料制造业	94.9	102.5	101.8	100.5	101.8	101.8	104.8
纺织业	100.0	99.0	105.8	109.6	103.1	101.0	97.4
纺织服装、鞋、帽制造业	100.0	100.0	99.2	100.1	100.1	100.2	100.4
皮革、毛皮、羽毛(绒)及其制品业	93.5	100.0	107.0	103.7	100.0	100.1	98.4
家具制造业	91.5	95.6	97.3	101.8	98.5	98.3	102.7
造纸及纸制品业	97.5	95.1	106.1	102.5	102.6	102.5	113.8
印刷业和记录媒介的复制	98.1	102.6	100.0	100.0	100.0	100.0	106.7
石油加工、炼焦及核燃料加工业	104.1	115.6	110.7	118.6	123.6	102.5	120.6
化学原料及化学制品制造业	104.9	111.5	116.6	113.4	95.5	100.9	123.4
医药制造业	101.1	100.9	99.2	99.3	99.6	111.1	118.8
化学纤维制造业	87.2	95.5	115.8	104.1	98.5	101.7	99.9
橡胶制品业	99.9	100.0	88.8	97.9	110.0	104.6	111.7
塑料制品业	94.7	107.4	103.3	103.4	101.2	101.5	103.0
非金属矿物制品业	93.7	99.6	102.6	99.4	100.2	103.2	120.4
黑色金属冶炼及压延加工业	101.6	115.1	121.8	82.6	100.5	105.9	126.4
有色金属冶炼及压延加工业	92.7	100.3	145.4	116.5	115.9	121.8	115.0
金属制品业	99.5	100.9	113.9	101.4	91.7	102.8	116.3
通用设备制造业	95.9	97.8	103.5	101.5	101.9	101.4	105.1
专用设备制造业	90.5	93.8	98.2	105.2	104.3	99.0	109.9
交通运输设备制造业	105.7	101.8	100.0	100.0	100.0	100.0	100.0
电气机械及器材制造业	94.9	99.4	104.1	101.3	127.6	102.1	103.2
仪器仪表及文化、办公用机械制造业	98.3	100.1	101.4	105.2	101.1	100.2	101.5
电力、热力的生产和供应业	99.6	104.5	102.7	100.3	103.5	103.8	99.7
燃气生产和供应业	102.2	106.9	100.0	100.0	110.7	103.7	108.6
水的生产和供应业	100.0	115.8	124.6	108.8	100.0	100.0	100.0

10—17 主要原材料、燃料、动力购进价格指数

（以上年价格为 100）

	2003 年	2004 年	2005 年	2006 年	2007 年	2008 年
全部原材料购进价格	**108.90**	**116.9**	**117.1**	**106.5**	**105.4**	**123.2**
燃料、动力类	112.8	119.3	120.9	110.4	104.8	128.0
黑色金属材料类	114.0	131.9	107.7	89.2	106.2	133.9
# 钢材	112.0	128.0	105.7	88.7	104.8	133.4
其它	118.6	140.7	117.9	95.7	128.1	142.0
有色金属材料和电线类	105.2	136.1	115.3	116.8	119.3	140.4
化工原料类	108.6	111.9	119.0	106.3	110.7	110.0
木材及纸浆类	99.8	108.5	101.4	101.5	119.5	127.7
建筑材料及非金属矿类	98.2	105.7	107.8	106.3	106.2	150.6
其它工业原材料及半成品类	102.5	118.5	106.4	100.0	105.0	106.2
农副产品类	127.7	120.0	113.2	104.1	103.2	106.0
纺织原料类	82.0	102.5	122.8	97.2	101.2	102.0

10—18 银川市房屋销售价格指数

（以上年价格为 100）

	2001 年	2002 年	2003 年	2004 年	2005 年	2006 年	2007 年	2008 年
房屋销售价格总指数	**104.0**	**103.6**	**102.1**	**104.4**	**102.6**	**102.3**	**103.9**	**111.8**
新建房	**103.5**	**102.8**	**101.3**	**104.3**	**101.9**	**101.6**	**103.9**	**111.1**
住宅	103.6	102.7	101.5	104.7	102.0	102.1	104.3	109.9
经济适用房	102.4	100.3	100.0	102.3	101.3	100.0	100.0	101.8
普通住宅	103.7	103.0	102.1	106.3	102.2	102.3	105.0	110.4
多层住宅	103.7	103.3	102.1	106.3	102.6	103.1	105.4	110.7
高层住宅	103.6	100.4			100.5	100.4	102.9	105.9
高档住宅	101.6	103.1	100.0	99.6	100.0	101.7	100.9	103.3
高档公寓	101.6	103.1	100.0	99.6	100.0	101.7	101.9	104.5
非住宅	103.4	103.1	101.1	103.4	101.7	100.1	101.2	121.1
写字楼	105.2	100.0	98.3	100.0	101.1	100.0	100.5	104.6
商业房	103.4	103.9	101.3	104.1	102.3	100.2	101.3	122.2
其它	102.2	100.0	100.0	100.0	100.6	100.0		
二手房	**105.9**	**107.2**	**105.6**	**105.4**	**104.1**	**103.9**	**104.0**	**113.4**
住宅	105.0	106.0	107.0	105.3	103.6	103.5	103.8	111.1
多层住宅	105.0	106.0	107.0	105.3	104.3	103.5	103.8	107.5
非住宅	107.2	108.7	103.8	105.4	105.2	104.6	104.6	122.8
房屋租赁价格指数	**105.5**	**106.4**	**102.9**	**106.1**	**104.3**	**101.7**	**101.3**	**101.3**
土地交易价格指数	**103.2**	**102.9**	**103.4**	**105.8**	**103.4**	**103.1**	**105.7**	**106.0**

主要统计指标解释

【城镇居民家庭可支配收入】 指调查户可用于最终消费支出和其它非义务性支出以及储蓄的总和，即居民家庭可以用来自由支配的收入。它是家庭总收入扣除交纳的所得税、个人交纳的社会保障费以及调查户的记账补贴后的收入。

可支配收入＝家庭总收入－交纳所得税－个人交纳的社会保障支出－记账补贴

【城市居民家庭消费性支出】 指调查户用于本家庭日常生活的全部支出，包括食品、衣着、家庭设备用品及服务、医疗保健、交通和通讯、娱乐教育文化服务、居住、杂项商品和服务八大类等。不包括用于赠送的商品或服务。

【农民人均纯收入】 是总收入扣除生产费用支出，生产用固定资产折旧，交纳国家税收（主要农业税），村提留、乡统筹、保险费支出，其它各项收费后，归农民所有或支配的收入。它一般有现金和实物（折旧）两部分组成。

【农村居民家庭生活消费支出】 指农村常住居民家庭用于日常生活全部开支，是反映和研究农民家庭实际生活消费水平高低的重要指标。

【农民家庭商品性生活消费支出】 指农村常住居民家庭用其货币收入，在市场上购买食品、衣着、家庭用家具器皿、日用杂品、燃料、耐用消费品，以及文教卫生用品等生活消费总量。包括向国有商店、集体商店和集市贸易市场以及其他流通渠道购买的全部生活消费品。农民家庭商品性生活消费支出，是农民家庭生活消费支出一个重要组成部分，是用来反映和分析农民家庭生活消费水平的商品化程度，及其由自给性经济向商品经济发展趋势的重要指标，也是研究和预测农民家庭对市场消费品需求，制定商品供应计划的重要依据。

【商品零售价格指数】 是反映城乡商品零售价格变动趋势的一种经济指数。包括食品、饮料烟酒、服装鞋帽、纺织品、家用电器、文化办公用品、日用品、体育娱乐用品、交通通信用品、家具、化妆品、金银珠宝、中西药品及医疗保健用品、书报杂志及电子出版物、燃料、建筑材料及五金电料等十六个大类、552 种商品。与居民消费价格指数相比较而言，商品零售价格指数主要侧重于反映整个市场零售价格走势，而前者主要侧重同人民生活密切相关的社会产品和服务项目的最终价格波动状况。

【居民消费价格指数】 是反映一定时期内城乡居民所购买的生活消费品价格和服务项目价格变动趋势和程度的相对数，是对城市居民消费价格指数和农村居民消费价格指数进行综合汇总计算的结果。利用居民消费价格指数，可以观察和分析消费品的零售价格和服务价格变动对城乡居民实际生活费支出的影响程度。

【工业品出厂价格】 指工业企业的产品第一次进入流通领域的销售价格，也是构成工业总产值的价格因素。

【房屋销售价格】 指房产所有权转移时买卖双方实际成交的价格（合同价格）。它主要包括商品房销售和二手房销售两部分。

十一、城市公用事业

11—1 主要年份城市设施水平

	单位	2000	2001	2002	2003	2004	2005	2006	2007	2008
人均日生活用水量	升	201.69	204.3	202.79	202.95	191.1	196.41	190.77	175.22	180.17
用水普及率	%	98.68	87.91	88.01	88.46	89.69	90.6	90.81	91.78	99.05
每万人拥有公交车辆	标台	8.71	7.25	8.03	8.08	8.45	10.05	11.74	11.87	15.17
燃气普及率	%	92.28	82.29	86.73	90.3	91.01	92	92.82	93.6	97.56
人均拥有城市道路面积	平方米	7.78	7.47	8.42	10.43	13.51	14.13	14.19	14.63	15.02
排水管道密度	公里/平方公里	3.25	3.23	3.34	3.11	3.8	3.93	3.77	3.93	3.85
污水处理率	%	18.05	24.81	42.77	54.46	68.23	71.34	74.96	82.23	87.61
# 污水处理厂集中处理率	%			27.27	40.08	58.88	63.85	74.96	82.23	87.61
粪便处理率	%	80	82	83.5	85	86.7	90	100	100	100
清运生活垃圾无害化处理率	%	100	100	100	100	100	100	100	100	100
人均公园绿地面积	平方米	4.4	3.63	3.64	7.25	7.27	7.45	7.8	8	14.01
建成区绿地率	%	18.73	19.02	19.3	22.07	22.3	23.05	29.4	34.6	41.74
建成区绿化覆盖率	%	22.36	22.89	23.03	23.68	23.7	24.16	30.2	36.02	43.02

11—2 主要年份城市环境卫生

	单位	2000	2001	2002	2003	2004	2005	2006	2007	2008
从业人数	人	1682	1490	1941	1758	2086	2715	2748	2854	2958
道路清扫保洁面积	万平方米	419.6	446	446	631	748	1056	1116	1376	1564
# 机械清扫	万平方米	169.6	176	170	126	170	221	356	333	372
生活垃圾清运量	万吨	19.1	23.2	22.5	36.2	31	20	23	24	24.75
生活垃圾无害化处理厂(场)	座	2	2	2	2	1	1	1	1	1
生活垃圾无害化处理能力	吨/日	750	750	750	1350	1000	1000	1000	1000	1000
生活垃圾无害化处理量	万吨	19.1	23.2	22.5	36.2	31	20	23	24	24.75
粪便清运量	万吨	2.28	1.9	1.8	1.1	1.1	1.0	1.4	1.02	1.3
公厕数量	座	177	204	197	176	176	208	250	275	293
# 水冲式	座	163	198	191	169	171	205	208	275	251
市容环卫专用车辆	辆	123	120	123	107	126	138	167	165	215

注:城市公用事业方面资料均取自银川市城市统计年报。

11—3　主要年份城市供水

	单位	2000	2001	2002	2003	2004	2005	2006	2007	2008
年末水厂个数	个	5	5	5	5	5	5	5	6	6
地下水综合生产能力	万立方米/日	44	43.97	43.97	44.58	44.48	44.25	46.1	47	47
水质综合合格率	%	99.9	99.9	99.9	99.9	99.9	99.9	100	100	100
年末供水管道总长度	公里	568	577	586	652	732	754	763	794	821
全年供水总量	万立方米	12180	9801	9686	10004	10129	10020	9517	9059	10048
# 生产用量	万立方米	4537	4225	3866	4159	4091	3777	3165	2789	3029.5
居民生活用量	万立方米	4141	2595	2299	2404	2357	2715	3349	3413	4201
城市公共管网漏失率	%	17.9	19.4	19.7	15	12.3	10.3	13.7	8	14.9
用水户数	万户	14.13	22.43	11.43	19.53	20.91	21.30	21.36	22.82	22.54
用水人口	万人	56.25	57.57	60.97	63.53	68	71.6	75.34	88	88
城市居民人均生活用水量	升/人·日			103	104	97	104	105	106	131
节约用水量	万立方米	1240	1357	1590	2037	2946	2634	389	767	260

11—4　主要年份城市园林绿化

	单位	2000	2001	2002	2003	2004	2005	2006	2007	2008
园林绿地面积	公顷	1828	1937	2145	2888	3146	3346	4263	4859	5239
# 公园绿地面积	公顷	217.27	238	252	521	551.21	589	647	767	1384.92
年末绿化覆盖面积	公顷	2086	2222	2462	3075	3332	3512	4410	5073	5403
# 建成区	公顷	1164	1275	1385	1857	2114	2294	3191	3854	4764.81
公园个数	个	6	6	6	10	10	11	11	16	16
公园面积	公顷	80.83	80.83	92.7	192	192	293.3	315	486	486

11—5　主要年份城市公共交通

	单位	2000	2001	2002	2003	2004	2005	2006	2007	2008
公共汽车运营车辆数	辆	532	546	628	665	709	916	1079	992	1348
标准运营车辆	标台	430	475	556	580	641	794	974	1022	1113
运营线路网长度	公里	266	316	316	316	343	349	655	410	415
客运总量	万人次	6687	6503	7008	7087	7810	8979	10377	11081	15257
出租汽车数	辆	4220	4520	4520	4855	4587	4587	4587	4887	5006
出租汽车从业人员	人	9528	9528	9528	10460	9705	10067	10435	10670	11840

11—6 主要年份市政建设及城市燃气

	单位	2000	2001	2002	2003	2004	2005	2006	2007	2008
市政建设										
年末实有道路长度	公里	291	300.22	318.12	350.22	391.22	409.22	434	459	469
道路面积	万平方米	384	489	583	749	1024	1117	1177	1259	1335
# 人行道面积	万平方米	83	86	122	154	258	258	278	289	290
年末实有桥梁数	座	23	24	25	30	37	40	43	43	47
# 立交桥	座	1	2	2	2	2	2	2	2	2
排水管道长度	公里	169	180.12	200.62	243.62	339.12	373.12	398	421	426
路灯盏数	盏	15646	23476	31000	77721	89560	103045	108046	104000	114068
污水年排放量	万立方米	9744	7849	7748.8	8002	8103	8016	7709	7247	9546
污水处理厂座数	座		1	1	2	3	3	3	4	4
污水年处理量	万立方米	1759	1947	4753	5698	7086	5719	5707	5959	8363
防洪堤长度	公里	41.34	41.34	41.34	41.34	57.72	57.8	64	64	64
液化石油气										
供气总量	吨	12503	11469	11463	15545	19002	14069	12307	8012	7867
# 家庭用量	吨	12287	10759	8801	12495	10716	9211	8044	7847	7867
用气户数	户	130134	138052	145710	134207	127089	127089	122865	139765	123247
# 家庭用户	户	129450	137729	145388	132702	125559	125559	120456	139765	123247
用气人口	万人	44.22	47.52	52.92	48.86	44	44	42.28	41.92	36.97
天然气										
供气总量	万立方米	56	46389	47714	50423	63518	65971	71962	81474	87840
# 家庭用量	万立方米	21	167	460	636	3801	4610	6001	10073	11810
用气户数	户	4074	19390	24000	46638	89989	92024	115175	128805	154000
# 家庭用户	户	4074	19388	23915	46468	89700	91690	114764	128805	154000
用气人口	万人	1.35	6.37	7.17	15.99	25	28.71	34.72	38.64	49.7
供气管道长度	公里	81	189	300	354.7	410	761	903	1014	1326
集中供热										
供热能力(热水)	兆瓦	1859	1967	2023	2529	2926	3161	2982	2989	2887
# 热电厂供热(热水)	兆瓦	133	158	158	368	416	458	458	458	822
锅炉房供热	兆瓦	1726	1809	1865	2161	2510	2703	2521	2531	2051
供热总量(热水)	万吉焦	144	1517	1951	2439	2821	3048	2874	2885	2948
# 热电厂供热(热水)	万吉焦	118	122	122	355	401	441	441	441	1019
管道长度(热水)	公里	196	312	338	394	446	484	760	817	663
供热面积	万平方米	988	1276.6	1480	2174	2527.7	2697	2730.3	2822.9	3089.7
# 住宅	万平方米	834.6	1001.3	1125	1883	1990	2123	2186	2207.1	2479.9
集中供热率	%	48.0	57.0	60.0	64.5	67.3	74.0	69.14	66.32	71.03

11—7 主要年份城市规模及用地情况

	单位	2000	2001	2002	2003	2004	2005	2006	2007	2008
城市面积	平方公里	1277	1277	1294.5	2026.8	2026.8	1971.62	1636.8	2310.6	2310.6
# 建成区面积	平方公里	52.05	55.71	60.14	78.43	89.20	94.96	105.66	107.01	110.77
城市建设用地面积	平方公里	52.05	55.71	60.14	78.43	89.20	94.96	105.66	107.01	110.77
# 居住用地	平方公里	16.5	16.77	18.05	25.42	28.77	30.12	33.72	34.43	36.6
公共设施用地	平方公里	3.8	6.09	6.54	11.12	12.84	14.33	17.42	17.69	18.82
工业用地	平方公里	11	11.38	12.14	12.19	12.34	12.55	13.67	13.72	14.04
仓储用地	平方公里	3.1	3.14	3.14	4.13	5.26	5.26	5.26	5.28	5.42
对外交通用地	平方公里	5.01	5.01	5.01	5.01	5.01	5.01	5.01	5.01	5.01
市政公用设施用地	平方公里	4.3	4.5	4.5	4.64	4.64	4.9	5.11	5.11	5.11
征用土地面积	平方公里	1.79	0.71	1.38	3.96	8.68	2.16	13.70		

主要统计指标解释

【供水综合生产能力】 指按供水设施取水、净化、送水、出厂输水干管等环节设计能力计算的综合生产能力。包括在原设计能力的基础上，经挖、革、改增加的生产能力。计算时，以四个环节中最薄弱的环节为主确定能力。原则上按设计能力填报，对于经过更新改造后，实际生产能力与设计能力相差很大的，按实际能力填报。

【供水管道长度】 指从送水泵至用户水表之间所有管道的长度。不包括新安装尚未使用、水厂内以及用户建筑物内的管道。在同一条街道埋设两条或两条以上管道时，应按每条管道的长度计算。

【供水总量】 指报告期供水企业(单位)供出的全部水量。包括有效供水量和漏损水量。

有效供水量指水厂将水供出厂外后，各类用户实际使用到的水量。包括售水量和免费供水量。售水量指报告期供水企业(单位)收费供应的水量。免费供水量指无偿供应的水量，比如消防用水，特困居民免收水费的水量等。漏损水量指在供水过程中由于管道及附属设施破损而造成的漏水量、失窃水量以及水表失灵少计算的水量。

管道及附属设施漏水量指供水管道、闸井、表井、消火栓及中间加压设施(水池、水库、水塔)等各种管道及附属供水设施的明漏、暗漏、溢流、渗漏等漏失的水量。

【集中供热】 指从一个或多个热源通过热网向城市的热用户供给生产和生活热能的方式。要求具有一定的规模：大、中城市供热设备的单机容量在7兆瓦及以上(锅炉单台容量在10吨/时及以上)，民用建筑供热面积在10万平方米及以上；小城市供热设备的单机容量在3兆瓦及以上(锅炉单台容量在4吨/时及以上)，民用建筑供热面积在4万平方米及以上。工业供热能力不得小于7兆瓦(单台锅炉容量不小于10吨/时)。

【供热总量】 指在报告期供热企业(单位)向城市热用户输送全部蒸汽和热水的总热量。

【运营线路网长度】 指公共交通线路所通过的运营线路净长度。计算公式：

运营线路网长度 = 运营线路总长度 - Σ重复的线路长度

【污水处理能力】 指污水处理厂(或污水处理装置)每昼夜处理污水量的设计能力。

【绿化覆盖面积】 指城市中的乔木、灌木、草坪等所有植被的垂直投影面积。包括公园绿地、防护绿地、生产绿地、附属绿地、其他绿地的绿化种植覆盖面积、屋顶绿化覆盖面积以及零散树木的覆盖面积，不含各类绿地中的水域面积以及没有被植被覆盖的面积(硬化道路、无屋顶绿化的建筑物等)。乔木树冠下重迭的灌木和草本植物不能重复计算。

【绿地面积】 指报告期末用作园林和绿化的各种绿地面积。包括公园绿地、生产绿地、防护绿地、附属绿地和其他绿地的面积。

【公园绿地】 城市中向公众开放的、以游憩为主要功能，有一定的游憩设施和服务设施，同时兼有健全生态、美化景观、防灾减灾等综合作用的绿化用地。它是城市建设用地、城市绿地系统和城市市政公用设施的重要组成部分。

十二、教育、科学、文化

12—1 主要年份各类学校在校学生数

单位:人

年份	高等学校	# 普通高等学校	中等职业教育	# 中等专业学校	# 农业、职业学校	普通中学	小学
1949			190	190		482	11151
1950			419	419		562	11459
1951			708	708		508	11975
1952			1247	1247		729	14769
1953			1389	1389		885	17549
1954			1379	1379		1219	16939
1955			1088	1088		1638	20483
1956			1720	1720		2530	27199
1957			1673	1673		3526	31500
1958	329	329	2254	2254		5285	52329
1959	784	784	2609	2609		6918	60622
1960	1079	1079	4522	4522		7081	65047
1961	1288	1288	2817	2817		6205	51191
1962	1174	1174	919	919		5729	44091
1963	1084	1084	724	724		6804	50397
1964	1056	1056	816	816		7497	62525
1965	982	982	1005	1005		9322	71561
1966	808	808	900	900		9278	67636
1967	627	627	635	635		8766	66962
1968	351	351	612	612		7696	70280
1969						11696	73706
1970			200	200		16141	70880
1971			300	300		19701	78410
1972	441	441	445	445		19741	91292
1973	1025	1025	693	693		25048	102186
1974	1614	1614	800	800		31220	112264
1975	2023	1719	1438	1438		40450	119871
1976	3097	2089	1440	1440		53128	125505
1977	2929	2160	1766	1766		61198	126011

12—1 续表

单位:人

年份	高等学校	# 普通高等学校	中等职业教育	# 中等专业学校	# 农业、职业学校	普通中学	小学
1978	2690	2476	1896	1896		66814	126512
1979	7919	2542	2025	2025		63285	126062
1980	8582	3432	2648	2648		59887	123975
1981	7145	5078	3512	2668		55417	119041
1982	8776	4204	3349	2677		52891	115465
1983	10485	4563	4254	3342	279	54279	116699
1984	8519	5025	5757	3362	1377	54361	124486
1985	11139	5790	7547	4423	1580	72492	127998
1986	12536	6540	7420	5435	708	65506	128881
1987	12035	6681	11389	6216	2962	71233	130626
1988	12849	6949	12530	6539	3318	66622	129165
1989	13327	7183	12398	6539	2922	63840	126347
1990	12338	7279	11939	6463	2724	69628	123323
1991	11581	7234	18482	11526	2822	68373	119993
1992	11554	7803	20740	12399	3063	67684	118854
1993	13625	8848	22937	13638	3452	63037	119394
1994	15246	9701	28962	18678	3511	63064	172321
1995	14645	9873	22719	12613	3488	65217	123587
1996	15090	9700	23373	12730	3150	67636	131027
1997	11301	10173	24652	13692	3046	69072	127990
1998	19283	10522	28895	17979	3366	69797	132165
1999	22025	12249	29100	19240	3447	70811	132018
2000	28879	15901	32327	22977	4174	77013	136022
2001	43441	20134	35105	26993	3816	84674	136781
2002	55489	25947	31965	24391	3809	92068	135561
2003	62235	30891	35733	26667	3734	99186	134594
2004	57434	36801	36163	26421	4363	104201	140541
2005	60034	40925	42516	30650	5284	107253	142453
2006	71558	46073	45616	31351	7007	106880	147824
2007	74904	52657	48823	30071	8624	109841	149188
2008	79619	60505	57608	33912	10350	115179	149977

12—2　主要年份各类学校专任教师数

单位：人

年份	高等学校	# 普通高等学校	中等职业教育	# 中等专业学校	# 农业、职业学校	普通中学	小学
1949			21	21		40	433
1950			30	30		31	453
1951			42	42		37	508
1952			78	78		41	637
1953			67	67		45	487
1954			84	84		55	442
1955			55	55		62	525
1956			101	101		118	646
1957			103	103		142	779
1958	79	79	124	124		293	1223
1959	165	165	157	157		313	1397
1960	247	247	189	189		298	1682
1961	336	336	272	272		348	1622
1962	320	320	217	217		364	1591
1963	293	293	223	223		416	1682
1964	273	273	109	109		455	1965
1965	272	272	113	113		480	2214
1966	223	223	74	74		535	2447
1967	217	217	67	67		549	2079
1968	264	264	49	49		551	2264
1969	230	230	43	43		620	2612
1970	230	230	116	116		747	2862
1971	514	514	117	117		877	2679
1972	374	374	144	144		1047	3128
1973	467	467	161	161		1278	3512
1974	496	496	189	189		1393	3660
1975	535	518	330	330		1623	3969
1976	595	534	237	237		2132	4170
1977	674	580	232	232		2530	4433

12—2 续表

单位:人

年份	高等学校	# 普通高等学校	中等职业教育	# 中等专业学校	# 农业、职业学校	普通中学	小学
1978	658	637	208	208		2503	4479
1979	718	712	370	370		2640	4369
1980	766	738	473	388		2913	4563
1981	724	720	506	506		2938	4551
1982	990	862	1715	1378		3543	5063
1983	1173	1004	1695	1430	19	3622	5111
1984	1270	1126	1715	1363	89	3623	5082
1985	1426	1251	1737	1363	81	4135	5428
1986	1526	1322	2277	1853	46	4002	5314
1987	1590	1371	1512	969	200	3945	5338
1988	1789	1432	1747	969	217	3913	5407
1989	1749	1492	1984	975	221	5099	5534
1990	1717	1466	1672	950	273	4473	5388
1991	1803	1486	1948	1180	237	4210	5216
1992	1870	1562	2163	1328	233	4328	5536
1993	1829	1499	2232	1364	251	4382	5853
1994	1889	1736	2377	1465	248	4348	5988
1995	1792	1627	2428	1534	277	4466	6087
1996	1626	1626	2174	1364	240	4518	6054
1997	1779	1669	1872	975	263	4600	6140
1998	1777	1589	2249	1622	294	4625	6214
1999	1829	1646	2331	1516	299	4683	6543
2000	1897	1714	2352	1454	311	4855	6961
2001	2062	1867	2095	1345	320	5013	7087
2002	2063	1876	2159	1373	297	5256	7066
2003	2791	2711	1468	721	305	5675	6950
2004	2917	2917	1431	651	273	5873	6752
2005	3161	3161	1380	549	323	6146	6856
2006	3407	3407	1648	720	364	6398	6873
2007	3564	3564	1645	723	366	6424	6949
2008	3957	3892	2159	862	421	6941	6937

12—3 教 育 事 业

（2008 年）

	单位	总计	市区	永宁县	贺兰县	灵武市
学校数						
普通高等学校	所	10	9	1		
成人高等学校	所	1	1			
普通中等专业学校	所	11	11			
成人中等专业学校	所	4	4			
技工学校	所	14	14			
中学	所	78	46	11	8	13
职业中学	所	8	4	1	2	1
小学	所	235	107	50	51	27
本年毕业生数						
普通高等学校	人	12321	11672	649		
# 研究生	人	655	655			
成人高等学校	人	6722	6722			
普通中等专业学校	人	9738	9726	12		
成人中等专业学校	人	1863	1863			
技工学校	人	3082	3082			
中学	人	35069	21676	4643	4157	4593
职业中学	人	1805	1719	41		45
小学	人	21919	11857	3309	2831	3922
本年招生数						
普通高等学校	人	16656	15571	1085		
# 研究生	人	961	961			
成人高等学校	人	8352	8352			
普通中等专业学校	人	13414	12554	860		
成人中等专业学校	人	2425	2425			
技工学校	人	6344	6344			
中学	人	42259	28134	4501	4213	5411
职业中学	人	3434	2416	200	172	646
小学	人	23600	14181	3030	2727	3662

12—3 续表

	单位	总计	市区	永宁县	贺兰县	灵武市
本年在校学生数						
普通高等学校	人	60505	57004	3501		
# 研究生	人	2306	2306			
成人高等学校	人	19114	19114			
普通中等专业学校	人	29792	28411	1381		
成人中等专业学校	人	4120	4120			
技工学校	人	13346	13346			
中学	人	115179	77029	13503	11969	12678
职业中学	人	10350	8490	301	533	1026
小学	人	149977	88580	20282	17397	23718
本年教职工数						
普通高等学校	人	6924	6592	332		
成人高等学校	人	109	109			
普通中等专业学校	人	1084	1084			
成人中等专业学校	人	297	297			
技工学校	人	1355	1355			
中学	人	7841	5043	943	909	946
职业中学	人	526	379	37	28	82
小学	人	7080	3869	1051	1005	1155
本年专任教师数						
普通高等学校	人	3892	3700	192		
成人高等学校	人	65	65			
普通中等专业学校	人	687	687			
成人中等专业学校	人	175	175			
技工学校	人	876	876			
中学	人	6941	4370	865	804	902
职业中学	人	421	303	25	17	76
小学	人	6937	3796	1034	961	1146

12—4 学龄儿童入学和小学、初中毕业生情况

	单位	2008 年	2007 年
学龄儿童入学情况			
学龄儿童数	人	135744	135168
已入学学龄儿童数	人	135744	135168
学龄儿童入学率	%	100	100
小学毕业生升学情况			
小学毕业生数	人	24919	23198
初级中学学校招生数	人	25398	23900
小学毕业生升学率	%	100	100
初中毕业生升学情况			
初中毕业生数	人	22615	22712
高中学校招生数	人	16861	15296
普通高中入学率	%	74.5	67.3

12—5 广播电视基本情况

	单位	2008 年
广播		
广播电台	座	2
中短波广播发射台和转播台	座	1
广播综合覆盖率	%	100
节目套数	套	6
全年播音时间	时:分	27115:00
# 自办节目:新闻资讯	时:分	8203:00
专题服务	时:分	5671:00
综 艺 类	时:分	4931:00
广 告	时:分	5200:00
其 他	时:分	1456:00
全年广播节目制作时间	小时	7435:00
电视		
电视台	座	2
电视发射台和转播台	座	2
卫星电视地球站	座	1
电视综合覆盖率	%	100
节目套数	套	6
全年播出时间	时:分	35083:00
# 自办节目:新闻资讯	时:分	2453:00
专题服务	时:分	3188:00
综 艺 类	时:分	3270:00
广 告	时:分	6553:00
影 视 剧	时:分	16567:00
其 他	时:分	3052:00
全年电视节目制作时间	小时	4466:00

12—6 新闻出版情况

	2008 年	2007 年
图书		
种数(种)	460	595
总印数(万册)	1466	1558
总印张(千印张)	75329	93569
杂志		
种数(种)	35	35
总印数(万册)	340.60	373.64
总印张(千印张)	14986.40	14176.42
报纸		
种数(种)	20	20
总印数(万册)	10388.69	9806
总印张(千印张)	130316.50	164198

12—7　公共图书馆基本情况

（2008 年）

	总藏书量（册(件)）	# 开架书刊	书架单层总长度(米)
区属合计	**1569830**		**32076**
宁夏图书馆	1569830		32076
市属合计	**660890**	**272800**	**22147**
银川市图书馆	338000	221000	9000
西夏区文化体育活动中心	20850	20700	600
永宁县图书馆	70719	3000	7877
贺兰县图书馆	130400	10000	3200
灵武市图书馆	100921	18100	1470

	发放借书证数(个)	总流通人次(千人次)	# 书刊外借人次	为读者举办各种活动 次数(次)	参加人次(人次)	阅览室座席(个)	# 少儿阅读室座席
区属合计				**24**	**3612**	**234**	**12**
宁夏图书馆				24	3612	234	12
市属合计	**27078**	**595**	**200**	**55**	**27500**	**1497**	**259**
银川市图书馆	23200	431	153	20	19800	880	60
西夏区文化体育活动中心	72	11	10			100	
永宁县图书馆	870	15	15	5	1000	87	39
贺兰县图书馆	2800	120	20	9	4300	250	100
灵武市图书馆	136	18	2	21	2400	180	60

12—8 艺术表演团体基本情况

(2008 年)

	本年新排上演剧目	# 本团创作首演剧目	国内演出场次	# 农村演出场次	国内观众人次(千人次)	国外演出场次(场)
区属合计	**7**	**6**	**704**	**528**	**827**	**8**
宁夏歌舞团	4	4	104	26	80	8
宁夏京剧团	2	1	182	132	325	
宁夏话剧团	1	1	228	210	182	
宁夏秦腔剧团			190	160	285	
市属合计	**21**	**7**	**459**	**257**	**551**	**523**
银川市秦腔剧团	2	2	147	141	344	
银川市杂技团	15	2	48	3	50	523
银川说唱艺术团	2	1	132	13	132	
灵武民族艺术团	2	2	132	100	25	

12—9 群众艺术馆、文化馆基本情况

(2008 年)

	举办展览个数(个)	组织文艺活动次数(次)	举办训练班	
			班次(次)	结业人次(人次)
区属合计	**6**	**100**	**20**	**200**
宁夏群众艺术馆	6	100	20	200
市属合计	**57**	**330**	**183**	**7419**
银川市文化艺术馆	9	22	125	2267
兴庆区文化馆		40	10	500
西夏区文化体育活动中心		96	10	1200
永宁县文化馆	3	72	24	2600
贺兰县文化馆	45		8	200
灵武市文化馆		100	6	652

12—10 银川市规模以上工业企业科技活动情况

	2008年
企业数(个)	336
# 有科技活动的企业	59
科技活动人员(人)	5152
# 科学家和工程师	3437
# R&D 人员	2762
# 机构人员	2887
R&D 人员折合全时人员当量(人年)	1931.81
科技活动经费筹集总额(万元)	73008.8
# 企业资金	58422.8
金融机构贷款	7755.1
政府资金	6286.9
科技活动经费内部支出(万元)	70150.4
# 经常费支出	64496.7
科研基建支出	5653.7
# R&D 经费	33797.3
# 新产品开发经费	44759.5
企业办科技机构(个)	35
科技项目数(项)	665
# 新产品项目	474
项目经费(万元)	62112.1
新产品产值(万元)	447477.7
专利申请数(件)	148
# 发明专利	27
技术改造经费支出(万元)	234663.3
技术引进经费支出(万元)	158364.0
消化吸收经费支出(万元)	967.3
购买国内技术经费支出(万元)	1371.1

主要统计指标解释

【普通高等学校】 指按国家规定审批程序批准举办,通过全国统一招生考试招收高级中等学校毕业生或具有同等学历者,实施高等教育,培养高等专门人才的学校。包括大学、专门学院、高等专科学校和短期职业大学。

【成人高等学校】 指按照国家规定的审批程序批准举办,招收高中毕业或同等学历者,利用多种形式对成人实施高等教育,培养相当普通高等学校专科或本科毕业水平的专门人才的学校。包括广播电视大学、职工高等学校、农民高等学校、干部管理学院、教育学院、独立函授学院以及普通高等学校举办的函授、夜大学等。

【毕业生数】 指上学年度内,具有学籍的学生学完教学计划规定的全部课程,考试及格,实际毕业的学生数。不包括结业生和肄业生数。

【招生数】 指新学年开学时,一年级实际招收入学的新生数。不包括留级生和复学生数。

【在校学生数】 指学年初具有学籍的在校生总数。

【专任教师】 指主要从事教育工作人员。包括临时(一年以内)调去帮助做其他工作的教学人员。不包括调离教学岗位,担任行政领导工作或其他工作的原教学人员;不包括兼任教师和代课教师。

【艺术表演团体】 指从事戏曲、音乐、舞蹈、杂技等专业艺术表演,有独立账户,实行单独核算的团体。不包括半工半艺、半农半艺的业余剧团。

【艺术表演观众人数(人次)】 指售票、包场演出或民族地区免费演出的艺术表演观众人次数。不包括彩排审查和内部观摩演出的观看人次数。

十三、卫生、体育、民政、司法及其他

13—1 主要年份卫生发展情况

年份	卫生机构数（个）	医院、卫生院（个）	# 医院	卫生技术人员（人）	# 医生	卫生机构床位数（张）
1949	3	13	1	124	102	40
1950	18	15	4	158	14	40
1951	31	15	4	182	122	50
1952	26	15	4	251	148	120
1953	37	19	8	371	189	150
1954	51	21	10	471	231	200
1955	56	22	11	514	239	255
1956	83	21	10	708	396	276
1957	83	22	11	779	422	341
1958	96	25	14	992	487	501
1959	129	25	14	1210	648	635
1960	176	26	15	1379	777	726
1961	195	35	24	1444	735	739
1962	175	36	25	1344	692	795
1963	167	36	25	1500	756	924
1964	205	37	26	1712	815	1126
1965	199	37	26	1707	788	1234
1966	195	42	31	1834	812	1296
1967	190	42	31	1858	820	1313
1968	177	42	31	1905	852	1348
1969	176	42	31	1951	912	1448
1970	182	43	32	1993	993	1432
1971	192	47	36	2174	1060	1764
1972	208	48	37	2867	1273	1830
1973	243	47	36	3002	1396	1891
1974	257	46	35	3478	1605	2075
1975	275	53	42	3625	1653	2429
1976	313	55	44	3950	1813	2650
1977	331	57	46	4275	1934	2953

13—1 续表

年份	卫生机构数（个）	医院、卫生院（个）	# 医院	卫生技术人员（人）	# 医生	卫生机构床位数（张）
1978	312	60	60	4280	2000	2859
1979	337	58	58	4572	2078	2653
1980	392	60	60	5126	2354	2749
1981	416	61	61	5400	2352	3008
1982	466	61	61	5785	2440	3180
1983	474	63	63	6085	2610	3237
1984	438	63	63	6093	2613	3470
1985	433	59	59	6252	2758	3495
1986	475	53	53	6720	3021	3792
1987	478	45	45	7060	3221	3797
1988	455	56	56	7316	3418	4237
1989	447	55	55	7650	3585	4253
1990	510	54	54	7876	4082	4491
1991	472	51	51	8224	4060	4906
1992	471	53	53	8567	4136	5082
1993	389	50	50	8798	4364	5645
1994	403	74	74	7493	3641	5680
1995	134	76	76	7552	3845	5759
1996	148	67	67	7820	3678	5575
1997	135	67	67	7990	3754	5730
1998	136	67	67	7881	3564	5908
1999	136	40	40	7894	3612	5761
2000	137	39	39	7932	4033	6166
2001	137	86	49	8189	3860	6148
2002	130	83	42	7900	3357	6155
2003	149	94	53	8256	3582	6845
2004	163	107	62	8751	3762	7726
2005	158	104	59	8619	3660	8058
2006	143	95	52	8581	3631	8132
2007	495	101	58	10733	4541	7975
2008	595	101	59	11532	4827	8333

注：从 2007 年起卫生机构含社区卫生服务中心、诊所卫生所和医务室。

13—2　卫生机构、床位、人员数

（2008 年）

单位：人

	机构数（个）	床位数（张）	工作人员	卫生技术人员	# 医生	其他技术人员	管理人员	工勤人员
总　计	**595**	**8333**	**14056**	**11532**	**4827**	**717**	**633**	**1174**
医院	59	7282	9976	8053	3159	590	427	906
# 综合医院	36	5431	7821	6302	2474	490	289	740
中医医院	6	632	1039	901	391	40	30	68
中西医结合医院	1	100	82	70	22	8	3	1
专科医院	16	1119	1034	780	272	52	105	97
疗养院	1	100	48	29	12	3	7	9
社区卫生服务中心（站）	46	219	391	365	153	9	9	8
卫生院	42	342	606	559	233	4	15	28
门诊部	11	9	178	130	66	21	11	16
诊所、卫生院、医务室	400		1164	1111	711			53
急救中心（站）	1		35	20	12	3	2	10
采供血机构	1		45	33	7	5	4	3
妇幼保健院（所、站）	5	381	682	575	224	9	41	57
疾病预防控制中心	8		444	324	172	23	46	51
卫生监督所（中心）	8		235	182		6	33	14
医学在职培训机构	1		13	3	1	5	3	2
健康教育所（站、中心）	4		24	14	13	5	3	2
其他卫生机构	8		215	134	64	34	32	15

13—3 卫 生 事 业

(2008 年)

	全市	# 市区
机构数(个)	595	411
# 医院	59	45
床位数(张)	8333	6986
人员数(人)	14056	11765
卫生技术人员	11532	9564
执业(助理)医师	4827	3997
# 执业医师	4431	3781
注册护士	4258	3669
药师(士)	724	558
技师(士)	729	591
# 检验师	513	423
其他	994	749
其他技术人员	717	604
管理人员	633	561
工勤技能人员	1174	1036

13—4 中心敬老院、敬老院情况

(2008 年)

	中心敬老院和敬老院
院数(个)	7
床位数(张)	1180
年末在院人员数(人)	857

13—5 群众体育活动情况

（2008 年）

	举办运动会或比赛		举办全民健身活动情况		
	举办综合运动会次数	举办单项比赛次数	举办全民健身活动次数	# 1000 人以上的活动	参加活动人数
总　计	**20**	**26**	**116**	**40**	**1060280**
银川市	1	8	7	7	1007000
兴庆区	3	2	41	3	4920
西夏区	4		5	3	6220
金凤区	4		30	20	5000
永宁县	2	6	10		1140
贺兰县	5	7	11	4	5000
灵武市	1	3	12	3	31000

13—6 体育场地数（标准）

（2008 年）

	体育场	体育馆	游泳馆	游泳池	# 室内	有固定看台灯光球场	乒乓球房馆	篮球房馆	排球场
总　计	**26**	**9**	**2**	**8**	**7**	**1**	**8**	**5**	**88**
银川市	1	2	1				2	1	
兴庆区	6	4		6	5		4		21
西夏区	11	2	1						55
金凤区				2	2				
永宁县	2								5
贺兰县	4	1					2	4	4
灵武市	2					1			3

13—7 重点优抚对象人员情况

	单位	2008 年
重点优抚对象总人数	人	2530
革命伤残人员	人	990
“三属”人员	人	84
# 烈士家属	人	43
牺牲军人家属	人	24
病故军人家属	人	17
在乡退伍红军老战士、在乡西路军红军老战士、红军失散人员	人	4
在乡复员军人	人	955
带病回乡退伍军人	人	47
参战退役人员	人	266
参核退役人员	人	184

13—8 社会救济对象情况

	单位	2008 年
城乡低保对象	人	87299
# 城市低保对象	人	60970
农村低保对象	人	26329
五保老人总数	人	1147
# 集中供养	人	399
散居供养	人	748

13—9 律师、公证、调解工作基本情况

	单位	2008 年
律师工作		
律师事务所	家	29
律师	人	433
担任法律顾问	家	612
民(商)事代理	件	5938
刑事辩护	件	890
非诉讼事件	件	298
解答法律询问	人次	7350
代定法律事务文书	件	3507
公证工作		
公证处	家	5
公证员	人	34
办理公证	件	26581
办理涉外公证	件	2927
人民调解委员会		
专职司法助理员	人	106
人民调解委员会	个	744
人民调解员	人	4944
调解民间纠纷	件	9239

13—10 社会治安

	单位	2008 年
火灾		
火灾起数	起	1787
火灾死亡、伤亡人数	人	1
# 死亡人数	人	1
火灾事故经济损失	万元	182.29
交通事故		
交通事故起数	起	735
交通事故死亡、伤亡人数	人	993
# 死亡人数	人	130
交通事故经济损失	万元	345.82
刑事案件		
刑事案件立案数	起	61626
刑事案件破案数	起	5071

13—11 殡葬

(2008 年)

单位:个、亩

	公墓	占地
总　计	**114**	**32682**
经营性公墓	10	15682
# 市级公墓	6	7902
县级公墓	4	7780
# 回民公墓	2	2400
汉民公墓	8	13282
# 骨灰公墓	3	1102
公益性公墓	104	17000
# 乡、村级公墓	104	17000

13—12　一级以上地震情况

年份	发震时间					震中时间			震级
	月	日	时	分	秒	经度	纬度	地点	M_L
2008	02	24	03	29	35.3	106°15′	38°07′	灵武	1.6
2008	03	04	01	40	49.0	106°21′	38°08′	灵武	2.2
2008	03	15	15	13	57.5	106°17′	38°28′	银川	1.6
2008	03	18	10	47	05.6	106°18′	38°25′	永宁	1.8
2008	04	20	14	03	32.6	106°13′	38°05′	灵武	1.6
2008	06	04	13	32	30.4	105°52′	38°39′	银川	1.8
2008	07	20	04	34	46.3	106°26′	37°52′	灵武	1.7
2008	08	28	06	45	35.4	106°15′	38°07′	灵武	2.5
2008	09	20	08	58	19.0	106°17′	38°28′	银川	3.3
2008	10	22	02	54	05.6	106°13′	38°20′	永宁	2.3
2008	11	03	18	10	16.9	106°05′	38°34′	银川	2.2
2008	11	06	17	56	56.5	105°54′	38°32′	银川	2.2
2008	11	08	06	00	01.0	106°23′	38°00′	灵武	2.2
2008	11	13	15	13	52.5	106°18′	38°06′	灵武	1.6
2008	11	18	18	22	57.2	105°57′	38°43′	银川	2.0

注:不含离台较远的单台地震。

13—13 工业“三废”排放及处理利用情况

	单位	2008 年		单位	2008 年
工业废水排放总量	万吨	4934.98	生产工艺中去除的	吨	4235.08
工业废水排放达标量	万吨	4922.53	工业二氧化硫排放量	吨	18488.8
工业废水中污染物排放量	万吨		# 燃料燃烧中排放的	吨	17369.08
镉	吨	0.03	生产工艺中排放的	吨	1002.34
六价铬	吨		烟尘去除量	吨	127314.34
铅	吨	0.02	烟尘排放量	吨	6319.42
砷	吨	0.03	工业粉尘去除量	吨	68722.23
挥发酚	吨	1.25	工业粉尘排放量	吨	2078.59
氰化物	吨	0.03	工业固体废物产生量	万吨	136.11
化学需氧量	吨	11194.54	工业固体废物综合利用量	万吨	137.46
石油类	吨	17.22	工业固体废物贮存量	万吨	5
氨氮	吨	1415.45	工业固体废物处置量	万吨	12.1
工业废气排放总量	万标立方米	4980162	工业固体废物排放量	万吨	0.78
# 燃料燃烧中排放的	万标立方米	2935602	工业用水总量	万吨	84331.98
生产工艺中排放的	万标立方米	2044560	“三废”综合利用产品产值	万元	21458.2
工业二氧化硫去除量	吨	18514.64	工业炉窑数	座	80
# 燃料燃烧中去除的	吨	14279.56	# 烟尘排放达标	座	80

13—14 万元工业增加值主要污染物排放强度

单位:吨/万元

	2005 年	2006 年	2007 年	2008 年
万元工业增加值废水排放强度	23.66	43.79	31.92	23.34
万元工业增加值化学需氧量排放强度	0.0086	0.0132	0.0101	0.0053
万元工业增加值烟尘排放强度	0.0041	0.0035	0.0032	0.0030
万元工业增加值二氧化硫排放强度	0.0143	0.0127	0.0096	0.0087

主要统计指标解释

【卫生机构】 指各个部门(军事部门除外)、各种性质的设有专职卫生技术人员的卫生事业机构包括：医院、卫生院、门诊部、采供血机构、妇幼保健院(所、站)、专科疾病防治院(所、站)、疾病预防控制中心(防疫站)、卫生监督所、医学科学研究机构、医学在职培训机构、健康教育所(站、中心)、其他卫生机构。

【医院】 指名称为医院、设有固定床位能收容病人住院并能为病人提供医疗、护理服务的医疗机构。包括县及县以上医院、农村乡卫生院、其他医院三部分,按所属性质分为卫生部门、工业及其他部门、集体所有制三类。其中县及县以上医院按业务性质分为综合医院和专科医院。

【卫生技术人员】 指卫生事业机构支付工资的全部固定职工和合同制职工中现任职务为卫生技术工作的人员。包括执业医师、执业助理医师、注册护士、药剂人员、检验人员、其他。

【医生】 指经卫生部门审查合格,从事医疗工作的专业人员。包括卫生技术人员中的执业医师、执业助理医师、其他。

【公证员】 是国家的法律工作者,是在公证处专门行使国家证明权,独立办理公证事务的法律专业人员。

【公证文书】 是指公证处根据当事人的申请,依照事实和法律,按照法定程序制作的,具有特殊法律效力的司法证明文书。

【废水排放总量】 废水包括生产废水和生活废水。生产废水指企业事业单位在生产、科研、医疗等工作中,向外环境排放的所有废水。

【工业废水达标量】 指全国达到国家排放标准的外排工业废水量(包括经过处理和未经处理的)。但不包括虽经处理仍未达到国家排放标准的工业废水。

【工业粉尘回收量】 指经过各种回收处理装置回收的工业粉尘和尘泥量(包括干法和湿法)。

【工业粉尘排放量】 指生产工艺过程中排放的固体粉状物重量。

【工业固体废物产生量】 指工矿企业、事业单位在生产(试验)过程中产生的工业固体废弃物总量,不包括矿山开采的剥离废石和掘进废石(煤矸石除外)。

【工业固体废物综合利用量】 指已用作农业服料、造田、生产建筑材料以及其他方式综合利用的工业固体废物量(不包括填埋和焚烧量)。

【三废综合利用产品产值】 指企业利用“三废”作为主要原料生产的回收利用的产品产值。

【三废综合利用利润】 指企业利用“三废”作为主要原料生产和回收利用的产品售后所得的利润额。

【污染事故】 指由于某种原因引起的、偶然的、突发性的向环境排放污染物,从而造成环境污染和损害,其直接经济损失在千元以上的事件。

十四、省会城市主要统计指标

14—1 省会城市主要统计指标

单位:亿元

城市名称	地区生产总值				第一产业增加值			
	2008 年	位次	同比 ± %	位次	2008 年	位次	同比 ± %	位次
银　川	514.11	23	13.3	13	30.23	23	7.3	7
呼和浩特	1316.37	18	13.6	12	75.16	18	7.8	5
贵　阳	811.05	22	13.1	15	47.21	21	7.2	9
兰　州	846.28	21	11.5	24	28.10	24	5.7	13
昆　明	1605.39	17	12.0	23	104.90	12	6.2	12
乌鲁木齐	1020.00	20	15.0	7	18.00	26	8.0	3
西　宁	422.19	26	14.7	9	19.21	25	5.0	16
成　都	3900.98	4	12.1	20	270.15	3	4.4	18
西　安	2190.04	14	15.6	4	103.45	13	7.6	6
南　宁	1316.21	19	14.5	10	93.00	16	1.3	24
福　州	2284.16	13	13.0	16	234.90	5	4.8	17
广　州	8215.82	1	12.3	18	167.72	9	1.8	23
海　口	443.18	25	10.4	26	31.40	22	8.6	2
哈尔滨	2868.20	10	13.2	14	390.20	1	6.9	10
沈　阳	3860.47	6	16.3	3	183.68	7	8.0	3
武　汉	3960.08	3	15.1	5	144.70	10	3.0	22
南　京	3775.00	7	12.1	20	93.00	16	1.3	24
长　春	3900.98	4	12.1	20	270.15	3	4.4	18
杭　州	2561.90	12	16.5	2	217.80	6	12.0	1
济　南	4419.50	2	12.4	17	63.00	19	3.8	21
南　昌	490.25	24	14.5	10	49.18	20	1.1	26
长　沙	1660.08	16	15.0	7	96.45	14	5.6	14
合　肥	3000.98	9	15.1	5	172.38	8	6.8	11
太　原	1664.84	15	17.2	1	105.20	11	7.3	7
石家庄	2838.37	11	11.0	25	309.69	2	4.0	20
郑　州	3004.00	8	12.2	19	94.70	15	5.6	14

14—1 续表 1

单位:亿元

城市名称	第二产业增加值				第三产业增加值			
	2008 年	位次	同比 ± %	位次	2008 年	位次	同比 ± %	位次
银　川	250.71	24	15.1	12	233.17	24	12.2	18
呼和浩特	501.89	19	12.2	18	739.32	16	15.1	4
贵　阳	380.95	23	12.1	19	382.89	22	15.0	6
兰　州	398.25	22	11.4	20	419.93	21	12.0	20
昆　明	740.26	18	13.0	16	760.23	15	12.0	19
乌鲁木齐	425.00	21	17.3	6	577.00	20	13.8	11
西　宁	227.39	25	19.2	2	175.59	26	10.6	23
成　都	1816.66	5	15.6	11	1814.17	4	9.9	24
西　安	987.70	14	17.0	7	1098.89	12	15.1	4
南　宁	456.12	20	14.8	13	659.90	18	17.1	2
福　州	1083.92	12	15.8	10	965.34	14	11.7	21
广　州	3198.96	1	10.9	21	4849.14	1	13.6	13
海　口	113.28	26	1.7	26	298.50	23	14.4	8
哈尔滨	1077.60	13	14.5	15	1400.40	8	13.9	10
沈　阳	1934.12	3	18.4	4	1742.68	7	15.0	6
武　汉	1827.65	4	17.7	5	1987.73	2	13.5	14
南　京	1795.00	6	9.6	23	1887.00	3	15.3	3
长　春	1311.80	10	16.5	9	1814.17	4	9.9	24
杭　州	2389.38	2	9.0	24	1032.30	13	17.3	1
济　南	1330.68	9	10.1	22	1809.93	6	13.8	11
南　昌	924.73	15	18.7	3	214.63	25	12.8	17
长　沙	1567.41	8	16.8	8	638.90	19	11.3	22
合　肥	834.92	16	21.7	1	1261.19	9	14.3	9
太　原	741.05	17	3.0	25	724.72	17	13.3	15
石家庄	1104.13	11	12.9	17	1104.13	11	12.9	16
郑　州	1659.50	7	14.8	13	1249.80	10	9.2	26

14—1 续表 2

单位:亿元

城市名称	规模以上工业增加值				全社会固定资产投资			
	2008 年	位次	同比 ± %	位次	2008 年	位次	同比 ± %	位次
银　川	200.95	23	17.1	14	365.69	21	24.9	13
呼和浩特	330.13	18	11.2	20				
贵　阳	279.13	22	8.3	22	601.57	19	20.2	22
兰　州	296.59	20	13.5	17	431.98	20	20.5	21
昆　明	495.40	17	13.0	19	1053.16	17	28.8	9
乌鲁木齐	318.00	19	18.0	13	349.66	22	24.2	15
西　宁	187.26	24	23.6	6	221.31	24	23.7	18
成　都	1277.90	6	24.0	4	3012.90	1	25.8	11
西　安	602.09	14	19.5	10	1906.19	7	32.8	4
南　宁	280.28	21	18.9	11	693.44	18	23.8	17
福　州	805.18	12	17.0	15	1248.90	15	24.7	14
广　州	2693.10	1	-4.7	26	2104.56	6	12.9	24
海　口	75.43	26	-0.9	25	219.06	25	20.5	20
哈尔滨	513.50	16	14.7	16	1341.30	14	30.2	5
沈　阳	1714.24	3	25.3	2	3008.65	3	27.4	10
武　汉	1388.00	4	20.3	9	2252.05	4	30.0	6
南　京	1322.03	5	6.0	23	2154.17	5	15.3	23
长　春	1277.90	6	24.0	4	3012.90	1	25.8	11
杭　州	884.50	11	6.0	23	1818.80	11	34.7	2
济　南	2246.21	2	9.0	21	1877.02	8	12.1	25
南　昌	147.20	25	25.0	3	339.43	23	21.4	19
长　沙	543.40	15	21.3	8	1098.85	16	34.0	3
合　肥	932.80	10	23.0	7	1873.33	9	29.6	8
太　原	606.29	13	26.3	1	1838.64	10	40.3	1
石家庄	1095.81	9	13.2	18	1724.23	13	24.0	16
郑　州	1223.70	8	18.1	12	1772.70	12	29.7	7

14—1 续表 3

单位:亿元

城市名称	房地产开发投资				社会消费品零售总额			
	2008 年	位次	同比 ± %	位次	2008 年	位次	同比 ± %	位次
银　　川	78.61	23	25.3	11	155.77	26	21.6	18
呼和浩特	177.07	18	36.4	7	533.16	18	23.8	6
贵　　阳	170.10	19	25.9	10	343.53	22	23.0	9
兰　　州	92.51	22	24.3	12	395.04	21	17.0	26
昆　　明	259.29	15	16.8	17	700.74	15	23.1	8
乌鲁木齐	100.35	21	22.7	14	418.64	20	25.9	1
西　　宁	44.72	25	41.5	4	169.99	24	22.3	14
成　　都	912.50	2	0.3	23	1621.90	4	19.5	23
西　　安	540.10	7	39.4	5	1154.30	11	25.3	3
南　　宁	199.30	17	6.3	22	631.68	16	22.5	12
福　　州	309.80	13	-17.7	26	1134.37	12	20.6	21
广　　州	762.43	4	8.3	21	3140.13	1	21.0	20
海　　口	71.25	24	18.6	16	234.75	23	24.0	4
哈 尔 滨	215.80	16	15.1	18	1264.00	9	22.0	16
沈　　阳	1010.91	1	38.4	6	1505.54	6	22.2	15
武　　汉	570.36	5	24.1	13	1850.05	2	21.8	17
南　　京	508.17	8	13.9	19	1651.82	3	19.7	22
长　　春	912.50	2	0.3	23	1621.90	4	19.5	23
杭　　州	352.90	12	36.0	8	945.70	14	21.5	19
济　　南	449.72	10	18.9	15	1391.48	7	22.6	11
南　　昌	38.95	26	-0.5	25	157.83	25	19.2	25
长　　沙	163.30	20	30.0	9	528.89	19	24.0	4
合　　肥	469.47	9	13.7	20	1273.87	8	22.8	10
太　　原	565.47	6	46.9	1	588.36	17	25.5	2
石 家 庄	280.40	14	42.0	3	1005.20	13	22.4	13
郑　　州	430.00	11	43.9	2	1206.20	10	23.2	7

14—1 续表 4

单位:亿元

城市名称	地方一般预算收入				地方一般预算支出			
	2008 年	位次	同比 ± %	位次	2008 年	位次	同比 ± %	位次
银　川	35.81	24	29.6	6	63.04	25	30.1	12
呼和浩特	82.24	21	54.2	2	133.10	20	32.4	11
贵　阳	89.05	20	17.3	21	142.23	19	33.6	10
兰　州	50.86	22	25.4	11	99.56	21	19.5	21
昆　明	174.99	10	31.5	5	233.74	12	41.8	4
乌鲁木齐	100.98	18	37.5	3	99.35	22	45.4	3
西　宁	23.45	26	27.3	9	67.25	24	49.3	2
成　都	354.69	4	19.1	15	506.43	2	40.0	6
西　安	145.61	14	28.9	7	226.99	13	40.8	5
南　宁	92.88	19	32.4	4	165.22	17	39.9	8
福　州	168.86	11	15.2	25	175.97	16	23.0	17
广　州	621.96	1	18.7	18	713.00	1	14.3	25
海　口	31.03	25	19.1	15	45.94	26	8.6	26
哈尔滨	164.00	12	24.2	13	301.30	8	25.6	15
沈　阳	291.00	6	26.1	10	408.30	4	20.2	20
武　汉	277.32	7	25.1	12	377.88	6	23.0	17
南　京	386.56	2	17.1	24	404.67	5	18.0	24
长　春	354.69	4	19.1	15	506.43	2	40.0	6
杭　州	119.00	15	27.6	8	240.30	11	32.4	11
济　南	365.43	3	21.6	14	338.98	7	25.2	16
南　昌	43.15	23	17.1	22	76.78	23	35.9	9
长　沙	102.15	17	17.1	22	148.17	18	26.7	14
合　肥	205.60	9	17.4	20	260.60	10	19.4	22
太　原	160.94	13	57.8	1	206.78	14	56.3	1
石家庄	110.04	16	14.8	26	193.79	15	18.8	23
郑　州	260.40	8	18.6	19	289.50	9	22.2	19

14—1 续表 5

单位:亿元

城市名称	金融机构存款余额				金融机构贷款余额			
	2008 年	位次	同比 ± %	位次	2008 年	位次	同比 ± %	位次
银川	993.91	25	22.8	13	965.08	24	21.2	10
呼和浩特	1649.83	22	29.2	4	1458.61	21	29.4	5
贵阳	1994.78	21	19.6	17	1623.77	19	18.7	16
兰州	2156.29	20	21.6	14	1520.26	20	17.1	22
昆明	4267.47	10	17.4	22	4012.41	6	21.0	11
乌鲁木齐	2371.96	17	15.3	25	1217.32	22	11.1	26
西宁	998.82	24	26.2	5	857.34	25	18.8	15
成都	8317.08	3	29.6	2	5409.72	3	32.7	1
西安	5711.27	6	25.2	6	3235.84	11	29.7	4
南宁	2320.48	18	24.0	11	2316.63	16	21.8	9
福州	3858.76	13	17.3	23	3078.22	12	17.9	18
广州	16421.05	1	14.8	26	10304.73	1	19.9	14
海口	1359.24	23	24.9	7	1092.25	23	24.8	8
哈尔滨	3974.80	12	19.0	18	2636.80	14	15.9	24
沈阳	5275.92	8	16.0	24	3526.16	9	27.3	6
武汉	6497.93	5	18.9	19	5176.23	5	17.7	20
南京	8392.88	2	19.9	16	7171.69	2	18.6	17
长春	8317.08	3	29.6	2	5409.72	3	32.7	1
杭州	3024.50	15	18.5	21	2811.80	13	20.4	12
济南	5321.81	7	24.4	9	3725.07	7	20.3	13
南昌	730.84	26	30.1	1	635.43	26	31.2	3
长沙	2471.16	16	21.3	15	2112.02	17	17.9	19
合肥	3819.63	14	18.6	20	3420.85	10	17.7	20
太原	2270.96	19	24.3	10	2475.33	15	17.0	23
石家庄	4111.56	11	23.4	12	2079.93	18	13.1	25
郑州	4916.40	9	24.9	7	3612.30	8	25.9	7

14—1 续表 6

单位:元

城市名称	城镇居民人均可支配收入				农民人均纯收入			
	2008 年	位次	同比 ±%	位次	2008 年	位次	同比 ±%	位次
银　川	14458	20	18.7	5	4917	21	14.3	18
呼和浩特	20267	5	19.8	3	7051	9	15.2	14
贵　阳	13817	23	8.1	25	4818	22	17.8	8
兰　州	11677	26	13.7	19	3503	26	13.7	21
昆　明	14482	19	19.8	3	4610	23	15.2	14
乌鲁木齐	12328	24	8.4	24	6116	13	8.0	26
西　宁	11929	25	12.2	22	3944	25	16.1	12
成　都	16943	9	14.1	15	6841	10	21.3	1
西　安	15207	14	20.1	2	5212	20	18.5	5
南　宁	14446	21	21.6	1	4001	24	15.6	13
福　州	19009	6	16.0	10	7142	8	13.6	22
广　州	25316	1	12.7	21	9828	3	14.1	19
海　口	14150	22	15.1	12	5215	19	13.8	20
哈尔滨	14589	18	14.2	14	5961	14	17.6	9
沈　阳	17013	8	16.5	7	8029	5	18.0	7
武　汉	16712	11	16.4	8	6349	12	18.2	6
南　京	23123	3	13.8	18	8951	4	11.6	24
长　春	16943	9	14.1	15	6841	10	21.3	1
杭　州	15003	17	17.1	6	5292	18	17.4	10
济　南	23605	2	13.0	20	11280	2	12.5	23
南　昌	22257	4	12.1	23	11367	1	16.9	11
长　沙	15112	15	15.6	11	5774	15	14.7	16
合　肥	18282	7	-11.6	26	8002	6	21.0	3
太　原	15591	13	16.1	9	5368	17	19.7	4
石家庄	15062	16	14.1	17	5469	16	10.4	25
郑　州	16120	12	14.5	13	7548	7	14.5	17

附　　记

银川市统计局2008年统计工作大事记

1月4日　市政府副市长王久彬、市委组织部副部长刘涛等领导来我局宣布干部任免通知，王奎任市统计局党组书记，免去高云山市统计局党组书记职务。

是日　市诚信办召开银川市诚信周刊首发仪式，尤艳茹常委、王久彬副市长、赵勇副秘书长及市诚信领导小组成员单位领导等130人参加了首发式。

是日　我局召开银川市三级联网启动仪式，市领导王久彬列会并做重要讲话，局领导高云山和王奎、我局全体干部及各县（市）区统计局，乡镇办事处统计站负责人参加了会议，在会上我局向各乡镇办事处统计站配发了计算机和打印机。

1月9日　银川市第十三届人民代表大会常务委员会第一次会议通过任命王奎为银川市统计局局长。

1月15日　市人大办公厅以银人常办发〔2008〕3号文件印发了"关于市十三届人大常委会主任，副主任秘书长工作分工的通知"，统计工作由马世伟副主任分管。

1月22日　市政府以银政干发〔2008〕4号印发了"银川市人民政府关于王勇等任职的通知"，任命王奎为银川市统计局局长。

2月4日　市政府办公厅以银政办发〔2008〕29号文件印发了"关于银川市市长副市长秘书长工作分工的通知"，文件明确王久彬副市长分管统计工作。

2月25日　自治区统计局召开全区统计工作会议，会议表彰了"2007年全区市县（区）统计工作综合考核先进单位"，我局获先进单位，受到表彰奖励。

是日　市委市政府以银党办发〔2008〕15号文件印发了"关于表彰2007年五创工作先进集体和先进个人的决定"，我局获先进集体，赵玲副局长和杨金柱组长为先进个人，受到了表彰奖励。

3月6日　市委办公厅以银党办发〔2008〕37号文件印发了"关于表彰2007年度全市党委统计信息工作先进单位和先进工作者的决定"我局被评为先进单位，马海燕被评为先进工作者，受到了表彰奖励。

3月8日　我局召开庆三八联谊会，在会上调整了工会组成人员，曹庆宁为主席，赵翠云、吴慧、王丹玥和刘仁春为委员；调整了局妇委会成员，罗银香为主任，赵翠云、王伟、王丹玥、吴慧为委员，在会上表演了文艺节目，市直工委陈燕、王宁康、黄宗耀、宋秀荣应邀参加了联谊会。

3月21日　市委以银党发〔2008〕19号文件印发了"中共银川市委、市人民政府关于表彰2007年度全市目标责任管理考核优秀集体的决定"，我局获优秀奖，受到了表彰奖励。

3月25日　市委办公厅以银党办发〔2008〕51号印发了"关于调整《当代中国城市发展丛书（银川卷）》编审委员会组成人员的通知"，主任为崔波、副主任为孙荣山、王儒贵、马建民，我局王奎局长及自治区和银川市有关部门的专家、领导为成员。

是日　自治区统计局党组书记贾红邦、局长梅廷彦、纪检组长刘甘霜率自治区统计局有关处室领导来我市调研和指导统计工作，市长王儒贵、副市长王久彬等市政府领导听取了全市统计工作汇报，银川市直十四个部门的领导参加了调研汇报会。王久彬和贾红邦、梅廷彦等领导分别讲话，之后，调研组赴厚生记食品有限公司和大北农饲料有限公司等企业进行了考察调研。

3月27日　区人事厅办公室以宁人办发〔2008〕23号文件印发了"关于公布2007年度出版统计和审计专业技术人员职业资格考核区内合格标准及合格人员名单的通知"，我局王纾同志名列其中。

4月8日　市政府副秘书长赵勇受市政府副市长王久彬的委托主持召开三区统计工作会议，就贯彻落实市委办公厅市政府办公厅〔2008〕46号文件"关于加强三区统计工作的意见"进行了安排部署。王奎局长就做好部分专项统计工作，下放三区统计业务，配备设备等进行了具体要求。

4月11日　市委召开第13次常委会议，研究"两个最适宜"城市建设监测评价指标体系，我局王奎局长汇报了指标体系建立情况。

4月14日　市政府以银政发〔2008〕49号文件印发了"关于表彰全市人口和计划生育工作先进集体和先进个人的决定"，我局被评为全市人口与计划生育工作先进集体，受到了表彰奖励。

4月17日　市直机关团委对硬笔书法比赛评奖情况进行通报，我局王丹玥和王斌分别获三等奖，受到了表彰奖励。

4月18日　市政府以银政发〔2008〕54号文件印发了“关于开展第二次全国经济普查的通知”。

是日　市政府办公厅以银政办领字〔2008〕24号文件印发了“关于成立银川市第二次全国经济普查领导小组的通知”，组长由市长王儒贵兼任，副组长由副市长王久彬兼任，王勇、赵勇和我局局长王奎、副局长赵玲及25个市直部门、六个县区政府的主要领导为成员，领导小组办公室设在市统计局，局长王奎兼任办公室主任，赵玲兼任办公室常务副主任。

4月22日　市委办公厅以银党办发〔2008〕69号文件印发了“关于调整市政府部门同各民主党派市委会和工商联对口联系的通知”，我局对口联系民建银川市委会。

是日　国家统计局投资司在广西召开全国5000家重点房地产企业联网直报工作暨总结表彰大会，我局获先进集体奖，受到了表彰奖励。

是日　市委办公厅、市政府办公厅以银党办发〔2008〕71号文件印发了我局代起草的“关于印发银川市两个最适宜城市建设监测评价工作实施方案的通知”。

4月24日　市农普办在银川晚报刊登“银川市第二次全国农业普查主要数据公报”。

4月25日　为了丰富我局统计文化建设内容，促进统计文化建设的深入开展，我局开展了“庆大庆、迎奥运”登山活动。

4月29日　我局领导分别赴西夏区和金凤区召开属地统计工作会议，自治区统计局梅廷彦等领导和西夏区、金凤区政府领导参加了会议。

4月　我局课题研究成果“银川市构建和谐社会评价指标研究”和“银川市两个最适宜城市建设监测评价体系研究”分别在市科技局、市社科联立项。

5月11日　在“银川市创建国家节水型城市总结表彰会议”上，我局被评为“创建国家节水型城市先进集体”，受到了表彰奖励。

5月14日　我局全体干部职工向汶川县地震灾区捐款5900元。

5月26日　根据中组织有关缴纳特殊党费支援四川地震灾区家园重建的有关通知精神，我局全体党员积极行动起来，缴纳特殊党费10450元。

是日　我局工会组织干部职工向四川地震灾区捐款900元。

5月28日　我局组织参加市直机关职工运动会，跳绳获集体二等奖，踢键子等其他个人项目均取得了好名次。

6月3日　我局组织全体党员参加“银川市党员学习十七大学习新党章”知识竞赛活动。

6月20日　我局组织局机关和国家统计局银川调查队全体干部职工赴灵武市白芨滩林场学习治沙英雄王有德同志的先进事迹，并赴灵武市统计局观摩统计文化建设。

6月23日　市委办公厅以银党办发〔2008〕87号文件印发了“关于对2007年度优秀公文进行表彰的通知”，贺佩撰写的“关于银川市2006年经济运行情况分析的报告”获2007年度优秀公文名称及优秀公文拟稿人。

6月24日　杨金柱同志被市直机关工委授予市直机关优秀党务工作者，受到了表彰奖励。

6月30日　市委召开建党87周年庆祝大会暨表彰大会，以银党发〔2008〕31号文件印发了“关于表彰先进基层党组织优秀共产党员和优秀党务工作者的决定”，我局机关党支部等全市54个基层组织被评为先进基层党组织，予以表彰奖励。

7月1日　我局召开全体党员大会表彰奖励刘晓天、秦荣、罗银香、张旭霞、刘仁春、罗占廷、范喜萍等七位优秀共产党员。

7月3日　崔波书记来我局调研全市企业征信系统基本数据库建设情况，对企业征信系统工作和数据库工作给予了肯定。

7月5日　中国信息报以中信社字〔2008〕13文件印发了“关于表彰统计宣传工作先进单位和先进个人的通报”，我局及全国165个市、县统计局被评为“2007－2008”年度统计宣传工作先进单位，颁发了奖状。

7月20日　国家统计巡查组一行三人在巡查专员、巡视员徐志全率领下来我局巡查统计工作，自治区统计局和调查队领导徐秀梅、赵川和张学武陪同巡查，市人大副主任杨波、市政府副市长马迎秋、市政协副主席孙建峰出席了汇报会。巡查组还深入银川调查队、灵武市统计局、金凤区经发局、自治区建工集团和城乡住户进行了巡查和访谈。

7月22日　市委督查组一行四人在杨军利副秘

书长的率领下来我局督查上半年工作完成情况和市委市政府安排的重要工作进展情况，赵玲副局长进行了工作汇报。

7月29日　银川市机关党委的建设研究会以银机党研会〔2008〕9号文件印发了“银川市机关党建研究会关于表彰优秀机关党建论文作者和获组织奖单位的决定”，我局杨金柱同志撰写的“加强反腐倡廉干干净净干事”和罗银香同志撰写的“创新党建工作、永葆共产党员的先进性”分别获三等奖，受到了表彰奖励。

7月30日　纪检组长杨金柱、调研员刘生率我局全体干部职工赴武警十五中队驻地慰问中队官兵，向他们致以节日的祝贺，并向中队赠送了三千元现金。在慰问活动中参观了营房、微机室、阅览室，观摩了官兵的军事表演。

8月15日　市政府召开“银川市第二次全国经济普查动员暨银川市第二次全国农业普查总结表彰大会”，会议由王勇秘书长主持，市长王儒贵、区统计局局长梅廷彦、人大副主任马世伟、副市长王久彬、区统计局副局长朱尼、副巡视员虎跃峰、市政府副秘书长赵勇等领导参加会议，在会上王儒贵市长、梅廷彦局长和王久彬副市长分别做了重要讲话，王儒贵市长与三区两县一市政府的主要领导签订了做好第二次全国经济普查工作目标责任书。

8月26日　自治区统计局组织开展了全区统计系统迎大庆文艺汇演，我局节目《大红的日子大红的天》获最佳表演奖。

是日　我局编辑的向自治区成立50周年献礼资料图书——《数说银川50年》今天出版，受到了普遍的重视和好评。

8月27日　市政府办以银政办发〔2008〕193号文件印发了“关于马赞雄等同志调整工作分工的通知”，孔令杰副主任协助政府分管领导处理统计等方面的工作。

8月29日　市社会科学界联合会以银社科联发〔2008〕9号文件印发了“关于下达2008年度银川市哲学社会科学规划项目的通知”，我局的《银川市“两个最适宜城市”城市监评价体系研究》被确定为银川市2008年度社科规划项目立项课题。

是日　《中国信息报》黄主任在区记者站施克志的陪同下来我局调研统计工作，王奎局长和杨金柱组长、赵玲副局长、曹庆宁副调研员等领导参加了汇报会。

9月1日　按照市委的安排，王奎局长参加在自治区党校举办的县处级干部培训班学习，学期2个月。

9月16日　经我局推荐和自治区统计局核审，张丽被自治区统计局、人事厅评为先进工作者，赵玲、邢捷和王斌被评为自治区统计工作先进个人。

是日　市委宣传部以银组通〔2008〕95号文件印发了“学习十七大，学习新党章”知识竞赛活动颁奖的通知，我局金军获二等奖，王奎局长和刘仁春获三等奖，受到了表彰奖励。

是日　经市直机关工委批准，我局召开机关党委换届大会，选举产生了由杨金柱、罗占廷、罗银香、邢捷、于建亮、王丹玥六人组成的中共银川市统计局第二届机关委员会，杨金柱任机关党委书记、罗银香任副书记。

9月24日　我局机关党委、机关工会组织我局全体干部职工48人赴延安、榆林、定边革命老区参观学习，瞻观了七大旧址、领袖故居，使广大干部受到了一次深动的革命传统教育，激励工作干劲，增强了做好岗位工作的使命感。

9月28日　市文明委一行七人在朵永毅副部长率领下来我局初验创建自治区级文明机关的各项资料档案和硬件建设情况，我局领导班子成员及副科级以上干部参加初审汇报会，杨金柱组长进行了汇报，验收通过看课件、资料、卫生等对我局创建工作给予了好评。

10月12日　我局成立了由王奎局长为组长，杨金柱、赵玲、吕东萍、曹庆宁、罗占廷为副组长，各处室负责人为成员的“银川市统计局深入学习实践科学发展观活动领导小组”。

10月13日　我局召开深入学习实践科学发展观活动动员大会，杨金柱组长主持会议，第二检查指导组组长王久彬同志和我局局长王奎同志分别做了动员讲话，我局和两队全体干部职工及离退休老干部参加了会议，检查指导组何登虎、王伟、曹廷国莅临了会议。

10月26日　自治区统计局2008年效能目标任务观摩促评组来我局观摩测评统计工作，宋尧军副局长主持测评会，市人大财经委主任庞连海、市政府副秘书长王克善、市政协财经委主任郭宏玲及教育局、经委等10个部门的分管领导和我局副科级以上干部参加了测评汇报会，王奎局长进行了工作汇报，在会上采取发放测评表进行现场打分的方式进行了"上评下"和"下评上"。

11月5日　我局撰写的研究报告"银川市中小工业企业发展现状分析研究"，受到了崔波书记的高度重视，并做出了"压缩内容，印发到各县（市）区领导参阅"的批示，市委办公厅印发了此文。

11月7日　我局邀请市党校副校长张继业同志来我局进行科学发展观的专题辅导，为我局干部职工深入理解开展科学发展观活动的意义、时代背景和深远影响发挥了理论指导作用。

11月11日　我局曹庆宁副调研员在市委党校给我市县处级领导干部轮训班40多名处级干部进行统计法规讲座。

12月1日　银川市档案局以银档发〔2008〕50号文件印发了"关于银川市统计局档案工作达规范化管理自治区一级的批复"，批复明确我局档案工作以93.6分的成绩达到规范化管理标准要求，同意晋升为自治区一级单位。

12月5日　今天我局召开投入产出调查总结表彰会议，会议由杨金柱组长主持，王奎局长做了总结讲话，对全市在开展投入产出调查工作涌现出来的先进集体和先进个人进行了表彰奖励。

12月9日　我局召开全市统计年报培训会，王久彬副市长到会，并做了重要讲话。

12月10日　按照市委学习实践科学发展观第二检查指导组的安排，我局召开学习实践科学发展观领导班子和领导干部民主生活会，市委第二检查指导组组长王久彬，副组长何登虎，成员曹廷国、王伟莅临指导了会议，会议由局党组书记王奎主持，在会上局党组书记王奎代表局党组作了班子的分析检查报告，六位县处级干部分别作了个人的分析检查报告。

12月11日　经公务员实绩考核和年终测评，并报人事局批准，张丽、刘晓天、贺佩、王伟、孟宪红、秦荣六位同志为2008年优秀公务员，王斌、刘靖、王纾等三位同志为优秀机关工作者。

12月16日　市财政局以银财发〔2008〕436号文件印发了"关于表彰银川市2007年底财政决算工作先进单位的决定"，我局获市直部门2007年度决算工作先进单位三等奖。

12月19日　为纪念统计法颁布25周年，我局举办全市统计法规知识竞赛，我局三个代表队，各县市（区）统计局和普办、农调队、国家调查队分别派出代表队参加，工交科获一等奖，商贸科、市经普办获二等奖，城调队、永宁和西夏局为三等奖，其他为优秀奖，执法检查所获优秀组织奖。

12月22日　区统计局以宁统〔2008〕180号文件印发了"关于第九届宁夏统计科学研究优秀成果奖评选结果的通报"，我局赵玲、商解语撰写的"银川市清真食品和穆斯林用品产业统计制度"研究课题获第九届宁夏统计科学研究优秀成果奖课题类三等奖；张旭霞撰写的"银川市地方财政收入与GDO关系初探"和张旭霞、王斌撰写的"银川市GDP总量变化及主要原因分析"等两篇论文获第九届宁夏统计科学研究优秀成果奖论文类二等奖，受到了表彰奖励。

12月23日　市解放思想大讨论领导小组办公室以银解办发〔2008〕16号文件印发了"关于表彰银川市解放思想大讨论活动优秀调研报告的决定"，我局孟宪红撰写的"银川市固定资产投资适度规模研究"获二等奖。

12月26日　市诚信办举办企业征信系统数据库和诚信银川网站开通暨《影响一生的诚信故事》首发仪式，市委书记崔波、市政府市长王儒贵、市人大副主任张秉忠、市政府副市长王久彬、市政府副主席孙建峰，自治区统计局党组书记贾红邦出席了仪式，崔波书记点击开通数据库，王儒贵市长点击开通诚信网，王久彬副市长做了重要讲话，仪式由王勇秘书长主持，王奎局长进行了数据库和网站的情况介绍，崔波和王儒贵为《影响一生的诚信故事》一书首发式揭幕。

12月29日　自治区统计局以宁统〔2008〕190号文件印发了"关于表彰全区统计系统先进个人的决定"，我局赵玲、邢捷、王斌等三位同志被评为全区统计先进个人，受到了表彰奖励。

12月31日　自治区统计局、国家统计局调查总队以宁统〔2008〕189号文件印发了"关于全区统计系统书画摄影比赛评选结果的通知"，王斌的硬笔书法《将进酒》获二等奖；王丹玥的软笔书法《念奴娇仑》获三等奖；摄影比赛：吴慧的《母亲河》获一等奖；罗银香的《额吉纳风光》、王洪勇的《秋海》和刘生的《踏遍青山》获二等奖；程维祥的《统计风采》、赵玲的《夕阳映照黄河桥》和《纳西民居》获三等奖，受到了表彰奖励。

中国联合网络通信有限公司银川市分公司

湖滨西街营业厅获青年文明号、最佳示范营业厅

民族南街营业厅获全国用户满意电信服务明星班组

中国联合网络通信有限公司银川市分公司（以下简称“银川联通”）按照国务院电信体制改革的要求，于2008年10月27日注册成立，是一家全业务通信运营商。公司主要经营移动通信业务，基于固定电信网络的语音、数据、图像及多媒体通信与信息服务业务。银川联通是在原银川联通、原银川网通融合的基础上成立的新公司。银川联通在全市共设立3个县市级分公司，4个县（区）级经营部和21个自有营业厅。

目前，银川联通拥有覆盖全市各地的GSM移动通信网、本地传输网、智能网、数据通信互联网等，建成了具有领先水平的多业务网络平台。2009年1月7日，国家工业和信息化部正式向中国联通发放了WCDMA技术制式牌照，银川联通正在积极部署3G网络建设，消费者与3G的距离将越来越近！

银川联通一直注重为客户提供优质高效的服务，在率先推出低柜台、即买即通等服务后，又推出了银行代缴话费，通过邮寄、传真、电子邮件等方式向用户免费寄送话单，全国各地均可充值的“一卡充”和电子渠道等服务举措。积极跟踪电信技术的最新发展，不断推出移动、固话预付费、移动互联网、移动电话拨打IP、手机银行、WAP业务、GPRS业务等各种基于电信新技术的新业务。深入实施宽带战略，加快宽带用户和宽带视频应用业务的发展。目前，公司拥有一定规模的移动、固定电话，互联网客户和众多行业集团客户。

营销活动路演现场

营销活动现场

年终客户联谊会

银川联通的建设和发展，推动了银川信息化建设，促进了通信事业的繁荣。银川联通也获得了社会各界和广大消费者的充分肯定。近年来，公司先后获得“文明单位”、“诚信单位”和自治区“五一劳动奖状”等荣誉称号：2003年被宁夏回族自治区通信管理局及纠风办评为“电信行业行风建设先进集体”，2004年被“中国质量万里行塞上质量行”组委会评为“诚信承诺单位”，2004年下属民族南街营业厅被信息产业部、共青团中央命名为国家级“青年文明号”，2005年荣获2005-2006年度“诚信单位”，2006年下属民族南街营业厅荣获“全区创优质产品、创优质服务示范岗”称号，同年4月公司荣获“2005年全国诚信市场示范单位”，5月荣获“2005年度宁夏职工职业道德建设十佳单位”，同时获得宁夏回族自治区授予的“自治区五一劳动奖状”。2006年下属湖滨西街营业厅被命名为国家级“青年文明号”、灵武营业厅被命名为自治区级“青年文明号”；民族南街营业厅荣获“全国用户满意电信服务明星班组”称号、“全区创优质产品、创优质服务示范岗”，并被评为中国联通公司2006年度“先进集体”。2007年下属民族南街营业厅被自治区总工会授予“五一劳动奖状”，并被评为“工人先锋号”光荣称号。2008年5月，公司总经理周建强同志荣获“2007年度全区职工职业道德建设十佳标兵”奖状，同时荣获自治区“五一劳动奖章”。2009年2月，公司荣获兴庆区“文明单位”称号。

经过新一轮电信行业重组，银川联通正以“新联通、新形象”的全新面貌展现于世，并为把公司建设成为一流的宽带通信和信息服务提供商而不懈努力。

深化改革 科学发展 努力

区市领导带领机关干部在黄河金岸参加植树劳动

银川市四套班子领导视察绿化工作

徐庆林局长到灵武市检查农村林业工作

作为全市城乡园林绿化工作的主管部门，银川市园林局牢固树立“抓生态就是抓发展”的理念，以构建生态文明，建设“两宜”城市为目标，以园林绿化体制机制改革为契机，团结带领全市园林绿化工作者在加快发展上做大文章，站在战略高度，科学谋划银川市城乡园林绿化的特色定位、发展框架、发展重点和重大政策措施。坚持走园林绿化发展的特色之路、生态之路、产业之路、节约之路，按照大气、简约的建设风格，“山水映城、绿

首府绿委办组织市民参加植树活动

建设绿色宜居新银川

——银川市园林局

色染城、片带结合”，构筑市域绿化大格局；按照“植物造景、适地适树、科学配置”的原则，构筑城乡园林绿化的特色景观；按照“东治沙、中理水、西护山、四环以内出精品”的总体思路，着力改善生态环境，加快科学发展进程。

2009年全市城乡园林绿化主要实施了黄河金岸生态绿化、黄河湿地公园建设、东南水系周边生态绿化、海宝公园建设、宁安文化公园绿化、银西防护林建设、宁东大环境绿化、城市景观林带建设工程、城市游园建设改造、城市景观节点园林绿化美化提升等工程，为建设绿色宜居新银川做出了积极贡献。

园林系统事业单位改革工作稳步推进

银川市国家税务局

国家税务总局肖捷局长到我局调研

崔波书记调研办税服务厅五统一建设工作

第十八个税法宣月启动仪式现场

为纳税人提供优质办税服务

荣获全区五一劳动奖状

召开税企座谈会 发布最新税收政策

加强税收管理

银川市国家税务局于1994年国、地税分设时组建。全系统共有干部职工1075人，其中在职人员896人，女性占40%，回族占16.7%，党员占53.7%，平均年龄40岁，在职人员中大专及以上学历占93.6%。全局下设7个县(市)区局、19个税务分局。其中:在市区内按照属地化和专业化管理的要求，设置了兴庆南局、兴庆北局、金凤区局、西夏区局4个征收管理局，实行一级税务稽查体制;3个郊县(市)设置了全职能的县(市)局。市局机关内设12个行政科室，2个事业单位、1个机关党委办公室和稽查局一个直属单位。全局共管理纳税人34857户，其中: 增值税一般纳税人4512户。从重点税源看，年纳税额在亿元以上的有5户，年纳税额在1亿元以下500万元以上的57户，占全部收入总额的59%。

近年来，银川市国税局认真贯彻落实“法治、公平、文明、效率”的治税思想，牢固树立聚财为国、执法为民的宗旨，按照围绕一个中心(组织收入)、服务一个大局(经济发展)、完善一个机制(科学管理)、突出一个重点(优化服务)、把握一个关键(队伍建设)、狠抓一个建设(效能建设)的总体思路，以服务地方经济发展为己任，充分发挥职能作用，全局干部团结一致，真抓实干，连年超额完成税收任务。2008年组织税收收入32.27亿元，同比增长26.12%，增收9.5亿元，提前一个月完成全年任务。2009年第一季度组织入库各项税收9.02亿元，同比增长19.76%，为计划进度的102.52%，实现首季开门红，为全力推进“两个最适宜”城市建设做出新贡献。

银川市

银川市人民防空办公室是银川市国防动员委员会的常设办事机构，是市人民政府人民防空工作的主管部门。银川市人防办内设综合科、工程建管科、指挥通信科，编制11人，离退休人员11名；下设人防通信站（正科级事业单位）和人防执法监察队（正科级事业单位）。人防通信站编制15人，退休人员5名；人防执法监察队编制3人。所辖三区（兴庆区、金凤区、西夏区）两县（永宁县、贺兰县）一市（灵武市），1998年、2003年灵武市和永宁、贺兰两县分别经兰州军区批准为区属重点人防城市。近年来，我市人防工作在市委、市政府、市国防动委的正确领导下、在上级机关的指导帮助下，以贯彻学习国务院、中央军委[2008]4号文件精神为主线，以人防应急准备工作为龙头，以全面形成人防应急能力为目标，以人民防空应急准备为牵引的指挥体系建设、通信警报建设，工程防护建设、疏散基地建设、依法行政工作有了新突破；人民防空宣传教育有了新发展；“机关准军事化”建设、“机关正规化”建设迈上了新台阶，党组班子和两个队伍建设不断加强，各项工作取得了优异的成绩，银川市和银川市人防办先后被国家国动委评为“全国人防工作先进城市”、“全国人防工作先进单位”、“人防工程建设

自治区党委常委银川市委书记崔波同志听取银川市人防办工作汇报

市长王儒贵视察南门广场改造及周边洗脸修面工程

兰州军区国动委领导会同区市国动委检查人防应急准备工作

市人防办学习实践科学发展观活动第二阶段总结暨转段工作会议

人民防空办公室

先进单位”、“准军事化”建设先进单位被兰州军区国动委表彰为“战区人防工作先进单位”，被区市国动委分别表彰为“人防机关正规化建设先进单位”、“国防动员先进单位”。银川市人防办还被区市党委政府授予自治区一级档案室、全区“双信”单位、银川市精神文明单位、宣传思想工作先进单位等荣誉称号。

银川市副市长代荣民同志率调研组在人防办调研工作

市联合检查组对全市部分重要经济防护目标进行检查

2009年3月2日良田镇召开2009年工作会议，安排部署2009年全镇各项重点工作，镇领导与各村书记签订目标责任书

2009年3月31日银川市市长王儒贵在良田镇植物园设施温棚向农户了解吊瓜种植情况

金凤区良田镇

2009年4月11日银川市副市长梁积裕视察良田镇温棚种植情况

2009年5月11日良田镇人大视察良田镇2009年1-5月份各村重点亮点工作

金凤区良田镇是一个移民吊庄乡镇，地处银川市金凤区南部，总面积93.3平方公里，辖7个行政村和1个居委会，共4476户21424人，其中回族人口占总人口的93%。

近年来，良田镇党委、政府以邓小平理论、三个代表重要思想为指导，深入落实科学发展观，紧紧围绕农民增收这一核心，抓住大银川建设和扶贫开放项目的历史机遇，务实创新，开拓进取，带领全镇广大干部群众不断加快产业结构调整步伐，形成了以设施农业、畜牧养殖、劳务输出为主的三大主导产业，并呈现出迅猛的发展势头。

截止今年上半年，全镇设施温棚种植达到7万间，人均拥有温棚3间，年生产蔬菜瓜果1200万公斤。黄牛饲养量达到2.2万头，奶牛存栏达到2454头，羊只饲养量达到3.6万只，年清真牛羊肉交易量达到300万公斤。年输出劳务人员8000人次，劳务收入实现2000万元，农民人均纯收入由2003年的1022元增长到2008年底的2300元，年均增长15%以上，预计2009年人均纯收入可达3300元。

加大招商引资力度，引进广州颐和集团投资8个亿在良田镇植物园村建设颐和生态园，2009年4月25日举行奠基仪式

2009年6月20日印度驻华使馆小额项目捐赠仪式在良田镇园林村扶贫新村举行，印度驻华大使拉奥琪女士、自治区主席王正伟等领导莅临参加

2009年5月18日银川市、金凤区领导调研良田镇机构编制情况

2009年7月1日上午，自治区党委书记陈建国、自治区副主席李锐等领导在金凤区领导的陪同下一行到良田镇调研工作

董事长　朱阿鲸

银川市规划建筑设

我院（公司）是自治区内从事土木建筑工程以及市政公用工程的国家甲级设计院。朱阿鲸同志是我院（公司）现任董事长，兼道路桥梁总工程师。

1953年出生于北京市，1961年随父母支宁来到宁夏银川市。

1971年进入银川市化肥厂成为一名化工操作工。

1976年调入银川市电信局，在长途电话传输机房从事维修工作。

1978年考入重庆建筑工程学院，就读于桥梁与隧道专业。

1982年大学毕业，分配于银川市规划建筑设计院，至今已有27个年头。

朱阿鲸同志自来到我院，长期以来一直从事交通运输工程的设计和技术管理工作。该同志从最基础的技术岗位做起，经技术员、助理工程师、工程师、高级工程师到正高职高级工程师；曾担任的职务有院总工办副主任、主任工程师，道桥设计室主任、副总工程师，市政分院院长兼道桥总工程师等职务。

2000年院（公司）改制为股份制有限责任公司，该同志经股东大会民主选举先后担任院（公司）第一届监事会监事，第二届董事会董事，第三届董事会董事长。

在长期的工作实践和考验过程中，曾多次获得政府有关部门的表扬及奖励，1998年获得银川市市委、市政府颁发的“庆祝自治区成立40周年突出贡献奖”，在2005年被银川市市委、市政府授予“银川市专业技术拔尖人才”，2006年被银川市市委、市政府评为“银川市城市建设先进个人”，2008年获得全区第六次民族团结进步先进个人荣誉称号；并于2005年被银川市政府聘为城市建设专家委员会委员，城市交通畅通工程领导小组成员（专家），以及银川市发展和改革委员会重大行政决策咨询委员会专家。

27年来，该同志主持和参加过自治区大部分市县的城市道路和桥梁的设计项目，主要代表作品有银川市（国家级）经济技术开发区市政基础设施建设工程；宁夏宁东化工基地市政基础设施工程；宁东临河综合工业园区市政基础设施工程；吴忠市红寺堡镇和太阳山开发区市政基础设施工程；银川市五十里长街道路改扩建工程；银川市丽景街、黄河路、长城路、亲水大街、中央大道、清和街、上海路、宝湖路、解放街，城市地下人行通道等道路交通建设工程；银川市小街巷改造工程；银川市阅海公园、大团结广场、北京路景观水道码头区；银川市拉普斯森林公园建设工程；银川市揽山剧场市政基础设施工程；石嘴山市大武口区街道改造以及城市新区市政基础设施建设工程等区、市重点工程建设项目。

历年来所从事的设计项目曾参加历次自治区优秀工程勘察和优秀工程设计评选活动，并先后获得多项自治区优秀工程设计奖项，其中荣获自治区优秀工程设计二等奖三项，三等奖七项，表扬奖三项。

计研究院有限公司

■北京路 由银川市规划建筑设计研究院有限公司2002年完成设计，2003年建成，项目2006年获得区优秀设计二等奖，走向横贯东西，是横贯银川市三个行政区的交通主干道，道路全长25公里，八车道，座落于老城区、新城区、新市区的城市中心区内，是整个银川市的枢纽工程和形象工程，工程的建成，标志着"建设大银川"序幕的正式开启。

酒店

银川市新市区南部污水处理厂 · 生产区一角

银川市第三污水处理厂

宁夏开元丰友化

区市领导视察企业

宁夏开元丰友化工股份有限公司座落于美丽富绕的塞上湖城——银川，东临母亲河黄河，西靠雄伟的贺兰山，(北)京(西)藏高速、银(川)福(州)高速、银(川)青(岛)高速交汇于此，包兰铁路、中太银铁路、中宝铁路近在咫尺，铁路专用线直达厂区，地理位置优越，交通便利，厂区占地达 90 公顷，具有得天独厚的资源优势和区位优势。

公司始建于 1966 年，是国家中型合成氨企业，自治区 30 家重点骨干企业之一，自治区一级企业。现有职工 1450 人，其中高级职称技术人员 16 人，中初级职称技术人员 204 人。经过多年技术改造，生产能力持续提高，达到化肥年产量 60 万吨。甲醇 5 万吨 / 年，另外塑料制品、润滑油、氧气、二氧化碳等产品也形成一定规模。

公司自主知识产权的塔式造粒高浓度尿基、硫基复合肥，配比科学合理，营养均匀丰富，颗粒强度大，外观光泽美，品质与国外产品媲美，在第十二届世界肥料大会和全国肥料交易会上获得广泛关注和好评。

公司已通过 ISO9001 国际质量管理体系认证，获国家质量监督检验检疫总局颁发的《产品质量免检证书》。“六盘山”牌商标为“宁夏著名商标”，产品为“宁夏名牌产品”，市场辐射 21 个省区，深受广大用户的欢迎和厚爱。公司以“精雕细刻，争创一流”的企业精神深得了社会各界的高度赞誉。

这里风景优美，人杰地灵，旅游景点环绕四周，有国家级名牌旅游景点沙湖，有号称“东方金字塔”的西夏王陵，还有驰名中外的使中国电影走向世界的华夏西部影视城等著名景区。

工股份有限公司

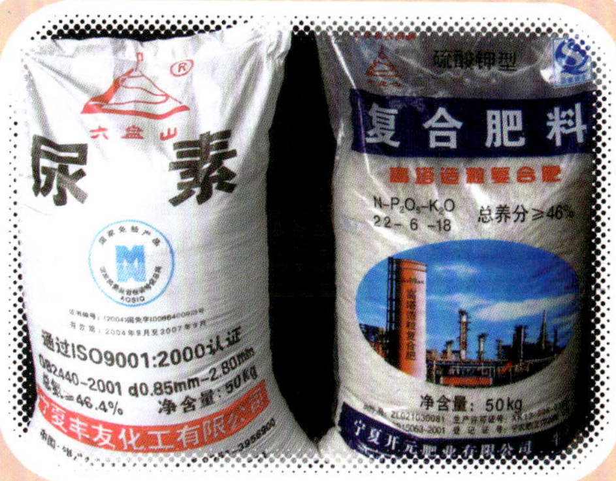

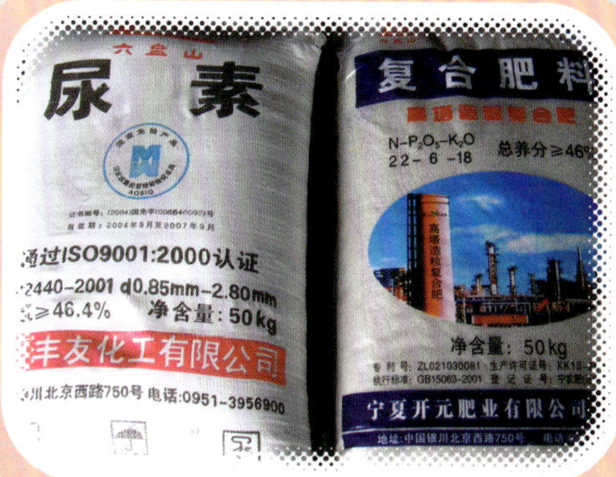

银川市市长王儒贵视察工作

银川市总工会

YIN CHUAN SHI ZONG GONG HUI

自治区党委常委、银川市委书记崔波（右一），市人大常委会主任孙荣山（右二）接见我市先模人物

在市总工会举办的万名职工职业病防治健康体检活动启动仪式上，银川市市长王儒贵宣布体检活动正式启动

银川市政协主席洪梅香为市总工会农民工业余学校学员讲课，并与学员亲切交流

工会是党和政府联系职工群众的桥梁和纽带，是国家政权的重要社会支柱，是会员和职工利益的代表。《工会法》赋予了工会参与、维护、建设和教育四项职能，维护职工的合法权益是工会的基本职责。

隆重召开银川市2009年庆五一暨表彰大会，对“五一劳动奖状、奖章”及“支持工会工作奖”获得者进行表彰奖励

近年来，银川市总工会在市委和自治区总工会的正确领导下，高举中国特色社会主义伟大旗帜，以邓小平理论和三个代表重要思想为指导，深入学习实践科学发展观，认真贯彻执行“组织起来，切实维权”的工作方针，紧紧围绕全市工作大局，按照“抓住重大机遇、突出首府特色、打造工会品牌、多创亮点工作、勇夺全区第一”的工作思路，团结带领全市广大职工充分发挥工人阶级主力军作用，开拓创新，锐意进取，为“两宜”城市建设和实现我市经济社会又好又快发展做出了积极贡献。全市工运事业蓬勃发展，基层工会组织建设强力推进，充满活力，会员队伍不断壮大，厂务公开、民主管理、工资集体协商“三项合同”制度、职工素质建设工程、维权与帮扶、职工文体及工会宣传等重点工作得到全面发展提高，使工会的形象更加鲜活，声音更加响亮。

2009年，银川市总工会面对新形势给工会工作带来的新机遇、新挑战，团结带领全市广大职工进一步坚定信心、振奋精神、同心同德、共克时艰，以团结动员全市职工推动我市经济平稳较快发展为首要任务，以维护广大职工特别是农民工合法权益、促进劳动关系和谐为工作重点，以维护职工队伍和社会稳定为着力点，以继续解放思想、锐意创新为动力，以强化工会自身建设、提高执行力为抓手，精心安排、周密部署了十大活动，通过抓班子带队伍，一手抓好工作推进，一手抓好队伍建设，着力打造“创新型、学习型、节约型、服务型”机关，始终坚持面向基层、面向群众、面向职工，逐步形成了“风气正、人气旺、士气高”的良好氛围，工会工作的执行力得到进一步加强，在组织职工、服务职工、维护职工合法权益的工作实践中体现出新的作为、展现出新的风貌。

成功举办银川市首届职工运动会

银川市食品药品监督管理局

市委书记崔波(前右二)调研大新乡小食品经济中加工区

王光英局长(左二)陪同自治区副主席姚爱兴(左三)视查闽宁医药公司

王儒贵市长(左二)调研我市餐饮业

在学校开展药品不良反应监测培训

贯彻落实科学监管理念 提升食品药品监管工作

现场向群众讲解如何辨别假劣药品

银川市食品药品监督管理局在自治区局和银川市委、政府的坚强领导下，深入贯彻落实科学监管理念，全面提升食品药品监管工作，积极推动“两个最适宜”城市建设。在局党组的带领下，全局干部凝心聚力、团结进取、拼搏奉献，监管工作和机关建设呈现良好局面。先后被自治区党委授予“全区先进基层党组织”，被人事部、国家食品药品监督管理局联合授予“全国食品药品监督管理系统先进集体”，两名同志分别荣获“全区五·一劳动奖章”、“全区青年卫士”。5年来，受到各种荣誉表彰近50项。

加强队伍建设，夯实公正执法的基础

采取周报，季考，全年综合评，集中学、科室学，专题讨论学，走出去、请进来，人员大轮岗等多种方式不断提升全局干部职工的综合素质。用“一证两卡三制度”统领行政执法工作全局。用六项监督强化对行政执法、行政许可的事前、事中、事后监督。全面推行政务公开，将行政许可程序、时限、标准、收费等事项全面在局内和媒体上进行公布。

大胆创新，不断推进食品药品监管新局面

我局充分发挥食品安全委员会办公室职责，调研起草并通过两级人大审定，以地方法规的形式出台了全国首部《生鲜食品安全监管条例》；起草并牵头开展银川市建设全国食品安全先进城市工作；积极组织应对了“三鹿奶粉”事件；开展的苏丹红、非法添加食品添加剂等食品安全专项整治；开展了食品安全示范创建活动，大力推进放心食品工程。织密了四横七纵的药品不良反应监测网。向药品“三统一”配送企业派驻了驻企监督员，全力把好“三统一”药品源头质量关。建立了医疗机构使用医疗器械“户口”档案。加强了农村药品“两网”建设。探索了涉药单位诚信建设机制，每年度对涉药单位进行科学、公正的诚信评价。推行了药品零售企业“星级制”分级管理。组织市民走进药品生产、经营、检验环节，参观生产、检验全过程，增强用药安全感。

打假治劣，全力保障居民饮食用药安全

先后逐年开展了“正源行动”、烤瓷牙生产专项治理、隐形眼镜专项治理、特管药品专项治理等一系列成效突出专项治理行动，逐步理顺和规范了药品、医疗器械市场。第一时间出动，加班加点清查了近年发生的全国性的“齐二药”、“欣弗”、“人血白蛋白”、“甲肝疫苗”、“双黄连注射液”等突发药害事件中和怀疑质量问题叫停的药品，有效防止了涉假药品我市发生危害。专门开通了“96311”专线举报电话，全体干部职工坚持工作时间以外轮流义务值守，保障专线电话24小时开通。

银川市劳动就业服务局

自治区党委常委、市委书记崔波调研我市就业服务工作

副市长马军生现场指导"就业服务进校园活动"

银川市劳动就业服务局作为我市具体承担就业再就业和发展劳务产业工作的政府部门，近年来，在银川市委、政府的正确领导和相关部门大力支持下，在区、市劳动保障部门的指导下，按照"劳动者自主择业、市场调节就业、政府促进就业"的就业方针，结合公共就业服务"新三化"建设目标，不断加大公共就业服务工作力度，拓展公共就业服务功能，使以职业介绍为龙头、就业培训为基础、失业保险为保障、社区就业为载体的公共就业服务体系日趋完善，在我市就业再就业和发展劳务产业工作中发挥了重要作用，取得了显著成效。

近年来，根据国家劳动和社会保障部关于做好公共就业服务专项活动的要求以及区、市劳动保障部门的工作安排，银川市劳动就业服务局每年都举办以改善农民工就业环境为主题的"春风行动"，以促进下岗失业人员和大学生就业再就业的"再就业援助月"、"大学生就业服务月"、以支持民营企业发展，增加就业岗位为内容的"民营企业招聘周"等活动。作为全市最大的公共就业服务机构，银川市劳动就业服务局不断拓展服务功能，设置职业介绍、失业登记、就业援助、就业培训、再就业服务、劳动保障事务代理、小额担保贷款、流动人口就业服务等基本服务窗口，开创了"一站式"就业服务模式，同时建立起覆盖市、县（市）、乡镇（街道）、村的就业服务网络体系，实现了"一点登陆，信息共享，全面查询"的高效服务。2008年以来银川市劳动就业服务局制定了中长期促进就业规划，狠抓政策落实，开拓创新工作方式。通过开展"高校毕业生就业联盟"、"岗位对接进校园、进乡村、进社区"培训机构招投标管理等一系列促进就业的活动和措施，有力地提高了就业服务质量和实效。特别是以创业促进就业的"全民创业启动仪式暨创业成果展示和项目推介"系列活动在全区率先吹响了全民创业的号角。激发了银川市全民创业热情。在社会引起较大的反响，取得很好的社会效益。

2008年以来，我局先后获得自治区政府"就业再就业和发展劳务产业先进单位"、"全区就业工作先进集体"、银川市委政府"民族团结进步先进集体"、"精神文明建设先进单位"和"全国劳动保障系统优质服务窗口"等荣誉称号，并连续七年获得自治区就业再就业和发展劳务产业综合成绩第一名的好成绩。

组织农民工开展劳务输出前引导性培训

岗位对接招聘会现场

就业服务"三个新突破"践行科学发展

银川市劳动和社会保障局党组成员、就业服务局局长　勉树云

就业是民生之本、和谐之基，关乎每个群众的切身利益，如何从根本上解决人民群众最关心、最直接、最现实的利益问题，推动就业服务事业健康发展，实现建设"两个最适宜"城市战略目标，是摆在我们面前的重大历史任务。当前，我们要紧紧围绕党的十七大提出"实施扩大就业的发展战略，促进以创业带动就业"的就业方针，从我市就业工作实际出发，着力在解决好统筹城乡扩大就业、完善公共就业服务体系、促进创业带动就业三个方面取得新突破。

一是实施统筹城乡扩大就业的发展战略，把扩大就业摆在经济社会发展更加突出的位置，实施积极的就业政策，加大投入，调动企业、劳动者和社会各方面力量促进就业再就业。抢抓扩大内需发展经济的重大机遇，密切关注投资建设项目的用工动向，把政府安排投资和确定的重大建设项目作为增加就业岗位的突破口，优先安置本地失业人员和返乡农民工就业。鼓励劳动密集型企业、私营企业和个体工商户优先发展，拓宽就业渠道，增加就业岗位，积极为困难就业群体提供就业援助，确保"零就业"家庭动态消零。通过完善充分就业社区制度，开发新的就业岗位。挖掘农业农村内部就业潜力，拓展农民就近就业空间，引导农民有序外出就业。完善高校毕业生就业的政策体系和服务体系，强化大中专毕业生就业指导，鼓励和引导大学毕业生去基层和中小企业就业。通过建立完善统一的人力资源市场，协调发展劳务产业，创新劳动用工和就业方式，统筹解决城乡就业，逐步消除城乡差距。

二是完善公共就业服务体系。把政府促进就业的责任体系由城市逐步向农村延伸，建立城乡统一的就业失业登记制度，掌握农村劳动力就业情况，有针对性地帮助农村劳动力实现转移就业；把以职业介绍、职业培训、就业指导、创业服务为主要内容的公共就业服务体系由城市向农村延伸，进一步加强农村劳动力转移就业服务体系建设，建立覆盖城乡的公共就业服务体系；建立完善以银川市人力资源市场为中心的劳动就业信息网和职业供求信息发布系统，将网络扩展到全市各级就业服务机构和街道（乡镇）、社区（村）劳动保障事务所（站）。使公共就业服务通过就业信息网向全社会各个层面、各个角落延伸。

三是建立完善符合我市实际的创业扶持政策，发挥创业培训与小额担保贷款等公共就业服务的联动作用，积极开展创业政策咨询、专家顾问指导、创业项目推介等创业服务活动，建立充满活力的以创业带动就业的新机制，在全社会营造良好的就业环境和创业环境，形成浓厚的创业氛围，使更多劳动者成为创业者，促进创业带动就业。

深入开展『民营企业招聘周活动』

银川市社会保险事业管理局

崔波书记高度重视我市社会保险事业

王儒贵市长视察养老保险工作

为困难退休人员送温暖

走上街头征求群众意见

以科学发展观统揽全局　推进我市社会保险工作

1986 年 9 月 1 日，经银川市人民政府研究决定，自治区编制委批准，银川市职工退休基金社会统筹办公室成立。这是市委市政府从改革开放和现代化建设的全局出发，为加快政治经济体制改革建设做出的一项重大决策。1990 年 2 月 9 日，银川市职工退休基金社会统筹办公室更名为银川市社会保险事业管理局。

22 年栉风沐雨，银川市社会保险事业波澜壮阔，银川社保人一路拼搏，风雨兼程。回首 22 年发展历程，银川社会保险已悄然屹立，向全市人民交出了一份满意答卷：牢记党、政府和人民的重托，实现和巩固了“两个确保”；“面向两个缴费主体”使保障能力有了根本性提高；配合国企改革为全市做出了突出贡献；启动被征地农民养老保险试点，统筹城乡建设迈出实质性步伐；社会化管理服务工作走在全国前列；业务基础管理工作逐步规范；能力建设达到一个新水平。更重要的是，覆盖范围实现历史性突破、保障能力和保障水平明显提升、基本实现了“独立于企业事业单位之外，资金来源多元化，保障制度规范化，管理服务社会化”社会保障发展的目标模式，有效地维护了企业的合法权益和群众的切身利益，使广大参保群众真正享受到社会发展成果，社会保险维护社会和谐稳定，促进经济繁荣发展的作用日益显现。银川市社会保险工作得到了区、市党委、政府和社会各界的广泛认可，多次被评为区、市社保经办机构先进单位。我们没有辜负党和政府寄予的厚望重托，没有辜负广大群众的殷切期望。

2008 年，在市委、政府的高度重视和正确领导下，在上级有关部门的精心安排和部署下，我局认真学习贯彻党的十七大精神，以邓小平理论和“三个代表”重要思想为指导，深入贯彻落实科学发展观，各项目标任务全部超额完成：

（一）离退休人员基本养老金按时足额发放。截止 2008 年底，我市共有离退休人员 55316 人，平均每月发放养老金 7416.56 万元，全年共委托银行、邮局发放养老金及丧葬金抚待费 93467.37 万元，保证了离退休人员基本养老金按时足额发放，养老金支付率和社会化发放率连续 11 年均达 100%。有力地确保了全市离退休人员老有所养、老有所靠。

（二）基本养老保险扩面工作快速推进。我局以非公企业从业人员、个体工商户和灵活就业人员为重点，继续将扩大社会保险覆盖面作为工作重点。截止 12 月 31 日，我市参加基本养老保险单位达到 5858 户，参保职工 240969 人，完成目标任务 223600 人的 107.77%。实际缴费人数达到 190361 人，完成目标任务 167310 的 113.78%。扩面新增参保职工 30978 人，其中非公有制经济组织 23694 人，分别完成目标任务 12340 人和 9730 人的 251.04%、243.51%。

（三）加强基本养老保险和失业保险缴费基数申报核定工作。根据自治区人民政府〔2007〕147 号和宁政办发〔2007〕232 号文件精神，养老保险、失业保险基金征缴工作于 2008 年 1 月 1 日顺利移交地税部门。征缴工作移交后，我局按照新工作职责和业务流程的要求，一是加强对基本养老、失业保险缴费的申报核定工作，并及时向地税部门传送缴费数据。二是加强对参保单位和个人缴费申报核定的管理和服务工作。截止 12 月底，申报核定养老保险费 105666.28 万元，完成目标任务 82513 万元的 128.06%。申报核定失业保险费 12965.55 万元，完成目标任务 6155 万元的 210.65%。

（四）失业保险实现了与养老保险信息数据库的对接。按照《失业保险条例》的规定，认真贯彻落实宁劳社发〔2007〕115 号文件精神，年初完成了失业保险移交工作，并开始失业保险的申报缴费核定工作。经过努力，实现了失业保险与养老保险信息数据库对接，做到了单位参保同登记、同基数、同申报、同缴费，极大的促进了失业保险的扩面和征缴工作。截止 12 月 31 日，我市失业保险参保单位达到 4942 户，参保职工 190293 人，完成目标任务 150000 人的 126.86%。新增参保职工 73608 人，完成目标任务 7700 人的 955.95%。

（五）积极开展社会保险审计稽核工作。根据自治区社会保险事业管理局《关于 2008 年度全区社会保险审计稽核工作安排的通知》（宁社险字〔2008〕19 号）文件精神，积极开展基本养老保险审计稽核工作。截止 12 月 31 日，一是对 3513 户企业开展年检和书面稽核，年检稽核单位占参保单位的 90.16%，完成目标任务 50%的 106.40%。在审计稽核中，查出养老保险未申报单位 1535 户，未申报收入 3939736 元。二是实地稽核单位 90 户，涉及职工 42009 人，查出少报参保人数 488 人，少报缴费基数 249512 元，少缴养老保险费 69341 元，失业保险费 16720 元。三是严格把关，对区、市党委、政府及其他部门拟表彰的 542 户先进集体、668 名先进个人参保缴费情况进行了详细核实，并将具体情况如实上报，坚决执行一票否决制度。

（六）企业退休人员社会化管理服务工作稳步推进。截止 12 月 31 日，55316 名企业退休人员实现了社会化管理，退休人员社会化管理服务率达到 100%，社会化移交人数 54141 人，移交社区管理服务率达到 99.46%，完成目标任务 95%的 104.73%。企业离退休人员社会化管理服务率和移交社区管理服务率居全国前列。

（七）农保工作稳步推进。

1. 村干部养老保险工作实现全覆盖。截止 2008 年底，三区共有 9 个乡（镇、办事处）、65 个行政村参加村干部养老保险，参保人数 228 人，领取养老金 6 人，参保率 100%。累计收缴保险费 174.88 万元，有 6 人领取养老金，养老金按时足额发放，人均养老金每月 480 元，累计发放养老金 4.48 万元，基金累计余额 170.05 万元。

2. 已征失地农转非人员养老保险逐步推广。截止 2008 年底，三区（包括开发区）共有 18 个乡镇（办事处）、45 个村（居）参加失地农民养老保险，参保失地农民 16345 人，完成目标任务 12714 人的 128.56%。累计收缴保险费金额 20269.08 万元，失地农民养老金按时足额发放，领取养老金人数 6181 人，养老金每人每月在 300 元-510 元之间，累计发放养老金 4391.23 万元，基金累计余额 15766.43 万元。2008 年新增已征农转非人员参保 4331 人，收缴保险费 5809.78 万元，征缴率 100%，发放养老金 2114.46 万元。

银川市交通运输管理处

建国60年特别是改革开放30年来，银川市道路运输业借力改革开放东风，奉行“服务人民、奉献社会”宗旨，道路运输业从规模、质量、装备水平、运输效率等方面都发生了翻天覆地的变化。截至2009年6月底，银川市共有道路运输经营业户27219户，营运汽车34731辆（营运客车2410辆，营运货车32321辆），机动车维修企业1564家，汽车租赁企业63家，驾驶员培训学校23所；客运线路316条，营运里程10万公里，日均发送2487个班次，通达全国10个省、自治区，全市乡镇通班车率100%，行政村通班车率98.9%。

处长　惠高升

银川市交通运输管理处作为全市道路运输管理机构，自1991年5月成立以来，在市委市政府、自治区运管局和市交通局的正确领导下，认真履行法规和国家赋予的道路运输行政许可、监督检查、行政处罚三大职责，立足“服务国民经济和社会发展全局，服务社会主义新农村建设，服务人民群众安全便捷出行”三个服务要求，努力构建和谐道路运输行业，在完善市场体系、健全市场机制、规范市场秩序、强化安全监管、推进运管依法行政和行业文明建设等方面做了大量卓有成效的工作，为实现银川市道路运输事业的又好又快发展和建设“两个最适宜”城市目标作出了积极贡献。

运输结构趋于合理，运输能力快速增长。银川市交通运输管理处坚持市场导向，消除市场壁垒，注重质量提升，推动全市道路运输业开放广度和深度不断扩大，运输市场主体规模化、市场集约化程度进一步提高。旅客运输已初步形成高、中、普车辆共同发展的多层次客运车辆体系；货物运输运力已基本满足了不同层次的货运需要；站场基础设施条件显著改善；通达城乡、干支相连的旅客运输网络基本完善，农村客运网络建设初现成效，人民群众乘车难、运货难问题得到较好缓解。道路运输在综合运输体系中居于绝对主导地位，在拉动经济增长、促进城乡交流、方便群众出行、解决社会就业方面发挥了不可替代的作用。

维修、驾培行业快速健康发展。汽车维修行业经营模式不断创新，连锁经营、专业维修得到迅猛发展；汽车救援服务发展迅速，区域性救援网络初步建立；维修技术水平不断提高，经营规模、服务质量大幅度提升。驾驶员培训管理体制更加完善，培训监管体系基本建立，驾校数量和培训质量得到明显提高，驾驶员的安全意识和驾驶技能得到有效加强。

市场秩序逐步改善，安全形势保持稳定。全市持续开展客货运市场、机动车维修和驾驶员培训市场清理整顿活动，严厉打击取缔无证经营业户，运输市场秩序明显好转。建立健全道路运输各项安全规章制度，严格履行“三把关一监督”安全职责，成功实施二级以上客运站“封闭式”管理，稳步推进旅客运输和危险货物运输承运人责任险工作，加强国家重要会议、重大事件及节假日安全生产检查，切实加大安全监管力度，全市道路运输安全生产形势持续稳定。

文明创建活动向纵深发展。银川市道路运输业在文明创建中求实效、寻发展、出特色，呈现出重点突破、亮点频出、整体推进、蓬勃发展的良好态势，走出了新形势下为民创建、整体创建、长效创建的新路子。在维修、驾培、货运、客运四大子行业开展了主题鲜明、形式多样的文明创建活动，形成了“六个一形象工程”、“文明单位”、“青年文明号”、“文明示范窗口”、“巾帼建功示范岗”、“十佳文明诚信维修企业”、“十佳营运驾驶员”七大创建体系，全市道路运输行业拥有26项省部级以上荣誉称号。

上路执法

为经济社会跨越发展铺路架桥

——西夏区经济发展统计局工作纪实

自治区领导观摩西夏区中小学校舍改造工程

银川市市长王儒贵调研工业企业

西夏区委书记和区长现场办公，研究工作

局长　李普光

2009年，我区经济工作在区委、政府的正确领导下，认真贯彻落实中央扩内需、保增长、调结构、促民生的宏观调控政策，紧紧抓住国务院关于促进宁夏经济社会发展若干意见的历史机遇，以实施项目带动战略为支撑点，以争取包括农村公路、农村沼气、农村卫生院、乡镇计生服务站、乡镇文化站、中小学校舍改造、动物防疫体系、三北防护林、节能环保、循环经济、重点产业振兴和技改等国家重点领域投资项目为抓手，改善基础设施，优化投资环境，加大招商引资力度，推进城乡一体化、工业化、农业产业化进程，加快工业、农业、现代服务业发展步伐，大力倡导服务型机关，提升服务质量和服务水平，促进我区经济社会各项事业的快速健康发展。

一、以科学发展观统领经济工作全局，进一步增强工作的主动性、针对性、前瞻性和科学性，推动思想更加解放，作风更加务实，制度更加完善，措施更加得力，为实现西夏区经济和社会各项事业又好又快发展做出更大贡献。

二、充分发挥在项目工作中的牵头作用和领军效应，把项目争取工作作为全局工作的重中之重，抢前抓早，攻坚克难，用好、用足中央扩内需、保增长、促民生的宏观政策，建立了覆盖西夏区经济发展各个领域的项目库，形成全局上下争项目、跑项目、干项目的良好氛围。同时加大项目监管力度，促使工业、农业、服务业、社会事业等重点项目加快建设，管好用好项目建设资金。

三、做好工业企业协调服务，提高工业经济运行质量，积极争取国家、自治区和银川市扶持资金，促进企业技术改造、扩产扩能建设，不断提高经济效益。

四、全力做好节能减排工作，努力完成区、市下达的目标任务。推动全社会节能减排，构建资源节约型和环境友好型社会，促进经济社会全面协调可持续发展。

五、加强食品安全监管，进一步加大宣传力度，增强市民的防范意识，自觉抵制制假售假、私屠滥宰等不法行为，确保人民群众生命安全。加大物价监督检查，坚决打击哄抬物价，扰乱市场秩序行为，维护市场稳定。

郁郁葱葱的贺兰山生态防护林

改造后的同心路特色街区

肉牛养殖是西夏区调整农业产业结构的突出成果

西夏区水务局

西夏区水务局局长、拆迁办主任　金肖栋

陈建国书记前临我区南环高速公路出口整治工作现场指导工作

西夏区水务局（拆迁办）工作业绩纪实

2008年，西夏区水务局各项工作全面贯彻党的十七大精神，坚持以邓小平理论和“三个代表”重要思想为指导，在西夏区委、政府和上级业务部门的领导、监督和支持下，进一步解放思想、开拓创新，完成了各项水利拆迁工作任务，并取得了较好的成绩，为自治区五十大庆献礼。

水务工作紧紧结合西夏区经济建设和社会发展的需要，以促进农业发展、农民增收、改善农村用水环境为目标，以节约用水、科学合理用水为指导原则，今年以来，共投入资金约150万元，改造维修砌护渠道5.42公里，修建各类建筑物50座，打人饮深井2眼，打灌溉浅井6眼，加固防洪堤1.75公里，维修退水建筑物2座。

征地拆迁工作严格按照程序，重点完成了南环高速公路出口文昌路两侧十里铺村庄点、兴盈公司五队旧庄点和盈北村一、四队旧庄点的征地拆迁安置工作，确保建设项目正常运行，进一步改善了城乡结合部环境面貌，加快了宜居城市建设步伐。

银川市政府梁积裕副市长亲临我区秋季农田水利基本建设现场进行视察观摩，并作重要讲话

西夏区委书记郝有民视察高速公路出口拆迁绿化整治工作

西夏区政府主要领导现场决策我区防洪防范措施

水务局领导商议决策

银川市勘察测绘院

银川市勘察测绘院始建于1981年，是一支专业从事城市勘察测绘、地理信息数据加工和系统应用开发的综合性生产科研单位，为城市规划建设、管理服务和为经济建设、社会发展提供基础地理信息保障，是“数字银川”建设的重要支柱之一。

银川市勘察测绘院人才资源丰富，设备精良，技术力量雄厚。拥有GPS接收机、全站仪、电子水准仪、管线探测仪等先进勘测仪器与数字摄影测量工作站、屏幕数字化图形工作站及Microstation、Supermap、Erdas、Mapinfo等各类国内外先进的GIS软件。形成以3S(GPS全球卫星定位系统、GIS地理信息系统、RS遥感)为主线，以4D(DLG数字线划图、DRG数字栅格图、DEM数字高程模型、DOM正射影像图)产品为主的现代测绘和地理信息技术服务体系。多年来，“银川市基础地理信息系统”、“银川市经济地理信息系统”、“银川市农村宅基地管理信息系统”、“银川市地下管线普查与信息系统”、“银川市基础控制网改造与似大地水准面精化项目”等多项生产科研成果获省部级、全国规划协会优秀工程勘察奖或科技进步奖，制作生产了“宁夏回族自治区旅游图”、“银川市地下管线综合图”、“贺兰山东麓矿产资源分布图”等专题图，单位被建设部和中国城市规划协会分别授予“全国城市勘测先进单位”称号。

我们始终坚持为城市规划、建设和城市管理服务为宗旨，为全市的经济建设、社会发展和人民生活提供及时、准确、可靠的地理信息保障服务，努力占领科学技术发展前沿，力争为“数字银川”建设和“大银川”的建设，作出更大贡献。

2005年度优秀测绘工程奖

乙级测绘资格单位

城市勘测工作先进单位

十四届机关运动会三等奖

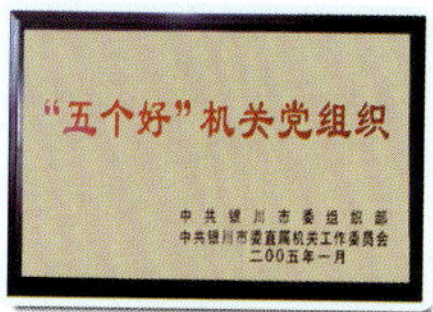

五好党支部

银川市航空摄影测量

银川市等级GPS控制网及大地水准面

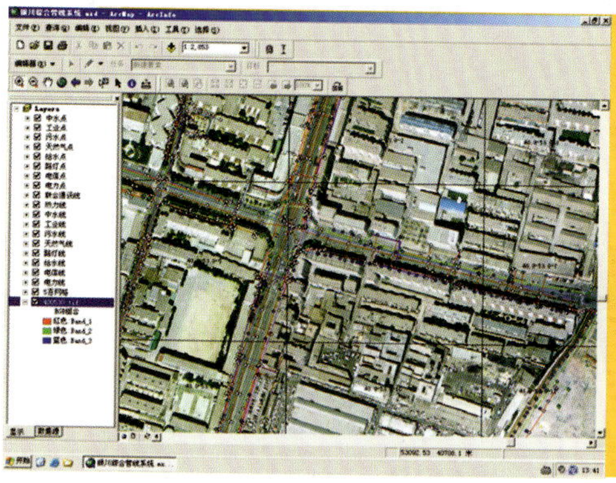
银川市地下管线管理信息系统

航测数字化仪

领导视察

院长　张会平

2008年党建月在盐池县革命英雄纪念馆

金凤区国土资源水务局

区市领导视察金凤区水务工作

局长　吴春江

街头宣传

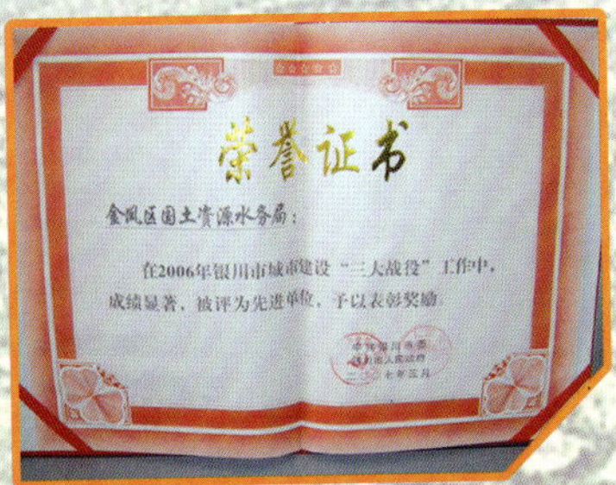

荣誉证书

银川市金凤区国土资源水务局位于银川市黄河东路789号金凤区政府院内，成立于2003年1月，其前身是原郊区国土资源局和原郊区水务局。全局现有干部职工51人，其中正科级干部3人、副科级干部5人(其中3人任职到两镇，人事工资关系在我局)，大专以上学历26人，40岁以下的中青年干部比例达60%，是一支特别能战斗、特别能吃苦的队伍。

局内设办公室、工程技术室、水政监察大队、防汛办、信息中心、人防办、良田水利工作站、丰登水利工作站和水利工程施工队9个职能股室(2007年9月土地管理职能上划)，依照《中华人民共和国水法》和《中华人民共和国防洪法》等法律法规，行使着水政水资源管理、水利工程建设与管理、水土保持与湿地保护、水政执法监察、人民防空、防汛等项职能。

自我局成立以来，在班子领导和全体干部职工的共同努力下，先后30多次分别被国土资源部、自治区国土资源厅、水利厅、银川市市委、市国土资源局、市水务局和金凤区党委、政府评为先进集体，特别是2006年2月荣获国土资源部法制宣传教育先进集体称号，为国土资源管理系统最高荣誉；2007年获自治区"黄河杯"竞赛三等奖。2008年获得银川市农田水利基本建设二等奖。

银川市人民检察院

银川市人民检察院成立于1951年，1975年被撤销，1978年恢复重建。目前，下辖兴庆、金凤、西夏、贺兰、永宁、灵武6个基层检察院和上前城地区1个派出检察院。两级院编制总人数539名，实有人数446名。其中，银川市院总编制130人，实有人数114人，内设机构14个。

2008年，全市检察机关认真开展“深入学习实践科学发展观”活动，实现了检察工作的创新发展，整体工作在全市目标责任管理考核中被评为优秀单位。创新人民监督员管理模式和创新“民生检察”工作模式两项工作被市委评为创新和创一流工作成果。全年共审查批准和决定逮捕各类犯罪案件1189件2151人，审查提起公诉1294件2293人，无错捕错诉案件发生；共立案侦查贪污贿赂案件59件78人，移送审查起诉35件45人，法院已作有罪判决39人；共立案侦查渎职侵权案件16件20人，移送审查起诉8件10人，法院已作有罪判决3人，其中，银川市院侦查移送起诉的职务犯罪案件，起诉率、有罪判决率均达100%；共办理民行申诉案件170件；共受理来信来访举报线索275件，控告、申诉案件322件，刑事赔偿案件5件，均已办结；提出并落实“五项承诺”，涉检环节的案件实现了“零越级访、零进京访”的“双零目标”；认真开展“关注民生，走近群众”主题实践活动，建立检察工作站、职务犯罪受案点23个，聘请检查联络员196名，普遍开通了“民生检察服务热线”，搭建了“关注民生，走近群众”的服务平台；加强对自身执法活动的监督制约，进一步优化司法环境，建立了“四大内控机制体系”。

全市检察工作在服务大局中加强，在锐意改革中发展，在破解难题中前进。全年两级院受到最高人民检察院、自治区检察院和区市党委、政府表彰17次；有4个院控告申诉接待室被评为全国检察机关“文明接待室”、“文明接待示范窗口”；上前城检察院被评为“全国核查纠正监外执行罪犯脱管漏管专项行动先进集体”，驻劳教所检察室被评为“全国检察机关派驻监管场所一级规范化检察室”。一年来，全市检察机关紧紧围绕服务全市经济社会发展大局，充分履行检察职能，为“两宜”城市建设做出了积极贡献。

崔波书记调研银川市检察工作

王兆元检察长部署检察工作

检察长王兆元接待群众来访和接受记者采访

在开展“关注民生，走近群众”主题实践活动中

银川市军休所

王儒贵市长春节慰问

民政厅副厅长赵俊新调研工作

市民政局领导来所调研

工作人员爱心捐款

组织军休干部工作人员在爱国主义教育基地参观

银川市军休所成立于1984年2月。是政府为军队离退休干部移交后提供服务管理的专设机构。隶属于银川市民政局，为不定级别的事业单位，党组织为基层委员会，设所长（副处）兼党委书记1名，副所长3名；内设行政、总务两个办公室，群众组织有基层工会、军休干部自我管理委员会、家属委员会。军休所的工作人员配置是根据中共中央办公厅、国务院办公厅、中央军委办公厅中办发〔2004〕2号《关于进一步做好军队离休退休干部移交政府安置管理工作的意见》，按照接收军队离退休干部人数1:10比例配备的规定，由中央、自治区、银川市编制部门审核确定。定编25人，其中中央财政经费19人，地方财政6人。在职工作人员中，中共党员13名、预备党员12名；大学学历2人、本科9人、大专7人、中专以下5人。

军休所主要工作职责是：1.组织军休干部学习党和国家的路线、方针、政策，参加党和政府组织的有关庆典、集会等活动；2.按照规定发放军休干部离退休费和补助补贴，办理医疗保障等有关事务，处理军休干部去世后的相关事宜；3.组织开展适合军休干部特点的文化体育活动，丰富军休干部精神文化生活；4.为军休干部提供有关政策咨询，管理军休干部的档案；5.承担市民政局交办的其它工作。

自1985年开始接收工作以来，先后分八批次接收安置了来自兰州军区、宁夏军区、宁夏武警、宁夏消防、兰州空军、宁夏公安、警卫等七个部队单位395名军队干部（离休78名，退休317名）；已故52名；目前健在的离休干部49人，退休干部294名，实有军休干部343名，其中：师职（级）干部92名（享受军级生活待遇专业技术干部22人）、团职干部230人、营职及以下22人。

银川市军休所位于银川市兴庆区胜利南街天盛巷29号，总占地面积33亩（21000平方米），办公及活动中心、军休干部住宅等总建筑面积15644平方米。军休干部管理分为集中居住集中管理（166名/户）和分散居住、集中管理（229名）。开展活动所内成立有门球队、钓鱼协会、武术协会、台球协会、书画协会以及秧歌、乒乓球、戏曲等多个活动小组；分散居住军休干部按区域开办有活动站，负责日常管理、开展活动。

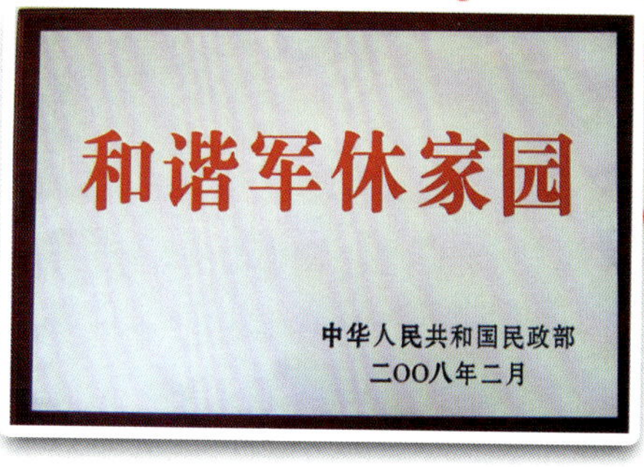

银川市青少年宫

青少年宫党支部书记、主任陆占洪

科技开放日

银川市青少年宫于 1986 年建成并正式对外开放。隶属共青团银川市委员会，是公益性的青少年社会教育事业单位。二十多年来，银川市青少年宫把社会效益放在首位，坚持公益原则，面向青少年，服务青少年，积极开展教育、文化、艺术、科技、体育等青少年喜闻乐见的活动，把思想道德教育内容融于其中，深受广大青少年欢迎。

2003 年 11 月新的银川市青少年宫落成，其内部设施完善、功能齐全，有用于教学的培训场所 30 个，同时还设有青少年电子阅览中心(绿色网吧)、多功能演艺厅、科技活动厅、健身厅等活动场所，是我市青少年艺术教育的摇篮，素质教育的基地，娱乐活动的乐园。目前青少年宫内开设美术、书法、声乐、舞蹈、器乐、武术、乒乓球、棋类、模型制作、电脑培训、写作、幼儿艺术教育等五大门类 40 多个专业的培训班，参加长期培训的学员达 3000 余人。成立有“小凤凰”艺术团、诗书画社、《小凤凰报》社；创办了银川青年文化广场、青少年体育俱乐部、青少年科普教育基地，青少年健身、健美中心、陶艺俱乐部、航海航空俱乐部等青少年社会活动团体。曾代表银川市多次赴国内外参加各种比赛、演出、活动，获各类奖项 2000 多项。在全国第六届、第七届民运会中获武术、舞蹈表演一等奖；“三北”地区省会城市青少年宫文艺汇演创作、表演一等奖；中日少儿、全国少儿绘画联展金、银、铜奖；第六届全国青少年宫棋类比赛获象棋团体冠军、围棋亚军。为全国及区内大中专院校输送优秀人才 600 余名；每年参加各类主题教育活动达 60000 多人次。并两次被团中央、文化部授予“全国先进青少年宫”称号；多次被中国少儿中心授予“双有”活动优秀组织单位；今年又获中央十部委颁发的社会教育“银杏奖”，使青少年宫真正成为青少年社会教育的主阵地和窗口。

今后，将进一步贯彻《中共中央、国务院关于进一步加强和改进未成年人思想道德建设的若干意见》精神，实践科学发展观，为广大青少年成长、成才做出贡献。

“绿色”网吧—青少年电子阅览中心

“小凤凰艺术团”参加“三北”地区文艺汇演

诗歌朗诵比赛

奖杯

银川市妇联

YIN CHUAN SHI FU LIAN

邀请市领导走进校园与少年儿童共庆“六一”

在全市未成年人中开展礼德宣传教育活动

开展重温入党誓词活动，增强妇联凝聚力和战斗力

发放小额贷款支持妇女参与农村产业化发展

教育引导广大妇女积极参与全市创业发展

举办反家庭暴力大型公益活动

银川市第二十四中学

校园一角

校长　吴建春

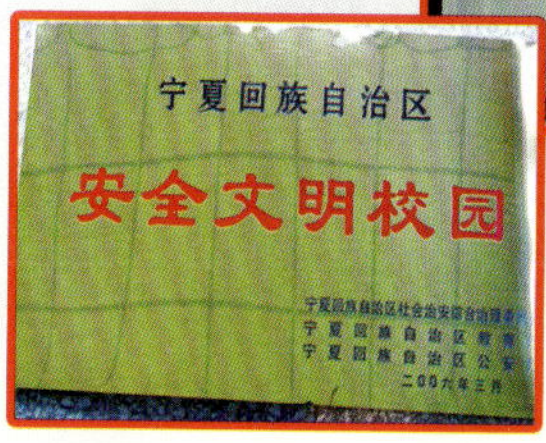

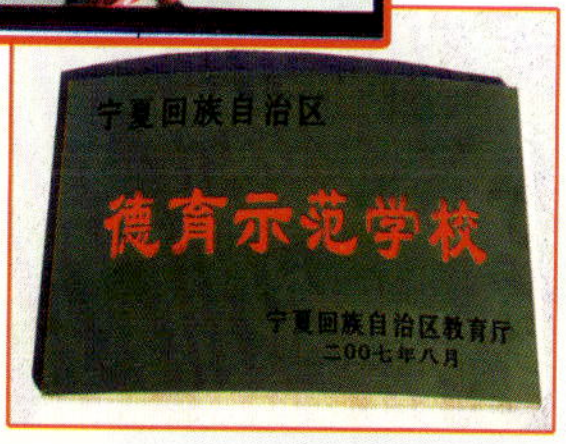

关爱勤扶栽　期木化栋梁

银川二十四中原名银川铁路中学，始建于1958年。2003年9月，学校由铁路企业移交银川市政府管理，更名为银川市第二十四中学，是银川市教育局直属完全中学，自治区示范性(重点)高中，自治区德育示范学校。学校教学设备先进，师资力量雄厚，校园环境幽雅，文化氛围浓厚，是一座现代化园林式可寄宿学校，非常适宜学生修身学习。

学校现有52个教学班(其中24个高中班、28个初中班)，在校学生人数2800余人。学校有教学楼两座，综合实验楼、电教楼、学生公寓楼各一座，并有医务室、食堂等配套设施。有理、化、生标准实验室9个，专用信息技术教室4个，音美专用教室3个，藏书56368册的图书馆1个。学校新建信息中心已投入使用，59个教室全部配备多媒体数字教学平台并接通互联网。有标准化塑胶操场1个，足球场1个，篮球场4个，排球场2个，毽球场1个，乒乓球案20付。

全校在岗教职工总人数为184人，高级教师53人，中级教师78人，5人已取得硕士学位，88人正在进修研究生课程，教师学历达标率为100%。自2002年以来，教师参加国家级、自治区级、银川市级优质课比赛有106人次分获一、二、三等奖；教师在区内外各种刊物发表论文40余篇，有208篇论文获国家级、自治区级、银川市级一、二、三等奖。学生参加各类学科竞赛也是频频获奖。近年来，高中学生有5名同学获全国高中英语能力竞赛一、二等奖；有29名同学获全国高中数学联赛和“希望杯”全国数学邀请赛一、二、三等奖；有 10名同学获全国高中物理竞赛二、三等奖；有 6名同学获全国高中化学竞赛二、三等奖；有10名同学分获全国高中生物联赛一、二等奖。在区内外各类作文比赛中有200多人次获奖，有100多篇习作发表。初中部学生参加全国初中数学联赛和“希望杯”、“华罗庚杯”全国数学竞赛有78人次获得国家级二、三等奖和自治区级一、二、三等奖；参加全国初中应用物理知识竞赛有102人次获得国家级二、三等奖和自治区一、二、三等奖；参加全国初中学生化学素质和实验能力竞赛有47人次获得国家级二、三等奖和自治区一、二、三等奖；参加全国初中学生语文作文竞赛有180人次获奖，英语竞赛有18人次获奖。

近年来，我校高考一次本科上线率均在40%左右，高考录取率达到80%。有数名同学被保送武汉大学、西安交大等院校学习。

在2004年高考中我校张玮纬同学以142分夺得自治区英语单科状元；08高考一次本科上线124人，初、高中六年均在我校就读的余智源同学以632分获得西夏区理科状元，并被浙江大学录取。建校五十一年来已为国家培养合格毕业生万余名，为高等院校输送毕业生数千名，其中近三百名学生考入北大、清华、浙大、上海交大等国内著名重点院校深造。

自治区党委常委、银川市委书记崔波到校调研并指导工作

语文大阅读课

香港汉华中学学生到校交流联谊

校园文化节一瞥

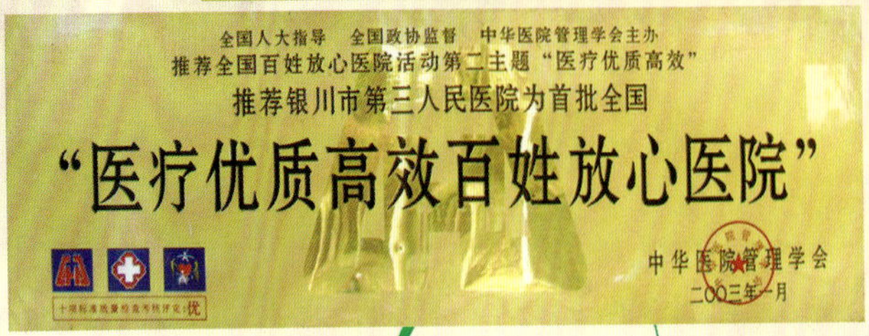

卫生部陈竺部长来院视察

银川市第三人民医院

银川市第三人民医院成立于1962年，是一所集医疗、预防、保健、康复、教学、科研为一体的市属公立综合性二级医院，位于银川市兴庆区玉皇阁北街128号。医院占地面积4374.3m^2，建筑面积12000.m^2，现有职工230人，有卫生技术人员196人，其中副高级以上职称30人，中级职称47人，编制病床150张，设28个临床、医技科室和行政职能科室，下辖4个社区卫生服务站。组织机构健全，医疗设备相对比较齐全。近年来，医院强化管理，突出特色，努力打造“服务、质量、价格”三个品牌和老年病综合康复一特色，获得社会广泛好评，不仅能够诊断和治疗各种常见病和多发病，而且在内科老年病，如高血压、糖尿病、心血管病等诊治，慢性病综合康复、中医骨伤科、肝胆外科、胆囊、阑尾小切口手术、儿科、妇产科及不孕症诊治以及社区卫生全科医疗服务等方面独具特色和技术风格，能够满足社区及城镇居民和广大患者对医疗卫生服务的需求。2008年4月，医院经市政府批准整体向社区卫生服务中心转型并开展相应的工作。

医院是银川市级“文明单位”和精神文明建设“先进集体”，先后获市级社会治安综合治理“模范单位”、依法治理“示范单位”；区级“卫生先进单位”和全国“残疾人康复先进集体”等荣誉称号，被卫生部授予“爱婴医院”、相继被中华医院管理学会授予首批全国“明明白白看病百姓放心医院”、“医疗优质高效百姓放心医院”、“绿色医疗环境百姓放心医院”和“全国百姓放心示范医院”。连续多年在市卫生系统综合考核中名列前茅。2008年医院年门诊量为18万人次，住院近5000人次，病床使用率98%（最高时达130%），收入3200万元。

宁夏建工集团

集团公司党委书记、董事长　白耀华

集团公司党委副书记、总经理　王天林

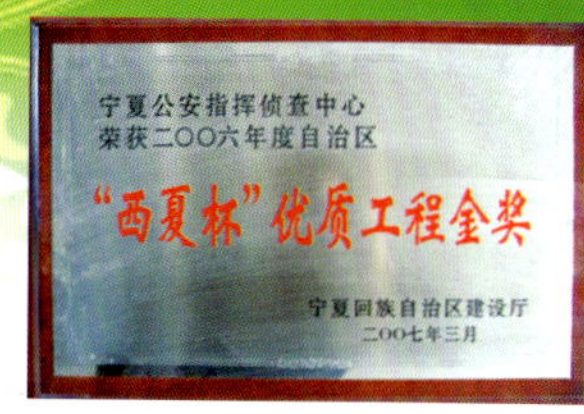

宁夏建工集团有限公司是根据自治区党委和政府的要求，由原宁夏建设集团有限责任公司、宁夏第一建筑公司、宁夏二建集团有限责任公司、宁夏第五建筑公司四家具有一级施工资质的企业合并重组成立的国有独资企业。公司拥有资产总额30亿元人民币；在册职工人数5148人，其中各类中、高级等专业技术人员1500多人；年承揽和完成各类工程任务40多亿元，年实现利税近亿元。

重组后的宁夏建工集团，通过整合内部资源，调整经营结构，实行扁平化管理，按照"整合优势、做强主业、调整结构、多元并举"的发展思路，创新经济增长方式，开辟新的经济增长点，形成以主业带动房地产开发、商品砼经销、建设工程项目代建咨询、装饰工程设计施工、海外工程承包和对外劳务输出五大板块共同发展的经营格局。以统一企业标识，协调市场开发，财务集中管理，强化技术装备，合理配置资源，形成集生产经营和资本运营为一体、自主经营、自负盈亏、自我发展、自我约束的企业法人实体和市场竞争主体。

为了实现可持续发展的目标，集团公司本着"精干、高效"的原则，实行职能事业部制管理，合理设置内部组织机构，减少管理层次，对集团公司所属的全部经济实体单位实行全方位的垂直管理，形成了集团公司为投资决策主体、资本运营中心和利润中心，分公司(项目部)为生产主体和成本核算中心，各专业公司、参股公司为资本收益中心的独具特色的两级管理体制。

承前启后创伟业，继往开来谱新篇。宁夏建工集团将树立"团结务实、敬业奉献、负重拼搏、创新发展"的企业精神；坚持"一业为主、多元经营、品牌兴企、争创一流"的发展战略；坚持"诚信守法、建造精品、追求卓越、奉献社会"的经营宗旨；不断弘扬企业文化，树立管理就是效益，就是公司第一核心竞争力的理念。在自治区党委和政府的领导下，以科学发展观统揽全局，以加快改革、促进发展、构建和谐企业为主线，扩大经营规模，改善经营状况，提高企业经济效益和职工收入，提升企业整体发展水平和质量。以较强的综合实力，展现宁夏建工集团的新形象，推动宁夏建工集团持续、健康、快速发展，把宁夏建工集团打造成为宁夏建筑业的龙头企业，再创辉煌。

银川市第二中学

宁夏博物馆

宁夏大学综合教学楼

宁夏马莲台发电厂

自治区党委书记陈建国在宁夏发电集团总经理何怀兴陪同下视察马莲台发电厂

宁夏发电集团党委书记、董事长刘应宽在现场指导工作

提升品质 追求卓越 努力创建"社会、环境、企业、职工"四方和谐的现代化电力企业

宁夏马莲台发电厂位于宁夏宁东能源化工基地，距首府银川市 38 公里，周边地区煤炭、水利资源丰富，交通便利，地处宁夏电网负荷中心，具有建设大型火电厂的优越条件，是自治区党委、政府确立的宁东能源化工基地的重点工程，也是宁东能源化工基地第一个开工建设、第一个建成投产的重点工程和大型企业。电厂于 2004 年 4 月 16 日开工建设，设计规模为 2×330MW+2×600MW+2×1000MW，#1 机组于 2005 年 12 月 27 日并网发电，#2 机组于 2006 年 5 月 25 日并网发电。马莲台发电厂的建设与发展得到了中央领导和自治区党委、政府的高度重视、亲切关怀，吴邦国委员长、黄菊副总理、司马义·艾买提副委员长先后莅临视察，自治区党委书记陈建国、政府主席王正伟等自治区领导多次亲临指导工作，并在近期视察工作期间就加快扩建二期 2×600MW 级超临界空冷机组扩建工程做出重要批示：要长远规划、加大投入、加快发展。为了顺应自治区经济社会的发展和宁夏发电集团创建百亿企业战略规划目标的需要，实现企业的可持续发展，马莲台发电厂千方百计加快二期 2×600MW 工程前期工作，扩建工程项目可充分利用一期工程预留场地和已建成的净化站、污水处理、卸煤、贮煤、上煤、锅炉补给

利用工业废水进行煤厂喷洒降尘

厂集中控制室

生产检修现场